LE VOYAGE DE THOMAS PLATTER

1595-1599

OUVRAGES D'EMMANUEL LE ROY LADURIE

Les Paysans de Languedoc, Paris, SEVPEN, 1966.

Histoire du climat depuis l'an mil, Paris, Flammarion, 1967.

Montaillou, village occitan, Paris, Gallimard, 1975.

Le Territoire de l'historien, Paris, Gallimard, t. I, 1973 ; t. II, 1978.

Le Carnaval de Romans : de la Chandeleur au mercredi des Cendres (1579-1580), Paris, Gallimard, 1979.

L'Amour, l'argent et la mort, Paris, Seuil, 1980.

Parmi les historiens, Paris, Gallimard, t. I, 1983 ; t. II, 1994.

La Sorcière de Jasmin, Paris, Seuil, 1983.

Histoire de France, t. II, *L'État royal : de Louis XI à Henri IV, 1460-1610* ; t. III et IV, *L'Ancien Régime, 1610-1789,* Paris, Hachette, 1987 et 1991.

Le Siècle des Platter, t. I, *Le Mendiant et le Professeur,* Paris, Fayard, 1995.

L'Historien, le chiffre et le texte, Paris, Fayard, 1997.

Saint-Simon ou le système de la Cour, Paris, Fayard, 1997 (en collaboration avec J.-F. Fitou).

(et collaborations ou direction d'ouvrages pour de nombreux volumes à caractère historique, parus selon les cas aux éditions du Seuil, aux PUF, ou aux éditions de l'École pratique des hautes études [IVᵉ section])

OUVRAGES DE FRANCINE-DOMINIQUE LIECHTENHAN

Astolphe de Custine, voyageur et philosophe, Paris-Genève, Champion-Slatkine, 1990.

Édition critique du *Voyage en Russie* de Théophile Gautier (avec préface, notes, glossaire, bibliographie et un recueil de documents complémentaires), Paris, La Boîte à Documents, 1990.

La Russie entre en Europe ; Élisabeth Iʳᵉ et la guerre de Succession d'Autriche, Paris, CNRS éditions, 1997.

Le Grand Pillage ; du butin des nazis aux trophées des Soviétiques, Rennes, éd. Ouest-France Mémorial, 1998.

Voyages vers l'orthodoxie. Catholiques et protestants face à l'Église russe, à paraître, 2000.

Présenté par
Emmanuel Le Roy Ladurie
de l'Institut

LE VOYAGE DE THOMAS PLATTER

1595-1599

Le siècle des Platter II

Texte traduit par Emmanuel Le Roy Ladurie
et Francine-Dominique Liechtenhan

Introduction et commentaire historique
par Emmanuel Le Roy Ladurie

Fayard

INTRODUCTION

Thomas Platter en *Romania*

par Emmanuel Le Roy Ladurie

C'est le samedi 16 septembre 1595 [nouveau style], en milieu
de journée, que Thomas II Platter a quitté Bâle[1] pour le long
voyage qui devait l'emmener jusqu'à Montpellier et Uzès en vue
de quelques années d'études puis de pratique médicale ; et par
la suite en Catalogne, en France derechef, en Angleterre méridionale et aux Pays-Bas du Sud – la Belgique actuelle. Thomas,
pour les premières étapes, équestres, de son voyage depuis la
Suisse jusque dans le royaume des Bourbons, était accompagné
par un gentilhomme estudiantin de Bâle, un certain Wolff (*alias*
Wilhelm Dietrich Notthaft de Hohenberg). L'autre compagnon
du jeune Platter n'était autre qu'Antoine Durant, marchand de
Lausanne. Le départ de cette minuscule « caravane » avait en
tout cas beaucoup plus d'allure que l'homologue mise en route
du frère très aîné de Thomas II : Felix Platter, qui près d'un
demi-siècle plus tôt avait aussi quitté Bâle en vue d'études montpelliéraines, était alors beaucoup moins bourgeoisement ou
noblement accompagné. On doit reconnaître que la famille
Platter, en moins d'un demi-siècle, avait effectué dans la société

---

1. Sur Bâle à cette époque, le lecteur français consultera avec profit l'excellente « somme » d'Alfred Berchtold, *Bâle et l'Europe, une histoire culturelle*, Lausanne, Payot, 1990, 2 vol. Sur Bâle et la France, on peut aussi se
reporter à Peter G. Bietenholz, *Basle and France in the Sixteenth Century*,
Genève, Droz, 1971.

bâloise « un grand bond en avant ». Felix, maintenant important professeur et tout nouveau sexagénaire, accompagnait Thomas II pour une petite partie (initiale) de la première étape de cette nouvelle excursion en direction du Sud-Est lointain. Le « vieux » docteur était lui-même flanqué, pour ce bout de conduite, d'un futur apothicaire alémanique âgé de dix-huit ans, Andreas Bletz, mais très orienté déjà vers la francophonie et qui fera ultérieurement jolie carrière à Bâle comme pharmacien et comme membre du Petit Conseil. Ainsi un vieux médecin (Felix) et un jeune apothicaire (Andreas) se donnent-ils la main : Molière eût dit mariage de l'incompétence et de l'ignorance. Mais l'auteur du *Malade imaginaire* aurait eu tort ! Les mérites propres de Felix Platter (par exemple en fait de dévouement dans le temps de peste) sont suffisamment éclatants pour qu'on passe pardessus les carences de la médecine de l'époque... Il est vrai qu'il n'y avait alors de vraiment bons et solidement experts que les chirurgiens. Quoi qu'il en soit, au groupe que formaient le professeur Platter et le jeune Bletz venait se joindre, le long du chemin, Friedrich Ryhiner, issu d'une grande maisonnée bâloise, amie des Platter. Un autre piéton de cette même journée, Lucas Justus, était lui aussi étudiant en médecine. Ajoutez-y deux apprentis théologiens, Ludwig Lucius et Simon Grynaeus. Nommons enfin au sein de ce groupe ambulatoire le petit frère de Thomas junior, le jeune Nicolas Platter, également enfant de vieillard et étudiant bâlois : il périra bientôt de diarrhée rouge en 1597. Presque tous ces jeunes et moins jeunes tournent casaque à Pratteln, laissant à leurs aventures ultérieures les voyageurs au long cours – à savoir le carabin, « Thomas II », flanqué notamment d'un junker, d'un marchand et d'étudiants.

Départ pour Lausanne et Genève : telle est la première et importante étape, helvétique, sur le long trajet qui mène de la vallée du Rhin jusqu'à Montpellier. L'« étape » en question va durer cinq jours, du 17 au 20 septembre 1595, par Liestal, Soleure, Morat, Payerne et Lausanne.

La Suisse ayant été traversée du nord au sud, le petit groupe arrive à Lausanne (19 septembre[1] 1595). La ville est construite

---

1. Platter, au début de sa *Beschreibung*, pratique la double datation des

« comme un morceau de musique », à vrai dire des plus simplistes. On monte, on descend, on monte, on descend : le relief de cette communauté urbaine est en touches de piano, ou du moins de clavecin, à en croire Platter.

Passé Lausanne, les Plattériens, au cours de leur randonnée jusqu'à Genève, deviennent attentifs au débordement « nordiste » des guerres de Religion franco-savoyardes, situées normalement plus au sud. Ces conflits mordent en effet sur l'*hinterland* septentrional du rebord lacustre : à Versoix en particulier, dernière localité avant l'arrivée à Genève, le bourg est plus ou moins détruit ; les habitants ont déserté le site en raison des incursions militaires et même navales venues d'outre-lac ou d'outre-Léman, et l'on ne rencontre plus guère parmi les décombres que des bandes de mendiants qui rôdent assez sinistrement aux alentours.

20-21 septembre 1595 : prise de contact avec Genève. Sur la traversée plattérienne de cette ville, la grande érudite genevoise Anne-Marie Piuz a tout dit, ou peu s'en faut, et nous ne pouvons que renvoyer à son texte relatif à la ville de Calvin[1], puis de Théodore de Bèze, en 1595 : faubourgs détruits, aux fins de défense, en cas de siège ; reconstructions hâtives *intra muros*, pas toujours esthétiques ; architecture « tristounette » (rien à voir avec la florissante Renaissance ou post-Renaissance, déjà baroque, qui explose en Italie et en Allemagne). Mais qu'importe ! La spiritualité calviniste est intense, admirable, « prosélytique », et soutenue par une pléiade d'imprimeurs et d'éditeurs considérable, plus importante même qu'à Bâle, en cette fin de siècle. La vie négociante et artisanale se révèle activissime ; le cosmopolitisme commercial ou médical est presque sans exemple ailleurs, en pays

---

jours, julienne et grégorienne. Nous n'avons retenu dans le présent ouvrage, sauf exception, que la seconde.

1. Anne-Marie Piuz, dans *L'Histoire grande ouverte. Hommages à Emmanuel Le Roy Ladurie*, Paris, Fayard, 1997, pp. 534-542. Cf. aussi, sur le livre à Genève et plus généralement sur la culture de cette ville dans l'ambiance calviniste de l'époque et du lieu, les travaux de Jean-François Gilmont : *Jean Calvin et le livre imprimé*, Droz, 1997 ; *Jean Crespin, éditeur (genevois) du XVIᵉ siècle*, Droz, 1981 ; *La Réforme et le livre*, Cerf, 1990 ; ainsi que l'édition Gilmont (en collaboration avec Rodolphe Peter) des *Écrits théologiques* de Calvin, Droz, 1991.

franco-provençal (au sens large de ce terme)[1], sinon peut-être à Lyon ou à Marseille, dans un tout autre contexte...

Lors des derniers jours de septembre 1595 s'inscrit la portion proprement savoyarde de l'itinéraire plattérien depuis la sortie ouest de Genève, en passant en effet par la Savoie, et jusqu'en France, au pays lyonnais. Le trajet est équestre, puis « naval », utilisant un bateau sur le Rhône, depuis Seyssel. Dans l'ensemble, la Savoie laisse au jeune Platter une impression désastreuse : auberges minables, nourriture lamentable, pays sinistre et sinistré ; soldats espagnols délinquants, toujours en maraude ; navigation rhodanienne malaisée ; sentinelles des châteaux (lesquels sont points de passage obligés) discourtoises et même grossières, pénibles formalités de passeports avec pourboires obligatoires à l'intention des douaniers... On n'en finirait pas ! Ce sont bien sûr les guerres qu'il faut mettre en cause, sur un territoire savoyard qui est devenu l'homme malade de l'Occident ; Savoie hispanophile et catholique, coincée entre la France d'Henri IV à tendance « politique », le Dauphiné de Lesdiguières, protestant, et puis la Suisse, et Genève, qui ne sont pas toujours, elles non plus, des voisins commodes. Ajoutons que cette vision péjorative de la Savoie peut émaner aussi chez le protestant Platter d'une certaine « animadversion » de sa part à l'égard de ce pays, pour les raisons de religion et d'inimitié qui viennent d'être dites...

Le 29 septembre, arrivée « nautique » sous les murs de Lyon, tout d'une traite. Formalités de douane. L'événement donnera lieu, *post factum* en prose plattérienne, aux considérations normales sur l'antiquité païenne et chrétienne du site urbain, sa configuration « Saône-Rhône », et l'intensité du commerce (à la différence de la Savoie, l'impact économique et psychologique des guerres de Religion, pourtant toutes récentes, semble s'être ici fortement atténué déjà). Notation remarquable aussi, que Platter est seul à faire parmi les voyageurs de l'époque : ce sont

---

1. Le « franco-provençal » correspond à toute une famille de langues ou dialectes qui sont ou du moins furent parlés en Suisse romande et dans l'actuelle région française qui s'intitule « Rhône-Alpes ». Le mot « provençal » nous incite, indûment, à ajouter ici une évocation de la Provence et de Marseille.

des femmes qui pilotent les esquifs permettant une traversée rapide de la Saône, d'une rive à l'autre. Espèces de taxis fluviaux ! Ils frappent beaucoup notre auteur (qui signalera des données « féminines » assez analogues sur la basse Garonne et la Gironde). La grande écurie lyonnaise du Connétable et les boucheries municipales de la ville, celles-ci tellement typiques de la moitié sud du royaume français, retiennent également l'attention plattérienne, ainsi que l'entrée toute fraîche encore d'Henri IV, dont témoignent *a posteriori* les tonnelles de verdure qui furent dressées pour la circonstance. Mais la dysenterie, épidémique, fait des ravages. Le tocsin des funérailles sonne sans arrêt. Il faut régler en vitesse les problèmes de lettres de change, destinées à transiter de Lyon vers le Languedoc ; et puis partir. En bateau, une fois de plus, chargé de marchandises à bloc, au fil du Rhône, d'amont vers l'aval.

Arrivée à Vienne le 2 octobre. Inévitable exposé, intéressant certes, quant aux restes romains de la ville. Plus originales sont les données, chères à Thomas junior en l'occurrence, sur les moulins locaux à fabriquer les rapières : c'est l'usine des Quatre-moulins, grand établissement métallurgique. Données aussi sur tel souterrain (les « boyaux » qui s'enfoncent sous le sol ont toujours fasciné notre auteur). Et puis les légendes relatives à l'installation viennoise de Ponce Pilate ; elles font partie de tout un corpus, à propos de quoi Platter noircira bien des paragraphes, sur le prétendu débarquement, légendaire en effet, des compagnons et compagnes du Christ, atterrissant au rivage provençal et partant ensuite vers l'intérieur des terres pour s'y installer çà et là.

Vienne, d'autre part, fait partie de la province du Dauphiné, quoique en position frontalière. Cela donne l'occasion à Platter de dénoncer, à juste titre, un scandale dans cette province, à savoir l'anoblissement automatique des terres, *ipso facto* exemptées d'impôt, dès lors qu'un gentilhomme a l'heureuse idée de les acquérir. Ce fut et ce sera encore la cause de nombreuses révoltes ou contestations d'origine populaire, paysanne, bourgeoise. De là à accuser Thomas Platter d'être antinoble, il n'y a qu'un pas ; et à vrai dire, ce jeune homme étant bâlois, donc quelque peu démocrate, l'imputation ne manque pas de fondement.

La suite de l'équipée fluviatile, au fil du Rhône, est sans histoire : incessantes prestations de passeports ; pique-nique à bord de la barque ; vision rapide du connétable de Montmorency, le grand homme d'État du Languedoc, chevauchant sur la rive en compagnie d'une centaine de cavaliers. À Tournon, brève tournée au collège des jésuites, pour lesquels Platter éprouve des sentiments mêlés. Il est impressionné par l'importance du travail pédagogique des ignaciens (élèves nombreux, enseignement secondaire de qualité, tout cela vaut très largement le bon collège protestant de Lausanne) ; il apprécie qui plus est la bibliothèque de l'établissement, où se trouvent des livres « réformés »... dont la lecture est toutefois strictement contrôlée par la direction du collège. Au total l'emportent néanmoins, en la circonstance, les sentiments d'inimitié antipapiste et surtout antijésuitique que professe volontiers Thomas Platter. Cette hostilité à l'égard des ignaciens étant à l'époque le fait des protestants, mais aussi de groupes nombreux de catholiques modérés ou « politiques ». En un contexte plus général, il est clair aussi qu'à Tournon comme ailleurs on est déjà en plein « édit de Nantes »... avant la lettre. Sur les rives du Rhône, la coexistence, grognonne ou heureuse selon les cas, entre calvinistes et catholiques semble être déjà un fait acquis.

Platter *in situ* a d'autre part un avant-goût de la vie de cour qu'il aura l'occasion, en 1599, de connaître à Paris d'un peu plus près : au château de Tournon, il assiste à une soirée dansante qu'illustrent par leur présence quelques-uns des « grands » du règne d'Henri IV, parmi lesquels Montmorency, encore lui, et l'infatigable homme de guerre qu'est d'Ornano. Autre vision « curiale » : le lendemain, à l'heure de l'embarquement rhodanien, l'équipe plattérienne jette un coup d'œil sur le navire d'apparat de Sa Majesté, tout de vert peinturluré, mais vidé pour le moment de sa royale cargaison. La tente en forme de pavillon qui surmonte ce bateau est portée sur des colonnes torses, un thème qu'on va retrouver magnifié à Saint-Pierre de Rome. Donnent-elles à Platter un avant-goût du baroquisme naissant ?

Le 4 octobre, c'est Valence avec sa *citadella*, forteresse à l'italienne, première du genre dans le récit ; on en rencontrera bien d'autres, signalées page après page, en cette *Beschreibung*.

Et puis l'université de Valence a droit à son « paquet » : elle est affreuse, inepte. Rien à voir avec la souple et fascinante pédagogie des jésuites, si détestables soient-ils.

Depuis Valence jusqu'à Pont-Saint-Esprit défilent, de part et d'autre du fleuve, quelques localités protestantes. Les châteaux, vivants ou ruinés, sis en bordure du Rhône, rappellent à notre auteur les *Burgen* de la vallée du Rhin, prolongement de sa patrie bâloise. Découverte aussi des garrigues, où le buis régionalement domine. Et surtout, à Bourg-Saint-Andéol, notre homme signale les premiers oliviers, situés nettement plus au nord que lors du semblable passage de Felix Platter, cinq décennies plus tôt. L'oliveraie méridionale a progressé lentement, mais sûrement, vers le septentrion... Sous les arches du Pont-Saint-Esprit, le bateau plattérien file comme une flèche : les mariniers de cette « nave » sont de première force, constate Platter, qui ne dissimule point à ce propos une frayeur rétrospective.

La prise de contact avec la ville proprement dite de Pont-Saint-Esprit est assez brève : le maréchal d'Ornano y tient, là comme ailleurs, garnison renforcée. Les Plattériens, dorénavant, vont troquer la voie fluviale pour la route de terre. À dos de mule, ils se rendent à Bagnols-sur-Cèze. Pour eux, hommes du Nord, c'est déjà l'exotisme, c'est le Midi ! Claies chargées de figues ; prolétaires et paysans pauvres, chaussés de sabots.

6 octobre 1595 : une dizaine d'heures avec ou sur les mules, dont le pas est lent et doux. Près de cinquante kilomètres parcourus. Nuit passée à Sommières, ville de tanneries, spécialisées dans la production des cuirs rouges.

Sommières-Montpellier : dernière étape, effectuée pratiquement sans trêve, sur un cheval de louage. Le soir même, au *Clapas*[1], le Bâlois loge chez l'apothicaire Catalan, issu de la lignée du vieux Catalan qui hébergea Felix Platter au temps d'Henri II.

Les premières impressions de Thomas junior sur la cité languedocienne sont loin d'être péjoratives. Certes, la rareté des fontaines publiques le surprend. Mais, à un tout autre niveau

---

1. Nom populaire, qu'on donne encore aujourd'hui à la ville de Montpellier.

d'analyse[1], la défiance réciproque en laquelle vivent, les uns par rapport aux autres, protestants et catholiques du cru n'a rien qui puisse l'étonner. Tout compte fait, comme tant d'autres voyageurs en Bas-Languedoc, du XVIe au XXe siècle, Thomas Platter saura apprécier cette ville à son gré bien bâtie, dotée d'une illustre université de médecine. À tout le moins ne manifeste-t-il nulle inquiétude pour l'avenir d'une communauté citadine qui a su retrouver (l'avait-elle jamais perdu ?) le goût de la danse et des jeux. Ce jugement favorable se répétera de façon plus élogieuse encore sous la plume enthousiaste, cette fois, d'un autre étudiant germanique, Étienne Strobelberger, originaire de Graz en Styrie, lequel affirmera sans détour : « Si j'étais en état de vivre dans un lieu qui me serait le plus agréable, je choisirais la ville de Montpellier et j'en ferais le nid de ma vieillesse. »

Le Montpellier de Thomas Platter à la fin du XVIe siècle ne ressemble pourtant qu'en partie à celui qu'avait découvert Felix, l'aîné, lors de son arrivée sur place en 1552. Découverte « felixéenne » effectuée du reste avec ravissement et qui était plus qu'une ouverture : une « découverture », selon le mot de Jean Wahl[2]. Dès son entrée en ville, Felix avait croisé, avec surprise, des jeunes gens de l'élite citadine enveloppés, comme des fantômes, dans des chemises blanches et tenant à la main des coquilles d'argent remplies de dragées qu'ils offraient aux filles, nullement enfermées chez elles, qu'ils rencontraient sur leur passage ; ces jeunes gens célébraient ainsi le jour des Morts, le Halloween du temps passé qu'on imaginerait, bien à tort, purement celtique ou anglo-saxon[3]. À la fin du XVIe siècle, cet usage local s'est maintenu sur le mode calendaire, tout en se transformant assez profondément. Ce n'est là qu'un des nombreux changements – modifications dans la continuité – qu'a connus le Montpellier « d'après guerre » (1595-1599) par rapport à l'avant-guerre des conflits de religion.

---

1. Je remercie mon élève et ami Henri Michel, auquel le texte « montpelliérain » ci-après doit une grande partie de sa substance, et de sa forme.

2. Jean Wahl, *Introduction à la pensée de Heidegger*, Paris, Le Livre de poche, 1998, p. 68.

3. *Le Siècle des Platter*, I, pp. 266-267.

Altérations du paysage urbain, d'abord, du fait de ces anta-
gonismes religieux : ils ont affecté, particulièrement, les églises
et les faubourgs. Les premières furent attaquées par deux fois :
en septembre-octobre 1561, et en avril 1568. Les seconds furent
dévastés eux aussi à deux reprises. Au total, au début des années
de paix du règne d'Henri IV (à partir de 1595), il n'existera plus
aucun lieu de culte « papiste » parmi les faubourgs... à l'exception, au sud-est, de la chapelle Saint-Denis parce qu'elle sert
d'élément de défense à l'avantage de la ville. Cinq églises
faubouriennes ont été détruites ; neuf monastères *extra muros*
également, ainsi que leurs sanctuaires, ont disparu ; enfin, dix
chapelles furent complètement sinistrées. De ce point de vue, le
désolant spectacle « banlieusard » de Montpellier est très comparable à celui que le même Thomas junior a pu observer quelques
semaines plus tôt à Genève, et dont Anne-Marie Piuz trace le
tableau magistral dans un ouvrage récent.
  À l'intérieur de la ville même de Montpellier, rares sont les
édifices religieux encore debout, sinon intacts : subsistent, de la
sorte, l'église Notre-Dame-des-Tables (elle ne perd rien pour
attendre) et une bonne partie de la cathédrale. Par ailleurs, il ne
reste que quelques pans de mur du sanctuaire paroissial Saint-
Firmin ; et l'église Sainte-Foy a conservé seulement sa façade.
Quant aux bâtiments civils, ou laïques, *intra muros* également, ils
n'ont été que très peu atteints, et pour cause. Si rudes qu'aient
été les guerres religieuses, elles ne sont en rien comparables au
premier conflit mondial avec ses marmitages d'artillerie lourde,
ni au second, fertile en bombardements tombés du ciel. Cela dit,
en 1595, la situation, répétons-le, est fort peu brillante pour l'espace *extra muros*, par comparaison avec le noyau urbain proprement dit : les maisons qui entouraient l'enceinte ont été rasées ;
celles plus éloignées des remparts ne furent pas non plus épar-
gnées. Il s'agissait bien sûr de créer des glacis pour l'artillerie
citadine, canonnant les adversaires qui pouvaient surgir du
dehors : « Le manoir de Boutonnet par exemple a été ruiné et
bruslé par ceux de la Religion Pretendue Reformée (R.P.R.). »
Ajoutons que la ville a définitivement été privée, par la force des
choses, de sa fonction de place marchande internationale. Au
temps de François Ier, les Montpelliérains gardaient encore l'espoir de retrouver leur rang de jadis dans le commerce méditer-

ranéen. À la fin du XVIe siècle, ils ont perdu toute illusion à ce propos...

Les faits de continuité vis-à-vis de la première moitié du XVIe siècle ne sont pourtant pas inexistants, tant s'en faut. Et d'abord l'ancienne concorde sociale, du temps de la Renaissance, quand les divisions entre catholiques et protestants étaient masquées ou point présentes encore, cette concorde est susceptible éventuellement de revivre. Déjà entre 1560 et 1594, pendant la période des guerres, la ville avait connu, par instants, des phases de trêve. Elle avait même eu ses temps, certes éphémères, d'entente mutuelle, au moins apparente, entre catholiques et réformés. Et ce particulièrement à l'époque de l'« Union », vers la fin de l'année 1574, ou au début de l'année 1577. Et puis, dans cette même perspective « irénique », l'avenir peut sembler ouvert. L'avenir, autrement dit les plattériennes années 1595-1600 ; l'« ouverture » valant aussi, plus ou moins, pour les deux décennies qui vont venir, jusque vers 1610-1620. C'est par excellence l'époque « henriquatrième » (qui se perpétuera quelque temps après la mort du monarque), époque marquée, au plan national cette fois, par la tolérance aux protestants, par la croissance économique et par l'ouverture, encore elle, aux puissances réformées extérieures, éventuellement libérales, maritimes, protestantes et capitalistes : Pays-Bas du Nord, Angleterre d'Élisabeth et du premier Stuart. Enfin, d'un point de vue modestement languedocien, les relations sont bonnes avec Bâle, Zurich, Genève, pépinières de pasteurs et d'étudiants gyrovagues, hantant volontiers la collectivité montpelliéraine.

À des niveaux plus terre à terre encore, beaucoup d'équipements urbanistiques ou simplement matériels, datant du début du XVIe siècle ou même bien antérieurs, sont toujours en place à Montpellier sous le règne d'Henri IV. Et d'abord l'enceinte fortifiée, dont le tracé remonte... à la seconde moitié du XIIe siècle. Le tissu urbain, pour sa part, présente toujours les mêmes caractères anciens, archaïques même. Il s'agit, sur le terrain, d'un maillage presque entièrement dépourvu d'aération – tel est du moins le reproche (anachronique) qu'on pourrait faire. En réalité, l'étroitesse comme la torsion des rues et des ruelles protègent la ville contre le mistral en hiver et contre la chaleur excessive en été. Les places, sinon les placettes, sont rares, ce qui n'empêchera point Platter d'en signaler un peu partout, lors de ses passages et voyages dans les diverses villes méridionales, tant catalanes que françaises, Montpellier inclus. En fait, dans la plupart des cas, ces places « signalisent » l'élargissement des rues sur quelques mètres tout au plus, soit à la croisée de celles-ci, soit à un coude. La ville ne bénéficie que de la traversée d'un seul grand axe, d'est en ouest, sur son flanc méridional. C'est la « ligne », quelque peu incurvée, que suivent ou qu'ont suivie d'innombrables voyageurs, passant ici depuis le Moyen Âge : du Pyla-Saint-Gély à la Saunerie par l'Aiguillerie et par l'Argenterie. On notera le caractère hautement symbolique de ces toponymes : l'eau (le Pyla, autrement dit la fontaine), l'industrie du vêtement (l'aiguille), l'argent et le sel (Saunerie). On remarquera enfin que cet axe est-ouest évoque un parallélisme strict, ou même une quasi-proximité, avec l'antique « Via Domitia » qui depuis les Romains courait de l'Italie à l'Espagne, *via* la Narbonnaise : *via* Provence et Languedoc.

Quant à l'architectonique montpelliéraine, la structure des maisons telle qu'elle se donne à vivre ou à voir aux yeux de Thomas junior est restée celle... des années 1204-1349, quand Montpellier – en même temps que Narbonne – était l'une des premières villes marchandes de la Méditerranée occidentale. Ni la Peste noire ni les guerres de Cent Ans puis de Religion n'y ont changé grand-chose. Les soubassements ont survécu, tels qu'en eux-mêmes l'historicité ne les modifiait point. Sur les pentes montpelliéraines règne, à d'innombrables exemplaires, la maison à corps unique, très étroite, de 3,5 à 5 mètres de façade sur 10 à 12 mètres de profondeur. Elle dispose, à l'arrière-plan, d'un très petit espace découvert : une courette, un *patus*. Au bas de la bâtisse s'est installé l'atelier, l'échoppe. À l'étage, le logis. Au sommet, dans le comble, sont emmagasinées les matières premières. Accolé au mur mitoyen, un escalier raide, d'une vingtaine de marches, permet d'accéder au premier étage. Sur le sommet de la colline urbaine l'emportent au contraire les maisons (plus bourgeoises) à cour distributive, donnant sur plusieurs corps de logis. Ces deux types architecturaux correspondent à des parcellaires contrastés. Dans le premier cas, on a un maillage serré : touches de piano, lames de parquet, lamelles étroites. En revanche, le second type de maisons, celles du haut de la colline, ne peut exister que sur maillage large.

Globalement, l'organisation spatiale de la cité, telle qu'elle s'offre à Platter, n'a donc pas trop varié depuis trois siècles, depuis le Moyen Âge final et la Renaissance. Tel est le cadre, en tout cas, dans lequel Thomas II décrit les différents pouvoirs qui se partagent la ville : le Consulat, d'abord, où l'influence des officiers et des protestants est devenue toujours plus forte aux dépens des marchands et au détriment des catholiques ; puis la Cour des aides, présente depuis 1467, et la Chambre des comptes, datant de 1521. Le Bureau des finances, fondé en 1577, parachève la montée de la classe officière, mais il compte peu, en vision plattérienne, face à l'université de médecine : 37 étudiants s'y inscrivent en 1595, et parmi eux Thomas le jeune. Ces nouveaux « immatriculés » seront 44 en 1598, et 42 en 1599...

Des trois « religions » présentes en ville, la première, réformée, est momentanément prépondérante. La deuxième, catholique, « frise » déjà la majorité démographique, du seul fait de l'arrivée constante d'immigrants « papistes » venus des marges pieuses du Massif central ; elle est néanmoins très surveillée par le parti huguenot dominant. La troisième, juive, est présente à titre homéopathique : elle ne compte qu'un petit nombre de marranes[1], qui judaïsent en secret et « protestantisent » en public, ne serait-ce que pour irriter les papistes.

Ces diverses notations socio-religieuses sont complétées, dans les souvenirs de Platter, par des données sur la production artisanale (la fabrication du *verdet*[2], par main-d'œuvre féminine, est en plein essor) et sur l'activité agricole : la ville compte un tiers de paysans, généralement catholiques. Les procédés de composition de Thomas junior, en la matière, sont plus complexes qu'on ne l'imaginerait : la jolie description qu'il donne des scènes de moisson comme du « dépiquage[3] » s'inspire d'épi-

---

1. Marranes : familles juives, émigrées d'Espagne à partir de 1492, et superficiellement christianisées.

2. *Verdet* ou vert-de-gris : cf. *infra*, entrées du 8-15 octobre 1595, paragraphe sur Montpellier.

3. Dépiquage : technique méditerranéenne pour le battage des blés.

sodes de récolte céréalière qu'il aura l'occasion d'observer dans la région d'Uzès et qu'il transpose en son livre, sans trop de scrupules, parmi les alentours agrestes de Montpellier. Petit transfert géographique dont les inconvénients sont minimes, puisque les techniques de céréaliculture ainsi que d'oléiculture ou de viticulture sont à peu près les mêmes en pays d'« Uzège » comme en région montpelliéraine. Platter donne bien sûr au secteur viticole toute l'importance qui lui revient, dans ces plaines, coteaux et garrigues de Bas-Languedoc qu'il a fini par bien connaître. Mais la culture de l'olivier, sous sa plume, occupe elle aussi une place de choix. Le Languedoc, *das Land wo die Oliven blühen*, est en pleine fièvre oléicole, en effet, tant au XVIe siècle que (à un moindre degré néanmoins) pendant les années 1595-1610. Et Platter « se régale », pour employer une expression chère aux Méridionaux, au vu d'une écologie méditerranéenne que caractérise effectivement l'arbre à huile, et dont jusqu'alors il ignorait presque tout, si l'on met à part les récits oraux de voyages dont son frère aîné sans doute n'était point avare, au temps de l'enfance et de l'adolescence bâloise de Thomas jeune.

Du 13 au 16 octobre 1595 : journées d'excursions botaniques, et autres, en direction de l'ouest et du sud-ouest, du côté de Balaruc, de Frontignan, de la montagne de Sète (la ville de ce nom n'existe pas encore). Platter « botanise » avec ardeur, s'exerçant ainsi sur le terrain à la pratique d'une discipline qu'il enseignera officiellement, quelques années plus tard, dans sa ville natale bâloise.

Balaruc, site de thermalisme, est alors une localité en pleine croissance, au titre de la puissante reprise économique qui se fait sentir un peu partout dans le Midi, lors de l'essor ou de la phase de récupération typique des années d'après guerre. La promenade botanique implique de surcroît quelques dégustations, tant du muscat de Frontignan que de l'exécrable vinasse du lido de Sète. Les excursions suivantes se donnent elles aussi pour but divers villages lacustres et palustres de la plaine maritime, malsaine, malarienne, infestée de moustiques. Platter fait ainsi connaissance avec Lattes, ancien port maritime, complètement déchu, de la ville de Montpellier ; avec Villeneuve-lès-Maguelonne, et surtout Maguelonne, admirable église littorale et fortifiée, que gouverne un chanoine concubinaire, ce qui bien sûr fait la joie du narrateur, anticlérical à ses moments perdus. Rien de tel pour le revigorer que la fréquentation, fût-elle brève, d'un prêtre quelque peu marginal comme celui-ci.

Le traintrain de la vie académique et urbaine revient ensuite en l'espace de quelques pages, vite expédiées par l'auteur : inscriptions universitaires, exécution d'une femme qui a tué son enfant. Puis nouvelle randonnée, cette fois en direction de Nîmes : Platter ne nous fait grâce d'aucune antiquité nîmoise, à commencer par la Maison carrée. Mais ce démocrate s'intéresse aussi et même se passionne pour le système des élections municipales de Nîmes, tant il est conscient du fait que ce « Midi d'oc » (français) est riche en institutions représentatives, comparables jusqu'à un certain point à celles dont on jouit entre le haut Rhin et le lac de Genève. L'étudiant, toujours soucieux de folklore, collecte au passage une belle légende locale, relative aux géantes mélusiniennes et filandières qui, la quenouille sous le bras, avaient charrié sur leur tête les grosses pierres destinées à la construction de l'amphithéâtre de Nîmes.

Au-delà de cette ville, sur la route d'Avignon, un peu contournée pour la circonstance, Thomas effectue un exercice de reptation qui lui permet de franchir le pont du Gard en passant par son étage le plus élevé, extrêmement étroit. Il note aussi, dans cette même région, le vif essor – à la Sully, à la Olivier de Serres – des plantations de mûriers séricicoles. En Avignon[1], un quidam conte à Thomas, toujours à l'affût, un petit mythe qui traîne parmi les racontars de la ville, et qui fait penser à ce que sera, en Angleterre, la conspiration des Poudres. Il s'agit d'élucider la raison pour laquelle les papes ont cru bon, dans le temps passé, d'abandonner pour toujours leur résidence avignonnaise inaugurée en 1309. L'explication serait la suivante : le frère du pape Grégoire XI ayant séduit mainte bourgeoise de la ville, le souverain pontife, éclaboussé par le scandale, est contraint de s'enfuir au grand galop de ses chevaux de poste, après avoir exterminé à coups d'explosifs les principaux notables de la cité réunis dans une grande salle. Mélange de

---

1. L'expression « en Avignon » n'est pas correcte au gré des puristes ; mais, euphonique, elle est passée dans l'usage, le nôtre y compris.

folklore avignonnais et d'antipapisme viscéral, l'histoire a tout de même une part de vrai, car le pape en question fut effectivement contesté par de puissantes révoltes citadines.

D'Avignon, Platter descend sur Arles. Là aussi, il est à la recherche des récits qui se colportent : sous l'Empire romain, on engraissait chaque année, aux frais de la cité arlésienne, des enfants pour les offrir en sacrifice aux dieux. Confusion de Rome avec Carthage ? Un peu plus loin, en pleine campagne, trois colonnes se dressent : elles marquent les points de chute des bonds prodigieux que le grand Roland est censé avoir effectués d'un de ces piliers jusqu'au suivant. Belle histoire « totémique », enfin, de la famille noble et locale des Porcelet. Les Lusignan descendent d'une serpente ; les Bassompierre, d'une fée[1] ; les Porcelet, non pas d'une truie certes, mais d'une femme qui avait la fécondité d'une truie, au point que l'analogie symbolique en devenait criante.

Un peu plus loin, à Aigues-Mortes, chômage et putréfaction : les habitants de la ville sont « désoccupés ». Car le plat pays n'est que marécage. Nul travail agricole n'est disponible qui pourrait fournir des emplois aux habitants d'Aigues-Mortes. Il est très rare que des voyageurs ou des observateurs d'Ancien Régime fassent allusion au fléau du chômage, pourtant répandu dès le XVIe siècle. Le texte de Platter, qui signale expressément cette situation fâcheuse, est donc l'exception qui confirme la règle. Quant à la putréfaction (rapide), Thomas se borne à nous parler d'un cimetière du cru où les cadavres se consument totalement dans les vingt-quatre heures. Il ne reste d'eux que de la terre : « On a peine à le croire. » En effet... Retour à Montpellier par le village de Pérols où le voyageur prend connaissance, *de visu*, d'un chaudron-solfatare profond d'un pied, émettant des vapeurs empoisonnées. On ne compte plus les animaux, chats, poules ou pigeons, qui en furent victimes. L'eau de cette source a-t-elle été polluée, souterrainement, par une veine de mercure ?

Le nouveau séjour montpelliérain est de courte durée. Le 4 avril 1596, les professeurs cessent leurs cours. Fin de l'année scolaire. Elle avait commencé le 23 octobre 1595. Seules conti-

---

1. Tallemant des Réaux, *Historiettes*, Paris, Gallimard, « Bibliothèque de la Pléiade », 1960-1967, I, p. 594 *sq.*

nuent, après la fin d'avril, les soutenances de thèses et autres événements promotionnels. L'heure est donc, une fois de plus, aux excursions. Au bord de la mer, d'abord, où notre auteur assiste à la grande pêche au *bouliech*, immense filet que deux équipes de vingt personnes chacune tirent au sortir de la mer. Pêche miraculeuse ? Platter expédiera vers Bâle quelques spécimens remarquables parmi les poissons recueillis de la sorte. C'est pourtant le nord qui tente maintenant notre carabin. Une expédition vers les garrigues « septentrionales » l'amène jusqu'au village de Saint-Paul-et-Valmalle, où il assiste au soufflage du verre par des gentilshommes spécialisés. Ce monopole de la fabrication du verre, réservée à de nobles travailleurs, réconcilie Platter, pour quelques heures ou pour quelques journées, avec la noblesse française. Car il avait peu apprécié jusqu'alors les nobles dauphinois qui pressuraient le contribuable en faisant exempter d'impôts leurs propres terres, progressivement acquises par eux-mêmes. Et il n'estimait guère la noblesse arlésienne, rencontrée lors d'un précédent voyage et toujours en quête elle aussi d'immunités fiscales parfaitement injustes.

Puis retour à la mer ou à la côte : Balaruc, où une fois de plus – prospérité n'a pas de loi – Platter s'émerveille de la fièvre de construction qui saisit ce bourg ou qui va le saisir. Partie de pêche, ensuite : à quelques encablures du rivage, c'est un grouillement de langoustes, de homards, de seiches dont nous n'avons plus idée, tant la Méditerranée, ou du moins le golfe du Lion, s'est appauvri depuis. Un ange de mer, espèce de squale, innocemment déposé après capture dans le fond de la barque, mord cruellement les mollets d'un vieux matelot. Il faut assommer ce « fauve » à coups de rame. Le folklore, là encore, n'est pas en reste : la fête de saint Jean-Baptiste, la « Saint-Jean », en particulier est l'un des points forts de cette escapade plattérienne. Les jeunes Languedociens tirent ce jour-là au *papagei*, ou perroquet, oiseau d'importation dont la réplique indigène, tout de bois construite, sert de cible aux arbalétriers comme aux arquebusiers. Les groupes de garçons, soigneusement observés par notre homme, pratiquent aussi des rites de fécondité : ils sautent par-dessus les feux de la Saint-Jean, dont les cendres serviront ensuite de porte-bonheur. Rites de purification également : la Saint-Jean marque en effet le point de départ populaire des premières (et dernières ?) baignades maritimes de l'année, comme c'était encore le cas il n'y a pas si longtemps en Corse, aux Philippines et dans tant de pays catholiques. Thomas prend sa juste part de ces ablutions natatoires... et manque de se noyer près du bord de mer.

Sur le chemin du retour, consommation de la chair exquise de lapins de garrigue, dans d'anciens bâtiments religieux, sécularisés pendant les toutes récentes guerres civiles, et situés entre la mer et Montpellier. Autre excursion du même genre, encore, en compagnie d'un prince de première grandeur, en visite dans la France méridionale. Il s'agit du jeune comte de Nassau. Démocratiquement, ce touriste bien né refuse de bénéficier d'un lit pour lui tout seul. Il couche sur la paille, sans se déshabiller, en compagnie de l'équipe plattérienne. Un autre déplacement aux fins d'herborisation en direction de la côte, mais cette fois vers le sud-ouest, fournit l'« opportunité » d'un séjour nocturne chez deux sœurs, aubergistes accortes, apparemment célibataires. Elles semblent avoir eu quelques bontés pour l'étudiant et pour son camarade. C'est l'une des rares allusions vaguement sentimentales, sinon érotiques, de l'ouvrage.

Le Nord, de nouveau (juillet 1596) : Platter va traverser, pour le coup, des localités presque entièrement huguenotes (Ganges, Sumène, Le Vigan). Il prend ainsi contact pour la première fois avec les Cévennes protestantes. L'immigration de nombreux religionnaires des environs, ou venus de zones plus lointaines, et la culture intensive des châtaigniers – plantes nourricières, forestières, alimentaires, défensives – ont transformé ces moyennes montagnes en presque imprenables bastions calvinistes. Du haut de l'Espérou, le rédacteur de la *Beschreibung* manifeste une authentique sensibilité au paysage montagnard ; on aurait tort de la croire inventée, en une époque bien ultérieure, par Jean-Jacques Rousseau, Saussure ou les Romantiques.

À la « redescente » des Cévennes, Platter passe par le village entièrement catholique de La Roque, près de Ganges. Car Cévenols (ou Subcévenols), c'est chacun pour soi : les « papistes » se sont concentrés dans telle localité, les huguenots dans telle autre. La puissance de l'Église romaine, à La Roque, serait-elle de mauvais augure au gré d'une psychologie plattérienne volontiers hostile au « papisme » ? Le brigandage en tout cas est proche ; notre auteur ne se fait pas faute de le signaler, en narrant l'aventure et les nombreux avatars du capitaine Aragon, hercule de foire et bandit de grand chemin. Il opérait dans la montagne, et en contrebas. Le connétable de Montmorency a fini par l'incarcérer aux fins d'exécution capitale, après l'avoir utilisé longtemps comme homme de main et même comme « gorille ».

Du 9 au 12 août 1596, notre étudiant fait un bref séjour à Montpellier ; à son habitude il traite cette ville en camp de base, excluant maintes fois la résidence prolongée. Il prend tout de même connaissance, pendant ces quelques jours, des collections de feu Laurent Joubert, le grand savant montpelliérain. Elles furent mises au pillage par le connétable de Montmorency, après décès de leur propriétaire. Le connétable indélicat a pourtant laissé sur place quelques beaux restes, en fait d'animaux empaillés et autres *curiosa*. Par exemple un onocrotale, un caméléon, un veau marin, une grande chèvre à deux têtes, un petit crapaud de mer ; un coq de mer du genre *remora* (?), spécialiste de l'électrocution des matelots ; un crocodile de dix pieds de long ; une mandragore éventuellement grandie sous la potence ; un cochon à huit pattes ; de la résine de diamant, ou « gemme de gemme » ; de l'écume de mer, desséchée ; des pierres d'aigle ; des dents de lion ; des calculs extraits de la vessie d'un homme de soixante ans ; le tibia d'un syphilitique ; des colliers d'anthropophages américains ; des camées ; une paire de gants enfermée dans une noix ; un manuscrit en provenance d'une momie ; un couteau avalé de force par un paysan, et qui s'était frayé chemin jusqu'à l'aine de ce personnage, en laquelle Joubert avait récupéré l'objet, sans dommage corporel pour le porteur ; des côtes de baleine ; une tortue de mer accrochée au plafond et dont l'estomac se hérissait de dents comme la peau d'un hérisson... On croirait lire un inventaire notarial de l'époque baroque, revu et corrigé par Molière... ou par Jacques Prévert. On note cependant le caractère fort peu botanique de cette liste, révélatrice des préoccupations surtout zoologiques et anthropologiques de Laurent Joubert, mandragore mise à part.

Un peu plus tard, à Marseille, Thomas s'adonnera de nouveau à sa manie d'énumération, devenue plus judicieusement classificatrice en la circonstance. Il rangera, par ordre croissant ou par « taxinomie » de prestige, les navires présents dans le Vieux Port ou aux alentours, en sept catégories : les simples barques et canots ; les tartanes ; puis, par utilisation de termes provençaux, en une langue méridionale que Thomas II désormais connaît bien, les *mezas barquas* à deux étages ; les gros vaisseaux de commerce ; les grands et puissants navires de négoce et d'embarquement de la soldatesque, ou *naves* ; les mêmes, *naves* aussi, mais carrément équipé(e)s en navires de guerre, avec des canons ; enfin le bâtiment de suprême élégance... et de misère noire, dont l'efficacité navale prête à discussion : la galère.

Le 12 août, nouveau départ, en compagnie d'un camarade originaire de Bâle, étudiant cosmopolite et botaniste qualifié, Heinrich Cherler. L'excursion est brévissime, en direction du Sud-Est proche ; elle est néanmoins significative, à propos d'une grosse bourgade protestante et donc vraisemblablement « pistonnée », compte tenu des circonstances régionales et nationales. Cette bourgade, c'est Marsillargues où vient tout juste de s'établir, à juste titre, par ordre du roi ou de ses agents, un marché hebdomadaire. Animation économique, encouragée qui plus est par l'État.

Les derniers mois de l'année 1596, qui correspondent aussi aux débuts du cycle universitaire annuel, sont beaucoup plus sédentaires, voire « pot-au-feu ». Thomas junior apprend assidûment la langue française dans une pension de famille qui offre pour ce faire les meilleures possibilités, étant donné les pensionnaires (français d'oïl, vraisemblablement) qui s'y logent. Quant au parler languedocien, Thomas *picks it up*, il le « ramasse » sans beaucoup d'efforts, dans ses conversations de ville et de campagne avec les « autochtones ».

Février 1597 : voyage marseillais, maritime pour le coup : le déplacement s'effectue en tartane, toutes formalités de passeport ayant été réglées préalablement. Au large du bas Rhône, le carabin a l'occasion, non sans effroi, d'apprécier les qualités manœuvrières des capitaines de barques provençales. Aux Trois-Maries (nos Saintes-Maries-de-la-Mer), bourgade quadrangulaire qui conserve les corps de ce trio féminin, Platter une fois de plus distingue avec soin les villages-rues des villages en forme de rectangle ou de carré, *castrum* ou *castra* romains, telle qu'en effet la localité des Trois-Maries. C'est aussi en ce lieu que Platter s'intéresse, de façon approfondie pour la première fois, au problème des reliques (locales). L'ancienne tradition protestante à laquelle se rattache discrètement le Bâlois lors de son voyage à Marseille leur est souvent hostile, et pour des raisons compréhensibles. Elle y voit un vestige de superstition païenne (vénération ridicule de restes de cadavres, etc.). De nos jours, y compris dans le monde genevois et anglo-saxon de la Réforme, on est volontiers plus nuancé : un Peter Brown, par exemple[1], souligne que le culte des saints en général et celui de leurs reliques en particulier établissait un lien très fort entre Dieu et l'homme, celui-ci fût-il un corps mort, ou un reliquat de corps ; alors que le paganisme, moins « humain » à sa manière, s'intéressait volontiers, lui, au culte d'objets non anthropologiques tels que rochers, forêts, arbres, cours d'eau, etc. La relique, si ridicule qu'elle puisse paraître en certains cas – au gré des hommes éclairés de notre temps, qui moquent volontiers la conservation, en tel sanctuaire, du « prépuce de Notre Seigneur Jésus-Christ » –, pouvait constituer un « progrès », en tout cas un changement d'orientation, en style « humaniste », et loin d'être entièrement négatif. Les Platter eux-mêmes, parfois (mais pas toujours) « voltairiens » ou pré-voltairiens à l'égard des reliques, leur accordent néanmoins beaucoup d'attention. C'est le cas de notre Thomas junior, si ambivalent qu'il puisse être à ce propos en certaines occasions ; ce sera le cas aussi d'un de ses descendants authentiques, *Monsieur Platerus* (*sic*), à l'époque louis-quatorzienne[2], détenteur d'un précieux reliquaire qu'il montrera fièrement, sans la moindre ironie, à des amis catholiques et français, eux-mêmes heureux d'en prendre connaissance, et tout ébahis de trouver « ça » chez un « parpaillot ». S'agissant des Trois-Maries, Thomas Platter à vrai dire se borne à noter, attentif, les soins jaloux dont font l'objet les corps défunts de ces dames, soigneusement conservés sous triple clef, par les trois autorités régionales : parlement d'Aix, municipalité d'Arles, et leaders locaux de la petite bourgade « tri-mariale ».

L'arrivée à Marseille incite Platter à quelques réflexions antifrançaises dont ce francophile impénitent, d'ordinaire, est peu coutumier : il note en effet que les Marseillais ont remplacé

1. Peter Brown, *Le Culte des saints*, Paris, Cerf, 1984, p. 13 *sq.*
2. Claude Reichler, *Le Voyage en Suisse*, Paris, Robert Laffont, « Bouquins », p. 154.

l'habile délicatesse de leurs ancêtres grecs par l'inculture des
Barbares ; cette décadence, à l'en croire, coïncide avec l'implantation marseillaise du pouvoir des rois de France ! La
« pointe » gallophobe est exceptionnelle sous une plume platt-
térienne ; elle n'empêche pas Thomas II, tant s'en faut, de suivre
comme à la loupe et sans trop d'antipathie les progrès marseillais
de la force militaire française, pendant l'une des décennies
heureuses et vigoureuses du règne d'Henri IV (1597-1606). Il
prend bonne note en particulier de la construction de nouvelles
forteresses royales au lieu dit Les Deux-Îles, construction dont
il suivra le progrès, par correspondance, tout au long des années
postérieures à son passage dans la ville. Le jeune Bâlois serait-
il, outre ses activités touristiques, en mission de renseignement,
voire d'espionnage pour le compte de la ville de Bâle ? La question mérite au moins d'être posée, quand on considère les très
nombreuses descriptions détaillées de « bases militaires » (fortifications, châteaux forts, enceintes de villes) qui parsèment l'ouvrage de Platter.

Quoi qu'il en soit, ce que nous appelons aujourd'hui le
« vieux port » de Marseille lui laisse le souvenir d'odeurs
ignobles, insoutenables. Car ce havre fonctionne aussi, en dépit
des curetages et dragages périodiques, comme bassin de déjec-
tion de toutes les ordures de la ville. L'infection physique qui
offense ainsi les narines – à laquelle il finit par s'accoutumer –
ne peut se comparer qu'à l'infection morale, et corporelle, dans
laquelle croupissent les galériens auxquels Platter lui-même a
rendu visite. Chez cet homme qui porte, en général, peu d'attention à l'ultra-pauvreté des très « basses » classes (en dépit de
l'enfance absolument misérable de son propre père, mais il l'a
si peu connu...), il y a là, s'agissant des galères, comme un
« flash », un regard d'humanité, de sensibilité qui n'est pas si
fréquent dans sa prose. Regard d'honnêteté, aussi : le jeune duc
de Guise, gouverneur de Provence, s'est récemment emparé d'un
très gros navire italien, ce qui après tout était conforme aux lois
de la guerre, alors déchaînée ; mais Guise en a profité pour faire
main basse, à titre personnel, sur toute la cargaison de ce bâtiment (vins d'Espagne, cochenille et le reste). Ces hauts faits ou
méfaits sont décrits sans aménité par notre auteur, qui s'était
déjà montré sévère pour les voleries d'un autre grand seigneur,

le connétable de Montmorency, pillard des collections de Laurent Joubert. Pour en revenir au duc de Guise, il avait également dérobé, nous dit Platter, toute une écurie de chevaux de race ayant appartenu au « dictateur » marseillais Casaulx, après l'assassinat d'icelui. Par ailleurs, Guise est un opportuniste qui a laissé tomber sans scrupules l'ultra-catholicisme ligueur de son père ou de son oncle, et ce afin d'embrasser la cause royaliste, dorénavant triomphante.

La politique marseillaise était, et demeure, difficilement déchiffrable aux Septentrionaux ; elle n'est évoquée que par un court exposé plattérien. Elle fait place, sous la plume de notre homme, à des considérations concernant la sociologie locale, telle qu'on peut l'inférer des modes féminines ayant cours sur la Canebière. Les dames de la haute société citadine, épouses de grands négociants et autres, enfilent des bas de soie ; elles portent corsages et manches rouges, en taffetas, satin ou velours ; et des jupes de même étoffe, mais vertes, bleues ou jaunes, ce qui les fait ressembler à des perroquets. Quant aux bourgeoises de la classe moyenne, leurs accoutrements sont eux aussi bariolés, dès les jours ouvrables ; leurs bras sont couverts de manches en toile piquetée, jaune ou blanche ; à la taille, elles portent une camisole de laine, très longue (Thomas a visité Marseille en hiver), avec une courte combinaison colorée par-dessus.

Platter a bien senti par ailleurs, en tant que témoin, l'admirable accord marseillais... tissé de profonds désaccords et de contradictions, qui s'établit (comme en Avignon) entre les festivités carnavalesques, ou crypto-carnavalesques, et les démonstrations religieuses. C'est le cas, dans la cité phocéenne, lors de la commémoration annuelle de l'assassinat de Casaulx, « dictateur » local dont la mort récente a libéré la ville du joug de l'Espagne inquisitoriale. Cet anniversaire donne lieu à des festivités dansantes un peu partout, chez le duc de Guise, chez les consuls et *tutti quanti* : voltes, pavanes, branles, gaillardes ; jeux d'argent considérables ; distribution de cannelle, dragées, vins de Malvoisie... Mais le Consulat et les autorités religieuses organisent simultanément – toujours à titre commémoratif, en l'« honneur » de la mort de Casaulx, et pour se féliciter de celle-ci – une procession baroque, au cours de laquelle sont portés en grande pompe la tête évangélique de Lazare et le bras droit tout entier de saint Victor, enchâssé dans de l'argent doré. Cependant que les pénitents qui défilent se fouettent les uns les autres à intervalles réguliers. Comme toujours vis-à-vis des reliques et reliquaires, Thomas II oscille entre une fascination de bon aloi pour ces vestiges du premier christianisme (voyez précédemment sa visite aux Saintes-Maries-de-la-Mer) et une certaine méfiance, typique de la modernité protestante ou de la modernité tout court. Par exemple, la grande et belle cruche conservée à l'abbaye marseillaise de Saint-Victor est-elle vraiment le vase qui a servi au Christ pour laver les pieds des apôtres ? Ou serait-ce la « marmite » en laquelle les pieds de Jésus furent baignés par Marie-Madeleine ? Ou bien ne s'agit-il pas tout simplement, note Thomas junior avec un brin d'humour, de certain type d'urne funéraire où les Romains déposaient les cendres de leurs morts ? La même attitude de réserve se retrouvera à l'étape d'Aix-en-Provence, le 19 février 1597 : « On dit que, chez les moines jacobins de cette ville, une ampoule est conservée qui contient quelques gouttes de ce sang que le Christ a répandu pour nous sur la croix. On ajoute que, le Vendredi saint, ce sang se dilate de façon à remplir toute la fiole ; ensuite, il revient à son volume primitif. Mais, en vérité, je n'ai pas vu cette ampoule. » L'évidence quant au Christ, incontesté, s'accompagne chez Platter d'un doute implicite quant à la réalité du miracle « sanguin » proposé de la sorte aux foules provençales.

Dans la principauté d'Orange, qui succède au séjour aixois, Platter signale quelques destructions dues aux récentes guerres, quelques traces aussi du ci-devant fanatisme ligueur dont les capacités répressives inspirent encore une certaine crainte. Lors d'un dîner dans une auberge, c'est seulement en secret, dans une chambre à part, qu'on lui sert du canard par temps de jeûne : l'aubergiste a peur des sanctions pénales, en cas de révélation du délit. Mais ce ne sont là que survivances du conflit : en Provence comme ailleurs, sous l'égide des Guise de la dernière cuvée, plus tolérants que ceux de la génération précédente, l'« édit de Nantes » est appliqué dans les faits avant même d'être promulgué littéralement par l'acte législatif qui portera ce nom.

Le retour à Montpellier ne donne lieu qu'à quelques épisodes mineurs : jolie description du château quadrangulaire de Pont-sur-Sorgue, avec sa fontaine ravissante en position centrale... et ses toits percés ; échange de manteaux d'occasion chez un fripier (juif ?) de la cité papale ; excursion à Remoulins où, chaque année, saint Jean-Baptiste, au jour de sa fête, expulse les scarabées dévastateurs (*scarabasses*) de la tour qui porte leur nom ; casse-croûte mouvementé à Lunel, enfin, où Platter et son compagnon se querellent vivement avec un maître de poste.

À Montpellier, à partir de mars 1597, la fin d'hiver est très neigeuse ; les oliviers sont écrasés par la neige. Du « jamais vu » ! C'est toujours ce qu'on dit dans ce cas, mais il est vrai que le « petit âge glaciaire » est alors en pleine force. Le 22 mars, Platter est fait bachelier de médecine, après « disputation » sur un thème essentiel : le dessèchement (de quoi ?) est-il une indication d'ulcère ? Examen passé avec succès. Titulaire dorénavant du baccalauréat, le carabin pourra exercer la médecine ou, du moins, s'exercer en médecine dans telle localité du Languedoc en laquelle, selon le terme convenu, il aura l'occasion, jeune apprenti médicastre, de « remplir son premier cimetière ». Le choix plattérien, dans la circonstance, va se porter sur Uzès, ville huguenote, et par conséquent accordée aux convictions de l'aspirant-médecin.

9 avril 1597 : départ pour Uzès. En route, à Bagnols-sur-Cèze, le voyageur est reçu par Pierre d'Augier ou Daugier : c'est un *self-made man*, ancien étudiant en médecine et devenu, après une belle progression de carrière, gouverneur bagnolais. Magicien à ses moments perdus, Daugier avait fourni à une jeune femme, dit-on, un anneau qui permettait à celle-ci d'évoquer un esprit familier, *spiritus familiaris*, et d'en obtenir des services... jusqu'à ce qu'elle en meure prématurément. Thème faustien, qui se répand à l'époque (voir le *Docteur Faustus* de Marlowe, édité quelques années plus tard, en 1604). L'historien Alfred Soman[1] a bien montré (pour la France) qu'au règne des sorciers et sorcières, qui culmine vers 1595-1600, va succéder le temps des magiciens qu'illustrera, dans les flammes d'un bûcher, Urbain Grandier en 1634... Pierre Daugier serait-il un précurseur ? Quoi qu'il en soit, inquiet, rompant les chiens, Thomas s'empresse de quitter ce personnage suspect, et il part pour Uzès.

---

1. Alfred Soman, *Sorcellerie et justice criminelle : le parlement de Paris (XVIe-XVIIIe siècle)*, Variorum (Londres, New York), 1992.

Au préalable, en son auberge bagnolaise, il a tout de même potassé, de jour et de nuit, ses notes de cours montpelliéraines, pour être mieux à même de soigner les malades et patients de l'Uzège[1], en particulier ceux qui souffrent des écrouelles, maladie répandue dans la région. La ville d'Uzès, fort protestante, disions-nous, a souffert des guerres de Religion. Principales victimes : les faubourgs, comme à Genève et à Montpellier. La cité elle-même *intra muros*, quant aux maisons, paraît intacte et la reprise économique est vigoureuse dès 1597, en raison notamment des possibilités qu'offre l'industrie textile, épaulée dans l'environnement rural par une céréaliculture tout à fait vivace. Le Bâlois, comme si souvent dans son œuvre, se montre volontiers démocrate : il note les rapports complexes, à la fois positifs et vigilants, qui s'établissent entre une municipalité locale librement élue et la famille des ducs d'Uzès, certes « régnante » et suzeraine, mais pas nécessairement souveraine parmi les habitants de l'Uzège, tant citadins que paysans. Platter complète ses relations avec la riche roture et la ducalité par quelques contacts en direction de la cléricature catholique du voisinage, initiative qui de sa part est assez exceptionnelle. La rencontre plattérienne avec un curé de village se produit à l'occasion d'une visite (médicale) chez un villageois mourant, atteint d'infections à la vessie, propagées jusqu'aux intestins et aux poumons.

Notre auteur, d'autre part, est cordialement reçu chez un notable catholique « richissime » (selon les critères locaux). Il s'agit d'un marchand d'Uzès, Monsieur Carsan, marié il est vrai à une protestante. Heureusement marié, qui plus est. Chez ce personnage, Platter est confronté, pour la première fois semble-t-il, aux cérémonies de la bûche de Noël et son texte constitue, dans la littérature folklorique française, la première description de ce rite de fécondité qu'est la bûche solsticiale, contrepartie calendaire d'autres festivités à contenu analogue, mais de forme un peu différente, observées lors de la Saint-Jean. Solstice d'hiver (la bûche « noéliste ») et solstice d'été (les feux de la Saint-Jean) manifestent ainsi, de part et d'autre, des préoccupations similaires chez les Languedociens, soucieux de la fertilité des champs et de la reproduction du bétail.

---

1. Uzège : le pays d'Uzès, ville incluse.

Le long séjour uzégeois (avril 1597-octobre 1598) fut entre-coupé, au fil du récit plattérien, par une visite aux foires de Beaucaire, parées là encore de toutes les grâces d'un retour de prospérité de fin de siècle et de reconstruction de l'économie. Thomas y contemple même une démonstration de puces savantes, nourries sur le bras d'une jeune fille.

Uzès toujours : les mois d'hiver sont voués, d'après la *Beschreibung*, aux soins médicaux distribués à la population locale. Et puis, en phase printanière (1598), c'est le grand départ, le moment pétrarquiste, le lien enfin matérialisé avec la Renais-sance italienne, consacré par une longue visite à la fontaine de Vaucluse et par une excursion au mont Ventoux. Comme souvent chez Thomas, les références littéraires et les tendres pensées rétrospectives pour Laure de Noves, aimée du poète toscan, sont mêlées de considérations prosaïques, relatives à l'élevage du mouton et aux escroqueries des bergers dans les zones de pâturage du Comtat Venaissin. L'ascension du Ventoux fait figure de prélude, à la fois religieux et touristique, par rapport à ce que sera, l'année suivante, la montée aux ermi-tages d'altitude du monastère de Montserrat, dans l'Espagne de Philippe II, lors de l'excursion catalane de l'auteur.

Ayant triomphé du Ventoux, Thomas, descente faite, file sur Carpentras. Le texte plattérien, dès lors, est assaisonné de réflexions d'ordre général sur le Comtat des souverains pontifes, fussent-ils absentéistes. Les méditations du Bâlois, nullement « papophobes » en l'occurrence, sont topiques, en dépit de leurs apparences quelque peu triviales. « Le plus beau pays, le plus fertile qu'on puisse trouver dans le monde », s'écrie l'Helvète à propos de la région d'Avignon et de Carpentras. Fions-nous sur ce point aux recherches de l'archiviste avignonnais Hyacinthe Chobaut, qui compulsera en notre temps les registres notariaux de la Renaissance et de l'âge baroque. Ces enquêtes sur dossiers montrent bien que l'agriculture et spécialement l'horticulture comtadines, stimulées par la demande en provenance de la cour pontificale, même en l'absence physique de Sa Sainteté, sont parmi les plus inventives, les plus raffinées, sophistiquées du XVIᵉ siècle, par rapport à d'autres régions méditerranéennes. Richesse des jardins... et fertilité des légendes : à Carpentras, les chanoines du chapitre cathédral de Saint-Siffrein se montrent fort accueillants envers un jeune voyageur « allemand » (*teutsch*) dont ils n'ignorent pas, pourtant, les convictions protestantes. Ils lui font part d'une très belle version d'une histoire d'un clou de la croix du Christ, transformé en mors de cheval et transporté jusqu'à Saint-Siffrein, où ce « clou-mors » guérit les possédés. Platter écoute avec patience et prend des notes ; il ne manifeste aucune ironie destructrice à l'égard de cet intéressant récit.

Quelques jours plus tard, Thomas II prend contact, au gré de son itinéraire vauclusien, avec le « féodalisme » régional, tel qu'il s'incarne au mas de Jonqueyrolles, propriété d'une dame de Servery, amie de cœur, semble-t-il, du jeune Bâlois. Il est spécialement frappé, *in situ*, par la spectaculaire bâtisse du pigeonnier, grosse machine à extraire, *via* le système digestif des pigeons, le grain des parcelles paysannes, ainsi transformé en viande et en fumier de pigeon, au profit du propriétaire seigneurial, celui-ci pouvant posséder, selon le cas, un mas rhodanien ou une grande ferme normande, voire francilienne...

Au prélèvement seigneurial, dont la tour « pigeonnière » n'est qu'une des multiples modalités, fait suite le prélèvement fiscal : au pont Carbonnière, proche des salins de Peccais, nouveaux objectifs d'enquête de l'Uzégeois momentané mais toujours itinérant qu'est devenu Platter, celui-ci constate la présence d'un peloton de soldats assez impressionnants pour que la douane locale puisse prélever sans encombre les taxes, d'origine « saline » et autre, qui pèsent sur les convois franchissant cet ouvrage d'art. Les salins de Peccais sont l'une des entreprises – au sens moderne et même capitaliste du terme – les plus considérables de la France de ce temps ; Thomas ne s'y trompe pas, qui les met au rang des moulins de Toulouse, des fabriques de rapières de Vienne et des ardoisières de Trélazé, qui font tous figure de monstres parmi la multitude prédominante des petites exploitations de l'époque, tant agricoles qu'artisanales. Platter note à propos de ces salins de Camargue la présence locale d'une main-d'œuvre temporaire, estivale et volontiers rétive, celle des Cévenols qui descendent de leurs montagnes pour le ratissage et le ramassage du sel. Les salins sont, pour le roi, source importante d'argent liquide, voué au paiement des salaires ou « gages » des officiers de cours souveraines, personnages influents et nombreux en Languedoc, tant à Montpellier qu'à Toulouse.

En fait d'argent public, Thomas, revenu momentanément à Montpellier (juin 1598), s'intéresse sur le mode ponctuel à cette autre réalisation remarquable, pour l'usage des étudiants en médecine, qu'est le jardin botanique de Richer de Belleval, financé par le souverain. Les plantes y sont classées, en style écologique, par lieu d'origine et de croissance : forêt, garrigue, palus... Création assez géniale, mais fragile : la survivance du jardin, de l'*Hort*, dépend en effet de l'octroi, toujours précaire, d'une subvention royale.

27 juin 1598 : paix de Vervins, entre Espagnols et Français. Une crainte paranoïaque relative à d'éventuelles épidémies pesteuses sévit à Montpellier en ce temps-là ; elle n'empêche point que cette paix soit acclamée, proclamée par les trompettes professionnels, à tous les carrefours de la ville. Le traité de Vervins m'apparaît à bonne distance temporelle, en lisant Platter, et même en faisant abstraction de cet auteur, comme un acte nettement plus important qu'un certain édit de Nantes dont on nous rebat parfois excessivement les oreilles, et auquel Platter, lui, s'est assez peu intéressé. L'édit de Nantes en effet se borne à constater une situation de coexistence mutuelle interconfessionnelle, déjà presque entièrement réalisée (en Languedoc de l'Est à tout le moins) depuis un certain nombre d'années ; elle va se perpétuer tant bien que mal, pendant plus de deux générations, malgré les grosses « bavures » à venir, celles de 1621-1630, qui n'auront qu'un temps et bien sûr celle, atroce, de 1685. « Vervins » en revanche met réellement fin à une situation de guerre effective avec Philippe II, conjoncture qui se révélait néfaste en particulier pour les intérêts des Français des zones littorales du golfe du Lion. Platter en est tellement conscient que, dès la fin de juin 1598, il commence à préparer le grand voyage qu'il va effectuer outre-Pyrénées, et dont le récit sera l'un des textes majeurs de la *Beschreibung* telle qu'il la rédigera lors de son retour à Bâle, aux premières années du XVIIe siècle.

Le 2 juillet 1598, notre auteur expédie, en direction de Bâle, des scorpions vivants qu'il a capturés sur le terroir d'un village de garrigue. L'envoi s'est fait dans les conditions d'improbable survie que l'on devine, compte tenu de l'époque, des délais et méthodes de transport, etc. Alors toutes ces bestioles périssent... sauf une qui arrive vivante dans la cité rhénane. Thomas dira son désappointement de ce qu'il n'y ait ainsi qu'un seul scorpion rescapé. Nous serions plutôt émerveillés, nous, au contraire, par cette belle performance. Mais ne dit-on pas, de nos jours, que le scorpion est l'un des êtres vivants qui résistent le mieux aux pires épreuves, radiations atomiques comprises ?

9 juillet 1598 : retour à Uzès. Puis excursions aux alentours d'Alès. « Botanisation », une fois de plus. Constatation de dégâts dus aux sangliers. Pique-niques divers. Visite des jardins et vergers d'Alès, appartenant au connétable de Montmorency. On y cueille même des noix qui n'ont pas de coquilles ! On trouve aussi, en ce parc, des pavillons labyrinthiques à banquettes de gazon vert, dans lesquels le fils du connétable entraîne ses conquêtes féminines. La fréquentation des juives d'Avignon, hélas, a coûté la vie à ce jeune homme (c'est la seule allusion dans le texte de Thomas, d'ordinaire presque entièrement judéophile, à l'existence et au fonctionnement d'une éventuelle prostitution juive en Avignon).

16 juillet 1598 : Uzès de nouveau. La fièvre d'aiguillette y sévit. Aiguillette, autrement dit rite de castration magique, cause d'impuissance, frigidité, stérilité, par utilisation des maléfices de sorcellerie à l'encontre d'un couple. Voilà pourquoi les jeunes gens de la bourgeoisie d'Uzès, et d'ailleurs, s'épousent à la campagne, le plus loin possible de leur domicile citadin. Thomas est sceptique quant à l'efficacité des saints du calendrier papiste, et pour cause. En revanche, il est sûr et certain des périls du sortilège d'aiguillette : serait-ce là, pour le coup, le double noyau dur de sa profonde et sincère religiosité – protestante en l'occurrence ? Le Diable et le Bon Dieu, le Démon et le Tout-Puissant, mais ni saints ni Vierge Marie. Après l'aiguillette, anticonjugale par définition, vient le charivari, lui aussi structurellement lié aux problèmes de l'entrée en mariage, que celui-ci soit malheureux ou non. Les coutumes charivariques, si l'on en croit Platter, sont assez courantes dans l'Uzège, en ville notamment. Notre auteur considère même que c'est, avec l'aiguillette, l'une des raisons pour lesquelles le célibat masculin est assez répandu dans les villes languedociennes (Montpellier, Uzès). Cependant que la date des noces, en conséquence logique, est tardive du côté des hommes. Le fait est que les pratiques montpelliéraines, quant aux appréhensions face à l'en-

gagement conjugal et quant au retard des mariages, semblent n'être point isolées : on rencontre des comportements analogues dans les villes italiennes à la même époque (fin du XVIᵉ, et XVIIᵉ siècle). Une étude de démographie historique, sérielle et quantitative à souhait, serait sur ce point la bienvenue.

11 août 1598 : à Nîmes, visite de la collection de curiosités d'un grand magistrat nîmois, un « président ». Les centres d'intérêt du collectionneur, comme dans le cas de feu Laurent Joubert, se rapportent avant tout au monde animal : les objets présents, morts ou vifs selon le cas, forment une liste dont les éléments les plus remarquables sont un crocodile (empaillé ?) et un pénis osseux long comme le bras ayant appartenu à un bœuf de mer. Parmi les animaux encore vivants, une civette, productrice d'excrétion parfumée.

Du 12 au 17 août 1598 : Uzès puis Alès, encore une fois. Tournée locale, près de cette ville, des sources minérales, aussi bien aquatiques que « pétrolifères »... Il s'agit d'abord de la *Font poudende*, la fontaine puante et balnéaire, celle qui sent le soufre. Thomas II, un peu plus tard, utilisera cette eau soufrée pour guérir une fille d'Uzès, atteinte d'un abcès purulent. Ensuite, court trajet jusqu'à un puits d'asphalte, aux orifices démultipliés, dont la poix jadis valait son poids d'or. Mais les prix, en cette extrême fin du XVIᵉ siècle, en queue d'inflation, commencent à chuter. Longue station plattérienne aussi pour contempler, aux abords d'une aire à battre, un épisode de dépiquage du blé. C'est cette même scène uzégeoise qu'a utilisée notre auteur, lors d'un paragraphe précédent, à titre d'illustration, pour son compte rendu sur les caractères originaux de l'agriculture languedocienne, notamment céréalière.

Le 27 août 1598, grande nouvelle : Thomas junior a une « maîtresse » (il utilise, dans son texte allemand, ce mot français). S'agit-il de Marie de Serviers *alias* Servery ou de sa sœur Suzanne ? *Tout à l'œil et un au cœur*, jolie devise de la dame. Très fier, Thomas exhibe, à l'intention de ses camarades allemands, sans cesse présents à l'arrière-plan du récit, cette conquête bien née. Elle fait peut-être simplement l'objet d'un flirt assez poussé, mutuellement consenti.

Le mois d'octobre est montpelliérain, universitaire avant toute chose : Thomas donne dans cette ville quelques conférences

médicales ; elles sont très suivies, compte tenu, il est vrai, de la
« collation », espèce de cocktail que l'orateur offre lors de la
conclusion de sa prise de parole. Il commente, en l'occurrence,
le livre de Galien relatif au petit art de médecine. Et puis, sur sa
lancée, il organise un dernier séjour à Uzès, « pour prendre
congé ». Il a aimé cette ville, tout comme son frère aîné Felix
avait adoré Montpellier. Et de fait le témoignage de Thomas sur
Uzès est infiniment plus sensible et détaillé que celui qui nous
viendra de Jean Racine une soixantaine d'années plus tard, à
propos de cette même ville. Thomas junior a laissé une partie de
son cœur en la personne de la mystérieuse « maîtresse » dont il
faisait parade, comme d'un trophée, à l'usage de ses compatriotes.

Au total, le séjour en Uzège, fort entrecoupé, s'était étalé sur
dix-huit mois (jusqu'au 26 octobre 1598). En Avignon, le Bâlois
ne restera que deux mois, de la fin octobre à la fin décembre de
cette même année. Dans la ville papale, Thomas fait de nouveau
connaissance avec les pratiques religieuses des moines locaux,
prétendument « génératrices », à l'en croire, de miracles ridi-
cules et de richesses temporelles. Le contraste est vif, dès lors
qu'avec notre auteur sont évoquées en contrepoint, les croyances
de la huguenoterie, avec leurs implications heureuses pour la vie
terrestre et pour le salut éternel des chrétiens. Surtout, Thomas
procède, en Avignon toujours, à une enquête tout à fait remarquable, impartiale, sympathique, voire sympathisante, et qui
concerne une autre foi : celle des juifs. Il écrira ensuite, à ce
propos, l'un des plus beaux textes de la Renaissance ou de la
post-Renaissance relativement à cette communauté juive d'Avignon, de cinq cents personnes, dont l'intense dévotion est en
proportion inverse de l'effectif réduit des fidèles israélites. Parmi
les thèmes retenus dans cette enquête, citons les dons de Dieu
que les juifs disent avoir reçus, le rite un peu « déchirant » de
la circoncision, la remarquable hygiène féminine, un certain
puritanisme sexuel, la force et la sincérité des prières.

Le séjour avignonnais nous vaut également une évocation de
la comédie italienne, galipettes et entourloupes en tout genre.
Platter admire, et rit de bon cœur : il sait que ces prestations
théâtrales sont assez merveilleuses et nous savons, nous, qu'elles
préfigurent toute une partie de notre théâtre français du XVIIe
siècle. Thomas les apprécie, mais ne les situe point au même

niveau « qualitatif » que la profonde et authentique spiritualité de ses amis juifs, pour laquelle il a tellement d'estime. Elles sont même par lui, le cas échéant, méprisées. Injustice, de sa part ? L'opposition rhétorique judéo-italienne, « sérieuse-comique », chère à notre auteur, est vigoureusement mise en valeur.

Et pourtant, parfois, on note en cette prose un peu d'« œcuménisme » avant la lettre : au retour d'Avignon, sur la route de l'Ouest, le 25 décembre 1598, Thomas passe à Nîmes. En cette nuit de Noël, le culte huguenot[1] s'éclipse momentané- ment. C'est donc à l'église (nîmoise) des papistes que Platter et ses compagnons s'en viennent écouter la messe de minuit : la musique sacrée ne les déçoit point et l'on y chante toutes sortes de beaux cantiques de Noël. Pour cette fois, nulle ironie, nulle critique, ni pointe agressive n'est sensible ou visible dans les quelques lignes que Thomas consacre à ces vocalises. L'étudiant sait être homme d'ouverture, de temps à autre – et surtout, c'est le cas de le dire, quand ça lui chante...

Quelques journées montpelliéraines encore, et puis c'est le grand départ pour l'Espagne. Voyage risqué ! On n'est pas impunément luthérien ou réformé, fût-on helvète, *teutsch* ou bâlois, dès lors qu'on se rend dans un pays d'inquisition tel que l'Espagne, si différente, à ce point de vue, de la France catho- lique ; celle-ci étant à tout prendre assez tolérante ou même fort tolérante, par comparaison avec ce qui se passe au sud des Pyré- nées. Francophile, quoique pas toujours à 100 %, Thomas n'est pas pour autant hispanophile ni même italophile (en dépit de son pétrarquisme latent). Les Latins catholiques, il ne les apprécie guère qu'à l'ouest ou au nord des Alpes et au nord des Pyrénées. Car ils n'y sont pas monopolistes, ils sont mêlés dans ce cas d'un pourcentage minime, mais point négligeable, de hugue- nots : ceux-ci sont comme du levain dans la pâte...

Lesté d'une lettre de change qu'il pourra toucher plus tard auprès d'un marchand narbonnais, Platter prend d'abord la route de Béziers (13 janvier 1599). À Villemagne, il embauche un jeune laquais, originaire de Meaux, et qui se révélera par la suite

---

1. Le mot « huguenot » est largement employé par Blaise de Monluc dès la rédaction de ses *Commentaires* de 1571 à 1576 (Paris, Gallimard, « Biblio- thèque de la Pléiade », 1964, pp. 474, 476 et *passim*).

être huguenot (la ville de Meaux, en effet, prédispose ses habitants à ce genre d'option religieuse) ; incidemment, le fait d'embaucher un serviteur indique clairement le bon niveau de richesse auquel se situe Thomas, grâce aux subsides octroyés par son frère aîné. Il eût été impossible à celui-ci d'en faire autant, à l'époque de sa verte et pauvre jeunesse d'étudiant montpelliérain, pendant les années 1550.

En route pour Narbonne, le Bâlois passe à Montagnac, grand centre de fabrication des chapeaux, et à Pézenas, ville en plein essor ; cet essor que provoquent l'animation économique d'après guerre et la résidence fréquente, à Pézenas, de la « cour » des Montmorency...

L'étape suivante est Béziers. Les marranes y sont nettement plus brimés ou tracassés qu'à Montpellier, centre ouvert et somme toute assez libéral (sauf à l'égard du petit peuple des papistes). Suit la traversée (difficile) des plaines situées à l'est de Narbonne, momentanément recouvertes par une inondation. Quant à la ville même de Narbonne, maintes fois cernée par les débordements aquatiques, on la surnomme peu aimablement, selon notre auteur, « le cloaque de la France », en dépit des fortifications qui l'entourent et qui sont censées devoir stopper les invasions d'Espagnols quand il leur prend fantaisie de marcher vers le nord.

Dans la cathédrale narbonnaise de Saint-Just qui fait partie du « Baedeker » obligatoire, Thomas s'extasie devant l'illustre tableau de Sebastiano del Piombo, *La Résurrection de Lazare*, attribué à Michel-Ange par notre auteur, lequel n'est pas dénué de culture italienne, en dépit de ses *lazzi* à l'encontre des comédiens. Voyez l'intérêt qu'il portait à Pétrarque, lors d'un passage au Ventoux. Le Bâlois est spécialement bluffé à la vue de cette résurrection « lazariste » ; il admire en particulier le « rendu » des mains, des genoux, de la taille, des cheveux des divers personnages, qu'il s'agisse de saint Pierre, de Jésus « ressusciteur » ou du ressuscité Lazare. Thomas, pour sa part, est sans préjugés qui seraient de nature religieuse. Il apprécie la bonne peinture catholique (italienne) de la seconde moitié du XVIe siècle, tout comme il aime, sans aucun doute, la bonne peinture protestante, allemande ou bâloise, de la première moitié dudit siècle. L'essentiel, dans les deux cas, c'est que cet art pictural est volontiers christique : Jésus ressuscitant Lazare, d'un tel point de vue, ne soulève aucune objection.

Demi-tour à gauche. Cap au sud, vers Sigean (21 janvier 1599). En aval de l'abbaye de Fontfroide, notre auteur traverse un cours d'eau à dos d'homme. Méthode chère à saint Christophe... Sigean est une communauté typique du Languedoc frontalier lors de la fin des guerres de Religion : cent maisons, soit cinq cents habitants (c'est très exactement la moyenne des villages français de l'époque) ; un rempart solide ; de l'artillerie ; un faubourg avec des auberges...

L'Espagne, ce sera d'abord l'escale perpignanaise : une mule, complaisamment prêtée par un Sigeanais cordial, diminue pour une part la fatigue du voyage. Partout, le long de la route, des rochers, des broussailles, des canons, des forteresses : c'est Leucate, côté français ; et Salses, en bordure espagnole. Partout « ça pue la guerre », même finie depuis peu.

Au cours d'un premier entretien avec les gardes-frontières espagnols, Platter se fait passer pour un exportateur, originaire de Languedoc, et désireux de prospecter le marché catalan pour voir s'il est possible d'y vendre du grain et du vin. Ce mensonge passe « comme une lettre à la poste », ce qui prouve que le Bâlois, après plusieurs années de séjour en *Romania*, parle maintenant un dialecte languedocien assez pur et sans accent germanique bien marqué ; sinon, la fine oreille catalane (ou castillane) des sentinelles, parfaitement habituée au « contact » occitan/catalan, n'aurait pas manqué de repérer le fabulateur. Mais précisément ce contact occitan/catalan n'est point ou pas encore significatif d'une communauté, encore moins d'une *koinè*, contrairement à ce que nous pourrions imaginer en l'an 2000, férus que nous sommes de la fraternité linguistique qui unit en effet de nos jours les militants catalanistes et occitanistes des deux bords. En 1599, les langages étaient certes assez proches ou très proches les uns des autres ; mais les limites nationales qui s'interposaient entre Leucate et Perpignan formaient une véritable frontière, à bien des points de vue. Elle avait tôt fait de différencier le Languedoc d'avec le Roussillon, hispano-catalan à part entière. La communauté des diverses langues romanes, entre les deux « provinces » d'Oc et de Catalogne, n'était pas synonyme d'unité.

Arrivée à Perpignan le 21 janvier 1599. Les militaires français à diverses reprises avaient entrepris, en vain, d'occuper cette ville, et les tentatives d'agression d'Henri IV, de ce point de vue, n'ont pas été heureuses... Le climat de Perpignan est doux, les fenêtres n'ont pas de vitres, les orangers poussent dans les caniveaux. Productrice d'agrumes, la capitale du Roussillon est aussi un centre financier : près du marché aux poissons, Platter s'en va retrouver son commerçant-banquier, pour y négocier une lettre de change. L'étudiant, au fil des rues, est sidéré par les fraises des hommes, par leurs petits chapeaux, et par les robes immenses des dames ; elles annoncent Velazquez, avant la lettre. Le Languedoc, par comparaison, semble enfoncé dans un provincialisme vestimentaire. Quant aux différences linguistiques entre catalan et castillan, elles sont d'entrée de jeu évidentes pour le Bâlois qui, là comme ailleurs, se veut volontiers polyglotte et, somme toute, bon connaisseur des langues romanes.

Sur le chemin qui mène de Perpignan à Barcelone, Thomas et ses compagnons (leur effectif varie d'un segment de route au suivant) découvrent les joies de l'auberge espagnole : la nourriture y est nulle, c'est le cas de le dire, et le plus simple est d'apporter son manger avec soi ; ou bien de l'acheter dans les boutiques voisines, si elles existent. Le duc de Saint-Simon[1], plus « péjoratif » encore que Platter, parlera à son tour de « ces hôtelleries d'Espagne [...] ; on vous y indique seulement où se vend [ailleurs] chaque chose dont on a besoin. La viande est ordinairement vivante ; le vin épais, plat et violent ; le pain se colle à la muraille ; l'eau souvent ne vaut rien ».

Franchissement des Pyrénées ; l'étymologie « plattérienne » de ce nom de montagne est fantaisiste. Notre auteur évoque à ce propos le mot grec πῦρ (*pur* ou *pyr*), qui veut dire « feu ». Un incendie provoqué par des pâtres aurait propagé les flammes dans toute cette chaîne montagneuse. D'où un écoulement de flots d'argent fondu qui descendaient des cols comme une rivière, en provenance des minerais métalliques que contenait le massif pyrénéen. Les indigènes se seraient alors enrichis d'une

---

1. *Mémoires*, éd. Boislisle, Paris, Hachette, vol. 26, p. 408.

façon mirifique, mais seulement à court terme. Folklorique ou farfelue, la digression « pyrénéenne-incendiaire » ainsi proposée (24 janvier 1599) se termine, comme presque tous les soirs, à l'auberge. L'hôtellerie en question est tenue par une famille élargie, ou plutôt verticalement allongée vers le haut, typique des populations de la Méditerranée de ce temps, qu'elle soit ibérique ou balkanique : le personnel de l'établissement se compose en effet du grand-père, du père et du fils, flanqués de leurs épouses et enfants respectifs. L'inconfort du couchage n'en est pas moins désastreux.

Le jour suivant (25 janvier), au petit matin, départ à la lumière des torches. En cours de route, Thomas procède à des emplettes alimentaires. C'est l'occasion pour lui de prononcer quelques bonnes paroles, dans son texte, en faveur de l'économie dirigée qui, à l'en croire, caractériserait l'Espagne de la fin du XVIe siècle : les prix de la nourriture, dit-il, sont fixés par les autorités et cette réglementation paraît strictement observée, appliquée... Dans un ordre d'idées fort différent, à Gérone, ville catalane visitée en passant, un extraordinaire autel baroque – or et pierres précieuses – fascine le rédacteur de la *Beschreibung*. Le voyage continue cependant au travers d'une longue avenue de potences : elles témoignent des appréhensions et de la volonté répressive qui émane des pouvoirs locaux. Vient ensuite le passage en forêt, infestée de brigands, si du moins l'on se fie aux détails donnés par notre homme, amateur de suspense à ses moments perdus. Cette évocation d'un brigandage en forêt (avorté) paraît presque unique dans le long récit de Thomas II Platter. Il n'y a donc pas de raison pour en suspecter la sincérité ; les données dont on dispose sur les ravages des « bandouliers » aux frontières pyrénéennes, nord et sud, confirment de toute façon que l'insécurité faisait problème dans cette région. Les craintes de Thomas, en cette soirée du 26 janvier, n'étaient pas dénuées de fondement.

Le 27 janvier 1599, de l'Hostalrich à la Battloria, ce ne sont toujours que potences, sinistrement chargées de matériel humain. Les vignes du cru, elles, s'accrochent à des échalas en bois de peuplier ; Thomas note la différence avec le Languedoc où le vignoble est toujours en état de reptation, ventre à terre, sans poteaux porteurs.

THOMAS PLATTER EN *ROMANIA*

À Moncada, sur la route barcelonaise, Platter profite de la halte du repas de midi pour recueillir et noter, en compagnie d'informateurs indigènes, un beau récit que sur place on narre comme s'il datait d'une période récente : il concerne les mésaventures du comte de Barcelone, Ramon Berenguer, et d'une impératrice allemande. Cette légende, dont le mince noyau factuel se situe vers l'an 1200, vise en fait à fonder la souveraineté de la dynastie comtale de Barcelone au moyen d'une légitimation historique qui lui viendrait du Saint Empire, celui-ci étant la source (en principe) de tout pouvoir digne de ce nom. Pour mettre au net ce mythe de belle venue, Thomas s'est certainement aidé, d'autre part, d'une version déjà écrite et publiée dont il a eu connaissance.

Le 28 janvier 1599, notre auteur est à Barcelone : le séjour dans cette ville, en deux épisodes successifs, a duré presque un mois. Platter composera ultérieurement, à propos de la capitale catalane, un texte très enlevé, qui débute par l'évocation d'une Barcelone mythique, celle du temps passé – car, comme les anciens Marseillais, les Barcelonais de jadis étaient honnêtes et bons ; la loi écrite, chez eux, s'effaçait devant les impératifs de Nature et de Raison. Puis, à son habitude, Thomas passe en revue les sanctuaires ; il prononce, en outre, une diatribe en règle contre l'Inquisition. Relativement ouvert vis-à-vis des catholiques français, devenus plus « tolérants » à l'époque d'Henri IV, il brosse en revanche un tableau très sombre, et tristement mérité, de l'action des inquisiteurs ibériques. Platter, par ailleurs, professe une indulgence amusée envers la dialectique festive d'une certaine religiosité barcelonaise, entrecoupée régulièrement par les célébrations fort peu religieuses du Mardi gras ou des jours précédents : cet épisode burlesque annuel donne liberté provisoire aux femmes de la ville, bombardées d'oranges et de billets doux par leurs amoureux. Le carnaval ainsi défini est « positionné », comme il se doit, entre les pieux préparatifs liés à la Chandeleur et les repentirs postcarnavalesques du mercredi des Cendres et du Carême. On retrouve ici, répétons-le, la « dialogique » contrastée, Platter aidant, qu'on avait rencontrée déjà en Avignon et à Marseille : on voit s'affronter, en Catalogne comme en Provence, les processions mutuellement hostiles, et pourtant complices, du catholicisme et du « carnavalisme ». Thomas s'intéresse également au théâtre et à la comédie, que les naturels apprécient plus encore qu'en Languedoc ; il mentionne les concerts donnés par des violoneux aveugles, les acrobaties d'un gymnaste français, les sarabandes autochtones grâce auxquelles le spectacle est dans la rue.

Les stratégies politiques, tant locales que régionales, plantent deux institutions face à face : d'une part, l'Hôtel de Ville, empreint d'autonomisme catalan avant la lettre, et dont le premier magistrat est un simple médecin ; d'autre part, la royale Casa de la Deputacion, ornée des effigies plus ou moins réelles de tous les rois d'Espagne successifs. La justice (catalane) se montre avant tout, dans notre texte, sous les apparences d'une scène édifiante et brutale de décapitation d'un criminel. L'université, plattérisme oblige, est mise en scène par le biais des soutenances de thèses de médecine, hiérarchiquement plus rigides qu'en France. Justice donc, puis université ; puis armée : celle-ci n'apparaît guère au titre de la noblesse locale, que Thomas tient pour essentiellement citadine, et elle se manifeste davantage sous la rubrique « défense », de par le système des remparts, des arsenaux, des fortifications. Platter, tout à sa mission de renseignements, sinon d'espionnage, détaille les uns et les autres avec beaucoup de soin, dans la mesure où les autorités lui permettent, sur place, d'inspecter telle ou telle structure défensive : les remparts, en particulier, tirent leur substance des vastes carrières de pierre de Monjuich, montagne proche de la capitale de la Catalogne. S'agissant du port, des digues, du trafic, de la pêche, notre auteur se montre comme toujours passionné par tout ce qui se rapporte à la mer. Les muletiers, les fripiers (point juifs, bien sûr, c'est la différence avec Avignon), les cordonniers, les potiers et tant d'autres groupes artisanaux, regroupés par rues et par quartiers, sont rapidement mais concrètement passés en revue. À partir de là, le lecteur est mené jusqu'à des réflexions plus particulières, relatives à l'état des auberges et à l'institution admirablement réglée du bordel local, espèce de village-rue, constamment bordé de saynètes féminines en plein air.

De Barcelone à Montserrat (4 février 1599 et jours suivants), le Bâlois nomadise derechef ; chemin faisant, il observe avec attention, et ce n'est pas la première fois, les villages-rues, les villes-rues mêmes. Tout du long, des auberges les bordent ; ainsi postées, elles sont d'autant mieux à même d'accueillir le voyageur qui passe. Moins proches de la frontière, elles semblent bien équipées, désormais, en fait de literie ; la gastronomie, en revanche, demeure problématique.

Au monastère de Montserrat (5 et 6 février 1599), la nourriture du pèlerin, ou du faux pèlerin à la Platter – lequel n'est en fait qu'un touriste –, ne fait pas problème, elle. L'alimentation est pratiquement gratuite, étant gracieusement fournie par le monastère, car celui-ci héberge, sans qu'ils aient à dépenser un sou, les malades ambulants venus là pour quêter le miracle. C'est une espèce de prise en charge des frais – d'esprit assez moderne, somme toute –, mais aux fins de thaumaturgie, et non point de thérapie ni de soins médicaux. La charité, en l'occurrence, l'emporte sur le business. Et les dons, legs et propriétés dont jouit le couvent permettent le financement de cette vaste entreprise. Même les riches sont défrayés. Thomas junior visite avec minutie l'établissement ainsi que la montagne sacrée qui lui a donné son site et son nom ; notre auteur fait état, dans ses notes, de superbes mythes de fondation (du couvent) qu'il a recueillis par la tradition orale et par des lectures. En particulier, la belle histoire de Jean Garyn. Il fait aussi l'ascension de la montagne sacrée de Montserrat. Au fil de cet épisode qui par moments prend des allures d'escalade, Platter croise, de chapelle en chapelle, toute une série de vieux ermites barbus, flanqués de mulets savants et d'oisillons apprivoisés. La vue depuis « tout en haut », donnant sur la mer et sur les lointaines Baléares, restera pour l'ascensionniste un souvenir inoubliable. Pourtant, c'est la peur au ventre qu'il quittera le monastère, étant parti avec son compagnon sans s'être confessé, et donc susceptible de se faire coffrer par l'Inquisition, avec les suites qu'on imagine, ou qu'il imagine. Il gardera néanmoins de cette expérience le souvenir d'une grande maison très accueillante, où l'on est miraculé gratis ; le prodige surnaturel et salvateur, guérisseur de maux ou de blessures, intervenant pour sa part de temps à autre. Réformé sûr de lui-même, Platter déplore les dévotions excessives à la Vierge, typiques du sanctuaire de ce mont, mais il se garde de tout propos sacrilège à Son égard.

Ayant quitté l'enceinte hospitalière et périlleuse du couvent, Thomas n'a plus qu'à dévaler la pente, et à mettre le plus d'espace possible entre les sbires inquisiteurs et sa précieuse personne. En route pour Barcelone, il prélève, à l'étape du village de Saint-Félix, quelques feuilles de cactus, plante d'origine américaine. Il a le projet d'en faire don, par la suite, au docteur Richer de Belleval, pour les collections du jardin botanique de Montpellier.

Le texte plattérien, redevenu barcelonais, se laisse aller à quelques réflexions sur l'Espagne. Elles forment un mélange d'informations extraites de lectures plus ou moins digérées, assaisonnées d'observations personnelles qui sont, selon le cas, farfelues ou topiques, et parfois croustillantes : elles concernent l'histoire du pays – fortement mythologisée –, ses structures sociales (hiérarchiques), le budget du royaume, l'agriculture ibérique, les migrations espagnoles vers le Nouveau Continent et les migrations françaises (occitanes, en réalité) vers l'Espagne ; et puis la fierté nationale des Espagnols, leur courage militaire, leur dévotion, leur ignorance crasse, leurs monnaies, les modes féminines ; enfin la remarquable absence de l'alcoolisme, lequel est considéré comme préjudiciable à la « race » – absence qui fait contraste avec l'imbibition chronique dont seraient coutumiers les Allemands, si du moins l'on en croit les dires convergents des deux frères, Felix et Thomas.

S'ensuit le départ de Barcelone : déclarations en douane multiples, tracassières et coûteuses ; joli trajet maritime, en forme de cabotage nord-sud, entrecoupé d'escales, jusqu'à Collioure. Ainsi longée, la côte catalane est splendide, puisque vierge encore, et pour cause, de toute promotion immobilière. Mais Thomas ne paraît point prêter attention à ce côté esthétique du littoral, alors qu'il avait apprécié les panoramas « sommitaux » à Montserrat. De Collioure à Montpellier, le voyage se fait derechef terrien, non sans nouveaux « embêtements » douaniers lors du passage à Perpignan.

Depuis Montpellier – qui n'est plus maintenant qu'une étape, un point de passage obligatoire –, la remontée vers le nord fait figure, avant tout, d'excursus réformé : Thomas tient en effet à découvrir, éventuellement pour en faire rapport à ses coreligionnaires bâlois, les îlots de religion huguenote[1] qui parsèment les terres froides du sud du Massif central ; celles-ci se signalent du reste bien davantage en d'autres villes par une fidélité têtue au catholicisme. Mais notre homme est essentiellement intéressé, en ce lieu, par ses coreligionnaires ; il va d'abord faire halte à Millau, puis à Villefranche-de-Rouergue, deux bastions d'inégale importance, et de fidélité locale à Calvin. En ce même Rouergue, précisément, Thomas est confronté par ailleurs à des phénomènes de banditisme. Il en réchappe sans dommages, mais, répétons-le, il n'y a aucune raison valable, en ce cas, de lui faire grief d'inventivité ou de fiction – et cela, même s'il s'agit d'un thème usuel du récit de voyage. Les épisodes de ce genre sont suffisamment rares dans son texte, et suffisamment liés à des régions de montagne, en effet dangereuses (Pyrénées méridionales, Rouergue), pour que la crédibilité du narrateur, généralement fort exact sur les toponymes et sur les faits précis qu'il raconte, sorte intacte d'une telle épreuve.

Depuis Rodez (le Rouergue toujours, mais catholique cette fois) jusqu'à Toulouse, le Bâlois s'intéresse, en chemin, à quelques sites détruits, victimes des guerres récentes, ligueuses. C'est le cas notamment à Saint-Sulpice-la-Pointe, bourgade aquitaine.

L'arrivée à Toulouse (27 avril 1599) nous vaut un vibrant éloge de l'autonomisme de cette ville. Vieux thème d'indépendance municipale et politique de la cité rose, déjà attesté au XIIIᵉ siècle. Il s'agit bien sûr d'une autonomie catholique, et non pas protestante, à la Bâloise. Les capitouls de Toulouse, incarnant le consulat local, entendent la messe tous les matins, avant le petit déjeuner et l'entrée en séance. Le « différentialisme » religieux ainsi souligné avec force n'empêche nullement Platter d'être attentif et même élogieux vis-à-vis des capacités d'autodétermination de la cité toulousaine. Notre homme, d'autre part, est intéressé par l'Université : il recense donc, *in situ*, quelques faits divers de la délinquance estudiantine ; elle bénéficie, à l'en croire, d'une impunité scandaleuse, à terme. L'essentiel demeure néanmoins, répétons-le, l'identité très majoritairement

---

1. Répétons, pour répondre à d'éminents critiques, que le mot « huguenot » est d'usage courant dès cette époque, et même avant elle.

« papiste » du peuplement toulousain (car les protestants ont été tués, chassés surtout, lors des combats de rue des années 1560, qui les opposaient aux catholiques).

Thomas insiste donc avec un minimum d'ironie, presque inexistante, et avec une espèce de passion de collectionneur-spectateur, sur les nombreuses reliques de saints, et de héros du christianisme initial, qui sont conservées dans le prodigieux et luxueux ossuaire de l'église Saint-Sernin. Il se scandalise, en sens inverse, de l'intense sociabilité dont il est témoin dans les bordels de Toulouse, sociabilité qui dans les faits est vraisemblablement beaucoup moins peccamineuse qu'il ne paraît le croire. Car en Languedoc, d'ancienneté, et il n'y a pas si longtemps, on « allait au bordel » éventuellement pour y rencontrer des filles vénales, mais aussi, en toute simplicité, pour y retrouver des amis et pour boire un coup avec eux.

À plusieurs reprises (salines, fabrique d'épées...), Platter nous est apparu comme fort intéressé par quelques grandes entreprises de type moderne. Les moulins garonnais du Bazacle, en aval immédiat de la ville rose, sont évidemment dans ce cas, même si Thomas exagère peut-être leur capacité quand il les dit capables de fournir la farine à cent mille personnes par journée.

Au sortir de la capitale languedocienne, Platter croit opportun d'insérer dans son chapitre « sudiste » certaines appréciations très générales sur la province de Languedoc. Elles lui viennent notamment des contacts et du savoir qu'il a acquis lors de son séjour à Uzès. En tant que « démocrate » bâlois, il s'est efforcé d'y voir clair sur le pouvoir de décision dont disposent les États de Languedoc. Il s'agit d'une assemblée élue, à tout le moins représentative, dans les conditions électorales de l'époque qui certes ne sont pas les nôtres. Ces États constituent en tout cas un frein à l'absolutisme royal, lui-même en croissance ; un frein qui n'a pas d'équivalent dans nombre de provinces du nord de la France. Thomas s'est donc cru obligé, description précieuse, de démonter avec précision les mécanismes fiscaux de la province languedocienne (assiette, recettes, perception, contrôles) sur lesquels les états veillent avec un soin jaloux.

Adieu au Languedoc. En bateau sur la Garonne (30 avril 1599), Thomas prend connaissance d'une missive de son frère Felix. Événement rarissime que cet « échange », si l'on peut dire, d'une correspondance entre les deux frères. Les relations ne paraissent guère chaleureuses de Felix à Thomas et réciproquement, même si l'aîné a constamment subventionné le cadet ; il se chargera ensuite de lui assurer une belle carrière dans l'université bâloise. Quant à l'épitaphe mortuaire de Felix (décédé en 1614), rédigée par Thomas, elle décrira le défunt comme plus qu'un frère : un père à l'égard de son cadet. Et pourtant, au long de bien des années de séparation, le lait de la tendresse humaine n'avait point coulé à flots, semble-t-il, entre les deux hommes.

À Agen, premier « débarcadère » (mai 1599). Thomas s'arrête brièvement dans cette ville, qui est aussi un port fluvial, pour y rendre hommage à la mémoire du grand humaniste Joseph-Juste Scaliger. L'affaire est complexe, car il faut, pour parvenir aux archives scaligériennes, passer sous les fourches Caudines des jésuites locaux : ils se sont institués gardiens de tout ce qui reste du « fonds Scaliger », objets, livres et papiers divers... Mais Thomas, quand c'est nécessaire, sait mettre une sourdine à son antijésuitisme, qui n'est pas toujours viscéral. L'ultérieure randonnée nautique, sur le segment garonnais Agen-Bordeaux, s'effectue avec un équipage de « matelotes », femmes marinières, déjà rencontrées comme telles par Thomas sur la Saône, en région lyonnaise. Le phénomène fait penser à certain tableau de Rubens[1], et les historiens ou historiennes des femmes ou du *gender* ne paraissent point l'avoir noté ; il était assez répandu, semble-t-il, dans la moitié sud du royaume.

À Bordeaux (3 mai 1599), Thomas retrouve – non point en chair et en os, mais en tant que personnalité locale qui alimente les conversations d'auberge – sa vieille « connaissance », le maréchal d'Ornano, compagnon d'Henri IV et fils de ce « grand ami de la France » que fut Sanpiero Corso. L'influence du maréchal, potentat sudiste, paraît dirimante sur les rives du bas Rhône et de la basse Garonne. En amont de Bordeaux puis dans le port de cette ville et aux alentours, Thomas découvre également le phénomène des marées : il les relie fort exactement à l'action de la lune. Elles sont tellement influentes, affirme-t-il, qu'il leur arrive de remplir puis de vider alternativement un cercueil

---

1. Rubens, *La Majorité de Louis XIII* (musée du Louvre), reproduit dans notre *Ancien Régime* (éd. orig.), p. 31.

antique pourtant placé, complètement à sec, à bonne distance de la mer et du fleuve. Tel est le miracle qui s'opère dans une nécropole archéologique bordelaise, consacrée à des preux qui moururent il y a bien longtemps pour la foi chrétienne. On comprend dans ces conditions que la *Chanson de Roland*, ou ce qui en tient lieu, soit également présente – tout comme en Arles – dans le folklore girondin, précisément collecté par Thomas.

Mais filons au nord, une fois de plus. Le 5 mai, Platter est à Brouage (Charente-Maritime actuelle). C'est une ville de soldats, de filles à soldats, et d'élèves-cavaliers nobiliaires sur lesquels notre auteur rédige une notice qui fait figure aujourd'hui encore de *scoop* historiographique. En ce qui concerne Brouage à tout le moins et son école d'équitation aristocratique, le texte plattérien demeure, à ce jour, la seule source disponible...

À La Rochelle (6 mai 1599), Thomas s'extasie – ce qui de sa part est fort naturel – sur la formidable démocratie huguenote, militaire, militante, égalitaire, qui règne en ville et qui la met, croit-il, à l'abri des emprises d'un quelconque absolutisme, fût-il encore embryonnaire au temps d'Henri IV. Cette conviction, solidement fondée, ne recevra un démenti, comme une gifle, qu'en 1628, lors du siège de La Rochelle, mené par un cardinal-ministre, Richelieu, absolutiste ou du moins géniteur français de l'absolutisme classique[1]. Mais, sans aller si loin ni si tard, l'éloge plattérien dithyrambique de La Rochelle en cette extrême fin du XVIe siècle fait écho à toute la culture bâloise de l'étudiant-médecin, et plus largement, sur le mode du bon voisinage, à toute sa culture confédérale, helvétique. Thomas accepte volontiers les régimes monarchiques – français, puis anglais – de l'Occident européen qu'il visite ou va visiter, mais ses amours vont aux républiques ou semi-républiques urbaines : Toulouse, certes papiste (personne n'est parfait), mais principalement les cités rhénanes de l'aval, néerlandaises, et de

---

1. On lira avec intérêt à ce propos les réflexions certes humoristiques que propose Gustave Flaubert dans *Bouvard et Pécuchet* sur la corrélation entre lutte antiprotestante lors du siège de La Rochelle et développement de l'« absolutisme » au XVIIe siècle (Flaubert, *Œuvres*, Paris, Gallimard, « Bibliothèque de la Pléiade », t. II, p. 814).

l'amont (bâlois), ainsi que les villes du plateau suisse, du haut Rhône genevois et valaisan... Et puis La Rochelle, Nîmes...

À Poitiers (15 mai 1599), Thomas est choqué par le contraste entre d'une part l'université, prestigieuse, et ses cours de droit, longtemps illustres, et d'autre part la laideur de l'auditorium, dans lequel les professeurs débitent leurs conférences magistrales. Laideur coutumière parmi les collèges français, ajoute perfidement notre homme. Enfoncée, l'université. Mais un bon point, tout de même, pour l'Église catholique locale : en l'église « pictave » de Saint-Didier, le voyageur que sa religion ne prédisposait certes point au culte des images lit avec joie, en dessous de la grande croix du sanctuaire, le petit poème suivant, dont la sonorité latine, pour le moins, est du plus bel effet :

> *Hoc deus est quod imago docet, sed non deus ipsa,*
> *Hanc recolas, sed mente colas, quod cernis in illa.*

> *C'est Dieu ce que l'image demonstre, mais l'image n'est pas dieu,*
> *Remémore-la, mais honore en esprit [ce] que tu vois en l'image.*

Dans le plat pays, Platter critique la paresse des paysans : ils sont favorisés, à l'en croire, par un pays fertile, béni des dieux ; le grain y est à bon marché sans qu'il faille travailler à l'excès pour accroître encore les rendements. Exact ou calomnieux, le thème de la fainéantise rurale des pays de Loire et zones environnantes pourrait paraître surfait. Il va cependant traîner en longue durée dans les comparaisons et appréciations du cru : on le retrouvera tel quel sous la plume des intendants de généralité, toujours à propos des mêmes régions, au temps de Louis XV, à l'époque du contrôleur général Orry[1]. Et puis, une fois de plus, la mention des « sinistrés » de guerre revient dans la prose platterienne : notre auteur évoque, en passant, les destructions dues aux conflits militaires récents. Elles concernent, en Poitou, la petite ville hyper-catholique de Mirebeau. Elles apparaissent néanmoins, répétons-le, comme un phénomène assez exceptionnel, au fil d'un texte pourtant très détaillé. L'impression dominante, à Poitiers comme à Toulouse ou Montpellier, est plutôt celle d'un puissant redémarrage de l'économie. On est

---

1. François de Dainville, « L'enquête d'Orry », *Population*, 7, 1952.

très loin, de plus en plus loin, au fur et à mesure que passent les années, du discours misérabiliste qu'on a si souvent tenu dans l'historiographie française sur les lendemains catastrophiques des guerres de Religion...

Cette première partie du grand tour, parvenu aux abords d'une Loire poissonneuse, va donc se clore sur le passage à Saumur (20 mai 1599), avec une pensée émue pour Duplessis-Mornay, penseur huguenot, diplomate, et gouverneur saumurois. Elle se clôt, plus encore, sur la vision d'une ultime et puissante entreprise, celle des ardoisières angevines de Trélazé ; vaste mine à ciel ouvert, elle offre des emplois d'ouvriers en grand nombre. Trélazé conjure ainsi le chômage dans sa région, et contribue à garnir d'ardoises les toitures des châteaux qui se construisent de tous côtés dans le Val de Loire et la France du Nord, au rythme du flux de la prospérité d'après guerre : ces toitures typiques sont partie intégrante de ce qu'on appellera plus tard, *a posteriori*, en termes d'architecture, le style Henri IV.

La seconde partie du grand tour, « post-Trélazé », se poursuivra vers l'amont du Val de Loire, puis vers l'Île-de-France, vers le nord du royaume, l'Angleterre, la « Belgique » et les provinces de l'Est, et cela jusqu'à Bâle, ville natale de l'auteur, où celui-ci jettera l'ancre en février 1600. Du moins nos deux volumes déjà parus du *Siècle des Platter*, celui-ci et le précédent, donnent-ils déjà une vision assez complète des temps forts de ce qu'on peut appeler l'« Occitanie heureuse ». Celle de Felix Platter, jadis, au cours de la décennie 1550, l'avant-guerre, la Belle Époque ; et puis le pays d'oc du quinquennat de l'immédiat après-guerre, les *roaring nineties* de la seconde moitié de la dernière décennie du siècle ; celles du troisième Platter, après 1595. On s'étonnera que « notre » Occitanie, en principe clôturée géographiquement juste au nord de Bordeaux, se termine aux environs de Poitiers ou peu s'en faut. Nous avons suivi en cela, bien sûr, la stricte tomaison du premier des deux volumes du manuscrit en langue allemande de la *Beschreibung* de Thomas junior. Ainsi délimitée, notre quasi-conclusion « pictave » pourra trouver de surcroît quelques excuses. Le très peu « convenable » Guillaume IX d'Aquitaine, qui « régna » sur le Poitou autour de 1100, ne fut-il pas aussi l'un des plus grands troubadours en langue occitane ou provençale ? Le lecteur nous pardonnera donc, Platter aidant, ou Guillaume IX collaborant, de prolonger l'Occitanie jusqu'en Poitou. Cette fantaisie géographique, aux limites du contresens, n'ira pas au-delà du présent volume...

Au surplus, toutes questions d'humour linguistique ou territorial – fussent-elles sacrilèges – étant mises de côté, notre volume, en fin de compte, est effectivement consacré à la *Romania*, laquelle inclut la France d'oc, mais aussi celle d'oïl et donc le Poitou et l'Anjou. Ne figurent point, en revanche, dans les pages qui vont suivre, les premières journées du périple initial de Thomas II Platter, celles au cours desquelles il traverse la Suisse alémanique du nord au sud ; avant la *Romania*, en l'occurrence. L'excellente et savante étude qu'a donnée Anne-Marie Piuz sur le passage de Thomas le jeune à Genève nous a incité, comme motivation supplémentaire, à aborder le texte même de Platter à partir de sa traversée genevoise, par lui ci-après évoquée.

DESS
THOMAE PLATTERS
REYSS

ERSTER THEIL
1605

Titre de l'édition originale

THOMAS PLATTER D. J.

BESCHREIBUNG DER REISEN
DURCH FRANKREICH, SPANIEN, ENGLAND
UND DIE NIEDERLANDE

1595-1600

IM AUFTRAG
DER HISTORISCHEN UND ANTIQUARISCHEN
GESELLSCHAFT ZU BASEL
HERAUSGEGEBEN VON

RUT KEISER
I. TEIL

SCHWABE & CO. VERLAG
BASEL/STUTTGART

Titre de l'édition en 1968

Note liminaire
de l'édition allemande de 1968

La publication en 1968 du texte de Thomas II Platter, tel qu'établi admirablement par les soins de Madame Rut Keiser, a suivi d'un quart de siècle l'édition scientifique[1] des souvenirs du père de l'auteur du présent ouvrage ; ce père, Thomas Platter senior, ayant connu l'étonnante destinée d'un fils de paysan montagnard, devenu ensuite mendiant en Allemagne, puis imprimeur et professeur à Bâle.

Rut Keiser, qui a donc établi pour la première fois de façon absolument scientifique le texte de Thomas Platter junior, n'a pu être ni témoin ni acteur de l'accomplissement complet de son œuvre. Elle a péri dans un accident de la circulation le 21 février 1968, sur le trajet qui la menait chaque jour à ses occupations professionnelles, en tant que conservateur à la Bibliothèque universitaire de Bâle. La mise au point finale de l'édition de la *Beschreibung der Reisen* de Thomas II Platter a donc bénéficié de l'aide inestimable de Leonore Steinmann-Zuberbühler et de Martin Steinmann. La générosité d'une grande institution culturelle bâloise[2] a permis, pour finir, la publication de l'ouvrage, qui fait date dans l'histoire intellectuelle, par ailleurs si riche, de la ville de Bâle.

Hans Georg Oeri et Alfred R. Weber
au nom de la Société historique de Bâle

---

1. Pour tout cela, nous renvoyons à la bibliographie de notre *Siècle des Platter*, Paris, Fayard, 1995, vol. I, p. 13, ainsi qu'à la fin de ce même ouvrage (LRL).
2. Le Fonds bâlois pour l'encouragement à la recherche.

Avant-propos

d'après Rut Keiser[1]

Il convient d'abord de dire ici quelques mots sur l'auteur de cet ouvrage. Thomas Platter le jeune, notre « héros », n'est pas tellement connu, et cela à la différence de son père, le Valaisan Thomas Platter (senior) ; celui-ci fut berger de chèvres, écolier ambulant, mendiant, ouvrier cordier, autodidacte, imprimeur, et enfin directeur de collège, autrement dit d'un établissement scolaire peu important quant au nombre des élèves, mais prestigieux par la qualité pédagogique de l'enseignement distribué. Peu après la mort de sa première femme, « Thomas premier » avait épousé en 1572 Hester Gross ou Grossmann. De cette union étaient nés, à un rythme rapide, six enfants. Notre Thomas junior est né le 24 juillet 1574. Cette année-là, son père était âgé, semble-t-il, de soixante-quinze ans (mais seulement soixante-sept si l'on admet les dates proposées par Alfred Hartmann, à vrai dire fortement contestées, à tort ou à raison, par Valentin Lötscher). Le demi-frère (très aîné) de Thomas junior n'était autre que Felix Platter, né d'un premier mariage de Thomas senior : Felix était le seul survivant des enfants du

---

1. Il s'agit bien évidemment ici de l'avant-propos qu'a donné Rut Keiser à sa magistrale édition bâloise de la *Beschreibung der Reisen* de Thomas II Platter. Néanmoins, nous avons parfois adapté certains passages de cette introduction aux astreintes particulières d'une édition à l'usage du public français. Du fait de ces quelques modifications, il nous a paru plus convenable d'intituler ce texte : « Avant-propos d'après Rut Keiser » (LRL).

premier lit du directeur d'école. Il avait trente-huit ans lors de la naissance du petit Thomas junior – cet enfant que dans un souci de simplification et d'abréviation nous appellerons à mainte reprise, au fil des pages et surtout des notes qui vont suivre, « TP II », autrement dit « Thomas deux Platter » ou Thomas II Platter, pour le distinguer ainsi de son vieux père qui serait alors Thomas Ier Platter. On pourrait dire aussi tout simplement Thomas Ier, et Thomas II, sans rien de royal en l'occurrence. Pour en revenir au cas de Felix, disons qu'au temps de la venue au monde de son tout jeune frère il était, depuis 1571, professeur de médecine pratique à l'université de Bâle, et *Stadtarzt*, autrement dit médecin en titre, médecin officiel de la ville.

Nous ne savons rien des années d'enfance de Thomas junior. Trois de ses sœurs, Ursula, Anna et Elisabeth, moururent dès 1582, en même temps que leur père, alors très âgé. Une autre sœur survécut, Magdalena (1573-1651), douée d'une bonne longévité, en comparaison de ses autres frères et sœurs. Le jeune frère Nikolaus (1577-1597) vécut assez longtemps, ainsi que Magdalena, pour être le compagnon d'enfance de Thomas junior. Celui-ci, alors âgé de huit ans, avait perdu son vieux père le 26 janvier 1582. Sa mère se remaria bientôt avec Hans Lützelmann, tuilier de son état. Felix fit rapidement comprendre à sa jeune belle-mère qu'il allait se charger de la subsistance et de l'éducation de Thomas junior. Elle se laissa faire une douce (?) violence. Thomas junior fit donc de classiques études primaires et secondaires (la distinction entre ces deux catégories scolaires n'était pas toujours évidente à l'époque pour un « fils de bourgeois ») ; elles étaient centrées, comme de juste, sur l'apprentissage du latin : les textes en prose de Thomas II, tels que connus par ses récits de voyage, démontrent que sa formation latine fut excellente, et que le grec ne lui était point langue tout à fait étrangère.

En 1590, Thomas II s'inscrivit comme jeune étudiant à l'université de Bâle. Progressant dans le *cursus honorum* des « arts libéraux » (aïeux de nos études de lettres, en quelque sorte), il devenait bachelier en cette spécialité le 7 juillet 1593, et il obtenait sa maîtrise le 14 juillet 1595. La même année, en septembre, Felix envoyait le jeune Thomas faire ses études de médecine à Montpellier, où lui-même, Felix, avait été « carabin » quarante-cinq ans plus tôt, de 1552 à 1557. Il est vrai qu'entre ces deux séjours, ainsi séparés par quatre décennies, s'était intercalé l'énorme « épisode » des guerres de Religion françaises, ce qui d'une certaine manière changeait beaucoup de choses pour Thomas. S'était intercalé aussi l'enrichissement personnel de Felix, enrichissement qui était de nature à faciliter grandement la vie à Thomas junior, très correctement financé par son grand frère, alors que Felix, lui, à la sixième décennie du siècle, avait plus d'une fois, au *Clapas*[1], tiré le diable par la queue. Néanmoins, il y avait bien là un élément de répétition, d'imitation de grand frère à jeune frère, à près d'un demi-siècle de distance ; d'autres Platter encore, aux générations suivantes, prendront le chemin de l'université de médecine de Montpellier avant de devenir à Bâle, comme leurs grands aînés, médecins reconnus sur la place. Mais ces nouveaux jeunes gens, au XVIIe siècle de Louis XIII et de Louis XIV, n'écriront pas, eux, leur journal de bord ou leur diaire de vie dans la France méditerranéenne. Doit-on s'en plaindre ?

Quoi qu'il en soit, vont suivre maintenant, pour Thomas II, quatre années et demie d'« escapade » française, catalane, anglaise et « belge » dont le *Tagebuch* de notre auteur en effet rend compte, avec générosité le plus souvent ; avec parcimonie quelquefois, s'agissant notamment de certains aspects personnels ou existentiels d'une vie quotidienne sur laquelle Felix, en revanche, n'était pas avare de détails dans son journal du milieu du siècle. Les quatorze saisons de Platter jeune en Languedoc se décomposent en une année et demie d'études médicales à Montpellier ; une année et demie de pratique médicale en Uzès ; et puis les voyages formateurs : Espagne ; sud et nord du royaume de France ; Kent et Londres ; Pays-Bas « espagnols » ; retour à Bâle enfin. Ces voyages constituent aussi un « tour de France » dans le sens même que l'épopée cycliste de notre temps donnera à cette expression : ne voit-on pas en effet le « Tour », quand les organisateurs l'ont décidé ainsi, sauter par-dessus les Pyrénées, franchir le Channel, voire la mer d'Irlande, aller faire un « tour » – c'est le cas de le dire – chez nos amis belges ou

---

1. Le *Clapas* : nom familier de Montpellier – selon l'usage, il est vrai, des Montpelliérains actuels (LRL).

helvétiques ? Et pourtant, c'est encore et toujours la grande boucle autour de ce qui deviendra l'Hexagone.

Quand Thomas II, en février 1600, retourne à Bâle, il y revient dans la maison de son frère, et dorénavant nous ne serons plus renseignés sur le destin du plus jeune des Platter que par des sources extérieures et parcimonieuses.

Notre homme marche néanmoins, sans beaucoup d'imagination, sur les traces de son frère Felix. Il met ses pas dans les siens. Le 10 avril 1600, belle ouverture pour le siècle, il « passe sa thèse », comme nous disons aujourd'hui ; bref, il obtient en l'*Alma Mater* de son université « autochtone » de Bâle le grade de docteur en médecine, quelques semaines seulement après son retour au pays. Pour Felix, le temps de latence, entre réintégration bâloise et doctorat bâlois, avait été plus long. Mais en 1600, l'irrésistible « piston » fraternel, de la part d'un Felix qui figurait parmi les « dieux locaux » de l'art d'Esculape, a pu et dû jouer en faveur d'un jeune homme qui de toute manière n'était certes pas dénué de mérites ni d'expérience. À peine couronné de la sorte, Thomas junior commence à pratiquer la médecine. Et puis, en février 1602, il épouse Chrischona Jeckelmann, la nièce de sa belle-sœur Madeleine, en d'autres termes la nièce de Magdalena Jeckelmann, épouse de Felix.

De ce mariage naquirent six enfants, dont trois seulement survécurent à leur père. Felix II Platter, né en 1605, fit à peu près la même carrière que son père Thomas et son oncle Felix : importants voyages ; études de médecine à Montpellier et à Leyde (l'influence de l'école médicale néerlandaise commence à se faire sentir). Il passe sa thèse de doctorat à Bâle en 1629 et devient professeur de logique dans sa ville natale ; de 1653 à 1656, il est professeur de physique ; enfin, de 1651 à sa mort en 1671, il occupe le poste très officiel de *Stadtarzt*, médecin de ville, à Bâle. Franz, autre fils de Thomas junior, né en 1609, fut docteur en droit ; il meurt célibataire en 1676. Une fille, Magdalena *bis*, a vécu de 1611 à 1655. Le décès des trois autres enfants fut cause de deuil dans ce qui était peut-être, par ailleurs, une famille heureuse, quoique frappée, comme tant d'autres à l'époque, par la létalité infantile et juvénile de sa progéniture. L'aîné ainsi que l'une des filles moururent très jeunes. Quant à Thomas III, né en 1607, il parvint à l'adolescence et commença ses études universitaires en 1621 ; en octobre 1622, il obtenait le baccalauréat des arts libéraux. Il mourut l'année suivante. Sa mère Chrischona ne lui survivra pas bien longtemps : son décès surviendra après vingt-deux ans de vie commune avec Thomas II Platter.

Le couple avait vécu dans la maison bâloise du frère aîné, Felix ; elle donnait sur le Petersgraben et sur la Petersplatz. Felix lui-même était mort le 28 juillet 1614, largement septuagénaire. Son frère cadet Thomas devenait ainsi l'unique héritier des biens immeubles, des collections et de toute la fortune de feu Felix. De quoi vivre, en effet, confortablement. Quelques semaines plus tard (15 octobre 1614), Thomas était nommé, par décision du Conseil, professeur d'anatomie et de botanique. Il succédait dans ce poste au grand botaniste Caspar Bauhin qui, par ailleurs, était médecin nullement négligeable. Bauhin, titulaire depuis 1584 de cette chaire d'anatomie et de botanique, avait été dans son jeune temps l'élève de Felix Platter en personne. Par ses dissections publiques et par ses cours, il avait fait de l'anatomie une branche essentielle de l'enseignement universitaire local. En été, il botanisait tant et plus ; parallèlement, il continuait à soigner des malades. Bauhin, après la mort de Felix Platter, allait succéder à son ancien professeur, ami et collègue en tant que médecin officiel de la ville et professeur de médecine pratique ou, dirions-nous, de pratique médicale. Le même Bauhin laissait du même coup sa chaire de *botaniste* et d'*anatomiste* à Thomas Platter ; sans que celui-ci, à en croire Albrecht Burckhardt, ait eu légitimement droit à un honneur et à une charge aussi considérables. Et, à vrai dire, le jugement quelque peu négatif de Burckhardt, si l'on tient compte de ce que les études montpelliéraines du jeune Platter en fait de botanique n'avaient duré qu'un an et demi, peut se justifier – quoique non sans nuances : Platter junior, en effet, avait beaucoup botanisé sur le terrain. Quant à l'autre branche professorale de notre homme, il fit à trois reprises une démonstration publique d'anatomie, sans compter les nombreuses dissections auxquelles il eut l'occasion de procéder à l'hôpital et dans les cimetières. En 1621-1622, le même Thomas devint doyen de l'université ; en 1623-1624, recteur. Après la mort de Caspar Bauhin, il accédait enfin aux plus hauts grades : le 10 mai 1625, il devenait professeur de médecine pratique et, le 1er juin de la même année, médecin officiel de la ville. Quarante-deux mois plus tard, il mourait, le 5 décembre 1628.

En fait de publications, scientifiques et autres, Thomas Platter s'est borné à enrichir par un certain nombre de notices personnelles la deuxième édition, posthume, parue en 1625, de la *Praxis medica* de Felix Platter. « Il mêlait ainsi, sans trop se gêner, des vues qui lui étaient propres à l'œuvre spécifique de son frère. » Les notes qu'avait prises Thomas quant aux consultations médicales qu'il avait données à Uzès ont disparu de ses archives, et des nôtres.

Le manuscrit de la « Description des voyages » de Thomas II Platter, relativement à son expérience helvétique, française, espagnole, anglaise et « belge » de la fin du XVIe siècle et du début du XVIIe, est conservé à l'université de Bâle. Composé à partir d'un journal souvent très soigneusement tenu pendant plusieurs années d'excursions et d'études, le texte a fait ensuite l'objet d'une rédaction définitive qui de l'aveu même de l'auteur lui a pris un peu moins d'un an, du 1er août 1604 au 1er juillet 1605. Platter écrit en *Neuhochdeutsch* (haut allemand moderne), teinté de très nombreuses expressions ou formes orthographiques dialectales. Le récit lui-même concerne une période de temps qui commence le 16 septembre 1595, date à laquelle le jeune homme, âgé de vingt et un ans, quitte la ville de Bâle. Ce quadriennat, ou un peu davantage, se termine le 15 février 1600, journée au cours de laquelle « après un long voyage » Thomas II Platter fait retour, et même retour quasi définitif, dans la maison fraternelle. Le présent ouvrage en langue française est consacré pour sa part, et pour l'essentiel, à l'expérience non point alémanique, mais genevoise, savoyarde, « franco-provençale », puis occitane, catalane, accessoirement poitevine et angevine de l'auteur de la *Beschreibung der Reisen*.

« Long titre » ou petite préface
du livre de Thomas II Platter,
rédigé par l'auteur

Description du voyage qu'a effectué Thomas Platter, docteur en philosophie et médecine de [l'université de] Bâle pendant quatre ans et cinq mois : à partir de Bâle, et de là dans le très célèbre royaume de France, puis en Espagne, et de nouveau en France ; ensuite, ayant traversé ce pays, il a voyagé aux Pays-Bas ; puis, passant derechef par la France, en Angleterre ; ensuite, de nouveau à travers la France et, de là, aux Pays-Bas ; enfin, partant des Pays-Bas, et traversant encore la France, il est revenu à Bâle.

On lira ici comment il a quotidiennement voyagé ; ce qui s'est passé de mémorable pendant tout le voyage et ce qu'il a vu de remarquable en chaque endroit.

Tous les paysages, villes, monuments et autres objets, fort nombreux les uns et les autres, qui sont dignes d'être évoqués en mémoire, ont été longuement décrits ; et une bonne partie d'entre eux ont été dessinés à la plume, ou autrement...

...En l'année 1605.

Préface pour le lecteur

par Thomas II Platter

Cher lecteur indulgent, j'ai donc terminé mon voyage depuis Bâle, jusqu'en France, Espagne, Angleterre et aux Pays-Bas, avec la grâce de Dieu, et selon mes désirs. Monsieur mon frère (Felix Platter) ne m'a pas seulement éduqué depuis ma jeunesse[1] ; mais il a aussi réglé, à titre gracieux, et de bon gré, tous les frais nécessaires pour mon séjour à l'étranger. Voulant lui témoigner ma reconnaissance, voulant aussi célébrer ses bienfaits, et l'informer sur la manière dont j'ai passé mon temps au cours de cette pérégrination, j'ai réuni tout cela, par écrit, dans les deux volumes ci-après[2]. À vrai dire, il n'était pas question d'écrire un ouvrage détaillé sur ces thèmes, il s'agissait plutôt de les esquisser d'une façon simple (de même que les peintres font d'abord une esquisse de leur projet et ensuite ils y appliquent les couleurs, jusqu'à ce

1. En fait, les relations affectives entre les deux frères Felix et Thomas le jeune ne sont pas des plus chaleureuses : voir la remarquable rareté de leur correspondance, pendant le voyage « européen » du cadet.

2. Texte capital : les deux volumes manuscrits de Thomas junior (dont seul le premier est publié ci-après) sont donc destinés essentiellement à Felix. Celui-ci compte-t-il se servir de ce texte fraternel pour le mémoire autobiographique qu'il rédigera lui-même quelques années plus tard, à propos de son propre tour de France des années 1550, assez semblable à celui de Thomas junior vers la fin du siècle ? De même Felix avait incité son père Thomas senior à rédiger sa propre autobiographie, démarche qui n'était peut-être pas aussi désintéressée qu'on pourrait le croire, puisque au total Felix, pour son « écriture » personnelle des années 1610, allait dorénavant disposer de deux documents fondamentaux, l'un paternel et l'autre fraternel.

que la peinture soit terminée). Et, dans ce but, j'ai utilisé seulement la moitié du papier, afin de pouvoir changer mon texte, au cas où s'y trouverait quelque absurdité ; afin de retrancher aussi, ou d'ajouter tel passage, si la chose était nécessaire.

J'ai également considéré avec application et attention ce qu'il y avait de plus remarquable parmi les paysages, villes, bourgs, villages, châteaux, maisons, fortifications et constructions, antiquités, places, cols, ponts, jardins, moulins, installations hydrauliques et fontaines, dès que le moment idoine et l'occasion me le permettaient ; j'ai fait des croquis et des dessins d'un grand nombre de ces sites. Et puis tout ce qui s'est passé de mémorable pendant mon entier voyage, depuis le premier jour (quand j'ai quitté Bâle) jusqu'à mon retour dans cette ville avec l'aide et la grâce de Dieu ; et comment j'ai voyagé chaque jour : tout cela, je l'ai consigné par écrit et résumé. Les voyages que j'ai effectués depuis mon retour, je les décrirai également, par la suite, s'il plaît à Dieu[1]. Quant à ce que j'ai retenu et appris lors de mes études médicales en vue desquelles mon frère m'a expressément envoyé en Languedoc, et par la suite en d'autres lieux ; et s'agissant d'autre part de la peine, du travail et des frais que j'ai encourus pour collecter des plantes étrangères à mon pays, ainsi que des animaux, des écrits et des œuvres d'art, de provenance « exogène » elle aussi, dont j'ai expédié à Bâle progressivement jusqu'à six quintaux, disons que tout cela, pour des raisons particulières, je ne l'inclus pas dans le présent texte, parce qu'on le trouvera en détail dans mes autres écrits.

Les paysages, villes, bâtiments, costumes et autres inventions qu'on ne pouvait pas simplement se figurer par mes descriptions, je les ai (en partie) hâtivement esquissés moi-même. Je les ai ajoutés, avec l'idée d'augmenter et de compléter quotidiennement ces données. Sur les dessins de paysage et cartes géographiques ci-après, le trait rouge marqué par mes soins indique le trajet que

---

1. Phrase importante : elle indique que Thomas II Platter n'est pas seulement motivé « littérairement » par l'impérieuse demande émanant de son frère aîné. Il aimerait continuer à écrire le récit de ses voyages ultérieurs. Velléité non réalisée, semble-t-il. L'allusion aux ajouts sur la partie vacante du manuscrit correspond aux textes *en italiques* qu'on trouvera ci-après dans le récit de voyage plattérien.

j'ai effectué pendant mon voyage ; quand le trait est double, cela signifie que j'ai emprunté plusieurs fois le même itinéraire.

Ce livre, sans vouloir me vanter, j'en ai rassemblé, cousu et relié les feuilles en m'aidant du fil nécessaire ; j'ai ainsi regroupé tout ce que j'avais recueilli de gens dignes et crédibles, soit oralement, soit par écrit, et le lecteur impartial pourra aisément s'en convaincre ; je pourrais ainsi délier le livre et puis recoudre les feuilles autrement ; je dois dire en effet que je n'ai pas encore lu de livre qui donne lieu à une description aussi complète que la mienne, si toutefois l'on met à part le court essai (résumé) sur le monde entier, par Ortelius, et aussi la chronique italienne universelle, ou brève relation, de Botero. Mais j'ai la volonté, avec l'aide de Dieu, et si le temps me le permet, de m'instruire auprès de ces auteurs et d'améliorer ainsi, peu à peu, ma propre description[1].

J'ai fait état des cérémonies des papistes, de leurs sanctuaires et de ce qui sert à leur religion. Mon but, en agissant ainsi, n'était pas d'en parler avec éloge, ni de les approuver, ni de leur témoigner une haute estime. Mais c'est plutôt parce qu'on ne m'a rien montré d'autre, aux endroits en question. Et donc un lecteur protestant compétent pourra en déduire à quel point les papistes préfèrent – et de beaucoup – les choses passagères aux choses éternelles, et les choses inutiles et interdites à celles qui sont nécessaires au salut et permises. Veuille le lecteur bien disposé accueillir en bien tout mon texte ! Puisse-t-il songer que j'ai mis tout cela par écrit pour honorer Dieu avant tout, et pour le bien du prochain ! J'ai aussi procédé à cette rédaction en l'honneur de mon frère, le docteur Felix Platter, qui si longtemps m'a envoyé à l'étranger ; et puis en souvenir de ce qui m'est arrivé et de ce qui s'est produit pendant les quatre années et demie de mon voyage. Car j'y ai subi de grands périls, de la peine, du travail et

---

1. Le géographe « belge » Abraham Ortelius (1526-1598) a donné dans son *Theatrum orbis terrarum* (Anvers, 1570) une série de 53 cartes complétées lors des éditions suivantes. Des traductions française et allemande de ce livre ont paru en 1580, 1581 et 1587. Quant aux *Relazioni universali* de Giovani Botero, elles avaient fait l'objet dès 1596 d'une traduction allemande parue à Cologne. Thomas II Platter a consulté en 1607 l'une des éditions italiennes de cet ouvrage, parue en 1605 à Venise, d'après une note manuscrite concernant « T. Platerum », apposée à l'époque sur l'exemplaire de *Relazioni* conservé aujourd'hui à la Bibliothèque universitaire de Bâle [RK].

des désagréments, comme il s'en produit en voyage, inconvénients qui sont la rançon de la curiosité, celle-ci désireuse d'explorer et d'apprendre. Ma chance a été que tout s'est déroulé de manière facile, aisée ; et cela spécialement parce que le Bon Dieu tout-puissant m'a octroyé en tout temps une bonne et solide santé. Il m'a préservé de la mauvaise compagnie. Ce de quoi je lui donne éternelle louange et gratitude. Et dans cet esprit de loyauté je recommande mon lecteur indulgent, en vue de son salut, à la protection de Dieu tout-puissant.

Description des voyages de Thomas Platter [le jeune], tels qu'il les a effectués en France[1] et en Espagne, depuis l'année 1595

(j'ai commencé à rédiger ce récit le 1er août 1604 et je l'ai terminé le 1er juillet 1605)

---

1. Le titre plattérien complet évoque, de manière plus ample, « les voyages en France, Espagne, Angleterre et Pays-Bas » ; il signale dans ces conditions que la rédaction ci-dessus mentionnée fut en effet achevée par l'auteur le 1er juillet 1605. Nous n'avons donné dans l'actuel ouvrage que ce titre (ci-dessus, lui aussi) en abrégé puisque la présente publication ne correspond qu'au premier tome du récit plattérien, comportant deux volumes au total ; le premier tome se terminant lors de l'arrivée du jeune homme en Val-de-Loire, à la hauteur des ardoisières angevines (voir les pages ultimes du présent volume) ; le second (encore largement inédit comme tel en langue française, et non publié ci-après) concerne la suite du voyage, qui mènera Thomas II au travers de la France du Nord, ainsi qu'en Angleterre et aux Pays-Bas du Sud ; le retour final à Bâle concluant la randonnée.

Avertissement
pour l'édition française

Nous avons repris dans le texte qu'on va lire les têtes de chapitre ou de simple paragraphe (« Lyon », « Arles », « Montpellier », « Frontignan », « Barcelone », etc.) qui scandent la prose de Thomas Platter. Après chaque nom de ville ou de village ainsi « posté » par Thomas II (puis par nous-mêmes) en tant que sous-titre, nous indiquons entre crochets la page de l'édition allemande de Rut Keiser, page en laquelle figure le texte originel (allemand) de Platter, relatif à la localité en question. Par exemple Genève [22], Lyon [33], etc.

Par ailleurs les brefs passages entre crochets, situés ci-après dans la traduction, correspondent chaque fois à une intervention du présentateur ou des traducteurs, trop courte en effet pour qu'il vaille la peine de la porter en une note infrapaginale.

Notre traduction est annotée de double manière : les notes appelées par des lettres (a, b, c...), généralement brèves, ont été rédigées par nous-mêmes (LRL). Elles sont placées en bas de page. La majorité des notes (appelées par des chiffres) est due à Rut Keiser ; elles ont été éventuellement revues et/ou complétées par nos soins et sont regroupées comme telles, à peu d'exceptions près, dans la partie finale du présent volume.

Thomas II Platter, excellent connaisseur de la France méridionale et de la Romania en général, use souvent d'un style quasi télégraphique pour expliquer certaines entités, institutions ou situations languedociennes (et autres) qui lui paraissent évidentes et qui le sont aussi pour un historien spécialiste de monde occitan. En revanche, les unes et les autres ne vont pas de soi, tant s'en faut, pour la vaste majorité des lecteurs français appartenant au grand public cultivé. C'est le cas, par exemple, de diverses réflexions plattériennes relatives au système fiscal du Languedoc, telles qu'exposées par notre auteur au moment où il quitte Toulouse et où il va franchir vers le nord les frontières de la grande province méridionale, pour prendre la direction de Bordeaux et plus généralement de Guyenne et de Gascogne (on trouverait encore bien d'autres exemples, hors Languedoc, de ces raccourcis plattériens, compréhensibles par les seuls initiés). C'est pourquoi, ne pouvant point, à chaque fois, insérer des explications complémentaires et indispensables dans les notes infrapaginales, nous avons quelque peu « développé » la traduction, en nous tenant au strict minimum bien sûr, et ce de façon à rendre le texte intelligible à ceux de nos lecteurs qui sont, au meilleur sens de ce mot, des « profanes » en la matière ; qui sont, en d'autres termes, inévitablement peu au fait des énigmes, secrets et mystères de la France du Sud ou tout simplement de la France profonde du très Ancien Régime.

De nombreux passages de cette traduction[1] figurent en italiques. Il s'agit de paragraphes entiers ou d'insertions plus brèves que Platter a ajoutés à son texte lors d'une phase postérieure du travail proprement dit de sa rédaction d'ensemble, elle-même mise au point en 1604-1605.

Emmanuel LE ROY LADURIE[2]
Francine-Dominique LIECHTENHAN

---

1. Nous avons divisé le texte de Thomas Platter en quatre chapitres, intitulés par nos soins : *Rhodania, Occitania, Catalonia, Aquitania.* Ces quatre mots ont des résonances similaires mais des origines très diverses : *Rhodania* est un néologisme ; *Occitania*, désignant l'Occitanie, est un terme occitan usuel (voir le *Dictionnaire occitan-français* de Louis Alibert, éd. 1966, p. 514) ; *Aquitania* est un terme latin, usuel lui aussi, employé par César et par d'autres auteurs antiques ; nous avons enfin utilisé le mot *Catalonia* plutôt que d'autres graphies relatives à la Catalogne par référence au grand livre d'Orwell, *Homage to Catalonia*, auquel nous souhaitions tautologiquement (géohistoire plattérienne oblige) rendre hommage.

2. Les deux traducteurs remercient Françoise Malvaud dont la contribution à la mise au point complète du présent ouvrage par dactylographies successives leur fut tout à fait précieuse.

CHAPITRE PREMIER

Rhodania

Thomas II Platter a quitté Bâle en compagnie d'autres voya-
geurs le 16 septembre 1595 (6 septembre selon l'ancien calen-
drier julien). Son itinéraire transhelvétique, passant par Soleure
(17 septembre), l'amène dès les jours suivants sur les territoires
actuels de la Suisse romande, avant-postes septentrionaux de
cette « Romania » à laquelle il va consacrer le premier volume
presque entier de sa Beschreibung. *Le 20 septembre, après avoir*
longé les rives nord du lac Léman depuis Lausanne, l'étudiant
parvient à proximité de Genève.

Genève [22]

Notre arrivée en cette ville eut lieu le 20 septembre[a] au soir.
Le soleil brillait encore ; il se trouve qu'à Genève on ferme les
portes très tôt. En conséquence, nous avons fait passer nos noms,
écrits sur un papier, sous la porte du rempart ; et, du coup, on
nous a remis une marque à l'intention de notre hôtelier du Lion
d'Or chez qui nous avons logé.

Le matin du 21 septembre, de bonne heure, j'ai visité la ville,
ainsi qu'aux jours suivants, tout le temps qu'a duré notre séjour.
C'est une jolie vieille ville, très fortifiée ; une capitale régionale
qui fait aussi fonction d'entrepôt pour les pays savoyards ; *c'est*
également une clé de la Confédération ; on l'appelle en latin
Geneva ou Gebenna, en français Genève. Elle est située au bord
du lac, vers l'ouest, à la sortie du Rhône, *dont on peut recon-*

---

a. Nous donnons toutes les dates en calendrier grégorien.

naître le cours[1] *dans le lac de Genève, ce Léman où l'on attrape de très grosses truites.* La ville est, pour l'essentiel, en rive gauche du fleuve. C'est une ville libre impériale. Elle est située sur une colline. Mais maintenant il y a deux villes, bâties aux deux côtés du Rhône ; elles sont raccrochées l'une à l'autre par un pont de bois, partagé en deux parties. L'une des villes s'étire assez en longueur près du Change. Y habitent des épiciers, boutiquiers, meuniers, couteliers. L'autre ville est plus courte, plus proche du lac. Ce lac est l'un des plus grands qui soient dans la chrétienté ; et aussi le plus navigable, le plus fréquenté par les bateaux. Il est bordé de quantité de bourgades et de bourgs. Il a quinze lieues de long et trois de large. *C'est à Rolle que ce lac a sa plus grande largeur.* En latin, on l'appelle *lacus Lemannus* à cause de deux bourgs du voisinage, qui portent un nom analogue. Strabon[2], dans son quatrième livre, l'appelle *lacus Palamenus.* En allemand, on le dénomme lac de Genève ou lac de Lausanne, par allusion à ces deux villes, riveraines d'icelui. Ce lac est orné tout autour par un paysage merveilleusement beau comme s'il s'agissait d'un jardin d'agrément, avec d'excellentes plantations. Du côté de la Savoie *et de la Bourgogne*, il y a ce qu'on appelle le pays des Gavots[3] (en welche, le bailliage de Gex et *idem* le pays de Chablais). Du côté helvétique se trouve le pays qu'on appelle Wad[4], ou en français le pays de Vaud (Waadt). C'est une région à vins de très haute qualité, et couverte de beaux vignobles. Là croît le noble et bon vin de Ryff, qui tire son nom des plantations proches de la *rive* du lac, en welche *riva*, en latin *ripa*. Leur meilleur cru vient plus particulièrement de la ville de Vevey, en bordure du Léman.

La ville de Genève est située presque au milieu des pays de Savoie, et elle a aussi beaucoup souffert de leurs ducs. En principe, on ne l'inclut pas dans le monde des Helvètes, qu'on appelle maintenant les Confédérés. Mais on la compte parmi les Allobroges, autrement dit, de nos jours, les Savoyards. Et néanmoins, en ce temps d'aujourd'hui, Genève est alliée à quelques-unes des régions de la Confédération[5], au point qu'on peut bien la considérer nommément comme une véritable clé vis-à-vis de celle-ci. Du reste, elle porte effectivement une clef, en plus d'un demi-aigle, sur le blason de ses armes. L'empereur romain Jules César, avant même l'incarnation de notre Sauveur, la tenait déjà

pour une ville, dans le premier livre [de sa *Guerre des Gaules*].
Le texte de César, à ce propos, est confirmé par les inscriptions
romaines et païennes qu'on peut lire localement sur quelques
vieux fragments de marbres brisés. Dans une chambre de l'hôtel
de ville, on trouve par ailleurs six grandes et vieilles cruches.
En elles, on conservait il y a bien longtemps les cendres des
défunts qu'on avait préalablement incinérés. Des cruches de ce
genre, on en découvre aujourd'hui encore enterrées dans le sous-
sol. Les escaliers de l'hôtel de ville sont voûtés, et garnis de
petits galets, de sorte qu'on peut les monter à cheval.

Dans la salle d'audience judiciaire, je me suis adressé à
Monsieur Roset[6], syndic de Genève, afin d'obtenir un passeport
pour Lyon. Il m'en a rédigé un, dont voici la teneur :

« Nous Syndicques et Conseil de Geneve attestons que spec-
table Thomas Platerus escolier de Basle part de nostre cité pour
s'acheminer a Lyon, negocier aulcuns de ses affaires, pourtant
prions toutz seigneurs, gouverneurs, magistratz, cappitaines,
leurs lieutenans et toutz aultres quil appartiendra, de luy donner
libre et asseuré passage, le preservant de toutz empechementz,
destourbiers et viollences qui luy pourroient estre faictes, par
qui que ce soit. Et nous asseurans que serons en ce agrees, nous
offrons en user ce mesme envers eulx et les leurs, et de leur
complaire en toutes choses possibles. En foy de ce avons donné
ces presentes sous nostre seau et signé de nostre secretaire le
quinziesme septembre mil cinq cenz nonante cinq.

« Par mesdicts Seigneurs
« Syndicques et Conseil[7]

« Blonsel. »

[En dessous de ce texte est apposé le sceau de la ville de
Genève, à propos et à côté duquel Thomas Platter a noté un bref
commentaire :]

« Ceci est le sceau
de la ville, imprimé
avec de la cire rouge
et un blanc papier par-dessus. »

Il y a, en face de l'hôtel de ville, une place couverte, où l'on
se promène à l'abri, surtout par temps pluvieux. Je projetais, dès

le 25 septembre, de poursuivre ma randonnée, muni de ce passe-port. Et pourtant, je fus bien obligé d'attendre mes compagnons : tous les jours, ils trouvaient une excuse, en raison du temps ou de leurs affaires. Car voyager à travers la Savoie était encore très peu sûr, en cette époque. Huit jours s'écoulèrent après mon arrivée, jusqu'à ce que je puisse enfin quitter Genève. Entre-temps, j'ai pu visiter la ville et les environs.

Comme je l'ai signalé précédemment, celle-ci est divisée en deux parties, dont l'une s'appelle Grande-Genève, l'autre Petite-Genève. Dans la Grande-Genève se trouve l'église principale, la cathédrale Saint-Pierre ; cet édifice est encore entièrement debout, on en a seulement expulsé les images et les autels. Non loin de la cathédrale, comme je sortais de la Congrégation, là où Théodore de Bèze prêchait[8], je me suis rendu au *Collegium*, où se trouve la Haute École. Tous les professeurs habitent là, et les classes n'en sont pas moins nombreuses, avec en plus quelques locaux où l'on déclame, où l'on prononce des discours, où l'on se livre en outre à des affaires, à des activités, car la cour et les bâtiments sont très vastes.

Il y a aussi, dans la Grande-Genève, une rue fort longue en laquelle on peut circuler à sec, des deux côtés, par temps de pluie, grâce aux toits qui débordent. Dans les boutiques qui sont situées devant les maisons, et aussi dans les maisons elles-mêmes, habitent surtout des orfèvres, des marchands et des artisans. C'est la rue genevoise la plus élégante, au bout de laquelle on aboutit à la place Moulard ou du Molard. Là se tient le marché ; et la boucherie se trouve aussi dans ce secteur. La ville, par ailleurs, est extrêmement bien défendue avec beaucoup de bastions et courtines, remparts et fossés. Du côté du lac, elle a également un port fortifié et de même, près du pont, sur une île, on a bâti une tour de guet. Qui plus est, des galères sont en stationnement dans le port et elles peuvent mener une guerre navale. Dans la Petite-Genève, il y a l'église Saint-Gervais dont Simon Goulart est le pasteur[9]. Bastionnée, fortifiée, la Petite-Genève l'est tout autant que la Grande.

Hors cité, au pied de la colline, se trouve la maladrerie qui sert en temps de peste. C'est là qu'on loge ceux qui en sont frappés dans les périodes de grande mortalité, et ils y reçoivent des soins. Un peu plus loin gît le cimetière où l'on enterre ceux qui meurent *intra muros*, car les cadavres de toute manière sont transportés sans exception hors de Genève. Par ailleurs, la ville n'est pas spécialement belle ; elle est seulement fortifiée de façon très puissante, et pleine de gens de métiers : parmi eux, beaucoup d'Italiens. Ils font le commerce de la soie ; ils ont aussi leur prêche en italien. La ville a également sa Monnaie qui frappe toutes sortes de pièces d'or et d'argent[10]. Les plus communes sont des perpilloles de Savoie dont quatre font un batzen suisse ou encore trois sous de Genève. Par conséquent, six sous de Genève font quatre sous de France ; douze sous de Genève font un florin de cette même ville, lequel correspond lui-même à huit sous français ou à quatre batzen suisses.

À trois reprises, j'étais bel et bien prêt à partir. Mais chaque fois j'ai dû attendre mes compagnons, comme je l'ai signalé ci-dessus. Enfin, le 27 septembre, aux Quatre-Temps, nous avons quitté Genève à cheval, en forte compagnie. Nous nous sommes tous regroupés hors la ville, sur la grande place où l'on joue à la paume, *palmary*[11], et que l'on appelle Plain-Palais. Puis nous sommes arrivés à Pont d'Arve, une fortification pour ceux de Genève bâtie en terre au bord de l'eau. Plusieurs soldats y montaient la garde. Nous avons traversé à cheval le pont, nommé en effet Pont d'Arve[12], par-dessus la rivière de l'Arve. C'est un mince cours d'eau qui vient de Savoie. Il se jette dans le Rhône tout près de Genève. Nous sommes arrivés pour le repas de midi dans un village savoyard nommé Sigle ou Tiola[13] ; je crois qu'il s'appelle Aetiola. Le casse-croûte n'a pas duré longtemps, car le peuple est ruiné, le pays sinistré ; c'est spécia-lement vrai, s'agissant du susdit village. On ne pouvait s'y procurer que du pain et du vin. Nous sommes ensuite parvenus jusqu'à un « torrent », un cours d'eau qui, normalement, tant qu'il ne pleut pas, est tout à fait à sec. Mais la pluie était tombée pendant plusieurs jours. Le torrent était donc plein d'eau. Qui plus est, ce torrent, plein d'eau, coule en se contorsionnant de façon si bizarre que nous avons dû le traverser à cheval trente-quatre fois depuis le midi jusqu'au soir. Nous avons ensuite trouvé le Rhône à main droite ; peu après, nous sommes montés, toujours à cheval, en haut d'une espèce de montagne et nous sommes arrivés de bonne heure à Seyssel[14], soit sept lieues de trajet, me semble-t-il, depuis Genève. De ce côté-là du Rhône où nous étions parvenus, on n'a pas voulu nous laisser entrer en ville : il nous a fallu traverser le fleuve sur un pont de bateaux qui du reste était fort mal construit, tout à ras de l'eau, sans garde-fous. Ainsi avons-nous pu entrer dans Seyssel ou, du moins, dans la plus grande partie de cette ville. Nous sommes descendus dans une vaste auberge, où il n'y avait même pas d'enseigne.

À propos du duché de Savoie[15] [29]

J'en suis arrivé, dans mon récit, à cette ville de Seyssel qui dépend du duché de Savoie. Je vais donc parler de cet État en quelques mots. Et tout d'abord, à en croire les écrits de Charles Bouilly[16], cette contrée autrefois était farcie de brigands, tant et si bien qu'on nommait le pays « Maulvoie », autrement dit le mauvais chemin, la route peu sûre. Mais il s'est trouvé qu'un gentilhomme a fait acquisition de ce même pays, à titre de duché, l'ayant de la sorte reçu des mains de l'empereur. Et, du coup, ce gentilhomme a fait construire pour la traversée dudit duché une route tellement sûre, à l'usage des étrangers, qu'on a appelé le pays « Saulvoie », autrement dit route saine et « sauve », chemin sûr et de sécurité. Le pays aurait donc tiré son nom de là ; ou bien, autre hypothèse, cette appellation serait dérivée de la peuplade des « Sabatéens », ou encore de la bourgade de « Sebusio », proche de la montagne. La capitale s'appelle Chambéry, là où siège le parlement savoyard.

Au temps d'Hannibal, ce pays aurait constitué un véritable royaume en titre ; mais, maintenant, c'est le duc Emmanuel qui régit cet État. Emmanuel tient sa cour à Turin, dans la principauté de Piémont. Les Anciens avaient donné à ce pays de Savoie le nom de région des Allobroges ; et il inclut ou incluait les Sabatiens [Savoyards], les Ingaunes, les Intuméliens, les Hiconiens, les Tarentais, etc. C'est tout cela qu'on appelle maintenant le comté de Genève, le marquisat de Suse, le comté de Maurienne, les seigneuries de Tarentaise, le Briançonnais [?], et puis le Faucigny, le Chablais, le Val d'Aoste, le pays de Ryff [pays de Vaud] et le pays de Gex. N'oublions pas non plus la Bresse qui appartenait elle aussi au duché savoyard, mais tout récemment[17] elle a été attribuée au roi de France.

Seyssel [29]

Cette ville appartient au duc de Savoie. Elle est située dans le Bugey[18]. Le Rhône la traverse. Il y a des maisons sur les deux rives. Mais la plus grande partie de cette localité se trouve en rive droite... et fort peu de gens y habitent ! Mon impression : ce sont surtout des soldats qui font résidence ou qui se trouvent de passage à cet endroit-là. Car personne ne logeait dans les maisons situées vis-à-vis de notre auberge. Les gens disaient qu'ils étaient opprimés par les violences des soldats espagnols en transit : ils viennent dans cette ville depuis l'Italie et le Piémont, afin de se rendre ensuite aux Pays-Bas. Par ailleurs, en ce même lieu, sur le Rhône, un commerce important s'effectue : toutes les marchandises y sont apportées en charrette, autrement dit « sur essieu ». Dès lors on les charge sur des péniches, en vue de les expédier vers Lyon. C'est en effet à cet endroit précis qu'un trafic de bateaux importants commence à se manifester sur le Rhône.

Le 28 septembre, après le petit déjeuner, nous avons renvoyé nos montures en direction de Genève et sommes montés tout de suite dans un bateau qu'avait retenu la femme de Monsieur le capitaine Cornelius Pellisari[19]. Elle s'y est embarquée elle-même avec deux enfants, deux servantes et un serviteur. Il y avait en outre, avec nous, le seigneur de Souilly, dont le nom est Anjorrant, docteur en droit[20] ; et puis Monsieur le capitaine Oldewin, Monsieur Étienne Gocher, le docteur Théodore Colladon[21] ; Monsieur Jean Sarrasin[22] ; ainsi qu'un bourgeois de Seyssel, le domestique de J. Dilger ; Madame Landa, avec une autre femme ; plus deux individus inconnus de moi... Pour plus de sécurité, nous avons emmené avec nous un trompette savoyard ; il devait se charger de présenter les passeports en tout lieu où cela serait nécessaire. Nous l'avions embauché uniquement pour cela.

Après avoir navigué quelques heures, notre bateau s'est échoué, ensablé. De sorte que les mariniers ont dû descendre, et le tirer de toutes leurs forces pour le faire avancer. À midi, nous n'avons pas mis pied à terre, mais nous avons consommé le casse-croûte dans notre embarcation, car nous avions acheté du pain et du vin à Seyssel.

Puis nous sommes arrivés, entre de hauts rochers, à un étroit passage. Il y avait là des soldats dans une tour, au pied du rivage du Rhône. Ils montaient la garde, et ils tirèrent un coup de feu dès qu'ils nous eurent aperçus. Aussitôt, nous fûmes hélés depuis le château, sis sur une haute roche et qui s'appelle Saint-Pierre. On nous cria : « Montrez les passeports ! » Ce pour quoi le trompette savoyard est monté dans cette forteresse. Il était muni d'une verge sur laquelle se trouvait la marque du duc. Il est resté là-haut pendant une heure et demie avec les passeports. Après qu'il fut redescendu, nous avons donné aux soldats quatre gros pfennigs[a] et avons continué notre voyage.

Ensuite nous sommes passés en vue des châteaux de Groslée[23] puis de Saint-André[24] : celui-ci appartient à l'amiral. Enfin, nous sommes arrivés à la nuit noire dans une auberge isolée, sur la rive du fleuve. On nous a dit que les portes de la ville proche étaient déjà fermées. Celle-ci est située sur une hauteur, non loin du Rhône. Elle s'appelle Crenneu[25]. Elle appartiendrait, paraît-il, au roi de France. J'ai l'impression que nous avons bien dû faire ce jour-là douze lieues, car le cours du Rhône est tout à fait tortueux sur ce trajet, il ne suit pas la droite ligne. C'était vraiment un piètre gîte nocturne : il ne comportait même pas de chambres ! Cette nuit-là, pour trouver le repos, les femmes ont dû coucher dans le foin, et les hommes au rez-de-chaussée, dans la maison, sur des bancs. Nous avons barricadé les portes avec la table et des bancs. Il n'y avait rien de mieux à faire pour nous protéger.

Nous sommes partis très tôt dans la matinée, le 29 septembre, et nous sommes arrivés à une tour, dite la Tour de Soy *ou du Pin*. Elle se dresse toute droite au milieu du Rhône. Personne n'est resté dans le bateau avec les mariniers, sauf Madame Pellissari, Monsieur Sarrasin et moi-même. Notre embarcation est passée tout près de la tour, dans un grand tourbillon d'eau. Nous nous en sommes sortis sains et saufs, Dieu soit loué.

Ensuite, nous sommes parvenus au couvent de Salette[26] ; il est situé dans un bois ; là aussi, nous avons dû procéder, par l'intermédiaire du trompette, à l'exhibition de nos passeports.

---

a. Le Dickpfennig ou « gros pfennig » vaudrait paraît-il un tiers de florin (Grimm, *Deutsches Wörterbuch*, éd. 1991, II, p. 1083).

Une corde en effet était tendue par-dessus le Rhône, ainsi qu'à d'autres endroits, en ce lieu, afin que les bacs puissent traverser d'autant plus facilement le cours d'eau. Les soldats n'ont pas voulu se contenter de trois gros pfennigs. Il a fallu là aussi leur en donner quatre.

Au terme de l'étape suivante, nous sommes arrivés à Loyettes[27]. Il y a là un port et aussi un château. Les garnisaires du cru tirèrent deux coups de feu de semonce. Et puis... ils nous donnèrent un coup à boire ! Car Madame Pellissari, sur place, connaissait la femme du capitaine. Là aussi, nous avons fait cadeau de quatre gros pfennigs aux soldats.

Bientôt, nous avons vu de loin Montluel[28] ; cette ville est sur une hauteur ; elle appartient au roi de France : nous avons arrêté les comptes entre nous ; nous avons payé le trompette, ainsi que les mariniers et timoniers, comme cela est spécifié dans un autre document. Et puis, de bonne heure, nous sommes entrés dans Lyon, en bateau, sur le Rhône. Je dirai que la distance parcourue depuis notre dernier gîte nocturne jusqu'à cette ville, par voie d'eau, est d'une bonne dizaine de lieues. Le gouverneur de la ville, *gubernator*, fut là immédiatement ; il examina tous nos bagages ainsi que leur contenu et il prit à chacun son passeport, comme c'est la coutume à Lyon. Il a pourtant oublié le mien ! Ensuite nous avons traversé la Saône ; nous voulions descendre à l'auberge du Chapeau Rouge. Mais toutes les chambres étant occupées, nous avons passé la nuit au Cerf[29].

Lyon [33]

« Leon », en français Lyon, en latin Lugdunum, *tire son nom du roi français Lugdo [!]. Celui-ci vivait au temps de Moïse ou, plus exactement, juste avant la naissance d'icelui en l'année 3225 de la création du monde. C'est ce roi qui aurait bâti la ville de Lyon. Elle est très ancienne. On y voit de nombreux arcs de triomphe et des conduites d'eau souterraines par lesquelles l'eau en effet était amenée* intra muros *depuis cinq ou six lieues de distance ; et encore bien d'autres vieilles choses !*

Selon d'autres personnes, la ville de Lyon aurait été bâtie par Lucius Munatius Plancus[30], *excellent orateur et membre du Conseil. Il fut auditeur de Cicéron ; il était alors commandant*

*d'une garnison romaine et il gouvernait la France [la Gaule],
ayant été nommé à ce poste par l'empereur Auguste. C'est lui
également, Plancus, qui a fondé Bâle. Mais longtemps avant
Plancus, lors d'une phase très antérieure à la présence de cette
garnison, il y avait là aussi, portant ce même nom « lyonnais »,
une ville ou une île française. Les Romains ont frappé là, qui plus
est, des monnaies d'argent et de cuivre, et Agrippa[31] à partir de
cette ville a fait partir tous les chemins de France. Ces mêmes
Romains ont aussi perçu et concentré à cet endroit tous les
impôts, tributs et redevances de France, parce que c'était l'emplacement le plus commode. Les revenus collectés de la sorte
étaient si énormes que la force et la puissance de l'Empire entier
en dépendaient. C'est la raison pour laquelle, à juste titre, les
Lyonnais eux-mêmes furent exemptés d'impôts. Sur l'île, on voit
des monuments ostentatoires et des traces significatives de la
grande ancienneté de la ville. Comme par exemple le marché de
Vénus, dont le toponyme, par corruption, est devenu Fourvière[32].
On y voit encore le temple [de Vénus], qui autrefois avait joui
d'une grande considération. On prétend qu'il y avait, sur cette
colline, soixante garnisons originaires de soixante provinces
différentes et qui toutes auraient été subordonnées à ceux de
Lyon. C'est pour cette raison qu'il y avait là un gigantesque
temple d'idoles (où l'on avait inscrit les noms des soixante
peuples susdits), et puis une énorme statue. Par la suite, on y a
encore construit un autre grand temple. Le marché-foire annuel
se tenait sur place ; on l'avait créé par ordonnance. Ce même lieu
a reçu le nom de marché de Mercure, à cause de la grande multitude de peuple qui se rendait là en provenance de tous les pays. À
ce qu'on dit, un grand miroir avait été installé tout en haut sur la
colline de Fourvière. Il était disposé avec un art tellement prodigieux que l'emplacement précis de la ville de Lyon devenait ainsi
parfaitement visible à très longue distance, depuis les montagnes
de Savoie. Aussi bien les sénateurs romains se rendaient-ils
souvent à Lyon pour leur plaisir[33].*

*À Lyon, de nos jours, il y a un présidial et un tribunal de séné-
chaussée. Un gouverneur régit au nom du roi le pays et la ville.
Celle-ci fut réunie en 1315 à la couronne de France par Louis X
le Hutin[34], fils de Philippe le Bel[35]. Il s'agissait en l'occurrence
d'un legs d'Amédée, premier duc de Savoie[36]. Douze Messieurs*

*gouvernent la ville tout entière. Ils ont été établis en l'année 1271.
Ces conseillers sont tous anoblis, aussitôt qu'ils ont accédé à
l'honneur en question, et avec eux toute leur descendance.*

*À l'hôtel de ville, on voit deux grandes tables d'airain. Elles
furent découvertes près de Saint-Sébastien en l'année 1529.*

Dix conciles différents ont été tenus à Lyon. Aujourd'hui
comme autrefois, c'est en France l'une des villes les plus distinguées qu'on puisse trouver, étant simultanément richissime et
très industrieuse. Beaucoup de personnes s'y rendent, tant de
l'étranger que des pays lointains. Un certain nombre d'entre elles
s'y établissent pour faire le commerce de marchandises et d'argent en direction de toutes les extrémités du monde. Il peut
s'agir aussi bien d'Allemands que d'Italiens, d'Anglais, de Néerlandais, et de mainte autre nation. Car l'endroit même est riche
et bien situé pour le commerce grâce aux deux fleuves qui se
réunissent là. Et puis, en Europe et dans la chrétienté, cette ville
est sise presque au milieu, *chez les Segusiavi*[37]. C'est aussi la
raison pour laquelle les lettres de change peuvent être établies
là couramment et le plus commodément à l'intention de la
France, de l'Italie, de l'Espagne et de l'Angleterre. *Par l'intermédiaire de la Savoie, Lyon touche également à l'Italie et à l'Allemagne.* L'un des fleuves s'appelle le Rhône ; l'autre, c'est
l'Arar qu'on appelle aussi la Sagone ou Saône, *à cause de la
couleur rouge sang qui fut jadis la sienne quand dix-neuf mille
martyrs furent massacrés en ce lieu, au temps de l'empereur
Antonin*[38], *en l'année du Christ 175, lorsque les Lyonnais
voulaient se faire chrétiens.* Le Rhône sort du Valais, derrière
Sion, en provenance de la montagne ; il se jette dans le lac de
Genève et il en sort de nouveau *à Genève ; puis, du côté du soleil
levant, il s'en vient battre contre les remparts de Lyon.*

La Saône, elle, sort du pays des Séquanes, des Burgondes ou
Bourguignons ; elle vient des monts du Jura[39]. Elle prend sa
source non loin de Bassigny[40]. Un affluent qu'on appelle le Dun
ou le Doubs fait sa jonction avec la Saône à proximité de Saint-
Jean-de-Losne[41]. Le Doubs a préalablement traversé Besançon[42].
La Saône porte des bateaux nombreux à partir de Saint-Jean-de-
Losne. Pour dire vrai, les bateaux circulent bien, déjà, sur cette
rivière à partir d'Auxonne, mais c'est à Saint-Jean que se fait le
vrai trafic. Car dans cette ville on apporte toutes les marchan-

dises sur essieu [sur l'essieu des charrettes] et, là, on les charge sur des barques pour les conduire à Lyon. Vers l'aval, le Rhône et la Saône confluent près de Lyon, hors la ville. Puis ces fleuves se dirigent en compagnie l'un de l'autre vers la mer Méridionale [la Méditerranée]. Ils sont d'excellente utilité aux marchands pour faire venir et pour faire partir leurs marchandises. *Un pont de pierre traverse Saône et Rhône à l'endroit même où l'une et l'autre se réunissent. Il a dix-neuf arches. On prétend que ce grand ouvrage fut construit sur l'ordre de Dieu, à l'instar du pont d'Avignon, par saint Benezet alias Benoît ou Benedictus[43], à l'époque où ce personnage arrivait de Rome.*

La ville est si étendue qu'elle embrasse ou qu'elle inclut deux collines fertiles et beaucoup de vignes. La Saône passe en plein milieu de Lyon, et elle est surmontée par un beau pont de pierre qui la traverse et où l'on voit en tout temps des boutiquiers très divers qui vendent leurs marchandises. Ce pont a neuf arches et l'on prétend *qu'il a été construit par l'archevêque Humbert, Humbertus[44], aux frais de la ville en l'année 1050.* Comme à Bâle, cet ouvrage d'art dessert les deux villes et pourtant l'on voit toute la journée les marchands et d'autres messieurs distingués qui traversent la Saône, d'une partie de la ville à l'autre, sur de petites barques fort amusantes. Pour effectuer un tel service, beaucoup de ces « barquettes » se postent en permanence à l'affût afin de ne manquer personne ; elles se tiennent donc au débouché des nombreuses ruelles qui descendent de la ville vers la Saône, *et elles sont généralement pilotées par des femmes.* Avant tout, éviter le retard ! Car, chez les Français, tout doit aller très rapidement. Ils n'ont pas assez de patience pour faire à pied un détour afin de bien vouloir passer – quand même ! – par-dessus le pont. Et c'est vrai qu'on a vite fait de traverser ainsi la Saône sur un esquif, car le cours de cette rivière est lent et paisible.

Le 30 septembre, je visitai l'église Saint-Jean, celle-là même qui sur la place lyonnaise a le plus de distinction : *on y conserve et on y montre encore les ossements de L. Cyprianus[45], qui fut archevêque de Lyon en l'an 1298.* Après cela, j'ai rencontré mon beau-père, décédé depuis, Johannes Lützelmann[46], en compagnie des ambassadeurs de Bâle et de Schaffhouse ; avec d'autres Confédérés, ils étaient envoyés auprès du roi de France, qui avait fait son entrée dans Lyon huit jours seulement avant ma visite, date approximative en tout cas.

Comme nous traversions l'église de la Platière[47], Monsieur Meyer[48], bourgmestre de Schaffhouse, et Monsieur Hornlocher[49] m'ont invité à casser la croûte : nous avons mangé dans la maison d'un bourgeois, où ils avaient pris gîte. Le soir, j'ai soupé près des lanternes à l'Écu de France, à l'enseigne duquel logeaient également beaucoup de Soleurois, ainsi que mon susdit beau-père, décédé depuis. Il y avait encore à Lyon toute une foule d'étrangers. Ils étaient venus là pour voir le roi Henri faire son entrée en ville, laquelle avait eu lieu peu de temps auparavant. Dans beaucoup de rues en effet, j'ai vu de hauts portails, des pyramides, des tours, des murs, les uns et les autres en planches, le tout décoré de draperies ainsi que de grandes statues en plâtre, et orné de belles couleurs et d'inscriptions ingénieuses, *inscriptionibus*, avec des vers et des commentaires ; cela, je l'ai vu en particulier sur la place au Change. Rien de tout cela n'avait encore été enlevé et l'on m'a même raconté que le roi en personne était venu là environ huit jours avant son entrée officielle ; il avait bien observé les ouvriers en train de préparer, d'équiper, de monter tout cela ; il les avait également questionnés, leur disant : « Quand donc le roi doit-il faire son entrée à cheval ? Que pense-t-on de lui ?, etc. », et tout cela *incognito*.

Après ces diverses opérations, le roi est parti secrètement à cheval, puis il est revenu et a fait son entrée solennelle sur le cheval du connétable ; sa suite était extrêmement imposante, et il était revêtu d'une armure d'argent blanc. Depuis la porte de la ville jusqu'à son royal logement, les maisons, sur leurs parties extérieures, étaient entièrement couvertes de tapisseries. Près d'une hauteur fort rocheuse, qui s'appelle Pierre-Encize[50] ; *au fait, sur cette hauteur se trouve un château ; c'est quand on se dirige vers la Bourgogne, le long de la Saône. Le duc de Nemours*[51] *a été tenu prisonnier en 1594 dans cette forteresse ; puis le même Nemours s'est échappé en effectuant sa sortie par une fenêtre ; ses serviteurs l'ont alors pris en charge et l'ont tiré de là. Le roi Charles IX*[52] *l'avait initialement incarcéré en ce lieu à cause des guerres de Religion qui sévissaient en France. Charles espérait, grâce à cet emprisonnement, parvenir à maîtriser la révolte* ; donc près de Pierre-Encize, quand je suis allé par là, en traversant la Saône, j'ai encore vu, non loin de la porte de Paris, les pavillons joliment édifiés de bois, de paille et de gazon ; les musiciens y auraient joué, m'a-t-on dit, de manière somptueuse à l'entrée du roi. Ils étaient juchés sur une roche. Tout cela ensuite a fait l'objet certainement d'une publication imprimée, qui narrait la fête. *Incidemment, il y a encore un autre château sur une autre roche ; il se nomme le bastillon Saint-Jean.*

Lyon en effet, en tant que promontoire ou promontorium, *se présente comme une citadelle avancée du royaume de France, ville bien pourvue d'excellents bastions, remparts et fortins.*

Dès 1544, la cité lyonnaise était entourée d'une enceinte fortifiée de 6 129 verges ou ruten[53] *[= 27,6 kilomètres], les deux ponts sur le Rhône et la Saône n'y étant pas inclus.*

Sur la colline de Fourvière, il y a de nos jours toute une masse de vignobles inclus, eux, à l'intérieur du rempart ; et l'on aperçoit là les traces d'un amphitheatrum, alias *scène de spectacle ; il reste aussi de très somptueux bâtiments près de la Croix de Colle.*

Il faut voir également, sur la hauteur, le temple de Saint-Irénée où sont inhumés les saints Irénée[54] et Polycarpe[55] : dans le chœur, le pavé est composé selon l'art et la manière même de la mosaïque ; ledit pavimentum *est merveilleusement garni, en effet, de petits cailloux quadrangulaires comme des dés à jouer en pierre. Le tout figurant des bêtes étranges, avec des inscriptions en couleur. C'est encore tellement solide qu'on ne peut en arracher aucune petite pierre : il y a là un lieu de pèlerinage.*

De nombreux soldats confédérés [helvétiques] se trouvaient alors à distance assez proche de Lyon, à environ deux heures de marche. Je signalerai parmi ces hommes les troupiers de la compagnie du capitaine Watcher[56], lui-même étant présent avec eux. Ils n'attendaient que leur argent ; ensuite, ils voulaient aller rejoindre le roi en Picardie.

Après manger, le 1er octobre, je me suis rendu dans l'écurie du connétable[57] ; elle est extrêmement bien construite. Il y avait là environ trente chevaux de grand prix ; leur dressage s'effectue sur une vaste place, située devant l'écurie en question.

Il y a une belle boucherie à Lyon ; son bâtiment se dresse isolé et l'on peut en faire le tour de tous les côtés ; on l'appelle la grande boucherie ; il y en a aussi une petite, par ailleurs.

Plusieurs portes de la ville étaient alors gardées par des Suisses, parmi lesquels se trouvaient de nombreux Soleurois.

En outre, dans la partie la plus importante de la ville, j'ai vu la place Bellecour qui est très grande, longue et large ; elle serait bien, à mon sens, deux fois plus grande que la place Saint-Pierre à Bâle. Mais elle n'est pas plantée d'arbres ; en revanche, elle a beaucoup de pistes circulaires et de voies diverses où l'on entraîne les chevaux. Il y a également, bâti sur cette place, un long mur derrière lequel on joue à la paume ; et puis de très belles maisons et des jardins par-dessus. On s'y exerce à toutes sortes de jeux comme le billard, la courte-boule, les quilles, etc. *Autour de Lyon, le sol arable est riant, bien cultivé.*

Ensuite, j'ai vu *Portam Rhodani*, la porte [de la ville] par où passe le Rhône, et je me suis promené dans le faubourg qu'on appelle la Guillotière. De là, je me suis rendu à la place appelée Confort. Une église s'y dresse, une de plus, et qui porte ce même nom de Confort. Les ligueurs hostiles au souverain français[58] s'y sont barricadés quand la ville est redevenue royaliste. *À Lyon réside l'archevêque*[59]. *C'est lui le premier, le « primat » dans toute la France, parmi les évêques et les gens d'Église.*

Le 2 octobre, je me suis rendu chez mon marchand et homme d'affaires, Monsieur Noël Bastier[60] ; il habitait rue Mercière, près du Maillet d'Argent. Je lui ai fait voir la lettre de change que son frère, Monsieur Jacques ou Jakob Bastier, m'avait donnée ; Noël m'a aussitôt rassuré. « À Montpellier, m'a-t-il dit, tu n'auras qu'à te mettre en rapport avec un marchand ; il te donnera les fonds nécessaires pour ton entretien ; et moi, Noël Bastier, je rembourserai aussitôt à cet homme d'affaires montpelliérain, ici même à Lyon, sur présentation d'une cédule signée de ta main, les sommes qu'il t'aura avancées. » Et c'est ainsi que les choses se sont passées, effectivement, pendant tout le temps que je suis resté en Languedoc. Puisque aussi bien à Lyon, chaque année, se tiennent quatre foires. La première a lieu le 9 janvier, pour la fête des Trois Rois. La deuxième, c'est le 3 avril, pour Pâques. La troisième, le 4 août. La quatrième, le 3 novembre, celle qu'on appelle la foire de Toussaint. Pendant plusieurs jours, les marchands de toutes les villes considérables du Languedoc se rendent ainsi en foire. Il leur est donc tout à fait facile d'accepter de telles lettres de change.

Ces foires sont dotées de privilèges spéciaux. Beaucoup d'artisans s'y rendent. Et il y a là autant ou davantage d'imprimeurs que dans n'importe quelle autre ville.

Bastier voulait aussi me donner tout de suite de l'argent pour le voyage en Languedoc, car je n'en avais pris à Bâle et à Genève pas plus qu'il ne m'en fallait pour me rendre tout juste jusqu'à Lyon, et cela à cause de l'insécurité des chemins. Mais il se trouvait que mon beau-père devait rapporter à Bâle quelque peu d'argent. Il m'en fit donc cadeau pour mon voyage et Monsieur mon frère lui remboursa cette somme lors de son retour à Bâle.

Un très grand nombre de personnes mouraient alors à Lyon en raison de la dysenterie, la diarrhée rouge. On pouvait bien s'en rendre compte à cause du glas qui sonnait tout le temps et des convois mortuaires qui passaient. Je cherchais donc l'occasion la plus favorable pour reprendre mon voyage. Elle me fut fournie par Monsieur Sébastien Hieberlin, ou plus exactement par Monsieur Beraut, chez lequel logeait non loin de Pierre-Encize son frère, Monsieur Casa, marchand de Montpellier. Il me recommanda et me confia chaleureusement à ce Monsieur Casa, lequel voulait se mettre en route sans retard, dès après le repas de midi. J'allai donc manger[a], en milieu de journée, chez le noble comte Hans Casimir de Nassau, et cela en compagnie de deux gentilshommes de Salzbourg, Messieurs von Lasse-regg[61]. Ils logeaient ensemble sur la rive du fleuve, à l'endroit même d'où notre navire devait appareiller : je me suis donc embarqué aussitôt après le repas ; bref, vers une heure de l'après-midi, nous étions tous dans ce bateau. Il était tellement surchargé de personnes et de marchandises que l'eau du fleuve était presque à ras bord. Encore quatre doigts d'épaisseur et elle passait par-dessus le bastingage ! Ainsi équipés, nous sommes parvenus jusqu'à la chaîne qui est toute proche de l'église d'Ainay[62], non *loin de la place Bellecour (il s'agit de l'ancien couvent ainsi nommé, Ainay, qui se trouve entre Saône et Rhône).*

---

a. Platter distingue le déjeuner du matin (notre petit-déjeuner), qu'il appelle éventuellement « soupe du matin », le repas de midi qualifié à maintes reprises de « casse-croûte », et enfin le repas du soir, vraisemblablement plus « conséquent » [LRL].

Et du coup, nous trois, le docteur Colladon, Monsieur Sarrasin et moi, nous n'avions même pas de passeports : il nous a bien fallu, chacun d'entre nous, débourser un demi-franc[a] [= une demi-livre tournois, *alias* dix sous] ; sans quoi nous eussions été retenus sur place encore longtemps. Ensuite nous sommes passés devant le château de Tamel[63]. Enfin, avec une chance extraordinaire, car les bateliers n'étaient pas d'accord entre eux, nous sommes arrivés très tard à Vienne, à cinq lieues de Lyon. Il faisait nuit noire. On nous a ouvert les portes de la ville et nous sommes descendus à l'auberge de Sainte-Barbe.

Vienne [41]

Cette ville s'appelle en latin *Vienna*, en français Vienne ; c'est la capitale de la seigneurie du Dauphiné. Celle-ci relève, en principe, de la souveraineté du fils aîné du roi – en vertu du consentement, néanmoins, de ce monarque. Être dauphin, c'est donc le rang le plus proche de la royauté. Car il suffit que le roi disparaisse et aussitôt le dauphin, qui tire son nom de cette province, s'installe à sa place et devient monarque à son tour. C'est ce qui fut ordonné en l'an 1330, sous le règne de Philippe de Valois[64], et ce règlement a été observé depuis lors.

Du Dauphiné en général [42]

Le Dauphiné commence près du faubourg de la Guillotière à Lyon. Il est limitrophe du Rhône, du marquisat de Saluces[65], de la Provence[66], du Comtat Venaissin[67], du Piémont et de la Savoie ; il est moitié plaine, moitié montagne.

Il comprend les pays de Viennois, Valentinois, comté de Roussillon, Champsaur, les Baronnies, le Briançonnais, le « Givodan » [en fait, Grésivaudan], le Trièves, le Gapençais, le pays de Digne et l'Embrunais[68].

---

a. Le texte de Thomas II Platter contient de nombreuses indications sur les monnaies, que nous nous sommes efforcés de clarifier dans la mesure du possible. Une étude plus précise pourrait être effectuée à ce propos par tel ou tel spécialiste de numismatique ou d'histoire économique.

C'est une fort grande seigneurie ; sous elle se trouvent beaucoup de villes et d'évêchés, comme on peut s'en rendre compte en consultant la cartographie des itinéraires.

Par ailleurs, cette principauté [le Dauphiné] appartient à l'Empire, car le fils aîné du roi de France [le dauphin] doit en principe la recevoir ou la prendre en main comme s'il s'agissait d'un fief de l'Empire romain [germanique]. En effet, au temps jadis, le dauphin Umbertus, prince de cette région, avait conduit de nombreuses guerres contre son voisin le duc savoyard, et il avait perdu son fils unique. Dès lors, très éprouvé par ce grand chagrin, il voulut se retirer dans un couvent ; il souhaitait aussi céder le Dauphiné au pape pour une petite somme d'argent. Mais la noblesse du Dauphiné ne l'entendit pas de cette oreille ; elle préférait de beaucoup se donner au roi de France, car il pouvait la protéger, lui, contre la Savoie. L'annexion française s'est donc produite en la susdite année 1350. Aujourd'hui encore, la province de Dauphiné compte un nombre tout à fait considérable de gentilshommes ; ils s'achètent des terres et celles-ci deviennent... nobles ! Du coup, elles cessent de cotiser à l'impôt ; et, par voie de conséquence, les paysans et autres contribuables sont très pressurés, car ils doivent donner d'autant plus au roi de France, à titre de contribution fiscale. Ailleurs et dans plusieurs autres provinces, la coutume veut que les terres anoblissent leur propriétaire ; ici, au contraire, c'est l'homme, le gentilhomme, qui anoblit la terre. C'est la raison pour laquelle grande quantité de noblesse vient s'installer en Dauphiné ; elle y achète des biens fonciers.

Le matin du 3 octobre, j'ai visité la très ancienne église viennoise de Saint-Maurice. Il y a là des peintures d'autrefois, fort endommagées, ainsi qu'un escalier de vingt marches, large et haut.

Un archevêque réside aussi à Vienne ; *il porte par ailleurs le titre de comte de Vienne.* Il a sous lui beaucoup d'autres évêchés tels que Valence, Die, Viviers, la Maurienne[69], Grenoble et Genève[70].

Le portail de l'église Saint-Maurice, quand on monte les marches, est remarquablement bien orné ; il est flanqué de deux tours. Dans le chœur est enterré le cœur du dauphin François[71], fils de François Ier, avec cette épitaphe ci-après en latin :

Corpus abest, cor tantum adest, pars maxima nostri
Principis in coelo corporis umbra manet.
Domino Francisco, Fr*[ancisci]* I. regis Galliae Augustissimo primogenito, Delphino Vienn*[a]*e, Britan*[niae]*, duci Viennenses Moestissimi posuerunt V. Idibus Julii Anno D.XL.VII.

*Cela signifie en allemand [traduit en français] : « Le corps est absent, seul le cœur est présent ; ce cœur forme la portion la plus distinguée de notre prince, qui lui-même est au ciel, etc. À Monsieur François, fils premier-né du roi François I*er*, au dauphin, les Viennois attristés ont érigé ce cénotaphe. »*

Saint Crescent [jadis évêque de Vienne et martyr] aurait été envoyé dans cette ville par l'apôtre Paul pour y prêcher le premier l'Évangile[72].

À l'entrée de l'hôtel de ville se trouve, sur le côté, une grande vieille tour bâtie de grandes pierres de taille. On l'appelle la Tour d'Orange, car un prince d'Orange y fut emprisonné pendant vingt-deux ans. À proximité, il y a une salle où l'on joue la comédie. Tout à côté, on a la salle du Conseil, où sont présentées les très belles armoiries de la ville. À savoir un palmier vert, avec en dessous l'inscription suivante : Vienna. civitas sancta, *c'est-à-dire « Vienne la ville sainte ». Ce qui est très commode, c'est qu'on peut visiter les endroits les plus remarquables de la ville pour ainsi dire d'affilée, en allant de l'un à l'autre, sans être contraint d'arpenter les rues. C'est ainsi qu'on passe directement de l'église Saint-Maurice jusqu'à la cour de l'évêché ; de là à l'hôtel-Dieu, ensuite à l'hôtel de ville et enfin dans les* collegia *ou collèges.*

Sur un grand arc-boutant qu'on appelle *Arcum*, on pouvait lire, près du sol, l'inscription suivante, gravée dans le marbre :

D.D. FLAMINICAE VIENNAE TEGULAS AEREAS AURATAS CUM ARPUSCULIS ET VESTITURIS BASIUM ET SIGNO CASTORIS ET POLLUCIS CUM EQUIS ET SIGNO HERCULIS ET MERCURII[73].

[Ce texte latin détaille ce qu'« une prêtresse impériale a donné, aux dépens d'une partie de ses biens, c'est-à-dire des plaques et tuiles tant en bronze que dorées avec des ornementations diverses, et certaines effigies d'Hercule, de Mercure ainsi que de Castor et Pollux avec leurs chevaux. »]

On a là une vieille inscription romaine. Elle indique bien que les Romains ont fait résidence en ce lieu.

Il y a aussi deux châteaux dans la ville, vis-à-vis l'un de l'autre et perchés sur de hauts rocs : l'un s'appelle Labatie [la Bastide] et l'autre Pipet[74].

Par ailleurs, il y a encore autour de cette région beaucoup de très vieux châteaux qui, pour la plupart d'entre eux, sont en ruine : ainsi Roussillon, Monthalemon, Mont-Saint-Cher. Tout au bout, dans la montagne, on peut voir une chapelle souterraine : là se trouve une source jaillissante, et tout de suite elle se perd à nouveau. De l'autre côté du Rhône, on signale de grandes galeries sous terre, dans la montagne, tellement hautes et larges qu'on peut y circuler à cheval. Dans quel but ? On n'en sait rien.

À Vienne, il y a quatre beaux moulins, très ingénieux. Les lames de rapière qu'on y forge sont célèbres. La première roue de moulin actionne quatre soufflets, en divers endroits ; la deuxième met en mouvement un gros marteau dont le maître peut contrôler le rythme lent ou rapide ; la troisième fait mouvoir cinq pierres à aiguiser différentes, chacune plus fine que l'autre, sur lesquelles on polit les lames d'épée. Toutes ces lames passent ainsi à tour de rôle par les mains de huit maîtres successifs, avant d'être complètement au point : elles sont tenues à très haut prix dans la France entière.

Sur le Rhône se dresse un pont très haut, bâti de pierre et voûté ; *il n'a que deux arches* et l'eau, par en dessous, serait à ce qu'on prétend extrêmement profonde, car c'est à cet endroit que Pilate, au dire de plusieurs personnes, aurait péri par noyade [!]. Ce même Pilate[75] serait né sur une colline, pas bien haute, qui est située vis-à-vis de la ville. *Cesar Tiberius Gracchus*[76] *aurait construit le pont en question, ainsi que deux châteaux aux deux côtés de la ville, en l'année 3790 depuis la création du monde, ce qui ferait 180 ans avant le Christ.*

Après la soupe du matin, nous sommes partis en bateau sur le Rhône qui coule le long de la ville. Et là, devant la porte du rempart, celle qui donne sur le Dauphiné, nous avons vu une pyramide, espèce de tour pointue en pierre de taille, à base rectangulaire. Le bâtisseur de cette pyramide, paraît-il, c'était Pilate ! On prétend qu'il l'avait construite pour le compte d'un Romain en guise de tombeau. Ou bien, selon d'autres personnes, en guise de but et de borne pour les Romains[77]. *D'autres encore appellent cela la maison de Pilate. À les en croire, Tibère aurait installé là cet édifice comme s'il s'agissait d'un signe, pour montrer que la maison de campagne de Pilate s'élevait précisément à cet endroit.*

Près de l'église Notre-Dame, à l'extérieur, en hauteur, un grand rond annulaire, en couleur, est tracé sur le mur. On y lit les mots suivants : « C'est le pomme [sic] *du sceptre de Pilate. » Autrement dit : « C'est le pommeau du sceptre de Pilate. »*

Près de l'église Saint-Pierre, dans le cimetière, se dressent trois lions de pierre extrêmement grands. On ne peut plus lire l'inscription qui est dessus, à cause de sa vétusté. Les gens disent qu'on a trouvé ces lions, sur place, au temps du Déluge et qu'on les a érigés là aux fins de commémoration.

Ensuite nous sommes passés devant Condu [Condrieu], une bourgade[78], et là nous avons montré nos passeports. Puis à Serrières, un village. *Idem*, il nous a fallu sortir nos passeports. Formalité semblable lors de notre passage à Andance, près de Peyraud ! Après, nous avons vu la ville de Saint-Vallier, à huit lieues de Vienne. Nous n'avons pas jugé utile d'y débarquer, car nous avions acheté à Condrieu nos provisions pour le parcours. Nous avons donc mangé sur le bateau. Peu après, en passant à hauteur de Fontagier, nous avons aperçu cent chevaux : c'était le connétable de Montmorency qui chevauchait en direction de Tournon. Au bout d'une heure de trajet, comptée depuis Saint-Vallier, nous avons pu voir la maison de Ponce Pilate, dont la construction est en forme de rectangle, éloignée de Tournon d'un couple de lieues. Puis, au fil de l'eau, nous avons jeté un coup d'œil sur la puissante forteresse de Serves. Il faisait encore jour quand, de bonne heure, nous sommes arrivés à Tournon. Soit une distance de trois lieues depuis Saint-Vallier. Nous sommes descendus chez Germain Moreau.

Tournon [48]

La ville et le château de Tournon appartiennent au comte de Tournon. La ville elle-même est située en rive occidentale du Rhône, du côté du coucher du soleil. En face, de l'autre côté du Rhône, au levant, on aperçoit plusieurs maisons et des auberges.

L'emplacement en question s'appelle Tain[79] [au XXe siècle, Tain-l'Hermitage].

Quant au château, il est situé sur une haute montagne ; il est bien bâti et puissamment fortifié. Sur la même montagne et sur diverses crêtes sont également érigées de vieilles tours fortifiées, aujourd'hui ruinées ; comme si autrefois, voilà bien des années, on y avait monté la garde.

En ville j'ai visité le collège des jésuites, construit en pierre de taille. C'est François, cardinal de Tournon[80], qui l'a fait bâtir en 1560. Il est dédié et même dédicacé à une dame prénommée Claude, *Claudia*. On trouve environ huit classes dans ce collège, soit : grammaire, logique, rhétorique, mathématiques, physique, métaphysique, humanités et théologie. Et de fait on y enseigne tous ces arts, et bien d'autres encore. On fait là grande quantité de *disputationes*. On y dénombre communément près de six cents élèves, et même jusqu'à un millier. Cet établissement est réputé dans la France entière. Dans leur bibliothèque *alias* librairie, j'ai vu beaucoup de beaux livres, parmi lesquels la Bible d'Anvers[81], des livres de Calvin, et aussi la Bible en français, imprimée à Genève[82], dont la page de titre était néanmoins arrachée. Du coup, le docteur Colladon a voulu ouvrir un volume de Calvin. Mais un jésuite l'a interpellé : « Surtout n'en faites rien ! C'est un livre condamné. » J'en ai pourtant pris connaissance peu après. Les jésuites nous ont montré aussi beaucoup de textes manuscrits qu'ils voulaient faire imprimer et publier contre Calvin. Par la suite, nous avons vu toutes leurs chambres, la cuisine et les autres salles. Ils nous racontaient qu'ils étaient toujours près d'une trentaine à table, sans compter les élèves-pensionnaires. Les jésuites n'ont pas quitté ce collège ; ils s'y trouvaient toujours à demeure, alors que par ailleurs on les avait expulsés de presque tous leurs autres établissements français, les ayant ainsi bannis[83] du royaume d'Henri IV.

Peu après, nous avons vu Monsieur le Connétable faire son entrée à cheval dans Tournon et pénétrer ensuite dans le château. Pour notre part, nous avons pris notre repas du soir en ville. Après quoi, Monsieur *Sarracenus* [Sarrasin], un bourgeois de Tournon et moi-même sommes montés au château où déjà, là aussi, on avait dîné. Étaient présents le connétable et sa femme[84], le colonel ou maréchal Alphonse[85] Corse [d'Ornano], Monsieur Bellièvre, chancelier[86] de la couronne de France, Monsieur de Fresne[87] et sa femme, un secrétaire du roi[88], Monsieur de Saint-Genès (qui fit danser la fillette du comte de Tournon[89]). Je notais également la présence du comte de Tonnerre[90], qui dansa lui aussi – en particulier la volte, la courante, la gaillarde et d'autres danses étrangères –, ainsi que le prince de Joinville[91] et encore beaucoup de messieurs-dames de noble apparence. Le petit comte de Tournon, âgé d'environ quatre ou cinq ans, portait un grand panache de plumes. En compagnie de sa « sœurette » qui pouvait avoir six ans, il dansait très joliment et fort bien la volte et la gaillarde[92] ; cela plaisait infiniment au connétable et au reste de l'assistance. Les musiciens n'étaient que trois, mais de tout premier ordre : un soprano, une basse et un ténor. On dansait dans la salle où l'on venait de manger : elle était tendue de ravissantes tapisseries brodées d'or et d'argent, et illuminée par une quarantaine de flambeaux et torches fixées tout autour. Parmi les personnes présentes, nombreuses étaient celles qui jouaient aux dés en misant beaucoup d'or. Je m'en émerveillais tant et plus, car c'était la première fois que j'étais mis en présence d'une cour à la française.

Le 24 septembre au matin, j'ai vu partir le navire du roi. On l'avait fait préparer à son intention à Lyon. Ce navire était vert, et surmonté d'une galerie à colonnes torses[a] ainsi que d'un toit qui recouvrait l'ensemble comme s'il s'agissait d'un château. On l'avait orné d'oriflammes. Quelques trompettes soufflaient en chœur. Ensuite nous avons pris le petit déjeuner matinal à Tain, et nous sommes allés nous rasseoir dans notre barque pour appareiller. Au fil de l'eau, nous avons vu La Roche[93] (en rive gauche) en ruine. Nous avons dépassé le confluent de l'Isère avec le Rhône. Peu après nous est apparu un château (en rive droite) sur une haute montagne. Son nom est Crussol[94]. Nous ne sommes arrivés à Valence que vers dix heures du matin, car nous avions quitté Tournon très tard. De Tournon à Valence, il faut compter trois lieues[b].

---

a. Ces « colonnes torses » ainsi attestées dès 1595 resteront, aux XVII[e] et même XVIII[e] siècles, un élément caractéristique de la décoration baroque.

b. Tournon-Valence, environ 15,5 km à vol d'oiseau ; la lieue serait ici

Valence [54]

C'est une ville qui s'appelle *Valentia* en latin, Valence ou Valanson [?] en français. Elle est située en rive gauche du Rhône, vers le lever du soleil. Ville très allongée ! J'y ai vu la première *citadella*, citadelle, de mon voyage. C'est un grand bastion, puissant et fortifié, qu'on a bâti là où jadis s'élevait tout un faubourg ; cette forteresse est défendue par de nombreux soldats. *La ville elle-même a une double enceinte de remparts. Elle est également bien défendue, bien fortifiée.*

Après, je me suis rendu au *collegium* : il y a en effet dans cette ville une université ; on y confère le grade de docteur à de nombreux étudiants dans toutes les diverses facultés. C'est un affreux *collegium* ; on n'y trouve, à ce que j'ai vu, qu'un seul auditorium, une salle où l'on fait les cours. C'est près de la place Saint-Apollinaire (*là où se dresse la cathédrale Saint-Apollinaire*) ; on y dénombre peu d'étudiants[95]. Ensuite, j'ai contemplé la maison de l'évêque et l'église Saint-Jean. Dans la demeure épiscopale, on fait la promotion des nouveaux docteurs. J'ai vu aussi la place du marché. Finalement nous sommes revenus à notre bateau, en passant par un long faubourg.

Valence est une ville remarquable, très ancienne cité romaine ; Ptolémée[96] *l'appelle* Colonia Romanorum, *autrement dit une colonne [sic] des Romains ; ils ont possédé cette localité jusqu'à l'arrivée des Goths en France ; ceux-ci se sont emparés de Valence en l'année du Christ,* anno Christi *415. Maintenant, elle est capitale de la principauté de Valence. La ville est située dans un terrain des plus fertiles, elle est puissamment riche ; les marchands y sont fort nombreux et l'on peut l'appeler plus spécialement la boîte à sel.*

Dans l'église des Jacobins, on voit le portrait de Buardus, un géant[97] *haut de quinze coudées, ainsi que ses ossements.*

En dehors de la ville, dans une vigne, non loin de la porte Saint-Félix, on a trouvé un tombeau couvert d'une dalle de

de 5,2 km. Le texte de Thomas II Platter contient de très nombreuses indications relatives aux lieues, nombre d'heures de voyage, etc. Il y a là toute une métrologie spontanée du voyageur, à ne pas confondre avec la métrologie savante, et qui mériterait elle aussi une étude spéciale que nous n'avons pas entreprise, si ce n'est de temps à autre dans ces notes.

pierre, sur lequel était inscrit : D. Justinae M. *Cette tombe offrait à l'intérieur le spectacle du corps d'une femme, la fille de Jules César. À chaque lobe d'oreille, elle portait une petite perle d'or. Dans l'une d'elles était sertie une émeraude ; dans l'autre, une turquoise, laquelle était fendue. La femme avait aux pieds une patère, coupe, ou coquille de cristal ; et une lampe de verre à la tête. Aussitôt qu'il a été en contact avec l'air, le corps complet s'est réduit en poudre. Il s'est pulvérisé !*

Anno *576, cette ville, à ce qu'on prétend, fut convertie à la foi chrétienne par Felix Fortunatus, disciple ou* discipulus *d'Irénée, ce même Irénée qui fut martyrisé* anno *185, au temps d'Aurélien, empereur de Rome*[a]*, à l'emplacement où fut bâtie plus tard l'église Saint-Félix*[98]*. Tout près d'une autre église, appelée Saint-Pierre, devant la porte, il y a une espèce de caverne d'où partait jadis, paraît-il, un souterrain ; cette galerie passait sous le Rhône ; elle parvenait ainsi jusqu'au château qui est situé en face, sur l'autre rive, juché sur une montagne. D'aucuns affirment que ce passage souterrain est encore praticable.*

Sans plus attendre, nous avons repris la descente du Rhône. En rive droite du fleuve, vers le couchant, nous avons vu Soyons, bourgade détruite[99] : c'est là qu'avaient coutume de se réunir les réformés des localités circonvoisines, pour y célébrer leur service divin. Puis nous sommes passés devant Toulaud village et château, l'un et l'autre appartenant eux aussi aux protestants. Ensuite, ce fut l'arrivée à La Voulte.

La Voulte [56]

C'est une bourgade. Monsieur de Ventadour, gouverneur de Languedoc, y fait habituellement[100] sa résidence. La Voulte est située sur le Rhône ; ce n'est pas un grand centre. Nous y avons cassé la croûte. Le trajet ayant repris, nous avons vu, au fil de l'eau, Le Pouzin. C'est un village protestant qui fait partie du pays de Vivarais. Puis nous sommes passés en vue de Baix-sur-Baix, bourgade extrêmement fortifiée, avec deux châteaux. Baix se trouve également dans le Vivarais ; c'est même la première ville de France dont les réformés, dit-on, se sont emparés.

---

a. Aurélien régna en réalité au siècle suivant.

Ensuite, j'ai vu de loin Montélimar. Nombreux y sont les habitants qui adhèrent à notre religion [protestante]. Ils s'y trouvent même en majorité dans la population locale. Par grand vent, de nuit, nous sommes arrivés au village d'Ancône où nous descendîmes à l'auberge du Petit Cheval Blanc. Ancône est en bordure du Rhône, à une demi-heure seulement de Montélimar et à neuf lieues de Valence[a].

Le matin du 5 octobre, partis avant le jour, nous avons continué à descendre le Rhône sur notre embarcation très chargée. Au long du trajet nous avons aperçu Le Teil, un château perché sur une haute roche ; et le village, de même. Ensuite, nous avons vu le château de Vénus [le château d'Amour], posté lui aussi sur une hauteur montueuse ; ce devait être un lieu considérable et tout à fait plaisant, mais le château en question est en ruine et la montagne qu'il domine est largement couverte de buis. Il y en a partout, de ce buis, dans la contrée entière, sur plusieurs lieues de longueur. Peu après, nous avons vu la bourgade de Viviers, au bord du Rhône ; c'est là que réside l'évêque du Vivarais. Cette ville, comme toutes les autres précédemment signalées, se trouve à main droite dès lors qu'on se place, comme c'était notre cas, dans le sens de la descente du fleuve.

Ensuite, autre bourgade, Donzère, visible en rive gauche. De là nous avons continué le voyage en descente vers Bourg-Saint-Andéol, jolie petite ville, située sur l'autre bord, en rive droite, vers le couchant. Dans cette zone, nous courûmes les plus grands dangers que nous ayons jamais rencontrés sur le Rhône. Car les nombreux rochers dont se hérissait le fleuve en bordure du rivage de cette localité produisaient de grosses vagues qui s'abattaient sur nous dans le bateau. En cas de heurt avec l'un de ces récifs, la barque se serait brisée en mille morceaux, à cause de la violence aquatique en cet endroit. Les campagnes avoisinantes, à ce point de notre parcours, étaient toutes plantées d'oliviers couverts de fruits : ce furent les premières oliveraies que je vis de la sorte en cours de route, en plein champ.

Après le casse-croûte de midi, nous sommes passés à Pont-Saint-Esprit, sous la treizième arche du pont du Rhône. Nous

---

a. Valence est à 45 km d'Ancône à vol d'oiseau. Cela mettrait la lieue [locale ?] à 5 km (voir note précédente).

avons filé là-dessous comme une flèche qui jaillit de la corde de l'arc. Un tel passage, c'est vraiment le chef-d'œuvre des mariniers. Un autre bateau, en effet, était arrivé en même temps que nous. Mais son équipage n'osa pas prendre le même risque. Pont-Saint-Esprit est situé à cinq lieues d'Ancône, ou encore à quatorze lieues de Valence. Nous voulions descendre à l'auberge de la Viole, mais c'était complet, il n'y avait plus de place libre ; nous avons donc trouvé un logement chez Monsieur le capitaine Mars.

Saint-Esprit [57]

C'est une ville : on pourrait l'appeler en allemand *Heiliger Geist* ; elle est située sur le Rhône, vers le couchant. Certains l'appellent Pont-Saint-Esprit. *Plusieurs personnes pensent que c'est le Saint-Esprit qui a réellement bâti ce pont*[101] *; mais, à ce qu'on dit, c'est l'évêché (qui se trouve aujourd'hui encore dans cette ville) qui l'aurait fait construire.* En effet, précisément à cet endroit, tout près de la ville, se trouve un pont long, droit, construit en pierre : c'est la maçonnerie d'un ouvrage d'art. Je l'ai mesuré moi-même et j'ai trouvé qu'il est long de douze cents de mes pas. L'estimation habituelle ne donne que mille pas ; et cela surtout quand on n'inclut pas dans le calcul l'entrée et la sortie du pont ; car il y a une montée un peu avant que la ligne droite ne commence, et une petite descente dès que cette rectitude a cessé. Le pont est très régulièrement recouvert de petits cailloux taillés au carré (cela ressemble tout à fait à la maçonnerie qu'on trouve à Augst), le tout avec trois lignes : l'une au milieu et les deux autres de côté, chacune à sa place, de façon à diviser l'ensemble. Le pont est presque tiré au cordeau, et cela jusqu'au bout, comme je l'ai déjà signalé. Après ce « bout », le pont dévie un peu vers la main gauche. On peut le fermer à volonté ; de toute façon, il est hors de la ville. Mais il touche quand même à celle-ci, juste à proximité de l'église, telle qu'on l'a reconstruite aux abords de la demeure du maréchal Alfonsi Scorse, jouxtant elle aussi le Rhône. Des deux côtés, le pont est bordé par une petite rambarde surélevée jusqu'au-dessus de ma ceinture, afin qu'il n'arrive dommage à personne. Au milieu, sur le pont, se dresse la chapelle Saint-Nicolas, où brûle une lampe.

Le pont est constamment gardé par des soldats. *Il y a en plus, donnant sur le fleuve, un poste fortifié : le maréchal d'Ornano le fait garder en permanence par des militaires.* Le pont a dix-huit grandes arches voûtées.

Selon ce qu'on m'a rapporté, il y aurait, à peu près au milieu de ce grand ouvrage, deux arches qui ne seraient bâties que de bois, l'une à côté de l'autre. En cas de guerre, on pourrait procéder à leur démontage et, de cette manière, l'ennemi serait dans l'impossibilité de passer le pont. *D'après d'autres personnes, celui-ci, dans le temps, se serait fendu en deux par le milieu*[a]. *Ensuite, il s'est recollé de lui-même, le Saint-Esprit ayant, à ce qu'on dit, mené la chose à bien. Et voilà pourquoi il en a gardé le nom jusqu'à nos jours ; il s'appelle donc « pont du Saint-Esprit ».*

À part ça, la ville n'est pas bien grande ni populeuse. Elle est située à l'entrée du pays de Languedoc ; elle est frontalière du Dauphiné et du territoire du pape, qu'on nomme comté de Venaissin ou de Venise.

Après manger, nous avons chargé nos bagages sur des mules et nous nous sommes rendus, sans hâte, à Bagnols, la distance depuis le Saint-Esprit étant de deux lieues. Nous sommes descendus à l'auberge de l'Ange...

---

a. Thomas II Platter a une espèce de passion pour les ponts, qu'il a décrits et décrira ci-après en assez grand nombre.

CHAPITRE II

Occitania

Bagnols [58]

...C'est une cité qu'on a dénommée quelquefois la ville noire à cause des toits ; ils sont de cette couleur. Elle dépend du connétable ; elle est également située en Languedoc. Le prévôt[1] s'appelle Augier. C'est l'un des personnages les plus distingués de cette province. Il réside sur place, dans son château fort, lui-même flanqué de jardins d'agrément. On tient Augier pour doué d'une adresse étrange, extraordinaire. À l'origine c'était un étudiant, sorti d'une famille pauvre. Il est devenu haut et puissant seigneur. Il m'a montré le plan dont voulait s'inspirer le connétable pour agrandir et fortifier la ville.

Quand on va de Saint-Esprit à Bagnols, on trouve tout près de cette ville un ruisseau sur lequel était construit un pont de pierre. Dans le temps, on ne pouvait pas aller dessus avec des chaussures ferrées, de peur de passer à travers. C'est pourquoi on a dû s'en défaire, ce qui a beaucoup incommodé les gens. Par ailleurs le connétable a déjà construit un fort près de la ville, autour de laquelle les terres en culture sont d'excellente qualité. Et de fait, ce jour-là, des figues étaient étalées sur des planches et sur des claies d'osier. Des grappes de raisin étaient accrochées en masse aux fins de séchage ; les grenades poussaient dans des haies. Mais il s'agissait seulement de grenades sauvages, qui n'étaient pas bonnes à manger. Ce sont surtout les tanneurs qui les utilisent. C'est là aussi que j'ai vu les premiers souliers de bois, sabots ou *esclotz* ; ils sont très communs en Languedoc pendant l'hiver, à l'usage des gens de service et des pauvres.

Le matin du 6 octobre[a], nous avons enfourché des mules car aucun cheval n'était disponible. En route, nous avons vu un *village ou une bourgade en ruine* : c'était Vilvary *ou Vallebris* [en fait, Vallabrix] ; nous avons aperçu aussi une mine de fer. Ensuite, nous sommes arrivés à Uzès. Cette ville est à distance de quatre lieues de Bagnols.

Uzès [59]

En latin, cette ville s'appelle *Utica*[2]. Nous n'avons fait que chevaucher à l'extérieur, en traversant son faubourg ; nous n'avons même pas mis pied à terre. Par conséquent, j'en remets la description détaillée à plus tard, puisque aussi bien j'aurai l'occasion d'y habiter un bon bout de temps, dans la suite de mon séjour languedocien.

Une fois sortis d'Uzès, nous avons poursuivi notre route par Malaigue, un village ; puis Blausac, un autre village ; enfin Aubarne, encore un village ! Ensuite, nous avons franchi un cours d'eau que la pluie grossit en mainte occasion. De là, traversée du village de Dions. Arrivée ensuite au village[b] de La Calmette ; c'est là que nous avons pris, très tard, le repas de midi. Ça faisait huit heures déjà que nous « chevauchions » nos montures, sans mettre pied à terre.

Ayant mangé, nous sommes remontés sur nos mules et nous avons continué notre chemin par Saint-Mamert, un village ; puis Montpezat, Souvignargues et Villevieille, tous des villages[3]. De là nous sommes arrivés, bien deux heures après la nuit tombée, à Sommières, dans le faubourg ; nous sommes descendus à l'auberge de l'Écu de France. C'est à sept lieues d'Uzès. Nous avions donc en ce seul jour parcouru onze lieues languedociennes sur nos mules.

---

a. Nous sommes toujours, bien sûr, en calendrier grégorien.

b. Thomas II Platter distingue très soigneusement la ville (*Stadt*), la bourgade (*Stettlin*), le bourg (*Fleck*, mot qu'il traduit précisément dans son texte par le mot français de *bourg*) et enfin le village (*Dorf*). Bien que les concepts de Thomas II Platter soient parfois un peu variables, le village se distingue (en cette prose) de la bourgade, du bourg et bien sûr de la ville par son absence de remparts.

Sommières [60]

C'est une ville assez importante. Nous sommes tombés juste sur un jour de marché. Les tanneurs de cuir rouge[4] y font un gros trafic et Sommières a aussi sa foire annuelle. Le seigneur de Bartissière[5] possède un château à Montredon[6], non loin de là. Lors de notre passage [en octobre 1595], il était gouverneur, *gubernator*, de Sommières au nom du roi ; gouverneur aussi d'Aigues-Mortes et d'autres lieux encore. Par la suite, Monsieur le capitaine de Gondyn[7] a été nommé à sa place. Ce lui fut bien difficile de s'assurer de la soumission de Sommières, car il y avait là, contre lui, une forteresse haute et puissante qui peut dominer ou mater la ville.

Le matin du 7 octobre, après le petit déjeuner, nous avons quitté Sommières avec des chevaux loués que nous nous sommes procurés sur place. Nous avons traversé Boisseron, village flanqué d'un château ; puis ce fut le village de Restinclières ; enfin Castres[8] [Castries], une bourgade entourée de murailles, et fermée.

Castres [Castries] [61]

C'est, répétons-le, une bourgade cerclée de remparts, avec un beau château dedans, bien bâtie, ornée de jardins ; une petite localité quand même, juchée sur une colline où l'on peut la voir bien en évidence.

Puis nous sommes arrivés à un pont ; juste à côté, il y a une seule habitation qu'on appelle Salaison[9] ; ce n'est jamais qu'une petite auberge. Peu après, nous avons aperçu la ville de Montpellier, perchée sur une colline. Nous sommes arrivés en ce lieu vers une heure de l'après-midi ; nous étions frais et dispos, avec l'aide de Dieu. De Sommières à Montpellier, il y a quatre lieues ; nous sommes descendus à l'auberge du Cheval Blanc. Un jeune garçon qui m'avait suivi depuis Sommières monta sur mon cheval de louage et le ramena dans la journée en cette ville.

Le jour suivant [8 octobre], j'ai été reçu comme pensionnaire nourri chez Monsieur Jacques Catalan, alors absent de sa maison, et aujourd'hui décédé ; j'ai retenu une chambre dans sa maison[10]. *Quod felix faustumque sit* [Puisse tout cela être heureux et favorable].

Montpellier [62]

C'est une belle ville, bien bâtie, située en Languedoc ; je n'ai pas vu sa pareille en France, surtout s'agissant des maisons qui pour la plupart d'entre elles sont construites en grandes pierres de taille équarries, et ornées de salles superbes, hautes... Par ailleurs, les rues y sont étroites à cause de la canicule, de façon que les rayons du soleil ne touchent pas le sol, si ce n'est à midi. En été, les gens habitent d'ordinaire dans les pièces du rez-de-chaussée ; on asperge celles-ci fréquemment avec de l'eau, on arrose aussi plusieurs rues de la même manière, pour que tout cela soit d'autant plus frais.

Il n'y a dans cette ville qu'une seule fontaine, jaillissante, devant la porte du Pyla-Saint-Gely[11] ; c'est par là qu'on se rend vers [le village de] Castelnau. Cette fontaine sourd à fleur de terre et n'est bonne qu'en été, car au cours de l'hiver elle devient très chaude ; elle alimente un seul tuyau, mais alors un gros tube – tout comme à Bâle, sur le marché au blé. Qui plus est, il y a en ville beaucoup de bons puits, tant dans les rues qu'à l'intérieur des maisons ; toute l'eau qui vient de là est tirée avec des seaux grâce à des cordes ; l'art d'utiliser les pompes en effet n'est pas connu chez eux, à la différence de ce qui se fait chez nous. Il y a aussi beaucoup de citernes de pierre dans la ville. On y dirige l'eau de pluie qui descend des toits, dès qu'une première pluie a rincé ceux-ci. On la conserve dans ces citernes pour la boire. C'est l'eau la plus savoureuse, la plus fraîche et la plus agréable qu'on puisse consommer à Montpellier pendant la période estivale (*Montpellier quasi Montperier, Mons petraeus* ; autrement dit « Montpellier, quasiment mont de pierre »).

La ville est située sur une colline, sur une « montagne » même : de là vient peut-être qu'on l'appelle *Mons*pessulanus, *Mons*pelium, ou *Mont*pellier. *Maintes personnes pensent qu'on l'appelle* Monspessulum *ou* Monspuellarum, *ce qui reviendrait au même, à cause des belles filles, des belles « gonzesses » que l'on y trouve. On l'a quelquefois dénommée* Agatho *ou* Agatho-polis, *la ville pieuse*[12]. Elle est construite en ovale, en forme d'œuf allongé ; elle n'est pas particulièrement fortifiée. Elle est seulement cernée d'un mur d'enceinte *en pierre de taille*, et de douves maçonnées. Et puis, en peu d'années, on a bâti près des portes de la ville plusieurs bastions ou éperons : ainsi est-elle, pour portion d'elle-même, mieux protégée. Elle est aujourd'hui très différente de ce qu'elle était il y a cinquante ans[a]. Car en ce temps-là les églises se dressaient encore debout dans la cité, telles que Saint-Pierre, Saint-Firmin, Sainte-Anne, Notre-Dame et encore bien d'autres sanctuaires et clochers. Hors la ville, les couvents s'ornaient de beaux jardins ; les faubourgs étaient nombreux, imposants, fort peuplés. Maintenant, il ne reste plus pierre sur pierre d'un quelconque couvent. En ville, vers 1563, on a détruit et rasé jusqu'à terre tous les clochers, tours, églises ; *spécialement l'église Saint-Pierre, dans laquelle les papistes s'étaient retranchés*[13]. Il ne leur reste que le chœur de la Canourgue où lesdits papistes célèbrent leur messe, et les protestants leur prêche. Il y avait là jadis une prison *qu'on appelait la Cour du Bayle*. Ce n'est qu'une grande salle, mais équipée de nombreux sièges. En somme, *in summa*, presque rien n'est resté debout de ce qui appartenait au clergé catholique, à ceci près qu'un évêque réside encore en ville, qui s'intitule évêque de Maguelonne. J'en ai vu un qu'on portait en terre processionnellement[14] depuis Montpellier, dans une civière posée sur deux mules, afin de l'enterrer à Maguelonne, et cela avec très grande solennité, entouré de tous les prébendiers du chœur, chanoines et assimilés. Car il faut dire qu'aujourd'hui encore, à Montpellier, presque la moitié de la population est restée papiste, en particulier les gens du commun, ainsi que les campagnards qui viennent en ville pour s'y rendre à l'église. Mais les protestants ont pris en main, localement, l'autorité gouvernementale ; *ils ont mis en place une garde forte et diligente, puisque aussi bien la ville leur a été donnée par le roi*[b] *en tant que gage et comme place de sécurité.* Lors de mon séjour, tous les bourgmestres et conseillers municipaux étaient de la religion [réformée]. C'est seulement plus tard, *à la chambre des comptes, à la cour des aides et au présidial*, bref aux tribunaux et à la chambre du

---

a. Thomas II Platter aborde ici le thème de la destruction des sanctuaires et de l'iconoclasme *de facto*, à partir de 1560, thème qui revient assez souvent dans son œuvre.

b. Il s'agit bien sûr du roi Henri IV.

Trésor, qu'il aura des présidents et des conseillers des deux religions. À partir de nombreuses villes [languedociennes], les appels judiciaires montent vers Montpellier ; ensuite, le cas échéant, de Montpellier on en appelle à Toulouse, c'est-à-dire au parlement de Languedoc ; ou bien on en appelle à Castres, où les deux religions détiennent le droit de rendre la justice (grâce à *la Chambre mi-partie*), et cela dès lors que l'un ou l'autre des plaideurs[15] est acquis à la religion [huguenote]. Car les réformés sont très nombreux en Languedoc, littéralement dans tous les coins, comme on peut s'en rendre compte quand on lit les Histoires de France.

Il y a aussi à Montpellier une université considérable, imposante, renommée au loin[16]. *Elle a été érigée par le roi Henri [!] de France et par le pape Urbain,* en toutes les facultés, mais plus spécialement la faculté de médecine ; celle-ci surpasse, et de loin, toutes les autres dans la France entière. *En effet, la beauté réjouissante de l'endroit, les palais et les édifices de la ville, l'amabilité des citadins, la douceur de l'air, la fertilité et la richesse des campagnes ont incité les médecins à prendre pied sur place. Et d'abord, quand les Sarrasins ont été chassés d'Espagne, les disciples des éminents médecins arabes, tant d'Avicenne[17] que d'Averroès[18] et bien d'autres, se sont rendus à Montpellier. Telle fut l'origine des médecins de cette ville. Ensuite, comme on venait de toutes les extrémités du monde pour y étudier, d'autres nations furent incitées, du coup, à élire leur demeure en ce lieu.* En effet il y a là, d'ordinaire, en médecine, plus de cent étudiants étrangers, à cause des bonnes opportunités qu'on a d'y progresser dans cet art. Et cela, à cause des professeurs eux-mêmes, et en raison de la possibilité qu'ont les étudiants d'accompagner les docteurs dans leurs visites aux maisons des malades. On peut ainsi voir et entendre ce qui leur manque [aux malades] ; on peut prendre connaissance de ce qui leur est prescrit, et l'effet de tels remèdes ; et puis c'est un grand honneur pour les docteurs que de traverser les rues accompagnés de nombreux étudiants.

Voici la liste des professeurs, de mon temps : le docteur Jean Hucher, chancelier[19] ; le docteur *Jean* Blazin, doyen[20] ; le docteur *Jean* Saporta, vice-chancelier[21] ; le docteur *Jean* de

Varanda[22] ; le docteur Ranchin[23] ; le docteur *Jacques* de Pradilles[24].

Pendant mon séjour montpelliérain fut encore nommé un nouveau professeur : c'était le docteur Richer[25] ; il devait enseigner l'anatomie et l'herboristerie ; en été, il emmenait les étudiants maintes fois en promenade afin d'herboriser, *herbatum*. En outre, il a créé à grands frais, au nom du roi, un jardin supérieurement important près de la ville de Montpellier ; il y plante chaque jour beaucoup de végétaux étrangers, venus de *tous* les pays ; il vise ainsi à perfectionner d'autant mieux les connaissances estudiantines en fait de botanique internationale. En hiver, il procède à des séances de dissection, à des leçons d'anatomie. Quand on ne peut pas lui donner les corps suppliciés des malfaiteurs, on lui fournit les cadavres de personnes qui sont mortes à l'hôpital. Il y a pour ça un *theatrum anatomicum* dans le *collegium* des médecins : c'est un local construit en gradins de pierre afin que tous les spectateurs puissent bien voir les dissections. Elles se passent de la façon suivante : le docteur, qui préside, fait un discours et parle de ce qu'on va montrer. Puis le chirurgien nommé par le roi (c'était alors Maître Cabrol[26]) montre un organe après l'autre. Il les a découpés au préalable avant l'arrivée des spectateurs. Il lance aussi quelquefois des plaisanteries polissonnes quand des dames, comme je l'ai vu faire, assistent à la dissection d'une femme. Les masques sur les visages des spectatrices sont alors bien nécessaires.

On procède aussi à de nombreuses promotions de docteurs à Montpellier, spécialement en médecine, et cela de deux façons : *communi* et *magno modo*, je veux dire la façon commune et la façon solennelle, celle-ci tout à fait pompeuse ; pour ce faire, on mène l'intéressé en triomphe à travers la ville avec des chevaux et des trompettes ; le soir, à son tour, il doit faire donner la sérénade avec des trompettes, chalumeaux, pipeaux et autres instruments, à tous les docteurs, chirurgiens et apothicaires devant leurs maisons. C'est ainsi que, lors de mon séjour montpelliérain, j'ai assisté à la promotion doctorale de Monsieur Dortoman[27] qui est à présent professeur. Il est vrai que c'est un enfant de Montpellier. Car un étranger à cette ville ne consacre pas tant d'argent à son doctorat, sauf s'il espère accéder au professorat sur place. À ces démonstrations de luxe près, la promotion de type ordinaire est analogue à l'autre : car le futur candidat doit d'abord obtenir le baccalauréat, puis la licence. Ensuite il écrit ses thèses, et les docteurs argumentent plusieurs jours de suite contre lui, en public ; le dernier jour, c'est au tour des étudiants de jouter de la même manière à son encontre.

On se fait recevoir docteur quand on veut, mais habituellement on est seul en cette affaire, car je n'ai jamais vu deux candidats se faire promouvoir ensemble. Même si l'on ne donne pas de banquet, la dépense se monte au total à près de cent francs [= cent livres tournois], voire davantage, pour les gants, les cierges, les dragées et pour tous les *gradus*, et cela même quand il ne s'agit que de la méthode ordinaire, *communi modo*, telle que je viens de l'évoquer. Par ailleurs, le *collegium* est un édifice qui n'a rien de somptueux ; on n'y trouve qu'une seule salle où l'on donne les cours, et une autre où l'on passe le doctorat. On sonne une grosse cloche dans ce *collegium* pour annoncer quelque événement, qu'il s'agisse de *lectiones*, de *promotiones* ou d'autres affaires. La cloche se trouve près du collège, dans une vieille tour, près de la grande place, où se dressait autrefois une église : pour aller de ce côté, on prend la direction de la rue de la Blanquerie.

À côté de nombreux autres *privilegiis*, autrement dit libertés[a], dont jouit l'université, il en est un également qui est considérable et fort avantageux pour les étudiants : on ne peut pas verser à un professeur son traitement (*qui se monte à deux cents couronnes françaises par an*, soit six cents livres tournois) dans les chambres royales des comptes où ce salaire est ordonnancé, si le professeur n'amène pas avec lui quelques étudiants parmi lesquels un *consiliarius* ou conseiller, je veux dire un membre du conseil des étudiants (ce conseil estudiantin comprend quatre membres). À cette occasion, le *consiliarius* certifie au nom des étudiants que le professeur a fait son cours avec application et diligence. En outre, les professeurs doivent interrompre leur cours ou leurs discussions de séminaire, à la demande des étudiants, dès lors que cela plaît ou déplaît à ceux-ci. En effet, aussitôt que les élèves se mettent à réclamer la fin du cours, ils

---

a. Remarquable analogie, très « Ancien Régime », entre privilège et liberté.

commencent à taper des pieds, des plumes et des mains ; si le maître n'arrête pas tout de suite son débit verbal, ils poussent de telles clameurs qu'on ne s'entend plus. En conséquence le professeur doit, bien souvent contre son gré, cesser son discours et puis s'en aller.

Aucun *empiricus*, guérisseur ambulatoire, charlatan ou débitant de thériaque[28] ne peut vendre ni exercer à Montpellier ; ni non plus aucun docteur étranger, sauf si, préalablement, il a pu se mettre d'accord avec l'université. *Item*, aucun apothicaire n'est autorisé à donner quoi que ce soit aux malades sans l'avis des docteurs, sous peine d'une lourde condamnation. Ces pharmaciens peuvent néanmoins vendre sans ordonnance médicale quelques méchants remèdes, tels que des suppositoires, des clystères ordinaires, des vermifuges, etc., ceux qui sont spécifiés dans le *Dispensatorium* du médecin montpelliérain Joubert[29]. Et quiconque a été en service chez un apothicaire ne sera jamais promu docteur à Montpellier. Mais arrive-t-il qu'on attrape un guérisseur ambulatoire, un charlatan, etc., en train d'exercer la médecine *dans cette ville* : dès lors, les docteurs et les étudiants peuvent, immédiatement et sans autre forme de procès, le faire asseoir à l'envers sur un âne et il doit tenir la queue de cet animal en guise de bride ou de rêne ; dans cet équipage, on le promène à travers toute la ville avec des railleries et de grandes vociférations. Toute la racaille lui court derrière au plus près et le bombarde avec des immondices ; le voilà sali comme s'il s'était roulé dans la crotte. Il nous est arrivé de mettre la main sur un type de ce genre, *le 29 décembre 1595* ; il était détenu par nous dans la salle d'anatomie et nous voulions le poser sur l'âne pour lui faire subir ce traitement. Mais voilà-t-il pas que sa femme l'a su. Elle s'est mise à pousser des cris, à sangloter : elle hurlait que les étudiants voulaient disséquer son mari tout vif. Le voisinage entier s'est ému, s'est pris de pitié. On nous a enlevé notre prisonnier de force et on l'a délivré. Aussitôt après, il s'est éclipsé.

Afin que les étudiants acquièrent une bonne culture pharmaceutique, on dispose à Montpellier d'un apothicaire spécialement pour cela. On l'appelle le droguiste ; de mon temps, c'était Maître Bernhardin. Il possède une petite officine. Le docteur Richer [de Belleval] y conduit les étudiants une fois par mois et leur fait un discours, bref une causerie sur les médicaments que l'apothicaire présente les uns après les autres aux élèves ; du coup, ceux-ci le subventionnent régulièrement pour la peine qu'il se donne de la sorte[30].

Tout aussi réputée, tout aussi utile est la ville de Montpellier à l'égard des chirurgiens et des apothicaires, encore eux : dans la France entière, on tient en grande réputation ceux qui ont eu résidence montpelliéraine. Aussi beaucoup viennent prendre pension à leurs frais dans cette ville, faute d'y trouver un emploi *ad hoc*. Une chose très appréciée, c'est le fait qu'un professeur spécial donne des cours en français aux compagnons chirurgiens[31] et aux aides-apothicaires. Une fois par semaine, comme par exemple le dimanche, ce professeur préside à des [soutenances de] thèses qui sont imprimées en français ; les candidats qui défendent celles-ci sont chirurgiens ou apothicaires. On y discute très fort en langue française. De mon temps, j'ai vu de telles présidences assumées par le docteur Ranchin et, ultérieurement, par le docteur Richer et le docteur Dortoman, devant une vaste assistance de compagnons des deux catégories. Les uns et les autres peuvent aussi assister aux séances de dissection, à condition de débourser pour cela une certaine somme d'argent.

Il se fait également de grandes festivités quand un apothicaire ou un chirurgien devient maître. J'ai assisté ainsi à la promotion en maîtrise de deux apothicaires, Maître Laurent Catalan[32] et le fils aîné de Maître Bernhardin. Ils furent examinés bien trois jours d'affilée par tous les apothicaires, et questionnés sur tous les remèdes possibles. Enfin, on leur demanda de produire quatre chefs-d'œuvre à leurs frais chez différents maîtres ; comme des tablettes de *diacarthame*, un emplâtre *diachylon*, de la thériaque et une confection d'*alkermès* ou quelque chose du même genre[33]. Le candidat doit encore subir bien d'autres épreuves et il lui faut aussi faire un exposé sur les endroits où il a travaillé, ainsi que je l'ai noté ailleurs en détail. Pour conclure, il offre, en soirée, une sérénade avec trompettes et instruments à cordes aux docteurs chirurgiens et apothicaires devant leurs maisons. Le lendemain, il est mené en musique et en grande pompe à travers la ville par tous les maîtres apothicaires en robe jusqu'au *collegium* du pape *Urbanus*. Là, il prononce un long discours, et prête serment. Puis un apothicaire lui confère la maîtrise en présence des docteurs et d'un grand concours de peuple. On persiste à distribuer du sucre en quantité. Enfin, on reconduit le nouveau maître chez lui en musique et en procession.

Les juristes ont aussi leur salle de cours magistral non loin de Saint-Firmin[34]. Quant à la salle de promotion au doctorat, elle est située près de Saint-Pierre : c'est là que j'ai assisté à la graduation du docteur Sarrasin.

En philosophie, il n'y avait, lors de mon arrivée dans cette ville, que peu d'enseignants remarquables. Le seul qui soit venu, par la suite, c'est Monsieur Casaubon[35] et, de nos jours, Julius Pacius[36]. *À en croire plusieurs personnes, l'université peut se subdiviser en trois collèges : d'abord, celui du pape, créé par Urbain V et pourvu de grosses rentes ; puis le collège royal*[37]*, fondé par Henri, qui fut roi de France. Le troisième établissement « collégial » s'appelle, je crois, « du Vergier »*[38]* ; il fournit à de jeunes compagnons intellectuellement doués le nécessaire pour leurs études et pour leur entretien pendant dix années.*

Les *theologi* ou théologiens [protestants] ont aussi[39] leurs exercices de temps à autre, ce pour quoi Monsieur Gigord, prédicant[40] dans cette ville, fit éditer certains textes chez le nouvel imprimeur[41] qui à l'époque venait d'arriver à Montpellier.

Du reste, on observe dans l'église [huguenote] une discipline très stricte. Soit un protestant de Montpellier qui va une seule fois à la messe [catholique] ; il doit s'en confesser en public devant toute sa communauté (comme s'il était resté papiste tous les jours de son existence) et il lui faut se réconcilier avec ses coreligionnaires. Ceux auxquels on interdit la sainte communion pour cause de grave péché, ces gens-là également doivent (quand on veut la célébrer) se présenter devant toute la communauté et se réconcilier avec elle. Sinon, on ne leur donne pas la cène. On ne célèbre en effet la cène du Seigneur que quatre fois l'an, à Noël, Pâques, Pentecôte, et en septembre : on fait donc très attention de ne pas y admettre ceux qui sont excommuniés. Pour ce faire, chaque fidèle qui veut se rendre à la table du Seigneur doit aller chercher en personne, chez son pasteur, une marque : c'est une lettre de plomb[42] ; on la distribue l'une après l'autre à chacun selon l'ordre alphabétique, et puis on recommence et ainsi de suite. Le pasteur en profite pour examiner la personne, si d'aventure il ne la connaît pas. Quant à la marque, lorsque le fidèle veut aller communier, il la dépose préalablement dans une petite écuelle, tenue par l'un des anciens qu'on appelle un *servillan* [*sic*, pour surveillant]. À défaut de donner cet écot, on n'a pas droit à la communion : car ces mêmes anciens se tiennent debout près de la sainte table pour recevoir les marques. Après avoir reçu le pain du prédicant, le communiant se rend à une deuxième table très proche. Des anciens sont assis tout à côté ; ils tendent au postulant un verre plein de vin rouge dont il boit un peu, puis il le leur rend. Pour qu'on puisse accomplir tout cela en une seule matinée, on commence le prêche deux ou trois heures avant le jour. Quand cette prédication est terminée, on communie. Pendant ce temps, on lit en chaire quelques chapitres du Nouveau Testament. Quand tous les hommes, et les femmes après eux, sont allés à la table de communion, le desservant n'a plus qu'à rendre grâces à Dieu. On chante, et vers sept heures du matin tout le monde sort de l'église... dans laquelle pénètre aussitôt une seconde fournée de personnes qui, devant les portes du sanctuaire, attendaient la fin de ce premier service ! Dès que la salle est pleine, derechef on chante et on prêche, puis on communie comme précédemment, et tout cela dure souvent jusqu'à onze heures ou midi. Car, d'après les marques, on a pu évaluer qu'en une seule de ces longues séances matinales quatre à six mille personnes[43] communient à Montpellier. Il y a une telle foule de peuple réunie qu'en plein hiver il fait aussi chaud dans cette église que si elle était chauffée. À la sortie, sous les portes, les anciens recueillent les aumônes pour les pauvres. Pendant le déroulement de la communion, les pasteurs et les anciens apportent aussi le sacrement sous les deux espèces [pain et vin] devant l'église pour les distribuer aux pauvres qui attendent là.

Les officiers[a] royaux ont chacun leur siège dans l'église, ce meuble étant lui-même couvert de tapisserie décorée de lys jaunes. Le fauteuil de préséance est attribué à Monsieur de Châtillon, gouverneur de Montpellier, qui possède par ailleurs un bel hôtel en ville[44]. Son supérieur hiérarchique, c'est le gouverneur de l'entier Languedoc, le duc de Ventadour [Anne

---

a. Il s'agit bien sûr des robins détenteurs d'offices.

de *Lévis*], qui est papiste et qui donc peut[45] faire remonter, dit-on, sa généalogie jusqu'à la tribu de *Lévi*[a] !

Car ils sont fort nombreux dans ce pays, ceux qui descendent des Juifs. Eux [ou leurs ascendants] sont venus de Mauritanie, à travers l'Espagne, jusqu'en France. Ils se sont donc établis dans les villes-frontières telles que Montpellier, Béziers, Narbonne, etc. Ils se comportent de même façon que les autres chrétiens. On leur donne pourtant le nom de *marranes*, à cause[46] de leurs origines. Mais ils considèrent cette appellation comme tout à fait infamante ; et quand ils peuvent prouver qu'on s'est servi contre eux d'un tel terme injurieux, ils s'arrangent pour faire condamner l'insulteur à une forte amende. De toute manière, à l'occasion pratiquement de chaque carnaval, les plus distingués parmi ces marranes sont pendus en effigie sur les places publiques et dans les ruelles, affublés d'habits de manne-quins, bourrés de paille, piqués de lard ; les « pendus » en ques-tion portent parfois de jolies inscriptions en vers. Le bourreau enlève ensuite ces mannequins et va les déposer à l'hôtel de ville, où de tels épouvantails sont stockés en très grand nombre. De nos jours, on utilise au profit des pauvres les habits ainsi entreposés. S'agissant de l'hôtel de ville, les lois les plus impor-tantes y sont rédigées dans le langage de la Catalogne, ce pays d'où viennent les marranes. Aussi bien le parler du Languedoc n'est-il pas très différent du catalan, ce qui laisse à penser que depuis de longues années les marranes se sont établis en zone languedocienne. Eh bien, cependant, ni les marranes ni leurs enfants ne peuvent être bourgmestres ni conseillers de ville à Montpellier, quoique beaucoup d'entre eux soient des gens fort distingués. Il est vrai qu'on prétend qu'ils conservent encore des cérémonies dans le genre des Juifs. Il y en a aussi quelques-uns parmi eux qui ne mangent pas de viande de porc et qui observent toujours leur sabbat. Ce pour quoi les autres [qui sont pourtant devenus bons chrétiens] doivent en subir les conséquences. Il y a des marranes dans les deux religions, quoique davantage chez les réformés que chez les papistes.

---

a. Allusion qui se veut satirique, mais non fondée : les Lévis descendent d'une noble famille médiévale d'Île-de-France (voir, à ce propos, la référence suivante aux marranes et juifs).

À Montpellier, une partie de la population est carrément opulente en fait de vêtements, de montures, de jeux, de danses et d'autres étalages de luxe ostentatoire. Car ce qu'ils aperçoivent à la cour de France, en Italie, en Espagne, et qui peut servir à la magnificence, ils l'imitent, comme aussi toute espèce de ruse ou de prise de bénéfice. C'est un peuple vif et malin ; en conséquence, ils savent escroquer aisément les autres nations et même les Français. Il y a là quantité de capitaines et de soldats, gens non mariés, qui s'occupent principalement de jouer à la paume ; on trouve sept salles ou terrains de jeux de ce genre en ville, et un dans le faubourg. Les mêmes personnages participent aussi à des sauteries de danse élégante et ils montent de beaux chevaux. Du coup, l'on s'étonne grandement : « Où trouvent-ils l'argent pour tout ça ? » Le goût et la pratique du luxe sont également très développés chez les présidents, conseillers ou *consiliarii*, et avocats dont il y a très grand nombre à Montpellier. Fonctionnent en effet dans cette ville une cour des aides et une chambre des comptes, où le roi fait décompter ses droits sur le sel en Languedoc ainsi que ses autres revenus ; de ce fait, beaucoup de procès se déroulent à Montpellier. Les présidents, conseillers, avocats et procureurs en tirent grand profit car la dimension du Languedoc, c'est huit journées de voyage dans les deux sens, largeur et longueur ; or une grande partie de cette province relève de la juridiction et de l'administration de Montpellier.

Aux environs de cette ville, la campagne est extrêmement fertile. La terre est rougeâtre. Presque partout, elle rapporte deux récoltes sur un même sol : soit huile et blé ; soit huile et vin. Ce vin est si fort qu'on le coupe avec de l'eau, presque aux deux tiers. Quand on veut servir du vin à quelqu'un, à sa demande, on lui apporte le verre presque plein d'eau. Ensuite, quand l'intéressé a reçu ainsi la ration aquatique qui lui convient, on lui verse le vin par-dessus : une fois qu'il a bu, on remet le verre dans une bassine d'eau. Car on ne laisse pas de vaisselle à boire sur les tables. Presque tout le vin reste doux jusqu'au Carnaval. Ensuite, il forcit beaucoup [nous dirions : il gagne en degré alcoolique]. Quand il dépasse l'année, il a tendance à tourner facilement, car on ne le sépare point de la lie, on ne le soutire pas. Lorsqu'il est ainsi *tourné* [en français dans le texte], on l'emploie pour fabriquer du vert-de-gris ou *verdet*.

Dans presque toutes les maisons de Montpellier, on fabrique du vert-de-gris ; le fait est que le *verdet*[47] en question vient très bien dans cette ville. Ailleurs, on n'arrive point à le préparer, même dans les villages les plus proches ; cela tient aux particularités de l'air ou du sol. On procède de la façon suivante : dans plusieurs pots à ce destinés, on place en couches alternatives des grappes de raisins secs, puis de minces feuilles de cuivre quadrangulaires, jusqu'à ce que le récipient soit plein. Ensuite on verse là-dessus du vin tourné, mais pas encore transformé en piquette de vinaigre ; et cela jusqu'à plénitude de la jarre. Deux semaines plus tard, les petites plaques de cuivre se couvrent entièrement de fleurettes de vert-de-gris ; on n'a plus qu'à les prélever en les raclant avec de vieux couteaux. Puis on fait sécher les grappes ou ce qu'il en reste, et on les remet en place, comme auparavant, et ainsi de suite jusqu'à ce que les grappes enfin soient tout à fait pourries, et les plaquettes grattées jusqu'à épuisement. Quand on a rempli un pétrin avec toute cette gratouille de vert-de-gris pulvérulent, on la pétrit sous forme de pâte pour en faire de gros cubes de verdet qu'il n'y a plus qu'à vendre. Avec une batterie d'environ vingt-quatre pots de ce produit, tous frais payés, les femmes de la ville et leurs filles peuvent en général se payer des toilettes somptueuses. C'est beaucoup de profit pour peu de travail. On place les pots dans des espèces de caves bâties au ras du sol, au rez-de-chaussée, et l'on gratte le verdet seulement une fois tous les quatorze jours. Encore faut-il faire les choses vite et dans l'ordre pour que grappes et cuivres sèchent simultanément et pour qu'ainsi l'on ne perde pas de temps.

Au moment des vendanges, un énorme travail s'opère à Montpellier ; tout se fait à la course. On apporte le raisin en ville à dos de mulets, chaque bête à bât étant ainsi chargée de deux grands baquets ou *comportes*, une de chaque côté de l'animal. Effectivement, dans cet équipage, ils courent sans arrêt, spécialement quand ils sont à vide. C'est au piéton à se garer [les ruelles étant très étroites], car aucun conducteur de mule n'a d'égard pour personne. Il est fréquent que les passants se fassent renverser à mort. Étape ultérieure : quand la vendange est restée quelque temps dans la cuve, viennent des spécialistes qui apportent un petit pressoir devant la maison [citadine] du propriétaire viticulteur, et qui font le pressurage du vin. Puis c'est la phase suivante : les membres de la corporation urbaine et privilégiée des portefaix[48], *Freiheitsknaben*, font métier de transporter artistement le vin produit de la sorte, sans le secouer, transport qui s'effectue dans des tonneaux, avec des cordes passées au cou des porteurs, les tonneaux étant ainsi descendus jusque dans les caves les plus profondes. Ces porteurs forment habituellement équipe à quatre ; ils peuvent aussi être deux ou davantage, selon la taille du tonneau. Autour de celui-ci, les cordes sont croisées par leurs soins ; sous ces cordes, ils passent des bâtons qu'ils disposent ensuite sur leurs propres épaules et ils peuvent ainsi transporter le vin selon la bonne règle.

La vendange a lieu au mois d'août, car c'est un pays très chaud ; l'hiver n'y dure guère qu'en janvier-février et, pendant toute l'année, on voit dans les jardins des choux verts qui ont même fière allure. Presque en chaque jardin, sur une petite élévation du sol, on aperçoit un point d'eau – citerne ou puits –, maçonné en long ou en large, rempli par l'eau pluviale ou par celle de source ou d'autre provenance. Cette réserve aquatique est équipée d'une roue [du genre *noria*], elle-même munie de nombreux pots d'eau ou de seaux ; l'un après l'autre, ces réci-pients déversent le liquide dans un grand baquet, cependant qu'un mulet ou un cheval auquel on a bandé les yeux tourne en rond pour faire mouvoir la roue. Depuis le susdit baquet, l'eau est dirigée par de nombreuses rigoles en direction des plates-bandes à travers tout le jardin : ainsi sont arrosées les plantes horticoles. Il faut comprendre à ce propos que la pluie en mainte année tombe à peine une seule fois pendant les mois de juin, juillet et août, en ce pays ; et encore cette pluie d'été ne mouille-t-elle pas la terre en profondeur. Aussi dépique-t-on facilement les blés, sur le sol endurci d'un champ [sur une aire], avec des chevaux, des mules ou des ânes.

Les choses se passent de la façon suivante : quand tout a été fauché[a] puis rassemblé en grandes meules, on dispose de petites

---

a. Le dépiquage méditerranéen, pour battre les blés, fait contraste avec le battage au fléau dans la moitié nord de la France.

gerbes debout et en cercle de façon que les épis soient visibles sur le dessus de ces gerbes. Un homme se poste au milieu ; il guide avec des cordes quatre, cinq, six chevaux, ou davantage... ou moins ; il les pique avec un aiguillon, et il les fait ainsi tourner en rond ; ils ont les yeux bandés. Les chevaux sont souvent et régulièrement remplacés par d'autres. Plusieurs hommes retournent tout ça avec des fourches d'un endroit sur l'autre jusqu'à ce que la paille soit foulée entièrement et les épis égrenés. Le soir venu, on jette la paille en l'air, et sur le côté ; le vent qui souffle emporte la paille légère ; les grains nus tombent tout droit en tas sur le sol ; on les déverse alors dans un tamis, suspendu en l'air à un chevalet, en vue de les nettoyer ; les débris de paille restent dans ce crible ; comme il est accroché en hauteur, la poussière est soufflée par le vent ; tombés sur le sol, les grains sont fort propres. Tout cela va très vite ! En un seul jour, avec un minimum de main-d'œuvre, de bêtes et de frais, un maître d'aire peut abattre une énorme meule transformée en purs et simples grains étalés sur l'aire. Voilà pourquoi, près de chaque champ de grande superficie, on trouve une aire de ce genre, d'environ vingt pas de long et autant de large, à ciel ouvert ; près d'elle, on érige des meules, jusqu'à ce que toute la récolte soit ainsi coupée. Il faut dire que le battage en grange [au fléau] est absolument inconnu en Languedoc. En huit jours au maximum, une fois la moisson faite, tous les blés recueillis n'ont plus qu'à défiler sur l'aire. *Avec huit chevaux, on peut battre cent quintaux par jour.*

Après la moisson, c'est au tour de la vendange, et puis de la saison des olives, laquelle s'étend sur presque tout l'hiver. Ensuite, très tôt en février, on recommence à travailler à la vigne elle-même ; en Languedoc, on ne la monte pas sur des échalas, on la laisse ramper à terre.

Les journaliers se rassemblent à deux heures après minuit, sur la place, en grand nombre. C'est là qu'on les embauche ; on leur doit six repas [ou six « dînettes »] par jour. Ils ont aussi l'habitude, au fort de l'été, de faire une sieste dormitive l'après-midi. Vers le soir, à la fraîche, ils reprennent le travail. Ils ont, pour la plupart d'entre eux, des manteaux courts qui sont gris ou couleur roussâtre. Ils en portent surtout pendant l'hiver, quand ils chevauchent en direction des champs. J'en ai même vu quelques-

uns en train de labourer, marchant derrière l'araire, et qui
avaient gardé le manteau sur les épaules !

Quant aux oliviers, ils sont plantés soit dans les vignes, soit
parmi les emblavures. Dès que les olives deviennent vertes, on
les cueille, on les sale, et puis on les expédie vers des pays
lointains où elles serviront d'amuse-gueule pour ouvrir l'appétit.
Après cette première phase de verdoiement, les olives
deviennent rouges et finalement noires. La maturité, c'est d'ordinaire en novembre. Pour la récolte, on étend des draps sous
l'arbre et on abat les olives tout comme on fait chez nous pour
les noix. On les stocke dans un lieu de dépôt spécial jusqu'à ce
qu'elles soient bien fermentées, au point que la peau en devienne
presque sèche et toute ridée. C'est à ce moment-là qu'elles
donnent leur maximum d'huile. De là, on peut conclure que la
plus grande partie de cette huile ne vient pas de la peau ni de
la chair des olives, mais bel et bien du noyau lui-même, voire
de la graine. Il suffit donc de moudre le tout sous une haute
meule de moulin verticalement dressée, qu'un mulet fait tourner
en rond en la tractant dans une cuve de pierre ; l'opération se
poursuit jusqu'à ce que l'ensemble soit réduit en une espèce de
compote ; on la met dans des *cabas*, qui sont en fait des paniers
tressés à l'aide de joncs de mer. Ces paniers sont ronds comme
des pots et munis d'un couvercle en forme d'opercule. On
empile en grand nombre ces cabas les uns sur les autres et on
les arrose à mainte reprise avec de l'eau bouillante. Lorsque l'on
a plusieurs séries de ces piles de paniers, on les couvre de
planches et on fait passer la vis du pressoir par-dessus pour les
écraser, cependant qu'on persiste à les arroser d'eau bouillante.
De ce fait, l'huile et l'eau s'écoulent ensemble dans une auge
de pierre. Quand on a pressuré la chose le plus possible, on
touille encore, sens dessus dessous, ce qui reste de compote
pâteuse dans les paniers ; on arrose une fois de plus avec de
l'eau bouillante, puis on pressure de nouveau comme au cours
de la phase antérieure. Quand tout a été complètement pressé,
on verse encore de l'eau bouillante, mais cette fois dans l'auge,
si bien que toute l'huile surnage ; on la prélève en cette superficie avec de larges spatules de fer, plates comme des couvercles,
et puis on l'emporte à la maison dans des pots. Pour la conserver
en cuve, on utilise des jarres de pierre ou d'autres récipients. La

première huile qui s'est matérialisée de la sorte et qu'on a prélevée tout de suite *s'appelle* huile vierge. Elle est roussâtre comme le miel, c'est ce qu'il y a de meilleur ; elle est douce. Les gens la gardent pour leur ménage, en guise de beurre, celui-ci étant pratiquement inconnu chez eux. L'huile des pressions suivantes, ils la vendent. On la transporte en direction de pays lointains dans des outres en peau de chèvre.

Dès que commence la saison pour les moulins à huile, on presse jour et nuit depuis Noël jusqu'en avril et même ultérieurement. Le patron du pressoir fait chercher les olives au moyen d'un char en forme de caisse, et cela à toute heure, tant nocturne que journalière. De nuit, il accroche une grosse cloche de vache à cette charrette de façon que les gardiens des portes de Montpellier la laissent passer et que les oléiculteurs l'entendent, car il n'a pas le droit de frapper à la porte des maisons. *Je répète qu'on presse vingt-quatre heures sur vingt-quatre ; pour manger, le couvert doit être constamment mis sur table dans le moulin, car les ouvriers presseurs d'huile sont sans arrêt sur les dents et ils ont la dent creuse ! C'est même ainsi qu'on démontre que la digestion s'opère dans de meilleures conditions en état de veille que pendant le sommeil. Car ces gens-là dorment très peu. On se couche tout bonnement par terre pendant que le pressoir est en marche et l'on fait un petit somme.* Le salaire de ces travailleurs est payé en nature, en huile. De surcroît, quand l'huile s'est écoulée, l'équipe de pressurage dirige l'eau qui reste vers un lieu caché ou trou qu'on appelle l'enfer, et là ces travailleurs récupèrent encore beaucoup d'huile, spécialement quand il fait très froid. Car, précédemment, au moment où l'on pressait, l'huile ne se laissait pas si facilement séparer de l'eau. L'huile fait l'objet du commerce le plus considérable qui soit, tant en Languedoc qu'en Provence.

À côté des bons sols agricoles, il y a aussi beaucoup de terres infructueuses, et cela spécialement du côté de la mer. On y mène plutôt paître les moutons. Ils y broutent des plantes sauvages, savoureuses, dans le genre du thym, du romarin, et diverses espèces de lavande, ainsi que d'autres plantes échauffantes et aromatiques. Du coup ces ovins donnent une viande très parfumée, une laine excellente aussi. Voilà pourquoi l'on fait à Montpellier les meilleures couvertures catalanes ; elles tirent ce nom du comté de Catalogne, qui n'est pas loin de Montpellier. On attrape également des lapins dans ces terres en friche appelées *garrigues*[49]. Ces animaux ont eux aussi une *chair* délicatement parfumée, grâce aux herbes qu'ils mangent. Lapins et perdrix se trouvent en toute époque et à bon prix sur le marché montpelliérain. On peut en acheter, d'autre part, chez les pâtissiers ou fabricants de pâtés. Il est rare qu'on ne serve pas de perdrix aux repas dans les bonnes auberges de la ville. À l'occasion de tous les banquets, on mange également beaucoup de perdrix ; d'ordinaire, elles proviennent de la grande espèce à pattes rouges. Les petites perdrix, de couleur cendrée, sont rarement consommées.

Par ailleurs, on ne voit pas de forêts dans un rayon de deux lieues à la ronde autour de Montpellier. Pour aller aux verreries de Saint-Paul[50], *via* Celleneuve[51], il faut bien compter trois lieues. Là, il y a une espèce de forêt dont on apporte le bois en ville sur des mules et des ânes. On le vend au poids. Et l'on serait curieux de savoir d'où diable on pourrait bien tirer le bois si l'hiver devait durer longtemps. Car ils en consomment énormément dans leurs cheminées pendant l'hiver, ce qui ne les empêche pas de presque geler à côté de leur feu, car ils n'ont pas de chambres spéciales, bien chauffées, comme c'est le cas chez nous. Quant aux boulangers, la plupart du temps, ils chauffent leurs fours avec du romarin ou du chêne kermès[52] et autres broussailles : en fait de combustible, ils n'ont pas les mêmes ressources que chez nous.

Presque au centre ville, on attache son cheval *venu de l'extérieur* à la tour ou clocher qui sonne les heures et qui se situe derrière l'église ruinée de Notre-Dame[53], dont même la voûte s'est écroulée. Là se trouve une promenade, une place presque quadrangulaire. Elle est surélevée et l'on y accède des deux côtés par deux ou trois marches. Cette place est pavée de petits galets taillés chacun au carré et on l'appelle la Loge. C'est là que se rencontrent les marchands, les gens importants et bien d'autres qui ont besoin de faire affaire ensemble. Ils s'y promènent une heure avant le repas de midi et une heure avant celui du soir. À ces moments-là, les gens sont tellement serrés sur cette place qu'à peine peuvent-ils se déplacer. À côté de cette place se trouve également une grande salle ou halle spacieuse où les marchands procèdent à des ventes. On l'appelle la Loge couverte. C'est là qu'on se promène par temps de pluie. De l'autre côté de la place, il y a en vis-à-vis une petite salle ouverte : c'est la Petite Loge. On y effectue les adjudications et criées publiques à la lumière d'un petit cierge. Tant qu'il n'y a pas surenchère, aussi longtemps que la bougie brûle, l'objet ira au dernier enchérisseur.

Au-dessus de la Loge couverte est construite une autre salle où l'on *élit* chaque année les bourgmestres [les consuls] en grande solennité. On choisit en effet annuellement six nouveaux consuls parmi les conseillers de ville [autrement dit les conseillers municipaux].

Le premier consul, c'est un noble de race, ou bien un docteur auquel le port de la robe revient de plein droit (il est gentilhomme d'épée ou homme de robe longue[a]). Le deuxième est un bourgeois ou un patricien, qui peut vivre de ses rentes. Le troisième est un marchand, un procureur ou un notaire. Le quatrième est aussi un marchand, mais plutôt dans le genre petit commerçant, tel qu'épicier, etc. Le cinquième est un artisan. Le sixième est soit un vigneron, soit un cultivateur de champs ou de vignes. Le premier consul est escorté en permanence par des valets de la ville vêtus aux couleurs de celle-ci et porteurs de hallebardes. Pour aller à l'église et pour assister à d'autres festivités, les consuls, sans distinction entre eux, doivent toujours porter une robe rouge cramoisie qui descend jusqu'à la cheville ; et, sur l'épaule droite, un chaperon de même couleur. Le chaperon a presque la forme d'un bas : en haut, un rond roulé en boudin, comme certains chez nous en portent à la partie supérieure de leurs jambières. Aux jours ordinaires, les consuls portent simplement une longue robe noire. Même dans ce cas pourtant, ils doivent garder sur l'épaule le chaperon rouge des jours de cérémonie. À en croire certains, cette parure représente une corde de potence. Ce serait une façon de dire que la ville tout entière, dans le temps, avait fauté. Du coup, le roi aurait imposé une peine éternelle aux consuls : à savoir qu'ils devaient porter, en perpétuelle mémoire, et de tout temps, ce boudin rond à leur chaperon comme un

a. Ces deux expressions, « gentilhomme d'épée » et « homme de robe longue », sont en français dans le texte.

carcan sur leurs épaules. *Quant à moi, j'ai le sentiment que ce chaperon ne signifie qu'une seule chose : à savoir que ces consuls doivent être honorés avant les autres citoyens de la ville, exactement comme le sont les femmes, qui ont le droit, elles aussi, de porter un chaperon sur la tête.*

Et puis il y a encore quatre autres consuls qui sont préposés, eux, aux choses de la mer : ils portent une longue robe de couleur violette. Leur office consiste en effet à prendre soin de toutes les affaires maritimes au pays de Montpellier. Ce sont en général des marchands distingués. Chaque année on élit d'autres consuls de mer, pour remplacer ceux de l'année précédente.

La ville est très sévèrement gardée, mais la charge de cette garde est donnée aux seuls protestants. Car, pendant mon séjour, on ne confiait aucun service de ce genre aux papistes. J'ai même constaté un renforcement des gardes lors de la soirée de Noël, quand les papistes se rendaient à la messe de minuit. Devant les portes des églises de ces catholiques, des soldats nombreux [huguenots] se tenaient debout, la mèche allumée, aux deux côtés : les papistes étaient obligés de passer entre leurs rangs. La ville ne comptait plus, à cette époque, que quatre portes, ouvrant sur l'extérieur des remparts : la porte de la Saunerie, la porte de Lattes, la porte du Pyla-Saint-Gely[54] et la porte du Peyrou. Parmi ce quatuor, deux entrées seulement étaient ouvertes chaque jour et l'on montait bonne et forte garde. On ne laissait entrer aucun individu sans l'inscrire et sans l'examiner, de façon qu'on puisse connaître en permanence le nombre d'étrangers qui se trouvaient en ville, et la nature de leur personnalité.

En somme, les deux partis ne se fiaient guère les uns aux autres. Il est vrai que le roi a souvent accordé aux papistes de la ville des ordonnances, ou *mandata*, comme quoi on devrait les laisser eux aussi participer à la garde de la ville et au gouvernement municipal ; mais les fiers Montpelliérains [huguenots], que le roi lui-même appelle ses petits rois de Montpellier, n'ont rien voulu entendre, car ils habitent très loin de la résidence royale [à l'autre extrémité du royaume].

Je signalerai, toujours à Montpellier, après telle ou telle période de moisson, des incidents significatifs : les chanoines voulaient faire transporter leurs dîmes de grain dans des granges leur appartenant. Mais des gens de Montpellier [huguenots], à cheval et masqués, ont attaqué les paysans transporteurs de dîmes ; ils les ont battus et les ont forcés à laisser le grain sur place. Puis ils l'ont emporté là où cela leur plaisait. Et, bien que les chanoines aient porté plainte, ils n'ont rien pu obtenir en fait de réparations, parce qu'ils étaient incapables de nommer les auteurs de ce méfait. Les mauvais tours de délinquance[a] de ce genre sont monnaie courante autour de Montpellier.

Il y aurait encore bien des choses à raconter sur cette ville et sur ses coutumes ; mais, pour ne pas trop en dire, je vais maintenant poursuivre mon propos : je noterai ici même les voyages que j'ai effectués pendant mon séjour montpelliérain et les faits remarquables que j'ai pu observer en cours de route. Admettons aussi que j'ai gardé en mémoire certains événements qui se sont déroulés par la suite à Montpellier : en ce cas, j'ai l'intention également de les consigner dans la suite de ce texte, selon l'ordre chronologique.

Voyage[55] à Balaruc [85]

C'était le 13 octobre, alors que depuis six jours j'étais entré comme pensionnaire, à pot et à feu, chez Monsieur Jacques Catalan. Avant le repas, j'ai assisté à la promotion du docteur Varron[56] qui passait en effet, ce matin-là, son doctorat médical. Puis, en compagnie d'une vingtaine d'autres étudiants en médecine, nous sommes allés herboriser, *herbatum*, sous la direction du docteur Ranchin. Nous avons traversé diverses friches, autrement dit garrigues, où croissaient beaucoup de cistes et rosacées de toute espèce, des chênes kermès et maintes plantes échauffantes et aromatiques de ce pays ensoleillé, et tout cela non loin du village de Fabrègues où nous avons bu un coup.

Nous avons ensuite marché très vite, sans pouvoir prêter beaucoup d'attention aux plantes, car le docteur Ranchin, sur son cheval et accompagné de plusieurs étudiants, filait loin devant

---

a. Sur ces problèmes de contestation vis-à-vis des dîmes, jusque vers 1600 et au-delà, voir Emmanuel Le Roy Ladurie, *Paysans de Languedoc*, 1966, SEVPEN, vol. I, pp. 380 *sq.* C'est l'un des rares textes (ci-dessus) où Thomas II Platter prend quelque distance vis-à-vis de ses coreligionnaires huguenots du Languedoc.

nous. Nous dûmes lui courir après. Nous sommes donc arrivés très tard, à nuit noire, au bourg de Balaruc, après *quatre lieues* de marche[a]. Nous n'y avons pas trouvé notre docteur. Nous avons dû encore continuer cette marche pendant une demi-heure jusqu'au site des bains de Balaruc. Là, nous avons rencontré le docteur avec son groupe d'étudiants dans une méchante auberge : le repas du soir, pour les nombreux convives que nous étions, fut des plus maigres. Nous eûmes, en tout et pour tout, une omelette. Ensuite, on nous conduisit dans notre chambre à coucher qui n'était autre qu'une grange à foin, car aucune chambre véritable n'était libre. Les étudiants firent donc de la musique pendant un petit moment. Après quoi nous nous sommes tous accommodés de ce tas de foin, la nuit durant, y compris le docteur. En réalité, nous avons joui d'un très bon repos, car nous étions épuisés.

Balaruc [86]

C'est une bourgade située à quatre lieues de parcours depuis Montpellier, et à une demi-heure de marche de la rive [orientale] de l'étang de Thau. Cette localité dispose d'une bonne enceinte de remparts. On y dénombre environ quatre-vingts ou cent maisons[b], mais pas d'artisans. Les habitants sont pêcheurs pour la plupart d'entre eux ; les autres sont mariniers, vignerons ou cultivateurs de champs de céréales.

Le matin du 14 octobre, nous nous sommes rendus aux bains d'eau chaude de Balaruc. Leur établissement se situe à environ une portée d'arquebuse de notre campement de nuit, lequel dans le temps était un monastère. L'endroit où se trouvent les bains chauds, *Thermae Balarucanae*, est fort mal bâti, car les sources chaudes changent souvent de place, comme j'ai pu l'expéri-

---

a. Il y a 22 km en ligne droite de Balaruc à Montpellier, ce qui mettrait la lieue locale à 5,5 km. Encore une fois il ne s'agit là, de la part de Thomas II Platter, que d'estimations *a vista de nas*.

b. À diverses reprises, Thomas II Platter présente les localités de dimensions modestes – bourgades fortifiées ou villages ouverts – comme ayant une centaine de maisons, soit environ 500 habitants. Il s'agit là d'un chiffre assez canonique pour les collectivités territoriales de l'époque, notamment villageoises.

menter en toutes sortes de lieux[57]. C'est la raison pour laquelle, à Balaruc, on n'a pas érigé de construction importante, les sources locales n'étant ni fixes ni fiables. Nous y vîmes pourtant quantité d'hommes et de femmes de haut parage, venus de Montpellier, Nîmes, Toulouse et autres places, fussent-elles éloignées. Ces gens-là, bon gré mal gré, se contentaient des installations locales. Car on était alors au plus fort de la saison balnéaire, à savoir en automne. Ce serait la même chose au printemps. Mais l'hiver et l'été, en matière de thermalisme, sont considérés ici comme nuisibles et l'on évite de venir à ce moment-là.

Il y avait peu de gens qui se baignaient dans l'eau chaude de Balaruc, puisque aussi bien il y a fort peu de baignoires ou d'auges balnéaires *ad hoc*. En règle générale, ces gens buvaient cette eau par six, huit, jusqu'à douze verres à la fois et en une seule fois. On s'y prenait progressivement pour commencer, puis de la même façon pour finir ; exactement comme on fait pour les sources d'eau saline. Chacun se conformait, de ce point de vue, à ce que les médecins de Montpellier conseillaient comme devant se faire en l'occurrence. Autant dire que les eaux de Balaruc, pour ces médecins, c'est comme une riche moisson. On ne tâte en effet de ces eaux thermales que sur ordonnance et prescription desdits médecins. L'eau en question est chaude par elle-même, très fortement salée, et elle fait un effet boueux quand on la boit. On dirait presque une soupe chaude, sale... et salée. Chacun avale sa portion, puis va faire un tour dans la campagne. Les dames les plus distinguées vont de-ci, de-là par les champs, au bras de leurs serviteurs ou de leurs amoureux. L'eau de Balaruc agit immédiatement, à la manière d'une formidable purge, et c'est merveille de les voir en pleine campagne qui s'en vont chier ensemble dans les buissons. Car on est au bord de l'étang ; il n'y a ni arbre ni bâtisse pour se mettre à couvert. On ne peut se cacher nulle part. On trouvera tous les renseignements sur le métal ou le minéral que contient cette eau ; sur la façon dont elle *s'écoule* par un canal jusqu'à l'étang, lequel n'est qu'à une portée d'arquebuse de l'établissement thermal ; sur les qualités et particularités de ces eaux balaruciennes, on trouvera tout cela, disais-je, dans un petit livre original de Monsieur Nicolas Dortoman, docteur en médecine de Montpellier[58]. Il est imprimé en latin, et il contient un plan de cette installation thermale ; il a été publié *in octavo*. *Il faut dire que, pendant les quatre années qui ont suivi ma première visite, on a beaucoup construit sur cet emplacement.*

Nous avons donc bien visité cet établissement et tout ce qui s'y rattache. De nombreux commerçants y font le débit de leurs marchandises ; il y a aussi un apothicaire attaché à ce lieu et qui tient boutique chaque année pendant la saison. Nous avons vu se pratiquer sur place également beaucoup de jeux fort étranges, comme c'est le cas dans presque toutes les stations balnéaires. Ensuite, après le déjeuner, nous sommes allés nous asseoir dans un bateau qu'ils appellent une « barcque », et pendant presque une grande heure nous avons traversé l'étang en ligne droite, de Balaruc jusqu'à la montagne de Sète [le pic de Set]. Là, nous avons mis pied à terre[59]. Aussitôt nous avons entrepris de faire, sans nous presser du reste, l'ascension de cette montagne (on l'appelle encore en latin *Caput Ceti*, ou *Mons Setius*, bref cap de Sète, ce qui en allemand peut se traduire par Tête de Baleine, *Walfischkopf*). Nous avons trouvé, au passage, énormément de romarin, de thym, de lavande et d'arbousiers : c'est un arbre qui porte des fruits rouges ressemblant à de grosses fraises ; et puis encore beaucoup de belles plantes languedociennes, des plus curieuses : en particulier toute une masse d'*Alypum montis Ceti*, une plante avec des fleurs bleues[60]. Elle tire son nom de la montagne ainsi nommée, car elle ne pousse que là. En une demi-heure de montée, nous avons atteint le sommet du *Mons Cetius*. Depuis ce piton, on aperçoit une vaste étendue de pays ; et sur l'autre côté [au sud], le regard se porte très loin vers la haute mer, comme cela se produit quand on est sur une montagne. Nous sommes redescendus par ce versant, qui donne sur la mer. D'énormes blocs se dressent sur le rivage aussi loin que s'étend la montagne. Les navires turcs se manifestent de temps à autre dans le secteur. Mais il leur est impossible de faire relâche sur le littoral, pour la bonne raison qu'il n'y a pas de port ! C'est ce que nous a expliqué un guetteur qui monte la garde sur la montagne, dans une maisonnette. Depuis cinq années environ, le prévôt Augier, au nom du connétable [de Montmorency], a commencé la construction d'une ville sur le sommet de cette hauteur sétoise ; et il doit nommer cette localité *Montmoren-*

ciette[61]. Il envisage aussi de fendre la montagne de part en part afin de créer un port de mer qui donnerait jusque dans l'étang. Puisque aussi bien la montagne plonge d'un côté vers la mer, et de l'autre vers l'étang. Si la chose réussissait, ce serait sans aucun doute une ville de puissant commerce qui s'implanterait, car le Languedoc jusqu'à présent n'a aucun port de mer véritable. C'est pourquoi, depuis Collioure[62] jusqu'à Marseille, soit quarante lieues de longueur, aucun gros navire ne peut aborder. Tout au plus y a-t-il quelques petits accostages possibles. *Cependant, à l'heure où j'écris ces lignes, soit depuis deux années, un port a été créé sur mer*[a], *et un autre sur l'étang ; on les ferme avec des chaînes.* Mais rien n'a encore été fait pour réaliser la percée de l'un à l'autre.

Quittant la montagne, nous nous sommes rendus sur la plage de sable du bord de mer. Elle est couverte de coquillages et de galets brillants. Sur un espace d'environ un jet de pierre en amont de l'eau salée, on trouve de nombreuses plantes maritimes qui croissent sur la plage. Par ailleurs, la mer rejette aussi beaucoup d'algues et autres végétaux sur cette bordure littorale : ainsi, plusieurs espèces de mousses rouges, jaunes et blanches. Elles ressemblent à du corail. *Item* des boules rondes de cheveux orangés ; tout un tas de diversités bizarres, que j'ai collectionnées et expédiées à Bâle. En aval de cette plage, la mer ne s'approfondit pas brutalement comme elle fait à l'aplomb direct de la montagne. Bien au contraire ! En certains endroits, on a pied jusqu'à deux portées d'arquebuse au minimum. On peut donc s'avancer là-dedans un certain temps sans que le sol vous fasse défaut, ce fond de la mer étant tout de sable uni, sans aucun caillou. Il y a d'assez grosses vagues. Mais rien de comparable à celles qu'on peut voir en haute mer et aussi dans le grand Océan, *Oceano*. La Méditerranée n'a pas non plus de marée montante ni descendante, en quoi elle diffère tout à fait de la « Grande Mer » [autrement dit l'Atlantique et la mer du Nord] dont je parlerai à un autre endroit.

---

a. Erreur de Thomas II Platter. En réalité, le pont de Sète ne sera définitivement construit et mis en service que sous le règne personnel de Louis XIV (1661-1715).

Par la suite, nous avons fait collection de plantes et autres sur le bord de mer, puis nous avons traversé le cordon littoral qui s'étend en largeur [entre la mer et l'étang] sur deux portées d'arquebuse environ, et nous sommes revenus sur la bordure de mer. Là, nous nous sommes embarqués dans un bateau que nous avions retenu à cet effet[a]. Dès lors nous eûmes bon vent arrière, toutes voiles déployées ; au bout de *deux lieues* de trajet, nous sommes arrivés à Frontignan juste après l'heure de midi pour le casse-croûte. Nous sommes descendus à l'auberge de la Grande Maison. Le docteur Ranchin n'avait pas attendu notre arrivée ; il avait déjà fait retour sur Montpellier avec l'autre groupe d'étudiants.

Frontignan [89]

C'est une petite bourgade, en bordure de l'étang de Thau, lequel s'étend d'Aigues-Mortes[b] jusqu'à Marseillan. On trouve là beaucoup de marins, pêcheurs ou vignerons. Devant le bourg, au pied de l'étang, nous avons vu de nombreux bateaux qu'on était en train de calfater. Dans le terroir autour de cette ville, on produit un muscat délicieux : on l'exporte au loin, et il conserve partout et toujours son nom de Frontignan. À Paris et ailleurs, là où ce vin est mis en vente, on peut lire sur les écriteaux : muscat de Frontignan. Et pourtant, parmi les terroirs de diverses bourgades environnantes, telles que Miravaux[63] [Mireval] et autres lieux circonvoisins, on produit du muscat qui est aussi bon ou même meilleur que le Frontignan. Mais c'est à Frontignan qu'on le charge en barque pour le faire naviguer sur l'étang, et de là jusqu'à Aigues-Mortes. De là, sur un bras du Rhône qu'on appelle la Roubine, on le porte en direction du Rhône lui-même ; puis, de là encore, on fait monter le produit

---

a. Dans ce passage, TP II semble avoir interverti par mégarde la mer et l'étang, ce qui enlève tout sens à son texte, car on ne peut aller en bateau depuis la zone située à l'ouest de la montagne de Sète jusqu'à Frontignan par l'étang ; on doit bel et bien passer par la mer. Nous avons donc rétabli tant bien que mal la position réelle des mots « mer » et « étang ».

b. TP II étend ici à l'excès l'appellation « Thau » à l'ensemble de ces étangs. Quant à Marseillan, il s'agit d'une petite localité portuaire, sise à l'extrémité ouest de l'étang de Thau.

par ce fleuve, en direction de Lyon, à l'instar des cargaisons de sel qui suivent la même trajectoire. C'est toujours la voie d'eau. On vend ensuite ce vin par grandes quantités sur le marché lyonnais à l'intention de l'Allemagne en tous lieux. C'est pourquoi les négociants chez nous, à son propos, parlent d'un muscat de Lyon ! Ils le font même passer en cours de route pour du vin de Corse ou « vin corse[64] », et à vrai dire il est tout aussi bon que celui-ci.

Nous avons passé toute cette même journée à Frontignan pratiquement sans bouger, car la pluie nous bloquait sur place. Nous avons donc bu du muscat, tant nouveau que vieux. Le nouveau était très doux et délicieux, tandis que celui qui avait plus d'un an d'âge (le « vieux ») n'était pas sucré, mais extrêmement fort et échauffant – désagréable à boire. C'est pour cela qu'on ne le conserve pas : chaque année, on met en vente la récolte entière.

Le 15 octobre, au petit matin, nous voulions revenir à Montpellier de bonne heure. Mais il pleuvait très fort et la route était tellement défoncée que nous sommes encore restés sur place jusqu'à l'heure du casse-croûte de midi. Cependant, le souci nous rongeait : la pluie pouvait encore tomber des jours et des jours ; elle ne s'était pas arrêtée, déjà, pendant huit journées de suite depuis mon arrivée à Montpellier et la pluie de ce 15 octobre, pour sa part, allait encore durer sans interruption jusqu'au 29 du même mois ! Après le repas de midi de ce même 15 octobre, comme l'ondée se calmait un peu, nous nous sommes mis en route à la grâce de Dieu. À peine étions-nous partis depuis une demi-heure que déjà ça recommençait à tomber de plus belle, et la pluie ne s'est pas arrêtée jusqu'à la nuit pleine et entière. En cours de route, nous avons bu un coup à Mireval sur notre chemin.

Mireval [90]

C'est une petite bourgade, bien fermée de remparts, à moitié aussi grande que Frontignan. C'est là, aux alentours immédiats, que les vignobles locaux produisent le meilleur muscat. On y fait sécher aussi beaucoup de raisins et de figues, car le soleil en ce lieu se caractérise par une réverbération spécialement forte... Mais nous n'avons eu que le temps de boire chopine ; puis nous sommes repartis aussitôt, et nous avons dû souvent patauger dans des fossés remplis d'eau avec de la boue au-dessus du genou. Des trombes d'eau s'abattaient sans arrêt, comme quand les nuages crèvent les uns après les autres. On n'essayait même plus de chercher le bon chemin, car nous étions tous également trempés et cochonnés. On dérapait sur les chemins et quelques-uns d'entre nous glissèrent dans les ruis-seaux ; d'autres perdirent leurs chaussures, fourrées dans la boue grasse jusqu'à l'empeigne. En somme, nous étions lamentables et geignards. Le comble, c'est que nous sommes arrivés très tard à Montpellier : les portes de la ville étaient fermées depuis long-temps. Nous avons donc logé dans une auberge du faubourg, où nous nous sommes séchés du mieux que nous pûmes. Là, nous avons couché à tous les seize que nous étions dans une seule chambre. Il y avait quatre lits, soit quatre personnes par lit. Nous avions marché quatre lieues depuis Frontignan.

Le matin du 16 octobre, nous sommes rentrés de très bonne heure dans Montpellier et nous avons dû changer entièrement d'habits. Nous rapportions peu de belles plantes avec nous, car tout était trempé.

Ce qui m'est arrivé à Montpellier
du 17 octobre au 15 décembre [91]

Le 17 octobre, je me suis fait immatriculer en médecine à l'uni-versité de Montpellier et, en même temps, j'ai acquitté les droits dus à l'apothicaire-droguiste.

Le 23 octobre, les professeurs de Montpellier ont repris leurs cours.

Du 7 octobre au 29 octobre, il a plu tous les jours, chose très étrange en ce pays.

Le 12 novembre, jour des morts[a], la jeunesse dorée de Mont-pellier, dans les rues, a couru la bague ; ces coureurs étaient tous joliment déguisés en vêtements de femmes ; cela se passait en ville, près de la Saunerie, dans une petite rue étroite, non loin de

a. Le 12 novembre en calendrier grégorien était le 2 novembre en calen-drier julien, et la fête des morts était restée accrochée à cette ancienne date.

l'auberge de la Couple[65]. *Qui plus est, tous ces jeunes étaient masqués. Leurs tenues vestimentaires, pour certains d'entre eux, étaient couvertes de minces plaques de métal jaune, qui faisaient un cliquetis très fracassant dans le temps de leur course.*

Le 2 décembre, nous avons procédé à la dissection d'une femme, morte à l'hôpital. Dans sa matrice, on trouva une masse molam, *qui commençait à se pétrifier par le milieu*[66]. *Nous avons terminé cette anatomie le 5 décembre, devant une assistance de femmes de haut parage.*

Le 15 décembre, nous sommes partis, à plusieurs, en vue d'herboriser près de ce port qu'on appelle Lattes[67] : il tire son nom d'un mot qui veut dire « porter » [!] ; *latus* en latin signifie en effet l'action du « portage », et de là vient Lattes qui est un « port » qui « porte » beaucoup de navires et de marchandises... Une rivière dénommée *lou Lez*, ou le Lez en français, *Lanus* ou *Ledus* en latin, traverse cette localité[68] ; ce Lez prend sa source à environ une heure de marche de Montpellier. Au lieu dit Salicate[69], il actionne des moulins où l'on fait moudre le blé des citadins, lesdites meules étant situées à un quart d'heure de marche de la ville. Le Lez coule ensuite sous le pont Juvénal[70] ou Juvénau, pont construit en pierre comme c'est le cas la plupart du temps en Languedoc. C'est à Lattes seulement que le Lez commence à pouvoir porter des navires, et puis... il se jette dans la mer. Dans ces conditions, dès lors que les bateaux de mer ne sont pas trop grands, on les conduit *via* le port de Maguelonne, *alias* port Sarrasin, ou encore *via* le grau de Manguio[71], depuis la mer jusque dans l'étang. De là, on peut les mener commodément sur cet étang jusqu'à Lattes. Et puis, inversement, c'est à Lattes qu'on charge les navires. Ensuite, voguent les bateaux tous les jours, *via* le fleuve, en direction de l'étang et enfin de la mer ! Lattes n'est qu'à une lieue de Montpellier. Et donc on part transporter rapidement les marchandises à dos de mulet depuis le port jusqu'en ville et *vice versa*. Il y a encore d'autres opinions à ce propos et qui concernent le pont à triple étage qu'on aurait construit dans ce but, et qui est connu sous le nom de pont du Gard. De toute manière, nous en reparlerons plus tard. Le but de cette opération « pont du Gard » aurait donc été de canaliser les eaux venues d'Uzès, en les faisant couler par-dessus ce pont, grâce à une conduite bien dissimulée, et de là jusqu'au fleuve. Et le fleuve en question, étant grossi de cette manière, aurait pu, au temps des Romains, porter les marchandises par voie d'eau depuis la mer jusque dans l'illustre ville de Nîmes. Mais la plupart des gens pensent que rien de ce genre n'a jamais été mis à exécution. *Ou bien s'agissait-il, en procédant de la sorte, de rendre navigable le cours d'eau du Vistre qui, par Aimargues[72], va de Nîmes jusqu'à l'étang ?* Il se trouve que par ailleurs beaucoup d'herbes, d'algues et d'ordures se rassemblent sans cesse dans le Lez à Lattes. C'est pourquoi en ce lieu, au fil du cours d'eau, il y a toujours une machine qui fonctionne aux fins de draguer ou nettoyer le port. Une grosse embarcation la traîne sans cesse dans tous les sens ; cette machine est munie de roues circulaires et de grande dimension auxquelles sont attachés des câbles et des râteaux de fer. Ainsi les herbes et autres saletés sont-elles continuellement retirées et draguées. Ce nettoyage a pour but de maintenir le canal ou la rivière à profondeur convenable, afin que les navires puissent progresser sur l'eau de ce port.

Lattes [92]

C'est une vieille petite ville, en ruine. On n'y voit guère que des jardins et une seule auberge. Et, de surcroît, très peu d'habitants. On prétend que, dans le temps, une activité considérable régnait dans cette localité. Si c'est le cas, disons qu'on y est aujourd'hui en pleine décadence. Le rempart existe toujours plus ou moins, mais la ville n'est pas vraiment fermée. Elle appartient de toute manière aux gens de Montpellier. Le « fleuve » du Lez coule au pied des remparts de Lattes, et le port où les navires abordent est situé tout près d'une porte de cette enceinte. Le soir même, je suis revenu à Montpellier.

Année 1596

Voyage à Lattes [94]

Le 15 janvier [1596], d'après le nouveau calendrier (je noterai tout désormais selon cette nouvelle méthode chronologique, car en France on n'utilise plus l'ancien calendrier), je suis revenu en compagnie de plusieurs personnes en ce même port de Lattes où je m'étais déjà rendu (voyez mon texte *supra*) le 15 décembre de l'année précédente. La raison de ce déplacement tenait à ce que des vaisseaux pontés, venus de Marseille, avaient accosté en ce lieu, et je n'en avais encore jamais aperçu de toute mon existence. Là, j'ai vu fonctionner la drague avec laquelle on procède au curage des herbes, algues et autres ordures qui encombrent le port. J'ai bien l'impression que le premier dessin qui la représente a été publié dans un livre édité à Genève[73] ; dessin gravé sur cuivre et regroupé dans le même ouvrage avec bien d'autres gravures du même genre, qui représentent des appareillages bizarres, tels qu'une voiture roulant très vite sur le plat pays grâce aux poussées du vent : ce véhicule opère sans cheval, ni autre bête d'attelage, ni traction humaine ; il file simplement grâce à des voiles déployées, que propulse un bon vent arrière. C'est ce que m'ont raconté plusieurs personnes qui, en Hollande, se sont déplacées de la sorte grâce à ces espèces de voitures à voile.

Voyage à Maguelonne [94]

Le dimanche 18 février, nous sortions du prêche dominical. En compagnie de mon logeur, Monsieur Jacques Catalan l'apothicaire, aujourd'hui défunt, et du gentilhomme Rudolf Meiss[74] (de Zurich), nous avons pris la soupe du matin, puis nous sommes partis à pied pour la « ville » de Villeneuve[75] à une lieue de Montpellier.

Villeneuve-lès-Maguelonne [94]

C'est une bourgade, pas tout à fait aussi grande que le Petit-Bâle. Elle occupe néanmoins une position puissamment défensive, grâce aux fossés pleins d'eau et aux marécages bourbeux qui l'entourent. Voilà pourquoi les réformés n'ont jamais pu s'en emparer. Ce qui fait que les églises n'y sont pas en ruine. Là, nous avons bu un coup ; nous avons commandé un bateau, lequel vers deux heures de l'après-midi nous a menés depuis Villeneuve jusqu'à l'étang par un petit cours d'eau ou canal. De là nous avons piqué droit au travers de l'étang, toujours en bateau, jusqu'à la petite île où se trouvent l'hôpital et le château de Maguelonne[76] *(l'étang est appelé quelquefois Thau, l'« étang de Thau », d'autres fois en latin Stagnum maris, ce qui signifie l'eau stagnante près de la mer ; près de Marseillan, c'est surtout le mot Thau qui est utilisé ; on l'appelle aussi étang de Balaruc près de la bourgade de ce nom ; et, dans les mêmes conditions, étang de Frontignan. Mais en fait c'est toujours le même étang).*

L'île de Maguelonne est entourée de tous côtés par l'étang. Vers l'est, il y a le port qu'on appelle Port-Sarrasin ; c'est là que la mer s'écoule dans l'étang ; c'est là aussi que les petits bateaux maritimes entrent dans l'étang. Vers l'ouest et le nord, l'île de Maguelonne touche directement à l'étang. Près du port, l'eau de l'étang de Thau est salée, à cause de son mélange avec l'eau de mer. L'île s'élève à une certaine hauteur au-dessus du niveau de la mer et de l'étang. Elle tient le milieu entre la forme oblongue et circulaire. Elle est couverte d'une espèce de pelouse verte. Au centre de ce petit territoire insulaire s'élève le château de Maguelonne. Du haut de cette bâtisse, où qu'on soit, muni d'une sarbacane, on peut toujours atteindre les canards dans l'étang ou dans le port de mer. On peut donc déduire de ce simple fait les dimensions de l'île, tant en largeur qu'en longueur. Il y a aussi, sur tout ce tertre de gazon, beaucoup de lapins sauvages. Ils y font leurs terriers çà et là. Ils apprécient tout à fait un tel emplacement : certes ils ne peuvent pas s'en échapper, puisqu'il est entouré d'eau de toutes parts. Mais les chasseurs étrangers à Maguelonne, quand ils viennent sur place, ne peuvent pas non plus les attraper, à cause du château [qui détient le monopole du droit de chasse].

Nous avons d'abord visité l'hôpital de Maguelonne, situé face à la mer ; à vrai dire, il est en ruine. Il n'y a plus que ses murs extérieurs qui soient encore debout. Ensuite nous sommes allés voir le château, qui appartient à l'évêque et aux chanoines de Montpellier. En fait de corps de garde, ils entretiennent là de façon permanente douze soldats et un capitaine afin de surveiller le port et la zone environnante. On nous a d'abord annoncés ; puis nous avons pénétré dans le château en passant par douze portes différentes, très étroites, basses, au long d'une trajectoire bizarrement contournée. Au terme de ce parcours, le capitaine de cette forteresse nous a reçus. Il nous a fait monter par un long escalier de pierre. Puis nous sommes passés par un cloître, lui aussi de pierre, voûté, très humide, et tout dégoulinant d'eau par temps de pluie. Cela menait jusqu'à une grande et large salle, mal bâtie. Et, de là, nous sommes parvenus dans la chambre du capitaine : elle était lambrissée comme le sont chez nous les salles de séjour. Là, nous fûmes régalés d'une superbe collation de toutes espèces de confitures et de conserves. La gouvernante du capitaine nous fit bénéficier d'un traitement très amical. Elle a du reste un mari qui s'appelle Monsieur de la Garde ; elle a de lui des enfants légitimes qui sont nombreux. Mais le capitaine envoie continuellement ce Monsieur de la Garde faire la guerre ou bien s'occuper au loin d'affaires diverses, et cela afin de garder cette dame pour lui tout seul. En effet, il ne lui est pas possible d'épouser une femme en légitime mariage, car il est chanoine. On l'appelle Monseigneur Jacques d'Arles[77]. La dame nous a invités à revenir la voir, elle et le capitaine, au château, et ce d'autant plus que sa fille légitime était alors en pension chez Monsieur Jacques Catalan (qui m'accompagnait à Maguelonne). On a mis un soldat à notre disposition pour nous montrer toute la forteresse.

Il nous a d'abord menés jusqu'au toit de l'édifice en passant par un escalier de pierre étroit, très grimpant, et interminable. Il y avait sur ce toit des pièces d'artillerie montées sur roues et affût, ainsi que des arquebuses à croc double sur affût également[78]. Les soldats allaient et venaient sur le toit afin d'être en mesure d'actionner une cloche qui s'y trouvait : ainsi pouvaient-ils réagir au passage des navires qui allaient de-ci, de-là sur la mer ; on repère de la sorte où vont ces bateaux et d'où ils viennent. Le tout pour qu'ils ne puissent pas échapper à la douane. De temps à autre, on leur fait parvenir le signal *ad hoc* en tirant le canon ! Ce toit est couvert de dalles quadrangulaires, comparables à celles dont sont bâties les maisons de Montpellier. Il n'est pas très incliné, de façon qu'on peut y marcher partout sans se donner trop de mal. Tout autour de ce toit, il y a des créneaux bien évidés grâce auxquels la vue porte loin en mer, et loin aussi vers l'étang comme vers la terre ferme. On peut également, grâce aux espèces de meurtrières ainsi aménagées, abattre les oiseaux à coups d'arquebuse du côté de la mer et de l'étang. Ayant vu, nous n'eûmes plus à l'étape suivante qu'à redescendre l'escalier de pierre par où nous étions montés jusqu'au toit ; nous sommes passés au cours de cette descente parmi des salles en mauvais état. Car il s'agit, dans l'ensemble, d'une bâtisse de maçonnerie extrêmement vieille dont le délabrement est dû pour l'essentiel à l'eau qui dégoutte de partout. On y jouit d'une agréable fraîcheur en été ; mais l'hiver, en certaines périodes, il doit faire vraiment très froid dans ce château.

Nous sommes redescendus ensuite le long de l'escalier de pierre initial (celui que j'ai mentionné après les douze portes du début). Arrivés tout en bas de l'édifice, nous sommes entrés dans l'église de Maguelonne par la porte située à main droite. Une fois parvenus à l'intérieur de ce sanctuaire, nous avons aperçu dans le mur, sur la gauche, une ouverture qui dans le temps était fermée. On a dû l'éclairer avec une chandelle à notre intention, puisque aussi bien cet orifice est maintenant débouché. C'est là que se trouvaient jadis, dit-on, les corps de la belle Maguelonne[79] et de Pierre de Provence (tous deux assis l'un près de l'autre, et embaumés). Mais maintenant tout cela a disparu. Un peu plus avant, on découvre un bel autel central, et puis deux autres autels, un de chaque côté : au pied de celui du milieu se trouvent de belles pierres tombales en marbre blanc. Sous elles gisent inhumés les évêques de Montpellier qui s'intitulent évêques de Maguelonne. Il y a aussi, dans le même ensemble funéraire, les tombes des consuls locaux ; j'avais peu de temps devant moi, et je me suis donc borné à copier l'épitaphe que voici :

Ille ego sum quondam Magalone consul Yxarnus
Quem genuit meo Monspessulanus honore
Cuius in hac tenerum corpus circumdatur urna
Barene Albertus fratrem non immemor eius,
Accipe sume patrem precibus si flecteris ullis,
Hanc animam, & hereo sedeantque reposta cubili.
Obiit a[nn]o MCCCCXCVIII, XIX Aprilis.

[Ce qui peut se traduire à peu près comme suit, compte tenu d'autres versions du même texte dont nous disposons : « C'est ici que je gis, moi Ysarn, jadis consul de Maguelonne, moi que Montpellier a engendré, ce qui est pour moi un honneur ; moi dont le corps périssable a été enfermé dans cette urne par mon frère, Albert Barrière, qui a gardé souvenance d'icelui. Reçois donc, ô Dieu le Père, cette âme qui est mienne, si tu te laisses fléchir par quelques prières, et puisse cette âme reposer saine et sauve dans le séjour céleste. La personne ici même ensevelie est morte le 19 avril 1498. » Selon la *Gallia christiana*[80], il ne s'agit pas en la personne de cet Ysarn d'un consul de Maguelonne, mais de l'évêque Ysarnus, prélat de Maguelonne et de Montpellier, et membre de la famille montpelliéraine des Barrière ; ce monsieur avait occupé le siège épiscopal de Maguelonne-Montpellier entre 1488 et 1498.]

Dans cette même église sont également accrochés quelques chapeaux de cardinaux et l'on y chante tous les jours la messe ainsi que les vêpres. Le soldat qui nous servait de guide nous a donné beaucoup de renseignements sur la création du château et de l'hôpital de Maguelonne, création effectivement très ancienne, à en croire un livre imprimé dont ce guide nous a fait prendre connaissance. On peut apprécier l'origine lointaine dont il est ainsi question, ne serait-ce que par l'amusant récit concernant la belle Maguelonne et Pierre de Provence. C'est en effet dans ce lieu de Maguelonne que l'un et l'autre se sont rencontrés.

Toujours en contrebas de la forteresse, on nous a montré deux puits, qui sont bâtis très près l'un de l'autre. L'un des deux est plus rapproché de la mer ; l'autre tourne sur l'étang. Selon le gouverneur, et selon d'autres personnes qui se sont montrées catégoriques à ce propos, le puits le plus proche de la Méditerranée fournit une eau de source excellente, fraîche et douce ; en revanche, le puits qui donne sur l'étang ne livre qu'une eau saumâtre, imbuvable pour quiconque veut en goûter : elle est aussi salée que l'eau de mer elle-même. Si seulement nous avions eu des seaux avec des câbles, nous aurions pu vérifier la chose par nous-mêmes. Il y a, en outre, une bonne source dans l'île, à peu de distance de la mer. Elle procure l'eau [douce] qu'on utilise tant pour manger que pour boire.

En somme, nous avons bien visité le château dans tous les sens[81]. Le gouverneur et son frère n'eurent plus, après cette tournée, qu'à nous faire la conduite jusqu'au bateau que nous avions laissé sur le rivage de l'île. Le « frère » en question se trouvait être le mari de la fille de Mademoiselle de la Garde [elle-même épouse de Monsieur de la Garde, et gouvernante-ménagère (maîtresse) du gouverneur du château]. Cette demoiselle était originaire d'Alès. Une fois embarqués, il ne nous a fallu qu'une demi-heure pour être de retour à Villeneuve-lès-Maguelonne. Là, nous avons jeté un coup d'œil sur les danses et les branles qui se faisaient dans les ruelles. Après le repas du soir, nous avons dû tous les trois, Catalan, Meiss et moi, nous entasser du mieux que nous pouvions dans un seul lit, car il n'y a qu'une seule et méchante auberge en cette bourgade dont les habitants sont pour la plupart pêcheurs, matelots et vignerons. Tout comme le château susdit, Villeneuve appartient à l'évêque et aux chanoines. Leur appartiennent aussi la douane du port de mer et les redevances prélevées sur les poissons pêchés dans tout l'étang.

Le 19 février au matin, nous sommes revenus pour manger à Montpellier en traversant quelques domaines des mas de la plaine. Nous avons certainement parcouru une bonne grande lieue allemande, de Villeneuve à Montpellier.

Le 8 février, il a neigé dans cette ville, mais cela n'a pas tenu. Le 12 février, une femme qui avait tué son enfant fut fouettée avec des lanières de cuir, où il y avait beaucoup de nœuds. On lui a ainsi fait traverser la ville jusque vers l'extérieur d'une porte du rempart. Elle a eu de terribles blessures au dos, et elle en est morte peu après.

Voyage en Avignon [99]

Monsieur Daniel Naborov[82], *alias* Naborovius, le Polonais, voulait se rendre à Lyon le 22 février [1596]. Le fait est que je n'avais pas encore vu Nîmes ni Avignon. Je décidai donc de profiter de la compagnie de Naborov pour excursionner jusque dans cette ville. Et voilà pourquoi, après avoir bu un coup, nous avons pris la direction de Castelnau[83], étant d'abord sortis de Montpellier par la porte de Lattes. De nombreux Allemands nous ont fait la conduite.

En chemin, Jacques Catalan nous a encore payé un coup. Aussitôt après, certains de nos accompagnateurs allemands ont fait demi-tour pour revenir à Montpellier : il s'agissait du baron von Flodorff[84], de son précepteur Eckberg, du gentilhomme Karpf[85] et de Sebastian Rotmundt[86]. Mais tous les autres, à savoir Monsieur Jacques Catalan, Monsieur Rudolf Simler[87], Monsieur Felix Rotmundt[88] et Monsieur Kaspar Thomann[89], ont voulu encore rester avec nous quelque temps, malgré la pluie qui n'en finissait pas ! Et cela en dépit du fait que deux d'entre eux n'avaient aux pieds que des pantoufles. Leur accompagnement a duré jusqu'à l'auberge Blanche (la Bégude Blanche).

À environ une portée d'arquebuse après le village de Castelnau, Jacques Catalan nous a payé un coup à boire dans une maison qui se trouvait là ; il faut dire à ce propos que, dans toutes les maisons et tous les villages proches de ces lieux, Jacques Catalan était bien connu. En passant à Vendargues où son père possédait un beau domaine que lui, Jacques, avait vendu par la suite, il nous a fait servir à manger. Ensuite nous sommes passés à Saint-Brès, un village situé à environ deux heures de marche de Montpellier : là, nous avons cassé la croûte à l'auberge du Lys. De là, direction Colombiers[90], autre village du même genre où un capitaine, cousin de Jacques Catalan, voulait encore nous imposer un « arrêt-boisson ». Mais nous n'avions pas assez de temps de reste ; le chemin était dés-agréable au possible et nous avions pris du retard à force de faire halte en beaucoup d'endroits. Nous poursuivîmes donc notre route avec lenteur et, tout en progressant, nous poussions la chansonnette : nous répétions d'abord deux fois chaque couplet, puis le refrain en troisième position. Nous nous tenions tous par la main ; et quand Catalan serrait les doigts de l'un d'entre nous, ce signal était aussitôt répété de proche en proche : dès lors, nous faisions tous silence, et chacun à son tour répétait son chant particulier en solo. Nous passions ainsi le temps pour que ce misérable chemin ne nous paraisse pas de trop longue durée. C'est seulement au cours de la soirée que nous avons pu arriver à l'auberge Blanche ou Bégude Blanche. Il y a là deux hostelleries contiguës. Nous descendîmes dans l'une d'entre elles. On la tient pour la meilleure de tout le Languedoc. Elle est placée sous la sauvegarde du duc de Venta-dour et du duc de Guise. La nuit était tombée : le jeune valet de Catalan venait d'amener à l'auberge Blanche une mule. Le domestique en question exécutait ainsi l'ordre contenu dans une lettre que Catalan avait écrite chemin faisant avec du charbon mêlé de vin, et qu'il avait fait transmettre à ce serviteur par un chaudronnier rencontré en route. Nous étions déjà dans l'auberge [quand il est arrivé]. Cela fut bien pratique pour Catalan, le lendemain.

On nous a magnifiquement traités dans une salle particulière. D'abord, des perdrix : on en mange tout le temps. N'y aurait-il qu'un seul convive à la table d'hôte, on lui présente quand même des perdrix ! C'est une espèce d'amuse-gueule qui n'augmente pas l'addition globale du repas. Et puis des lapins, des chapons, etc. ; la réputation de l'aubergiste de la Bégude repose en effet, pour une bonne part, sur ses plats de volaille. Ces deux hostelleries sont situées directement face à Lunel-Viel[91], proche de la ville de Lunel. Les deux auberges sont construites pratiquement sur la grand-route. Il y a des années, quand elles n'existaient pas, on allait directement à Lunel. Mais depuis, cette route s'est dégradée, en raison d'une forêt qu'on ne pouvait traverser sans péril à cause des assassins, et ces auberges ayant été postées, depuis, sur la grand-route, on peut ainsi aller à Lunel en laissant la forêt à main droite.

Le matin du 23 février, après la soupe matinale, nous avons laissé à l'auberge nos accompagnateurs et nous sommes partis pour Nîmes, moi, Monsieur Daniel Naborov et Monsieur Johann Wilhelm Leininger[92] de Heidelberg.

À une demi-heure de l'auberge, nous avons vu une vieille église païenne, d'apparence tellement neuve qu'on aurait dit qu'elle avait été construite il y a quelques années[93] : elle n'avait que l'inconvénient d'être en ruine ! Elle est de forme hexagonale. À peu de hauteur au-dessus du sol, il y avait une épitaphe [?] gravée dans la pierre mais presque illisible, et que voici :

KALEND, BOBRII
OB ΠCRIX EIUS COUS
SEI JACOBI AVE EUST
MACER RAIMUNDUS
DES CADAHL.

Ensuite, nous sommes passés sur un pont[94] de pierre (c'est la solution commune qu'on a retenue en Languedoc : j'en ai très peu vu qui fussent construits en bois). Ce pont enjambe la rivière du Vidourle (laquelle vient de Sommières et se jette dans la mer après Saint-Laurent-d'Aigouze[95]) ; il est situé à mi-chemin entre Montpellier et Nîmes – à quatre lieues de cette dernière ville, et à une lieue de notre auberge de la Bégude.

Peu après, et non loin de notre route, nous avons aperçu le beau château de Vestric. Le village qui venait ensuite, à très courte distance, c'était Uchaud, où nous avons bu un coup à l'auberge de la Couronne. De là, passage à Bernis, puis à Milhaud, autre village[96]. Enfin, à quatre heures de l'après-midi, arrivée dans la ville de Nîmes, située à quatre lieues du pont de Lunel et à huit lieues de Montpellier.

Nîmes [102]

La ville de Nîmes[97] : en latin *Nemausum* ; d'après Strabon, *Nemausus* ; en français, Nîmes ou Nismes ; en allemand, *Nymis*. *L'origine de la ville et du nom, c'est Nemausus, le fils d'Hercule. Nîmes, dans le temps, était la capitale de vingt-quatre villages*[a] *des Volques aréconiques ; les Grecs de Phocée, fondateurs de Marseille, avaient bâti cette cité, habitée plus tard par les Romains.*

La ville et le pays sont beaux et fertiles ; le terroir environnant est producteur de figues, olives, grenades et autres fruits de la terre indispensables. Nîmes, ville très ancienne où il y a beaucoup de vieux édifices : épitaphes romaines, colonnes, tours, maisons, arènes, implantations théâtrales, et tout le reste à l'avenant, voilà ce qu'on peut y apercevoir. J'ai encore remarqué quelques vestiges des ci-devant remparts du temps jadis. La ville d'autrefois était assez comparable à la Rome antique ; je ne suis

a. Et non pas vingt villages, erreur de l'édition de Montpellier, 1892, dite ici « TF 19 ». Quant à l'épitaphe latine précédemment mentionnée, le texte en est si obscur que l'on doit renoncer à la traduire.

du reste pas le premier à l'écrire. Car on dénombre sur le territoire du Grand-Nîmes sept collines différentes les unes des autres, et elles délimitaient une étendue d'espace tout à fait considérable. J'ai pu m'en rendre compte moi-même, juché que j'étais sur le sommet très en altitude d'une de ces collines, laquelle se trouve maintenant à l'extérieur de la ville contemporaine. Car, désormais, celle-ci a rapetissé de moitié ; et c'est seulement ce qui fut jadis dans le centre-ville qui est aujourd'hui entouré de remparts.

Sur cette haute colline dont je parlais à l'instant, à l'extrême pointe du sommet, j'ai pu contempler en détail l'ancienne et belle construction romaine qu'on appelle la tour Magne ou tour Massive. Elle est creuse à l'intérieur. Elle est revêtue à l'extérieur de petites pierres taillées quadrangulaires, comme celles qu'on peut voir chez nous, à Augst. La colline en question n'est rien qu'un gros rocher tout d'une pièce ; c'était aussi l'une des sept collines ci-dessus mentionnées, et elle se trouvait presque au centre de la ville antique.

Le revêtement de cette tour Magne est tellement dur qu'il est presque impossible d'en détacher quoi que ce soit. La forme pyramidale de sa construction indique éventuellement qu'elle a dû être très haute, et qu'elle était peut-être destinée à porter, dans sa partie supérieure, un poste de garde. D'aucuns laissent entendre qu'elle aurait comporté six étages : elle se serait ainsi dressée dans l'ancien rempart d'enceinte, où l'on aurait dénombré mille édifices turriformes du même genre [!].

Nous sommes redescendus et, au passage, nous avons examiné le temple extrêmement ancien et païen qui était consacré à la déesse Diane. On l'appelle donc temple de Diane *ou, selon d'autres personnes, sanctuaire d'Hadrien.* Cet édifice est quelque peu endommagé, mais les pierres de taille équarries et blanches dont il fut originellement bâti sont d'une telle beauté ! On a du mal à croire qu'une bâtisse à maçonnerie si superbe ait pu durer si longtemps. Tout cela est absolument admirable. Il y a peu d'années, ce temple était encore intact, avant qu'il ne soit endommagé. *Ce temple de Diane a la forme d'un rectangle ; il est proche des fontaines de la ville. Sa construction est irréprochable. Entre les colonnes, il y a des fenêtres rondes et des emplacements spécialement aménagés où les Romains avaient installé leurs dieux. Dans le temps, on pouvait y voir aussi des aigles nombreux, qui étaient en place, et qui symbolisaient l'empire romain. Il y en a encore quelques-uns qui subsistent à l'heure actuelle, mais décapités. Ce sont les Wisigoths, dit-on, qui les ont mutilés de la sorte ; le but de cette opération, c'était d'annuler le souvenir de l'empire romain, puisque aussi bien on se rendait compte que le corps de l'empire de Rome avait été décapité. L'autel se trouve encore dans cette église, sur lequel on avait offert des sacrifices à Diane.*

Ensuite nous sommes allés voir hors la ville une espèce d'étang, dans le genre d'une mare, que l'on nomme *Fontem urbis*, la fontaine de la ville : source d'eau *claire et intarissable*. Elle est alimentée en son jaillissement par de nombreuses sources ; elle fait tourner un moulin à peu de distance, *un autre à une portée d'arquebuse du premier*, et encore un autre plus loin ; tous les trois sont actionnés en conséquence par le courant issu de cette puissante fontaine. C'est, paraît-il, la meilleure eau de la région. D'où le proverbe « Aigue de Nismes, etc. », qui peut se traduire en français par « Eau de Nîmes... ». On m'a même affirmé que les messieurs de la ville n'ont jamais pu trouver le fond de cette masse d'eau, fût-ce en y laissant filer de la corde tant et plus, et de haut en bas. D'autres personnes déclarent qu'un charretier y a fait naufrage avec cheval et véhicule sans que jamais rien, de l'homme ni de l'attelage, ne soit remonté à la surface ; j'avoue que j'ai quelque peine à croire ce récit.

En 1601, le laquais d'un conseiller menait à la fontaine, comme pour le conduire à l'abreuvoir, un cheval dont il avait la charge : sous le coup de la fatigue, la bête a coulé. Le laquais s'en est sorti tout seul à la nage et il a pu sauver sa vie. Quant au cheval, on l'a longuement cherché avec des crochets de fer et des tas de cordes. Monsieur Jean Pistorius fut témoin oculaire de toute cette histoire : il m'a raconté qu'on avait amené près du lieu du sinistre, pour la circonstance, deux charrettes remplies de câbles avec des crochets et des boules de plomb ! On a laissé filer la sonde ainsi confectionnée, mais on n'a jamais atteint le fond ni non plus le cheval. Cependant, neuf jours plus tard, celui-ci a eu le foie qui crevait sous l'eau, son cadavre est remonté à la surface ; il n'eut plus qu'à s'échouer, par flottaison, tout au bord de la nappe aquatique. Il y avait aussi un artiste, à Nîmes, en ce temps-là, qui prétendait ceci : à savoir qu'il avait effectué des observations à l'intérieur de cette fontaine, en utilisant un miroir plongé par ses soins jusqu'à cent cannes, autrement dit deux cents coudées de profondeur[99], mais le fond n'était jamais apparu. Nombreuses sont les personnes qui pensent que cette source tire son origine du Rhône ou de quelque autre gros cours d'eau : il peut arriver en effet qu'il ne pleuve point du tout à Nîmes, et pourtant le débit de la fontaine s'enfle tellement que toute la ville se trouve en danger d'inondation. L'enflure en question est remémorée au collège local, grâce à un bloc de marbre où se trouve marquée la hauteur d'une crue de ce genre, en provenance de la fontaine nîmoise. Cette entaille, inscrite en latin, était tellement haute et distante du sol qu'il me fallait allonger le bras très en altitude pour y atteindre avec la main. Voici ce texte, qui est versifié :

Anno post tercenta, undenaque lustra, secundo
Septembris nono, hunc merserat unda locum.

[Traduction : « Dans la seconde année, après 311 lustres (1555 + 2 = l'année 1557), le 9 septembre, l'eau avait inondé ce lieu. »]

Si l'on n'avait pas ouvert une voie pour l'écoulement de l'eau cette année, c'est la ville entière qui aurait été inondée, car déjà presque la moitié de sa superficie avait souffert de grands dommages du fait d'un tel déluge. Les habitants s'étaient réfugiés en haut des tours. En revanche, quand le débit de la fontaine est faible, l'eau ne passe point par-dessus bord, et les trois moulins d'aval ne peuvent pas fonctionner. Mais quand ce débit est fort, les eaux actionnent le trio des moulins, puis s'écoulent à travers les fossés de Nîmes jusque dans un cours d'eau qu'on appelle le Vistre : il se jette dans les étangs littoraux non loin de Marsillargues. Il n'est pas inconcevable que les pierres qui ont servi à construire le temple nîmois de Diane aient été extraites de l'emplacement même où se trouve à l'heure actuelle le creux lacustre de la fontaine, car ce temple a été érigé à proximité d'icelle. Ou bien ce pourrait être aussi l'origine des pierres dont fut construit le *theatrum* ou lieu de spectacle antique de cette même ville. Cette extraction aurait abouti à un creusement d'une profondeur extraordinaire : ce qui expliquerait la difficulté qu'on a à trouver le fond de l'immense cavité de la fontaine.

Par la suite, nous avons voulu entrer en ville. Pour ce faire, nous nous sommes presque querellés par-dessous la porte. La sentinelle nous posait des questions : « Que voulez-vous faire ici ? Qui connaissez-vous en ville ? » Le sieur Daniel Naborov lui répondait alors, en français : « Nous voulons nous promener à notre guise. Nous souhaitons visiter la ville. » Réponse du gardien : « Je sais bien que c'est l'habitude des Allemands de se promener en gaspillant l'argent. Mais je veux que vous m'indiquiez les connaissances que vous avez en ville ! Dès que vous m'aurez informé sur ces personnes, vous leur enverrez un laquais ! » Le type disait ça pour nous embêter, parce qu'il savait bien que nous n'avions pas le moindre laquais avec nous. Du tac au tac, sur un ton désagréable, Daniel répondit à ce gardien d'envoyer lui-même son propre laquais, dont bien sûr la sentinelle en question était totalement dépourvue. Quand l'autre s'aperçoit que nous commençons à le tourner en ridicule, le voilà qui empoigne sa hallebarde. Mais les autres gardiens de s'interposer ! Du coup, nous avons pénétré en ville par une autre porte, et nous sommes descendus à l'auberge du Cheval Blanc. Aussitôt, plusieurs Allemands sont venus nous rendre visite en ce lieu. Ils s'étaient fixés à Nîmes depuis pas mal d'années. Parmi eux, je signalerai Messieurs Christian Pistorius[100] (de Heidelberg) et Rühmann[101], respectivement recteur et proviseur de l'école sur place ; et puis un autre Allemand encore.

Ils nous conduisirent aussitôt à l'amphithéâtre où se donnaient [dans l'Antiquité] les jeux et les spectacles : bref les arènes de Nîmes. C'est un vieux bâtiment, immense, magnifique, artistement construit. Sa courbure est ovale. Énormité des coûts, du travail pour sa réalisation. On n'y a pas utilisé de mortier à base de chaux. Mais il doit y avoir une espèce de ciment un peu spécial, dissimulé entre les pierres, un ciment qu'on ne voit pas. Ou alors faut-il admettre que les pierres de taille rectangulaires, puissamment longues et grandes, furent en toute simplicité posées les unes sur les autres ? Le centre de l'édifice est occupé par une cour ronde et allongée reproduisant la forme extérieure du bâtiment. On appelle cela le *Campus Martius* : *c'est là que se réunissait le peuple quand les Romains du cru voulaient élire de nouveaux conseillers*. Là encore, au cours de quelques années, on a bâti plusieurs maisons, et il y a aussi des gens qui y habitent ! Le but de cette opération immobilière, c'est que l'immense espace ainsi défini au centre des arènes ne reste pas inutilisé dans une manière de solitude au cœur de la ville. Et pourtant, c'est regrettable. On ne devrait pas faire ça ; je considère en effet que c'est l'amphithéâtre le plus complet qui existe encore à notre époque. *Car ni les Goths ni même les Sarrasins en leur temps, ne l'ont détruit.* La cour intérieure est entourée de banquettes ou marches d'escalier ; elles sont grandes, et confectionnées à l'aide de puissantes pierres de taille[102]. On compte dix-sept gradins de ce genre, empilés les uns sur les autres [toujours en forme d'escalier] jusqu'à une grande altitude. Chaque pierre de taille ainsi utilisée a deux pieds de large et *idem* en hauteur. Une fois juché sur le gradin le plus élevé, on aperçoit la ville entière, tellement on est en hauteur. Le périmètre extérieur est de 403 pas ; *d'autres personnes disent 470 pas*. Il y a peu de temps encore, on pouvait faire le tour complet du théâtre en marchant sur l'ultime rebord supérieur des banquettes. Malheureusement, voici deux mois, il pleuvait sans discontinuer ; du coup, un morceau de cette crête architecturale, long d'environ trente pieds, s'est décroché ; sa chute a écrasé une maison, qui par chance était vide d'habitants. Je crois qu'il y avait place pour vingt mille personnes en tant que spectateurs des tournois, combats ou autres spectacles du même genre. Les Romains avaient construit un tel édifice à ces fins spectaculaires : par exemple, pour que de nombreuses personnes y pussent contempler des malfaiteurs en train de se faire déchirer par des bêtes féroces ; contempler aussi des duels d'hommes ou d'équipes les unes contre les autres, petits combats livrés en vue de la possession d'une ville ou d'un pays, et qui servaient également à éviter des batailles rangées plus considérables ; il y avait encore bien d'autres spectacles en tout genre – d'où le nom d'amphithéâtre qu'on lui a donné.

Derrière ce grand édifice, il y a soixante-trois arcs voûtés, les banquettes étant bâties par-dessus. On peut marcher au sec sous ces voûtes par temps de pluie.

Sur le mur extérieur, on a sculpté, en haut relief, Romulus et Remus en train de se faire allaiter par la louve. À proximité, sur une autre portion de l'édifice, j'ai vu deux effigies d'hommes luttant l'un contre l'autre. De même, à l'autre extrémité, il y a aussi une grande image taillée dans la pierre : il m'a semblé qu'on y apercevait trois personnages en un seul corps, le tout recouvert de longs cheveux. Sur le frontispice, on voit deux têtes de bœufs emmurés et pétrifiés dans la paroi. D'autre côté encore, un triple Priape bat des ailes et, sur lui, une femme est assise en le tenant par la bride[a].

Tout cet édifice n'est pas seulement impressionnant par le gigantisme et par l'altitude. Il est, en outre, artistement construit et il a beaucoup d'allure. Je répète qu'entre ses pierres (d'après ce qu'on assure avec force) il n'y a ni mortier, ni plâtre, ni ciment : elles sont toutes tellement énormes, paraît-il, qu'elles tiennent par la simple opération de leur masse propre. On dit aussi communément qu'à cette époque il y avait des géants dans le pays, quand on construisait les arènes. Leurs femmes auraient porté ces grosses pierres sur la tête, sans cesser pour autant de filer avec la quenouille qu'elles tenaient sous le bras. Chaque pierre en général a dix pieds de long, et un pas de large tant en épaisseur qu'en hauteur ; il y en a aussi qui ont douze pieds de long et six pieds d'épaisseur. L'immense salle de spectacle des arènes est proche de la porte Saint-Antoine, et contiguë au rempart ; elle n'est nullement assise sur une colline et pourtant on la voit de loin, depuis le dehors de la ville ; et cela compte tenu du fait que Nîmes est située dans une vallée, entre les sept collines qui dans le temps se trouvaient en ville [celle-ci étant

---

a. Priape, dieu phallique de l'Antiquité.

alors plus vaste]. À côté de l'amphithéâtre se tient l'excellente auberge dite elle aussi des Arènes. Sur la portion des arènes proprement dites qui fait face à l'auberge, un taureau puissant est sculpté dans la pierre non loin du bas-relief de Romulus et Remus ; ce même Remus est censé avoir fondé la ville de Nîmes afin d'y implanter de vieux légionnaires romains ayant bien mérité de leur patrie[a]. Ainsi pourraient-ils vivre dans les délices sensuels pour le restant de leurs jours.

Ensuite, près de la porte de la Madeleine, non loin des remparts, nous avons vu, isolé sur une place, sans aucun contact avec d'autres bâtiments, un édifice quadrangulaire qu'on appelle en effet la Maison carrée. Au temps des Romains, c'était le Capitole de Nîmes, comme qui dirait chez nous l'hôtel de ville. Cette Maison carrée est bâtie tout à fait à l'ancienne. Aux quatre coins de l'édifice, le soutènement est assuré par de belles colonnes de pierre. *On l'appelle communément le Capdueil, autrement dit le Capitole. D'autres personnes pensent que, dans le temps, c'était un temple : l'empereur Hadrien l'aurait fait bâtir en l'honneur de sa femme Plotine, car il lui était redevable de son accession au pouvoir*[103].

Il s'agit d'un carré, ou plutôt d'un rectangle, avec dix belles colonnes de pierre de chaque côté dans le sens de la longueur, et six pour la largeur. En tout, trente-deux colonnes. Dans le même secteur, on aperçoit encore une belle tour, du haut de laquelle le regard peut porter au loin : le toit en est construit avec de grandes dalles carrées comme à Maguelonne. *On peut se promener dessus.* Cette tour appartient actuellement à la ville ; un pauvre homme y loge sur place, qui a la charge de tenir propre cet édifice. Il y a vingt ans, le prédicant[b] de Nîmes habitait là. Mais l'ensemble était trop vieux et menaçait ruine, au point qu'on craignait un écroulement toujours possible. Les pasteurs huguenots du cru sont donc logés ailleurs.

---

a. TP II mélange tout, Rémus et la colonisation romaine plus tardive. Imagination personnelle, ou traditions locales ? De même, la jolie légende « mélusinienne » des géantes bâtisseuses...

b. Selon le vocabulaire languedocien de ce temps, un prédicant, c'est quelqu'un qui prêche, dans le cadre du culte protestant.

Quand on entre dans cette ancienne bâtisse, on aperçoit à main droite une porte bardée de fer ; elle était close, lors de notre venue. On dit que, derrière cette porte, il y a un escalier de pierre avec quelques marches à descendre ; et de là un passage secret, sous la terre, mènerait depuis ce bâtiment jusqu'en Arles, en Provence, ville située à quatre lieues de Nîmes[a] ! Poldo d'Albenas, dans son discours historial sur l'antiquité de la ville de Nîmes, écrit que dans le temps on avait voulu faire exécuter deux malfaiteurs[104]. Mais, afin de savoir jusqu'à quelle distance pouvait aboutir le souterrain en question, on leur a donné leur chance. On leur a fourni aussi, en quantité, de quoi s'éclairer et de quoi se nourrir. Ils devaient simplement tâcher d'atteindre l'autre bout du souterrain ; ils auraient ainsi la vie sauve. Donc ils ont dû marcher longtemps dans ces conditions, avec de l'eau qui leur arrivait au genou, jusqu'à ce qu'enfin ils débouchent par un orifice à ciel ouvert dans la campagne, avec la ville d'Arles droit devant (qui leur apparaissait de l'autre côté du Rhône[b]).

Dans une rue qui s'ouvre non loin de là se dresse une haute colonne en pierre, qu'on a érigée en l'honneur du roi Henri III ; et selon d'autres, en l'honneur de François Ier à l'occasion de l'entrée à cheval qu'il fit dans la ville de Nîmes[105].

En outre et par ailleurs, il y a quantité de maisons où l'on peut admirer des antiquités, ainsi que des vestiges romains ; nous sommes entrés dans l'une de ces demeures, où il y avait des tas d'épitaphes nécrologiques latines et quelques aigles. Le Nîmois *Jean Poldo* d'Albenas, *alias* Paulus, a fait imprimer à ce sujet un gros in-folio en langue française dans lequel, à mon sens, il n'a rien oublié de tout ce qu'il peut y avoir de choses anciennes qu'on puisse voir à Nîmes. Tout y est représenté de manière appropriée.

En plus d'autres objets mémorables, Nîmes est encore célèbre à cause de l'empereur et philosophe Antonin le Pieux, et de

---

a. En fait Arles est à une trentaine de kilomètres de Nîmes, ce qui fait nettement plus que quatre lieues, même comptées large.

b. TP II adore les histoires de souterrains.

Domitien[106], *sans parler de bien d'autres personnages natifs de cette ville qui furent à peu de chose près l'ornement du monde entier !*

Presque au centre-ville se trouve une place dite *La* Place ou encore le Capitou. C'est là que se tient le marché des denrées alimentaires et, non loin de là, celui de la viande. Sur cette place se dressent également deux hautes tours. L'une d'entre elles, appelée vieille tour du Capitou, est percée de très nombreuses fenêtres, ce qui indique qu'un évêque y fait résidence : il avait autant d'yeux que la tour a d'ouvertures ; il devait, dit-on, être en mesure de surveiller son peuple et de l'instruire correctement, puisque aussi bien ce prélat a son habitation sur la place. L'autre tour est quadrangulaire : en haut, les cloches y pendent. Au bas des deux tours, on trouve quantité de vieux restes d'époque païenne. Face à elles s'élève l'église *Notre-Dame*, lieu de culte utilisé par les papistes. Elle est encore neuve, construite en effet par eux il y a quelques années, car leurs anciennes églises ont toutes été détruites par les réformés. Cette église catholique neuve est donc l'unique et la principale : elle est garnie de plaques de terre cuite, découpées sur le mode quadrangulaire, cimentées aux parois. Dans tout cela, on peut voir quantité de signes et de symboles anciens : c'est très divertissant.

L'église des réformés, elle aussi, est bâtie de neuf ; elle se situe à proximité de la Maison carrée. La communion y est donnée en série, en une seule fournée de dix mille personnes d'un coup. Pour ce faire, les fidèles doivent se munir de marques de plomb comme à Montpellier, frappées du blason de la ville. Ils ont une discipline.

Il y a quatre bourgmestres ou consuls à Nîmes. Ils sont tous de la religion [protestante]. *Le premier est un noble ou un robin cultivé, comme à Montpellier. Le deuxième est un bourgeois, vivant de son revenu. Le troisième, un marchand ou un notaire. Le quatrième doit être obligatoirement vigneron ou cultivateur, autrement dit laboureur.* Mais les autres membres du conseil de ville, tant présidents que conseillers, sont moitié-moitié, à parité de huguenots et de papistes[107]. La *sénéchaussée* de Nîmes (c'est le nom[108] qu'on donne à une espèce de tribunal) est la plus importante du Languedoc. Il y a aussi un présidial[109] et une *cour des conventions*. Voilà pourquoi, en tout temps, on peut rencontrer, *à ce qu'ils disent*, environ deux mille avocats [?] dans cette ville. Ils sont tous docteurs en droit[a]. Mais à Nîmes, à la différence de Montpellier et d'autres lieux, on n'utilise pas de procureurs.

Le jour suivant, 24 février, j'ai vu leur place, là où ils se promènent. Tout comme la Loge à Montpellier, elle est pavée de petits galets taillés, cubiques.

Non loin de cette place, quand on se dirige vers la porte du rempart, il y a sur une place, en ville, un grand tilleul auquel ils accrochent les malfaiteurs qui sont condamnés à la strangulation, car ils n'ont pas d'autre gibet disponible. J'ai encore vu des cordes, sur cet arbre, qui pendouillaient aux branches. À Montpellier de même, quand on fait son procès à un délinquant, c'est en ville, devant la Maison consulaire, qu'on dresse la potence : elle ressemble à la lettre grecque *Gamma* [en majuscule], soit la forme Γ. Dans la plupart des autres villes françaises, la coutume est analogue : c'est en ville qu'on fait passer les criminels de vie à trépas.

Le lendemain, nous avons pris la soupe du matin chez un pâtissier cuiseur de pâtés. Puis nous avons quitté Nîmes. Après une lieue de trajet, nous sommes arrivés dans le village détruit de Marguerittes[110]. Ensuite nous avons obliqué à main gauche et, butant sur une montagne, nous sommes parvenus jusqu'à un autre village. Il y avait un vieux château au sommet de la montagne. Sur cette hauteur et, peu après, en rase campagne, la marche se révélait pénible comme tout, car le vent nous soufflait en pleine figure[b] ; c'était épuisant. Nous pouvions à peine continuer notre route. Au bout d'une heure et demie environ, après avoir longuement suivi une vallée, nous sommes parvenus à un château bien construit : on l'appelle Saint-Privat[111]. Il est situé de l'autre côté du Gardon. Cette demeure et les moulins attenants appartiennent à un gentilhomme bien connu : *ce personnage en effet a planté ou fait planter trente mille mûriers blancs sur une friche qui dépend de son château et le long de la grand-route qui mène à Beaucaire ; ils sont destinés à la nourriture des*

---

a. Galéjade locale, ou plattérienne ? Le chiffre est certainement exagéré.
b. Il s'agit certainement du mistral, vu la saison et la direction.

vers à soie. Le planteur a calculé qu'au bout de douze ans chaque arbre rapporterait un franc annuel, ce qui ferait trente mille francs [= trente mille livres tournois]. Ayant pu de visu apprécier cette superbe entreprise d'exploitation agricole, l'actuel roi de France[112] *a décrété qu'en Touraine chaque propriétaire, à proportion de son bien, devra planter des mûriers blancs, pour contribuer ainsi au développement français*[113] *de l'industrie de la soie*[a].

Après Saint-Privat, nous avons longé la rivière à main droite sur une distance d'une portée d'arquebuse. Nous sommes arrivés à l'antiquissime et célèbre pont du Gard, admirablement construit à triple étage.

Voici en quoi il consiste : il comporte trois ponts bâtis en pierres de taille puissamment grandes, l'un sur l'autre, les unes sur les autres. Même structure, donc, qu'aux arènes nîmoises. Ni chaux ni ciment. Ces pierres-là ne sont pas moindres ! Chacune d'entre elles a environ douze pas de long. On traverse la rivière sur le pont d'en dessous. Il est pavé de galets caillouteux, avec deux parapets en pierre de taille, un de chaque côté pour qu'on ne puisse pas tomber : sinon le danger de chute serait tout à fait réel, à cause de la violence et de la persistance du vent. On raconte en effet qu'une rafale venteuse a fait basculer dans le vide un cheval et sa charrette, jusqu'à tomber dans la rivière. Ce « pont routier » [inférieur] a 112 pas de long et 8 de large. Six arches le soutiennent ; la rivière, qu'on appelle Gard ou Gardon, coule sous toutes les six, du moins lorsqu'elle est grosse ; en revanche, quand elle est dans son cours normal [pas trop gros], les trois arches qui sont du côté de Nîmes demeurent à sec. Mais sous les trois autres l'eau coule très profonde, au point qu'on n'a pratiquement jamais pied ou peu s'en faut. Le Gardon descend de la montagne cévenole, et se jette dans le Rhône entre Avignon et Beaucaire. Chaque arche d'en bas mesure 58 pieds d'empattement ; et chaque pilier, 18 pieds d'épaisseur. La largeur du lit du Gard, susceptible d'être arrosé par le courant, est donc de 438 pieds. Ces arches d'en bas s'élèvent, d'autre part, à 83 pieds de hauteur. L'épaisseur de pierre

---

a. Idée absurde : le climat tourangeau est trop froid pour les vers à soie.

qui s'intercale entre le sommet de ces arches et le niveau de la route charretière passant sur le pont du premier étage est de 7 pieds 11 pouces.

Le pont du milieu [le deuxième] a onze arches, la largeur de chacune d'entre elles étant de 26 pas, autrement dit 56 pieds. Elles reposent sur onze piliers dont chacun est épais de 6 pas, autrement dit 13 pieds. On ne peut pas traverser le Gard sur ce pont intermédiaire, même pas pédestrement. Il a 746 pieds de long, et 21 de large. Les arches de cet espace intermédiaire semblent extrêmement élevées ; elles font, en hauteur, 67 pieds chacune. Entre ces arches de la partie médiane et celles du haut, l'épaisseur verticale de la paroi de pierre horizontale qui les sépare est de 6 pieds 8 pouces. Le troisième et dernier pont, celui d'en haut, possède encore trente-cinq arches en bon état, mais quelques autres au même niveau sont écroulées, du côté de l'ouvrage qui va vers Avignon. Chacune des arches encore en place a 8 pas de large, ce qui fait 17 pieds ; chaque pilier correspondant à 5,5 pieds d'épaisseur. Le pont supérieur lui-même fait 6 pieds d'épaisseur et, en longueur, 504 pieds 6 pouces [en fait, 804 pieds][114]. En conséquence, l'ensemble du pont du Gard, de la base au sommet, s'élève à 182 pieds de hauteur. Sur la crête de l'édifice est disposée une canalisation, en latin *acquaeductus*. Elle a trois pieds de hauteur. On y a fait couler de l'eau dans le temps, quoique diverses personnes pensent que c'est faux et qu'en réalité aucun liquide ne s'est jamais écoulé dans le canal supérieur. Il est vrai qu'à Uzès, j'en reparlerai, on a trouvé en quelques endroits des conduites d'eau d'aqueduc souterraines bien cimentées à l'ancienne manière ; mais en fait on ne note aucun prolongement d'icelles jusqu'au pont du Gard et, qui plus est, rien de tout cela n'est répertorié ni dessiné nulle part.

Ce canal situé tout en haut de l'édifice est recouvert de dalles grandes et larges sous lesquelles il y a le vide de la canalisation ; en celle-ci, on peut se déplacer. Mais marcher sur la crête elle-même, sur les dalles, pour se rendre d'une rive à l'autre, c'est-à-dire d'un flanc de colline à l'autre, voilà qui est impossible, à moins d'accepter de courir de grands dangers. Et cela en dépit du fait que cette allée de dalles a cinq pieds de large, pour le moins. Car en tout temps, à cette altitude, il y a un vent tellement violent qui souffle d'une berge à l'autre, ou plutôt d'une colline à l'autre ! On ne peut pas se tenir debout dans ces conditions. Nous dûmes donc faire la traversée en rampant à quatre pattes. J'ai jeté un caillou dans le Gardon depuis la crête ainsi canalisée. J'ai pu compter jusqu'à quarante, sans me presser, le temps qu'elle atteigne l'eau de la rivière.

Le pont du Gard joint deux collines rocheuses, d'une rive l'autre. De ce fait le pont inférieur, là où les deux collines sont presque à touche-touche, est beaucoup plus court que le pont d'en haut, à cause de l'écartement progressif entre ces hauteurs montueuses, au fur et à mesure qu'on progresse en altitude, cependant que le pont d'en haut persiste à les relier l'une à l'autre. Voyez l'esquisse que j'ai dessinée à ce propos, ci-jointe[115]. *La longueur du pont routier d'en bas est donc de 112 pieds. Celle du pont médian : 746 pieds. Le pont d'en haut est encore plus long : dans les 804 pieds.*

Après avoir bien visité les divers étages du pont, nous avons traversé définitivement la rivière sur le pont routier d'en bas[a] : tout cela nous a pris environ une heure ; puis nous avons longé vers l'aval la rive gauche du Gard. Ensuite nous avons obliqué vers la gauche, et enfin nous avons buté sur une colline : là se trouve un village, lui-même entouré d'un cercle de remparts et nommé Fournes[116]. Nous avons déjeuné en milieu de journée à l'auberge de la Croix. En fait, il était à peu près trois heures de l'après-midi !

Après déjeuner, nous avons repris courageusement la route et nous avons progressé jusqu'aux alentours du village de Saze : à ce moment-là, le soleil était déjà sous l'horizon et il nous restait encore trois heures de chemin à faire. Deux heures après la tombée de la nuit, nous sommes arrivés à Villeneuve-lès-Avignon, avant le pont d'Avignon lui-même. Nous sommes descendus à l'auberge du Coq d'Or. Depuis Nîmes jusqu'en

---

a. TP II a donc traversé le Gard de la route de Nîmes à celle d'Avignon par le pont d'en bas ; puis en sens inverse par le canal d'en haut, « à quatre pattes » ; enfin re-traversée définitive par le pont d'en bas.

Avignon par le pont du Gard, il nous a fallu franchir neuf lieues. En ligne droite, cela ferait seulement huit lieues[a].

Villeneuve-lès-Avignon [113]

Cette ville[117] est divisée en trois quartiers différents. Ils appartiennent tous les trois au roi de France.

Le quartier numéro un se situe au sommet de la colline ; il fait fonction de pèlerinage et de place forte ; cette localité porte le nom de Saint-André, *Sant Andres* en provençal. On y voit pas mal de saintes reliques, que j'observerai plus tard. Il était difficile d'accéder à celles-ci.

Le deuxième quartier gît en contrebas de la colline. C'est une localité assez considérable, entourée de remparts. Une superbe foire s'y tient chaque année au jour de la fête de saint André ; voyez ci-après mon texte relatif au nouveau voyage que je fis en ce lieu, au cours de l'année 1598. *Ce quartier intermédiaire est joliment installé, assez vaste, mais avec peu de maisons* intra muros. *Mis à part une grande église avec son beau buffet d'orgues, et puis la foire annuelle, il n'y a pas grand-chose à voir. À cette foire, les marchands étrangers sont nombreux, et les marchandises sont... étranges. Dans le cadre provençal, cette foire est la plus remarquable après celle de Beaucaire et elle dure pendant plusieurs jours consécutifs. Les ventes ne se font pas seulement dans les deux quartiers de Villeneuve, mais on érige aussi beaucoup de petites boutiques « faubouriennes » hors la ville ; à cette occasion, les auberges de Villeneuve sont tellement pleines qu'une bonne partie des marchands et des visiteurs va s'installer en Avignon même, pour y trouver l'hébergement nécessaire. C'est en tout cas ce dont je serai témoin en 1598 à plusieurs reprises, lors de mon séjour avignonnais ultérieur.*

Le troisième quartier de Villeneuve se présente comme une ville ouverte, sans enceinte de remparts, et située à proximité du pont d'Avignon. Il y a là, dans ce secteur numéro trois, d'ex-

---

a. Dans l'hypothèse des 8 lieues, cela mettrait la lieue à 4 812 m (à raison de 38,5 km de Nîmes à Avignon). Mesure toujours approximative...

cellentes auberges, comme aussi un bureau de poste, où se font les relais postaux entre le Languedoc et Lyon. Il y a également à Villeneuve un atelier monétaire, où le roi de France fait confectionner ses monnaies. De fait, ces trois quartiers « villanoviens » appartiennent au souverain français.

Le matin du dimanche 25 février [1596], étant descendus à flanc de coteau, nous sommes arrivés jusqu'à une haute tour quadrangulaire, elle-même située à l'orée du pont d'Avignon. À l'intérieur et au-devant de cette tour, le monarque français maintient en permanence un solide corps de garde.

Aussitôt après, nous nous sommes rendus au beau pont qu'on appelle d'Avignon ; et pourtant, malgré ce nom, ce pont appartient au roi de France, presque jusqu'à la limite extérieure de la ville, sur le rebord est du fleuve. Et donc, des sentinelles françaises montent souvent la garde, à l'endroit où se termine la juridiction ou souveraineté royale.

Ce pont, qui fut bâti par un berger (saint Benoît[118]), passe pour l'une des merveilles du monde. Dieu lui-même avait appelé[a] ce pâtre pour que soit accomplie cette œuvre d'art très élaborée. Il ne fallait rien moins que cela, car les Romains, à cause du cours violent du Rhône, n'avaient jamais osé se lancer dans un chantier pareil. Qui plus est, on voit encore, sur ce pont, une chapelle où ce saint, Benoît, est enseveli. On y effectue de grands pèlerinages chaque année. Quant à saint Benoît en personne, la Legenda, *légende, contient beaucoup d'écrits à son propos.*

Le pont d'Avignon, comme celui du Saint-Esprit, est pavé de pierres taillées, mais il n'est pas aussi droit que l'autre, car presque au milieu il fait un coude, un *angulum obtusum* [angle obtus]. Sa longueur d'un bout à l'autre est de treize cents de mes pas. De chaque côté, le grand ouvrage avignonnais est bordé par un parapet assez haut, plus complet et plus élevé que celui du Saint-Esprit. Au milieu du pont se dresse une potence, érigée sur l'un des parapets. Le pont également a des arches, au nombre de vingt-deux et demi. Les grandes arches ont quarante-six pas d'empattement ; la douzième et la treizième, en revanche, sont de petite ampleur : à toutes les deux, elles sont approximative-

---

a. C'est la notion luthérienne de l'appel (« *Beruf* »).

ment équivalentes aux dimensions d'une seule des grandes arches. Par ailleurs chaque pilier d'arche a huit pieds d'épaisseur, ce qui fait dans l'ensemble, si l'on ajoute les deux extrémités du pont, celle de Villeneuve et celle d'Avignon, ni l'une ni l'autre n'ayant d'arche, un total de treize cents de mes pas ordinaires.

De la première jusqu'à la huitième arche, comme aussi entre la treizième et la quatorzième, entre la dix-septième et la dix-huitième, entre celle-ci et la dix-neuvième, on note d'autres arches recourbées à la façon de celles du pont du Saint-Esprit, et elles sont pour ainsi dire au-dessus de celles d'en dessous ! Les piliers sont bâtis tous de semblable forme. Quand nous eûmes traversé le pont, nous tombâmes sur un fort parti de gardes italiens : ils se tenaient sous la porte de la cité. Car les gens de cette ville, Avignonnais ou agents du pape, n'ont guère confiance dans les Français dont la souveraineté s'étend, hors la ville, jusqu'à cette limite des portes.

On nous a examinés et interrogés pour savoir d'où nous venions. Monsieur Daniel, le Polonais qui était mon compagnon de voyage, déclara : « Je viens de Toulouse, je suis sur ma route de retour par Lyon. » Le fait est que Daniel était connu et reconnu en Avignon, où il avait séjourné peu auparavant. Il déclara : « Nous sommes tous deux allemands, nous voulons visiter Avignon. » Nous fîmes donc connaître nos noms, mais pas nos vrais noms, ni non plus le lieu dont nous étions natifs. Car, dès l'instant où l'on aurait su que j'étais de Bâle, j'aurais été dans l'obligation de donner le nom d'un garant dans la ville ; autrement, on ne m'aurait pas laissé entrer. Je me suis donc affublé du nom de Thomas Grossman, originaire de Büren ! Dès lors on nous délivra un laissez-passer pour notre aubergiste, et nous sommes descendus à l'hôtellerie de Notre-Dame, où Daniel, le Polonais, avait déjà logé auparavant.

Avignon [115]

En latin, on appelle cette ville *Avennio* ou *Colonia Avenniorum* [colonie des Avignonnais]. En français, c'est Avignon. En allemand, *Avenion* ou *Avinion*. C'est une vieille ville dont, à propre- ment parler, on ne peut pas bien connaître les débuts. *À ce qu'on présume, on formulait, lors d'époques anciennes, des présages d'après le vol des oiseaux, et c'est ainsi que peu après, en ce temps- là, on a fondé la ville. Et puis, enfin, on exemptait de taxes quiconque apportait au chef de la cité un oiseau de ce genre, mort ou vif. Mais tout cela, ce n'est que de la légende, semble-t-il* [a].

Avignon est ville de Provence, et capitale du comté de Venise ou Comtat Venaissin ; elle appartient au pape. Elle a servi de résidence papale [119] et elle constituait toujours un lieu de refuge pour les papes lorsqu'ils étaient en conflit avec les empereurs ou bien quand ils n'étaient pas en sécurité à Rome.

Avignon est entouré pratiquement de tous côtés par les terri- toires qui relèvent du roi de France ; la souveraineté de ce monarque s'étend jusqu'au-delà du milieu du pont.

La rivière de Durance sépare Avignon de la Provence et elle est fort utile à cette cité, car les teinturiers grâce à elle y peuvent colorer des tissus cramoisis [120] *et des étoffes de soie. Les papetiers y font également beaucoup de papier, et du plus pur. Un bras de la Durance coule directement dans la ville.*

En l'année du Christ 1352, le pape Clément VI avait acheté la ville d'Avignon à la reine Jeanne de Naples, fille du roi Robert. *Cette dame était alors en guerre avec le roi de Hongrie, et elle avait touché pour cette vente trente mille couronnes d'or* [121]. *D'autres écrivent qu'en contrepartie du royaume de Naples, qui était fort endetté vis-à-vis du pape, celui-ci a reçu Avignon.* Et c'est ainsi que les papes, ultérieurement, y ont tenu leur cour et leur résidence depuis Clément V jusqu'à Grégoire XI, pendant soixante-quatorze années ; il faut dire qu'ils agissaient de la sorte par crainte des empereurs.

Et pourquoi donc la papauté a-t-elle quitté la ville ? La cause de cet événement, je l'ai apprise dans la salle du grand jeu de paume d'Avignon, et voici cette cause : c'est que le pape d'alors avait un frère, et ce frère à son tour avait quantité de maîtresses

---

a. L'attitude de TP II vis-à-vis de ces récits folkloriques est ambivalente : collecte de ce qui se dit... mais scepticisme, malgré tout.

parmi les bourgeoises de la ville. Donc, par vengeance, et de nuit, on pendit le frère en question devant le palais des papes. Nouvelle vengeance, dans le sens inverse : le pape organisa un somptueux banquet et il y invita tous les bourgeois qui étaient complices du décès fraternel[a] ; ceux-là ne s'attendaient nullement à tant de méchanceté de la part du pape. On était donc en plein milieu du festin, dans une haute salle, qui est devenue maintenant un grand jeu de paume. À ce moment-là, le pape serait descendu lui-même sous la salle, et il aurait mis le feu à des explosifs, et fichu en l'air tous les dîneurs. Le pontife aussitôt partit pour Rome, emmené par ses chevaux de poste commandés à l'avance, et à Rome il se trouve encore[122].

En lieu et place du pape, il y a maintenant un légat ou un vice-légat[123] qui réside en Avignon et qui a été désigné à cet effet par les cardinaux à Rome. Il loge dans le grand palais. Lors de mon passage en Avignon, il s'agissait d'un cardinal. Je l'ai croisé comme j'allais à la cour palatiale. Il m'est apparu en robe de taffetas rouge. Il se rendait au-dehors, en ville ; il se trouvait dans son carrosse, lui-même capitonné de velours rouge.

Le grand palais dans lequel habite le légat est situé, à main gauche, près de la grande église appelée *Notre-Dame : c'est dans ce sanctuaire que l'Évangile fut prêché pour la première fois par saint Ruf ou Rufus, le martyr*[124] *qui fut disciple des apôtres. L'église Notre-Dame est dotée de privilèges splendides.* À droite de cette église, il y a le petit palais, résidence de l'évêque d'Avignon ; il est situé en hauteur, sur une place forte où l'on arrive en montant l'escalier ; je suis descendu jusqu'au grand palais, près de la grande place. Sous les portes d'icelui, des deux côtés, se tient la garde suisse. Ils sont douze, en bel uniforme et bien soldés. Ce sont pour la plupart des Fribourgeois. L'un d'entre eux, un certain Caspar, de Fribourg, nous a fait visiter toutes les pièces du palais en l'absence du cardinal-légat.

Et d'abord nous avons traversé une grande cour découverte, située pour ainsi dire à l'intérieur du poste de garde. Vers la gauche, un couloir nous a menés jusque dans une vieille église, de vastes dimensions. Elle a été reconstruite pour en faire une

---

a. Antipapisme de TP II, mêlé au folklore d'Avignon ?

salle de jeu de paume ! C'est le plus grand jeu de paume que de ma vie j'ai pu contempler. Étaient présentes, sur place, plusieurs personnes en train de jouer, ainsi que le maître de paume lui-même, chargé de fournir les joueurs en balles et en raquettes[125]. (Vers les étages du haut, toujours à l'intérieur du palais, j'ai encore vu un autre jeu de paume ! Mais celui-là était fort petit.) Devant le grand jeu de paume, à l'extérieur, il y a une vaste salle, haute, large, longue, impressionnante, *sans piliers ni colonnes*, en laquelle on joue au grand ballon. Et c'est ainsi qu'il y a dans ce palais encore pas mal d'endroits où l'on peut se livrer à des divertissements de toute espèce...

Le Fribourgeois Caspar nous a menés ensuite dans quantité de chambres, toutes garnies de tapisseries d'un goût exquis : ces pièces étaient hautes et bien aérées. *Dans l'une d'entre elles, il y avait le lit du cardinal-légat, entouré d'une grille en fer. Dans une autre chambre, nous avons vu de beaux portraits, entre autres ceux du pape Clément et de plusieurs cardinaux.*

Des fenêtres de ces salles, la vue s'étend jusque très loin dans le Comtat Venaissin, qui appartient au pape. Car les deux palais, le petit et le grand, ainsi que l'église, tout cela est bâti sur un haut rocher dans la ville, d'où effectivement on a des vues fort lointaines. *Derrière le château, d'autre part, nous avons aperçu un beau jardin.* J'ai vu aussi une cloche accrochée dans les parties hautes du palais. On m'a dit qu'elle était en argent massif. Elle est à peu près aussi grosse à elle toute seule que les trois cloches de Saint-Pierre de Bâle. On la fait sonner vingt-quatre heures de suite dès que la mort d'un pape de Rome est connue en Avignon ; je pense qu'elle a un son puissamment clair et qu'on peut l'entendre de loin.

Quand le légat est absent d'Avignon, il commissionne un vice-légat pour le remplacer. *Par ailleurs, il y a aussi plusieurs palais en Avignon pour d'autres cardinaux, avec en plus un très beau monastère de chartreux.*

Nous sommes sortis du grand palais papal, puis nous avons traversé la grande et large place voisine d'icelui ; face au palais, d'autre côté, il y a en effet une église : chaque samedi, un jésuite y prononce un sermon de pénitence pour les Juifs. Ceux-ci sont tenus de s'y rendre, sous peine de forte punition, tiers par tiers de leur communauté, à tour de rôle, comme j'ai pu moi-même le constater *de visu*. Mais d'après ce qu'on sait, et de mémoire d'homme, aucun Juif se s'est jamais converti par ce procédé.

Revenus ensuite aux abords du palais, nous sommes montés, par un escalier fort haut, jusqu'à la grande place de promenade qui se trouve devant la vaste église Notre-Dame déjà mentionnée ici, et depuis laquelle on peut apercevoir une grosse partie de la ville. Nous sommes entrés dans ce sanctuaire, où il n'y avait personne. Nous avons vu là de grandes orgues d'une superbe prestance, puis de nombreux autels d'une merveilleuse beauté, et enfin des statues idolâtriques des saints. La ville d'Avignon, d'autre part, est pleine d'églises, de chapelles où tantôt dans l'une, tantôt dans l'autre, les indulgences sont distribuées par le pape pratiquement chaque semaine. Cela serait bien nécessaire si cela servait à quelque chose : car pendant toute la semaine les habitants de la ville se laissent aller à toute espèce de gros péchés, et puis le samedi soir ou le dimanche ils se rendent en foule au sanctuaire d'indulgences prévu pour ce moment-là. Dès le lundi suivant, ils reprennent leur vie de pécheurs, et ils commettent à nouveau des fautes avec d'autant plus d'ardeur qu'ils se bercent de l'espoir de la complète indulgence que le pape va leur distribuer la semaine suivante. En outre ils croient pouvoir bénéficier, pareillement, des prières qui émanent des congrégations de moines et de nonnes qui sont installées ici. En plus des petites églises succursales, couvents et chapelles qui se trouvent en Avignon, on compte dans cette ville *sept* catégories d'édifices remarquables qui peuvent se caractériser par le chiffre sept, symbole de la perfection. *Un seul de ces monuments ou une seule de ces catégories suffirait à rendre une cité digne de toute louange. Les premiers bâtisseurs de cette ville ont eu en tête un idéal de perfection, puisqu'ils ont placé les entités de tout premier ordre ainsi sorties de leurs mains sous le sigle du chiffre sept, le plus parfait de tous. Et, de fait, il y a en Avignon :*

1° sept églises paroissiales ;

2° sept hôpitaux, dont j'ai visité l'un près d'une église, *celle de Saint-François je crois.* Cet établissement est proche des remparts ; il est considérablement vaste, beau, bien orné. Dans les salles d'en bas sont les malades du sexe masculin. S'agissant des lits, tout n'y est qu'ordre, bonne qualité du couchage, lui-même joliment disposé ; quand on monte les marches, on arrive dans la salle des femmes ; elle est de même grandeur que celle des hommes située en dessous ; avec beaucoup de lits dans les deux cas. Je crois qu'on pourrait bien compter une centaine de lits dans chacune des deux salles ; la circulation de l'air y est assurée partout ; et puis il y a une église juste de plain-pied, de manière que, quand le prédicateur parle, tous les malades peuvent l'entendre. Il y a aussi, dans cette grande maison, des salles particulières pour les enfants trouvés, qu'on a recueillis gisant à même les rues. De plus, de temps à autre, on y apporte et on y reçoit les bâtards. Des maîtres d'école spécialisés qu'on a embauchés dans ce but ainsi que des couturières travaillent dans l'hôpital : ils enseignent à lire[a] et à coudre aux petits êtres. Et cela jusqu'à ce que ces enfants arrivent à l'âge où ils peuvent eux-mêmes entrer en service. Dès lors, ils doivent quitter l'établissement. J'ai vu dans cette maison plus d'une centaine de tels garçonnets et fillettes, car Avignon produit beaucoup d'enfants de ce genre.

En outre, Avignon recense encore :

3° sept monastères d'hommes ou couvents ;

4° sept couvents de bonnes sœurs ou de vierges ;

5° sept collèges d'écoliers ou d'étudiants ;

6° sept portes de la ville ;

et 7° sept emplacements *ou palais princiers*.

Chacun peut donc se rendre compte qu'Avignon est une grande et belle ville, ornée de palais merveilleux, d'églises, d'édifices, de maisons, de ruelles, de jardins, de places... et tout cela parce que le pape et les cardinaux y ont eu depuis longtemps leur résidence. *Il y aurait aussi en Avignon, prétend-on, le plus opulent des couvents de chartreux de toute la France.*

Après manger, je me tenais à l'entrée de notre auberge, elle-même située dans la rue la plus fréquentée, celle qui mène du pont d'Avignon à la ville. Je vis passer devant moi une masca-

---

a. À lire mais pas à écrire ?

rade après l'autre. C'était en ce jour le carnaval des Messieurs[126]. Chaque groupe était déguisé de façon différente par rapport à l'autre. Quelques-uns portaient des vêtements de pèlerins ; d'autres étaient habillés en paysans, d'autres en Suisses, d'autres en bateliers et matelots néerlandais ; et puis en Italiens, en Espagnols, en Alsaciens du Kochersberg[127] ; d'autres étaient travestis en femmes, et puis en personnages représentatifs d'autres catégories bizarres. Chaque groupe de masques menait avec soi une équipe particulière de musiciens : ceux-ci utilisaient habituellement des cymbales avec des grelots en acier comme les ferrures d'un harnais de chevaux, en un peu plus plat, le tout muni d'un manche comme une pierre à aiguiser ; ils choquaient ces cymbales les unes contre les autres, et cela rendait un son très clair, qui s'accordait très bien avec les instruments à corde dont on se servait également dans ces défilés. Les instruments divers, à cordes ou autres, étaient très nombreux, parmi lesquels figuraient des violes, des violons, des luths, des fifres, des cornemuses, etc. Les uns et les autres couraient et dansaient, avec ça toutes espèces de danses telles que branles, gaillardes, courantes, voltes et bien d'autres. Et puis, spécialement quand ils entraient dans les maisons, ils enlevaient de temps à autre leurs masques et ils dansaient dans ces demeures les uns avec les autres, ou bien avec les habitants desdits logis, mais ils ne s'attardaient jamais longtemps dans ces visites domiciliaires, car ils voulaient avoir le temps de faire tout le tour de la ville. Vers le soir vint le moment d'une belle danse des cerceaux. Il y avait là quatre jeunes hommes de la noblesse et quatre jeunes filles nobles, toutes et tous vêtus de blanc, et puis couverts d'or ; un couple tenait de la sorte un demi-cercle à la main, blanc ou orné de dorures, en le brandissant tout droit vers le haut ; et ils dansaient ainsi de par les rues. Ensuite, ils vinrent dans notre auberge ; je pus les voir qui exécutaient la danse des cerceaux avec un art consommé ; ils y parvenaient en passant les uns avec les autres sous les cerceaux, au rythme et à la cadence des instruments à cordes ; après quoi ils enlevaient leurs masques, dansaient la volte, buvaient encore un coup, puis remettaient les masques sur leurs visages et hop ! dehors ! ils allaient à nouveau danser dans les rues.

Il faisait encore jour quand nous avons dîné le soir. Car nous voulions ensuite obtenir à temps des places d'autant meilleures dans les maisons pour assister aux mascarades. Après ce repas, un gentilhomme de Tarascon nous a conduits dans une demeure imposante et majestueuse, où de nombreuses dames se tenaient assises dans une grande salle. Les équipes successives des mascarades y venaient l'une après l'autre. Quelques-uns parmi les masques dansaient alors avec quelques-unes des dames présentes. Les autres masques s'asseyaient, chacun près de sa maîtresse préférée ; ils devisaient mutuellement ; puis ils se retiraient à l'arrivée d'une autre équipe de mascarade. Et de temps à autre l'un des masques, en se retirant ainsi, emmenait sa maîtresse avec lui. Chaque équipe était vêtue différemment des autres. Ces équipes se renouvelaient sans cesse et nous n'en vîmes revenir aucune qui fût déjà venue dans cette demeure une première fois dans la journée. Le maître de maison, pendant ce temps, jouait aux cartes avec quelques gentilshommes. D'autres passaient le temps en jouant aux dés, avec de grosses mises en or et en argent. Ces divers passe-temps avec jeux et mascarades durèrent ainsi jusqu'après minuit. Puis chacun reconduisit sa compagne à la maison, en la tenant sous le bras.

Le matin du 26 février, nous avons vu à nouveau toute espèce de mascarades au long des rues, et qui couraient, dansaient au son des instruments à cordes. Les participants étaient tous vêtus d'une façon différente de la veille.

Après déjeuner, nous sommes allés au palais pontifical, au logement du légat ; et là, nous avons vu défiler une procession magnifique. Tous les apôtres, les évangélistes, les saints, les saintes femmes et les vierges y étaient représentés[a]. Chaque individu processionnaire portait les signes distinctifs et l'habillement du saint personnage qu'il était censé incarner. Ainsi saint Pierre s'avançait avec ses clés ; Laurent avec son gril ; Catherine avec la roue de son supplice, etc. Parmi les garçons et les filles qui défilaient ainsi, quelques-uns marchaient pieds nus. D'au-

a. La procession de la Fête-Dieu d'Aix-en-Provence était analogue, sous l'Ancien Régime.

cuns chantaient. Certains poussaient des cris lamentables. Ils allaient constamment trois par trois, de front ; soit le saint au milieu et les deux autres à ses côtés, l'un à droite, l'autre à gauche, en chemise blanche, portant des bouquins sur les bras ; tous étaient plus que superbement habillés. Certains d'entre eux, à commencer par ceux qui figuraient les saints, étaient couverts d'or, d'argent et de pierres précieuses, et dans ce cas précis [celui des saints] les « acteurs » étaient la plupart du temps des curés. Pour le reste, il s'agissait de jeunes gens de dix-sept à vingt ans, garçons et filles. Je ne pense pas que des femmes ou des hommes plus âgés, hormis les prêtres, aient participé à cette procession. En revanche, quelques-uns, parmi les procession-naires, étaient tellement jeunes qu'il fallait les ramener chez eux. On portait de grandes croix, des objets sacrés. Le cortège montait le long des marches de pierre de l'escalier qui menait à la grande église Notre-Dame. On y sonnait les cloches en cadence, de façon très gracieuse[a], et l'on y chantait les vêpres[b]. Le défilé des « saints » pénétrait dans cette église par la grande porte ; une fois entré, il faisait le tour de l'autel, puis sortait dans l'autre sens par la porte de côté. Ce déroulement processionnel dura plus d'une demi-heure, et se prolongea ultérieurement par des tournées analogues dans plusieurs églises importantes. Pour finir, chacun revint à son logement.

Pendant ce temps, au son des instruments à cordes, les masca-rades continuaient à courir de plus belle dans les rues de-ci, de-là. Il leur arrivait, à un moment ou l'autre, de tomber pile sur la procession. Alors elles se rangeaient pour la laisser passer. De leur part, c'était la moindre des choses, car je crois bien que cette pieuse procession, en effet, a été instituée pour pallier, par des prières, les déguisements délirants des carnavaliers.

Ensuite, une fois de plus, nous avons soupé de bonne heure ; il faisait encore jour. Puis, en compagnie de notre commensal, le gentilhomme de Tarascon, nous nous sommes rendus dans quelques maisons distinguées ; là, tout comme pendant la soirée

---

a. Il y a dédoublement du Carnaval, mascarades et piété, comme à Marseille, voire à Romans : désordre et ordre.

b. C'est donc l'après-midi.

de la veille, nous avons contemplé toute espèce de mascarades et de danses, avec chaque fois des déguisements différents, car en période de carnaval aucune équipe ne s'habille deux fois de suite avec les mêmes costumes. En chemin pour aller dans ces demeures, nous avons croisé, en une rue étroite, les voitures du cardinal-légat. Il s'agissait de carrosses à suspension, couverts, rembourrés et ouatés de taffetas. On y voyait, passagers de ces véhicules, quatre jeunes gentilshommes pompeux, tous semblablement habillés, vêtus de velours doré, littéralement garnis d'or, d'argent et de pierres précieuses.

Auprès de ces jeunes gens, quatre jeunes filles nobles étaient assises, les plus belles d'Avignon, vêtues de taffetas doré, lui-même brodé d'or, de perles et d'argent ; habillées les quatre de manière identique ; le sein et le cou à l'air libre, comme c'est l'usage en Avignon. Aucune parmi ces huit personnes, hommes et femmes, n'était masquée. Avec leurs coiffures imposantes, on eût dit un tableau représentant des déesses païennes.

Au-devant des carrosses, ils étaient plusieurs qui défilaient sur des chevaux de haut parage.

Par-devant, par-derrière, et sur les deux côtés des carrosses, flambaient d'innombrables torches de cire blanche : elles répandaient une telle clarté qu'on se serait cru en plein jour. Elles faisaient reluire les pierres précieuses jusque dans les carrosses – c'en était féerique. Aussitôt qu'ils arrivaient près d'une maison où l'on s'attendait à leur venue, les passagers des voitures mettaient pied à terre et l'on refermait les portes immédiatement derrière eux. J'étais entré moi aussi à leur suite dans l'une de ces demeures ; mais la salle où ils étaient reçus était déjà tellement pleine de monde de tous côtés, et la fumée si épaisse du fait des torches et des lanternes, que je ne parvenais point à bien distinguer leurs danses. Il s'agissait néanmoins, comme j'ai pu m'en rendre compte, d'un ballet tout à fait magnifique. Ces visiteurs sont allés dans d'autres maisons encore jusqu'à minuit. On dit qu'ils auraient gaspillé plus de mille couronnes [= trois mille livres tournois] pour la préparation de ce ballet. Pour notre part, nous nous sommes rendus dans une autre maison, où l'on dansait sans mascarades. Et puis, à minuit passé, nous sommes rentrés dans notre logis pour dormir.

Le 27 février, dans l'église Sainte-Madeleine, nous avons vu bénir un mariage : on a placé un long voile blanc sur la tête des époux, pendant qu'on leur lisait à haute voix un texte en latin. Ensuite, nous sommes allés dans une salle de jeu de paume près de cette église. Là, nous avons vu un comédien français avec une espèce de bonne femme et un garçonnet : ils jouaient une comédie en langue française. Et puis ils exécutaient des danses et des sauts bizarres, comme ont coutume de faire les saltimbanques. De fait, les comédiens sont très répandus en Avignon. Ils jouent leurs pièces dans les salles de jeu de paume, qui sont nombreuses dans cette ville.

Après le casse-croûte, nous sommes allés à l'hôtel de ville : nous voulions y présenter notre laissez-passer, celui qu'on nous avait donné sous la porte du rempart, lors de notre arrivée en Avignon. Nous étions déjà venus à l'hôtel de ville dans ce but le dimanche précédent, mais ce jour-là nous nous étions pointés trop tardivement auprès de cette administration. Le 27 février, en revanche, on inscrivit nos noms dans un registre et on nous donna un autre laissez-passer que nous devions remettre ensuite à notre aubergiste. Et celui-ci à son tour était dans l'obligation de rapporter ce papier à l'hôtel de ville, dès que nous aurions ultérieurement quitté la ville. Les autorités municipales s'en tiennent en effet à des mesures d'ordre très strictes ; ceci afin de savoir, en tout temps, quels sont les étrangers de passage dans leur ville. L'hôtel de ville lui-même est situé sur la place, près de la boucherie. Au-devant de cet immeuble édilitaire, il y a une palissade en bois, avec une sentinelle qui monte la garde, exactement comme à Lyon. Il y a également une horloge sur la paroi de la tour de cet hôtel de ville avignonnais ; horloge assez semblable à celle de Soleure. Dans les deux cas, en effet, c'est une effigie de la mort qui frappe les heures. Mais la tour de Soleure est plus ancienne que celle d'Avignon.

Nous sommes allés ensuite au jeu de paume de la ville, ou *palmary*. Il est situé dans une très longue rue près des remparts, là où ils sont contigus au Rhône. Ce jeu est en outre très propre et tenu de façon nette. Il est placé sous la responsabilité d'un maître qui ne fait que cela, et qui habite sur place : il loue les balles et les raquettes à ceux qui veulent jouer à la paume, aussi longtemps qu'ils y jouent, pour le prix taxé d'un pfennig, en tout et pour tout, régulièrement. Il dispose d'une centaine de raquettes dans son atelier-boutique, et d'un grand nombre de boules. Il est en mesure de tourner les boules lui-même et d'apprêter les raquettes.

Puis nous nous sommes rendus dans la maison du général : avant d'arriver chez lui, nous avons rencontré encore des troupes de masques, elles-mêmes flanquées de musiciens jouant d'instruments à cordes. Mais leurs effectifs avaient diminué par rapport au jour précédent. Cette maison du général est ouverte en tout temps, par l'intermédiaire de deux ruelles où chacun peut circuler afin d'y prendre du bon plaisir.

Le général exerce au nom du pape le commandement suprême en ville : c'est lui qui met en place les sentinelles sous les portes du rempart et sur les tours ; il dirige le régiment militaire. C'est un Italien ; de ce fait, la cour qui forme son entourage se compose d'Italiens.

Dans le temps, la ville d'Avignon était soumise aux Romains jusqu'à ce que les Goths envahissent le pays. Les Burgondes à leur tour chassèrent les Goths et prirent possession de la cité. Mais, à l'époque de Boson (fils du monarque qui siégeait en Arles), les Avignonnais se détachèrent des Burgondes et ils reconnurent l'autorité du roi Boson[128].

L'empereur Othon s'empara ensuite du royaume en question, et la ville d'Avignon, de ce fait, lui fut également attribuée. Puis elle tomba dans le giron des comtes de Provence. Lors d'une phase ultérieure, le roi Charles de France [en fait Charles d'Anjou, frère du roi de France] épousa une comtesse de Provence et devint roi de Sicile et de Naples, ainsi qu'après lui les comtes de Provence qui lui succédèrent. Et tout cela jusqu'à ce que le roi Jean [en fait la reine Jeanne de Naples !] entrât en guerre contre son frère Robert. Le Jean en question [c'est-à-dire, la Jeanne] était allié au roi de Hongrie et au pape Clément VI. La ville d'Avignon faisant partie du patrimoine de Jean, il l'a vendue au pape. Cette cession a été payée par le pontife grâce à l'annulation d'une dette antérieure, puisque aussi bien le royaume de Naples était endetté tant et plus auprès de la papauté... Une même dose de souveraineté est tenue et partagée en toute chose, entre les uns et les autres, je veux dire entre les dominants avignonnais qui le sont de par l'autorité du pape, et les autres dominants avignonnais qui tiennent leur pouvoir, eux, de la commune. Cette souveraineté communale a conservé de nos jours encore le même prestige et la même considération dont elle jouissait déjà du temps des anciens comtes de Provence.

Chez le général, on joue tous les jours gros jeu d'argent aux cartes ou aux dés dans une salle, près de laquelle se trouve une salle plus grande encore. Là sont disposées quelques tables de noyer, qui furent commandées et fabriquées à l'étranger. Le fait est que cette salle, sans interruption, est remplie de Français et d'Italiens ; les uns comme les autres jouent aux dés ou aux cartes jusque tard dans la soirée, et même jusqu'à minuit, toujours sur ces tables. Du coup, elles brillent comme des miroirs. Quant aux gagnants, ils doivent, dans la nuit même, reverser une partie de leurs gains monétaires aux jeunes nobles ou pages de l'entourage du général, afin de financer l'éclairage des salles de jeu ! Là-dessus, le général prélève une moitié de ce reversement pour lui tout seul. Et il laisse l'autre moitié aux susdits jeunes nobles. On ne saurait dire combien d'argent circule ainsi pour le jeu dans cette salle, durant toute l'année. Car souvent on y fait monter de gros sacs pleins d'or et d'argent, rien que pour jouer. Les Français, pour leur part, sont spécialement dépensiers dans cette affaire. Car, une fois qu'ils sont lancés, ils ne s'arrêtent plus avant d'avoir perdu leurs derniers sous.

Le 28 février, nous sommes allés voir l'église et le collège des jésuites, fort proches l'un de l'autre. Ils sont situés près de l'hôtel qu'on appelle auberge de Paris. Nous avons visité leurs classes ; et nous avons écouté les *disputations* qu'ils instituaient entre eux. Ils ont un grand nombre de professeurs et un plus grand nombre encore d'écoliers venus de tous pays. Il y a également grand concours de peuple tous les matins dans l'église de ces jésuites.

Il y a aussi dans la ville une université : autrefois, quand le siège papal se trouvait en Avignon, elle marchait très fort[129].

Dans le cloître de la très grande église de Saint-Augustin (on était en train de la rénover), j'ai vu un immense cheval de bois.

Il était recouvert d'une peau de cheval. On disait que le cuir n'était rien moins que l'ancienne peau du cheval de saint Georges. J'en ai rapporté un petit morceau avec des poils. Dans cette même église, j'ai assisté à l'enterrement d'un noble italien. Il était étendu, tout habillé de blanc, dans un cercueil ouvert ; sa tête était rehaussée sur un coussin, le visage découvert. On l'avait porté d'abord, en cortège imposant, depuis sa maison jusque dans l'église ; on l'y avait déposé près de son tombeau ; chacun des assistants n'avait plus qu'à se rendre, l'un après l'autre, à proximité du cadavre, puis le contemplait et lui donnait l'eau bénite.

Ensuite nous nous sommes rendus au manège, école d'équitation : l'enseignement y était donné à quelques élèves par un Italien. Sa rémunération n'était que de six couronnes par mois, alors qu'ailleurs une prestation du même genre peut rapporter dix à vingt couronnes mensuelles. Je reviendrai dans la suite de mes *Souvenirs* sur ce même sujet.

Après le repas de midi, nous sommes allés dans la rue aux Juifs : on peut la fermer, le cas échéant, à ses deux extrémités. Les Juifs résident tous dans cette zone, au nombre d'environ cinq cents âmes, en toute époque. Ils font toute espèce de commerce de vêtements, de bijoux, de draperie, d'armures, d'armes, de toileries et de literies, du genre draps, couverture, etc. ; en un mot, tout ce qui se rapporte au corps humain et surtout à l'habillement d'icelui. Donc, tous ces articles, en grande quantité, on les trouve ou on les porte chez les Juifs, selon le cas, pour acheter, pour échanger. Si une denrée vestimentaire leur manque, ils ont un tel crédit auprès des autres marchands que ceux-ci la leur fournissent tout de suite, secrètement. Les fournisseurs sont aussitôt payés par le marchand juif au prorata de ce dont il a besoin, et il leur restitue le reste, car les Juifs d'Avignon connaissent fort exactement le prix et la valeur des choses. Par ailleurs, on leur interdit d'acheter quelque bien immeuble que ce soit, hors de leur territoire propre, qu'il s'agisse d'une maison, d'un jardin, d'un champ ou d'une prairie, et cela aussi bien à l'extérieur de la ville qu'à l'intérieur de celle-ci. Ils ne peuvent pas non plus exercer d'autre métier que ceux que je viens d'indiquer, si ce n'est le change monétaire et bancaire. Ils donnent aux gens un bon prix de leurs vieux vête-ments, à raison, de leur part, d'une estimation très favorable au vendeur. Au point que celui-ci n'aurait jamais osé en demander tant d'argent. Mais, *vice versa*, ils vendent à prix très élevé les marchandises d'occasion qu'ils vous refilent, après cette grosse prise de bénéfice ! C'est comme s'ils avaient eu pour rien les vieilles guenilles qu'ils vous ont achetées. Ils n'ont plus alors qu'à raccommoder celles-ci, à les apprêter, car, outre leur commerce propre, la plupart d'entre eux pratiquent aussi le métier de tailleur ; ils vendent ensuite le vieux pour du neuf. Car leurs boutiques sont situées au rez-de-chaussée des maisons et, en ce qui concerne la lumière naturelle du jour, elles en reçoivent seulement par le toit, en faible quantité : il y fait donc si sombre qu'on ne peut pas correctement juger de leur marchan-dise. Et puis, quand on sort celles-ci sur la rue, on est une fois de plus en pleine obscurité car les maisons sont hautes, étroites et serrées les unes contre les autres, de sorte qu'il est difficile, au total, de passer par leurs mains sans se faire filouter. Cepen-dant, il arrive de temps à autre qu'on puisse faire un bon achat chez eux, car ces commerçants du quartier juif conservent souvent dans leurs boutiques des objets trouvés qui n'ont pas de propriétaire connu, ou bien des articles mis en gages auprès d'eux, moyennant un prêt de quelques sous effectué à l'intention du déposant, si bien que par la suite le prêteur sur gages peut vous céder ces objets à bon marché.

Les femmes sont presque toutes couturières. Elles vendent ou échangent, selon le cas, de la toile de lin, des collerettes, des bonnets, des mouchoirs, des chemises, le tout joliment brodé ou cousu. Elles ont coutume d'exposer pour la vente le dessous du panier comme si c'était la première qualité. Sur toute chose, elles ont tendance à surfaire les prix de vente. Si l'on offre la moitié ou moins du prix demandé par elles, on l'a acquis. Et puis c'est seulement quand le client a acheté de la mauvaise marchandise, qu'elles lui en montrent ensuite de la plus belle. On ne peut quand même pas la laisser derrière soi ! De temps à autre, elles acceptent cependant de reprendre au client une marchandise qu'il leur a achetée, pour lui en céder une autre à la place, sous forme d'échange, mais c'est toujours à son détriment à lui. Les Juifs et leurs femmes courent sans cesse en ville de-ci, de-là [hors de leur zone de résidence spécifique]. Ils vont d'une auberge à l'autre. Ils proposent aux étrangers de passage des manteaux, des vêtements, des toileries de lin, des cols, etc. ; et puis ils échangent, ils vendent au gré du client. Le problème, dans tout cela, c'est qu'ils doivent verser au pape un gros impôt sur les gains qu'ils réalisent lors de ces déplacements ambulatoires. Mais, qui plus est, ils versent une certaine partie du produit monétaire de leurs ventes et de leurs échanges, bref une partie des francs qu'ils ont gagnés, au profit des aubergistes dans les maisons ou hôtelleries desquels ils ont pu effectuer des affaires de ce genre. Voilà pourquoi on peut toujours acheter à meilleur marché dans les ruelles du quartier réservé aux Juifs plutôt que dans les auberges où ils se rendent ainsi hors de leur territoire propre. Seulement cela devient très pénible, car ils s'arrachent presque le client quand il vient dans leurs ruelles. Chacun veut l'attirer dans sa boutique et il y fait tellement sombre ! Les hommes juifs et leurs garçons doivent tous porter un haut chapeau jaune, ou un bonnet jaune. De leur côté, les femmes et les filles ont un couvre-chef en forme de coiffure bizarre. Il comporte un anneau de bois en altitude, sur lequel est déployée une espèce de tissu ou de fichu, et puis tout en haut est fixé un ruban de soie jaune, le tout pour qu'on puisse les distinguer des chrétiens comme des chrétiennes[130].

J'ai aussi échangé ma tenue vestimentaire chez l'un de ces marchands juifs, car elle était différente, en sa façon, des costumes que l'on porte dans les pays de Languedoc et Comtat. J'ai complété cet échange par une gratification en argent, à destination du vendeur. Ensuite, les Juifs m'ont conduit dans leur temple : il est à moitié souterrain, comme une cave. La lumière du jour y tombe de l'étage supérieur par une espèce de grille ou de caillebotis en fer. Dans ce réduit d'en bas, un rabbin aveugle prêche à l'intention des femmes en langue hébraïque, laquelle est pourtant assez corrompue, me semble-t-il, puisque aussi bien elles parlent un dialecte plutôt particulier ; quelques mots d'origine languedocienne y sont mêlés à l'hébreu proprement dit. En revanche, dans la salle de l'étage immédiatement supérieur, on fait la lecture aux hommes. On leur lit les textes des prophètes en bon langage hébreu ; la pièce est éclairée au grand jour. Il y a là un emplacement qu'ils appellent le lieu saint. Il est entouré par une enceinte grillagée. Le grand rabbin seul a le droit d'y pénétrer. À l'intérieur de cette enceinte était suspendu, lors de mon passage, un lustre sur lequel étaient disposées une centaine d'ampoules ou de lampes remplies d'huile : elles sont toutes allumées par leurs soins à l'occasion des fêtes juives. Il y a aussi une tribune, par-dessus, où l'on porte et dépose ces objets sacrés. Tout ça je l'ai vu, et j'ai encore observé beaucoup d'autres coutumes. Je décrirai ces choses en leur temps, telles que je les ai également observées lors d'une visite ultérieure ; lors de mon premier séjour, en effet, je n'ai pas pu m'attarder longtemps près de ces gens, car je devais faire des préparatifs pour mon départ.

En quittant la rue aux Juifs, nous nous sommes rendus près du pont, au sortir des portes du rempart. Nous avons pu constater à quel point la ville était proche du fleuve. Entre les deux, la bande de terrain est fort mince. J'ai bien l'impression que, quand le Rhône grossit, ses eaux s'en viennent lécher la base des murailles de l'enceinte. Et, de ce fait, la ville d'Avignon est entourée de tours et de murs qui sont tellement beaux, complets, décoratifs, et tout en pierre de taille, que la chose n'a pas son semblable où que ce soit en Languedoc. On n'y trouve pas de cité qui soit aussi forte et bien protégée, et c'est fort nécessaire.

Aussitôt après, nous nous sommes enquis d'un navire qui pourrait nous conduire en Arles ou à Marseille, et nous sommes tombés effectivement sur un bateau de ce genre qui partait le lendemain matin pour Arles.

Le 29 février de l'année 1596 (celle-ci est bissextile, en effet), nous avons consommé la soupe du matin, puis nous voilà assis dans le bateau. Et, dès lors, nous n'eûmes plus qu'à descendre au fil du fleuve ; nous observons, au passage, le confluent rhodanien avec la Durance, et peu après nous apercevons Aramon, puis Vallabrègue, localités riveraines du fleuve. Ce sont là deux bourgades dont Monsieur Carsan[a], citoyen d'Uzès[131], a récemment acheté la seigneurie ; il l'a payée en argent liquide au duc

a. Erreur du traducteur français du XIXᵉ siècle [TF 19] qui a lu Crussol au lieu de Carsan.

de Bouillon[132]. Dans cette même acquisition étaient encore inclus quelques villages. De là, nous sommes arrivés à Beaucaire : depuis Avignon jusqu'à cette ville, cela faisait trois lieues[a].

Beaucaire [129]

Le château de Beaucaire est situé *sur une hauteur*, dominant la cité du même nom. Le tout en rive languedocienne du Rhône. La ville de Beaucaire est assez bien fortifiée. Elle est célèbre dans toute la France, ainsi qu'en Italie et en Espagne, à cause de sa foire : celle-ci se tient tous les ans, à dater du 22 juillet, jour de la Madeleine. Cette foire est la plus fameuse de tout le Languedoc, le site de Beaucaire étant posté en rive ouest du Rhône. Ce qui fait que les bateaux de navigation maritime qui viennent de Marseille et d'ailleurs peuvent facilement remonter le Rhône ; ils s'aident pour cela soit d'un vent favorable, soit de la traction par halage. Et puis, d'autre part, il y a toutes les péniches qui descendent de Lyon et de Bourgogne *via* le fleuve. J'ai moi-même fait cette expérience de « descente » ; et quant à ce que j'ai vu sur place, à Beaucaire, je le raconterai en son temps. Il faut dire qu'en dehors de la foire de Beaucaire, il n'y a pas grand-chose de spécial que j'ai pu noter dans cette ville, ne serait-ce qu'en raison du peu de temps que j'y ai passé. Du reste j'ai aussitôt traversé le Rhône en bateau pour me rendre à Tarascon, en rive gauche du fleuve.

Tarascon [129]

Ville située sur le Rhône, face à Beaucaire. Entre les deux cités, il n'y a donc que le Rhône, et pas un pouce de terre dans l'entre-deux. Donc ni prairie ni mouton pour se repaître d'icelle. Comme dit un proverbe français :

> *Entre Beaucaire et Tarascon*
> *Il ne se paist brebis ni mouton,*

---

a. Cela mettrait la lieue à 6,75 km et même davantage si l'on tient compte d'un fort coude du Rhône entre Avignon et Beaucaire. TP II a « calculé » sa lieue un peu longue cette fois.

ou encore, selon d'autres[133] :

> *Entre Beaucaire et Tarascon*
> *Ne repaist brebis ni oyson,*
> *Non plus qu'entre Tain et Tournon.*

Tarascon est ville provençale, appartenant au roi. Il y a aussi un beau château à l'intérieur de l'enceinte. La ville n'est pas si grande que Beaucaire. Une large rue s'ouvre près de la porte du rempart quand on pénètre *intra muros* en venant du Rhône. Une belle muraille fortifiée fait le tour de ville.

Ayant vu Tarascon, nous avons pris place assise, derechef, dans le bateau, et sommes arrivés dans la soirée en Arles ; il faisait encore plein jour. Sommes descendus à l'auberge du Faucon. De Beaucaire en Arles, trois lieues[a].

Arles [130]

Arles, en latin *Arelatum*, en allemand *Arlis* ; il y a là, en bordure du bas Rhône, le siège d'un archevêché. Trois conciles s'y sont tenus[134] dans des temps lointains : le premier à l'époque de l'empereur Constantin et du pape Sylvestre ; le deuxième en l'année 326 de l'ère chrétienne ; le troisième en l'an 461.

C'est de cette ville que le royaume d'Arles tout entier a tiré son nom. Autrefois il s'étendait depuis la Camargue jusqu'en Suisse, très exactement jusqu'à notre rivière de la Limmat ; et c'est même à ce royaume que le vieux château de Thuricum, *alias* Zurich, doit ses origines. Le dernier souverain d'Arles, Rodolphe, n'avait pas d'enfant pour lui succéder. Il a donc cédé son royaume à l'empereur Conrad III ou bien, selon d'autres sources, à Lothaire II. De là, le royaume d'Arles est passé sous la souveraineté des comtes de Bourgogne, en premier lieu ; puis les ducs de Zähringen en devinrent administrateurs. Au cours de l'année 1169 de notre ère, le duc Berchtold de Zähringen céda le ci-devant royaume d'Arles à l'empereur Frédéric Barberousse : à vrai dire, Berchtold avait joui de cette possession jusqu'alors plus pour l'honneur de la chose que pour son profit

---

a. Cela met la lieue à 5,2 km, ce qui est plus raisonnable que l'estimation précédente.

ou son utilité. En échange, ce même Berchtold obtint de l'empereur un titre de domination et un droit de bailliage sur les trois évêchés de Sion, Lausanne et Genève. Ensuite, vers l'année 1347, l'empereur Charles IV a vendu ce même royaume d'Arles au roi de France, ce qui a suscité fort peu de gratitude[135] dans le Saint Empire romain germanique. De nos jours, ce territoire relève du Dauphiné, quoique situé en Provence.

On pense, d'une façon générale, que les habitants de ce territoire arlésien ne versent absolument rien aux impôts royaux [ceux du souverain actuel], ou du moins ils s'en acquittent en proportion bien moindre, par comparaison avec les redevances fiscales que versent les autres provinces. On m'a indiqué à ce propos que les nobles, qui sont fort nombreux en Arles, s'y trouvent tout à fait affranchis de charges et que, même étant petits gentilshommes, ils se comparent avantageusement, pour les privilèges, à l'élite aristocratique des autres régions.

La ville est dirigée par quatre consuls, dont obligatoirement deux nobles et deux bourgeois. Pour le reste, Arles jouit d'une entière liberté ; et je répète qu'elle est principalement habitée par des nobles : on prétend qu'il y a davantage de gentilshommes en Arles que dans toute la Provence.

La ville d'Arles est accrochée, pour une part, à sa colline ; à l'ouest elle bute sur le Rhône ; à l'est, sur un grand marécage. Vers le midi, elle contrôle un important territoire de campagne céréalière tout à fait fructueuse. Le Rhône délimite une espèce d'île entre le grand Rhône proprement dit et un bras plus particulier de ce fleuve qui s'appelle la Roubine. Cette île, c'est la Camargue, *Camargo*[136]. Elle tire son nom de Caius Marius, c'est-à-dire en latin le *campus Mari*, le champ, la campagne ou le *« campus »* de Marius. Au point de vue de l'agriculture et de l'élevage, cette Camargue est très « grasse » et productive. Elle est traversée par un petit cours d'eau, dérivé de la Roubine. Ce ne sont que bœufs superbes, vaches et taureaux qui parcourent ce territoire insulaire. On n'en prend absolument aucun soin. On se borne simplement, avant de les lâcher en liberté dans l'espace camarguais, à les marquer au fer rouge, comme si c'étaient des chevaux. C'est, paraît-il, un spectacle fort distrayant : quand on les marque ainsi, on prépare à cet effet un genre d'enceinte fortifiée, formée par un cercle de charrettes. Les gens viennent de loin pour assister à ces activités ; elles prennent place dans le pays d'Aigues-Mortes et autres lieux.

Mais voici qui est spécial à cette île : les bouchers, en Camargue, ont leur coutume à eux pour dompter les bœufs. Ils les poursuivent, montés sur de petits canassons rapides, à travers la campagne à n'en plus finir. C'est une espèce de chasse à courre interminable. Et cela jusqu'à ce que les bœufs tombent à terre, épuisés de fatigue : c'est le moment que les bouchers choisissent pour marquer les bovins au fer rouge ; ensuite ils n'ont plus qu'à les regrouper avec leurs nombreux troupeaux de plusieurs centaines de têtes, dans les bois. Ils tiennent aussi en main de longues perches terminées par un trident de trois pointes de fer ; quand un bœuf veut les attaquer, ils lui enfoncent ces trois pointes dans le mufle pour les repousser. Mais, de temps à autre, certains parmi ces bouchers se font quand même renverser ainsi que leur monture, les quatre fers en l'air, dans une position telle qu'ils l'apprécient assez peu. En revanche, elle amuse beaucoup les spectateurs. Incidemment, c'est dans cette île de Camargue que Caius Marius avait établi son camp retranché.

Par ailleurs le peuple de cette ville est très à son aise, et cela depuis longtemps, car il y a grosse production de blé dans la région. Les habitants en tirent tant et plus d'argent. Génois d'Italie, Espagnols de Grenade, les uns et les autres viennent en Arles par mer. Ils en remportent le grain : c'est pour cela qu'il y est cher, en règle générale.

Arles est une ville de haute ancienneté. La démonstration en est faite par les antiquités nombreuses qu'on peut y voir ; et puis les tombes de Saint-Honoré[137]. Enfin l'immense et superbe amphithéâtre qu'on peut contempler dans la cité même...

En l'école citadine se dressent deux colonnes, hautes et corpulentes. Leur substance est d'une pierre inconnue, si bien que d'aucuns pensent qu'elles sont coulées d'une pièce, comme avec un genre de ciment. Autrefois, selon diverses personnes, elles se dressaient dans une ancienne église dont l'emplacement est éloigné d'environ deux cents pas de l'actuelle école. Cette église était dotée, paraît-il, d'une aire tellement immense qu'ultérieurement la ville elle-même en a reçu son nom : Arelate, *autrement dit* Ara lata, *c'est-à-dire grande cour ! Un autel aurait été érigé sur ces colonnes*[138], *au-dessus desquelles on sacrifiait, soi-disant, à la déesse appelée Diane arlésienne,* Diana Arelatense. *Juste à côté, on arrive à l'amphithéâtre.*

Cet amphithéâtre, autrement dit salle de spectacle, est de forme circulaire ovale, comme son homologue de Nîmes, mais beaucoup moins étendu qu'icelui ; son aire de base est couverte de petites pierres taillées. Il est assez enfoncé dans le sol et, en son centre, on a bâti de nombreuses maisons. Il est loin d'être aussi beau que celui de Nîmes. On ne trouve point non plus d'inscription ni de texte historique qui serait gravé quelque part en cet amphithéâtre arlésien et qui pourrait renseigner sur son origine ou son commencement. *Il y a par ailleurs, dans cette salle de spectacle amphithéâtrale, beaucoup de grandes pierres de douze pieds de long et six pieds d'épaisseur. La périphérie de ce vaste ouvrage comprend cinquante-neuf arcades et quelques tours. Le vestibule a six arcades différentes, espacées de plus d'une brasse l'une de l'autre. Sous la salle de spectacle gît un espace souterrain immense et superbe, en guise de cave ; ailleurs, dans cette ville, on n'en trouverait pas l'équivalent.*

À l'hôtel de ville, sous l'écusson des armes de la cité, on aperçoit un lion assis, nanti d'un symbole : l'animal est flanqué de l'inscription suivante qui a trait à la « fureur léonine », ab ira leonis[139]. *Et, en dessous, il y a encore un autre texte qui peut se lire* idem *dans les deux sens, de gauche à droite comme de droite à gauche :*

Sale rata referat arelas.

[Texte obscur ! S'agit-il du butin bien calculé, ou déterminé, que la ville d'Arles est censée devoir retirer de la mer ?]

L'église principale de la ville est dédiée à saint Trophime[140], *que les apôtres eux-mêmes avaient choisi comme évêque ; il a prêché l'Évangile en Arles au cours de l'année 66 après J.-C. C'est un vieux bâtiment ci-devant païen où jadis l'on sacrifiait aux idoles du paganisme. Signalons encore, sur place, l'église Saint-Antonin, ainsi que cette porte de la ville qu'on appelle porte de la Cavalerie ou des Chevaliers, très fortifiée : c'est de la belle ouvrage – ce qui se fait de mieux en France, comme entrée dans*

*une ville. Deux grosses tours encore, une de chaque côté de cette
porte. Elles sont de toute part hérissées de pierres de taille, mais
celles-ci sont taillées pointues comme des pointes de diamant. Et
puis on voit encore de hauts bastions, aux deux flancs de cet
ouvrage. Cela vous donne une vue des plus plaisantes ; elle
domine le Rhône.*

À l'approche du couvent des moines mendiants qui vont pieds
nus, on aperçoit, en vis-à-vis, de vieilles inscriptions funéraires
parmi lesquelles j'ai pu le mieux déchiffrer celle-ci :

> *navicula*
> *rius Victori*
> *nus Val. Seve*
> *rina conjugi*
> *sanctiss.*

[Traduction : « Le marinier Victorinus Valerius dédie cette
stèle à sa très sainte épouse Severina. »]

Strabon a donné à cette ville d'Arles le qualificatif d'*empo-
rium* ou *forum publicum*. En d'autres termes, il s'agissait d'un
marché public ou marché universel. Façon de dire que dans l'ancien temps se développait sur place un fort courant d'activités.
Jules César a utilisé cette ville en tant qu'arsenal pour ses fins
propres et il l'a appelée *Colonia Sextanorum* (autrement dit,
colonie des anciens de la sixième légion[141]).

Certains auteurs prétendent que les Phocéens, c'est-à-dire *les
Grecs*, furent les premiers bâtisseurs de la ville d'Arles. Mais il
n'y a pas de doute que les Romains eux aussi l'ont tenue en
haute estime ; il n'y a qu'à voir, à ce propos, le susdit amphithéâtre : architecture artistement dessinée ! Et puis cet amphithéâtre a quantité de pierres si anciennes, si joliment sculptées,
que tout cela m'a vraiment l'air incomparable ! Non loin de mon
auberge, j'ai pu voir une maison où se dressent neuf petits
cochons différents, sculptés dans neuf pierres de taille. Huit
d'entre eux sont figurés dans huit carrés égaux placés les uns à
côté des autres. Quant au neuvième porc, il trône au centre de
cet ensemble, et par-dessus tous les autres ; il s'inscrit dans un
quadrilatère de pierre analogue à ceux qui précèdent. Les neuf
petits cochons furent érigés là en souvenir d'une histoire

assez mémorable : elle s'est déroulée voici bien des années dans la maison que je viens d'évoquer. Les gens d'Arles ont pris soin de confirmer cette anecdote « porcine » en donnant le nom de Porcelet, autrement dit cochonnet ou petit cochon, à l'éminente famille en effet très distinguée depuis toujours qui bénéficie encore en notre temps de cette appellation[142]. Monsieur de Maillane, qui occupe actuellement l'office de conseiller supérieur en Lorraine, est très proche parent de ce lignage arlésien, et il a bien voulu par la suite restituer à mon intention cette histoire dans toute sa fraîcheur ; il l'a corroborée hautement. La voici, telle qu'il me l'a racontée :

« Une pauvre mendiante portait sur chaque bras l'un de ses nourrissons ; elle traînait derrière elle toute une ribambelle de ses autres enfants. Elle demandait l'aumône, jadis, devant la maison susdite. Soudain, la maîtresse de maison sortit sur le pas de sa porte, et s'enquit : "À qui sont tous ces enfants ?" À quoi la pauvre femme répondit : "Ce sont tous les miens. Ils m'appartiennent." Du coup, la maîtresse de maison sortit tout à fait hors de son domicile. Elle prononça des paroles très aigres et dures. Elle se bagarra quasiment avec la mendiante, lui reprochant amèrement sa trop nombreuse progéniture. Elle lui disait : "Mendiante, tu es comme une truie ! Des enfants, voilà la seule chose que tu saches faire !" Et, pour cette raison, elle ne lui donna aucune aumône. Très affligée, la femme pauvre n'eut plus qu'à décamper. Elle partit, tout en suppliant Dieu : "Seigneur, fais que cette femme accouche en une seule fois d'autant de bébés qu'en produit une truie quand elle met au monde une portée d'innombrables cochonnets !" »

« Et de fait, peu après, la femme riche enfanta en un seul jour neuf bébés vivants, tous du sexe masculin. Elle en eut terriblement honte. Elle craignait qu'on pousse les hauts cris dans la population et que soient tenus contre elle d'étranges discours. C'est pourquoi, sur ces neuf petits garçons, elle n'en a conservé qu'un seul. Les huit autres, elle les a confiés à une servante, avec ordre de les placer dans une cuve *ad hoc*, bien ficelés ensemble et recouverts d'une serviette. La même servante était fermement priée, cela fait, de jeter les huit petits sans exception, tout vivants qu'ils fussent, dans le Rhône, ce fleuve qui coule à proximité de la ville. Ainsi seraient-ils noyés. La servante étant en route, mais encore en ville, elle rencontra le maître de maison, qui était aussi, physiquement parlant, le père de cette foule d'enfants. Il interrogea la fille au cuveau : "Que portes-tu ainsi, bien dissimulé ?" En guise de réponse, elle pâlit, puis déclara qu'elle devait jeter ce paquet dans le Rhône. La chose parut fort suspecte au monsieur, qui voulut se rendre compte par lui-même et visuellement, d'autant plus qu'il apercevait quelque chose qui gigotait sous les serviettes : ce mouvement provenait, on s'en serait douté, des bébés toujours bien vivants. Ayant soulevé les linges, le père aperçut les huit petits serrés les uns contre les autres. Il n'eut plus qu'à donner commandement à la femme de service : "Viens avec moi !" Il les porta donc chacun en un endroit différent ; il confia ainsi ses enfants à diverses nourrices – comme c'est encore aujourd'hui l'usage, dans ce pays de Camargue, de mettre les bébés chez des nourrices. La servante dit à l'épouse du maître de maison : "Je les ai noyés tous les huit." Ce dont la mère fut absolument ravie.

« Le père donna le prénom de Pierre au fils que sa femme avait conservé pour elle. Et, de même, il fit baptiser les huit autres en les prénommant Pierre. Il leur fit donner aux uns et aux autres même et semblable éducation pleinement vertueuse. Quand ils eurent atteint l'âge de huit ans, il invita chez lui tous ses amis et ceux de son épouse en vue d'un somptueux banquet ; au milieu de ce repas, il commença, par allusions en forme de paraboles, à leur exposer ce qui s'était passé au sujet de ses neuf enfants ; il voulut savoir aussi de ses invités ce que les uns et les autres pensaient de la responsabilité d'une mère qui s'était montrée capable d'agir de la sorte. Ils déclarèrent à l'unanimité qu'en faisant fi de la vie d'une telle manière, elle s'exposait d'elle-même à la peine de mort la plus atroce. Après tous ces épisodes et discours dînatoires, le père de famille donna l'ordre à son fils Pierre, celui qu'il avait élevé dans sa maison, de se rendre dans la pièce voisine, où se trouvaient les huit autres fils, tous vêtus de la même façon. Le père n'eut plus qu'à crier *Peter* (Pierre), et ils accoururent tous les neuf, semblablement habillés, ayant exactement la même stature ; ils arrivèrent à la table du festin et y firent leur révérence. Le père alors déclara : "Voilà, ce sont tous mes enfants. Leur mère que voici assise en ma présence avait ordonné à sa servante de jeter huit d'entre eux dans le Rhône. Et moi, à l'époque, je les ai rencontrés [avant qu'ils soient ainsi noyés] et je les ai fait éduquer en cachette jusqu'à présent." Aussitôt, la mère se jeta aux pieds de son époux ; elle lui demanda pardon, et elle obtint cette indulgence grâce à l'intercession des amis qui étaient présents. Par la suite, les gens de cette famille, parents et enfants, sont devenus des personnalités fort honorables ; mais, à cause des dangers du qu'en-dira-t-on hostile, ils ont préféré, tous autant qu'ils étaient, quitter le pays. »

On peut aussi admirer en Arles un très bel hôpital, et puis encore un carillon de tout premier ordre qu'on a installé sur le clocher d'une église au bord du Rhône.

Immédiatement hors la ville, en position faubourienne, au lieu dit la Roquette, se dressent deux grandes colonnes[143]. Elles sont faites, à ce qu'on dit, d'une seule coulée, avec des pierres broyées, liées par du ciment. Sur ces colonnes était posé jadis l'énorme et répugnant autel consacré à l'empereur Auguste : sur cette pierre d'autel, pendant l'ère romaine, tous les ans à certaine époque, *plus précisément le 1er mai*, on sacrifiait deux jeunes garçons *pro salute totius provinciae, pour l'heureuse prospérité de toute la province* ; auparavant on les avait engraissés tous deux dans la perspective de cet événement, aux frais de la bourse commune des citoyens. Une fois la chose faite, on aspergeait copieusement, avec le sang de ces jeunes victimes, le peuple qui venait d'être témoin de ce cruel épisode.

J'étais donc en dehors de la ville et je me déplaçais en direction de l'église Saint-Honorat. C'est à ce moment qu'on m'a montré, en chemin, une petite chapelle : l'autel qui se trouve dans ce sanctuaire aurait lui aussi servi jadis, d'après ce qu'on m'a indiqué, à l'accomplissement d'horreurs analogues. Sur le mur extérieur de ladite chapelle, il y a effectivement deux enfants sculptés à même la pierre. La porte de la ville, celle qui donne vers Saint-Honoré, s'appelle porte du *Merca nã* ou du Marché Nouveau ; très belle, fortifiée, elle est flanquée de bastions.

Non loin de la chapelle des sacrifices rencontrée tout à l'heure, me voici en conséquence arrivé à l'église Saint-Honoré.

À cet endroit, il y a un cimetière partout plein de vieilles tombes. Elles émergent du sol, dressées, comme des espèces de caisses taillées en pointe. Certains de ces sarcophages sont ouverts, le couvercle ayant glissé ; en conséquence, on y voit encore des fragments de squelettes. Les cercueils en question sont quadrangulaires : je les ai croqués dans une esquisse.

Ce superbe cimetière a été consacré, comme celui de Bordeaux, par le Christ en personne.

Dans ces tombes reposaient des Romains et aussi beaucoup de saints du christianisme ; ils étaient passés de vie à trépas au temps de Charlemagne, dans les Champs élyséens, in campis Elysiis[144].

En l'église, on nous a montré des antiquités fort nombreuses. On nous a dit également que la tête du grand Rodomont[145] était enterrée sous l'autel. Le grand Roland a été pair de France, *sa tombe tout entière, dans laquelle ses restes se trouvent encore, n'est autre qu'une bière de marbre : elle est placée, dit-on, sous l'autel de l'église Saint-Honorat, à l'intérieur d'une cave voûtée. Ce cercueil est posé sur deux colonnes et, par-dessus le marché, il y a encore là une autre bière dans laquelle un prince de Bavière se trouve enterré et qui est toujours pleine d'eau – et pourtant personne n'arrive à savoir par où toute cette eau peut bien entrer dans cette bière bavaroise.*

À l'étage supérieur, autrement dit dans le chœur, on a élevé un tombeau, en superbe marbre, dans lequel se trouve le corps de saint Honorat, auquel l'église est dédiée.

Dans un coin sombre j'ai vu également une autre tombe en marbre, sur laquelle figure un personnage sculpté : on le croirait vivant, à s'y méprendre. C'est l'effigie d'un président arlésien qui avait été gouverneur de sept provinces. On voit, dans cette église, beaucoup d'antiquités qui sont encastrées à même les murailles ; et, dans le chœur, les représentations de scènes tirées de l'Ancien comme du Nouveau Testament sont fort nombreuses.

Devant cette église se trouve encore un cercueil de marbre : là repose un duc de Saxe, dont le cadavre est resté sur place.

Nous avons vu aussi trois colonnes dans la campagne, relativement éloignées les unes des autres : elles marquent, dit-on, les points de chute des bonds prodigieux que le susdit Roland est censé avoir effectués en ce lieu.

À l'intérieur comme à l'extérieur de la ville d'Arles, on dénombre tellement de vieilles choses anciennes que cela dépasse tout : mis à part Nîmes, on ne rencontre, dans la France entière, nulle autre ville qui présente un aussi grand nombre de vestiges antiques dans une si petite circonscription.

Le 1er mars, vers l'heure de midi, nous avons pris place assise sur un voilier. Nous voulions nous rendre à Marseille pour y contempler le « triomphe » que l'on devait célébrer en l'honneur du viguier[146], en d'autres termes le lieutenant Libertat, qui avait poignardé à mort le bourgmestre Casaulx[147].

Mais le vent contraire soufflait tellement fort que nous n'avons pas pu poursuivre notre trajet sur le fleuve ; si nous avions persévéré, nous aurions couru de très grands périls.

Il faut dire qu'au sud d'Arles le Rhône commence à devenir très large. Notre batelier à la descente manœuvrait donc sa voile de façon à tirer des bordées d'une rive à l'autre (un peu comme quand on danse la courante), pour mieux gagner vers l'aval. Mais tout cela ne servait à rien ! Nous avons donc fait demi-tour et, par fort vent arrière, nous sommes arrivés en Arles vers l'amont en un quart d'heure, alors que nous avions mis deux heures à parcourir le même trajet en sens inverse à la descente. De toute manière, on ne pouvait pas s'attendre à un changement de direction de ce vent dominant ; par conséquent, nous avons fait de la marche à pied sur le territoire situé à l'ouest du fleuve, face à la ville d'Arles, en direction de ce bras d'eau rhodanien qui s'appelle la Roubine. Nous l'avons traversé sur un bac. Ce canal ou ce « bras d'eau » fut creusé de main d'homme à l'initiative de Caius Marius. Il va du Rhône à Aigues-Mortes. Il sert à transporter, à peu de frais, les marchandises qui vont remonter le Rhône vers le nord, telles que sel marin, vin muscat, huile d'olive et autres. Le tout en direction d'Arles et de là vers Lyon, ou encore à destination de diverses villes. Ayant traversé cette Roubine, nous sommes arrivés très tard dans la soirée à Saint-Gilles, antique bourg ou *petite ville* qui date d'une haute antiquité.

Saint-Gilles [140]

Le 2 mars 1596, dans la matinée, nous avons procédé à la visite de ce bourg : effectivement, nous y avons trouvé de très nombreuses antiquités. On nous a montré, de façon plus particulière, un couple de vieilles églises bâties l'une sur l'autre.

Les rues, dans bien des cas, sont pavées de cailloux. Quelques vieux bouts de remparts sont même encore visibles, ce qui veut dire, incidemment, que la place n'est pas vraiment protégée. On prétend, en revanche, qu'à l'époque romaine Saint-Gilles était un lieu fort considérable.

Après manger, nous avons repris la route. Nous sommes arrivés le soir au village de Saint-Laurent-d'Aigouze, où nous avons passé la nuit. Il n'y avait rien de spécial à contempler.

Le 3 mars, nouveau départ ; nous avons fait route avec placidité. Sommes arrivés à Aigues-Mortes. Depuis Arles, notre marche a dû couvrir environ huit lieues, d'après mon estimation.

Aigues-Mortes [140]

Cette ville s'appelle en latin *Aquae mortuae* ou *Fossae Marianae*, c'est-à-dire Eau Morte ou Fossés de Marius. Le nom vient des eaux dormantes qui entourent la cité, ou encore du canal que Marius, comme je l'ai indiqué, a fait creuser en forme de roubine. Le cours d'eau du Vidourle traverse précisément cette même région et va se jeter dans la mer *en passant par la Roubine*.

Aigues-Mortes est située à environ une demi-lieue de la mer. Aujourd'hui encore, des anneaux de fer sont solidement fixés sur la paroi extérieure des remparts. Aussi d'aucuns pensent-ils que la mer s'en venait baigner autrefois l'enceinte fortifiée de la ville ; alors que maintenant elle s'est retirée jusqu'au point qu'elle occupe ces temps-ci. D'autres personnes rappellent cependant qu'Aigues-Mortes avait été autrefois une colonie romaine, *Colonia Romanorum* ; elle était donc en quelque sorte le pilier ou le soutien du pouvoir de Rome ; c'est là justement que Caius Marius avait planté son camp, à l'endroit même où l'on a bâti la ville par la suite[148], et de ce fait on avait apporté tellement de terre et de glaise, extraites l'une et l'autre de la roubine que Marius venait de faire creuser, les détritus devant servir de soubassement à ce camp, bref tellement de terre et de glaise que la mer en était plus ou moins comblée et que les bateaux ne pouvaient plus, sous peine d'échouage, approcher de la ville. Marius avait fait ensuite nettoyer le port d'Aigues-Mortes par ses soldats, qui du reste n'avaient rien d'autre à faire, de sorte que les navires pussent de nouveau aborder convenablement jusqu'à la cité. Mais pendant bien des années on a cessé de procéder à ce nettoyage, et cela pourrait être une cause comme une autre de l'envasement actuel. La ville n'est pas grande, mais elle est puissamment fortifiée ; elle est actuellement confiée à la garde de Monsieur le capitaine Gondyn[149], qui exerce tout le commandement sur place au nom du roi. *Aigues-Mortes est régie par quatre consuls. La ville est « otage » ou « gage », autrement dit place de sûreté des réformés.*

Elle est bâtie de telle façon que presque dans toutes les rues on peut apercevoir les remparts des deux côtés, pile et face. Tout simplement parce que les rues sont percées en droite ligne. On a construit les maisons très basses, de manière que de l'extérieur on puisse d'autant moins leur tirer dessus ; les remparts à leur tour ont été surélevés, dans le même but. Ils sont du reste épais et larges au point qu'on peut faire le tour de ville en charrette sur le chemin de ronde qui circule au sommet de cette enceinte. On peut aussi faire le tour par l'intérieur : c'est tout à fait charmant.

Sur la périphérie de ce si petit espace urbain, circonscrit de la sorte, on dénombre dix-sept tours ; elles sortent de l'ordinaire : elles sont grandes, belles et fortes, et chacune d'entre elles porte un nom particulier. Dans la tour Reine ou tour de la Reine, il y a, aux étages, *de superbes appartements où l'on peut habiter.* Mentionnons aussi la tour Saint-Antoine, etc. Mais citons au premier chef la tour de Constance : là, tout est force, élégance et beauté... On l'appelle Constance *parce qu'elle fut bâtie, dit-on, par Constantin* [!]. La résidence du gouverneur de la ville est proche de cette tour et lui est reliée par un pont-levis qui permet d'aller de l'une à l'autre. Tour puissamment vieille ! On affirme même qu'elle était là bien avant la construction d'Aigues-Mortes, se dressant toute seule à cet emplacement : elle protégeait le port de mer des incursions des ennemis et l'on y percevait les droits de douane. En dépit de sa vieillesse, elle demeure intacte et belle aux yeux du spectateur, comme si sa construction ne datait que de peu d'années. Elle est entièrement construite en pierre de taille. Elle est donc invulnérable aux coups des artilleurs, du fait de sa constitution très solide. Pour y pénétrer, on nous a fait passer par huit portes successives, très astucieusement orientées les unes par rapport aux autres. Elles sont gardées en tout temps par cinq sentinelles. Nous avons eu droit ensuite à un escalier en colimaçon très étroit ; il est taillé dans l'épaisseur du mur de la tour : nous avons grimpé ses cent quatre-vingts marches. Nous sommes parvenus tout en haut jusqu'à une terrasse de pierre ; elle occupe toute la surface supérieure de la tour ; et, par-dessus, il y a encore une citerne où l'eau de pluie est recueillie en cas de nécessité. Sur l'autre face de la plate-forme, deux énormes canons à la fleur de lys du roi de France sont braqués en direction de la mer. Au centre de la terrasse, enfin, s'érige une petite tourelle, à la surélévation de laquelle on accède par quelques marches : c'est une cage de fer, faite d'un grillage de tringles de fer ; à l'intérieur de la tourelle se trouve une énorme lanterne qui renferme une cinquantaine de lampes. Il y a quelques années, on tenait ces feux allumés pendant la nuit afin que les matelots connussent l'exacte position de leur navire. Lors de notre passage, ce phare était éteint. Nous sommes redescendus par le même escalier : au passage, on nous a montré une belle chambre où le gouverneur vient dormir en cas de nécessité. On peut facilement y installer quatre lits.

Quant aux soldats, ils habitent dans les espèces de trous d'hommes ou chambrettes attenantes aux meurtrières de cette même tour : ses murs ont en effet, sur toute la circonférence, vingt et un pieds d'épaisseur, c'est-à-dire largement de quoi ménager des espaces de logement derrière les meurtrières, y compris pour y mettre des lits, ce qui est le cas. Nous avons encore visité quelques chambres, ainsi qu'une énorme cave, où se dressait un moulin. La tour peut contenir du ravitaillement pour plusieurs années ; elle en est pourvue en tout temps : c'est au point que, même si la ville était prise, la tour pourrait encore faire de la résistance, voire échapper à la famine. Il y a en outre, çà et là dans la tour, un grand nombre de grilles de protection (qui fonctionnent comme des espèces de mâchicoulis) grâce auxquelles on peut encore se défendre en jetant des pierres, lorsque les ennemis ont déjà occupé le rez-de-chaussée de la tour, ce qui permet, le cas échéant, de les empêcher de donner l'assaut en direction des étages supérieurs. Sur la plate-forme s'ouvre un grand trou : c'est l'orifice d'un chenal ou boyau vertical par où l'on fait monter toutes sortes de provisions, et autres, depuis la cave ; l'escalier en colimaçon serait, en effet, trop étroit. Quant au grand pont-levis dont je parlais à l'instant, il est toujours levé pour que la tour soit d'autant mieux sur ses gardes. Elle se trouve à l'un des angles de la ville, laquelle forme un carré presque parfait, implanté sur un sol marécageux. Le fait est qu'en tout lieu aux alentours d'Aigues-Mortes, ce ne sont qu'eaux stagnantes et marais ; il serait donc difficile d'amener de la grosse artillerie pour battre les remparts de cette cité ; quant aux canons légers, on n'arriverait à rien avec eux. Car ce n'est pas seulement la tour de Constance, c'est l'enceinte fortifiée de la ville dans son ensemble qui est bâtie de solides pierres de taille.

Ensuite, nous avons fait la tournée générale de la ville en parcourant toute la périphérie des remparts d'une tour à l'autre, sans aucune exception. Nous avons vu aussi, non loin d'Aigues-Mortes, des dunes nombreuses, toutes constituées par des sables mouvants et marins. Elles changent de forme maintes fois, sous l'impact de la fureur des vents. Au loin on aperçoit aussi le port qu'on appelle le grau[150], à l'instar d'autres petits ports comme Maguelonne et Mauguio ; car, pour dire vrai, dans tout le Languedoc il n'y a pas d'authentique port de mer, si ce n'est celui que depuis quelques années on tente de construire au cap de Sète, à quatre lieues de Montpellier.

Une fois redescendus des remparts, nous avons visité les églises, et l'on nous a fait savoir qu'il y avait là un cimetière où les corps morts mis en terre se consument complètement dans les vingt-quatre heures ; à tel point qu'au bout de ce délai on ne trouve plus à leur emplacement que de la terre. Voilà qui semble difficile à croire ! Ensuite, nous nous sommes rendus sur la place couverte qu'on appelle la Halle. C'est là qu'on vend le poisson. Nous y avons vu pas mal de citoyens qui sont inactifs[a]. D'après nos informateurs, il n'y aurait dans toute cette ville rien que des fainéants, ou presque. Il faut dire que tout autour, à cause de l'eau et du sel, il n'y a pas d'agriculture. Aussi bien la plupart d'entre eux sont-ils pêcheurs, soldats ou, à la saison, travailleurs

a. Allusion (rarissime en de tels textes) au chômage.

du sel. Ils sont donc exempts de l'impôt royal, à ceci près qu'ils doivent en tout temps assurer comme il faut la garde de leur ville en fournissant à cet effet *cinquante citoyens armés.* Ce sont pourtant des gens bien tranquilles et qui se contentent de peu. *Leur terre, je le répète, est très infertile et ils sont accablés d'une telle infestation de moustiques pendant l'été que cela fait pitié.*

Le 4 mars, nous avons pris place dans un bateau et, ayant navigué au fil d'un canal, nous avons débouché sur l'étang de Thau. Celui-ci s'étend d'Aigues-Mortes jusqu'à Marseillan. On l'appelle effectivement étang de Thau, ou bien encore, selon le lieu qui lui est circonvoisin, on dira l'étang d'Aigues-Mortes ; l'étang de Frontignan près de Frontignan, etc. (j'ai déjà évoqué ce problème de toponymie). Nous avons donc navigué sur le vaste étang jusqu'au village de Pérols, ce toponyme signifiant en français un chaudron, en allemand un *Kessel.* Ce village de Pérols est situé à environ un quart d'heure de marche de l'étang. Il tire son nom d'une source tout à fait étonnante ; elle se trouve à environ dix pas du village, sur le côté, et on peut la comparer à un chaudron plein d'eau bouillante.

À ce moment-là comme plus tard, à bien des reprises, j'ai toujours contemplé ce phénomène avec un extrême étonnement. En hiver, on y voit un trou rond à même le sol, large d'un pas et profond d'un pied ; il est alors plein d'eau ; ça bouillonne et ça tourbillonne, comme si cette eau était dans une bouilloire avec un grand feu par-dessous. Or j'y ai mis la main et j'ai tâté tout ça : cette eau est froide, en fait ; elle a le goût d'une eau de source ordinaire. Jacques Catalan, à Montpellier, au cours de mon séjour ultérieur, m'a dit qu'il avait vu un simple gardien de l'escorte du connétable qui buvait un verre entier de cette eau et qui par la suite n'en souffrit aucun dommage.

Il y a aussi non loin de là, dans le village, une fontaine en forme de puits, au débouché de laquelle le bétail et les humains viennent s'abreuver en hiver. La source merveilleuse ou « chaudron » que j'évoquais en premier lieu a beau bouillonner pendant toute la saison hivernale, elle ne déborde jamais et son niveau ne baisse ni ne monte... jusqu'à ce que vienne l'été : dès lors l'eau disparaît brusquement du « chaudron » et du puits qui est situé tout proche, à proximité du village. Et puis, quand on colle son oreille au sol, dans le fond du « chaudron » à sec, pendant l'été, on entend une espèce de vacarme sous la terre comme si ça bouillonnait encore. Il n'est pourtant pas indiqué de demeurer longtemps dans cette position. Car le « chaudron » naturel (profond d'un pied, disions-nous) laisse échapper une vapeur qui empoisonne : à tel point que les bêtes qu'on maintient au-dessus de cette excavation meurent très vite. J'ai souvent expérimenté la chose, et je l'ai vue se produire en présence de nombreuses personnes, comme je l'indiquerai par la suite en ce livre en son lieu et temps. D'après les récits que m'ont faits, de mémoire, quelques vieux paysans, la vapeur en question s'est montrée maintes fois tellement pestilentielle que les oiseaux qui survolaient le « chaudron », de temps à autre, tombaient brusquement raides morts. Et de fait on trouve des oiseaux crevés, assez souvent, qui gisent aux abords de ce trou, proche du village. Les mêmes paysans m'ont également raconté qu'il y a pas mal d'années, un très beau pigeon est tombé dans le puits-abreuvoir (celui que j'ai signalé en plus du « chaudron ») à cause de l'exhalaison de vapeur empoisonnée que celui-ci distillait. C'était, comme de bien entendu, à faible distance du « chaudron ». Le paysan qui était propriétaire du pigeon a voulu tirer de là cette bestiole ; et le malheureux s'est effondré dans le puits qui pourtant à ce moment-là était vide (comme c'est le cas en été) et pas trop profond. Du coup, un deuxième cultivateur est descendu par l'échelle dans le puits pour venir au secours du premier ; il s'est évanoui à son tour, et il est tombé à terre dans le fond du puits. Heureusement, un troisième a eu l'idée de s'envelopper la tête de façon que la vapeur mortelle ne puisse pas lui entrer dans le corps ; il est descendu, à ce qu'on m'a dit, et il a tiré de là l'un après l'autre les deux premiers. Sinon, ceux-ci passaient de vie à trépas tous les deux. Lors de mon séjour languedocien, j'ai fait le même genre d'expérience sur un chat, parce que le cœur de cet animal est plus solide que celui d'une poule, et ce chat est mort immédiatement. De nombreux savants ont discuté et disputé sur les causes des particularités de cette source et des vapeurs empoisonnées qui sortent de là. Certains d'entre eux pensent que l'eau coule à travers une veine de mercure. Et donc, en saison d'été, quand l'eau disparaît du fait de la sécheresse, ce mercure engendre des vapeurs pestilentielles. Cela posé, il est difficile de déduire les causes de ces

empoisonnements, avec pour seule documentation les phénomènes extraordinaires qui se sont produits de la sorte et dont je
viens de faire état.

Après déjeuner, nous sommes revenus à Montpellier par le
plus court chemin. Pour aller jusqu'à cette ville, depuis Aigues-
Mortes, en français Eaux-Trépassées, il faut compter environ
quatre lieues[a].

Par la suite, je suis resté tranquillement à Montpellier depuis
le 4 mars jusqu'au 21 avril inclusivement. Il ne s'est rien passé
de bien spécial en ville pendant cette période. Notons quand
même, à la date du 15 mars, l'entrée du duc de Ventadour [à
cheval] ; il était accompagné par son épouse, en litière, que véhi-
culaient deux mules. Le couple s'est logé chez un contrôleur
[des finances], dans une maison située près de l'entrée du jeu
de paume. Le duc était flanqué d'une escorte de noblesse
nombreuse et de haut parage.

En cette même journée du 4 mars, Monsieur Jacques Catalan,
aujourd'hui décédé, me transmit une lettre expédiée de Bâle.
C'était la première missive qui me parvenait ainsi, de la main
de Monsieur mon frère le docteur Felix Platter. Après le repas
du soir, nous sommes allés faire visite à la cour du duc (dans
la maison du contrôleur). Les gens de sa suite jouaient les uns
avec les autres. Plusieurs dansaient.

Le 21 mars, j'avalai une purgation en forme de breuvage ;
j'appréhendais de tomber malade, du fait des poissons et de toute
cette cuisine étrangère que j'avais consommés pendant mon
voyage. Cette purge a opéré sept fois et je m'en suis trouvé léger
et en grande forme après coup.

Le 23 mars, le marchand Rouvière se rendit clandestinement
dans une église de village avec sa fiancée pour y recevoir la
bénédiction du mariage : c'est la coutume d'aller ainsi à l'église
en quasi-solitude et sans bruit, pour éviter que, sur le chemin du
sanctuaire, des gens ne nouent l'aiguillette aux fiancés qui vont
s'épouser – j'en reparlerai par la suite. À l'étape suivante, le
repas de noce des Rouvière, une fois la cérémonie religieuse
accomplie, a donc pu se tenir sans problèmes à Montpellier. Ce
marchand habitait chez nous, dans la maison de la

---

a. Cela mettrait la lieue à 6,25 km !

famille Catalan. Aussi ai-je été témoin du coucher de la mariée : on la mena au lit et, pendant qu'on la conduisait ainsi, un jeune homme lui retira du mollet la jarretière qui y était fixée ; et puis, quand elle fut assise sur sa couche, en vêtements de nuit, tous les invités de la noce se rendirent dans sa chambre et l'embrassèrent, tous sur la bouche, tant hommes que femmes, vieux et jeunes. C'était de cette façon qu'ils lui présentaient leurs vœux de bonheur[151].

Le 4 avril, les professeurs de Montpellier ont cessé de faire cours ; ils avaient commencé cet enseignement le 23 octobre. Cette période proprement pédagogique n'a donc pas duré tout à fait six mois. Ensuite, les cours magistraux ont fait relâche pendant tout l'été. Mais dès qu'il s'agit de disputations, promotions, soutenances de thèses et autres exercices du même genre, on les continue, eux, les uns comme les autres, pendant l'entière phase estivale.

Voyage à Pérols et à Maguelonne [146]

Le 22 avril, avec plusieurs Allemands, nous sommes partis à pied pour Pérols. Distance parcourue : une lieue[a]. Nous avons passé la nuit dans ce village.

Le lendemain 23 avril, nous nous sommes embarqués pour aller jusqu'à Maguelonne *via* l'étang de Thau. Comme nous arrivions aux abords du château, les chiens aboyèrent. Il s'agissait de bêtes énormes ; leur hostilité à notre égard était tout à fait terrible. Sans l'aide des soldats qui se trouvaient là, nous n'aurions pu nous défendre contre ces molosses, gros dogues anglais qu'on dresse pour la garde. Comme la fois précédente, nous sommes passés par les portes étroites et basses qui menaient dans le château, et nous avons grimpé les trente-sept marches de l'escalier ; nous sommes arrivés dans la grande et large salle qui donne sur la mer et qui a cent dix pieds de long sur trente-cinq de large ; elle est proche de l'appartement du gouverneur. Nous avons monté ensuite les quarante-trois marches de l'escalier de pierre des étages supérieurs ; il mène au toit, lui aussi de pierre. Quand nous sommes redescendus, la *concubina* du

---

a. Ce qui mettrait la lieue à 8 km (!).

gouverneur, Élisabeth Quitarda, nous a offert une collation, et elle a souhaité que nous restions sur place pour la nuit.

Mais nous avons préféré revenir derechef sur notre bateau, afin de traverser cette fois l'étang dans l'autre sens en direction de Pérols. Pendant cette navigation, nous sommes passés à portée d'une quantité de massifs d'une algue très belle (Androsace Gesneri[152]). Et, de fait, elle a été décrite par Gesner ; elle pousse sous l'eau, sur des pierres ou sur des coquillages ; on dirait des pfennigs de Bâle qui pendouillent à des chevelures diverses ; en certains lieux de l'étang, quand l'eau n'est pas profonde, nous avons arraché ces algues, à la main, par poignées. C'est vraiment bizarre de penser qu'elles se développent sans sol, en prenant appui seulement, disais-je, sur des pierres ou sur des coquillages.

Comme nous étions arrivés à Pérols suffisamment tôt, nous avons pu marcher ensuite jusqu'à la mer ; nous avons pu voir ainsi le grand filet qu'on tirait de la mer et qu'ils appellent dans cette région « *lou bouliège*[153] ». On commence par le jeter le plus loin possible au large. Sur la plage, il y a environ quarante personnes, soit une vingtaine de chaque côté du filet, qui vont ensuite le sortir de la mer en l'attirant vers eux. Pour ce faire, ils ont chacun une corde qu'ils ont passée par-dessus leur épaule, et sur laquelle ils exercent une traction. Cette corde est nouée par leurs soins au câble général, qui n'existe en l'occurrence qu'à deux exemplaires, un pour chaque équipe de vingt personnes. Les deux escouades, au début, sont éloignées l'une de l'autre ; mais, à la fin de l'opération, elles sont très rapprochées. À les voir agir ainsi, on a bien du plaisir : car, avec ces méthodes, il leur arrive d'attraper plusieurs quintaux de poisson d'un seul coup. De temps à autre, le sort veut aussi qu'ils soient bredouilles : leur filet dans ce cas n'extrait de la mer que des algues bizarres, qui ne sont pas comestibles. Le jour de notre venue, la nasse immense du *bouliège* avait ramené quelques boules blanchâtres, rondes et glaireuses. Je les comparerais à de grosses têtes de chou. Elles me firent l'effet d'une espèce de sperme[154] ou de semence. Il y avait aussi dans leur pêche du jour divers types de poissons plutôt étranges : j'en ai acheté plusieurs que j'ai mis ensuite dans des colis pour les envoyer à Bâle. Le soir, nous sommes revenus en utilisant le passage qui de tout temps est praticable en direction de Pérols ; et cela, en sens inverse de notre trajet de l'aller. Nous avons donc traversé une partie de l'étang par voie pédestre, en un endroit où l'eau est peu profonde. Nous sommes arrivés de nuit à Pérols, et nous avons couché dans une auberge située à l'extérieur de ce village.

Le lendemain 24 avril, nous sommes revenus à Montpellier, toujours à pied. Nous avons fait cette marche de très bonne heure le matin, car l'après-midi s'annonçait déjà aussi chaud que le sont chez nous, à Bâle, les jours de canicule d'été que nous appelons « jours de chien ».

Les verreries : une excursion [148]

Le 29 avril, en compagnie de plusieurs Allemands et de Monsieur Jacques Catalan, aujourd'hui décédé, nous avons quitté Montpellier par la route de Celleneuve : dans ce village, nous avons pris le petit déjeuner du matin. Nous avons traversé une forêt et nous avons atterri le soir dans un logement exécrable ; notre hébergement était situé à Saint-Paul, *où se trouvent également les verreries qu'on appelle de ce nom* ; depuis Montpellier, cela fait quatre lieues[a]. Nous avons passé la nuit chez un berger de chèvres. Nous avons couché près du feu ; c'était au premier étage, lequel n'était couvert que de fagots, et même pas planchéié ; une agréable odeur montait de l'étable aux chèvres, située au-dessous ! On nous a royalement traités avec des œufs ainsi que du pain dur et noir. En revanche, nous avons eu droit à du lait, un produit très rare autour de Montpellier.

Le 30 avril au matin, de très bonne heure, nous nous sommes rendus aux verreries, situées à un quart d'heure de marche de la maison du chevrier. Là, nous avons vu des gentilshommes de la noblesse, en vêtements de velours et de satin : face aux fours, ils soufflaient le verre. D'après ce qu'on nous a dit, la noblesse française jouit d'un privilège (parmi d'autres) en vertu duquel il est interdit à quiconque de fabriquer du verre, sauf si le postulant-fabricant est né de souche noble. Et voilà pourquoi les nobles ruinés, auxquels l'argent et la terre ont filé entre les doigts, s'adonnent éventuellement à cette activité. Bien sûr ils

---

a. Lieue : ici 4 km.

ont leurs gens, leurs serviteurs, qui préparent pour eux la matière première : ces employés font donc brûler la plante appelée *kali* ou *salicor*, et ils en tirent de la cendre qui sera utilisée pour fabriquer le verre. Le même personnel de service se charge ensuite de colporter à travers villes et villages le verre ainsi obtenu afin de le vendre. Quant au travail des gentilshommes, il s'opère exclusivement face aux fours. Ils soufflent le verre et donnent forme à chaque objet selon son style propre ; ils utilisent pour cela un long tuyau de fer ; puis, quand le produit est porté au rouge de l'incandescence, ils le remettent dans le four, jusqu'à ce que cela soit cuit à point. Ce spectacle est extrêmement plaisant, car la matière première dont je parlais tout à l'heure donne des verres très beaux, très transparents ; nous en avons fait souffler de multiples formes, sous nos yeux.

Ils nous ont servi, lors de notre venue, de la bonne soupe du petit déjeuner du matin, avec aussi du lait de vache très gras ; certains d'entre nous en ont consommé presque à se rendre malades ; la raison en est qu'à Montpellier il est impossible d'avoir du beurre ou du bon lait. C'est seulement dans cette zone [du village de Saint-Paul] que les nobles qui habitent parmi ces verreries tiennent du bétail bovin[155] : ils les font paître dans les bois et prairies, le tout étant mis en valeur à cet effet.

Après la soupe du matin, nous avons pris bien tranquillement le chemin du retour vers Montpellier. Nous ne sommes arrivés à destination que dans la soirée, sur le tard.

Le 3 mai, j'ai assisté à la promotion au doctorat en médecine de Monsieur Dortoman, promotion qui le conduira l'année suivante au professorat dans la chaire d'enseignement de pharmacie. Cela s'est fait avec tout le tralala du cérémonial de la thèse de première catégorie, *magno modo* (voyez ci-dessus ce que j'ai écrit sur cette question).

Le 7 mai 1596, j'ai vu promouvoir Laurent Catalan, fils de mon logeur, à la maîtrise en pharmacie. Là aussi, c'était le grand style, le vrai triomphe.

Le 20 mai, je suis allé herboriser du côté de Celleneuve avec quelques camarades. Puis retour à Montpellier le soir même. Distance entre cette ville et Celleneuve : une demi-lieue seulement[a]. Nous avons ramassé en quantité, à cette occasion, les « cheveux de Vénus » (*Capilla Veneris*) qui poussent[156] tant et plus autour de Celleneuve.

Voyage vers Balaruc et Frontignan [149]

Le 25 mai, toujours avec quelques camarades, nouvelle herborisation du côté de Balaruc (bourgade par moi déjà décrite) ; nous y sommes arrivés dans la soirée.

Le 26 mai, nous nous sommes rendus dans l'établissement balnéaire. Nous y avons aperçu quantité d'étrangers ; on avait dressé de nombreuses baraques : un apothicaire et quantité de commerçants débitaient leurs marchandises. On s'amusait de toutes les manières ; on jouait comme dans une kermesse de fête patronale. Les logements étaient absolument minables. Mais on me dit que, depuis ma venue, on a construit seize cents chambres [?] d'hébergement qui ont fière allure. Après notre visite aux bains, nous nous sommes embarqués sur l'étang ; et de là nous avons escaladé la montagne, *Mons Setius*. L'ascension faite, nous avons herborisé comme la fois précédente.

Puis retour aux bains. J'y ai acheté des coquillages qu'on ramasse au bord de l'étang et qu'on vend tout enfilés. Cette même bordure d'étang, nous l'avons suivie ensuite jusqu'à Frontignan. Nous y avons passé la nuit. Frontignan est situé face à Aigues-Mortes et se trouve à une lieue de Balaruc.

Le 27 mai, toujours sur l'étang, navigation entre Maguelonne et Villeneuve, jusqu'au canal, le long duquel on nous a tractés et remorqués à partir du chemin de halage jusqu'au port de Lattes. Sommes revenus à pied le soir jusqu'à Montpellier. Le 14 juin, nouveau déplacement avec quelques camarades jusqu'à Pérols pour herboriser (Pérols, c'est le village avec la fontaine que j'ai indiquée *supra*). Sommes revenus très tard à Montpellier[b].

Le matin suivant, nous avons entrepris une petite excursion en mer en compagnie des pêcheurs et nous avons pris place avec eux dans leur barque. Ils étaient six, chacun ayant deux rames en main, soit une dans chaque main. Au bout d'une heure de

---

a. La lieue serait ici de 7,2 km !
b. Longues journées !

trajet, nous avons trouvé leur filet ; ils l'avaient posé la veille au soir et lui avaient attaché un gros morceau de liège qui devait leur servir de repère. Ils ont tiré à eux ce filet jusqu'à le récupérer dans leur barque avec son contenu, ce qui a pris encore une heure. Les captures ainsi réalisées consistaient surtout en espèces d'écrevisses rouges et bleues qu'ils appelaient *lingoustes* et *normands*. Les bleus ou *normands* [homards ?] étaient les plus gros et mesuraient un pied et demi de long. Les rouges étaient plus courts d'un demi-pied. J'en ai envoyé des deux espèces à Bâle.

Il y avait aussi beaucoup d'écrevisses rondes, *cancro* (ou crabe) dans leur langage ; et puis des *sepias* (seiches) ou *sépious* [ou *supions* en langue provençale et languedocienne], des soles et d'autres poissons de mer encore ; en particulier, nos marins avaient ramené à bord deux anges de mer[157], le plus grand ayant six pieds de long et le petit seulement un pied et demi – c'est celui que j'ai expédié à Bâle comme spécimen.

Les pêcheurs avaient simplement jeté le plus grand des deux anges au fond de la barque avec les autres poissons et ils ne pensaient pas qu'il pût leur faire du mal, à eux les hommes, car ils se tenaient tous assis sur les bancs qui étaient surélevés, avec les pieds arc-boutés sur le banc suivant. Mais voilà-t-il pas que le plus grand des deux anges se redresse d'un coup, à trois pieds de hauteur pour le moins, exactement comme un chien qui se lève sur ses pattes de derrière ; et il mord le patron, ou en tout cas celui qui avait le rôle dirigeant dans la barque, au mollet qu'il perce de part en part. Nous n'arrivions pas à lui faire lâcher prise. Nous fûmes dans l'obligation d'assommer à mort cet ange à grands coups de barre, qui portaient aussi sur le mollet du patron. C'est seulement après que nous avons réussi à lui ouvrir sa gueule d'ange. Le pauvre vieux bonhomme s'en trouvait très mal et disait que, de sa vie, pareille aventure ne lui était arrivée ; il ressentait de cruelles douleurs, comme on l'imagine aisément, car ce poisson a d'innombrables dents très aiguisées.

Nous sommes revenus à Pérols pour le repas de midi. Puis nous nous sommes arrêtés, tout près de là, au « chaudron » ou fontaine bouillonnante dont j'ai parlé *supra*. Nous étions en été ; il n'y avait donc pas d'eau dans ce trou (voyez mon texte ci-dessus). On entendait seulement le ronflement ou tohu-bohu souterrain. C'est alors que j'ai pris une poule fraîche, vigoureuse et en bonne santé ; j'ai tenu ce volatile bien au-dessus et juste sur la partie centrale de ce bassin, à l'endroit précis où s'ouvrait un orifice dont le diamètre était celui d'une noix. À peine le temps de dire un *Pater noster* et la poule était déjà raide morte. Tous les villageois de Pérols connaissent bien ce genre d'expérience.

Le soir du 15 juin, nous sommes revenus tranquillement à Montpellier ; il faisait déjà nuit lors de notre arrivée dans cette ville.

Voyage à Lattes et à Pérols [151]

Le dimanche 23 juin, pour la soirée et la veillée qui précèdent la Saint-Jean, nous sommes allés à Lattes, moi-même et plusieurs camarades. C'est une bourgade quasiment ruinée, je l'ai déjà signalé. Nous y avons observé le tir au *papagey*, autrement dit perroquet. L'oiseau visé avait en effet la petite taille d'un perroquet ou perruche ; il était attaché, voire érigé, tout au sommet d'une très haute perche et on lui tirait dessus avec des arquebuses, jusqu'à l'altitude de douze brasses pour le moins où il se situait. Une autre cible était placée sur un petit tertre artificiel, et des archers tiraient dessus avec des flèches. Ils bandaient leur arc avec la main, comme font, paraît-il, les tireurs turcs. Quand leur stock de flèches était épuisé, ils allaient les ramasser et, depuis l'endroit où elles étaient tombées, ils recommençaient à tirer sur l'emplacement qu'ils venaient de quitter et sur lequel était érigée une autre cible. Ainsi, ils ne perdaient pas leur temps à faire pédestrement des allers et retours.

Le soir, nous sommes retournés les uns et les autres au village de Pérols afin d'y passer la nuit.

C'était donc la soirée de la Saint-Jean. Pendant la nuit, nous apercevions d'innombrables feux de la Saint-Jean : chaque paysan en avait allumé un devant sa maison ; les spectateurs dansaient tout autour et traversaient les flammes en bondissant, exactement comme chez nos voisins des villages environnants de Bâle à l'occasion du Carnaval. À Pérols, chacun emportait ensuite sa provision de cendres, telles qu'elles résultaient de ces bûchers, car elles passent pour être de bon augure et pour rendre de grands services dans quantité de situations.

Le matin du 24 juin, nous avons traversé l'étang et sommes allés jusqu'à la mer pour voir les baigneurs ; car, chaque année, une foule considérable de personnes viennent aux bains de mer à l'occasion de la veille et du jour de Saint-Jean-Baptiste. Si l'on fait trempette à pareille date, c'est dans l'espoir, à ce qu'ils croient, de se protéger contre beaucoup de maladies, qui autrement ne manqueraient pas de les assaillir.

Nous aussi, nous nous sommes avancés dans la mer ; j'ai bien marché deux cents pas en m'enfonçant peu à peu dans celle-ci, jusqu'à ce que l'eau m'arrive au niveau du cou. Dès lors j'ai commencé à nager non plus vers le sud, mais vers l'ouest en direction de Maguelonne, vers l'aval. En effet, nous apercevions de ce côté quantité de femmes qui se baignaient dans la mer. À force de nager, je me fatiguais ; j'avais fort envie de me reposer, mais mon pied ne touchait pas le fond et j'avais de l'eau jusque par-dessus les yeux – une eau terriblement salée. Je fis donc volte-face en direction de la plage, mais je n'avais toujours pas pied, car le fond de la mer, même aux abords du littoral, n'est pas partout également uni, ce qui avait été cause de mon erreur, laquelle m'eût été fatale si le vent et les vagues avaient porté vers le large (ce n'était pas le cas, fort heureusement, car ça soufflait au contraire en direction du rivage). Disons encore une fois que, dans l'hypothèse d'un vent tourné dans le mauvais sens et qui m'aurait entraîné vers le sud, je me serais certainement noyé. Je me vois mal, à ce moment-là, fatigué comme j'étais, naviguer contre le courant. Je dirais même plus : il aurait suffi de la simple absence d'un vent favorable, lequel en fait me ramenait doucement vers la terre, pour que je sois bien incapable de revenir vers la plage par mes seules forces de nageur. Mes divers camarades étaient éloignés de moi au moins de cinq cents pas, de sorte qu'ils étaient hors d'état de me venir en aide. Incidemment, je note que le fond de la mer, aux approches de cette côte, est couvert de sable fin.

Une fois sortis de l'eau, nous nous sommes rhabillés. Ensuite, traversée de l'étang et retour à Pérols pour y passer la nuit.

Le 25 juin, nous avons quitté Pérols pour Grammont. Dans le temps, il y avait là une église[158] et un monastère ; le tout à peu près à mi-route sur le chemin qui mène à Montpellier, quoique un peu sur le côté par rapport à cet axe. Aujourd'hui, le site de Grammont n'est plus qu'une ferme ou un mas, implanté parmi ces broussailles qu'on appelle en Languedoc des garrigues et où circulent à foison les lapins de garenne. Leur chair est exquise, et ce goût délicieux leur vient des plantes qu'ils consomment : elles sont puissamment odoriférantes. L'ancienne église est encore debout, mais tous ses ornements ont pris la poudre d'escampette et l'on ne trouve plus dans ce « saint lieu » que le gros outillage qui sert aux travaux du domaine agricole environnant. Le fermier ou bayle habite juste à côté ; il élève quantité de moutons.

À Grammont, nous avons bu un coup. Nous avons fait ensuite un peu d'herborisation dans les garrigues avoisinantes. Nous y avons trouvé beaucoup de cistes, de lavande et de plantes du même genre. À la nuit tombante, nous sommes revenus à Montpellier.

Voyage à Maguelonne, par Pérols [153]

Le soir du 29 juin, je suis parti en promenade avec un monsieur fort bien né, à savoir le seigneur Hans Casimir, comte de Nassau ; il était accompagné par l'un des gentilshommes de sa suite et par son chambellan, Otto Streiff von Lavenstein[159]. Nous avons fait la route à pied jusqu'au village de Pérols. Nous avons passé la nuit sur une paillasse étendue à terre, couchés les uns près des autres, sans nous déshabiller, car le comte ne voulait pas avoir un lit à sa disposition[a].

Le 30 juin, de bon matin, nous avons traversé l'étang en direction du château et de l'hôpital de Maguelonne. Visite de l'un et de l'autre, comme d'habitude. Puis retour à Pérols pour le casse-croûte. Après quoi, j'ai amené Son Altesse au fameux « chaudron » du cru : nous avions apporté avec nous un vieux chat, aux fins expérimentales.

Il n'y avait pas d'eau dans le « chaudron » et son orifice central, dont la dimension était toujours celle d'une noix, était dégagé. J'ai appliqué la gueule et le nez du chat sur ce trou, cependant que le vacarme du tohu-bohu souterrain parvenait jusqu'à nos oreilles, comme je l'ai déjà noté. J'ai maintenu l'animal dans cette position pendant toute la durée de temps

---

a. « Démocratisme » du comte ?

nécessaire pour que quelqu'un puisse réciter la longue prière du *Credo* : à la fin, il laissa retomber la tête et la tourna contre mon bras. Nous pensions tous qu'il était déjà mort, à cause de quoi je le laissais avec simplicité reposer en paix. Mais, très lentement et progressivement, il a repris du poil de la bête. Dès lors, nous l'avons posé sur l'herbe verte, près du « chaudron ». Peu à peu il s'est mis à se déplacer lentement, mais tout étourdi d'abord, comme s'il était ivre, et il s'effondrait par moments. Je l'ai remis une seconde fois sur l'orifice du « chaudron », mais aussitôt qu'il a perçu l'odeur du gaz qui s'échappait du trou, il a pris ses jambes à son cou, du plus vite qu'il a pu, se sauvant ainsi dans la campagne. Mais nous l'avons rattrapé, je lui ai derechef mis le nez au trou et il est mort presque sur le coup – on n'aurait même pas eu le temps de compter jusqu'à douze. Je me suis rendu compte, en cette occasion, à quel point les chats ont le cœur bien accroché. Une poule, en revanche, ne fait pas long feu sur ce trou : nous avons placé trois volatiles de ce genre l'un après l'autre au-dessus de l'orifice fatal, et tous ont successivement crevé à l'instant même. La chose s'est faite en présence de Son Altesse nobilissime le comte de Nassau. Personne n'a voulu manger de ces poules.

Le jour même, en soirée, ayant bu un coup, nous sommes retournés à Montpellier tous ensemble, sans excès de vitesse, dans la fraîcheur vespérale. C'est alors que le comte de Nassau m'a raconté la fâcheuse aventure survenue à mon compagnon de route, le gentilhomme Nothafft, celui-là même qui m'accompagnait quand j'ai quitté Bâle l'année précédente. Lamentable affaire ! À la sortie d'Avignon, Nothafft voulait traverser un minuscule cours d'eau sur une petite passerelle. Mais, brusquement, le cheval recule et tombe avec le cavalier dans ce ruisseau qui avait tout au plus dix pieds de large. Noyade du gentilhomme ! On l'a enterré par la suite en Avignon dans l'église de la Madeleine, où on lui a dressé un cénotaphe superbe, avec épitaphe.

Voyage en Agde, par Balaruc, Mèze et Marseillan [154]

Le 2 juillet 1596, j'ai quitté pédestrement Montpellier en compagnie de Monsieur Heinrich Cherler[160]. But de la promenade : collecter toute espèce d'algues et de plantes terrestres. Avons traversé, à l'aller, deux bourgs : Fabrègues et Gigean [Thomas Platter écrit Vichan]. Sommes arrivés aux bains de Balaruc, déjà décrits par mes soins. Avons pris le repas de midi sur place. Après déjeuner, sommes parvenus à un port situé sur l'étang, et qui s'appelle Bouzigues [Platter écrit Boulige]. Avons pris place sur un bateau caboteur qui nous a conduits jusqu'à la bourgade de Méso (Mèze). Bu un coup sur place.

Méso (Mèze) [154]

C'est une petite bourgade portuaire, en effet, et qui donne sur l'étang avec un mouillage en bonne et due forme. Population de pêcheurs, en grande majorité. Quant aux dimensions de la ville, elles sont du même ordre, semble-t-il, que celles de Frontignan.

Ensuite nous avons longé la rive nord de l'étang, vers l'ouest. Chemin faisant, nous ramassions d'étonnantes algues et plantes terrestres, de toute espèce. Nous étions encore dans le plat pays, hors villages, quand d'un seul coup le temps devint épouvantable. Nous ne savions ni où ni comment nous en sortir ; avec le vent et la pluie, nous étions transpercés de part en part, nous n'avions littéralement plus un fil de sec. Aussi voulions-nous nous réfugier dans le premier village venu pour nous sécher. Mais les villageois nous refoulaient vers l'ouest en direction de Marseillan [qui était le port suivant sur le littoral de l'étang]. Ils disaient : « Chez nous, il n'y a pas d'auberge ! » Nous avions beau leur promettre beaucoup d'argent, ils refusaient de nous recevoir dans aucune de leurs maisons. Tellement sans cœur ils étaient, ces indigènes du bord de l'étang ! Nous avons donc dû marcher encore une heure environ, sous une pluie battante, trempés jusqu'aux os. À la fin des fins, nous sommes arrivés le soir à Marseillan où nous avons passé la nuit.

Marseillan [155]

C'est une bourgade riveraine de l'étang, avec un port annexe ; un peu plus grande que Mèze, mais guère. Population résidante composée pour la plupart de pêcheurs et de paysans. À notre arrivée, dans la soirée, nous sommes descendus dans une auberge. Elle était tenue par deux sœurs célibataires qui l'avaient héritée de leurs parents. Elles nous ont traités très gentiment et elles ont mis momentanément à notre disposition les habits de leur défunt père ; nous pûmes ainsi faire sécher de bonne façon notre défroque personnelle, qui était totalement dégoulinante, devant un grand feu. Pour la nuit, elles étendirent des couvertures catalanes sur le sol de notre chambre à coucher, pour que nous puissions marcher dessus avec d'autant plus de douceur.

Le 3 juillet au matin, nous avons quitté Marseillan et nous avons marché pendant une heure environ vers l'ouest au bord de l'étang ; nous sommes parvenus ce faisant jusqu'à l'extrémité d'icelui, qui s'effile de plus en plus au fur et à mesure qu'on avance, et qui finit par se perdre tout à fait ; de sorte qu'arrivés à ce point terminal, on peut rejoindre la plage proprement maritime à pied sec. En revanche, dans toute la région sise au nord de l'étang, laquelle s'étend d'ouest en est depuis cette pointe jusqu'à Aigues-Mortes, la chose est impossible, à cause de l'étang qui s'interpose en effet entre le piéton et la mer. Selon moi, cet étang a environ neuf lieues de longueur ; je puis le dire sans crainte de me tromper, car je l'ai souvent mesuré lors de mes déplacements aussi bien à pied le long de la rive qu'en bateau, et cela d'un bout à l'autre. Quant à la largeur maximale de cet étang de Thau, je l'évalue à une demi-lieue. Ce nom de Thau, dont le toponyme est variable, on le lui donne un peu partout, puisqu'il forme une nappe d'eau unique. Mais on l'appelle aussi, je l'ai déjà fait remarquer, selon la localité près de laquelle on se trouve : étang de Balaruc, de Frontignan, etc. Cela dit, c'est toujours le même lac.

Depuis la susdite pointe occidentale de l'étang jusqu'à la ville d'Agde, il faut compter environ une heure de marche ; et de fait, ayant marché pendant cet espace de temps, nous sommes arrivés à la ville épiscopale d'Agde. Selon moi, elle se situe à quatre lieues de Balaruc ; j'évaluerai donc à huit lieues la distance qui sépare les deux cités d'Agde et de Montpellier.

Agde, en allemand Agatha [155]

C'est une ville du bord de mer, et c'est aussi un port maritime où des navires assez considérables peuvent aborder après être passés au préalable par un chenal d'arrivée. Elle est construite tout à fait dans l'ancien style, et fut bâtie *par les Phocéens (c'étaient des Grecs) deux siècles après la fondation de Rome.* Elle a une église splendide et une mosaïque célèbre.

Agde, c'est aussi un évêché, dont le prélat réside sur place. Très beau jardin, hors la ville. La plupart des habitants sont marins, boutiquiers, artisans...

À une portée d'arquebuse de la ville se dresse une montagne d'altitude impressionnante : on l'appelle cap d'Agde et elle n'est pas indigne de la montagne de Sète. Nous sommes montés jusqu'au sommet pour faire de l'herborisation. Cueillette un peu décevante par rapport à la montagne de Sète, justement. Il faut dire qu'une grande partie des pentes de cette hauteur « agathoise » est couverte de vignes. Toujours au sommet de la montagne d'Agde, on aperçoit une guérite de sentinelle. Un gardien s'y trouve en permanence, car de là-haut la vue s'étend très loin sur terre et sur mer.

Depuis le sommet, nous avons vu également la forteresse de Brescou. Elle se dressait en mer, juchée sur une roche en contrebas des pentes qui s'étendaient sous nos pieds. Là aussi, une forte garnison était maintenue en tout temps afin de protéger le port et le pays. Nous sommes ensuite redescendus en ville ; nous y avons bu un coup en fin d'après-midi. Le tout suivi par une partie de balle dans un jeu de paume qui était fort large, mais pas très long. Nous sommes sortis par une porte d'Agde, là où le fleuve *appelé Hérault*, déjà mentionné ici, s'écoule vers la mer. Et puis, de nuit, nous avons repris la direction de Marseillan vers l'ouest pour aller passer la nuit dans l'auberge des deux filles de la veille au soir.

Le 4 juillet au matin, nous avons marché à nouveau en aval de Marseillan, et de là jusqu'à la mer, à pied, en contournant l'extrémité occidentale de l'étang. Puis, tout en ramassant quantité de plantes et de coquillages, nous avons longé la mer d'ouest en est ; nous suivions le lido de sable qui se situe entre la mer et l'étang ; ce lido, c'est ce qu'ils appellent la *plage* ; nous avons progressé ainsi jusqu'au pied de la montagne de Sète. Chemin faisant, nous avons déniché quantité de *corallines*. C'est une plante qui ressemble au corail[161] et dont les pousses sont ou rouges, ou blanches, ou jaunes. Le lido entre l'étang et la mer, entre deux eaux pour ainsi dire, fait environ cinquante pas de large. La bande la plus proche de la mer a trois *pas* de largeur ; elle consiste en sable marin d'une grande finesse. C'est là qu'on trouve les corallines et aussi tout ce qui est directement rejeté par la mer. Encore trois pas de plus vers l'intérieur des terres et, dès lors, ce ne sont plus que coquillages maritimes d'espèces diverses. Plus en amont encore vient une bande sableuse d'une vingtaine de pas en largeur, avec des masses de plantes marines surprenantes. Le reste du lido, en allant toujours plus au nord vers le rebord de l'étang, se compose d'une sorte de glaise grassouillette et déjà marécageuse où poussent également beaucoup d'herbes marines, voire d'algues ; spécialement, et en grande quantité, une herbe telle que le *kali* ou *salicor*[162] qu'on brûle pour en tirer des cendres à l'usage des verreries. Nous avons vu aussi, du côté de Marseillan, pas mal de marais salants, dont en effet l'on retire le sel. Ils ressemblent beaucoup aux salins de Peccais. J'en parlerai donc ultérieurement quand il sera question dans mon texte, ci-après, de ma visite à Peccais.

Entre-temps, et en parcourant le lido, nous sommes tombés sur des cabanes de pêcheurs, fabriquées en paille [et roseaux] ; elles étaient fort nombreuses. Nous y avons pris des rafraîchissements à mainte reprise, car la journée était brûlante et sur nos têtes le soleil tapait très dur. Mais le vin qu'ils nous offraient était si chaud et tellement infect qu'il nous dégoûtait. Car le vin rouge du Languedoc, entreposé au soleil dans des jarres, tourne très vite au vinaigre. Certains habitants du lido disposent de sources d'eau douce non loin de leurs huttes (qu'ils appellent des « cabanes »), mais toute cette eau était chaude, à cause du soleil. Ils ne voulurent point tâter de notre argent ; ils nous donnèrent à boire et à manger, *gratis*, de tout ce qu'ils possédaient chez eux.

Plusieurs d'entre eux nous firent cadeau d'êtres bizarres, soit poissons de mer, soit algues[163], que par la suite j'expédierai vers Bâle. Dans la soirée, nous sommes arrivés au pied de la montagne de Sète. Nous étions morts de fatigue. On nous a conduits sur une barque, en traversant l'étang, jusqu'aux bains de Balaruc. Nous n'y avons pas rencontré un seul curiste, car, je le répète, on était hors saison balnéaire. Seul était présent l'aubergiste ; il fourbissait ses installations en vue de la reprise des baignades d'eaux minérales, qui devaient recommencer au mois de septembre suivant. Les gens racontent, en effet, que ces eaux sont nuisibles pour l'homme tant en plein été qu'en plein hiver. Le racontar en question n'a pourtant pas empêché certains Allemands de se baigner à Balaruc au mois d'août, sans en souffrir quelque inconvénient que ce soit.

En fin de soirée, nous nous sommes rendus dans la bourgade de Balaruc où nous avons passé la nuit. Le 5 juillet, nous sommes partis très tôt ; nous avons traversé Vichan *alias* Gigean, puis Fabrègues ; sommes arrivés à Montpellier après le casse-croûte.

Voyage aux montagnes des Cévennes et aux jardins du Seigneur Dieu, autrement dit Hortus Dei[164] ou Hort-Diou [157]

Le 14 juillet, notre petite troupe se composait de Monsieur Hans Heinrich Cherler, Monsieur Reneaulme[165], qui est actuellement médecin de ville à Blois, Monsieur Bernier, originaire d'Auvergne[166], et moi-même. Nous avons quitté Montpellier, ayant le projet d'excursionner dans la montagne afin d'y collecter des plantes. Dès l'heure de midi, nous étions arrivés dans la bourgade des Matelles, située à quatre lieues de Montpellier.

Au sujet du Haut-Languedoc, en d'autres termes les Cévennes [158]

Ayant déjà décrit plusieurs localités de cette petite région, je m'exprimerai aussi en quelques mots à propos des montagnes qui s'y trouvent. Hautes montagnes, dirai-je, et donc, selon la dénomination locale, haut pays de Languedoc ou tout simplement Haut-Languedoc. Idem appelle-t-on également cette zone d'altitude les Cévennes, autre façon de dire « sept veines » [sic], ce qui signifie en effet sept artères ou sept veines parce qu'on trouve en cette région montagneuse les sept métaux sans exception, extraits les uns et les autres par des mineurs. Je répète que pour l'essentiel on est confronté ici à des montagnes avec très peu de terrain plat, et avec beaucoup de châtaigners qui, à côté du bétail, constituent leur première ressource. Les Cévennes s'étendent jusqu'à Mende, étant frontalières de l'Auvergne. Sur l'autre versant, vers le sud, elles sont limitrophes du Bas-Languedoc.

Les Matelles [158]

C'est une petite bourgade, située au pied d'une montagne impressionnante qu'on appelle le pic Saint-Loup, *mons Lupi*. Au total, le village des Matelles ne compte pas plus de cent maisons[a].

Nous avons pris le repas de midi dans cette localité. Ensuite, nous avons poursuivi notre marche jusqu'au château Saint-Martin [château de Londres, près de Saint-Martin-de-Londres]. Nous y avons bu le pot de la soirée ; puis ce fut le coucher, *dans l'unique auberge* du lieu, à l'enseigne du *Renard*.

Le 15 juillet, après la soupe du matin, nous sommes partis en direction de Saint-Bauzile-de-Putois. Le chemin que nous avons dû prendre était déplorable, hérissé de pierres pointues.

Saint-Bouseli ou Saint-Basile [= Saint-Bauzile-de-Putois] [159]

C'est une petite bourgade, riveraine d'un cours d'eau : *il s'écoule en descendant des montagnes par-dessus d'innombrables rochers. C'est l'Hérault*[167], *en latin* Rhauraris *; il vient des hauts du Gévaudan, puis descend par Ganges, Laroque, Saint-Bauzile-de-Putois, Saint-Guilhem-le-Désert jusqu'en Agde. C'est dans cette zone que ladite rivière devient navigable, se jetant finalement dans la Méditerranée.* On y attrape d'excellentes truites en très grand nombre. Nous en avons tâté à midi pour le casse-croûte. Pas mal du tout ! Les habitants de Saint-Bauzile, d'après ce qu'on m'a raconté, sont papistes à l'unanimité. *Nous avons ensuite dépassé le village de Laroque et* dans la soirée nous sommes arrivés à Ganges, autre petite bourgade, elle aussi riveraine de ce fleuve d'origine montagnarde qui s'appelle l'Hérault. *Ganges est situé à deux portées d'arquebuse de Laroque.*

---

a. Cent maisons, soit 500 habitants : ce n'est pas nécessairement le chiffre exact de la population des Matelles, c'est souvent le chiffre... de la population d'un village moyen, chez Thomas II Platter et chez bien d'autres auteurs.

Ganche ; en français, Ganges [159]

C'est une petite bourgade populeuse et flanquée de nombreux faubourgs ; les habitants y sont tous de la religion réformée ; beaucoup d'entre eux sont venus s'installer sur place pour y trouver refuge à l'époque des persécutions. Le culte papiste y était alors inexistant. Le bourg est fortifié ; il commande le débouché d'un « col » en provenance de la montagne. Lors de notre passage à Ganges, nous avons conversé avec un vieux médecin qui depuis très longtemps s'adonnait à l'étude des plantes ; voici bien des années, il avait effectué des promenades botaniques dans l'Hort-Diou, en compagnie du célèbre Lobel[168] ; le tout pour l'aider à découvrir des herbes rares, çà et là. C'est pourquoi on le surnommait en toute simplicité le Dioscoride[169] local. Il nous fit voir chez lui son herbier personnel. Il s'agissait surtout de plantes médicinales, celles qu'on vend aux apothicaires, comme la gentiane, l'angélique[170] et d'autres du même genre. Ce vieux médecin était certainement plus qu'octogénaire, à en juger par sa physionomie, sa façon de parler, etc.

Nous avons bu le pot du soir ; puis nous avons continué notre marche en avant et sommes arrivés dans une autre bourgade, appelée Sumène.

Sumène [160]

Petite ville, en effet, sise au bord d'un cours d'eau. Elle déborde *extra muros* en faubourgs, à l'instar de Ganges.

La population locale se compose, pour une bonne part, de tonneliers, tant en ville que dans les faubourgs : Sumène fournit en tonneaux de nombreuses régions languedociennes, car ils ont du bois en abondance et de bonne qualité dans la contrée. Je note que ces récipients viniques sont plus petits qu'en mon pays : les plus gros d'entre eux ne correspondent, en style bâlois, qu'à neuf seaux (*Ohmen*) de chez nous, et beaucoup ne font que la moitié ou le quart de ce volume. Il faut dire que le vin, en Languedoc, ne se conserve que deux années au grand maximum. C'est pourquoi les tonneaux sont petits, dans la plupart des cas. Non loin de Sumène, à double portée d'arquebuse de cette ville, du côté de la route de Ganges (celle-là même par où nous venions d'arriver), nous avons pu observer quelques fosses d'ex-

ploitation minière qui sont encore en activité. Elles ont été creusées par des paysans issus du commun peuple ; ils ont effectué
ce travail à leurs frais ; ces mineurs rustiques lavent ensuite les
terres qu'ils ont extraites, et cela dans un mince ruisseau qui
coule à proximité. Au terme du lavage, ils finissent par obtenir,
de temps à autre, de petites paillettes d'un or très clair qui sont
comme les petites feuilles des arbres de mai des paysans de *chez
nous*. Cela dit, cette besogne exige tellement de temps et
d'énergie, bref elle est si peu rentable, que les pouvoirs publics
ne prélèvent pas un sou d'impôt ou de droits là-dessus. C'est
tout juste si les pauvres paysans qui passent leurs journées à
cette occupation peuvent en retirer de quoi assurer leur pitance.
La terre d'où est extrait ce métal est argileuse et jaune ; on la
trouve près du grand chemin. L'or ainsi obtenu tient très bien
l'épreuve.

Le 16 juillet [1596], après la soupe du matin, nous avons
quitté Sumène, où habitent de nombreuses personnes de notre
religion. Nous sommes arrivés au Vigan, autre bourgade, elle-
même située à huit lieues du village des Matelles, d'après mon
estimation.

Le Vigan [161]

C'est une petite bourgade, en effet ; les commerçants y sont
peu nombreux ; mais les faubourgs ont une grande importance :
on y trouve, à mon avis, autant de maisons qu'*intra muros*. Les
meilleures auberges, elles aussi, sont faubouriennes. Le Vigan
est situé dans une vallée, au bord d'un cours d'eau qui fait
tourner quantité de moulins. La majorité des habitants sont de
la religion réformée.

Nous avons pris le repas de midi sur place ; nous nous
sommes informés sur toutes les opportunités et situations
locales, et aussi sur la manière dont nous pouvions aller jusqu'au
« jardin » de l'Hort-Diou. Beaucoup de vieilles personnes nous
ont déconseillé cette excursion. Elles ont insisté sur l'altitude et
sur les dangers de ce lieu perché, ainsi que sur l'impossibilité
où nous serions d'y trouver de la nourriture. Mais ces gens n'ont
pas réussi à nous détourner de notre projet ; nous avons donc
pris, pour notre service, un citoyen de cette ville qui connaissait

bien tous les chemins et recoins de l'Hort-Diou. Selon les dires
de ce personnage, les troupeaux transhumants de chèvres et de
vaches étaient revenus pour leur circuit d'« alpages » vers ces
hautes montagnes depuis quelques jours, si bien que nous pourrions trouver là-haut à boire et à manger grâce aux conducteurs
et bergers de ces bêtes bovines ou caprines. Donc, ayant terminé
notre repas, nous avons quitté Le Vigan en compagnie de notre
guide et nous nous sommes dirigés vers la montagne, en nous
confiant à Dieu. L'ascension a immédiatement commencé ; et
pratiquement nous n'avons fait que gagner en altitude jusqu'à
l'heure de la nuit noire au cours de laquelle nous sommes arrivés
au hameau de L'Espérou[171], ce qui vient du mot « éperon »,
comme si l'on voulait dire par là qu'on doit donner un bon coup
d'éperon à l'ascensionniste afin qu'il aille toujours plus haut
jusqu'à la cime [?]. Le bourg de L'Espérou est pourtant situé
sur de hautes pentes, mais on doit grimper encore beaucoup plus
haut avant d'arriver à ce fameux « Jardin de Dieu ». Nous avons
donc passé la nuit dans cet habitat de L'Espérou. *Nous avons
constaté qu'en cette zone le vin n'est pas conservé dans des
tonneaux, mais dans des outres*[a]. *C'est la même chose que pour
l'huile d'olive.*

Le lendemain 17 juillet, de très bonne heure, en compagnie
du guide, nous avons repris notre marche vers ce sommet des
hauteurs cévenoles. Chemin faisant, nous sommes tombés sur
d'étranges plantes de montagne que j'ai collectées *in situ* et qui
furent plus tard envoyées à Bâle par mes soins. Et enfin, vers
midi, nous sommes arrivés au point le plus élevé de la plus haute
montagne[172] de cette région. Il y avait là, tapissant cette surface
sommitale, une prairie très vaste en long comme en large,
couverte d'innombrables plantes fleuries plus souvent qu'à leur
tour, pleines de grâce et qui répandaient un parfum délicieux ;
tout cela, revêtu d'un gazon vert. C'est cet endroit qu'on appelle
à proprement parler le Jardin de Dieu, *Hortus Dei* ; son étendue
est égale à celle du Petit-Bâle, quoique à vrai dire beaucoup de
gens appliquent aussi ce nom à toute la contrée des alentours.

De cet endroit de l'Hort-Diou, la vue embrasse tout un
immense pays qui s'étend à perte de vue : ce ne sont rien d'autre

---

a. Vieille tradition romaine.

que montagnes et vallées, aussi loin qu'on puisse jeter le regard. Même les montagnes de l'Auvergne sont visibles, puisque aussi bien nous étions proches, à vol d'oiseau, de la ville de Mende. Derrière nous, par-devant et à proximité, ce n'étaient que Cévennes ! Montagnes tellement hautes qu'assurément elles surpassent en altitude celles de tout autre pays, à l'exception de nos monts du Valais.

Nous avons cassé la croûte sur place, car nous avions apporté des provisions dans nos bagages ; il y avait encore sur ce sommet quelques plaques de neige, grâce à quoi nous pûmes nous rafraîchir et réfrigérer notre boisson. Nous ne pouvions nous lasser de cet admirable paysage, car ce jour-là c'était vraiment le grand beau temps. De même qu'en mer on ne voit rien d'autre que le ciel et l'eau, ainsi sur l'Hort-Diou ce n'était, en fait de panorama, que ciel, montagnes et vallées sans une once de terrain plat. Nous apercevions quelques villages au fond des vallées, mais ils semblaient tellement menus qu'on les aurait volontiers pris pour de petites huttes paysannes et solitaires.

Nous avons donc inspecté consciencieusement cet endroit, et procédé à notre ramassage de plantes ; puis nous sommes redescendus sans hâte vers notre camp de base de la nuit précédente. Entre-temps, nous avons rencontré des fontaines et sources en quantité, sur cette montagne dont la hauteur était réellement maximale. Leur eau était bonne et fraîche, mais, à mon avis, très amère dans tous les cas. *Deux fleuves prennent leur source sur cette chaîne montagneuse : l'un coule vers l'Océan, l'autre vers la Méditerranée*[173].

Enfin, tard dans la soirée, nous sommes revenus au bourg de L'Espérou, celui-là même que nous avions quitté au petit matin. Localité peuplée pour la plus grande partie de forestiers, de charpentiers, de menuisiers : ils travaillaient à fabriquer des planches avec le bois des lieux circonvoisins ; ils taillaient, découpaient et composaient des caisses de toute espèce qu'ils expédiaient un peu partout vers les villes.

La plupart des maisons n'ont qu'un rez-de-chaussée, mais voûté. Ils nous expliquèrent que cette solution était absolument indispensable, car bien souvent pendant l'hiver, durant quatre ou cinq mois, ils ne pouvaient pas sortir de leurs demeures à cause des masses de neige qui bloquaient tout ; et, s'il n'y avait pas

eu ces voûtes, la neige accumulée sur les toits aurait pu facilement écraser toute la construction, étouffant ainsi les personnes
qui se trouvaient à l'intérieur.

Le 18 juillet, de très bonne heure, nous avons repris notre
descente de retour, du haut en bas de la montagne. Pour mieux
connaître d'autres détails de celle-ci, nous avons choisi de suivre
un itinéraire différent, rude et abrupt ; vers midi, nous étions
rendus, en procédant de la sorte, au village de Bauloc [Valle-
raugue ?]. Là, mon compatriote Cherler se trouvait quelque peu
indisposé ; dès lors nos deux compagnons français ont pris les
devants, tandis que Cherler et moi nous restions à Valleraugue
pour le casse-croûte.

Le sieur Cherler ne voulait rien manger. Durant un moment,
nous nous sommes demandés si nous n'allions pas rester pour
la nuit dans ce village. Les paysans, pendant ce temps-là, s'aper-
cevaient que nous faisions la collecte des plantes. Ils ont
compris, du coup, que nous étions médecins et ils nous ont
amené des malades, spécialement ceux qui étaient affligés
d'énormes goitres. À la suite de quoi, nous leur avons distribué
quelques conseils ; en échange, ils nous ont fait don de
châtaignes ; ils en ont grande production locale, dont ils
raffolent. Ce fut cadeau pour nous, notamment de l'espèce dite
Dauphinenque qui est très douce. Les châtaignes forment le fond
de leur régime alimentaire. Ils les mangent aussi bien cuites que
crues. Une fois pelées et séchées, elles sont éventuellement
transformées, par les soins des Cévenols, en farine dont ils font
du pain, lequel est très doux lui aussi. Celles qu'ils ont fait
sécher, ils les exportent en très grande quantité dont il se vend
beaucoup depuis le Languedoc jusqu'en Italie.

Après le casse-croûte, mon compatriote Cherler s'est senti de
nouveau un peu mieux ; et tout doucement nous avons pu nous
mettre en route, direction Sumène. Non loin de cette ville, nous
n'en étions encore qu'en haut de la pente, à l'orée du
faubourg : survint alors un nouveau malaise douloureux pour
Cherler. Et pourtant nous avons bravement continué notre route ;
nous sommes arrivés le soir même dans la bourgade de Sumène ;
nous sommes descendus aussitôt chez le même aubergiste que
précédemment. Mais nos compagnons de voyage, les deux Fran-

çais, avaient déjà levé le pied ! Ils s'étaient contentés de boire un coup au passage, dans l'hôtellerie en question.

Le 19 juillet[a], après avoir avalé la soupe du matin, nous sommes passés derechef près des mines d'or. Nous étions parvenus presque en haut de la montée. Devant nous se trouvait un conducteur de mules avec son convoi de nombreuses bêtes à bât. Il se faisait tracter par la dernière mule d'affilée, qu'il tenait par la queue et qui le tirait ainsi, étant un peu moins chargée que ses consœurs afin de pouvoir effectuer ce remorquage du patron. Le convoi, la bête et l'homme progressaient ainsi sur un sentier très étroit qui côtoyait d'extrêmement près une gorge profonde. De fait, dans cette contrée, on trouve beaucoup d'itinéraires étroitissimes du même genre et qui sont même inutilisables en hiver à cause de leur minceur. Le muletier s'imaginait qu'il allait pouvoir faire l'ascension d'un passage difficile, mais voilà que la mule fait un écart en direction de la gorge, avec son chargement ; elle trébuche à plusieurs reprises, et entraîne vertigineusement l'homme à sa suite qui la tenait toujours fermement par la queue. Finalement, la mule est arrêtée par un arbre qui la retient. Sans cela, ni le conducteur ni l'animal n'auraient pu échapper à une mort certaine : la gorge était à pic, et pouvait bien avoir cent brasses de profondeur. Nous avons aidé le camarade de l'accidenté à les retirer tous deux, l'homme et la bête, du ravin dans lequel ils avaient chu ; ils étaient tombés à six ou huit brasses en contrebas du rebord de l'abîme. Le muletier avait les mains, le visage et le cou lamentablement griffés par les ronces. Mais lui et sa mule s'en étaient tirés par miracle avec la vie sauve.

Une étape de plus, et nous étions à Ganges, toujours cette bourgade. De là, nous sommes allés dans la localité suivante (toute proche de Ganges) qui s'appelle La Roche ou La Rocque.

La Roche, en français La Rocque [164]

C'est une petite bourgade, elle aussi, et située tout près du fleuve d'Hérault, lequel coule encaissé dans de nombreuses roches. Telle est l'origine du nom de La Rocque. Cette petite ville est entourée de remparts *et elle contient trois châteaux à*

a. Et non le 29, erreur de TF 19.

l'intérieur de l'enceinte qui appartiennent respectivement à trois seigneurs différents, cependant que la ville elle-même fait partie du domaine du roi de France. Elle est séparée de *l'Hérault* par un chemin qu'on peut emprunter tout du long, sans qu'on puisse, à partir d'icelui, entrer en ville ni la traverser de ce côté-là. C'est du reste ce qui s'était passé, en ce qui nous concernait, lors de notre voyage d'aller : de fait, nous étions passés près de La Rocque sans y pénétrer, suivant simplement ce chemin de la bordure de l'Hérault. Si bien qu'à propos de la route qui mène de Saint-Bauzile à Ganges, je n'avais pratiquement pas parlé de La Rocque. *Les habitants de cette ville sont tous papistes ; elle est très proche de Ganges, dont les habitants sont tous réformés.*

Ensuite, nous avons suivi la vallée, sur le bord du fleuve, dans le sens du courant d'eau descendant.

Des deux côtés de l'Hérault, il y a de hauts rochers dont certains sont tout à fait creux. À notre droite et sur l'autre bord de l'Hérault, en rive ouest, à bonne hauteur, on nous a montré l'entrée d'une caverne dans le rocher : c'était là, nous dit-on, que l'herculéen capitaine Aragon, fils d'un forgeron de Lunel, s'était installé pendant longtemps, avec quelques soldats de sa troupe[174]. Tous les marchands, spécialement négociants en bétail, bouchers ou autres qu'il avait pu repérer de loin, il les coinçait dans une gorge ou sur un gué non loin de Ganges, où ils ne pouvaient éviter de transiter. Il s'adressait à eux, et leur demandait plus particulièrement : « Quelle est la destination de ton voyage ? Combien d'argent portes-tu sur toi ? » S'ils faisaient preuve de franchise dans leur réponse, il ne leur prenait que la moitié de l'avoir qu'ils détenaient ainsi en voyage ; l'autre moitié, il la leur restituait, et ensuite il les laissait continuer sur l'itinéraire qu'ils avaient prévu. En revanche, en cas de fausse déclaration, il prenait tout l'argent. Si les intéressés opposaient quelque résistance, il les massacrait. On doit reconnaître à ce propos qu'il était d'une telle force physique que la plupart des gens le craignaient dès lors qu'ils l'avaient vu ou qu'ils avaient entendu parler de ses hauts faits.

Avec son épée, qu'il portait toujours disponible à la hanche, il lui est arrivé plus d'une fois de trancher un âne en deux morceaux, d'un seul coup, par le milieu du corps. On lui présentait un autre âne, avec sa charge sur le dos, et sans effort il le prenait, le soulevait au-dessus du sol et le portait. *Idem* m'a-t-on raconté qu'il s'était montré capable, d'une seule frappe de son poing, de renverser sept hommes alignés en file serrée l'un derrière l'autre. En conséquence, tout le monde le tenait pour un géant. Pour finir, ce bandit a dévalisé un riche marchand sur les grands chemins, non loin de Montpellier, ce qui a incité le connétable de Montmorency à le faire poursuivre par monts et par vaux. Et pourtant, Aragon était tellement intrépide et ses compagnons tellement courageux, en tant que soldats, qu'on n'arrivait jamais à l'attraper. Mais, dans la dernière période, il se trouvait chez son bon ami le seigneur de Saint-Thibéry[175], dans lequel il avait pleine confiance. C'est alors que le connétable vint chez ce monsieur pour s'emparer de son visiteur. Les deux seigneurs envisagèrent toute sorte de moyens, mais on craignait beaucoup d'attaquer Aragon du fait de l'épée fort coupante et pointue qu'il ne quittait pas. On procéda donc de la manière suivante : au moment où l'on servait son repas au connétable, le seigneur de Saint-Thibéry pria le capitaine Aragon de bien vouloir déboucler son ceinturon et se débarrasser de son épée pour pouvoir ensuite servir à table Montmorency et lui présenter la nourriture, puisque aussi bien le connétable était, en France, le personnage le plus élevé en grade après le roi ; en tout état de cause, il eût été inconvenant d'effectuer ce service de table en ayant l'épée à la ceinture. Et puis, quoi qu'il en soit, le capitaine Aragon n'était-il pas en pleine sécurité, bref à l'abri du péril, chez Monsieur de Saint-Thibéry qui était le meilleur de tous ses amis ? L'intéressé finit par se laisser convaincre grâce à de telles cajoleries, et il se dépouilla de son glaive. Les militaires qu'on avait armés pour cette circonstance et qu'on avait cachés secrètement dans le château furent informés de la réussite de cette ruse et ils l'attaquèrent par-derrière, en profitant de la situation avantageuse qui était maintenant la leur ; ils parvinrent à le ligoter. On raconte qu'au début il s'écria : « Mon épée ! », et qu'en cours de lutte il réussit à renverser jusqu'au sol bon nombre de ses adversaires, avant d'être maîtrisé. Le connétable put alors faire conduire Aragon à Montpellier, et là il le fit décapiter.

Peu après, nous avons dépassé vers l'aval cette zone rocheuse des bordures d'Hérault, et nous sommes arrivés, sur la voie du retour, derechef à Saint-Bauzile. C'est un interminable village-rue, à forme très allongée de bout en bout.

Après le casse-croûte, nous avons enfourché nos mules (celles-là même que nous avions louées, à vide, à Sumène). Un méchant chemin, très caillouteux, nous a menés jusqu'à l'auberge du Renard et, de là, au château de Saint-Martin-de-Londres. Là, nous avons réglé le prix de location de nos montures. Le soir même, après avoir traversé une rivière en bac, nous étions de retour à Montpellier, avec l'aide de Dieu. Nous rapportions tout un tas de plantes bizarres de la montagne et j'ai pu les expédier à Bâle ultérieurement.

Ce qui s'est passé ensuite à Montpellier [165]

Dans la journée du 9 août, le plus jeune fils de Monsieur Laurent Joubert, le grand savant, me prit avec lui et m'emmena jusque dans sa maison pour me faire voir le cabinet de curiosités de son défunt père. Depuis le décès de ce monsieur, sa collection se trouvait en débandade complète. Des personnages fort distingués, tels que le connétable et Monsieur de la Fin [d'Auvergne], étaient parfaitement informés[176] ; ils savaient que de son vivant ce savant Joubert avait fait venir des pays étrangers, à grands frais, divers objets de collection fort curieux. Ils ont donc inspecté ce cabinet *de visu*, après la mort du propriétaire ; et puis ils se sont emparés de ce qui leur plaisait ; ils ont donné en échange quelques petits cadeaux tout au plus. Ces notables ont fait main basse, en particulier, sur les œuvres d'art, les pierres précieuses et les antiquités que Joubert, à ce qu'on dit, avait rassemblées en grand nombre. Néanmoins tout n'a pas disparu et, parmi bien d'autres choses remarquables, j'ai vu là des animaux empaillés qui étaient vraiment exotiques, étranges ; des plantes monstrueusement déformées, des objets d'art et autres vieilles choses que je vais décrire l'une après l'autre, celles en tout cas dont j'ai pris particulièrement connaissance :

1° D'abord était accroché au plafond, en plein milieu du cabinet de ces collections, un oiseau empaillé blanc, très grand (et même plus grand qu'un aigle), appelé en latin *Onocro-*

talus[177]. De son vivant, sa voix eût tenu du braire chez un âne. L'oiseau en question est doté d'une grosse poche sous le bec, on dirait un estomac, et elle peut contenir environ trois litres d'eau où cet oiseau conserve les poissons... Il vole au-dessus de la mer ou d'autres plans d'eau, et là il plonge comme un canard sauvage jusqu'à ce qu'il ait effectué une bonne pêche. Il n'a plus ensuite qu'à se poser en terre ferme et à se repaître de ses prises. Ce volatile, à ce qu'on dit, avait été apporté d'Alexandrie jusqu'à Marseille ; et de là on l'avait expédié à Montpellier en tant que cadeau. J'en ai vu un tout semblable, en peinture, à Lucerne, dans la salle de la Corporation du Fridolin[178] : le tableau portait une inscription comme quoi l'oiseau était en provenance du lac de Zurich, au-dessus duquel on l'avait abattu.

Il y avait également, dans le cabinet de Joubert, deux oiseaux marins étranges ; à en croire leurs appellations, l'un était un *Alcyon*, l'autre un *Cordilis*[179].

J'ai vu aussi des coquilles tirées de la mer, qu'on appelle *Concha anatifera*[180] : c'est là que naissent les oies sauvages.

En quatrième lieu, une petite bestiole à quatre pattes, de la taille de nos lézards, et qui ne se nourrit que d'air : cela s'appelle un caméléon.

5° Un veau marin, aussi grand que nos veaux terrestres.

6° Un *petit* crapaud de mer[181].

7° Un coq de mer ; c'est une espèce de poisson[182].

8° Un tout petit poisson rond (qui ressemble à un limaçon rouge), appelé *Remora*[183]. On prétend qu'il est capable de stopper net un gros navire en pleine mer. Il suffit qu'un matelot tienne une rame, et que le *Remora* la touche : la main du marinier en aurait une entorse telle qu'elle deviendrait soi-disant inutilisable, jusqu'à ce que la bête lâche prise. Tout cela me paraît bien difficile à croire, et pourtant de nombreux vieillards très distingués ont accepté cette croyance.

9° Un énorme crocodile qui avait bien dix pieds de long.

Pour le numéro 10, j'ai vu quelques échantillons d'individus difformes, produits de naissances monstrueuses. Ainsi la tête d'un enfant de quatorze ans : elle était énorme, ayant quatre empans [80 centimètres] de circonférence.

11° Un cochon à huit pattes, dont quatre à l'emplacement normal, deux par-devant sur la poitrine et deux sur le dos.

12° Une grande chèvre à deux têtes.

Idem pour le numéro 13 : diverses plantes rares, parmi lesquelles une mandragore[184] en forme d'homme minuscule (dont on dit qu'elle pousse sous la potence), mais selon moi il s'agit ou d'une *mandragora*, ou d'une *monotropa* ; on lui a planté des millets à la place de la chevelure.

14° De la gomme ou de la résine qui a coulé de la pierre très dure d'un diamant.

15° De l'écume de mer desséchée[185].

16° De nombreuses pierres d'aigle[186], qui sont tombées du ciel, à en croire certaines personnes.

17° De belles dents de lion.

Idem pour le numéro 18 : des calculs pierreux, de la grosseur tantôt d'un œuf, tantôt d'une noix muscade, qu'on a extraits de la vessie d'un homme de soixante ans.

19° Une grosse pierre blanche, quadrangulaire, qu'on a tirée des reins d'un homme après sa mort.

20° Le tibia d'un homme, mort du mal français [maladie vénérienne][187], dont les os de la jambe s'étaient, de son vivant, corrompus et pourris à même le corps de la personne en question.

21° Quelques petits os ou osselets attachés avec un fil de coton, que les Américains, autrement dit *Anthropophagi*, c'est-à-dire mangeurs d'hommes, ont coutume de composer en forme de colliers avec les ossements des hommes qu'ils ont mangés ; ils se les suspendent ensuite à la cuisse ou au cou en guise de parure. On m'a donné divers exemplaires de ces ornements que j'ai expédiés à Bâle par la suite.

22° J'ai vu aussi beaucoup de pierres précieuses qui étaient en effet de grande valeur, et plusieurs portraits de personnages importants, l'un ou l'autre joliment moulés en plâtre.

23° Une grosse paire de gants, qu'on avait enfermée artistement dans une noix.

24° Une vieille lampe, pourvue d'une mèche en amiante[188], et dont on prétendait qu'une lumière éternelle y avait brûlé.

25° On m'a montré aussi un manuscrit dont la matière était de l'épaisseur de nos cartes à jouer ; c'était un rouleau très long, d'une quinzaine d'empans me semble-t-il [soit trois mètres de longueur], couvert entièrement et uniquement de caractères chaldéens, et qu'on a trouvé dans le corps embaumé d'une momie.

On avait inscrit en ce texte, selon l'opinion de certaines personnes, le récit des exploits du défunt. Le fait est que, dans les momies ou dans les corps embaumés, on découvre souvent divers objets bizarres, comme des idoles égyptiennes ou d'autres choses du même genre (que les intéressés affectionnaient quand ils étaient encore en vie), et cela grâce au fait qu'on enlevait les boyaux de leurs corps, une fois décédés. Ce qui laissait à l'intérieur du cadavre une grande place vide dans laquelle on pouvait fourrer ces paperasses, statuettes, etc.

Enfin, au numéro 26, qui est le dernier de ma liste, j'ai vu dans cette « collection Joubert » un couteau[189] de la même forme que ceux qui chez nous peuvent se replier ; mais celui-ci était tout d'une pièce, comme on peut voir par l'esquisse que j'ai dessinée ci-jointe. Voici son histoire : dans la campagne des environs de Lunel, à la suite d'une querelle entre deux paysans, l'un d'eux, s'étant pris de colère contre son adversaire, lui fourra de force ce couteau dans la bouche, s'étant borné tout au plus à envelopper la pointe d'icelui dans un chiffon. Le malheureux (qui avait eu le dessous dans la lutte) fut même contraint d'avaler cet objet, l'autre paysan le menaçant de le tuer de ses propres mains s'il ne s'exécutait pas. Et, de fait, il y eut déglutition de la chose. Peu après, la victime de ce procédé ressentit de terribles douleurs d'entrailles ; il fit donc venir le docteur, Messire Laurent Joubert, et lui raconta toute l'affaire – comment il avait été contraint d'avaler le couteau. Joubert désespérait de la thérapeutique, car il pensait que le diable s'était présenté à ce malheureux sous la forme d'un paysan, ce qui paraissait vraisemblable en effet, et que le démon, par quelque sortilège, lui avait fourré la chose dans le ventre. On ne pouvait concevoir qu'un long couteau comme ça fût avalé de façon naturelle. Toutefois, le grand médecin finit par céder aux pressantes instances de la victime, vu l'état de détresse aiguë où celle-ci se trouvait. Il lui fit donc donner, par ordonnance, des purgations et des vulnéraires. De sorte que peu après, dans l'aine droite (*in inguine*), un abcès se forma ; puis on l'ouvrit, et le docteur Joubert, de ses propres mains, à travers cette apostume ouverte, en retira le couteau. Le paysan a survécu en pleine forme et en bonne santé, après cette aventure, pendant de nombreuses années encore. Cette anecdote m'a été racontée dans tous ses détails par le fils de Monsieur Laurent Joubert, et ce Monsieur Laurent a lui-même consigné l'aventure dans ses *Observationes*. Il pensait que le couteau était si l'on peut dire passé par l'appendice (*caecum intestinum*), car il n'en était résulté aucun dommage.

À l'étage inférieur, dans cette même maison, on pouvait encore apercevoir plusieurs grandes côtes de baleine que, de Bordeaux, on avait envoyées à Joubert. Parmi elles, quelques-unes avaient dans les vingt empans de longueur et deux empans d'épaisseur [respectivement quatre mètres de longueur et quarante centimètres d'épaisseur]. Par le biais d'un échange, j'acquis du fils Joubert une petite côte de baleine d'environ douze empans de long [2,40 mètres], que je devais expédier à Bâle ultérieurement.

Il y avait encore, à proximité de ces ossements de baleine, une tortue de mer accrochée au plafond ; sa carapace était aussi vaste qu'un dessus de table autour duquel six messieurs auraient pu, sans problèmes, trouver place assise pour chacun d'entre eux.

Chez le docteur Richer à Montpellier, j'ai vu l'estomac d'une de ces tortues de mer : il était hérissé de dents ; on aurait dit, en toute ressemblance, un hérisson dont on aurait retourné la peau comme un gant. Les dents étaient fort pointues.

Dans la demeure de ce même docteur Richer, j'ai admiré le squelette d'une autruche qui était morte chez le connétable. On avait rassemblé et érigé les pièces dudit squelette ; et les grandes jambes de cette autruche étaient montées artistement.

Le même jour, dans la maison du docteur Fontanon, aujourd'hui défunt, j'ai vu un palmier[190], plus précisément un dattier bien vivant. Il était très vieux, et il avait la hauteur de quatre hommes superposés en colonne les uns sur les autres.

Voyage à Lunel [170]

Le 12 août 1596, mon compatriote Monsieur Hans Heinrich Cherler a quitté Montpellier pour Bâle. Je l'accompagnais et je lui portais sa valise. Nous avons traversé le pont du Lez à Castelnau et de même le pont de Salaison ; puis, étant passés par le village de Colombiers, nous sommes arrivés à l'auberge de la Bégude Blanche, dont j'ai déjà parlé et dans laquelle nous allions passer la nuit.

Le matin du 13 août, j'ai fait la conduite à Monsieur Cherler jusqu'au pont de pierre qui traverse le Vidourle. C'est à mi-chemin entre Montpellier et Nîmes, car dans cette seconde ville mon compagnon devait prendre son repas de midi. Au pont du Vidourle, nous nous sommes séparés et je suis revenu seul dans la bourgade de Lunel, qui n'est pas très éloignée du pont du Vidourle, si bien qu'on appelle aussi ce dernier le pont de Lunel.

Lunel [171]

C'est une assez grande bourgade ; elle tire son nom de l'astre des nuits. Du temps où cette localité n'avait pas encore de nom qui lui fût propre, diverses personnes du cru aperçurent la lune dans une flaque d'eau. Ils firent venir d'autres témoins et ils furent persuadés qu'il y avait deux lunes : l'une sous la terre, celle qu'ils voyaient dans la flaque, et l'autre dans le ciel. Et voilà pourquoi on a nommé leur ville Lunel, comme qui dirait « *ville lunaire* ».

Elle est située en plaine, et entourée d'un fossé rempli d'une boue marécageuse. On pourrait en faire une place très fortifiée ; c'est du moins ce que, sur place, on m'a signalé. Je suis descendu à l'auberge de la Pomme Rouge ; elle est de bon niveau, mais sans comparaison avec celle de la Bégude Blanche qui est bien meilleure. Là aussi (autre indication qu'on m'a donnée en ce lieu, quant au trafic des voyageurs), Lunel a connu la décadence dès que la Bégude Blanche a commencé à fonctionner. La plaine environnante est très productive ; la ville est entourée de jardins d'agrément. *Juste après le casse-croûte, je suis allé me promener tout seul dans la bourgade de Marsillargues*[191]. *C'est à une ou deux portées d'arquebuse de Lunel,* grosso modo.

Marsillargues [171]

C'est une petite bourgade en effet, très mal pavée. Cela ressemble plutôt à un simple village, mais qui serait doté d'une enceinte de remparts. Et pourtant le baron de Calvisson[192] *y possède* intra muros *une grande maison bâtie de pierre, et très belle ; tout à fait à l'instar d'un château. La rivière du Vidourle traverse cette localité ; c'est la raison pour laquelle, récemment, un marché hebdomadaire s'y est établi par ordonnance royale. Je ne pense pas qu'il y ait à Marsillargues ne serait-ce qu'une centaine de chefs de famille résidants. Cette collectivité se situe en plaine, ce qui fait que, dès qu'il y a un peu de pluie, la marche devient impraticable dans les « rues » défoncées, celles-ci n'étant pavées presque nulle part.* Le soir, je suis revenu sans me presser à Lunel, et de là à l'auberge de la Bégude Blanche, qui n'est qu'à une demi-lieue environ de cette ville.

Le 14 août, je suis parti de très bonne heure, parce qu'il faisait encore frais, et par Colombiers, Salaison et Castelnau, je suis revenu à Montpellier. Distance parcourue : trois lieues.

Le 24 août, jour de la Saint-Barthélemy, une foire (annuelle) se tient à Montpellier. Elle ne dure qu'un seul jour et l'on n'y vend que des oignons.

Le 1ᵉʳ octobre, j'ai cessé d'être pensionnaire chez Monsieur Jacques Catalan et j'ai pris pension chez la veuve Madonna de Gras, où logeaient beaucoup de Français ; j'ai opéré ce déménagement afin de continuer dans de meilleures conditions mon apprentissage de la langue française.

Le 6 novembre, j'ai fait la conduite à Monsieur Rudolf Simler[193] et à Monsieur Johannes Burgauer[194], tous deux docteurs en médecine, *doctoribus*, ainsi qu'au gentilhomme Rudolf Meiss[195] jusqu'à la Bégude Blanche, et le soir même j'ai fait retour à Montpellier.

Le 18 décembre 1596, mon bon ami Monsieur Felix Rotmundt et, le 23 décembre suivant, son cousin Monsieur Laurent Rotmundt, tous deux[196] originaires de Saint-Gall, ont été promus docteurs en médecine. J'ai assisté successivement à leurs soutenances respectives.

Fin de l'année 1596.

Année 1597

Le 1ᵉʳ février, je quittai la pension de Madonna de Gras pour prendre pension chez le marchand de poudre Frantz Rossonat.

Voyage à Marseille [173]

Le 9 février, moi et quelques Allemands, accompagnés en outre par le docteur Felix Rotmundt, nous avons quitté Montpellier vers midi, à pied. Le soir, nous étions rendus dans la bourgade de Villeneuve (déjà décrite *supra*).

Le 10 février, levés à deux heures du matin environ, nous avons pris un bateau pour traverser l'étang et sommes arrivés à Maguelonne.

Dans cette île, en compagnie du patron de notre bateau, nous avons demandé au gouverneur du château, pour le marin et pour nous-mêmes, un passeport en forme et une autorisation de congé, formalité qui nous a retenus jusqu'à neuf heures.

Ce de quoi, nous nous sommes embarqués à la grâce de Dieu dans une petite barque ; elle nous a menés jusqu'à notre tartane[197], navire de trente pieds de long qui était ancré en nous attendant, à Port-Sarrasin, non loin de là[198].

Notre patron avait jeté sur sa tête une capuche, dans le style d'un couvre-chef de capucin ; il a mis toutes voiles dehors et nous avons quitté la terre ferme par bon vent. Le temps était au beau, relativement.

Nous sommes passés devant Aigues-Mortes et, à cette occasion, nous avons aperçu un bras du Rhône qui se jetait dans la mer. C'est, en venant de l'ouest, le premier des sept bras qui sont formés par le Rhône et qui se le partagent en aval d'Arles. En langue provençale, on l'appelle le Gra Nau *de Peccais* ; en français, le gras Neuf[199]. On peut le distinguer de façon très nette. Car la mer est verte et ce bras d'eau rhodanien est jaune, et l'on voit bien comment il devient de plus en plus mince, s'effilant comme en pointe, au fur et à mesure qu'il s'écoule dans la pleine mer, cet écoulement étant doué d'une grande vigueur. *Dès lors, le trafic maritime s'est accru et nous n'avons pas tardé à voir toute sorte de navires qui, poussés par le vent ou tirant des bordées, cinglaient en déployant leurs voiles, et cela dans les directions les plus variées, sud, nord, est, ouest ; ceux de ces bateaux qui avaient le vent « en poupe », autrement dit droit derrière, étaient comme de juste les plus rapides. L'un d'eux nous croisa perpendiculairement par-devant, et de si près que nous eûmes peur qu'il ne nous rentre dedans par surprise ; mais il n'en fut rien, car leur science du pilotage était d'une finesse extraordinaire.*

Peu après, nous avons aperçu la bourgade des Trois-Maries[200].

Les Trois-Maries [174]

C'est une bourgade quadrangulaire. Elle est située au bord de la mer et nous ne l'avons vue que de loin. On y trouve une église où sont inhumées les trois Maries dont les dépouilles mortelles sont tenues là enfermées à clef, enserrées dans des châsses d'argent dorées en forme de corps. Ce trésor de reliques est contrôlé grâce à trois clefs différentes : la première est jalousement gardée par la municipalité d'Arles, celle-ci disposant de la suzeraineté sur Les Trois-Maries qui lui sont soumises en tant que bourgade ; le parlement d'Aix conserve la deuxième clef ; quant à la troisième, elle est tenue en dépôt de garde dans la localité même des Trois-Maries. On ne donne accès à ces corps de saintes, en pèlerinage, qu'à certains jours de fête bien marqués ; les gens [responsables] d'Aix et d'Arles doivent, pour ce faire, être personnellement présents et, après la cérémonie du départ, ils reviennent chez eux, clefs en poche.

À proximité de ce lieu dit Les Trois-Maries, nous avons aperçu, depuis la haute mer, le deuxième bras du Rhône, qui se déverse lui aussi dans la Méditerranée. On l'appelle le grau d'Orgon[201], tant et si bien que Les Trois-Maries se trouvent situées dans une île : elle est formée d'un côté par la mer, de l'autre par les deux bras du fleuve, grau de Peccais et grau d'Orgon, lesquels découlent l'un et l'autre de la Roubine, à leur point de départ. Peu après, nous avons vu le troisième bras se jetant dans la mer : il provient directement du grand Rhône, et non de la Roubine ; c'est par lui que les navires de grande navigation méditerranéenne accèdent à la mer, ayant d'abord descendu le fleuve depuis le port d'Arles. Ce gros bras, on l'appelle dans la langue locale Emphise, en français le grau de Paulet[202]. Son embouchure se situerait à dix lieues de Maguelonne, selon l'opinion courante.

Ensuite, notre regard s'est posé sur le quatrième bras débouchant dans la mer, appelé grau Grand.

Puis nous vîmes le cinquième bras, en langue locale *lou Pichoun*, en français le grau d'Enfer. Et le sixième, grau de Passon. Enfin le septième, *lou Pasquier* en provençal et Roque d'Adour[203] en français. Il est difficile à voir, car il se jette latéralement dans la mer.

La traversée se poursuivant, nous n'avons pas tardé à apercevoir en bordure marine un village : c'était Fos.

Depuis le navire, nous avons vu Martigues[204] au passage. Au premier plan, sur le rivage, se dresse une haute tour, contiguë à l'entrée du port. On l'appelle la tour de Bouc[205]. Les sentinelles y montent la garde et disposent sur place d'un logement.

Nous avons vu ensuite Carry[206] et sommes passés vers minuit entre les deux îles[207] de Marseille [Ratonneau et Pomègues]. Dès que les préposés aux nouveaux arrivants eurent pris conscience de notre venue, ils surgirent aux fins d'enquête : « Qui êtes-vous ? Que transportez-vous dans votre navire ? » Ils virent que nous étions allemands et que notre bateau avait des marchandises à bord. Aussitôt, ils prirent le chemin du retour. Quant à notre patron, il a jeté l'ancre. Depuis Montpellier, par trajet maritime, la distance parcourue était de trente lieues. Nous avons passé la nuit à bord.

Le matin du 11 février 1597, de très bonne heure, nous sommes arrivés à l'orée du port de Marseille, près de la tour Saint-Jean, face à la chaîne ; elle était encore fermée. Le soleil était déjà levé depuis un bon moment. On ouvrit le barrage de la chaîne et nous pénétrâmes dans le port jusqu'à notre accostage, au pied d'un escalier. Survinrent quelques officiels. Ils inspectèrent notre bateau et notre chargement, puis ils nous emmenèrent avec eux. Nous les avons suivis jusque dans la maison du bourgmestre (l'un des consuls de Marseille). Il entreprit de lire notre passeport de Maguelonne, puis il nous fit passer une espèce d'examen :

– D'où venez-vous ?
– Qui êtes-vous ?
– Que voulez-vous faire ici ?
– Votre logement ?
– Chez qui voulez-vous descendre ?

Nous lui avons donné les indications demandées : « Nous souhaitons descendre, lui avons-nous dit, chez un Néerlandais qu'on appelle (à Marseille) Maître David Flaman. Il a déjà hébergé plusieurs Allemands, parmi lesquels Caspar Rotmundt[208] (le frère du docteur Felix Rotmundt) ainsi que quelques citoyens de Nuremberg qui étaient de passage. Nous voulons faire de même. » Nous ajoutâmes que ce David Flaman n'avait pas d'enseigne professionnelle, car il n'exerçait pas officiellement le métier d'aubergiste.

Marseille [175]

Ville très célèbre ! *Marsilia, Massilia, Massalia* en latin ; Marseille en français. Elle tire son nom des peuples qui l'ont construite. *D'autres personnes proposent une explication un peu différente : à les en croire, Perianius, chef des jeunes Grecs arrivés sur place, se promenait au bord de la mer avant que soit créée la ville. Il a vu des pêcheurs, non loin de là, occupés à capturer des poissons. Il a pris cela pour un bon présage et, toujours selon les mêmes sources, il aurait dit à ses compagnons :* « Eo liens de marin », *signifiant par là :* « Vous pouvez sortir vos lignes et vos filets, et vous installer à demeure. » *De là serait venu le nom de* Massilia.

Quoi qu'il en soit, au temps de Tarquin l'Ancien, roi de Rome, cent cinquante-cinq années après la fondation de cette ville et environ cinq cents ans avant la naissance du Christ, un jeune peuple courageux est arrivé d'Asie [Mineure], je veux dire de la Grèce ionienne. On les appelait les Massiliens, autrement dit les Marseillais. Les Perses les avaient chassés du territoire des Phocéens ; ils étaient venus par mer ; ils avaient d'abord atterri à Rome et ils avaient noué avec cette ville des relations amicales. Ensuite, ils se sont rendus sur le rivage méditerranéen jusqu'à l'embouchure du Rhône. Ils ont trouvé là une côte très rocheuse et d'excellentes terres cultivables aux alentours. Et puis ils sont rentrés chez eux, en Asie Mineure, et ils ont raconté ce qu'ils avaient découvert. Un peuple nombreux les a suivis pour un nouveau voyage vers le site qu'ils avaient ainsi reconnu ; et, du coup, ils ont commencé à construire la ville de Marseille. Ils ont également apporté les bienfaits de la civilisation aux voisins gaulois. Les Phocéens leur enseignèrent comment vivre de façon morale et bourgeoise ; ils leur apprirent aussi à cultiver les champs, à tailler la vigne, à planter des oliveraies et à entourer leurs maisons avec des murs.

Les Phocéens devenus ainsi Marseillais ont continué pendant une longue période à utiliser le langage grec. Mais, par la suite, ils ont changé de langue et ils ont abandonné la manière de vivre des Grecs[209]. *Les Phocéens, d'autre part, avaient apporté avec eux des mœurs inhumaines : ils offraient des sacrifices humains à la déesse Diane, tradition impie que les druides ont ultérieurement adoptée à leur imitation. On prétend même que c'est là qu'il faut chercher le motif d'une certaine décision de l'empereur Tibère en vertu de laquelle il avait supprimé toutes les hautes écoles existantes [druidiques] dans le pays welche entier [dans la Gaule entière]. Il soupçonnait en effet les enseignants de ce réseau scolaire de pratiquer la magie noire, de procéder à des sacrifices nocturnes, et de lire l'avenir dans les entrailles des animaux. Néanmoins, d'autres personnes pensent que Tibère a fait tout cela pour extirper les beaux-arts en général ; de la même manière que le renégat Julien, empereur, usait de semblables procédés négatifs pour lutter contre la religion chrétienne[210].*

Dans les débuts, les Marseillais avaient tiré leur nourriture de la mer, beaucoup plus que des produits du sol, et cela à cause de l'aridité du terrain pierreux[a].

Par la suite, ils ont fait maintes fois l'objet d'attaques guerrières de la part des Romains et des Gaulois, autrement dit des Français, mais ils l'ont constamment emporté sur ces adversaires... jusqu'à ce qu'*en l'année 3351* [en fait, 49 avant Jésus-Christ] *la ville de Marseille soit enfin détruite* [mais pas définitivement]. Au bout du compte, on a érigé en ce lieu une école des hautes études ou université de grand renom : les Français *et les Romains* y ont envoyé leurs enfants pour qu'ils apprennent le grec, *le latin et le français* [!]. *De là vient qu'on les a présentés comme trilingues.* Ces jeunes élèves, dans cet établissement, s'initiaient aussi à la vertu. Tout le vocabulaire juridique relevait également du grec. *Leurs mœurs étaient tellement décentes et convenables qu'elles en étaient devenues proverbiales : on parlait volontiers, en effet, du comportement marseillais*, mores massilienses. *La dot la plus élevée pour une*

---

a. Contradiction avec ce qui précède ?

fille est [= était autrefois] de cent couronnes ; et cinq couronnes pour les vêtements, cinq encore pour les bijoux. À l'heure actuelle, tous ces tarifs ont filé vers la plus grande hauteur. [Il s'agit ici, semble-t-il, à propos des dots des filles, d'une réflexion de Thomas II concernant la situation inflationniste, en effet, de Marseille et d'ailleurs en 1597, note intercalée ici dans un développement relatif aux antiquités de la ville.] Finalement, aux environs de l'époque de l'empereur Justinien Ier, ils ont commencé à laisser tomber la sophistication et l'écriture ; et plus ça allait, plus ils s'adonnaient à la grossièreté des Gaulois, jusqu'à ce qu'au bout du compte l'habile délicatesse des Grecs soit remplacée chez eux par l'inculture des Barbares. Une telle évolution s'explique, quant aux causes qui l'ont produite, par le fait que les rois de France avaient commencé à exercer leur dominance sur Marseille, au point d'entretenir dans cette conjoncture un trafic de navires et de commerce avec la Barbarie ou Berbérie[211] [l'Afrique du Nord].

L'immense gloire de cette ville, de nos jours, tient à son port maritime de tout premier ordre ; il est bon et commode. Mais il est également très sûr et puissamment fortifié. Cette sécurité vis-à-vis des périls extérieurs lui vient d'abord de près d'une quinzaine de grosses pièces d'artillerie qui sont plantées dans le périmètre urbain, sur de hautes collines, en divers endroits, près de l'église de la Major – tel est le nom qu'on donne à ce sanctuaire[212]. Quatorze *canons* ! Ce sont les plus gros que j'ai vus dans tout mon voyage en France. *Plusieurs parmi eux ont seize pieds de long et lancent des boulets qui ont les dimensions d'une tête d'homme.*

Le port est encore protégé par le château ou forteresse qu'on appelle château Bit[a], ou fort de Bit, ou *château Dit*[213]. Cette protection en particulier vaut contre les pirates de toute espèce qui pourraient venir du large. La forteresse en question est entourée de tous côtés par la mer, et elle est située à un quart de lieue de Marseille (ce quart de lieue *terrestre* étant chez eux l'équivalent de *ce qu'ils appellent dans cette ville une lieue marine).* [En fait, un « mille marin », dans notre vocabulaire

---

a. Sic ! En fait, il s'agit du château d'If ! Mais Thomas II Platter a suivi la leçon erronée de cartes anciennes qui écrivaient Fort Bit.

actuel – LRL]. Le château est bâti en carré sur un rocher rond et il est renforcé aux quatre coins par quatre tours rondes, le tout étant pourvu de gros canons et de bons soldats. De ce fait, il serait impossible, sans le consentement de ces garnisaires, de porter préjudice au port marseillais. Le château insulaire que je viens d'évoquer appartient au grand-duc de Florence[214], ce qui explique qu'il soit occupé par des militaires italiens.

Chacune des quatre tours est pourvue d'une plate-forme (plataforma), *sur laquelle sont placés douze gros canons et quelques petites pièces d'artillerie. Leurs tirs commandent ainsi l'entrée du port, de sorte que même un oiseau ne pourrait se faufiler sans se faire repérer par les canonniers. En toute période, il y a cinquante soldats disponibles dans cette place forte, dont les portes sont gardées par des Suisses, lesquels font bon ménage avec ceux de Marseille. À l'intérieur du château, il y a de bonnes citernes où l'on recueille l'eau de pluie ; et aussi, en surface, un moulin à vent, comme j'ai pu m'en rendre compte visuellement depuis mon navire, en d'autres termes ma nave[215].*

Face à la forteresse, on aperçoit encore deux autres îles, nues et isolées, en mer, sur lesquelles ne se dresse aucun édifice : on les appelle en effet les Deux-Îles. *Par la suite, j'ai appris que postérieurement à mon passage à Marseille on a érigé sur ces deux îles, jusqu'alors vacantes et vides, des constructions fortifiées dans lesquelles on a installé des soldats.* Les pêcheurs viennent là de temps à autre pour retirer de la mer les filets qu'ils y ont posés. Entre ces trois îles – celle du château ainsi que les deux autres – et la ville s'étend un vaste espace de mer ; l'eau y est tellement profonde que même les plus gros vaisseaux peuvent y aborder. On appelle cette zone marine... l'*Île* ! C'est là que nous avions d'abord jeté l'ancre, lors de la nuit du 11 février, quand nous arrivions de Maguelonne.

Le troisième point fort qui rend la ville presque inexpugnable, c'est la forteresse située vis-à-vis de la tour Saint-Jean et qu'on appelle le Fort : elle est postée sur un rocher. Depuis ce dernier emplacement jusqu'à la tour Saint-Jean, une chaîne est tendue, ce qui revient à boucler l'orée du port, qui lui-même équivaut à une espèce de petite rade intra-urbaine. Tant et si bien que nul navire ne peut y entrer, ni non plus en sortir, à moins que la chaîne qui en barre l'accès ne soit ôtée. Sur la tour Saint-Jean, on a placé quatre gros canons, pointés vers le large. La commanderie de Saint-Jean se trouve juste à côté de cette tour[216]. Auprès de celle-ci une muraille très épaisse barre l'accès, tout contre la mer. Un peu plus loin se dresse la petite église dédiée à saint Laurent. Et juste au-dessus de celle-ci, sur un rempart, sont trois moulins à vent solidement maçonnés ; et, entre eux, quatre bouches à feu d'artillerie pointées vers la mer, postées derrière trois gabions[217] bourrés de terre qui forment protection crénelée. Encore trois canons près de la grande église de la Major : ils sont disposés sur le rempart d'enceinte de la ville et tournés vers la mer. Enfin, sur une haute colline près de la tour de la Grosse Horloge, voici encore tout un arsenal ! On trouve dans cette zone de l'Horloge, en effet, neuf moulins à vent construits en maçonnerie : derrière eux ou entre eux, et disons aussi derrière des gabions, ce sont sept pièces d'artillerie supplémentaires qui contrôlent l'espace maritime. De sorte qu'au total, non compris les canons postés sur les tours, on peut parler de quatorze bouches à feu armées en tout temps contre les intrus venant du grand large.

Le port présente encore une commodité supplémentaire : sur toute sa longueur, la ville est tellement bien fermée par son enceinte, qu'on peut décharger les marchandises depuis les vaisseaux directement devant les boutiques des commerçants. *Car Marseille est quasiment bordée par la mer sur trois côtés ; et par le quatrième côté, elle dispose d'un accès depuis la terre ferme.*

Qui plus est, vis-à-vis de la cité, sur le flanc est du port, je veux dire au-delà d'icelui (quand on se trouve en ville), se dresse, hors la ville, une forteresse de plus ; elle est située sur une colline de bonne altitude. C'est le fort de Notre-Dame-de-la-Garde ; il est bâti au sommet de cette colline et l'on y maintient en toute saison un corps de garde puissant et de bonne qualité. *On dit que, dans le temps, c'était là l'emplacement du temple d'Apollon ; l'actuelle forteresse est elle-même bien protégée, du fait de la montagne et du fait de la vallée dont l'amont jouxte le château.* Depuis ce fort de Notre-Dame, on peut apercevoir les navires à très longue distance, jusqu'à soixante milles vers le large, *du moins par temps clair.* Un vaisseau est-il signalé, de tout là-haut ? Pour la circonstance, les gardiens disposent d'un fanion *blanc* qu'aussitôt ils plantent au sommet de la forteresse ; et, selon la direction vers laquelle ils tournent ce pavillon, cela indique la région d'où provient le bateau : d'Italie, d'Espagne, *d'Alexandrie, d'Afrique*, de Barbarie, ou d'ailleurs. S'il s'agit de plusieurs navires ou *bâtiments* qui viennent d'endroits différents, on plante plusieurs drapeaux, autant qu'il y a de vaisseaux en vue ; et quand ceux-ci passent à un certain endroit, on fait tirer, depuis la forteresse, un coup de canon retentissant. *Si l'on a repéré des galères, et non pas des bâtiments ordinaires, on plante des signaux en nombre proportionnel à l'effectif de cette flottille galérienne ; « plantation » effectuée sur la tourelle qui s'érige au sommet de la tour de la forteresse, tourelle semblable à celles qu'on trouve sur des plates-formes analogues en haut des tours du château de l'île.*

Cette forteresse de Notre-Dame-de-la-Garde est par ailleurs entourée d'un fossé, taillé dans le roc. Elle contient également une église et beaucoup de beaux logements dans le lieu fort lui-même, car les pèlerinages y sont nombreux et fréquentés.

À propos des signaux et fanions ci-dessus mentionnés, j'ajouterai que les marchands, quand ils les aperçoivent, peuvent déterminer à peu de chose près de quel navire il s'agit, alors que celui-ci se trouve encore en mer. Et cela d'après le décompte du temps, puisqu'ils sont informés à l'avance, par les signaux, de l'arrivée de tel ou tel bateau. Du coup, ils sont saisis d'une attente fébrile ; elle les fait languir et bien souvent ils vendent les marchandises qui sont censées devoir être bientôt débarquées avant même qu'elles n'arrivent dans le port. Leurs préparatifs sont ainsi dictés par la prospective.

On prétend qu'en été la puanteur du port est tellement infecte qu'il est impossible d'en approcher quand on a l'estomac vide. Effectivement, même pendant ces journées d'hiver, lorsque le temps était beau et relativement chaud, j'ai éprouvé une sensation de malaise à l'approche du port, quand j'étais à jeun. Cela dit, on s'y habitue à la longue, au point qu'on n'y fait plus tellement attention. En outre, on doit reconnaître que ces mauvaises odeurs sont atténuées par l'inverse parfum qui se dégage des ballots d'épices, il est issu aussi du goudron qui sert à calfater les coques des navires. Or il se trouve qu'on ne cesse pratiquement jamais d'apposer ce genre d'enduit de poix sur les bateaux qui sont à quai ou en radoub.

Le fait est qu'on jette toutes les saletés dans le port, lequel reçoit aussi les produits descendant des égouts ou des puisards de toute la ville puisque aussi bien celle-ci est en pente, étant située à flanc de coteau et sur une colline. Il faut donc de temps à autre curer le port avec une machine spéciale, ingénieuse ; elle fonctionne grâce à la main-d'œuvre servile ou esclavagiste que fournissent les galériens bagnards. Sinon, il n'y aurait bientôt plus assez d'eau pour que des navires relativement importants puissent entrer dans le port.

Depuis la tour Saint-Jean, à l'entrée du barrage des chaînes, jusqu'au fond du port en cul-de-sac, au lieu dit Plan Fourviguier[218], les navires sont parqués tellement près les uns des autres que c'est à peine si l'on peut voir la surface de l'eau. Ces bateaux sont de toutes les espèces : il y en a d'assez grands, des moyens, et même de très petites barques qu'on peut charger sur les gros navires et avec lesquelles, lors d'un cabotage éventuel, on aborde à terre aisément quand la chose est indispensable.

Grosso modo au milieu du port, vis-à-vis de l'hôtel de ville, j'ai pu voir un couple de belles et grandes galères. L'une était possession du duc de Guise[219], gouverneur de la ville et de toute la Provence à laquelle appartient en effet Marseille ; la seconde relevait du lieutenant, fondé de pouvoir ou viguier, un certain Libertat ; ces deux navires étaient joliment peinturlurés et dorés dans tous leurs Extérieurs. Le 12 février, un petit esquif nous a conduits jusqu'à cette paire de beaux bâtiments. À l'abordage, nous dûmes grimper à bord par un petit escalier en bois, faisant à peu près six marches de haut : il était accroché à flanc de galère. Une fois sur le pont, nous avons emprunté un large plancher central qui mène jusqu'à l'avant de ce genre de bateau. Il y avait là-dedans un tel vacarme, dû au tintamarre des chaînes et aux hurlements des galériens, qu'on se serait cru dans un grand atelier de forge, où quantité d'ouvriers tapent simultanément sur les enclumes. Je comptai *trente et un bancs* de chaque côté, *soit en tout* soixante-deux bancs. Il y avait donc, aux deux côtés du navire, grand nombre de rames ; et pour chaque rame, quand la galère est priée de filer à toute vitesse, on compte une équipe de quatre ou cinq prisonniers, qu'un forgeron a attachés à des chaînes de fer. Ces galériens sont originaires de toutes les nations. Lors de mon passage à Marseille, il s'agissait en grande majorité d'Espagnols, au nombre d'environ quatre cents. On les avait capturés, pour partie d'entre eux, à l'époque où le maire Casaulx voulait livrer la ville à l'Espagne ; et les autres furent extraits d'une nef génoise dont je parlerai tout à l'heure. Une fois attrapés, on les avait rivés à leurs chaînes dans les deux galères.

En certains cas, il n'y a que vingt-quatre rames approximativement (au lieu de trente et un) sur chaque flanc de la galère [soit quarante-huit au total]. Les hommes sont habituellement attachés deux à deux, et par les pieds, avec de lourdes chaînes de fer scellées ensemble grâce aux procédés de la forge, mais il arrive que l'un de ces personnages veuille s'échapper en dissimulant ses chaînes sous une longue robe puis en s'en débarrassant (et cela en dépit du fait qu'aucun artisan n'a le droit de desceller ces liens métalliques). Pour parer à de tels inconvénients, on leur forge un lourd carcan de fer en forme d'anneau autour du cou, avec en plus un pieu de fer d'environ deux empans [quarante centimètres] de long qui se dresse au-dessus de leur tête. Là aussi, c'est pour empêcher l'intéressé de cacher le carcan sous un manteau. J'ai vu plusieurs cas de ce genre. Est-on désireux de vérifier ce que la nature humaine est capable d'endurer ? Il suffit de se pencher sur la situation de cette lamentable racaille. Pour toute nourriture, ils ont du biscuit, espèce de pain dur et mince, cuit et recuit, moisi en général, et fabriqué avec du grain malpropre. Il faut le ramollir dans l'eau pour pouvoir le mâcher. Une ou deux fois par semaine, on leur donne de la viande en sus de ce régime ordinaire ; quant aux autres nourritures qu'on leur fournit, il y en a peu qui soient convenables. Été comme hiver, par temps de pluie, neige, froidure, chaleur, la nuit comme le jour, ils habitent et résident dans leur galère. Ils portent tous un même uniforme de mauvaise qualité. Ils sont tondus et rasés de près, de frais, crâne et menton, pour empêcher que la vermine ne leur croisse au visage. Le soir, on recouvre chaque galère avec une grande bâche de drap. Et puis le matin, spécialement quand le soleil est de la partie, on enlève cette bâche, et un spectacle amusant, voire merveilleux, s'offre aux regards. Chaque galérien a ses occupations : l'un d'entre eux tricote, l'autre coud, le troisième taille des bûchettes, le quatrième fait la cuisine, le cinquième lave du linge ou de la vaisselle, le sixième fait le barbier, le septième épouille, le huitième gratte, etc. Tous ont quelque chose à faire. De fait, quand les galères sont ancrées dans Marseille, ces gens s'occupent à des travaux communs et vulgaires tels que nettoyer les ruelles, les places et le port, ou bien on les emploie dans des besognes de médiocre qualification. Quand ces corvées n'ont pas lieu d'être, on leur permet d'exercer chacun pour soi le métier artisanal auquel ils s'adonnaient dans le civil, ou toute autre activité dont ils sont capables, et cela à l'intérieur même de la galère. Ainsi peuvent-ils gagner quelque argent. De quoi s'acheter du vin, des vêtements, ou telle autre chose dont ils ont envie. Avec les économies monétaires ainsi réalisées, ou quand ils sont aidés financièrement de l'extérieur, suffisamment pour pouvoir se racheter, ils peuvent retrouver leur liberté. Mais en fait ils se conduisent entre eux de façon tellement infecte qu'il n'y aurait pas une méchanceté qu'ils ne fissent, si énorme fût-elle. Leur vigueur corporelle est généralement de haut niveau. Sur mer, ils rament torse nu, cependant qu'à la proue et à la poupe de leur navire se tiennent deux hommes, armés chacun d'un petit sifflet. C'est avec cela que ces deux personnages donnent, l'un et l'autre, les signaux pour indiquer le sens de la manœuvre. Si les rameurs ne font pas preuve d'une obéissance assez zélée, le châtiment est immédiat : on les frappe durement, de manière tout à fait déplorable, avec des fouets ou lanières de cuir ; celles-ci sont plates, *à la façon des courroies de bois dont on fait les cercles des tonneaux.* Les galériens en prennent plein le dos, et même plein la tête, *au point que le sang jaillit* ; et puis de temps à autre, dans des cas d'extrême nécessité, afin d'inspirer la terreur aux autres, on mutile l'un d'entre eux de l'un de ses membres. Les deux siffleurs, en effet, sont d'anciens galériens qui jadis ont longtemps vécu dans les fers avant qu'on leur retire définitivement les chaînes. Ils sont donc, de par cette expérience passée, inaccessibles aux sentiments de miséricorde. En mer, si l'on a bon vent, on peut aussi déployer les voiles et s'avancer d'autant plus vite.

Au milieu de la galère, sous de larges planches, sont placés deux canons en position horizontale, l'un posé sur la proue et l'autre sur la poupe. Quelques grosses pièces d'artillerie supplémentaires sont également fixées sur ces mêmes bateaux en d'autres emplacements. La galère n'a que deux étages. Vers l'extrémité antérieure du navire, en position surélevée, on trouve cependant, en règle générale, deux chambres d'apparat ; elles sont réservées aux officiers supérieurs qui commandent l'équipage. Elles sont très joliment apprêtées, mais plutôt basses de plafond. Dans les parties tout à fait inférieures de la coque, on entrepose les marchandises et autres cargaisons. Quant aux galériens qui manœuvrent les rames, ils sont assis à l'étage inférieur, enchaînés. *On dépense chaque année, communément, 8 à 10 000 couronnes [= 24 à 30 000 livres tournois] pour l'entretien d'une galère de ce genre. On en dénombre une demi-douzaine, en temps ordinaire, dans le port de Marseille. L'une d'entre elles appartient au roi, l'autre au duc de Guise, la troisième au gouverneur de la ville, et les autres sont la propriété de la ville elle-même, ou des chevaliers de Malte*[220].

Le 13 février, une barque nous a emmenés jusque dans l'« Île » : nous nous proposions de visiter le grand navire que le duc de Guise venait de capturer aux dépens des Espagnols. Ce bateau était à l'ancre, en effet, dans l'espace « insulaire ». Il avait appartenu aux marchands génois. Ceux-ci l'avaient payé 21 000 couronnes [= 63 000 livres tournois], en sa nudité, au moment où on le lançait dans l'eau à partir du chantier naval, et avant même qu'il ne fût équipé d'ancres, de voiles, de cordages. Ce même navire était maintenant de retour d'Espagne, chargé de cochenille, autrement dit du produit des vermisseaux ou vermillons du chêne kermès[221] ; chargé aussi de vin d'Espagne et d'autres marchandises, le tout gardé par 400 soldats espagnols. Il était censé devoir achever sa traversée en Italie, mais des vents imprévus l'ont jeté dans les eaux marseillaises et précisément dans l'espace marin de l'« Île ». Informé de cette aubaine, le duc de Guise a aussitôt organisé une sortie avec ses galères et d'autres navires, et il s'est emparé de ce gros bateau sans verser une goutte de sang. Les Espagnols qui étaient à bord, une fois faits prisonniers, ont été enchaînés aux fers pour ramer sur les galères. Le duc de Guise s'est approprié les marchandises. Les Italiens qui se trouvaient sur le navire, enfin, ont été libérés et renvoyés chez eux. Nous nous sommes approchés de ce bateau espagnol, à bord de notre barquette. Vu de près, il se dressait au-dessus de l'eau comme un immeuble de grande hauteur, vraiment considérable : en effet, c'est l'une des *naves* les plus énormes qu'on ait jamais lancées en mer Méditerranée. Nous nous sommes hissés sur le pont dudit bateau avec des cordes, et nous l'avons visité de bout en bout. La *nave*, ou plutôt le navire, avait cinq étages en hauteur ; *elle avait donc six ponts.* À l'étage le plus bas, il n'y avait rien, si ce n'est une couche épaisse de sable et de petits cailloux, qui servaient à lester le navire, ce « rez-de-chaussée » étant profondément engagé au-dessous du niveau de la mer, sous la ligne de flottaison. Au niveau du deuxième étage, il y avait de très beaux et grands canons, environ dix-huit pièces d'artillerie, me semble-t-il, toutes pointées vers la mer. Au troisième étage se trouvait toute espèce de marchandises précieuses, telles que laines, vins d'Espagne, cochenille et autre choses du même genre. Au quatrième étage, c'était surtout un arsenal largement pourvu de piques, de lances, de mousquets et d'autres armes indispensables. C'est aussi à ce niveau qu'étaient logés les soldats, par centaines. Au cinquième étage se tenaient les mariniers ainsi que les matelots, eux-mêmes simples exécutants ; les uns et les autres se chargeaient de déployer, tourner ou baisser les voiles, selon les ordres que leur donnait le patron ou capitaine du navire. Celui-ci se tenait à l'arrière du bâtiment, pour ainsi dire au sixième étage, où un appartement lui était réservé : c'est là qu'il entreposait sa boussole et les divers appareils géométriques qui se révélaient indispensables. *Je pense que la cargaison de ce monument nautique était pour le moins de seize mille quintaux.*

Il était doté au minimum de huit à dix voiles ; elles s'accrochaient à deux mâts, grands et hauts. Je les escaladai tous les deux, successivement, grâce aux échelles de corde. De cette élévation sise au sommet des hunes, la vue s'étendait très loin en mer et jusqu'au château Bit [*sic*, pour château d'If][222], auprès duquel se dressait un moulin à vent – un moulin dont on voit aussi quelques exemplaires à Marseille même, *intra muros*. Le soir venu, la visite détaillée de ce grand navire était terminée pour nous ; le canot du matin n'avait plus qu'à nous ramener au port en fin de journée. Ainsi fut fait.

Le 14 février, j'ai fait une promenade d'inspection autour des quais du port maritime de Marseille. J'ai observé les bateaux avec soin et j'en ai conclu que sept espèces de navires, à mon avis, sont d'usage courant en Méditerranée. Et d'abord, je mentionnerai les petites barques, les « barquettes ». On peut les charger sur le pont d'un plus gros bateau, afin de les utiliser pour l'approche d'un autre gros navire ou pour aborder au quai d'un port. Ces « barquettes » n'ont pas de voilure ; un seul homme suffit pour diriger l'une d'entre elles ; il y est simplement assis sur un banc, avec une rame dans chaque main. Elles sont trapues, ayant environ six pieds de large et quinze de long ; elles n'ont, si l'on peut dire, qu'un seul étage. *En Angleterre, on leur donne le nom de* boot. *C'est de là que les* bootsknecht, *autrement dit bateliers ou serviteurs de bateaux, tirent leur nom. En français, ces embarcations s'appellent* eschives *ou esquifs ; en allemand, il est question de* schiff *[ici, barque] et de* schiffleute *[matelots]*[223].

Vient ensuite la deuxième catégorie, celle des tartanes[224], ainsi dénommées. Elles sont aussi longues ou, pour être exact, plus longues que les susdites « barquettes » ; leur largeur est d'environ huit pieds et, d'ordinaire, elles n'ont pas plus d'une ou deux voiles ; elles ne possèdent qu'un seul étage ; elles portent *grosso modo* trois cents quintaux ; elles peuvent aussi être menées à la rame, éventuellement ; elles comportent donc une série de six, huit ou dix bancs, selon le cas. Les matelots sont assis sur ces bancs et ils rament ; ils souquent ferme en cas d'absence de vent. Il y a d'autres « bâtiments », dans le genre de ces tartanes, qui sont presque comme des demi-galères ! On peut s'en servir dans les situations les plus variées, par vent contraire, ou même s'il n'y a pas de vent du tout. Ces quasi-demi-galères peuvent filer rapidement, surtout quand elles sont équipées de rames et de rameurs en grand nombre. Les Espagnols les utilisent souvent, de manière tout à fait courante ; ils les appellent des frégates. En Angleterre, on trouve des bateaux du même genre, mais à deux étages et sans rames ; on les dénomme *pinnes*[225] ; ce sont des navires de chasse, très légers ; on s'en sert beaucoup pour la guerre. En catégorie similaire se situent également, tant en Angleterre qu'en France, les flibots [*fly-boats*], qui ne disposent pour chacun que d'un seul mât et d'une seule voile ; ils n'ont qu'un étage et l'on y charge du bois, du charbon et bien d'autres marchandises ou provisions.

Une troisième catégorie maintenant est largement représentée dans le port de Marseille : celle des petites barques ou *mezas barquas*[a], comme ils les appellent. Je dirai, en ce qui les concerne : demi-barques, en d'autres termes petites barques. Elles ont deux étages et deux voiles aussi. Pas de bancs pour les rameurs, car la hauteur de ces bateaux est déjà trop considérable par rapport à la surface de la mer ; les rames, de ce fait, seraient dans l'impossibilité de servir de moteur. La précieuse cargaison des marchandises qu'on y dispose est placée dans la cale, plus exactement dans l'entrepont, lequel effectivement est susceptible d'être ponté par-dessus, en sorte que l'eau de mer ne puisse pas y pénétrer. Les hommes d'équipage opèrent à l'étage supérieur.

Quatrième catégorie : celle des plus gros vaisseaux de commerce, tels qu'ils se trouvaient dans le port à l'époque. On les appelle navires ou même... barques ! On navigue ainsi en direction d'Alexandrie et du pays des Barbaresques, ou encore vers d'autres lieux fort éloignés. Grosse différence avec les catégories précédemment évoquées : celles-ci ne servent la plupart du temps qu'au grand ou petit cabotage d'un port à l'autre, dans le cadre de l'Europe de la chrétienté[b]. En revanche, les gros vaisseaux de la susdite quatrième catégorie ont environ soixante pieds de long sur vingt de large. Ils ont seulement deux ponts, mais l'un des « étages » ainsi définis est d'une très grande hauteur et l'on peut y entreposer les marchandises en abondance. Qui plus est, il y a des sièges pour les passagers qui font aussi le voyage, ainsi qu'une vaste cuisine où l'on fait du feu pour la préparation de la nourriture. Et encore une grande chambre spacieuse pour le patron du navire ; tout cela entre les deux ponts. Une tempête va-t-elle survenir ? Aussitôt l'on recouvre ou l'on ferme l'entrée de ces diverses salles avec une planche ; elle est taillée aux dimensions exactes qui conviennent ; elle est goudronnée, de façon à la rendre imperméable. Et voici ce qui se passe : quand la partie supérieure du navire, là où travaillent les marins, est déjà quasiment pleine d'eau, occurrence fréquente (et même, de temps à autre, ces gens-là sont entièrement recou-

a. Il s'agit d'une expression provençale.
b. Intéressante connotation « européenne » de la chrétienté.

verts par une grosse vague), eh bien ! ceux qui se trouvent dans les parties basses du bâtiment ne s'aperçoivent pratiquement de rien, étant donné qu'au niveau supérieur ont été percés astucieusement, sur les *deux flancs* du navire, de gros orifices en forme de hublot, grâce auxquels l'eau de mer, qui est entrée d'un côté à grande force, s'évacue d'elle-même hors du vaisseau par le trou d'en face. Quand le navire se tient bien droit sur l'eau, le temps étant clair, ces orifices ne sont même pas mouillés par l'eau de mer ; ils sont en effet surélevés par rapport à la ligne de flottaison, située elle-même approximativement à mi-pente de la coque. Dans chacun des vaisseaux se trouve aussi une pompe en état de fonctionnement. L'eau s'est-elle accumulée dans la cale ? On l'en extrait avec la pompe, comme s'il s'agissait de tirer l'eau d'un puits. Elle n'a plus ensuite qu'à s'écouler vers l'extérieur par les susdits trous en forme de sabord. Il y a également des pompes du même genre dans les *mezas barquas* ou demi-barques de la troisième catégorie, précédemment citée, car autrement on ne pourrait pas se débarrasser de l'eau de mer qui ne manque pas d'y pénétrer. Le capitaine ou patron se tient à l'arrière du navire. C'est son poste de commandement, poste placé quelque peu en hauteur, de manière qu'il puisse tout surveiller et que les ordres qu'il donne soient audibles partout ; les voiles, qui sont nombreuses, doivent en effet être orientées conformément aux intentions de ce chef.

Et maintenant, la cinquième catégorie. Ce sont de très grands et puissants navires ; ils ont beaucoup d'étages, en altitude. On les appelle des *naves* : ils servent aux négociants pour le transport de leurs marchandises, avec de nombreux soldats qui sont embarqués en supplément pour monter la garde autour de celles-ci. J'ai vu l'une de ces *naves* dans l'« Île » et je l'ai décrite ci-dessus.

Sixième catégorie, qui n'a pas grande différence avec la précédente : il s'agit là encore de *naves*, qu'on appelle aussi navires de guerre ou bateaux de guerre. Ces bâtiments sont armés de canons, tant grands que petits, et l'équipage y est complété par une troupe nombreuse de soldats. J'ai vu par la suite divers navires de guerre de la reine, dans ce genre-là, chez les Anglais, à Rochester aussi bien que sur la Tamise à Gründwitz [Greenwich[226]] ; j'en donnerai la description le moment venu, en leur lieu et place.

La septième et dernière catégorie, ce sont les galères qui figurent déjà dans mon relevé, *supra*, puisque aussi bien je les ai décrites, ancrées dans le port de Marseille. Si j'ai d'autres détails à donner sur les flottes commerciales ou guerrières, je le ferai dans les pages ultérieures de mon texte, en fonction de ce que j'observerai plus tard. Pour le moment, les diverses catégories que je viens tout juste d'énumérer, c'est à Marseille que je les ai de mes yeux vues.

J'ai vu aussi sur les quais du port décharger toute sorte de marchandises étranges. Car plusieurs navires venaient d'accoster peu auparavant. Quelques-uns d'entre eux dégorgeaient une énorme cargaison d'épices. D'autres, c'était de la rhubarbe, et des médicaments. Ailleurs encore, des singes, et puis des animaux exotiques, car c'est l'habitude ici d'en apporter avec soi quand on revient de là-bas. Des oranges aussi, des citrons et d'autres produits de ce genre ; on ne s'en lasse jamais, tellement tout cela est amusant à regarder. Dans le même esprit, disons qu'au débarcadère on s'informe d'un tas de nouvelles venues des pays lointains ; et puis, on voit une extraordinaire quantité de gens toute la journée qui viennent se promener près du port.

Après le casse-croûte de midi, nous avons fait la traversée du port en question, avec plusieurs Allemands, pour nous rendre dans une superbe maison de plaisance où réside Madame de Castellane[227]. Là nous avons visité un très beau jardin, gentiment assorti d'allées de promenade, et de jolies haies. Dans une grande salle *ad hoc*, j'ai vu également des arbres plantés dans de grands pots, tant orangers que citronniers. On nous a montré aussi la salle d'armes, un véritable arsenal, mais seulement de l'extérieur, car le jardinier qui nous servait de guide n'avait pas la clé. Nous avons de même visité les appartements, une magnifique série de pièces très joliment décorées et ornées de tapisseries. C'est là qu'est hébergée de temps à autre la maîtresse du duc de Guise, qui lui-même est gouverneur de la province. Ensuite, au rez-de-chaussée, dans la cour, au moment où nous allions quitter cette demeure, nous avons pu voir une autruche bien vivante, dont je pouvais à peine atteindre le haut du crâne avec la main. Ses cuisses étaient aussi grosses que celles d'un veau ; et, du pied, elle pouvait renverser un jeune garçon. Nous lui donnâmes des clous de fer à cheval à manger : elle les déglutissait de haut en bas sans difficulté apparente. Le jardinier nous certifia fortement qu'elle avait avalé déjà dans le passé quantité de clous et de clefs, et que les uns et les autres n'étaient jamais ressortis de l'autre côté ; ce qui tendrait à prouver qu'elle avait dû les digérer[228] !

De retour en ville, nous sommes allés à la recherche d'autres animaux exotiques.

Et tout d'abord nous avons vu, dans une cour, un léopard attaché à une chaîne ; il était un peu plus grand qu'un veau, ayant la forme d'un chat, mais couvert de taches, effroyable et repoussant à regarder. En quelques semaines, il avait mordu à mort sept personnes, du temps où il était encore en liberté : il est très dangereux pour les hommes, et ceux-ci provoquent souvent sa colère. Il peut grimper aux arbres comme un chat. Dans une autre maison, nous avons vu un chat sauvage, de la taille d'un petit veau[a] ; lui aussi faisait des sauts superbes.

Chez un aubergiste néerlandais, le dénommé Caspar, nous avons vu quatre jeunes lions ; ils avaient été importés peu auparavant. Mais, en présence de visiteurs qui leur étaient inconnus, ils constituaient toujours un péril.

Dans une autre maison, j'ai vu deux porcs-épics, dits encore cochons à piquants ou cochons de mer[229] ; ils sont presque entièrement couverts d'épines longues et raides, faites d'os ou de corne, à la manière du hérisson. Si vous mettez le porc-épic en colère, il peut vous en décocher une, comme une flèche. J'ai emporté, comme souvenir, plusieurs plumes ou épines de ce genre. Dans la résidence du duc de Guise, j'ai vu un animal dans le genre d'un grand singe, mais de forme un peu différente ; il faisait des farces et attrapes, tout à fait étonnantes et désopilantes. Les gens de la maison l'appelaient Bertrand.

Le 15 février, je me suis rendu dans les rues des orfèvres et des corailleurs. Grand nombre d'échoppes, en ces lieux ! Et presque toutes consacrées au travail des artisans du corail et à l'orfèvrerie. Là, j'ai acheté de fort beaux objets : de

---

a. Le veau devient ici unité de mesure comme ailleurs la main, le coude, etc.

la nacre, des cuillères, des sachets, des boîtes à aiguilles en ivoire, des coquillages, du corail et des plantes maritimes exotiques ; nulle part en France je n'aurais pu les avoir si facilement. Et tout cela, je l'ai expédié en direction de Bâle.

Après le repas du soir, j'ai souhaité qu'on fabrique pour moi quelques-unes de ces petites sphères de verre décorées de jolies figures, et qui flottent toujours sur l'eau de quelque côté qu'on les tourne. Ce qui fut accompli à mon intention. On façonne ces objets d'une façon charmante et de toutes les couleurs, à la flamme d'une lampe, avec l'aide d'un long chalumeau dans lequel on souffle. C'est avec admiration que j'ai pu contempler ce spectacle au cours de l'après-dîner. La manière dont les artisans confectionnent ainsi, en peu de temps, tout ce qu'un client désire, en fait d'anneaux, de chaînettes, de figures diverses, de coraux, c'est vraiment une merveille de l'art.

Le 16 février (c'est le dimanche du carnaval des messieurs), j'ai vu de nombreux prisonniers, enchaînés : ils avaient quitté les galères et ils travaillaient de bonne heure le matin, dans une rue très allongée. Ils avaient ordre d'enlever en toute hâte le revêtement des pavés, afin de saupoudrer du sable en lieu et place. En même temps, on installait une longue barrière sur le côté pour que de nombreux spectateurs puissent contempler la représentation. Quant aux personnes de qualité, elles avaient pris place dans les maisons, se tenant aux fenêtres : la rue en question était en effet la plus fréquentée, allant depuis l'hôtel de ville jusqu'au logis du duc de Guise.

Après le manger, ce Monsieur de Guise est arrivé ; un cortège de nobles et de seigneurs fort nombreux l'accompagnait. Ils montaient des barbes pur sang et d'autres chevaux des plus rapides. Ils étaient fort joliment travestis. Ils vinrent s'installer sur l'emplacement qu'on avait débarrassé le matin même ; leurs parures étaient plus superbes les unes que les autres, mais à cause des masques il était impossible de mettre un nom sur leurs visages, qui demeuraient cachés. Pendant quelques heures, ils se livrèrent à une course de bague tout à fait ravissante. Ensuite, la maîtresse chérie du duc de Guise fit elle-même la distribution des prix.

J'ai pu mesurer, à cette occasion, le luxe dont s'entourent les Marseillais d'aujourd'hui. Entre eux et leurs ancêtres, la différence est immense. J'ai déjà signalé que dans le temps jadis une fille de cette ville recevait tout au plus, en robes et en bijoux, l'équivalent d'une dot de dix couronnes [= trente livres tournois].

Or, de nos jours, les femmes de cette ville portent communément autour du cou des colliers de perles valant dans les cinq cents et même mille couronnes ou davantage, rivières de pierres précieuses qu'il est facile de se procurer à Marseille. À vrai dire, j'ai l'impression que les perles en question sont très souvent des cadeaux que les maris ou les amants apportent à ces dames, quand les uns et les autres reviennent des Indes.

Ces Marseillaises sont de jolies femmes, joyeuses, pétulantes. Elles sont très souvent et très longtemps privées de leurs époux, quand ceux-ci font des traversées maritimes. Et donc les maris leur apportent ces cadeaux magnifiques, en guise de plaisante compensation.

Leur ajustement vestimentaire est absolument exquis, mais à mon avis tout cela manque de goût, car elles s'habillent multicolores ; le corsage et les manches en effet sont rouges, qu'il s'agisse de taffetas, de satin ou de velours, et la jupe est à peu près de même étoffe, mais verte, jaune ou bleue. Ces dames, ainsi attifées, ressemblent à des perroquets. Les femmes des négociants enfilent des bas de soie, pour ne pas parler des dames nobles.

Les bourgeoises de la classe moyenne arborent, elles aussi, des accoutrement bariolés ; aux jours ouvrables, leurs bras sont couverts de manches en toile piquetée, jaune ou blanche ; et puis à la taille une espèce de camisole de laine très longue, avec une courte combinaison colorée par-dessous. Pendant toute la soirée, après dîner, j'ai vu des mascarades et autres momeries qui couraient et parcouraient, l'une après l'autre, les rues de la ville avec accompagnement d'instruments à cordes : un spectacle exactement analogue à celui que j'ai décrit pour l'année précédente en Avignon.

Le même jour, il y eut encore quantité de danses et de bals, ici ou là, qui faisaient suite aux courses de bague ; cela se passait dans le cadre des demeures les plus considérables ; j'ai pu assister à mainte performance de ce genre.

Sur la place neuve, surélevée de plusieurs degrés par rapport aux rues, j'ai vu les garçons de la ville qui s'entre-bombardaient avec des oranges, comme font les jeunes chez nous avec des boules de neige. Même les passants ne sont pas en sûreté, lors de ces batailles, car c'est la saison où les oranges jaunissent beaucoup, se ramollissent et commencent à se gâter ; on s'en débarrasse donc à vil prix et, jusque dans Marseille, il en arrive des navires pleins à ras bord, pour la circonstance : les garçons s'en servent par milliers pour leurs bombardements du carnaval.

Le 17 février, j'ai accompli la traversée du port, suivie d'une excursion à flanc de coteau jusqu'à l'abbaye ou monastère de Saint-Victor[230], considéré comme l'un des plus beaux qui soient dans la France entière. Saint Victor, patron de ce sanctuaire, a subi le martyre en l'an 330 de notre ère pour cause de fidélité à la foi chrétienne. C'était l'époque du tyran Dioclétien.

Sur la colline abbatiale, deux églises sont bâties l'une sur l'autre dans le monastère. On accède à la première par un escalier de trente marches, en descente ; et l'on arrive ainsi en un lieu consacré, extrêmement froid et obscur, si bien que les lampes y brûlent en permanence. On nous a montré sur place ce qui suit.

Premièrement, le tombeau des sept dormants[231], creusé dans le roc. Trois d'entre eux ont été trouvés à Rome. Deuxièmement, la grotte ou chapelle de Marie-Madeleine la pécheresse[232]. Trente ans après la mort du Christ, et antérieurement à la construction de l'église, il n'y avait là qu'une grotte où la sainte a fait pénitence pendant sept années. On nous a indiqué, en tant qu'antiquités, la marque de ses genoux sur le rocher, là où elle s'agenouillait en effet, ainsi que son lit et le banc où elle s'asseyait.

Tout près de là, on nous a fait voir la croix de saint André, là où il fut crucifié ; elle est enveloppée dans un coffre fait d'un bois différent, pour éviter qu'elle ne s'abîme. Cependant, par une porte minuscule, qui pour l'occasion est entrouverte, on peut apercevoir la croix. Quatrièmement, on nous a montré l'autel de saint Blaise, objet sacré tenu pour extrêmement vénérable.

Auprès d'icelui se trouve une chapelle grillagée : d'après ce qu'on nous a dit, les femmes n'y sont pas admises. Il y a quelque temps, ce lieu était encore ouvert : une reine y a donc pénétré, qui s'imaginait disposer sur ce point de libertés ou privilèges plus considérables que ceux dont jouissaient les autres dames.

Sur-le-champ, elle devint complètement aveugle. Elle ne recouvra la vue que grâce aux prières ardentes des moines de l'abbaye. Cinquièmement, on notait aussi, sur place, la présence de deux corps embaumés, ceux de sainte Bénédicte et de sainte Vincente[233]. *Item*, les tombes de saint Isarn[234], de saint Cassien[235], de saint Hugues, du bienheureux Eusèbe, du bienheureux Adrien et du bienheureux Hermann martyr.

Nous avons visité ensuite l'autre église, celle qui se trouve dans la partie supérieure : là, on nous a montré une grande et belle cruche, taillée tout d'une pièce dans de la pierre blanche comme l'albâtre. À en croire certains moines, il s'agirait du vase qui a servi au Christ pour laver les pieds des apôtres. D'autres, parmi les frères de l'abbaye, pensent qu'il s'agit plutôt de la marmite dans laquelle les pieds du Christ avaient été lavés par Marie-Madeleine, qui plus tard a fait pénitence sur ce site provençal. En fait, ce récipient ressemble presque à une urne romaine pour les cendres des morts.

Les corps saints, enveloppés dans des reliquaires d'or et d'argent, eux-mêmes incrustés de pierres précieuses, sont volontiers présentés aux visiteurs. On se doit cependant de leur manifester déférence très spéciale[a]. C'est pourquoi j'ai noté la liste de ces reliques par écrit, *comme* je la donne ci-après. D'abord, un coffre de fer, dans lequel se trouve la tête de saint Victor, torse inclus jusqu'au milieu du corps, le tout bardé d'argent. *Item* la tête de saint Cassien, qui fut le premier fondateur de l'ordre des bénédictins. *Item* les deux têtes, respectives, de sainte Bénédicte et de sainte Vincente : ces jeunes filles faisaient partie du contingent des onze mille vierges qui furent victimes d'un naufrage en revenant de Rome. *Item* une côte de saint Lazare. *Item* un petit morceau de la sainte croix du Christ, recouvert d'une couche d'argent. *Item* deux têtes des enfants innocents [massacrés jadis par Hérode]. *Item*, aux numéros six et sept, un bras de saint Cassien. Huitièmement, une petite boîte dans laquelle se trouve une dent de l'apôtre Pierre. Neuvièmement, un doigt de Martin, le saint évêque. Au numéro dix, un doigt

---

a. Peter Brown, *Le Culte des saints*, Paris, Le Cerf, 1984, p. 24 ; et, dans le sens inverse, *Traité des reliques*, parmi les *Œuvres choisies* de Calvin, éd. Millet, Gallimard, « Folio », 1995, p. 189 *sq.*

de saint Antoine[236]. Onze : un poil de la barbe de saint Paul, incrusté dans une tête en argent plaqué or, elle-même pourvue d'une longue barbe faite de même métal. Douze : l'huile parfumée avec laquelle Marie-Madeleine a oint notre Sauveur, huile contenue dans une petite boîte dorée. Treize : un doigt de Marie-Madeleine. Quatorze : le bras gauche de saint Victor. Quinze, seize, dix-sept : trois bras, respectivement de saint Ysarn, de l'évêque *Aelidius alias* saint Gilles[237], et de saint Ferréol martyr[238]. Et, pour finir, un bras du saint évêque Blaise[239].

Dans le cloître, il y a un puits près duquel se dresse une colonne en pierre. On y voit la marque d'une patte qui ferait plutôt l'effet d'une griffe. Les moines racontent que le diable, dans le temps, s'était infiltré dans le monastère. Une procession était venue à sa rencontre ; voyant approcher l'hostie, le démon en question ne put trouver nul endroit pour s'esquiver. Saisi d'épouvante, il sauta dans le puits et, avec sa griffe, il voulut se raccrocher à la colonne ; néanmoins, il tomba en plein dans le trou du puits, laissant simplement la « cicatrice » de sa griffe sur la pierre de la colonne. Le pauvre diable s'est-il noyé ? Ou bien est-il parvenu à en réchapper ? À vrai dire, il est tout à fait impossible de tirer cette question au clair.

L'abbaye de Saint-Victor est bâtie à mi-pente ; et au sommet de la colline se dresse une petite chapelle, appelée Saint-Nicolas. Mais la tournée des processionnaires [anti-ligueurs] allait commencer ; nous sommes donc redescendus de la colline, nous avons fait la traversée du port, en sens inverse de la fois précédente, et nous avons pris la direction du principal sanctuaire de la ville, l'église qu'on appelle la Major ou la Maieur.

Toutes les églises de Marseille sont très anciennes, mais cette cathédrale de la Major n'est pas belle. Elle renferme en son sein le sanctuaire de saint Lazare. Ce personnage fut évêque de Marseille ; il fut le premier à prêcher l'Évangile aux habitants de ce lieu. On prétend que c'était le frère de Marthe et de Marie-Madeleine. Le Christ l'avait ressuscité d'entre les morts. *Il était déjà décédé, semble-t-il, à l'époque du martyre de saint Étienne.*

Pendant un petit moment, nous sommes restés debout, en attente, sur la place qui est située devant l'église de la Major. Et puis la procession a commencé. En principe, elle se tient chaque année en ce jour [16 février] afin de remercier Dieu pour la mort violente de Casaulx : maire de Marseille[240], il fut poignardé en effet voici une année, comme je l'expliquerai tout à l'heure. En tête du cortège marchaient des chantres et des curés armés de croix, de hampes et de bannières. Venait ensuite la tête de Lazare, portée en grande pompe sur une civière de la même façon que chez nous on porte les morts au tombeau. (Rappelons que saint Lazare était venu à Marseille après sa résurrection.) Cette tête était entièrement recouverte par un moule d'argent qui épousait les formes du visage ; elle était coiffée d'une mitre d'évêque, et elle surmontait une poitrine en argent massif. Derrière cette tête marchait le bras droit de saint Victor, bras tout entier enchâssé lui aussi dans de l'argent plaqué or. Suivaient l'évêque de Marseille et quelques prélats, puis des ecclésiastiques distingués portant eux aussi de nombreux objets consacrés : crucifix, ostensoirs et autres. Marchaient, après tout cela, divers officiels et citoyens de haut niveau. Ensuite venaient les compagnies ou sociétés des *battus* : ces gens se fouettent à intervalles réguliers. Ils portaient tous de longues chemises qui leur couvraient tout le corps depuis le sommet du crâne jusqu'aux chevilles. Il y avait des trous dans ces espèces de sacs, mais seulement pour les yeux, la bouche et le dos, afin qu'ils puissent voir, respirer et se fouetter les uns les autres. Plusieurs parmi eux portaient chemise blanche. D'autres, noire. Un troisième groupe, grise. Ceux du quatrième arboraient chemise bleue. Tous défilaient de la sorte, une société après l'autre. Je suis certain qu'ils étaient plus de quatre mille ainsi, en chemise ; c'étaient tous, à ce qu'on dit, des bourgeois ou des citoyens de la ville.

Entre-temps, nous sommes entrés dans l'église de la Major ; nous y avons examiné le coffret de fer, bardé de nombreuses chaînes en fer elles aussi, où sont conservés, en temps normal, la tête de saint Lazare et le bras de saint Victor : deux objets sacrés qui, selon l'estimation des gens du pays, valent cent mille couronnes [= trois cent mille livres tournois]. Un poème en vers est inscrit sur le coffret :

Veni creator syderum
Dele malorum scelera

Devicti tui populi
Precibus sancti Lazari[241].

Soit, en français : « Viens, créateur des astres ; détruis les crimes des méchants, ceux de ton peuple vaincu ; cède ainsi aux prières qui te viennent de saint Lazare. »

À l'extérieur de cette grande église, il y a aussi une chapelle Sainte-Madeleine où l'on prêche, m'a-t-on dit, la parole de Dieu aux pauvres passants.

Quant à la procession, elle a parcouru la ville entière. Et, au terme de ce trajet, la voilà revenue dans l'église de la Major. À ce moment-là, il ne restait plus qu'à tirer des coups de canon vers la mer, avec les grosses pièces d'artillerie en place, proches du port. Ce qui fut fait.

À l'emplacement même où se trouve actuellement la grande église [la Major], il y avait dans le temps, dit-on, un temple de Diane. Quelques antiquités locales en apportent la démonstration.

Aussitôt après le casse-croûte, je me suis rendu à la porte Royale, au rempart de la ville. J'y ai recopié ces deux vers latins gravés sur une pierre dressée à cet endroit :

Quo tandem casu cecidit Casallus : uni
Libertas, ne dum cognita, saeva fuit.

Ce qui en français veut dire, par un jeu de mots : « Par quel destin a donc finalement péri Casaulx. À lui seul était la liberté (ou *Libertas*) encore inconnue ; mais à lui fut fatal le dénommé Libertas. » [Jeu de mots sur *libertas*, la liberté, et sur *Libertas*, l'assassin de Casaulx.] Voici l'exégèse historique de ces deux vers : en l'année du Christ 1596, au mois de février exactement comme en la présente journée (on est au 16 février 1597), la flotte du prince Doria[242], venue d'Italie, chargée de nombreux Espagnols et Italiens, avait jeté l'ancre devant Marseille depuis quelques jours. Le prince menait des tractations avec le premier consul Casaulx ; ce personnage était titulaire, en effet, du poste consulaire de bourgmestre de Marseille depuis quelques années successives, à cause de son immense prestige. Normalement, on aurait dû renouveler le consulat tous les ans ; on aurait dû choisir chaque année quatre nouveaux consuls, qui eussent été chargés de régir la ville [pour les douze mois suivants]. En réalité, les

choses se passèrent de façon toute différente, quoique illégale :
le consul Casaulx a conclu un accord secret avec le susdit prince
Doria, comme quoi lui, Casaulx, allait livrer Marseille au roi
d'Espagne ; en signe de confirmation du traité, il envoyait ses
deux fils à ce souverain madrilène à titre d'otages ; et, de fait,
ils reçoivent aujourd'hui encore de Philippe III une pension
annuelle de vingt mille couronnes [= soixante mille livres tour-
nois]. Pendant ce temps, les galères du prince Doria étaient
toujours en mer, proches de la côte et visibles depuis Marseille ;
on n'attendait plus que d'être informé [par un courrier] des
intentions du roi d'Espagne, quant à cet accord. Qui plus est,
les nobles de Marseille avaient été en grande partie expulsés de
la ville par les soins de Casaulx. Sur ces entrefaites, Casaulx
voulut faire une promenade du côté de la porte Royale. On était
en 1596, au Lundi gras, deux jours avant le mercredi des
Cendres[a]. C'est à ce jour et en ce lieu que le viguier Libertas
ou Libertat a assassiné Casaulx à coups de hallebarde, sous la
porte Royale, dans un coin, contre la tour. Aussitôt après,
Libertat fit fermer les portes de la ville ; il fit aussi traîner le
corps du défunt consul, de manière pleinement déshonorante, au
travers de toute la ville. À son commandement, on cria : « Vive
le roi de France ! », façon de dire que le roi Henri devait être
maître et seigneur en France. Le prince Doria n'attendit pas son
reste et fila aussitôt, précipitamment, par voie maritime ; ses
gens, cependant, s'étaient réfugiés dans l'église de la Major.
C'est là qu'ils furent faits prisonniers. Parmi eux, les Espagnols
furent enchaînés sur les galères, mais on laissa la liberté aux
Italiens. Immédiatement, les gens ont couru en foule vers la
maison de Casaulx, et l'ont pillée ; il avait occupé toute la
longueur d'une rue pour agrandir sa demeure, et il avait
commencé à y faire construire ; on a donc détruit ces nouveaux
bâtiments et l'on a martelé ses armoiries. Casaulx était propriétaire de chevaux très nombreux, splendidement racés. Il les avait
acquis par la force, sans payer, dès lors que quelqu'un refusait
de les lui vendre. Une fois Casaulx mort, ils furent livrés au duc
de Guise quand il eut fait son entrée dans la ville, après ces

---

a. En fait, le samedi avant ce lundi (17 février 1596), d'après TF 19,
p. 312.

désordres tumultueux. C'est en mémoire de tout cela que furent inscrits sur la porte Royale les vers que j'ai cités ci-dessus ; chaque année se tient aussi une procession commémorative, celle que j'ai évoquée plus haut.

Si le roi de France devait maintenant perdre Marseille, l'ensemble de la Provence et les régions avoisinantes ne tarderaient point à connaître bientôt le même sort.

À l'heure présente, la ville de Marseille est régie en toute fidélité et maintenue en paix par le duc de Guise, qui au nom du roi est gouverneur de toute la province, *gubernator* ; il est assisté par le viguier (espèce de sous-gouverneur) et par les quatre consuls. Marseille relève par ailleurs du parlement d'Aix.

J'ai passé la porte Royale (qui est la plus fortifiée de toutes celles de la ville, et qui est gardée par des soldats). J'ai pris la direction de l'*extra muros*. À ce moment, j'ai aperçu plusieurs beaux jardins, entourés de clôtures en pierre. De là, en suivant l'extérieur de l'enceinte, je suis parvenu jusqu'à la porte du Marché : il s'agit du marché du Thor, *alias* « de la France », comme on l'appelle en langue française. Partant de là, je suis monté sur un long aqueduc voûté, bâti en pierre, et comportant dix-sept arches ou arcades. Aucune eau n'y coule, si ce n'est qu'on a aménagé le conduit supérieur, sur le haut de cet aqueduc, pour amener la bonne eau potable qu'on peut ainsi faire couler jusqu'en ville. (En icelle, on peut aussi se procurer de l'eau à partir des sources situées *intra muros*.) Le conduit en question n'est pas couvert ; il est à l'air libre. Il y a donc un endroit prévu *ad hoc*, sur l'aqueduc, où sans autre forme de procès on coupe la main d'un délinquant dès lors que celui-ci a endommagé, en s'aidant de cette main, la susdite conduite d'eau.

J'ai visité ensuite, aux alentours de cette porte d'enceinte, l'église des Carmes, en allemand celle des *Karmeliten*. Elle est très petite et mal bâtie, en quoi elle ne diffère point des autres églises de Marseille quelles qu'elles soient.

Retour en ville : j'ai vu aussi l'église des Accoules, dite de Marie-Madeleine, puisque c'est là que cette femme a inauguré ses prédications de la foi chrétienne, destinées au monarque de l'époque et aux Marseillais en général. Elle a converti de la sorte non seulement le roi en question, mais aussi un peuple nombreux en compagnie de ce souverain.

Une grande et large place, avec un gibet par-dessus, se déploie au-devant de l'église des Accoules. Il y a encore bien d'autres églises en ville : celles des Augustins, des Jacobins, de Notre-Seigneur-Dieu, autrement dit Saint-Sauveur, de Saint-Laurent, etc., etc. Mais je n'y ai rien remarqué de spécial ; en conséquence, je n'en ferai pas mémoire ici.

À l'étape suivante, je suis allé voir l'hôtel de ville avec sa superbe grande salle qui donne sur le port. Ensuite, j'ai pris la direction du palais dont le duc de Guise fait sa demeure habituelle. On y entre par un passage voûté. Là se tiennent les gardes du corps de ce Monsieur de Guise. C'étaient justement des Confédérés [venus de Suisse] : dès qu'ils m'ont entendu parler allemand, ils m'ont laissé entrer sans faire d'histoires. Je montai à l'étage. Je pénétrai dans une salle immense, et là je vis le duc de Guise ; il était assis auprès de sa maîtresse très chérie. Elle était entièrement vêtue de drap d'or, ce qui lui faisait l'ornement le plus exquis. Un bal se donnait dans cette grande salle en vue d'honorer le viguier Libertat, qu'on remerciait d'avoir assassiné Casaulx, une année auparavant. L'ornementation et la magnificence des habits d'un chacun, et puis l'adorable musique qui se jouait en accompagnement des danses... non, ce n'est même pas la peine de parler de cela ! Tous les lecteurs, en effet, se rendent facilement compte du train luxueux dont vont les choses dans une ville aussi riche et chez un prince encore célibataire. Notons cependant que ce Guise était fort laid de visage, avec son nez écrasé. Mais ses vêtements étaient d'un somptueux ! Lors de cette séance, on ne dénombrait jamais plus de six messieurs, ou gentilshommes de la noblesse, qui dansaient à un moment donné. Les autres, quand ils avaient déjà été invités à danser par une fille, embrassaient alors exclusivement celle-ci, qui aussitôt retournait s'asseoir. L'homme en invite ensuite une deuxième, et l'embrasse elle aussi ; puis il en invite une troisième, l'embrasse également, et enfin revient à sa place. Veut-il danser derechef ? Il doit le faire avec la troisième. Quant à la deuxième fille, elle invite encore un autre homme, cependant que la dernière invitée (celle qui danse) reviendra ensuite s'asseoir. En ce qui concerne la *volte*, leur façon d'agir est également assez particulière : ils sautent en rond tout autour, pendant un moment, avec une jeune fille ; ensuite ils n'abandonnent pas cette danseuse, mais ils continuent à tournoyer avec elle ; et puis, de temps à autre encore, ils recommencent deux ou trois fois, de la même manière, avant de s'arrêter tout à fait. En outre, ce jour-là, j'ai contemplé toute une variété de danses mignonnes et gracieuses, telles que pavanes, branles, gaillardes et autres[243]. Le soir venu, la danse a pris fin. On a donc apporté, dans des coupes ou coquilles en argent plaqué or, de la confiserie de haute qualité, des amandes enduites de sucre en forme de dragées, de la cannelle et d'autres friandises qu'on peut se procurer dans cette ville à prix fort. On donnait à boire également, par-dessus le marché, du vin de Malvoisie à bouche que tu veux[244] : ce liquide, c'était un vrai délice. Puis tout cela a pris fin.

Après le repas du soir, je me suis masqué et, en compagnie d'un fondeur de cloches de Nuremberg, je me suis rendu successivement dans quelques maisons de la ville où il y avait des sauteries en libre accès. Ce qui se passait là, c'est très exactement ce que j'avais vu en Avignon dans des circonstances analogues au moment du Carnaval ; voyez *supra* les descriptions que j'ai données à ce propos. Une différence quand même : pour se faire bien voir des dames marseillaises, dans ce contexte, il faut leur offrir des confiseries en grande quantité. Tel est l'usage local.

Dans une demeure où nous étions entrés ce soir-là, moi et mon ami de Nuremberg, le duc de Guise est arrivé lui aussi, masqué. Il était avec des compagnes, à savoir sa toute chérie (sa maîtresse), la sœur de celle-ci, Madame de Castellane et d'autres femmes. On se serra aussitôt pour faire place à ce prince. Lui et son entourage dansèrent un ballet tout à fait ravissant. On l'avait reconnu d'entrée de jeu, bien qu'il fût masqué, et cela à cause de ses musiciens ; ils l'avaient escorté dans cette maison et ils étaient vraiment très bons.

Nous nous sommes rendus aussi dans la maison d'un consul. Là, comme dans d'autres demeures, il y avait plusieurs personnes qui dansaient, mais également qui jouaient ; je fus stupéfait de voir que la femme du consul avait bien cinq cents couronnes au soleil [= quinze cents livres tournois] étalées « en liquide » devant elle, les jouant toutes aux cartes rien qu'avec des hommes. Quant à l'époux, il se promenait dans la salle avec d'autres personnes ; il ne prêtait pas la moindre attention aux activités de sa femme. Il faut dire aussi qu'elle remettait sans cesse, avec véhémence, de l'argent sur la table. On m'affirma qu'elle pouvait bel et bien, en jouant, perdre mille couronnes au soleil [= trois mille livres tournois] coup sur coup en une seule soirée. Elle pouvait se le permettre, car c'était son bien à elle dont elle disposait de la sorte.

Vers deux heures du matin, nous sommes rentrés chez nous.

Le matin du 18 février, je suis sorti de Marseille par la porte du Thor et j'ai fait une petite promenade parmi les collines : tournée d'inspection dans la campagne suburbaine. Accidentée et rébarbative pour les cultures de céréales, cette campagne, en revanche, est la complaisance même pour la vigne et pour les olivettes. C'est pourquoi il est interdit, en ville, d'acheter le vin produit hors des terroirs marseillais, sous peine de punition. À moins que bien sûr les stocks de boisson indigène ne soient plus disponibles ! Il faut dire à ce propos que le vignoble du cru donne un vin très abondant et d'excellente qualité.

J'ajouterai qu'autour de Marseille, en dehors des remparts, on aperçoit quantité de *mas*, fermes, et aussi maisons de plaisance. De ma vie, je n'en ai vu pareille densité autour d'aucune autre ville que j'ai visitée. La raison de ce phénomène ? C'est la peste. Elle sévit très souvent dans la cité marseillaise à l'intérieur de l'enceinte à cause de tous ces étrangers innombrables, venus de diverses nations, qui apportent avec eux l'infection sur leurs personnes. Du coup, les bourgeois se retirent dans leurs *mas*, cabanons campagnards qui bien souvent ont à peine un petit bout de jardinet en complément de l'habitation. Du reste, de l'autre côté du port, derrière la forteresse Saint-Jean, on a construit à proximité de la mer une grande bâtisse. Elle est conçue spécialement pour le cas d'épidémie : les pestiférés, une fois installés là, sont isolés, puis traités convenablement, comme il se doit ; ils ont des docteurs spécialement à leur disposition, ainsi que des chirurgiens et des apothicaires ; cet édifice est rigoureusement séparé de la ville.

En somme, *in summa*, et afin d'en terminer une bonne fois pour toutes, je dirai que Marseille peut rivaliser avantageusement avec toutes les autres cités de la France entière : amabilité des habitants, beauté du site, richesse, comportement raisonnable, haute culture... Les comparaisons flatteuses étaient établies voici bien longtemps : avec Athènes pour les études et la vie intellectuelle, avec Rhodes pour les facilités portuaires et maritimes, avec Sparte pour la fécondité du sol.

Après le repas du milieu du jour, j'ai empaqueté toutes mes emplettes : perles, œufs d'autruche, fruits, coraux, végétations marines... et j'ai passé commande à un patron de navire : il se chargeait de transporter par mer tout ce paquetage en direction de Montpellier. Quant à moi, je me préparais pour le retour à domicile, vers cette même ville.

Le 19 février, je réglai avec l'aubergiste la note de mes frais de séjour et je pris congé de mes camarades de voyage. Après le repas, départ de Marseille par la porte d'Aix – tel est son nom. Nous n'étions que deux à prendre la route : moi-même et Monsieur le docteur Christoph Geiger de Zurich[245]. Dans la soirée, nous sommes arrivés au bourg de Collongue[246] [au sud de Gardanne] et, là, nous avons bu un coup. Puis passage *près du château de Bouc*, que nous avons aperçu sans nous arrêter, perché sur sa colline. Enfin, la nuit était tombée depuis une bonne heure quand nous sommes arrivés dans la ville d'Aix. Sommes descendus à l'auberge du Lion d'Or. Depuis Marseille, on compte quatre lieues provençales, ce qui équivaut à six lieues de France.

Aix [-en-Provence] [197]

Aix est la capitale de la Provence. Le parlement régional est situé dans cette ville. Pour cette double raison, je ferai mémoire ici, en peu de mots et en général, *in genere*, de tout ce qui concerne cette Provence dans son entier ; ultérieurement, j'ob-serverai avec soin les villes capitales de toutes les provinces ou États dans lesquelles je passerai et je noterai ces observations.

De la Provence en général (voyez la carte[247] au folio 151 [du manuscrit]) [197]

La Provence, autrement dit « Province par excellence » (*Provincia per excellentiam*), fut ainsi nommée par les Romains à cause de son espèce de perfection : elle pouvait en effet riva-liser non seulement avec les autres pays de la chrétienté, mais aussi avec toutes les autres provinces romaines tant d'Asie que d'Afrique, en ce qui concerne la beauté des lieux, la bonté ou la fertilité du sol. On y trouve tout ce qui est indispensable à la vie et au séjour des hommes, bref tout ce qui peut porter fruit et ensuite être récolté, le tout en quantité suffisante pour l'usage des habitants. En conséquence, ceux-ci n'ont nul besoin de l'aide étrangère. Les fruits de la terre, et puis le vin, l'huile, le sel, le poisson, le bétail, et toute espèce de gibier, venaison, productions de plantes et fruits tant sauvages que cultivés, tout cela vit, vient ou pousse à merveille dans cette région, et en grande quantité. Les grenades, figues, oranges et citrons y sont fort communs, eux aussi. En quelques endroits, on a même commencé à planter de la canne à sucre – déjà ! Les garrigues y sont couvertes de romarins, lavandes de variétés diverses, myrtes, sauge, thym, petits chênes kermès à cochenille ; c'est exactement comme dans les garrigues languedociennes. Et puis encore, dans cette Provence, il y a des quantités de constructions anciennes, d'antiquités, de lieux sacrés et consacrés, tenus en haute estime par beaucoup de gens. La Provence aurait, à ce qu'on pense, quarante lieues de longueur. *Idem* pour la largeur. Et là-dedans il faut compter aussi une multitude de terrains de montagne.

S'agissant maintenant de la ville, on l'appelle Aix en français, *Aquae Sextae* en latin ; et cela en raison des bains chauds qu'un consul romain, le dénommé Curion, *ou Caius* Sexton [*sic*], ou Sextius, y a fait construire[248]. Aujourd'hui encore, on peut admirer à Aix de nombreuses sources d'eau chaude *intra muros*. La ville est assez grande et les rues sont très larges, avec de beaux immeubles en pierre de taille ; parmi eux, je signalerai en particulier le palais où le parlement procède à ses affaires courantes : bon et bel édifice, dont toutes les salles donnent sur un espace circulaire. Au rez-de-chaussée, du côté de l'entrée, on voit toutes sortes de commerçants et d'épiciers : ils étalent leurs marchandises, exactement comme au parlement de Paris. Et puis ça n'arrête pas : une foule considérable de gens, aussi bien jurisconsultes qu'officiers civils et employés, passe et repasse sans cesse devant ce palais d'Aix. À l'étage du dessus, très belle salle et chambre d'audience. Les murailles de ces grandes pièces sont tendues de tapisseries et draperies de couleur violet sombre, semées de fleurs de lys jaunes à la française, et quiconque veut y entrer pour entendre prononcer une sentence doit au préalable se dépouiller de son armement.

À Aix-en-Provence, il y a un président et des conseillers comme dans les autres parlements français. On m'a raconté, au temps où j'habitais Uzès, une histoire relative à l'un de ces premiers présidents ; elle s'est déroulée à cette époque, d'après ce qu'on me disait. Un haut juge de Roquemaure, donc, avait fait donner la bastonnade à un jeune homme d'Avignon, compagnon de son état, et seul dans la vie. Le compagnon, gravement blessé, est mort dans les huit jours, des coups qu'il avait reçus. Mais, de son vivant, il a désigné un héritier de ses biens pour que celui-ci mène à bien un procès à Aix, de façon que l'auteur ou l'instigateur de ces violences reçoive sa punition. Dans l'hypothèse où l'héritier n'accomplirait pas sa tâche avec zèle, le Blessé avait prévu que d'autres ayants droit se substitueraient à lui pour entrer en possession des biens légués et du dossier, et pour pallier la lenteur éventuelle du susdit héritier. Or le procès traînait en longueur et l'instigateur du meurtre était en train d'obtenir du roi son pardon et sa grâce. Quant au président d'Aix, il voulait sauver la vie à l'accusé, par solidarité entre familles de l'élite distinguée. L'héritier, pour sa part, menait de toutes ses forces la procédure contre l'accusé, mais le susdit président du tribunal aixois se piquait au jeu de la façon la plus sérieuse : face à l'héritier, il ne voulait rien céder ; et il s'est tellement mis en colère qu'une veine s'est ouverte dans son corps. Devant tout le monde, dans la salle d'audience, le sang a jailli de sa bouche comme par un tuyau et il est mort sur le coup. Les autres présidents et conseillers ont été tellement épouvantés par ce châtiment qu'ils ont soutenu la cause de la justice ; ils ont condamné le juge de Roquemaure, en tant qu'instigateur du meurtre, à périr par l'épée, et cette peine de mort a été immédiatement infligée au criminel. Tout le monde était très frappé par un tel événement, et à Uzès on me l'a raconté en le présentant comme un extraordinaire jugement de Dieu.

La cathédrale d'Aix s'appelle Saint-Sauveur ; en allemand, on dirait *Unser Heiland*, Notre Sauveur. C'est un édifice vaste et superbe. J'ai pu y observer six grandes colonnes de pierre, d'une seule coulée, monolithes, dont chacune fait vingt pieds de haut et une brasse de large. Sous cette colonnade se trouve la cuve baptismale.

Dans le chœur de ce sanctuaire, on aperçoit parmi d'autres monuments funéraires le tombeau du roi Charles, duc d'Anjou[249] : c'est un mausolée en marbre blanc, sur lequel un long poème est inscrit, qui commence par le vers suivant :

Lilia Francorum, coelestia munera regum, etc.

autrement dit :

Ô vous, lys de France, dons du Ciel pour les rois, etc.

Le premier évêque, consacré à Aix en l'année 46 après Jésus-Christ, s'appelait saint Maximin[250]. Il a propagé initialement la foi chrétienne en cette ville, puis il a subi le martyre sous Dioclétien. Son successeur s'appelait Cedonius, ou Celidonius. De là peut-être notre *Schelkraut*, en allemand ; en français « *chélidoine* », en latin *chelidonium*. C'est un produit bon pour les yeux, puisque l'on raconte que le susdit évêque Celidonius n'était autre, en ses débuts, que l'aveugle-né auquel le Christ avait rendu la vue[251].

Aix a maintenant son archevêché. On dit que, chez les moines jacobins de cette ville, une ampoule est conservée qui contient quelques gouttes de ce sang que le Christ a répandu pour nous sur la Croix. On ajoute que, le Vendredi saint, ce sang se dilate de façon à remplir toute la fiole ; ensuite, il revient à son volume primitif. Mais, en vérité, je n'ai pas vu cette ampoule.

Il y a aussi, en Aix, plusieurs portions de remparts, et un château fort. C'est une ville très ancienne ; les Romains l'avaient fondée, bâtie, habitée. À preuve : les très nombreuses inscriptions anciennes qu'on trouve en Aix, et aux environs immédiats d'icelle, gravées dans le marbre. En voici un exemple :

Sextus Acutius Vol.
Aquila praetor
Acuto patri In
genuae matri Se
verae sorori Rufo
fratri
H.M.H.N.S.

[Ce qui veut dire : « Sextus Acutius, de la tribu Voltinia Aquila, préteur, à son père Acutus, à sa mère Ingenua, à sa sœur Severa, à son frère Rufus. Cette tombe n'ira pas à un héritier. »]

La ville d'Aix aurait été construite par Sextus, pour y installer une légion romaine. Saint Jérôme écrit que les Cimbres y furent battus par Marius.

Le 20 février [1597], je suis sorti d'Aix par la porte de Marseille ; nous n'avons pu, moi et mon compagnon, visiter cet emplacement lors de notre passage, tellement il faisait encore nuit noire. J'ai vu en tout cas, *extra muros*, le fleuve qu'on appelle l'Arc : il coule en contrebas de la cité aixoise, elle-même perchée sur une colline. Le cours d'eau en question passe ensuite à proximité de Berre, là où l'on recueille beaucoup de sel. Enfin, l'Arc se jette dans l'étang de Martigues.

Après le casse-croûte, le voyage s'est poursuivi ; à main gauche, nous avons laissé Ventabren, autre habitat collinaire et perché. Puis traversée du bourg d'Éguilles, également posté en altitude (cette province, voyez ce que j'en disais tout à l'heure, est décidément très montagneuse). Enfin, terminus de la journée dans la bourgade de Saint-Cannat. Distance parcourue depuis Aix : deux lieues, mesure de Provence (vous noterez que j'utilise toujours la métrologie *régionale* des lieues, selon l'endroit où je me trouve). Nous sommes descendus à l'auberge du Cheval Blanc.

Saint-Cannat [200]

Petite bourgade. C'est affreux à dire, mais elle fut totalement détruite par le duc d'Épernon, quand il était encore gouverneur de Provence[252]. Il a fait cela pour que le duc de Guise, son successeur, soit frustré des revenus de cette région, et soit ainsi contraint d'utiliser une grande partie des recettes locales pour la reconstruction des bâtiments. Beaucoup de maisons, je dirais même la plupart d'entre elles, ont été rasées, les autres brûlées ; les remparts de l'enceinte, eux aussi, étaient complètement écroulés ; spectacle tellement lamentable que j'en avais pitié. Quant aux habitants, ils avaient filé ailleurs, pour un grand nombre d'entre eux.

Vint le repas du soir : « Que désirez-vous pour dîner ? » nous demanda la patronne d'auberge. Elle nous informa qu'elle n'avait pas de poisson disponible, et pourtant nous étions en carême. Et moi je lui dis : « Puisque la ville s'appelle Saint-Canard [jeu de mots sur Saint-Cannat], auriez-vous de cette volaille à nous servir ? » La dame en tomba tout à fait d'accord, mais nous dûmes faire chambre à part des autres clients pour manger le canard, afin que personne ne soit informé de cette infraction au jeûne. Autrement, la patronne se serait exposée à une pénalité très lourde.

Le matin du 21 février, nous quittons le Cheval Blanc ; au bout d'une heure de marche, nous arrivons à Lambesc, à une lieue de Saint-Cannat.

Lambesc [201]

C'est une ville détruite, comme Saint-Cannat. Il y a bien peu de différence entre les deux localités, à ce point de vue. Nous n'avons même pas fait halte. Nous avons poursuivi notre route jusqu'à une auberge, qui se dresse isolément sur le chemin ; elle s'appelle Pitschiere [faut-il lire Picheire ?]. Nous y avons cassé la croûte.

Étant aussitôt repartis, et de bonne heure, nous sommes arrivés à Orgon vers deux heures de l'après-midi. Nous voulions pousser jusqu'à Cavaillon le soir même, mais on nous a dépeint la distance jusqu'à cette ville comme tellement longue que nous avons décidé de passer la nuit sur place, à Orgon, à l'auberge des Trois Rois. Depuis Lambesc, il fallait compter quatre grandes lieues, mesure de Provence.

Orgon ou bien Hourgon [201]

C'est une bourgade amusante et qui a du charme. Elle est close de remparts, point détruite par les guerres. Elle est située à l'aplomb d'une montagne qui domine la Durance. Cette rivière prend elle-même sa source au Mont-Cenis et conflue avec le Rhône en aval d'Avignon. Sur la montagne que je viens d'évoquer, tout près d'Orgon, s'érige un château très puissamment fortifié, avec plein de soldats en garnison à l'intérieur, et des canons impressionnants. Cette place forte garde sous sa protection un vaste secteur de la Provence ; elle contrôle aussi, plus particulièrement, le débouché du Val de Durance. Cette forteresse passe pour l'une des plus sûres qui soient dans toute la Provence. Le duc de Guise, en tant que gouverneur du pays, s'y rend très souvent. Ce serait à peine possible de s'en emparer par la force tant cet édifice est haut, et à pic.

Le 22 février, nous sommes partis de bon matin ; nous avons laissé la Durance à main droite, et nous avons pu apercevoir la ville de Cavaillon, au passage, dans les meilleures conditions.

Vers midi, nous avons fait escale dans une auberge, plantée sur la rive de Durance ; nous y avons consommé la soupe du matin, jusqu'à ce que le bac vienne accoster près de nous. L'endroit où nous étions s'appelle Bompas ou Beaupas[253], ce qui signale bien sûr la beauté ou la bonté du « pas » ou passage en question.

Nous avons donc traversé ce cours d'eau et nous sommes arrivés en Avignon le même jour, de bonne heure ; nous avons pris logement à l'auberge du Petit Paris. Depuis Orgon, cinq lieues de distance.

Le 23 février, j'ai quitté Avignon dès potron-minet, toujours escorté par mon compagnon de voyage Monsieur le docteur Christophel Geiger. À la mi-journée, nous étions rendus à la bourgade de Pont-de-Sorgue.

Pont-de-Sorgue [202]

Jolie petite ville ! Elle tire son nom de la rivière de Sorgue dont la source « vauclusienne » sera évoquée par moi, en son temps, dans le présent Mémorial.

La Sorgue, non loin du susdit « Pont », a aussi un petit cours d'eau tributaire qui s'appelle la « Nasquee » ou Nesque[254]. L'une et l'autre vont confluer par la suite en amont d'Avignon pour se jeter finalement dans le Rhône. Juste après le casse-croûte, ayant repris notre marche en avant, nous sommes passés près d'un superbe château en ruine. Arrivée le soir à Orange ou Aurange, ville aussi célèbre qu'antique. Sommes descendus à l'auberge du Dauphin. Distance parcourue depuis Avignon : quatre lieues.

La principauté d'Orange[255] *(voyez mes cartes* supra *et* infra*)*
[202]

C'est une principauté indépendante et aucun suzerain ne peut lui donner des ordres, à l'exception des comtes de Nassau, dont elle relève ; voilà pourquoi les princes d'Orange se font appeler comtes de Nassau. Ce pays est très fertile en toute espèce de productions végétales... à ceci près que les orangers n'y donnent pas d'oranges comestibles. D'où le proverbe : « En Orange, il n'y a point d'oranges. »

Dans cette principauté, on dénombre 372 fontaines, perpétuellement jaillissantes.

Selon Pline l'Ancien et Pomponius Mela, les habitants de cette région portaient le nom de *Secundani*. On trouve aussi cette appellation inscrite en latin sur une vieille pierre :

COL. ARAUSIO. SECUNDANOR. COH. XXXIII. VOLUNT[256].

[Texte qui réfère à la fois à la colonie des « Aurangiens » (*Arausiorum*), en d'autres termes aux *Secundani*, et à la 33ᵉ cohorte des volontaires romains : elle a joué sur place un rôle important. Ptolémée pour sa part évoque, à propos d'Orange, une colonie (*colonia*) des Aurangiens qu'il qualifie encore de capitale des Aurangiens (*Arausiorum*).]

Orange [202]

La ville s'appelle en latin *Auraicum* ou *Arausium*, autrement dit le pays du principat [d']Auriacus, en français Orange ou Aurange. *Capitale actuelle de la principauté*, Orange est riveraine d'un cours d'eau nommé Argence, Argent ou Aygues[257]. Cette rivière prend sa source dans le pays de Diois et se jette dans le Rhône entre Avignon et Pont-Saint-Esprit ; elle sépare le Comtat Venaissin du Dauphiné. On peut voir, dans la zone suburbaine et en ville, quantité de très vieilles bâtisses qui sont là comme autant d'antiquités, *antiquitates*. Et d'abord les restes d'une magnifique salle de spectacle (*theatrum*) ; c'est un bâtiment semi-circulaire avec, à son rebord, un mur haut et puissant : il comporte des cellules carcérales, bâties en petites pierres quadrangulaires ainsi qu'en grosses pierres de taille. Les gens d'ici, dans leur langage, appellent tout cela le *Circ* (le

Cirque[258]). L'opinion générale, c'est que dans toute la France on ne connaît pas de monument plus imposant ; il y en a pourtant de plus complets, car le *Circ* en question est tout à fait tombé en ruine et l'on peut à peine deviner ce qu'il fut. Non loin de là, en ville, j'ai vu un très haut mur solitaire : il est long et large, construit de grosses pierres de taille quadrangulaires ; ils l'appellent « le pan de muraille ». Il est droit, élevé, joliment décoré d'arcades et de corniches voûtées ; je n'en ai jamais vu de pareil dans toute la France, et je ne crois pas non plus qu'on puisse trouver dans ce royaume un mur aussi ancien, aussi artistement construit ; il est beaucoup plus long que haut ; il est surmonté par plusieurs consoles ou corbeaux de pierre, eux-mêmes percés d'ouvertures[259]. On suppose qu'ils furent installés de la sorte, afin d'y placer des hampes qui à leur tour devaient porter des draps disposés pour protéger les gens de la pluie ; d'autres prétendent que ce mur a fait fonctionnellement partie du théâtre. Peu avant mon passage, un audacieux gaillard aurait sauté d'un corbeau à l'autre, tout en haut, d'un bout à l'autre du mur ; ce qui était d'une grande témérité, comme on peut le voir sur mon dessin.

À l'extérieur de la ville, quand on veut se diriger vers Pont-Saint-Esprit et Lyon, à peu près à la distance d'une portée d'arquebuse, on voit aussi un arc de triomphe, celui de Caius Marius[260]. Ce monument comporte trois tours ou trois arches, mais celle du milieu a davantage de splendeur, de grâce et de hauteur que les deux autres. L'ensemble par ailleurs est quadrangulaire et, de loin, on dirait une tour ; en français, on l'appelle la « Tour des arcs ». De tous les côtés on a sculpté, sur ses parois, des batailles et de nombreuses armes de guerre, mais aussi des scènes *de combat à cheval* ; on y voit également le bateau à côté de la devineresse de Caius Marius ; elle lui prédit le succès dans la bataille ; c'est l'épisode qu'évoque Plutarque dans sa *Vie des Pères* [en fait, les *Vies parallèles*[261]]. Cet arc de triomphe a été entouré par un mur il y a quelques années afin qu'il soit d'autant mieux protégé contre les intempéries, le vent et la pluie. Devant une autre porte, j'ai encore vu un autre arc de triomphe ou bien une tour, mais construit(e) en rondeur. Il n'y a rien de spécial à en dire. Les anciens Romains, quand ils venaient de remporter une victoire, avaient coutume de défiler à cheval sous ces arcs, en triomphe et en grande pompe ; et ils érigeaient, en signe d'éternelle mémoire, ce type de monument.

À l'extérieur de la ville se dresse un mont assez élevé, au sommet duquel se situe le principal château (solidement fortifié) des princes d'Orange. C'est une place forte dont les possibilités défensives sont immenses, du fait de l'escarpement naturel que la main de l'homme a rendu plus imprenable encore : l'édifice est entouré, d'un côté, par une muraille très épaisse. Sur l'autre flanc se creuse un précipice d'une telle profondeur que, de ce côté-là, il est impossible de s'emparer de l'ouvrage. Au centre de la forteresse, il y a même un vaste champ où croissent des céréales, et par conséquent on peut installer, sur place, de nombreux soldats.

On y a percé un puits très profond, lequel s'enfonce, paraît-il, jusqu'au niveau de base de la vallée. Depuis cette forteresse, on aperçoit six régions différentes : principauté d'Orange, Provence, Dauphiné, Comtat Venaissin, Languedoc, et enfin Valentinois ou petit pays de Valence. En ville, il y a également une *citadella*, mais elle est presque entièrement démantelée.

Les églises d'Orange, elles aussi, furent détruites par les huguenots. On prêche la bonne religion dans une grande salle, en laquelle j'ai pénétré car presque tous les habitants appartiennent au culte réformé.

Orange a aussi son université[262] ; j'y ai visité le collège et l'école triviale [= du *trivium*], et puis j'ai été voir également la salle où sont promus les docteurs. Elle est absolument minable, comme d'ailleurs tout le reste du *collegium*, très médiocre bâtisse.

On n'y fait presque jamais de cours magistral en quelque faculté que ce soit. Les professeurs habitent pour la plupart à Courthezon[263], localité résidentielle en ce qui les concerne, éloignée d'une lieue de la ville d'Orange. Supposons que quelqu'un désire recevoir un doctorat : ces messieurs, dans ce cas, se déplacent jusqu'à Orange où ils expédient la promotion à toute vitesse, moyennant une petite somme d'argent.

Le 24 février, nous avons quitté Orange après avoir cassé la croûte. On était encore en plein jour quand nous sommes revenus à Pont-sur-Sorgue.

Dans la soirée, nous fûmes témoins des festivités de l'ancien carnaval[264]. Les festoyeurs bourraient de paille un bonhomme en forme de mannequin, ou une espèce de croque-mitaine ; ils le promenaient dans toute la ville avec de grosses rigolades et à la fin, en ville toujours, ils précipitaient cet épouvantail du haut d'un pont dans la rivière : c'était leur manière à eux de noyer le carnaval. Il y a aussi un autre pont sur la Sorgue, à proximité de la ville.

Hors la ville, justement, comme l'heure n'était pas encore bien tardive, j'ai regardé de près un château puissant, bien bâti, qui répond lui aussi au nom de Pont-sur-Sorgue. Il appartient à un baron. Mais il a été très abîmé par les ennemis. J'ai l'impression que ce fut le plus beau, le plus confortable château que de ma vie j'ai vu ! C'était un édifice quadrangulaire. Avec quatre tours d'angle, superbes, aux quatre coins. À l'entrée, un pont-levis. L'ensemble était ceinturé par des douves. Et puis encore une belle tour, dans laquelle on montait par un escalier en colimaçon. Au milieu de tout cela, une jolie place carrée, dans un jardin, avec une fontaine ravissante en position centrale. Au rez-de-chaussée, on pouvait marcher à sec sous des arcades voûtées en faisant ainsi une promenade circulaire qui permettait de prendre connaissance intérieure de la forteresse dans son ensemble. Cette allée couverte était aussi large que les logements qui étaient construits par-dessus : soit quatre corps de logis, corrélatifs de la structure quadrangulaire du château, et pourvus les uns comme les autres d'appartements d'apparat, d'espaces déambulatoires et de murailles. Et puis, par-dessus, des toits tout à fait décoratifs mais qui, hélas ! s'étaient maintenant écroulés en bien des endroits. En somme, à mon avis, on aurait pu loger là, d'un seul coup, un grand nombre de grands seigneurs. Sur le moment, cela m'a fait vraiment beaucoup de peine que ce « castel » fût détruit. Et pourtant on le voyait encore de loin, et parfaitement bien, je dirais même depuis Avignon.

Le matin du 25 février, j'ai réglé la note de notre hôtelier à Pont-sur-Sorgue. Son auberge était à l'enseigne de la Couronne. Et puis, partis de là, mon camarade et moi, nous avons fait retour vers Avignon.

Le 25 février, nous avons séjourné en Avignon à l'auberge du Petit Paris. J'ai profité de la circonstance pour échanger mon vieux manteau contre un autre ; ce contretemps a retardé d'un jour notre arrivée à Nîmes, quelque désir que nous puissions avoir d'être rendus dans la journée en cette ville.

Le 27, nous partîmes d'Avignon de très bonne heure. Ayant traversé le Rhône sur le pont, puis Villeneuve, nous avons ensuite cassé la croûte dans la bourgade de Remoulins, située elle-même à quatre lieues de la Cité des papes.

Remoulins [207]

C'est une fort petite bourgade et pourtant très fortifiée, grâce à un rempart d'enceinte de bonne hauteur. À mon sens, s'il y a cent maisons *intra muros*, c'est bien tout. Cette « ville » minuscule est aussi d'une remarquable saleté...

À l'un des angles de l'enceinte « circumurbaine », on aperçoit une haute tour, fichée dans le rempart. On l'appelle la tour des Scarabasses[265], autrement dit des Scarabées ou des Coléoptères, pour la raison suivante : tous les ans, si l'on en croit les indigènes, au soir de la Saint-Jean-Baptiste, les fentes de la tour en question excrètent un tel essaim de ces scarabasses qui sortent de là en rampant que, soi-disant, tout en devient noir, très noir, aux alentours du site. Et puis ils disparaissent presque aussitôt, de sorte que pendant tout le reste de l'année qui suit on n'en voit plus aucune trace. Les gens du cru tiennent ces *scarabasses* pour une espèce de spectre ou de revenant diabolique[a].

Non loin de là, nous sommes passés, à l'étape suivante, par l'impressionnant pont du Gard (voir ma description ci-dessus) ; et dans la même soirée, après avoir côtoyé le château de Saint-Privat et traversé le village de Marguerittes, nous avons fait escale à Nîmes, à l'auberge de la Pomme Rouge.

Nous sommes restés à Nîmes le 28 février (voir *supra* ma recension relative à cette ville). Nous avons visité l'école « triviale » et beaucoup d'autres lieux ; puis nous avons pris connaissance de vieilles inscriptions, et d'épisodes historiques.

La ville de Nîmes est peuplée de marchands puissamment riches, et fort nombreux. Sous cet aspect, Montpellier est très sous-développé par rapport à Nîmes.

---

a. Rôle « prophylactique » de la Saint-Jean, une fois de plus.

Onze mille huit cent cinquante pas : telle était la longueur, dit-on, de l'enceinte fortifiée qui dans le temps faisait le tour de Nîmes. Tel est le témoignage de Poldo d'Albenas. Mais les Goths, les Sarrasins, Attila et Charles Martel ont détruit ces remparts. Lamentable ravage !

Le 1er mars 1597, vers dix heures (du matin), nous nous sommes concertés car nous voulions faire le trajet Nîmes-Montpellier dans la journée, de façon à terminer cette étape le soir même. Ainsi pourrions-nous assister au service du culte à l'église montpelliéraine dès le dimanche matin, de bonne heure. Et puis, ce serait l'occasion de faire savoir que nous avions couvert en un temps minimum la distance qui sépare ces deux villes. Nous sommes donc allés voir le maître de poste et nous lui avons commandé un couple de montures, en lui expliquant que nous devions nous rendre en toute hâte à Montpellier. Dès lors, nous fîmes sans délai nos préparatifs. J'ai promis un pourboire au valet de la poste, pour qu'il nous fasse avancer sur la route bravement et vite ; il y est effectivement parvenu, puisque (ayant quitté Nîmes), le trajet jusqu'au premier relais de poste, celui d'Uchaud, nous a pris moins d'une heure, à raison d'une distance de deux lieues depuis notre point de départ.

À Uchaud, nous avons donc changé de chevaux et pris deux nouvelles montures ; et puis, dans le même style, nous avons dit au valet de la poste : « Dépêche-toi ! Nous sommes très impatients ; nous tenons beaucoup à ce qu'à midi nous soyons à Lunel ! » Et c'est ce qui s'est produit ! Le valet courait tellement vite devant nous que, de fait, nous étions vers midi à Lunel : l'événement s'est réalisé. Lunel, c'était le second relais de poste après Uchaud depuis Nîmes. Soit, en termes de distances parcourues : Nîmes-Uchaud, deux lieues ; Uchaud-Lunel, deux lieues ; total Nîmes-Lunel, quatre lieues.

Malheureusement, mon compagnon de voyage portait de larges culottes ; elles étaient de grande taille, et troussées. Et chaque fois, lors de ces deux premières étapes, Nîmes-Uchaud et Uchaud-Lunel, mon camarade ne disposait que d'une selle trop étroite et sans coussin pour chevaucher sa monture. Impossible de s'asseoir sur un « siège » pareil ; il s'y tenait très mal. Il était maintenant plein d'appréhension sur la route qui nous restait à faire (encore deux relais de poste jusqu'à Montpellier) :

il craignait fort que son ventre ne subisse de grands dégâts. Du coup, nous avons pris le repas de midi à Lunel ; et dès lors, dans cette ville, nous faisions semblant de vaquer à nos affaires. Sinon le maître de poste, chez lequel nous étions descendus, risquait de se fâcher. Il pouvait craindre que nous ne voulions le laisser tomber, lui et son relais, de façon à nous rendre par nos propres moyens jusqu'au relais suivant, celui de Colombiers. Si nous l'avions fait et s'il l'avait remarqué, nous aurions dû lui payer le relais comme il le demandait. Mais, fort heureusement, il comprit que nous ne cherchions pas à lui faire faux bond.

Donc, après ce casse-croûte, nous avons quitté Lunel et, sans excès de vitesse, nous sommes passés à Colombiers, puis arrivés à Montpellier. Il faisait encore jour quand nous avons mis pied à terre en cette ville. Depuis Lunel, ça faisait quatre lieues.

Ce que j'ai fait ensuite à Montpellier [209]

Le 8 mars 1597, j'ai reçu une lettre de Monsieur le docteur Jean Bauhin[266] ; elle m'est venue de Montbéliard[267] par l'intermédiaire d'un concitoyen, Jakob Wernhart : il fallait que j'expédie à Son Excellence, Altesse, etc., le duc de Wurtemberg, toutes espèces de plantes exotiques languedociennes.

Le 9 mars, grosse neige : la couche neigeuse [ainsi déposée] arrivait à la hauteur du genou ; de mémoire d'homme, dans la région, cela ne s'était jamais produit. De nombreux oliviers en furent complètement écrasés, car la neige épaisse collait massivement au feuillage pérenne de ces arbres. À cause de cet empêchement, Jakob Wernhart, messager de Montbéliard, a dû rester plusieurs semaines à Montpellier avec moi. C'est seulement à partir du 26 mars que nous avons pu commencer à collecter les plantes requises par le duc. Le 8 avril, Wernhart, ayant accompli sa mission, a pu enfin quitter Montpellier [pour retourner à Montbéliard].

Le 22 mars, à deux heures de l'après-midi, j'ai été interrogé sur le thème suivant : la dessication est-elle une indication quant aux ulcères ? *An ulcerum indicatio sit exsiccatio ?* Face aux professeurs, je me suis donc livré aux explications et disputations d'usage ; et puis, sous l'égide de Monsieur le docteur Jean Saporta, j'ai été promu bachelier en médecine. De ce fait, j'avais le droit, maintenant, de pratiquer la médecine en clientèle, dans les bourgades des environs.

Le 23 mars, j'ai invité à dîner Monsieur le docteur Saporta, Monsieur Fabrègue (mon marchand et homme d'affaires), Monsieur Turquet mon commensal[268], ainsi que le docteur Paul Galéon, et j'ai pris congé de ces personnes.

Voyage à la montagne de Sète [210]

Le 26 mars, comme je l'ai indiqué ci-dessus, j'ai quitté momentanément Montpellier en compagnie d'un citoyen de Montbéliard : c'était celui-là même que Monsieur le docteur Jean Bauhin avait envoyé en Languedoc, se conformant ainsi aux ordres donnés par Son Excellence le prince-duc de Wurtemberg et autres lieux, afin que je collecte pour le compte de cet émissaire toutes sortes de plantes exotiques du cru. Nous sommes donc partis en direction de la bourgade de Balaruc, précédemment décrite ici même. Le 27 mars, j'ai traversé l'étang aux côtés du citoyen montbéliardais en question et, au cours de l'étape ultérieure, nous avons arraché et prélevé quantité de plantes très diverses, tant au bord de la mer que sur la montagne de Sète.

Le 28 mars, Wernhart et moi, nous sommes revenus à Montpellier. Nous rapportions, en poids, près de quatre quintaux de plantes de toutes sortes, qui furent expédiées vers Montbéliard, par l'intermédiaire du susdit Wernhart.

Voyage à Uzès, Bagnols et Pont-Saint-Esprit, afin d'y pratiquer la médecine [210]

Le 9 avril, je rassemblai en deux gros paquets tout ce que j'avais collecté dans le Languedoc en fait de poissons, coquillages, plantes terrestres ou maritimes, algues, fruits, graines et autres productions. En somme, *in summa*, cela faisait deux colis empaquetés par mes soins, et qui pesaient dans les quatre quintaux. Je les expédiai vers Lyon sur le dos d'un mulet ; et, de là, en direction de Bâle. Dans la soirée, à l'heure où l'on allait fermer les portes des remparts, je quittai la ville de Montpellier ; j'allai de ce pas m'installer dans le faubourg, à l'auberge du Cheval Vert. J'avais avec moi un compatriote, Monsieur le

docteur Pantaleon, de Bâle[269]. La raison de cette sortie vespérale
était la suivante : mon compagnon de voyage, Monsieur le
docteur Turquet (aujourd'hui médecin-archiatre du roi de
France), avait quitté Montpellier le jour même, vers midi, pour
se rendre à l'auberge de la Bégude Blanche, près de Lunel. C'est
là que je devais le retrouver, le lendemain matin de bonne heure,
comme cela s'est produit. Et donc, arrivé d'abord au Cheval
Vert le 9 avril au soir, j'y pris en louage un petit canasson du
genre bidet, et dès le 10 avril, vers deux heures du matin
environ, dans les ténèbres et sous la pluie, je quittai, à dos de
ce cheval, le faubourg montpelliérain. Vers sept heures du matin,
j'étais rendu à l'auberge Blanche, *alias* Bégude Blanche. C'est
là que j'ai retrouvé Turquet, mon camarade de voyage.

Dans cette hôtellerie, nous avons avalé la soupe du matin ;
puis, sans excès de vitesse, nous avons poursuivi notre chevauchée. Nous suivions un chemin creux, infect, à ornières
profondes. Il pleuvait toujours. Dans la soirée, nous nous
sommes donc arrêtés au village d'Uchaud ; nous y avons passé
la nuit.

11 avril : traversée de Milhaud ; puis, vers la mi-journée,
arrivée à Nîmes. Distance parcourue depuis Montpellier : huit
lieues (voyez *supra* mes indications à ce propos). Déjeuner de
midi à l'auberge nîmoise de l'Étoile.

Après ce casse-croûte, la route derechef ! Avons passé l'auberge isolée de Saint-Nicolas ; elle est située à environ une heure
de parcours d'Uzès. *Il y a un pont sur le Gard tout près de là*[270].
Sommes arrivés à Uzès, dans le faubourg. Y avons logé à l'auberge du Merle. Distance parcourue depuis Nîmes : trois lieues.

12 avril, dans la matinée : nouveau départ. Nous bûmes un
coup en route au village de Vilvary [Vallabrix ?][271]. Arrivée à
Bagnols : voyez *supra* mes indications à propos de cette ville.
Déjeuner de midi à l'auberge de l'Ange. Fin du casse-croûte.
Continuation du voyage. Le soir, étions rendus au Pont-Saint-
Esprit, en ville. Installation nocturne à l'auberge de la Viole.
Distance parcourue depuis Uzès : six lieues.

Le 13 avril 1597, je me suis séparé de mon compagnon de
route, Monsieur Théodore Turquet de Mayerne. Il est parti en
direction de Lyon. Quant à moi, j'ai fait retour vers Bagnols, où
je suis descendu une fois de plus, vers midi, à l'auberge de

l'Ange. Distance parcourue depuis le Pont-Saint-Esprit : deux lieues.

Le 14 avril, j'ai vu jouer une comédie magnifique, sur la place, devant la maison du prévôt. Les acteurs étaient recrutés parmi les jeunes gens de la ville, et ils se produisaient sur une estrade. La troupe était joliment costumée.

Le 15 avril, j'ai fait une promenade dans les jardins situés hors des remparts et de la porte d'enceinte bagnolaise. M'accompagnait un avocat, dont j'avais fait connaissance à Montpellier. Nous fûmes également témoins d'une inhumation, avec cérémonial papiste, dans le cimetière faubourien, lui-même environné de murs.

Le 16 avril, je me suis adressé au gouverneur de cette ville de Bagnols, Monsieur d'Augier, grand prévôt de toute la province du Languedoc[272], dans son jardin. D'Augier m'a montré ce jardin où il préfère que soient plantés des groseillers et des petits pois, les uns et les autres rares en Languedoc, plutôt que d'autres végétaux.

Ensuite, il me conduisit dans sa maison qui donne sur la place « théâtrale » dont je parlais à l'instant ; il m'y fit visiter son cabinet de curiosités : on y voyait quantité de parures de plumes d'Indiens, des antiquités très diverses et des peintures excellentes, artistiquement confectionnées. Ce cabinet était très petit, mais pourvu d'une exquise ornementation. S'y trouvaient aussi d'innombrables pierres précieuses de grande valeur et des images sculptées. Il m'invita également chez lui, dans le château, pour y prendre en sa compagnie le repas du soir. C'est pourquoi, au cours de la soirée, je me rendis dans le château. D'Augier y habitait seul, sans épouse, avec plusieurs valets et des soldats. Nous étions donc isolés, tous les deux, pendant le dîner. Il me raconta sa vie : étant jeune, il fut étudiant en médecine, puis il voyagea sur mer, et enfin grimpa socialement d'un poste à l'autre, jusqu'à ce qu'au bout du parcours le roi et le connétable le nomment grand prévôt de tout le Languedoc, et gouverneur de Bagnols. Il jouissait alors, *in situ*, d'un prestige considérable. Seulement voilà ! Il se targuait volontiers de choses bizarres. Il faisait cadeau de bagues d'or à tel et tel personnage particulier. Dans chacun de ces anneaux logeait un esprit familier, *spiritus familiaris*. En conséquence, on le tenait pour un sorcier ou pour

1. Thomas Platter junior est arrivé à Genève le 10 septembre 1595 après avoir longé la rive nord du Léman, éprouvée par les traumatismes des guerres. Il s'est intéressé à la bipartition géographique de la ville de Calvin comme à la cathédrale Saint-Pierre, dont furent expulsés, dans un souci de purification théologique, les images et le décorum des autels. Il a pris contact avec les institutions universitaires, les rues élégantes et le port lacustre...

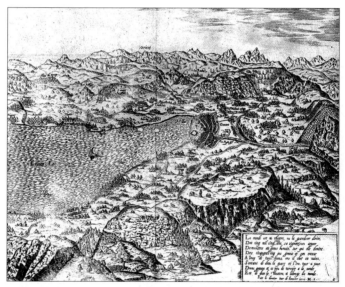

2. Genève toujours... Le stationnement des galères a frappé l'étudiant ; il en trouvera plus tard d'autres exemples, quoique sur un mode infiniment plus ample et fort différent, à Marseille. L'immigration italienne et les taux de change monétaire sont évoqués eux aussi dans les notes genevoises de notre auteur. Au bout d'une quinzaine de jours, le jeune homme et ses compagnons de voyage vont prendre la route afin de traverser la Savoie, au fil du Rhône, en direction de l'étape lyonnaise.

3. Fin septembre 1599, débarcadère lyonnais. La gravure ci-dessus, tirée des *Civitates* de Hogenberg, est antérieure de quelques décennies à la venue du futur médecin. Les prestations de passeports, les thèmes gallo-romains et les considérations sur le négoce (intense) vont classiquement meubler la prose plattérienne. Mieux « ciblées » sont les références à la récente visite d'Henri IV, accompagnées de réflexions sur les épidémies mortelles de diarrhée rouge : Platter préférera dans ces conditions prendre le large. Navigation rhodanienne derechef, vers la Provence et vers le Languedoc…

4. Les historiens et historiennes du *Gender* (histoire des femmes ou du « genre féminin ») apprendront avec intérêt que de nombreuses dames bate-lières s'activaient sur la Saône et aussi sur la basse Garonne ; ces nautonières ont été signalées par Felix Platter dès les années 1550 puis par son jeune frère en 1599. Rubens s'était documenté sur le séjour lyonnais de Marie de Médicis ; s'est-il inspiré d'icelui dans le tableau ci-dessus, lequel était consacré, il est vrai, à une séquence ultérieure de la vie de la reine ?

5. Vienne, sur le Rhône : pour les vieux Provençaux des années 1900, c'était à Vienne que le ciel bleu perdait sa pureté ; c'était là qu'on sortait définitivement du Midi méditerranéen, quand on marchait vers le septentrion. Pour Thomas Platter, Vienne est simplement la clé du Dauphiné, le lieu géométrique de nombreuses forteresses et le siège de curieuses légendes relatives à Ponce Pilate.

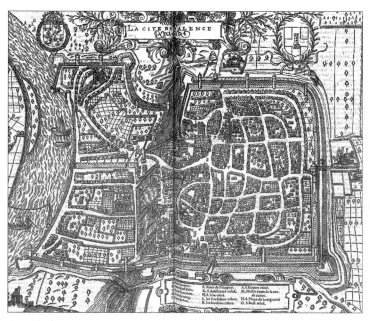

6. Valence (4 octobre 1595) : le plan a des allures de *castrum* romain. La gravure ci-dessus, tirée de Sebastian Münster (*Cosmographia universalis*, éd. de 1579), porte témoignage sur la violence d'un certain « antiecclésialisme » militant, daté des conflits de religion, et dont Platter fera encore état pour d'autres villes. Les églises «valenciennes» de Saint-Apollinaire, Saint-Jean, des Cordeliers, des Jacobins, de Saint-Jacques, de Notre-Dame, de Saint-Pierre et de Saint-Paul sont signalées, en effet, dans la légende de cette iconographie, comme « ruinées » (par faits de guerre).

7. Avignon fut le «théâtre» de plusieurs visites plattériennes. Tout antipapiste qu'il puisse être (en principe), notre auteur est fasciné par le dédoublement du Carnaval ou des fêtes comtadines en processions concurrentes, celle de l'ordre et celle du désordre, l'une et l'autre baroques. Les Juifs locaux ont fait l'objet par ailleurs d'une enquête approfondie de la part du jeune médecin.

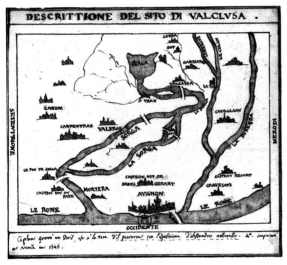

8. La Fontaine de Vaucluse, visitée en 1598, en même temps qu'un Comtat Venaissin arrosé et irrigué en tous endroits, sera l'occasion, lors d'une randonnée de Platter, d'un déploiement d'italianisme et de pétrarquisme de la part de cet auteur alémanique, sensible aux charmes et aux tourments de l'amour-passion adressé jadis à Laure de Noves, bonne amie de Pétrarque elle-même évoquée par la *Beschreibung*.

9. Les instruments, notamment languedociens, du jardinage furent dessinés par Platter lors de sa visite aux jardins du connétable de Montmorency, très proches d'Alès, en juillet 1598 : grands ciseaux à manche de bois ; piochon ou petite houe pour fouir la terre ; faucille emmanchée elle aussi pour tailler les arbres fruitiers ; escabeau double. Légendes en allemand, latin et français !

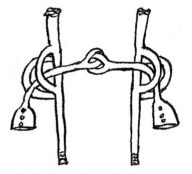

10. Le Saint Mors de Carpentras fut forgé, paraît-il, à partir d'un clou de la vraie Croix, lui-même importé, jadis, de l'Empire byzantin jusqu'en Comtat : cette relique y accomplira bien des miracles. La valeur vénale du Saint Mors était tenue, à l'époque, pour infiniment supérieure à tel tableau narbonnais que l'on attribuait pourtant à Michel-Ange.

11. À Grillon (bourgade située non loin d'Orange), Platter, entre deux visites à des malades, est fasciné, en pleine rue, par les boulangers locaux. À deux, ils portent et livrent le pain sur des brancards eux-mêmes posés directement sur leurs têtes.

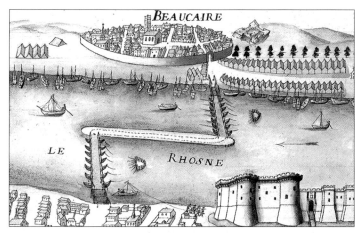

12. Beaucaire-Tarascon (juillet 1597) : venant de Montpellier, en route une nouvelle fois vers Uzès et le Comtat, Platter fait connaissance avec la foire de Beaucaire : saltimbanques, chevaux d'Afrique du Nord ; montreur de puces savantes nourries sur le bras d'une jeune fille... Face à Beaucaire et à ses baraques de foire, s'individualise l'admirable forteresse de Tarascon, héritage du roi René.

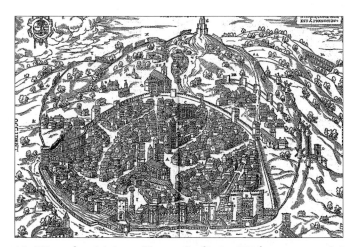

13. Nîmes fut visitée par Platter, dès février 1596, et revue par lui à diverses reprises. En haut (au nord) la tour Magne, la source de la Fontaine et l'ancienne enceinte romaine, plus vaste que celle du XVIᵉ siècle. En haut également, la Maison Carrée, dite à tort « Capitole ». À l'ouest, les Arènes. Au sud, la colonne érigée en l'honneur de François Iᵉʳ. Nombreux moulins à vent sur le tracé de l'enceinte antique. Dans l'angle nord-est, le pont du Gard.

14. L'excursion de Platter au pont du Gard, en février 1596, forme transition voyageuse entre son séjour en pays protestant (Montpellier-Nîmes) et sa découverte d'un univers catholique et baroque (Avignon) – en attendant le retour très proche à la huguenoterie la plus stricte (Aigues-Mortes). Le pont, trait d'union d'un monde à l'autre... D'une religion l'autre... Hubert Robert, dans un tableau célèbre, traitera ce *Pont du Gard*, en 1787, sur le mode d'un retour au néoclassique antiquisant, marqué par la poésie des ruines.

15. Montpellier est dominée ici par le clocher de l'église Notre-Dame-des-Tables aujourd'hui disparue (le sanctuaire qui reprendra ce nom sera situé ailleurs dans la ville). L'emplacement de l'ancienne église était proche, lui, de l'actuelle préfecture. Thomas Platter s'est intéressé à beaucoup d'aspects économiques, religieux, intellectuels, politiques, de la vie montpelliéraine ; mais son cœur était davantage en Uzès, à la différence de Felix Platter qui aimait, lui, passionnément la capitale du Bas-Languedoc.

16. Thomas Platter, botaniste, s'est beaucoup intéressé aux «jardins» et parcs naturels (sommet du Ventoux, de l'Aigoual et de l'Espérou), seigneuriaux (parc du Connétable à Alès) ou scientifiques (le jardin botanique de Richer de Belleval à Montpellier). L'excursion botanique dans un but de cueillette et de collecte de plantes plus ou moins rares est restée pendant des siècles l'une des grandes traditions de la faculté de médecine de Montpellier, jusqu'aux années 1950 pour le moins. On remarquera qu'étudiants et professeurs, dans l'espace «jardinatoire» ici ménagé par Richer, ont la tête couverte. Effets d'une mode générale ; mais aussi... sage précaution contre le soleil méditerranéen.

17. La première grande visite de Platter à Marseille est de février 1597. Les festivités du Carnaval, simultanément religieuses et profanes, fussent-elles camouflées en commémoration de la « libération » de la ville délivrée du joug ligueur de Casaulx, lui-même assassiné par Libertat, attiraient décidément notre homme et quelques-uns de ses semblables. Ici, à droite, l'escarpement de Notre-Dame-de-la-Garde. Dans le port, un grand navire ; hors du port, des « tartanes », semble-t-il, à voile latine, triangulaire.

18. Une drague de ce genre fonctionne à Marseille au XVIᵉ siècle et lutte victorieusement contre l'envasement du port qu'obstrueraient, autrement, les ordures descendues de la ville sise à flanc de coteau. Une autre drague, analogue, est en marche à Lattes, avant-port de Montpellier, ce qui n'empêchera point, en revanche, la « désaffection » de ce havre d'étang dont le tirant d'eau devient, dès l'époque plattérienne, de plus en plus faible, coupant ainsi progressivement Montpellier de sa participation, jadis si brillante, au grand commerce levantin.

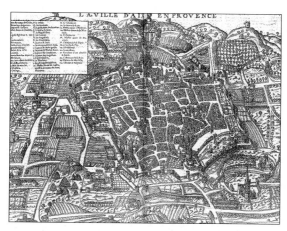

19. À Aix-en-Provence, plus de 50% des toponymes ou lieux indiqués dans la légende de la gravure ci-dessus sont influencés par la religion catholique (édifices du culte, noms de saints, etc.) ; Platter s'est surtout intéressé, en effet, aux églises d'Aix et au parlement. Il signale aussi, chez les moines jacobins, un miracle du sang du Christ, le jour du vendredi Saint (miracle analogue à celui de saint Janvier tel qu'on peut l'observer de nos jours encore, dit-on, à Naples). Mais Platter n'a pas pu contempler physiquement ce phénomène, n'étant point en Provence lors de la semaine Sainte.

20. Chapelle et Bachaumont (*Voyage*, Paris, Didot, 1861, p. 433) visitèrent Narbonne en 1656 ; ils y furent surpris par des pluies diluviennes comme Platter en 1599. On leur présenta deux ou trois des plus jolies demoiselles de la ville «qui à la vérité tombaient de vérole». Platter, en revanche, avait pleinement apprécié en cette ville la cathédrale-forteresse, d'âge initialement gothique, laquelle ne suscitera qu'ironie, plus tard, chez les deux voyageurs de 1656, adonnés une fois pour toutes à l'architecture classique, sinon baroque.

21. Platter a beaucoup admiré la *Résurrection de Lazare* de Sebastiano del Piombo, conservée en son temps à la cathédrale de Narbonne, grâce au cardinal de Médicis. On la montrait aux visiteurs, aux touristes et aux pèlerins (et encore à Chapelle et Bachaumont, *op. cit.*, en 1656, qui n'y comprirent goutte). Platter a aimé sur cette toile les mains du Christ et de Marthe, le corps de Lazare, les délicats cheveux de saint Pierre. Le tableau passera ensuite au duc d'Orléans en 1723, puis à la National Gallery de Londres) au XIXe siècle.

22. À Perpignan (21-24 janvier 1599), Thomas Platter fait connaissance avec les délices toutes récentes de la paix franco-espagnole. La ville avait été attaquée ou menacée par les troupes françaises en 1463, 1542, 1597... La paix de Vervins (mai 1598), en revanche, va permettre au Bâlois de prendre l'exacte mesure d'une civilisation roussillonnaise (catalane) dont les modes vestimentaires (à commencer par les grandes fraises au cou, fort empesées) diffèrent beaucoup de celles de la France en général et du Languedoc en particulier.

23. Par rapport aux villes françaises déjà traversées par Platter et souvent étriquées (Lyon mis à part), Barcelone donne ici l'impression d'être une capitale européenne. Elle tient tête au roi d'Espagne qui ne serait, en ce qui la concerne, que comte de la ville. La vie théâtrale (comédies, exécutions capitales...) est intense à Barcelone. Les Français y font l'effet de travailleurs immigrés, ou d'acrobates. Et puis, dans les ruelles du port, cent prostituées, pas un ivrogne. Un gros point noir : l'Inquisition ; Platter la considère avant tout sous l'angle de la répression antiprotestante.

24. La Vierge locale, dont la statue fut découverte dans une grotte (en bas à droite), était tenue à Monserrat par certains de ses fidèles au XVIᵉ siècle pour une sorte de déesse, presque supérieure à Dieu lui-même. D'autres mythes de fondation, plus anciens encore, fleurissaient au pied comme au sommet de ce site abbatial. Mais la gratuité quasi complète de l'hébergement des pèlerins était fascinante au gré de Platter, accoutumé jusqu'alors à des générosités moins évidentes.

25. Les rôles de direction religieuse, politique et intellectuelle de la société apparaissent primordiaux quant aux listes topographiques toulousaines, pas toujours réalistes, légendées ici sous la gravure représentant la Ville rose : 42 sites y sont liés au culte, 3 localisations sont administratives ou judiciaires, à quoi s'ajoutent 5 écoles (universitaires) et 8 collèges. Le côté militaire ou crypto-militaire, voire « gendarmique », apparaît à peine : prévôté toulousaine et manège d'équitation. Les fonctions relatives au corps humain, qu'il faut soigner ou nourrir (quatre hôpitaux, une poissonnerie), et à l'économie, fût-elle fiscale (trésorerie), sont assez maigrement signalées, voire passées sous silence.

26. La ville et le port de Bordeaux (3 mai 1599), en pleine activité, symbolisent ici une certaine France d'Henri IV ouverte à l'espace atlantique et septentrional ; ouverture aux influences anglaises et hollandaises, elles-mêmes expressives de l'action des grandes ou moyennes puissances «modernes»: protestantes, libérales, maritimes, éventuellement capitalistes.

27. La Rochelle : autre aspect de la France « ouverte » d'Henri IV, encore elle. Cette ville incarne la coexistence, dans le cadre du royaume, entre le catholicisme englobant et une entité résolument protestante (rochelaise). Cela dit, la vigilance s'impose. Tandis que la microgéographie toulousaine restait toujours marquée par le culte des saints, à La Rochelle il n'en va plus de même, et pour cause. Ce sont les noms des tours et autres éléments de fortification qui sont légendés ici, parmi lesquels le fameux «boulevard de l'Évangile » ! On vit toujours, en cette cité portuaire, dans la crainte d'un siège, lequel se matérialisera, en effet, en 1628.

28. Poitiers, mars 1599 : au premier plan, un colporteur poitevin propose divers objets à une paysanne censée revenir du marché avec ses «invendus» : volaille au dos, botte de foin au bras, gibier à la main. Platter lui aussi, sorti de la ville «pictave», fut piéton poitevin d'un moment, sous un vrai déluge : «Il pleuvait à torrents, il faisait noir et sombre. J'étais seul dans la campagne immense…» (19 mai 1599, vers midi).

29. La Pierre levée, illustre dolmen, proche de Poitiers (16-18 mai 1599). « Les étudiants de Poitiers, quand ils ne savent que faire, passent leur temps à monter sur cette pierre, à y banqueter, avec des tas de bouteilles, des jambons et des pâtés, et ils écrivent leur nom dessus avec un couteau. À présent, on l'appelle la Pierre levée. En souvenir de quoi personne n'est aujourd'hui inscrit sur le matricule de l'université de Poitiers s'il n'est pas au préalable monté sur cette Pierre levée » (Rabelais, *Pantagruel*, livre 2, chap. 5).

30. Avec les ardoisières angevines de Trélazé (printemps 1599), nous parvenons, en compagnie de Platter, au troisième volet du « triptyque » de la situation d'ouverture au temps d'Henri IV et de Sully. Il s'agit plus précisément, à Trélazé, d'une ouverture économique en temps de reconstruction (d'après guerre), elle-même génératrice d'emplois nombreux pour les rudes mineurs et travailleurs de l'ardoise ; leurs productions s'en vont revêtir les toits tout neufs des maisons bourgeoises et des châteaux qui seront bâtis lors des « florissantes » années 1600-1610.

un spécialiste de magie noire. Voici ce que quelqu'un m'a raconté : peu auparavant, prétendait-on, d'Augier avait fait don d'une bague de ce genre à certaine dame noble et distinguée qui souhaitait ce cadeau. Dans l'anneau en question était inséré effectivement un esprit dissimulé. Lequel esprit (quand la dame l'interrogeait) pouvait tout lui révéler. Elle devait seulement lui rendre hommage deux heures chaque jour, comme le lui avait ordonné expressément d'Augier. Autrement, elle tomberait dans un grand malheur. Ce qui s'est finalement produit ! La dame savait dorénavant, grâce à l'esprit, tout ce qu'on disait d'elle, et tout ce qui se passait d'un côté comme de l'autre. À la fin, elle en fut toute troublée, et mélancolique ; aussi cessa-t-elle d'honorer l'esprit comme elle aurait dû le faire. Du coup, elle fut par lui possédée, jusqu'à être contrainte à en mourir d'une manière lamentable. C'est ce qu'on m'a raconté[a]. Les façons d'agir de d'Augier m'incitaient d'autant plus à croire cette histoire : de fait, il passa en ma société une bonne partie de ce souper à disserter sur les esprits malins : « Cela demande, ajoutait-il, tellement peu de cérémonies pour invoquer ce maudit Satan !... » Il s'enfonça tellement dans ce discours que j'aurais presque voulu, à ce moment-là, être de retour dans mon auberge. Toute sa conversation et tous ses propos ne traitaient que de techniques surnaturelles, esprits malins ou jolies femmes, bref le même genre de raisonnements que me tiendra plus tard le comte de Cantecroix à Besançon[273]. À mon avis, la place de ces deux-là serait plutôt à l'hôpital.

Vers onze heures du soir, après que nous eûmes absorbé ce splendide repas, il me fit reconduire jusqu'à mon auberge, à la lumière des flambeaux ; il m'avait demandé préalablement de prendre tous les jours mes repas avec lui, afin que nous passions le temps ensemble, pendant l'entière durée de mon séjour à Bagnols. Mais je m'excusai, et pris congé, en prétextant que j'allais quitter cette ville...

En fait c'était inexact, et je suis resté à Bagnols les 17, 18, 19 et 20 avril : pendant ces quatre jours, je ne suis pas sorti de l'auberge, dans laquelle je m'entraînais à la pratique médicale ;

---

a. Anecdote de type faustien (voir, dans le théâtre élisabéthain, le *Faustus* de Marlowe, à cette même époque).

je m'y livrais, de toutes les manières, à des exercices de révision, de répétition et de prise de notes.

Le 21 avril 1597, j'ai quitté Bagnols et suis arrivé le soir à Uzès, en ville. Distance parcourue : quatre lieues. Je suis descendu à l'auberge de l'Écu de France ; j'y suis resté cinq jours. J'ai inspecté à fond les diverses ressources et opportunités qui m'étaient offertes sur place, en fonction du problème suivant : pouvais-je, oui ou non, m'entraîner en ce lieu à la pratique médicale pendant un temps ? J'ai déjà fait allusion à cette ville précédemment, et je profite maintenant de ce second séjour pour la décrire.

La ville s'appelle Uzès, Uzais ou Uses en français ; mais *Utica* ou *Usecia* en latin. C'est une localité très ancienne. Le Romain Caton[274] a même tiré de là son nom latin de Caton d'Utique ou Caton d'Uzès [!]. On voit aujourd'hui encore une chapelle pleine d'épitaphes romaines au village de Saint-Médiers[275], près de Serviers. Distance pour s'y rendre : une heure environ. *Aux portes de la ville, on peut apercevoir le portrait de Caton et de son épouse.* Le château d'Uzès se dresse en ville, sur une hauteur : c'est de la bonne construction, du joli travail. Plus ancien même que la ville, d'après ce qu'on dit. Le duc d'Uzès[276], qui est pair de France, y a en principe sa résidence ordinaire. Et pourtant, dans ce temps-là, le duc actuel n'était pas encore venu habiter dans cette demeure. Car il possède par ailleurs beaucoup de maisons en lesquelles il vit, tantôt dans l'une, tantôt dans l'autre. Ajoutons que, la plupart du temps, le duc voyage. J'y reviendrai au moment voulu, à propos de son entrée officielle à Uzès, laquelle interviendra en juin 1597.

Uzès se situe sur une assez haute montagne qui donne vers l'est, le sud et le nord. De plaine, il n'y en a que vers l'ouest. Quoi qu'il en soit, où qu'on aille, il faut grimper ; la ville est construite à même le roc. Les caves sont donc excellentes, fraîches, toutes taillées dans la roche. Mais l'eau de leurs puits est tellement froide et mordante qu'on ne peut point en boire. Il n'est pas question non plus que les teinturiers s'en servent en vue de leurs applications colorantes. Ils sont obligés, pour leur besogne, de puiser de l'eau courante ; ils doivent la prélever dans le cours d'eau local. Beaucoup de gens pensent et même croient fermement que cette eau provoque une maladie méchante et presque incurable : ils appellent ça, en France, les « écrouelles ». Chez nous, on nomme ça le « ver endormi ». De nombreux habitants d'Uzès sont affectés par ce mal d'écrouelles, que les parents transmettent ensuite à leurs enfants ; si bien que cela nuit beaucoup à l'établissement conjugal des filles. Et de même pour les garçons. Chez certains malades, l'affection se manifeste dans la région du cou, en dessous de la mâchoire, d'abord sous forme de ganglions durs et arrondis comme des pois. Et puis ça perce, et ça suppure constamment. En cas de guérison, la maladie laisse de vilaines cicatrices ; et une telle amélioration, de toute manière, est rarement durable. Chez d'autres personnes, ça vient sous les bras, aux aisselles ; dans plusieurs cas sur la poitrine, et maintes fois sur toute espèce de partie du corps, spécialement là où la nature a posté coutumièrement des glandes. Enfin, le pus qui s'écoule est tellement mordant qu'à vrai dire il gâte et putréfie les membres qui sont voisins de cette infection. Au bout du compte, on y perd la vie.

Ils ont, contre ce mal, une foule de bons remèdes. Je signalerai en particulier une fontaine, proche de Beaucaire, qu'on appelle la fontaine du Meine ; on y rencontre en tout temps une grande affluence de personnes malades : elles se lavent avec l'eau de cette source. Ceux qui souffrent d'écrouelles se font aussi toucher par le roi de France – j'en parlerai plus en détail ultérieurement ; ou bien encore on cautérise les ganglions malades et l'on fait sortir le pus par des fontanelles [vésicatoires]. Les guérisons définitives sont néanmoins rares et les rechutes surviennent rapidement. Il faut reconnaître par ailleurs que cette région, étant située en altitude, jouit d'un air sain, bon, excellent.

En temps de pluie, on peut se promener dans cette ville un peu partout presque à sec, grâce aux galeries couvertes aménagées sous le rebord des maisons ; exactement comme à Berne, dans la Confédération. La grande place d'Uzès se situe au centre-ville : c'est là que se tiennent les marchés, ainsi que la foire annuelle, dont je ferai mention en son temps.

Les maisons ? Assez bien construites. Toutes bâties en pierre. On les a construites à partir des pierres tirées des caves. Les églises sont démolies. La seule qui reste en place, c'est une petite chapelle, non loin de la cathédrale Saint-Siffrein[277] qui, elle aussi, est en ruine. Les papistes du cru, très peu nombreux, font leurs exercices de culte dans cette unique chapelle survivante.

Les réformés, pour leur part, ont une église tout de neuf bâtie ; c'est une grande salle de même forme que celle par moi décrite à Montpellier. Quand vient l'heure du culte, là aussi c'est comme à Montpellier : on frappe à plusieurs reprises trois coups de suite sur la grosse cloche. Il y avait alors à Uzès deux pasteurs en charge de la prédication : Monsieur Brunier et Monsieur Codurc[278]. Le second d'entre eux avait pour père le vieux Monsieur Bernardin Codurc [qui occupait les mêmes fonctions] à Montpellier. Les deux prédicants uzégeois, ceux que je viens de nommer, prêchaient bien et avec rigueur. La procédure suivie pendant le culte à l'église d'Uzès se fait elle aussi selon le rituel montpelliérain : quiconque veut s'approcher de la sainte table pour recevoir la communion (voir *supra*) doit présenter au passage et préalablement une marque de plomb carrée sur laquelle est inscrit le nom d'Uzès ; dans le cas contraire, on ne donne pas la communion à l'individu ainsi dépourvu de « marque ».

Uzès est le siège d'un évêché. En Avignon, j'ai assisté à l'enterrement d'un ci-devant évêque d'Uzès dans le chœur de l'église Saint-Augustin.

La ville a quatre portes. Elle est loin d'être imprenable ! Elle est cependant entourée d'un fossé dont les parois sont doublées en maçonnerie. En plusieurs endroits de l'enceinte, on a construit des casemates qui peuvent prendre ce fossé sous leur protection. Les faubourgs, en revanche, ne sont pas protégés par un rempart : pendant les guerres récentes, ils ont subi de fréquents dommages, au point d'être entièrement détruits. À l'heure actuelle, une fois remis en état, ils ont pris de nouveau une superbe apparence ; on compte qu'un tiers des bourgeois d'Uzès vivent de nos jours en résidence faubourienne ; les meilleures auberges, ainsi que le jeu de paume, se situent également dans les faubourgs.

Ville et faubourgs compris, la population citadine uzégeoise monterait au total à mille cinq cents feux[a], d'après l'opinion commune. Les gens d'Uzès sont assez riches, et jouissent d'une

---

a. Et non pas 500 feux, erreur de TF19, p. 328.

certaine aisance. On dénombre vingt bourgeois locaux dont la fortune s'élève au minimum à trente mille francs [= trente mille livres tournois], ce qui ferait dix mille couronnes [= dix mille écus] ; cinquante bourgeois atteignent ou dépassent, pour chacun d'entre eux, les vingt mille francs d'excellent patrimoine. En outre, plusieurs parmi ces citoyens d'Uzès détiennent un avoir bien supérieur. L'un d'entre eux, Monsieur Carsan[279], est riche de six cent mille francs, créances incluses. Il a acheté au duc de Bouillon la seigneurie de deux villes et de plusieurs bourgs, le tout pour une grosse somme d'argent, *summa*, que Carsan a payée rubis sur l'ongle.

Beaucoup d'habitants gagnent leur vie grâce au tissage et à la teinturerie. Car on dispose ici de laines excellentes ; elles servent localement à fabriquer des serges ou des *sarges*[280]. En de nombreux pays on les vend comme étant, dans le genre, de la meilleure qualité. Il se trouve que la ville de Nîmes est beaucoup plus connue qu'Uzès. Et voilà pourquoi on donne le nom de « serges de Nîmes » à des étoffes de cette catégorie qui sont produites en fait à Uzès. Voyez le cas similaire des toiles blanches qu'on fabrique à Saint-Gall ou ailleurs : elles sont vendues en France sous le nom de toiles de Constance.

Presque dans chaque maison, on fait filer la laine par les domestiques, puis on la tisse en drap, et l'on teint celui-ci pour faire des habits à usage familial. Pour ce qui est de filer la laine, c'est comme chez nous : les gens d'Uzès utilisent des rouets dans ce but. Par ailleurs, on ne se sert point de quenouilles dans tout ce pays, pas même chez les pauvres gens, pour la bonne raison qu'on ne fabrique pas de fil [de lin ou de chanvre] à domicile, dont ensuite on tirerait de la toile. Ils achètent toute leur toile dans les boutiques, pour s'en servir ensuite à la maison ; cela leur revient moins cher que s'ils préparaient tout cela chez eux de leurs propres mains, comme en revanche nous le faisons chez nous.

La ville fait partie du Languedoc ; elle n'est point particulièrement soumise au duc d'Uzès ; elle est gouvernée par quatre consuls, qui sont élus chaque année dans le cadre de l'hôtel de ville.

Le premier d'entre eux doit être un noble, ou un lettré, ou un bourgeois qui n'exerce ni commerce ni profession artisanale. Le deuxième, c'est un marchand ou un notaire ; le troisième, un artisan ; le quatrième, un boucher ou un vigneron. Ils sont élus de la manière suivante, comme j'ai pu l'observer : trois personnes relevant de chacune de ces quatre catégories *alias* « estats » sociaux, soit douze personnes au total, sont admises à figurer dans la compétition électorale. Dès lors, le greffier note leurs noms par écrit. Vient le moment de la réunion dans la maison commune, où l'on doit en terminer avec cette tâche. D'abord et avant tout, on invoque ensemble le nom du Très-Haut, afin d'obtenir la nomination de dirigeants intègres. *À l'étape suivante, le prédicateur en chef adresse, sur place, une exhortation au peuple et prononce une prière solennelle à laquelle ce peuple s'associe.* Ensuite, on lit les noms des trois qui furent nominés pour le premier ordre, celui des nobles, et l'on donne à chaque membre de ce trio une boulette ronde, faite de cire jaune.

Dès lors, le gouverneur ou le juge partage en deux morceaux chacune des boulettes, l'une après l'autre, à l'aide d'un couteau. Celui des trois candidats dont la boulette contient une marque en fer-blanc qui a la forme de la lettre C[281], celui-là est considéré comme devant être premier consul ; quant aux deux autres messieurs, ils se bornent à conserver leur statut précédent.

Ensuite, on apporte de nouveau trois boules de cire jaune, analogues aux précédentes ; on en donne une successivement à chacun des trois personnages qui ont été préalablement choisis par tirage au sort à partir du « second ordre » de la société, celui des marchands et notaires ; et l'on coupe la boule, comme précédemment. On en fait autant pour les deux ordres sociaux qui restent (artisans, puis vignerons et bouchers).

Dans cette ville, on dénombre également de nombreux marchands ; ils trafiquent en Italie, en Espagne, en France...

J'ai été tout ébahi de constater qu'il y a là huit apothicaires tenant boutique ouverte : or tous gagnent bien leur vie et leur subsistance. Et pourtant ils font face, en ville, à la concurrence d'un marchand qui vend des épices. En revanche, il n'y a là que trois boutiques de chirurgiens-barbiers ; ceux-ci ne font guère de bénéfices car, à la différence de ce qui se passe chez nous, ils ne s'occupent pas tellement de maladies ; ils prennent soin des blessures. De toute manière, on pratique très peu la saignée, en cette ville, excepté en cas de maladie. J'ai pu fort bien m'en rendre compte, pendant toute la période au cours de laquelle j'ai exercé la médecine à Uzès.

Hors la ville, à environ une portée d'arquebuse du rempart, on peut voir une vieille église détruite, dédiée à saint Firmin : on y célèbre encore la messe [catholique], les gens s'y rendent aussi en procession, plusieurs fois par an, et les pèlerinages y sont extrêmement nombreux. On y amène également une foule de possédés, pour qu'ils soient débarrassés de l'esprit malin par l'expulsion d'icelui hors de leurs personnes. J'ai vu, en ce lieu, quelqu'un qu'on exorcisait dans ce but. Mais le pauvre garçon, à mon sens, était simplement atteint de mélancolie. On l'avait persuadé qu'il était possédé. Il donnait sur son cas les indications suivantes : une nuit, pendant qu'il gardait les chevaux, un fantôme lui était apparu et lui avait fait cadeau d'une paire de chaussures. À peine les avait-il enfilées qu'il perdit aussitôt la raison. Et pourtant il ne parlait que sa langue maternelle, et il n'était pas en proie à des convulsions corporelles bizarres, comme on en voit communément chez les possédés.

Derrière cette église, à un jet de pierre plus loin, sur la même hauteur, il y a une carrière de pierres de taille, dont on a tiré les matériaux de construction pour la ville d'Uzès. On y trouve, comme dans l'île de Malte, quantité de langues de vipère de toute espèce[282]. On en a extrait sous mes yeux quelques-unes, que j'ai expédiées ensuite à Bâle. Naguère, on avait découvert dans la carrière en question, en plein dans la roche, un petit disque de fer : on se demandait comment diable il avait pu venir s'incruster dans la pierre !

J'ai descendu la colline, proche de la ville, en direction du soleil levant : là, dans une belle prairie qui tapissait le fond de la vallée, jaillissait une belle source, fraîche et guillerette. Elle s'appelle Fontanilles. Au fond de cette vallée coule la rivière du Gardon : elle descend des Cévennes, va passer ensuite sous l'admirable et triple pont du Gard, pour se jeter enfin dans le Rhône entre Avignon et Beaucaire.

Près de la source de Fontanilles, quand on a traversé le Gardon, on trouve une fontaine puissamment belle et grande dont jaillissent de très nombreuses sources ; elle s'appelle Font d'Ouro. Les voûtes d'un *aquae ductus*, aqueduc souterrain, sont visibles non loin de là, pétries d'un ciment dur et fort ancien. La chose fait penser aux structures analogues qu'on trouve près de Liestal, en région bâloise ; cet aqueduc est construit sur la longueur d'une lieue sous la terre et il va jusqu'au triple pont du Gard : on considère qu'un tel ouvrage visait à transporter les eaux de Font d'Ouro jusqu'à Nîmes, *via* la conduite supérieure qui couronne le haut du pont du Gard. Selon d'autres, il s'agissait par le même procédé d'alimenter en eau un canal navigable au fil duquel les navires maritimes auraient pu remonter sans problème depuis l'étang littoral jusqu'à Nîmes, ville qui serait devenue ainsi port de mer. Mais cette entreprise semble être demeurée inachevée.

Sur le fleuve du Gardon sont construits tous les genres de moulins, qui sont fort utiles pour la ville et pour le pays. Veut-on y envoyer des grains à moudre ? Alors il est tout indiqué de les faire accompagner par un serviteur ; cela, pour éviter que le meunier ne prélève quelque chose à son profit en sus du salaire normal qui lui est dû.

De même, c'est à la maison qu'on pétrit la pâte pour le pain ; on y met une marque et on l'apporte au boulanger ; on attend que soit achevée la cuisson, afin que ce personnage ne puisse rien garder pour soi de pâte ni de pain ; car la confiance mutuelle ne règne pas dans cette affaire.

La campagne autour d'Uzès ressemble, de toute manière, à celle qui avoisine Montpellier : les olivettes y sont entretenues en culture mixte avec les céréales, ou bien *idem* avec la vigne. De façon analogue, on produit des figues, des grenades, et autres choses semblables. En revanche, on chercherait en vain dans la viticulture de cette région l'espèce de vin muscat délicieux qui fait la renommée de Frontignan.

Par rapport à toute autre région du Languedoc, les blés d'Uzès passent pour être les meilleurs. De là viennent les dictons fort répandus ici :

Pain d'Uzès
Tripe d'Alès
Aisgue [eau] de Nîmes
Vin de Calvisson
Figues de Marseille,

Cabas [panier] d'Avignon ;

Qui vouldra de poutes [putes]
À Montpelier il y a pro[u]²⁸³ [beaucoup].

[Suit la traduction de ce texte en allemand par les soins de Thomas II Platter, lequel vient de citer en français, dans son texte, les vers ci-dessus.]

Pour Uzès, ce sera comme pour Montpellier : je rapporterai donc fidèlement ci-après ce que j'ai vu de particulier en cette première ville, ainsi que j'ai fait à propos de mon précédent « stage » montpelliérain. J'inscrirai chaque épisode à sa place dans la chronologie de ma résidence à Uzès, puisque aussi bien j'y ai fait séjour pratiquement continu du 21 avril 1597 au 25 octobre 1598 et n'ai presque pas bougé de ce lieu.

Le 27 avril, j'ai quitté mon auberge pour prendre pension chez Monsieur le capitaine Bandinel. Je me suis installé chez lui à feu et à pot, moyennant un bail à contrat mensuel à tant par mois.

Voyage à Saint-Quentin [220]

Le 9 mai, après le repas de midi, j'ai été convoqué chez un tisserand au village de Saint-Quentin. Un chirurgien l'avait longuement fait souffrir avec des remèdes et des injections, comme si cet artisan avait eu des végétations *alias* « caroncule » dans le pénis. Ce qui n'était point le cas ! J'ai vu le tisserand, je lui ai tâté le pouls. Et aussitôt j'ai demandé à toutes les personnes présentes de se mettre en prière[a] avec lui, car il était à l'agonie ; les mains et les pieds étaient déjà froids ; une heure après, il était mort. Le soir venu, j'étais de retour à Uzès, et voilà que la famille du mort me convoque de nouveau ! Je devais faire l'autopsie afin qu'on puisse voir pour quelle raison il avait dépéri si longtemps avant de mourir ; c'était afin que, dans un cas de maladie semblable, ses enfants et ses frères pussent bénéficier mieux encore des conseils et de l'aide nécessaire. Je suis donc revenu chez le défunt tisserand, après le repas du soir, et

---

a. Largeur d'esprit de TP II : il s'agit, d'après le contexte, d'un mourant catholique.

j'ai ouvert son cadavre. Étaient présents ses frères, ses amis, sa femme qui était encore jeune et pas tellement triste, et puis le curé du lieu. Après avoir « sorti » ses intestins, j'ai examiné les reins et je n'y ai rien trouvé de suspect, ni non plus dans le foie. Mais le sexe et la vessie, à vrai dire, étaient noirs, pourris et à tel point puants que c'en était presque insupportable. La vessie était remplie de pus, à ceci près qu'elle contenait aussi une pierre grosse comme un œuf de poule, et qui pesait huit onces. Dans le sexe, je ne trouvai pas la moindre végétation. Le cœur lui aussi était beau et bon ; mais les poumons, carrément pourris. Ayant procédé de la sorte, j'ai remis ensuite les intestins à leur place, j'ai recousu le corps, et je suis allé passer la nuit au domicile du curé.

Le lendemain matin, c'était le 10 mai 1597, j'ai visité ce village de Saint-Quentin : la plupart des habitants y sont potiers de profession, car la terre, localement, est très bonne pour cet usage ; elle permet de fabriquer des pots fort solides. Les artisans de Saint-Quentin fournissent ainsi Montpellier, Nîmes et Uzès en vaisselle de terre. Il faut compter environ une heure de trajet entre ledit village et Uzès. Ils se rendent chaque semaine dans cette ville pour y vendre leur production.

Une fois l'inspection de ces ateliers terminée, je suis reparti vers Uzès. Pour le reste de ma pratique médicale, et s'agissant aussi des cures remarquables que j'ai pu effectuer dans cette ville d'Uzès pendant un long séjour, je les ai notées plus particulièrement ailleurs[284]. Je ne ferai donc plus mémoire de ce genre de sujet médical dans le présent texte.

Le 12 mai, j'ai fait l'anatomie d'un chien vivant : l'opération a eu lieu en présence des chirurgiens et des compagnons pharmaciens de la région ; ils ont observé, ainsi, les mouvements naturels du cœur de l'animal et de ses autres membres.

Le 17 mai, les prédicants de Languedoc se sont réunis à Uzès ; ils ont débattu de toute sorte d'affaires de l'Église [réformée] ; ils auront une nouvelle réunion du même genre le 7 janvier 1598 ; j'évoquerai celle-ci dans le détail, en son temps.

Entrée du duc d'Uzès [221]

Le 9 juin, vers dix heures du matin, arrivée de Son Altesse le duc d'Uzès, Emmanuel de Crussol, âgé d'une vingtaine d'années. Les notables d'Uzès, à cheval, l'ont accueilli hors la ville, en un lieu situé à un quart d'heure de distance de celle-ci. Ils étaient accompagnés d'une troupe de cinquante casaques rouges, cavaliers tous habillés de même ; elle datait du temps de feu Monsieur son père, je veux dire le très regretté père du duc Emmanuel : ces cavaliers étaient vêtus d'un uniforme, avec de jolies broderies sur velours rouge. Dès que le jeune duc leur est apparu, ils lui ont donné, comme à la manœuvre, le spectacle d'une escarmouche contre l'infanterie populaire de la ville qu'on avait disposée en rase campagne. Ils ont ensuite escorté le duc jusqu'à l'intérieur de l'enceinte d'Uzès. La jeunesse citadine, elle aussi, était venue en foule à la rencontre de ce Monsieur de Crussol, hors la ville ; et puis encore, *idem*, une autre compagnie dont tous les participants étaient habillés à la turque, avec des arcs turcs et des cimeterres ; quelques-uns également étaient munis de chaudrons et de plats à barbe, sur lesquels ils frappaient, de sorte que ça résonnait comme une imitation de musique de guerriers turcs en manœuvre.

Les hommes d'une deuxième compagnie étaient vêtus de déguisements arabes et mores ; ils tiraient à l'arc, eux aussi, et ils portaient tous des masques sur le visage. Contre eux guerroyaient les Turcs : dès qu'ils eurent lancé une attaque, ils poussèrent simultanément un épouvantable cri de guerre qui était censé devoir effrayer les « Mores » [les Arabes].

Ces deux compagnies étaient sorties de la ville les dernières et elles y revinrent les premières, en même temps que la partie de la jeunesse urbaine qui se déplaçait à pied.

Même rentrée ensuite, en direction de l'*intra muros*, pour les fantassins proprement dits de la milice citadine. Revenus en ville, sur la place, ils se livrèrent à des combats et à de jolis jeux de bague. Puis sont rentrés en ville, eux aussi, les cinquante personnages casaqués de velours rouge ; juste après eux venaient les messieurs, notables et magistrats de la ville, tous à cheval. Devant le duc chevauchaient les quatre consuls. Ensuite le duc lui-même, tout seul, suivi de son peuple. Devant l'une des entrées du rempart, en l'occurrence devant la porte Saint-Étienne, une estrade théâtrale était dressée : deux jeunes garçons s'y tenaient joliment costumés en hérauts. Pour accueillir le duc, ils déclamèrent de beaux poèmes rimés, en langue française ; ils y faisaient l'éloge de ses ancêtres qui étaient tellement au service de la couronne de France ; c'était une joie pour ces jeunes gens de constater que, dès sa jeunesse, le duc était déjà très semblable à ses aïeux ; il annonçait déjà en ce jeune âge ce qu'il allait devenir avec le temps. Ils se recommandaient enfin à sa protection et à sa sauvegarde, et ils terminaient par une offre très humble, en vertu de laquelle ils mettaient à sa disposition leurs biens et leurs avoirs, leurs corps et leurs existences même. J'ai consigné par écrit leur texte mot à mot[285], en langue française[a], dans un autre dossier où j'ai décrit par ailleurs, d'un bout à l'autre, l'entrée de ce prince dans sa ville. Profitant d'une interruption, pendant un temps d'arrêt, le jeune Crussol s'en alla contempler près de la demi-lune du ravelin[286], au rebord de la porte du rempart, un tableau peint qui figurait une pièce d'artillerie, elle-même ornée de l'inscription suivante :

Nobilitas patrum ferro, non claruit auro ;
Ferro, non auro, tradita nobilitas.

Ce qui veut dire : « Ce n'est pas l'or, mais bel et bien les armes de fer qui ont donné la noblesse aux ancêtres du duc, et qui l'ont rendue glorieuse. » Près du pont-levis de l'entrée de la porte, une autre peinture représentait Hercule, lors de son combat contre le dragon aquatique aux multiples têtes [l'hydre de Lerne] ; Hercule tuait cette bête, et par-dessous l'on avait inscrit le vers suivant[287] :

Herculeo crudele domans sic vulnere quasso

(par quoi celui qui prononce ces vers se compare à Hercule écrasant le monstre cruel). À côté de la première porte d'entrée de la ville, deux colonnes étaient érigées sur lesquelles se dressaient deux diables ; ils tenaient en main qui un joug, qui le soleil, autrement dit la Justice et la Paix, l'une et l'autre étant peintes par-dessus, le tout très gracieux, avec cette inscription en vers :

Sic tua fert virtus, cur non haec planta virescet
Gratia quam duplex undique sparsa fovet ?

---

a. Francophonie méridionale, en pays de langue provençale...

Ce qui veut dire, en interpellant Crussol : « Puisque ta vertu est ainsi faite, pourquoi une telle plante ne verdirait-elle pas, celle-là même qu'une double grâce environne et nourrit de toutes parts[a] ? » À l'entrée de la grande place étaient peints quatre blasons ; ils symbolisaient, me semble-t-il, les quatre suprématies régionales : à savoir celles du roi, du duc d'Uzès, du duc de Ventadour comme gouverneur du Languedoc (ou bien s'agissait-il du pouvoir de l'évêque ?), enfin de la ville[b]. Et par-dessous on lisait l'inscription suivante, versifiée :

Sit procul Usetia crudelis ab urbe tyrannus
Haec tua, Marte tuo, libera ut extat, erit.

Autrement dit, en traduction : « Puisse le tyran cruel demeurer éloigné de cette ville, cette ville qui est tienne [ô Crussol] et qui, grâce à ton audace martiale, restera libre, comme elle l'est maintenant. » Au milieu de la grande place se dressait une blanche colonne, que surmontait une statue de femme, se tenant debout, représentant la religion. Elle portait le ciel sur sa tête, et ses pieds, eux, étaient posés sur la terre [les textes et contextes ci-après indiquent que ciel et terre, dans ce cas, sont l'un et l'autre de forme sphérique]. Un poème était joint à cette œuvre d'art, en guise d'inscription :

Sustinet haec simili suffulta a pondere pondus
Quae simili pondus pondere pressa premit.

C'est-à-dire : « Cette statue porte une charge dont la forme [sphérique] est semblable à la forme de ce sur quoi elle-même [la statue] repose, et elle fait peser sur la structure [ronde] qui la supporte un poids égal à celui qu'elle doit elle-même supporter sur le sommet de sa propre personne[c]. » À l'autre bout de la place, près de l'hôtel particulier de Monsieur de Flaux[288], gentilhomme, on pouvait voir le fidèle portrait du duc d'Uzès, reposant lui aussi sur deux colonnes.

---

a. En proposant ces traductions, nous avons tenu compte, simultanément, du latin d'Uzès et de la traduction allemande proposée par TP II.

b. Intéressante hiérarchie des pouvoirs régionaux...

c. Une espèce de principe d'Archimède appliqué à un personnage féminin, tiré lui-même de l'Apocalypse...

Non loin de là, trois jeunes garçons se tenaient debout sur une estrade théâtrale et surélevée. Ils ne portaient pas de masques. On les avait costumés en jeunes filles, avec de jolis vêtements, chaque membre de ce trio étant habillé d'une façon différente de l'autre. Ils jouaient les personnages de trois déesses, autrement dit des nymphes. Tous trois, l'un après l'autre, prononçaient des discours ; chacun voulait être le plus agréable au duc et l'accueillir aimablement.

La première nymphe, en tant que française, accueillait le duc avec des vers en langage français. La deuxième, étant « latine », en latin. Enfin la troisième, qui représentait Uzès, lui souhaita la bienvenue au moyen d'un poème en parler languedocien qu'effectivement elle débita dans sa langue maternelle.

De la part de la déesse française, il s'agissait seulement d'une demi-douzaine de vers, destinés à la louange du duc et au bon accueil qu'il convenait de lui faire. Cela fut interrompu par la nymphe latine qui salua le duc avec six vers de bienvenue, en latin bien sûr.

Enfin la déesse d'Uzès, en son dialecte local, s'emporta contre les deux autres, ne voulant pas céder devant celles-ci. Elle indiquait, toujours avec six vers en bouche, qu'elle était habitante d'Uzès et qu'à ce titre lui revenait la préséance, avant toute autre, dès lors qu'il s'agissait d'accueillir le duc. Riposte immédiate de la Française, toujours en six vers, disant qu'un patois grossier n'avait jamais été honorifique. Et puis, à l'encontre de sa sœur latine, elle dit qu'elle voulait expressément mettre à l'honneur la maison de Bourbon.

La nymphe latine fit alors éclater son mépris francophobe ; elle déclara que la France n'avait rien qui fût à elle en propre, puisque son langage, elle l'avait emprunté aux Latins ! La déesse d'Uzès intervient de nouveau, sans plus tarder. Il ne lui faut que six vers en dialecte pour affirmer que la Latine n'a pas de quoi se vanter puisque ses ancêtres à elle, la nymphe d'Oc, se sont emparés à deux reprises d'une capitale nommée Rome.

La Française y va derechef de ses six vers ; elle en profite pour exalter le charme de la langue française : « Le duc, dit-elle, se doit d'écouter à juste titre un poème en langue française, puisque aussi bien il est né à Paris. » Et d'indiquer que dans ces conditions les deux autres déesses n'ont qu'à céder la place, et

à se cacher. La nymphe latine riposte, toujours en six vers :
« Vous, les deux autres déesses, vous voulez absolument
contenir un duc dans une seule nation, ou même simplement
dans une ville, alors qu'en fait le monde entier serait tout juste
assez grand pour le circonscrire ! C'est bien en vain que vous
tâchez d'exalter votre langue ; celle-ci, en effet, n'est vraiment
appréciée que dans un seul royaume. La mienne, en revanche
(elle voulait dire : le latin), est utilisée dans tout l'univers et elle
y est tenue en haute estime. » La déesse d'Uzès, enfin, reprend
la parole : « Je constate, dit-elle, que votre façon de faire ne
consiste qu'en paroles dorées. Avant que de vous céder, je choi-
sirai plutôt de régler cette querelle à coups de poing, en vous
tapant dessus. »

La déesse française, en quatre vers, prend part à la discussion,
une nouvelle fois : « Je sens bien, dit-elle, que je suis forcée
contre mon gré de céder la place à ma consœur d'Uzès. Sinon,
on va se trouver dans une situation désagréable, car la fureur
belligérante est dans l'air. »

Et maintenant quatre vers *idem*, en provenance de la nymphe
latine : « Je vois bien, dit-elle, que ma consœur française est
obligée de se taire. Il me semble, d'autre part, que je ne suis
pas en droit de persévérer dans mon discours, car si je m'obs-
tinais, je pourrais sous peu recevoir une grêle de coups de la
part de l'Uzégeoise. » Celle-ci conclut son intervention au
moyen de quatre vers dans la langue de son pays : « Il est
normal, dit-elle, que l'oiseau couve, fasse éclore, produise et
reproduise ses propres enfants dans son nid. On ne doit donc
pas considérer que je déraisonne, à partir du moment où je
revendique ce qui en effet me revient de droit. »

Aussitôt l'Uzégeoise a commencé à saluer le duc d'Uzès en
cinquante-quatre vers, dans sa langue maternelle d'oc : elle
célèbre sa gloire en un long compliment où il est question du
fleuve Alzon[289] qui fait tourner trois cents moulins ; elle
mentionne également à ce propos la ville d'Uzès. Elle s'adresse
à tous les petits oiseaux de la contrée pour qu'ils émettent un
chant de louanges en l'honneur du prince. D'abord, elle cite le
rossignol : il se doit d'imiter la mélodie des trompettes. Quant
aux autres petits oiseaux, ils doivent souhaiter tous en chœur
que le duc, comme un jeune lion, dompte les Espagnols et tout

le reste des ennemis qu'il devra combattre. Enfin elle lui souhaite la bienvenue en douze vers, dont voici le texte que j'ai noté comme les autres dans un cahier spécial :

> *Tu sies lou ben vengut, o nostre duc ; regarde,*
> *Comme per paculi la iovinesse es bragarde,*
> *Tant pichos comme grans, te venon faire honou,*
> *Lous phifres, lous tambours, trompetes, arcabouses,*
> *Siblon, grognon per tout son furiouses,*
> *Et tout aquo daqui se fay per ta grandou.*
> *Intre donc, nostre duc, intre dedin ta place !*
> *Jamay lou desabart [desbarat ?] non arrape ta race ;*
> *May tousiours Dieu te tengue au reng de sous enfans.*
> *Fache Dieu que tu sies tout l'honeu de la terre,*
> *Q'Henric te fise tout, et que piei [puis ?] à la guerre*
> *Toutes tous annemis tombon entre les mans.*

Sur les colonnes, là où se tenaient les quatre déesses, on avait inscrit les vers suivants :

> *Da populo splendens vera sol luce serenum*
> *Clermo dei summum verae pietatis alumnus*
> *Hoc tibi dulce solum vera pietate serena*
> *Clermo dei servus sacrae virtutis alumnus.*

Brève traduction [en réalité ce texte latin, peut-être mal copié, se révèle difficile à comprendre, et Thomas junior lui-même a dû renoncer à en donner une traduction complète. Voici cependant la traduction réelle des parties les moins obscures dudit texte] : « Ô Soleil, toi qui reluis d'une lumière véridique, donne au peuple un clair et serein... [substantif manquant]. Ô Clermont, nourrisson de la véritable piété vis-à-vis de Dieu... Pour toi, ce coin de terre [d'Uzès] plein de douceur, en vertu d'une véritable et sereine piété... Ô Clermont, serviteur de Dieu, nourrisson de la sainte vertu... » [« Clermont » semble être l'un des titres de noblesse du duc d'Uzès, qui serait ainsi seigneur d'un lieu appelé Clermont (éventuellement dans l'Hérault actuel : Clermont-l'Hérault, mais peu vraisemblablement Clermont en Auvergne).]

Venait ensuite, au coin du château ducal appelé aussi « la Duché », un tableau peint qui représentait le monde entier, avec le soleil qui luisait par-dessus. Une inscription en vers accompagnait cette peinture : *Da, Sol, luce serenum*, autrement dit : « Donne-nous, ô Soleil, par ta lumière un temps serein. » Et de même ce qui s'ensuivait, également par écrit :

> *Cet astre flamboyant entre quatre planètes*
> *Qui darde ses raions dessus notre orizon*
> *Faira de tous brouliars nos campaignes si nettes,*
> *Que serain on verra le beau ciel, sa maison.*

Aux emplacements où l'on récitait quelques vers ou autres « bouts-rimés », le duc faisait halte pour mieux écouter ce qui se disait. Les tableaux, il les regardait du haut de son cheval, tout en continuant sa progression ; et de même les tapisseries avec lesquelles étaient décorées les façades de plusieurs maisons. Près de la porte appelée « Condamine », on avait construit une petite chaumière *alias* « pavillon » qui portait, en vers, l'inscription suivante :

> *Te duce pro Christo Henrici pia castra sequemur*
> *Nos palmam laurum carmina sacra fovent.*

Ce qui veut dire : « Avec toi, notre duc, et sous ton commandement, et pour la cause du Christ, nous suivrons les pieuses armées du roi Henri. Nos poésies sacrées favorisent la pousse de la palme et du laurier. » Sur l'autre face du pavillon de chaume, on avait encore inscrit des vers :

> *Pinguibus in stagnis juncus sine rore tabescit*
> *Altior aetereo sub Jovis imbre viret.*

Traduction : « Dans les marais trop gras, les joncs pourrissent par défaut de rosée ; mais aux endroits situés plus haut, ils deviennent verdoyants grâce aux pluies que Jupiter leur envoie du haut du ciel. » Au-dessus de la première porte du château, on pouvait lire encore les vers suivants :

> *Post ter quingentos nonos deciesque peractos*
> *Septeno Maio claruit Emanuel.*

Ce qui veut dire : « Après trois demi-millénaires et neuf décennies suivies elles-mêmes de sept années [= 1597], au mois de mai [*sic*], le duc Emmanuel a connu la gloire. » Et enfin, [après ce latin peu correct] au-dessus de la porte intérieure, les vers suivants étaient inscrits :

> *Dum leve celsa petet, sine vi grave dum petet ima*
> *Esto domus felix, esto beata domus*
> *Esto domus felix, facit Deus, esto beata*
> *Dum leve celsa petet, dum petet ima grave.*

Traduction : « Aussi longtemps que ce qui est léger monte, et que ce qui est lourd et sans force descend vers les profondeurs, Dieu fait que cette maison [ducale] sera heureuse, qu'elle sera bienheureuse. »

[On remarquera que ces vers latins sont répétés deux fois.]

Il était tard, en conséquence, quand le duc a pu monter au château chez sa mère.

Voyage à Montpellier [227]

Le 10 juin 1597, j'ai quitté Uzès de grand matin à cheval ; je suis passé par Malaigue, Blauzac, Aubernes et Dions. Arrivée à La Calmette. Il ne s'était agi jusqu'alors, dans tous les cas, que de villages. Casse-croûte à La Calmette. Puis nouveau départ. Traversée d'une seconde série de villages. Soit : Saint-Mamert (il y a un château juste à côté), Montpezat, Souvignargues et Villevieille. Terminus de la journée à Sommières, une ville où j'ai passé la nuit. Depuis Uzès, la distance parcourue était de sept lieues.

Le matin du 11 juin venait l'étape suivante, par les villages de Boisseron, Restinclières et Salaison. Au bout de quatre lieues, je suis arrivé à Montpellier. J'ai aussitôt rendu visite à mes compatriotes qui, peu de temps auparavant, avaient fait le voyage depuis leur ville de Bâle jusqu'en Languedoc. C'était du reste la raison de ma venue à Montpellier. J'ai donc eu toute espèce de nouvelles de ma cité natale, et de ce qui s'y passait.

Les 12 et 13 juin, je suis resté à Montpellier en compagnie de ces messieurs. Sur le nombre, sept au moins étaient bâlois ; je citerai à ce propos Lucas Justus, Maximilian Pantaleon, Kraft[290], Werdenberg[291], Mye[292], Huber[293], Aurelius Burckhardt[294], Jakob Müller[295], et par ailleurs bien d'autres Allemands.

Le 14 juin 1597, j'ai entrepris le voyage de retour, la première étape pour me rendre à Sommières, en passant par Castries. Monsieur Lucas Justus m'a fait un bout de conduite. J'ai déjà parlé, précédemment, de la ville de Sommières. Elle a, tout autour d'elle-même, de superbes et vastes faubourgs parmi lesquels se trouvent les auberges où de nombreux voyageurs ont coutume de loger. Il faut dire que les portes des remparts sont fermées de bonne heure, et l'enceinte citadine est entourée par un fossé profond. Le fleuve du Vidourle coule à travers la ville ; il apporte beaucoup d'utilité à celle-ci. Par la suite, en aval, il file vers la mer, où il se jette, étant passé dans l'entre-deux par Saint-Laurent-d'Aigouze.

Le 15 juin, dès le matin, nous avons bu un coup dans cette ville, à Sommières, en notre auberge de la Couronne. J'ai pris seul la route d'Uzès en passant par les mêmes villages qu'auparavant, mais dans le sens inverse. Arrivé dans cette ville, je me suis installé chez mon logeur, le capitaine Bandinel, au domicile duquel j'avais déjà pris pension antérieurement.

J'avais envisagé de me rendre à cheval dans les Cévennes le 25 juin, jusqu'à une localité qui s'appelle Barjac[296] ; je voulais y gagner ma subsistance en pratiquant la médecine. Mais l'apothicaire Antoine Régis[297] (que j'appelais en allemand König) me retint chez lui à Uzès et me prit comme pensionnaire ; si bien que, le même jour, je me rendis avec son fils au village de Montaren[298] (à moins d'une lieue d'Uzès) afin d'herboriser. Arrivés là, on nous raconta que peu de jours auparavant, dans ce même village, une femme avait accouché d'un enfant. Et puis, huit jours plus tard, elle mettait au monde un deuxième bébé. Du coup, le mari était très inquiet à l'idée que, huit jours plus tard encore, il allait devenir père d'un troisième enfant ! Prévision qui ne s'est pas réalisée...

Voyage à la foire de Beaucaire [229]

Le 25 juillet 1597, je me suis rendu à Beaucaire, en passant par le village de Vers[299]. J'ai accompagné quelques marchands. Distance d'Uzès à Beaucaire : quatre lieues. J'ai déjà parlé de cette ville lors d'un précédent paragraphe de mon récit. On ne trouvera donc ci-après que mes seules observations relatives à la foire, puisque aussi bien (j'ai déjà eu l'occasion de le dire) elle tient, en sa catégorie, le premier rang dans tout le Languedoc.

À Beaucaire, dans la ville et hors la ville, le nombre des boutiques et marchands de toute espèce est vraiment incroyable, indescriptible. Dans les faubourgs, sur tous les chemins, on dresse des baraques où les marchandises sont offertes à la vente. Les rues ainsi tracées sont longues et nombreuses. À l'intérieur même de la ville, on transforme momentanément presque toutes les maisons en magasins, mais on construit aussi un grand nombre de baraquements provisoires destinés au même usage. Dans tout ça, on trouve une immense diversité d'articles et fournitures superbes, exotiques : notamment des pierres précieuses, des perles, des coraux, et autres substances.

Il y vient aussi, toutes les années, un grand nombre d'habiles musiciens, d'artistes et de montreurs d'étonnantes curiosités.

Lors de ma visite en ces lieux, j'ai vu un Bourguignon qui gardait constamment sur le nez une paire de lunettes. Il espérait ainsi, disait-il, préserver sa vue ; mais je pense qu'il voulait plutôt, par là, se faire remarquer et obtenir que les gens s'informent pour savoir qui il était. Il présentait aux spectateurs un certain nombre de puces vivantes ; il les nourrissait sur le bras de sa jeune fille. Elles étaient artistement harnachées. Sur l'une d'entre elles était assis un petit cavalier d'argent revêtu de sa cuirasse complète, avec une lance en miniature sur l'épaule. L'homme a mis la puce dans un verre destiné à contenir de l'électuaire [préparation pharmaceutique à base de miel, etc.] et il a retourné le verre par-dessus la puce. Ensuite il a approché une flamme du verre, lequel s'est échauffé. La puce s'est mise à sauter contre la paroi du vase et l'on entendait de ce fait tinter son vêtement métallique avec un bruit de clochette. Et, même, ce bateleur faisait aussi la démonstration de quelques puces dont chacune traînait derrière elle une petite chaînette d'argent d'un doigt de long. Les puces sautaient en l'air et les chaînettes suivaient le mouvement ; elles pesaient un grain chacune. Ce spectacle, je l'ai vu *de mes yeux* lors de cette journée du 25 juillet en présence des deux nobles frères Lasser von Lasseregg[300], originaires de Salzbourg ; en présence aussi de bien d'autres personnes. Bien sûr, tout cela n'était point aussi artistement sophistiqué que dans le cas, qui me fut raconté, d'une certaine puce qui remorquait une petite voiturette en argent complète avec ses quatre roues, et qui nantie de chargement pouvait même faire des sauts ! Mais, à vrai dire, je n'ai jamais été témoin d'une pareille performance.

Dans une autre boutique, nous eûmes aussi l'occasion de contempler une civette[301]. C'est un animal très proche du chat, quoiqu'un peu plus gros ; elle est grise, rayée de noir. Elle a la particularité, sous la queue, d'avoir trois trous l'un sur l'autre. Par l'orifice supérieur, qui est le plus proche de la queue, la civette fait ses besoins naturels, comme les autres chats. Le trou du milieu, qui est le plus gros, sécrète la « civette » que l'on prélève chaque jour avec une petite cuiller, comme je l'ai vu faire. Ça ressemble assez à du cérumen, cette espèce de graisse qu'on trouve dans l'oreille de l'homme. Sauf que cette « civette » est un peu plus brune ; autre différence, elle dégage une forte odeur. L'animal en produit chaque jour l'équivalent d'une grosse noix quant au volume sécrété. Un acheteur s'est présenté qui voulait acquérir la bestiole elle-même, moyennant quinze cents livres tournois versées à son propriétaire. Mais celui-ci refusa ces propositions pécuniaires, et il s'en est mordu les doigts par la suite. Au retour de Beaucaire, sur la route d'Avignon, il transportait la civette avec ses autres affaires ; mais, du fait des grandes chaleurs de l'été, le cou de l'animal se mit à enfler. Le mal de gorge a étouffé la civette : elle en est morte.

On rencontre à cette occasion toute une faune de comédiens, saltimbanques, bateleurs et aventuriers de même farine. Leur présence est coutumière, dans une foire aussi renommée.

La surpopulation passagère est telle qu'ils ne peuvent trouver de logement pour coucher dans Beaucaire même, si bien qu'une grande partie d'entre eux va chercher un hébergement nocturne à Tarascon, la ville d'en face, sur l'autre rive du Rhône, dont j'ai déjà parlé. Nous aussi, nous avons passé la nuit à Tarascon.

Et donc, le lendemain 26 juillet 1597, nous avons profité de notre traversée du Rhône pour visiter cette ville de Tarascon. Elle est située à l'extrémité occidentale de la Provence, et elle se révèle assez importante avec des fortifications non négligeables. On y trouve un château fort presque imprenable, quadrangulaire, bâti en belles pierres de taille parallélépipédiques, et flanqué de quatre tours. La plate-forme sommitale de cette forteresse est munie d'une grosse artillerie de belle apparence. Le maréchal d'Ornano, lors de la dernière guerre, contrôlait cette ville pour le compte du duc d'Épernon, contre [?] Beaucaire, où le connétable de Montmorency tenait pour le roi[a]. On dit que d'Ornano possède un beau cabinet [de curiosités] dans ce château.

Dans l'église paroissiale de Tarascon, près du château, nous avons vu le tombeau de sainte Marthe[302] avec sa statue et l'effigie de l'énorme dragon qu'elle a dompté, ainsi qu'on peut le constater par l'inscription d'épitaphe ci-après :

> *Ad laudem beatae Marthae hospitae Christi*
> *A. Cassoleti Belli Cadrensis carmen :*

> *Suspice multipedem squamosum dente, draconem,*
> *Auritum cernes dentigerumque caput.*
> *Terror erat populis horrendum nomine monstrum*
> *Caudatumque animal, gentivorumque pecus.*
> *Martha tamen saevam rabiem serpentis et iram*
> *Perdomuit, loto continuitque brevi.*
> *Cuius in hoc templo residet venerabile corpus*
> *Sanctaque sunt Christi membra sepulta manu,*
> *Ossaque sunt tandem rutilanti inclusa metallo ;*
> *Nobile regali munere fulget opus.*

Traduction : « À la louange de sainte Marthe qui donna l'hospitalité au Christ, voici le poème qui fut composé par A. Cassoletus, de Beaucaire : Vois ce dragon à mille pattes avec ses écailles comme des dents [?] ; vois cette tête avec de longues oreilles et une gueule remplie de dents : c'était la terreur pour les peuples et le monstre dont le nom seul faisait horreur, fauve muni d'une queue, et cannibale. Marthe pourtant a dompté la colère et la rage cruelle de ce serpent, et elle l'a tenu au bout d'une courte bride. Le corps vénérable de Marthe est conservé dans ce temple, et ses membres saints ont été enterrés par la

---

a. Phrase bizarre, et problème historique à revoir : en règle générale, Ornano, comme Montmorency, était un bon royaliste, partisan d'Henri IV.

main du Christ. Ses os sont enfin enfermés dans une châsse de
métal resplendissant. La noble œuvre d'art ainsi mise au point
rayonne grâce à la munificence royale. » Ce texte est daté de
l'an 1524.

Une belle chapelle souterraine en cette église sert de récep-
tacle pour la conservation du royal trésor qu'est la châsse de
sainte Marthe. Les gens nous ont assuré que, quand quelqu'un
veut voir de plus près ces reliques, on agite une clochette ; le
tintement d'icelle fait accourir aussitôt les quatre consuls, qui
sont pleins de révérence. Ils se chargent alors d'ouvrir la châsse
et l'on y voit, au naturel, le visage de Marthe avec, sur son front,
le petit morceau de chair que Jésus-Christ a touché ; morceau
de chair encore intact, en raison de ce contact. La châsse ruisselle de pierres précieuses. Elle attire de nombreux pèlerinages.

Après avoir bien visité Tarascon, nous avons tranquillement
repassé le Rhône sur un bateau en direction de Beaucaire ; car
de pont, il n'y en a point à cet endroit du fleuve. Après le casse-
croûte, en pleine chaleur estivale, nous avons fait une petite
promenade le long du Rhône, et nous avons pu voir quantité de
navires de toute espèce qui arrivaient de Marseille ou de Lyon :
chez les marchands, nous avons vu aussi des animaux bizarres
et toute sorte de nations représentées. Et puis, sur le marché aux
chevaux, de superbes montures ; en particulier ces barbes[303]
tellement agiles qu'on fait venir de la Barbarie [des pays barba-
resques] jusqu'à Marseille.

Vers la fin de l'après-midi, nous avons pris la route, sans
excès de vitesse, pour notre chevauchée de retour en direction
d'Uzès. Chemin faisant, à peu de distance de Beaucaire, nous
avons vu la source d'eau minérale de *Font-du-Maine* [Font-de-
Meynes[304]], dont j'ai déjà parlé. Elle est située à l'intérieur d'une
rotonde, celle-ci maçonnée en forme de tour. Auprès de ce site
étaient assis quantité de pauvres malades ; ils étaient en proie à
cette méchante affection qu'on appelle le « ver endormi » ou les
« escrouelles ». En s'aidant de l'eau de cette fontaine, ils
lavaient leurs plaies scrofuleuses, et recouvraient ensuite celles-
ci avec un pansement qui consistait en feuilles de vigne uniquement. Pour toute boisson, ils consommaient seulement l'eau de
cette source. D'après moi, l'appellation de fontaine du Maine
vient *du village de Meynes*, situé non loin de là. *Il se trouve à*

deux heures de distance de Beaucaire. Depuis de longues années, cette eau est considérée comme un remède efficace à l'encontre de la maladie des écrouelles, elle-même tenue pour héréditaire. On m'a dit que de nombreux Espagnols viennent dans ce but en France ; après avoir été touchés par le roi (ce dont je parlerai plus loin) mais sans être guéris de ce fait, ils se rendent en grand nombre à cette fontaine. Ensuite, toujours à cheval, nous avons traversé le village de Vers, et bientôt après nous sommes arrivés jusqu'à un rocher sis en bordure de la route : il offre au regard, par un effet de la nature, quantité de coquillages marins. On a même l'impression qu'ils sont sculptés dans ce roc ! *En leur langue, les gens l'appellent le « roc de Coquilles », autrement dit la roche des coquillages marins.* C'est situé non loin du village et château de Saint-Maximin, à environ une heure de distance d'Uzès. Très tard dans la soirée, nous étions de retour dans cette ville.

Le 7 août, je me suis rendu au domicile de Monsieur de Carsan et de son garçonnet, en vue de les soigner l'un et l'autre : ils étaient tous deux malades. Du coup, j'ai pris pension chez eux !

Le 15 septembre, par une lettre datée du 4 août, j'ai appris la triste nouvelle du décès de mon frère le regretté Nicolas Platter[305] : il est mort de diarrhée rouge à Pfortzheim, le 24 juillet. Que le Dieu tout-puissant lui donne, ainsi qu'à nous tous, une joyeuse résurrection et la vie éternelle ! Amen.

C'est le 25 septembre, période d'équinoxe, autrement dit d'égalité du jour et de la nuit, que commence à Uzès la foire annuelle dite de Saint-Firmin, appelée ainsi à cause de l'église qui porte ce nom, et dont j'ai déjà parlé, près de laquelle on lève les taxes d'octroi. Cette foire dure quatorze journées de suite ; il s'y fait un grand concours de peuple et, en particulier, on y vend beaucoup d'étoffes de serge. On prétend, à propos de cette rencontre commerciale, que c'est la foire la plus illustre parmi toutes les villes languedociennes sans exception, du moins parmi celles qui n'ont pas d'accès fluvial ou maritime pour les navires. C'est en effet le cas d'Uzès : on est obligé d'apporter les marchandises non point par eau, mais à dos de mulet, de cheval, ou sur des charrettes munies d'un essieu. Hors d'Uzès, les activités mercantiles sont bien plus importantes dès lors qu'il s'agit de villes voisines des eaux navigables, salées ou douces. J'ai vu dans cette foire uzégeoise de nombreux marchands étrangers, venus d'Italie, du Piémont et d'Auvergne. On fait venir, pour cette occasion, les châtaignes en très grosses quantités : elles sont importées là depuis la montagne proche ou moins proche ; ensuite, on les expédie vers le Piémont et en Italie. Elles ont été au préalable pelées et séchées à fond.

Le 29 octobre, je me suis occupé d'un soldat de Limoges. C'était à cause d'une petite douleur près de la cheville. On l'avait ébouillanté dans un bain brûlant. J'ai donc servi d'aide à Maître Jean Chaillon pour lui couper une jambe au-dessous du genou : cette partie du corps du soldat que nous avons amputée était avant l'opération déjà noire comme du charbon, et pourrie. Grâce à Dieu, cela s'est bien passé, de sorte qu'à la fin de l'année, cet homme a pu retourner dans son pays de Limousin.

Le 24 décembre, dans la soirée de Noël, à la tombée de la nuit, nous étions sur le point de faire collation, dans la maison de mon logeur, Monsieur Carsan. Ce personnage est papiste, ainsi que son fils ; sa femme et sa fille, en revanche, appartiennent à la religion réformée. J'ai donc vu qu'on mettait sur le feu une grosse bûche de bois. Celle-ci est appelée dans leur langage local [d'oc] un *cachefioc*, ce qui veut dire cache-feu ou couvre-feu. On procède ensuite aux cérémonies ci-après décrites.

De fait, en cette même soirée, on dépose une grosse bûche de bois dans la cheminée sur le gril[306], par-dessus le feu. Quand elle commence à brûler, toute la maisonnée se rassemble autour du foyer ; dès lors, le plus jeune enfant (s'il n'est pas trop petit, auquel cas il appartiendrait au père ou à la mère d'agir en son nom pour l'accomplissement du rite) prend dans sa main droite un verre plein de vin, des miettes de pain et un peu de sel ; et dans la main gauche une chandelle de cire ou de suif, allumée. Immédiatement les personnes présentes, du moins celles qui sont de sexe masculin, tant jeunes garçons qu'adultes, ôtent leurs chapeaux ; et l'enfant susdit, ou bien son père s'exprimant au nom d'icelui, récite le poème suivant, rédigé dans leur langue maternelle [d'oc, *alias* provençale] :

> *Ou Monsieur [le maître de la maison]*
> *S'en va et vent*

Dious donne prou de ben,
Et de mau ne ren.
Et Diou donne des fennes enfantans,
Et des capres caprettans,
Et des fedes agnolans,
Et vacques vedelans,
Et des saumes [= ânesses] poulinans,
Et de cattes cattonans,
Et de rattes rattonans,
Et de mal non ren,
Si non force ben.

Ce qui veut dire[a] : « En quelque endroit que se rende le maître de la maison, qu'il aille ou qu'il vienne, puisse Dieu lui donner beaucoup de bonnes choses et rien qui soit mauvais. Et que Dieu donne des femmes qui enfantent, des chèvres qui feront des chevreaux, des brebis agnelantes, des vaches vêlantes, des ânesses poulinantes, des chattes productrices de chatons, et des rates productrices de ratons. Autrement dit, rien qui soit mal ; et, en revanche, force bonnes choses. »

Tout cela ayant été dit, l'enfant jette une pincée de sel sur la partie antérieure de la bûche, au nom de Dieu le Père ; *idem* sur la portion inférieure, au nom du Fils ; et enfin sur la partie médiane, au nom du Saint-Esprit. Une fois ces rites effectués, tout le monde s'écrie d'une seule voix : *Allègre, Diou nous allègre,* ce qui veut dire : « En liesse ! Dieu nous mette en liesse ! » Ensuite, l'enfant fait de même avec le pain, puis avec le vin, et finalement, tenant en main la chandelle allumée, il fait couler des gouttes de suif ou de cire brûlante aux trois endroits de la bûche, au nom de Dieu le Père, du Fils et du Saint-Esprit. Et tous reprennent en chœur le même cri qu'ils ont déjà poussé : « En liesse ! » À ce qu'on dit, un charbon ardent en provenance d'une telle bûche ne brûle pas une nappe si on le pose dessus. On conserve avec soin toute l'année les fragments de la bûche en question, noircis au feu, et l'on pense que quand une bête ou un être humain souffre de tumeurs, une application

---

a. Thomas II Platter connaît bien la langue provençale et la note correctement.

de ces ci-devant braises, maintenant éteintes, sur la grosseur ou bosse ainsi produite empêchera que celle-ci ne s'accroisse et même la fera aussitôt disparaître.

Mais revenons à la nuit de Noël : les cérémonies de la bûche étant terminées, on sert une collation magnifique, sans viande ni poisson, mais *avec* du vin fin, des fruits et des confiseries. On laisse la table mise toute la nuit ; on pose dessus un verre à moitié rempli de vin, du pain, du sel et un couteau. J'ai vu tout cela, de mes yeux vu.

Année 1598

Le 7 janvier, tous les prédicants du « petit pays » d'Uzès, autrement dit du diocèse d'Uzès, ont tenu un colloque collectivement dans cette ville d'Uzès[307].

Le matin, une fois le prêche terminé, presque aucun d'entre eux n'a quitté la réunion. De cette manière, ils étaient en mesure de prendre connaissance du texte qui allait être l'objet de discussion. L'un des serviteurs de l'église huguenote s'est donc placé debout, au pied de la chaire ; il a donné lecture à haute voix, sans oublier un mot, du chapitre VI de la première épître de saint Paul aux Romains, à propos du péché (à savoir que le croyant ne doit point vivre de façon peccamineuse, etc.) ; ensuite, le même orateur a fait de ce texte une exégèse assez circonstanciée. Après quoi, le plus distingué parmi les onze qui étaient assis a commencé à disputer *contre* le texte du susdit chapitre VI ! Ensuite il a réfuté lui-même ses propres arguments hostiles, tels qu'il venait de les développer. Enfin, à l'exemple de celui qui avait fait la lecture, il a donné ses conclusions. Même comportement chez ceux qui sont intervenus ensuite, et qui ont parlé, incidemment, en langue française à haute voix : d'abord disputation d'opposition au texte de saint Paul ; puis réfutation de cette argumentation oppositionnelle par l'argumenteur lui-même ; et, enfin, conclusion. Du premier jusqu'au dernier des intervenants, le colloque n'a pas duré beaucoup plus d'une heure.

Après le repas, ils se sont de nouveau réunis dans leur temple ; ils se sont entretenus des affaires très diverses de l'Église [réformée] et de la police du culte. De fait, en toute époque, ils sont les décideurs ; ils désignent leur président chaque année et résolvent des questions telles que : qui seront les prédicants ? où et quand prêcheront-ils ? Car personne parmi eux n'a de primauté permanente, au-delà d'un an. En tant que pasteurs, ils se considèrent comme tous égaux les uns des autres, ainsi que faisaient les apôtres[a].

Voyage à Serviers [235]

Le 18 janvier 1598, je suis allé excursionner en compagnie de la noble dame de Valérargues[308], pédestrement, jusqu'à son château de Serviers. Elle n'a pas eu la possibilité de se déplacer à cheval, tellement il y avait de glace sur les chemins. Nous sommes arrivés à Serviers vers midi, après une heure de marche environ, depuis Uzès. C'est un vieux château, bien fortifié, posté en altitude, sur une montagne. L'intérieur est beau, avec des tapisseries en guise d'ornementation. L'extérieur est fort laid, quand on le contemple. Le village de Serviers se situe en contrebas et la route d'Alès passe juste à côté.

Tout près du village, sous la haute colline qui le surmonte, coule un ruisseau qu'on appelle l'Eyssène. Des deux côtés de ce cours d'eau, les berges sont d'argile bleue. On y trouve une grande quantité de pierres à fusil ou de pierres à feu, dans le genre de la marcassite ou de la pyrite[309]. Spécialement après la pluie, quand la poussière a été bien lavée, elles reluisent comme s'il s'agissait d'or pur ou de pierres précieuses ; leur éclat devient plus encore distinctif quand ensuite on les a nettoyées avec du vinaigre. Elles poussent et se développent dans cette argile bleue, qui en plusieurs endroits de ce vallon tourne au noir aussi, et ailleurs au gris. Elles ont des formes vraiment phénoménales : certaines d'entre elles sont tout à fait rondes, d'autres oblongues, d'autres encore octogonales ou quadrangulaires ; quelques-unes sont ornées de rayures bizarres ; elles sont quelquefois d'une catégorie plus belle et mieux formée que d'autres ; certaines sont très grosses, d'autres moyennes, d'autres encore très petites. Les habitants du pays les appellent des

---

a. Bel exemple de modernité protestante, égalitaire.

coudelets, autrement dit des billes. Il y a diverses personnes qui pensent que ce serait comme du minerai d'or ou de cuivre. Mais on n'a jamais rien pu obtenir de ce côté-là, malgré les nombreux essais qui furent tentés. Du reste, le terrain n'est pas spécialement fertile aux environs de ce val et ne produit guère que du thym ou des herbes inutiles. De là, un dicton local, dans leur langue : « *Lou terre de Serviers nes que pour faire cantar lous calandres, et ou il n'habite que la landres et noun y creis que de frigoules et satureye pour faire des galavars ou boudins.* » Traduction : « La terre de Serviers ne sert qu'à faire chanter des alouettes huppées, il ne s'y trouve que de la lande. N'y poussent que du thym et de la sarriette dont on se sert pour les fourrer dans des galavars, autrement dit dans du boudin. »

On trouve également, au sein des susdites argiles, quelques filons d'autres minerais métalliques et notamment du « mysi[310] », c'est-à-dire du minerai de cuivre, espèce de substance terreuse particulière dont la couleur tire sur le roussâtre ou le jaunâtre.

J'ai expédié divers échantillons de toutes ces matières, ainsi que des figurines de pierres à feu, et de la terre, en bonne quantité, à destination de Bâle.

Dans la soirée, après le casse-croûte, j'ai fait retour vers Uzès, et je suis revenu m'installer dans la maison de mon logeur.

Le 9 mars, j'ai fait mon entrée chez Monsieur Antoine Régis, apothicaire à Uzès. J'ai pris pension chez lui, pour la nourriture et le logement.

Voyage à Collias [237]

Le 19 mars, nous nous sommes rendus – nous étions plusieurs personnes à faire ce déplacement – au lieu dit Collias[311], à une heure de distance d'Uzès. La cousine de Monsieur de Carsan possède un château[a] dans le village de Collias. À environ un demi-quart d'heure d'icelui, tout près de la rive du Gardon, s'ouvre une caverne profonde, souterraine, formée par la nature. On l'appelle la « grotte de Pâques », *antrum pascale*. Dans cet antre se sont développées de longues et grosses tiges verticales

---

a. Erreur de TF19, p. 348 : « le château de Mr de Carsan ».

formées par l'eau qui coule goutte à goutte depuis le plafond rocheux : on dirait des colonnettes de glace ou des glaçons, mais en plus gris ; certaines sont en effet très épaisses et longues comme de véritables colonnes ; d'autres sont un peu plus petites : j'en ai envoyé des fragments à Bâle. Je suis revenu à Uzès, dans la soirée.

An 1598, au 25 avril : le baron de Montdredon, qui répond au nom de Bartissière[312], a pris la poste pour aller retrouver le roi en Bretagne[a] ; j'avais bien envie de l'accompagner, à condition qu'il voyage doucement de ville en ville ainsi qu'il me l'avait promis. Je m'étais même préparé à le suivre. Mais je me suis rendu compte qu'en réalité je ne pourrais pas vraiment voir du pays, à cause du train d'enfer qui allait être le sien. Je suis donc resté à Uzès.

Le 28 avril, j'ai fait l'autopsie d'une femme qui était morte à l'hôpital d'Uzès. Le chirurgien et l'aide-apothicaire m'avaient secrètement procuré le cadavre qu'ils avaient non moins secrètement disposé pour la circonstance dans un jardin situé hors la ville. J'ai donc procédé du mieux que j'ai pu à la mise au jour et à la démonstration visuelle des organes internes[b] de cette personne.

Le 18 mai, Monsieur Lucas Justus, mon compatriote, a fait le trajet de Montpellier à Uzès pour venir me voir.

Voyage vers la haute montagne du mont Ventoux, là où se dresse la Haute Croix, en passant par Avignon et d'autres villes [258]

Le 20 mai, après le repas de midi, nous avons quitté Uzès, Monsieur Lucas Justus et moi. *La peste sévissait alors dans plusieurs localités provençales : nous nous sommes munis du laissez-passer suivant, écrit et délivré par le greffier d'Uzès. Il était rédigé en français :*

« Aujourd'hui 20 mai 1598, Messieurs Thomas Platter, Lucas Justus et Jean Poucy ont quitté Uzès où, Dieu merci, règne la bonne santé. Ils ont pris la route vers Villeneuve-lès-Avignon et Avignon. Certifié par le soussigné
« Signé : Lefilz, greffier. »

a. Erreur de TF19, p. 348 : « en Angleterre ».
b. Erreur de TF19, p. 349 : « organes sexuels ».

Ayant effectivement « pris la route », nous sommes arrivés au village de Flaux, près du village de Saint-Siffret[313]. À Flaux, bloqués par la pluie, nous avons pris une collation. Puis nous sommes arrivés dans la bourgade de Roquefort [aujourd'hui Rochefort-du-Gard], après être passés par le village de Valliguières. Distance parcourue depuis Uzès : quatre lieues.

Rochefort [238]

C'est une petite bourgade, entourée de remparts. Elle borde un lac, peu profond, que commodément l'on peut embrasser d'un seul coup d'œil. On peut aussi, à certains endroits, le traverser presque entièrement à cheval. La bourgade n'est pas grande du tout, mais assez solidement fortifiée. Sa population, à mon avis, n'atteint même pas la centaine de chefs de famille[a].

Là, nous avons pris une collation, une de plus ; ensuite, nouveau départ, mais nous n'avons pas entrepris la traversée du lac. Nous l'avons longé ; nous sommes arrivés tard dans la soirée à Villeneuve, à l'orée du pont d'Avignon. Logement à l'hôtel du Cheval Blanc. Distance parcourue depuis Rochefort : deux lieues.

Le 21 mai, jour de la Fête-Dieu, nous avons traversé au petit matin le pont d'Avignon et sommes entrés dans cette ville ; nous y avons retenu un logement à l'auberge de *Paris*, proche de l'église Saint-Martial. Puis nous sommes immédiatement revenus en ville, en passant par les diverses rues au long desquelles la procession devait défiler. Les façades des maisons qui bordaient ce réseau d'« artères » étaient couvertes de tapisseries tournées vers l'extérieur, tentures d'un goût absolument exquis. En outre, au niveau du premier étage, dans de nombreuses ruelles, on avait étendu et déployé horizontalement de longues toiles, des draps, des espèces de voilures, de quatre pas de large environ : ils recouvraient tout le milieu de la voie piétonnière, d'une maison à celle d'en face, de manière à protéger les gens qui défilaient, en cas de pluie.

---

a. Et non pas *habitants*, erreur de TF19, p. 349.

Vers huit heures du matin, la procession principale a démarré. Sur la place au Change, je l'ai vue qui passait : elle véhiculait les objets sacrés les plus divers ; presque tous les prêtres de la ville ainsi que les citadins paradaient en même temps, chacun habillé selon son état ou son groupe social. Venaient ensuite les nonnes et la plupart des femmes avignonnaises qui ce jour-là se trouvaient en ville. La procession dura un bon moment, jusqu'à midi. Pendant qu'elle se déroulait, on jouait dans un coin [de la place], sur une estrade, une tragédie intitulée *La Destruction de Jérusalem*, avec de nombreux acteurs. *À beaucoup d'autres coins de rue et sur d'autres tréteaux se produisaient des mascarades et des scènes théâtrales, le tout très varié.* D'autres rues encore exhibaient des jets d'eau, superbes fontaines jaillissantes artistement érigées. Ailleurs, devant les maisons, se dressaient des montagnes et des œuvres d'art ou des statues, de belle qualité. Et puis, dans les endroits les plus divers, on entendait de la musique, on voyait des joueurs d'instruments à corde, chaque groupe ou orchestre étant meilleur que l'autre. En somme, *in summa*, la magnificence était telle, tout cela était tellement bien tapissé, costumé, décoré que c'en était presque indescriptible, et chacun peut imaginer que, lors d'une telle fête solennelle en une ville où les papes ont longtemps vécu, la pompe est de règle.

Le 22 mai, chez des fripiers, dans la rue des Juifs, j'ai échangé mon vêtement et mon manteau contre un autre vêtement et un autre manteau.

Le lendemain, 23 mai, j'ai visité plusieurs églises et bâtiments ou monuments, dont j'ai déjà parlé *supra*, et que j'évoquerai encore, ultérieurement.

Le dimanche 24 mai, avant le repas de midi, nous avons vu défiler une superbe procession des *battus* qui se flagellent en marchant. Ces *battus* se répartissent en quatre compagnies : les uns blancs[a], les autres noirs, les troisièmes bleus, les derniers gris ; tous revêtus, par conséquent, de chemises colorées qui leur descendent du sommet du crâne jusqu'à la cheville. Seuls demeurent découverts les yeux, la bouche, et le dos à l'endroit où s'opère la flagellation. Ils gardent néanmoins par-dessous leurs vêtements habituels. Les blancs et les noirs étaient accom-

---

a. Défilés de « pénitents » : l'âge baroque déjà...

pagnés d'un ensemble de musiciens tout à fait splendide, qui prenait place parmi eux, au sein de leur défilé. Ces musiciens étaient recrutés partie dans la région avignonnaise, partie en provenance de Toulouse. Chaque compagnie disposait pour le moins d'une soixantaine de chanteurs ; ils paradaient en tête, en queue et au milieu de chacune des quatre troupes ; ils allaient deux par deux. Ils battaient la mesure en brandissant des bâtons ronds vers les hauteurs ; quelques-uns soufflaient dans des trompettes, ou jouaient de la flûte, ou frappaient le tambour. L'ensemble ainsi formé résonnait de la façon la plus agréable. Une fois parvenus sur la place au Change, ils firent halte et, debout, ils entonnèrent un ou deux motets majestueux[314]. Cette procession a duré jusqu'à midi, ou peu s'en faut.

Le 25 mai (un lundi), nous allions partir pour Carpentras, mais voici qu'arrive dans notre auberge un personnage appelé Monsieur Freitag von Laer ; il venait en droite ligne de Jérusalem et un mulet l'accompagnait, chargé de toute sorte de choses extraordinaires. Nous sommes donc restés cette journée entière encore en Avignon, pour prendre connaissance du paquetage en question, et Freitag m'a fait cadeau de quelques boulettes de terre extraites du champ à partir duquel Dieu avait créé Adam.

Le 26 mai, départ d'Avignon. Puis nous sommes passés auprès du Moulin des Épices (Moulin de l'Espi)[315]. Il y a là des maisons peu nombreuses et plusieurs moulins qui fonctionnent grâce à l'impulsion que leur donne un modeste ruisseau. Ensuite nous avons franchi le pont des Deux Aigues, autrement dit le pont des Deux Eaux, celles de la Durance, et de la Sorgue. Puis nous avons traversé le village d'Espaigne ou de La Tour-d'Espagne à côté de Morières, village que nous avons laissé à main gauche. Sommes arrivés dans la bourgade de Châteauneuf. Distance parcourue depuis Avignon : deux lieues.

Chasteau Neuf [Châteauneuf] [240]

C'est une petite bourgade. Située sur une hauteur, elle appartient au seigneur de Saint-Girau [de Saint-Géran ?]. Elle est assez fortifiée, mais, je le répète, petite. La rivière de Sorgue coule en bordure, et en contrebas. Nous avons ensuite remonté ce cours d'eau et sommes arrivés à la bourgade du Thor.

Thor [240]

Cette bourgade s'appelle *aussi* Le Thor, et pas seulement Thor ; elle est sise au bord de la Sorgue ; elle appartient au seigneur de Caderousse et du Thor, un monsieur qui a récemment épousé la sœur du duc d'Uzès. On peut voir dans ce bourg une fort belle église. Et d'autre part, le pays étant situé en terre papale, on y trouve aussi beaucoup de Juifs en résidence ; les coutumes et libertés dont ils jouissent sont les mêmes qu'en Avignon.

Nous avons encore longé, vers l'amont, la rivière pendant un petit moment et sommes arrivés dans la bourgade de L'Isle-sur-Sorgue, elle-même située à deux lieues de Châteauneuf ; nous sommes descendus à l'auberge de la Croix d'Or.

L'Isle [-sur-Sorgue] [240]

Cette bourgade mérite son appellation « insulaire », puisque la Sorgue l'encercle de toutes parts. La population y est assez nombreuse, avec un fort effectif de Juifs. Ceux-ci peuvent même, d'après ce qu'on m'a dit, acheter de la terre aux environs ; ils sont, comme ceux d'Avignon, pourvus de libertés et redevables de charges. Après le repas de midi, nous avons continué à remonter le cours d'eau ; nous avons laissé à main droite le château de Cabrières, lieu d'origine de la belle Laure[316] qui fut elle-même le Grand Amour de l'illustre poète Pétrarque. Peu après nous sommes arrivés au bourg de Vaucluse, sis à une lieue de L'Isle-sur-Sorgue.

Ce lieu ne compte que quatre ou cinq maisons effectivement habitées. Il est pourtant célèbre par les vers qu'y composa Pétrarque[317] pour plaire à la belle Laure, sa bien-aimée ; par la suite, ils ont fait l'objet de publications imprimées.

Je suis donc entré dans la maison de ce poète, aujourd'hui plus ou moins détruite et dont il ne reste que les quatre murs : Pétrarque est censé y avoir vécu ; cette demeure s'appelle tout naturellement la maison de Pétrarque ; elle est située à flanc de coteau, dans un lieu solitaire, près de la source merveilleuse de la Sorgue. Le poète Pétrarque avait quitté ce lieu, un Vendredi saint, pour aller entendre la messe à L'Isle-sur-Sorgue. En chemin, il rencontra dans une prairie la fille du seigneur de Cabrières, prénommée Laure. Il en tomba éperdument amoureux, au point de composer un si grand nombre de superbes poèmes en son honneur ; on trouve tout cela décrit en long et en large dans sa biographie.

Tout en haut de la colline (la maison de Pétrarque étant située à mi-pente) se trouve un vieux château[318] où habitent en tout temps quelques Italiens retenus en ces lieux par les charmes du site, tout simplement parce qu'on est là loin des gens, dans un lieu écarté, près de la ravissante source de la Sorgue. Cette fontaine passe pour l'une des sept merveilles du monde, *car on n'a jamais pu, d'aucune manière, en trouver le fond*. L'eau jaillit et s'écoule à partir d'un grand rocher avec un vacarme et une force tellement effroyables qu'elle gicle avec la même violence que si elle tombait d'une hauteur de cinquante brasses. Tout cela est tellement puissant qu'à un simple jet de pierre de la source, la Sorgue déjà fait tourner un moulin. Tout de suite après, elle devient navigable ! *Et puis, beaucoup plus loin, à une lieue d'Avignon, elle se jette dans le Rhône au lieu dit « le port de la Traille*[319] *». Mais alors que cette rivière n'est encore parvenue qu'à une lieue en aval de sa source, elle se divise en quatre cours d'eau qui sont navigables, eux aussi !*

La source, toutefois, peut subir une triple série de modifications. D'abord, de temps à autre, elle est tellement *basse* qu'elle laisse un intervalle d'une dizaine de brasses[a] entre le figuier qui s'enracine sur le rocher de la fontaine et la surface même de l'eau. En revanche, lors de ma visite, la source était en situation *moyenne* : elle s'élevait donc en bouillonnant jusqu'à ce figuier et elle faisait jaillir, sous le grand rocher, de nombreuses sources secondaires qu'on appelle des « filleuls » ; celles-ci donnent également de l'eau potable, véritable eau de source, bonne, fraîche, saine, buvable. À tout moment, les truites grouillent dans ce cours d'eau ; on les capture en grand nombre et elles sont excellentes. Enfin, lors des *maxima* hydriques, la source de

---

a. La brasse ou Klafter est une mesure de longueur approximativement égale à l'amplitude des deux bras, soit 1,60 m (en principe...).

Vaucluse se situe à son plus haut et considérable niveau ; elle monte alors jusqu'à une dizaine de brasses par-dessus le figuier. C'est du moins ce qu'on m'a raconté : le spectacle dans ce cas est tout à fait étonnant, sans aucun doute.

En ce qui concerne maintenant l'origine de cette fontaine, les opinions sont nombreuses et diverses. Plusieurs personnes pensent que tout cela vient de la mer, à cause de la puissance et de la constance du débit de la source. Selon d'autres gens, le point de départ de cette eau serait situé à environ quatre lieues (*mesure de Provence*) du site vauclusien actuel, *et non loin de la bourgade de Sault* : dans l'entre-deux, ça coulerait sous terre et ça ressortirait en fin de parcours à travers le susdit « roc au Figuier », et à la sortie d'icelui ; la raison qu'on en donne, c'est que la source grossit beaucoup quand il pleut à Sault, à quatre lieues de distance, et cela même quand nulle pluie ne tombe à Vaucluse même. En renfort de cette thèse, on raconte l'histoire suivante, éventuellement fabuleuse : il y a quelques années, un berger, pour ravitailler en moutons son épouse vauclusienne, avait procédé pendant longtemps de la façon suivante. Mettons que les pluies, dans son secteur, fassent monter le niveau de l'eau. Dès lors, il transmettait l'information à sa femme, elle-même en résidence à Vaucluse, puis il jetait un mouton dans le ruisseau, à quatre lieues en amont de la fontaine. L'animal dispa-raissait dans la partie souterraine du cours d'eau ; ensuite, mort, il faisait surface à Vaucluse, où l'épouse le récupérait. Quand on interrogeait l'homme, il déclarait que le loup avait mangé l'ovin. Le pâtre pratiqua pendant longtemps ce genre de filou-terie. Mais, à la fin, il eut sa punition : un beau jour, il voulut jeter à l'eau un bélier spécialement vigoureux, et il fut accroché par les cornes de cette bête. On devine la suite : les deux cadavres n'eurent plus qu'à émerger ultérieurement dans la fontaine de Vaucluse, sous les yeux de l'épouse et de bien d'autres personnes. Et, du coup, tout le monde a compris ce qu'étaient devenus les moutons précédemment disparus ; on s'est aussi rendu compte que la fontaine de Vaucluse prenait sa « source » dans le ruisseau de Sault. Je laisse les lecteurs libres de croire à cette anecdote, ou non.

Le fait est qu'à la fin des fins, plusieurs individus pensent que la fontaine tire tout simplement sa source du rocher que je viens d'évoquer tout à l'heure. Voyez l'esquisse que j'ai dessinée ci-jointe.

Après avoir bien visité la maison de Pétrarque, les abords de la fontaine et toute la zone environnante, nous avons bu *un* coup à l'auberge, dans la soirée ; puis ce fut l'heure du retour, mais cette fois nous avons fait route par la rive nord de la Sorgue, en direction de Saumane. Depuis la fontaine de Vaucluse jusqu'à cette localité, cela faisait une lieue, mesure de France.

Saumane [244]

On appelle ce lieu *Salmenia* en latin, Saumane ou Salmène en français. C'est une bourgade, située sur une croupe montagneuse entre L'Isle-sur-Sorgue et la fontaine de Vaucluse, quoiqu'un peu à l'écart (vers le nord). Cette petite ville appartient au seigneur de Mazan ; il y fait bâtir, à l'intérieur même de l'enceinte citadine, un très beau château érigé de toutes pièces, pour ainsi dire sur la table rase. On y admire un escalier en colimaçon vraiment magnifique, grâce auquel la montée à cheval jusqu'au sommet de cette forteresse devient possible : la raison en est que le seigneur de Mazan est un vrai podagre, atteint de la goutte aux pieds, incapable de se déplacer sans monture. La construction de cette demeure n'est pas encore terminée ; elle sera dotée, une fois le chantier fini, de bonnes capacités défensives. La population de Saumane est peu nombreuse : en conséquence, on ne trouve pas d'auberge convenable dans la bourgade *intra muros*. C'est pourquoi nous avons dû passer la nuit au domicile d'un bourgeois dans le minuscule faubourg. Il a même fallu coucher sur la paille ! Nous avions plutôt froid, en raison de l'altitude du site.

Le 27 mai, dans la matinée, nous sommes redescendus dans une belle vallée. Vers midi, *après franchissement d'une hauteur*, nous avons fait halte à Pernes, à l'auberge de la Fleur de Lys.

Perna, autrement dit Pernes [245]

Cette bourgade est située en plaine. On y arrive au débouché d'un vallon. Plusieurs Juifs y résident, comme en Avignon. Mais pas aussi nombreux. Dans le faubourg proche se trouve l'église Notre-Dame. On y mène beaucoup de possédés, qui sont exorcisés sur place. Justement, à l'époque de notre passage, il y avait en ville une femme possédée qu'à certaines heures on conduisait dans cette église, aux fins d'exorcisme.

Après manger, nous avons pris la route. Elle était belle, droite, plane, et nous n'avions jamais vu cela auparavant, du moins à un tel degré ; pour un peu, on y aurait installé un jeu de paume. Nous sommes arrivés ainsi à Carpentras. Depuis Saumane, où nous avions couché, cela faisait trois lieues de distance, mesure française. Chemin faisant, nous avons franchi une rivière[a] appelée la Nesque[320]. C'est tout juste si l'on ne nous a pas empêchés d'entrer dans Carpentras, ne serait-ce que pour traverser la ville ! Par chance, le docteur Justus, qui était mon compagnon de voyage, connaissait, sur place, un certain Monsieur Albertus[321] : ce Carpentrassien avait passé son doctorat en médecine, peu de temps auparavant, à Montpellier. Nous avons donc pu enfin pénétrer dans Carpentras, par la porte de Mazan, après avoir été au préalable renvoyés d'une porte à l'autre. En ville, nous nous sommes bornés à boire un coup. C'est pourquoi je noterai plus tard mes observations relatives à ce lieu, tel que je l'ai visité en détail lors d'un séjour ultérieur.

Peu après notre traversée de Pernes, nous sommes arrivés dans la bourgade de Caromb[322].

Caromb [246]

C'est une localité bien peuplée, située non loin de Mazan. Nous y avons acheté des provisions, pour pouvoir les emporter avec nous en montagne au cours de la journée suivante. Nous suivions sur ce point les conseils du chirurgien local, Maître Adolphe ; nous devions en effet emmener cet Adolphe avec nous le lendemain, car il connaissait à la perfection tous les tenants et aboutissants de la montagne du Ventoux, qui était notre but d'excursion.

Je dus cependant m'arrêter chez quelques-uns de ses patients, afin qu'ils voulussent bien se séparer de lui en notre faveur pendant le temps relativement long que durerait notre randonnée montagnarde. J'ai profité aussi de cette occasion pour rendre

---

a. La localisation de ce cours d'eau est erronée.

visite à divers malades et pour leur distribuer mes conseils. Au sortir de la bourgade de Caromb, il y avait également *une* belle église, et fort bien décorée. Partant de là, Justus, moi et Adolphe, nous nous sommes mis en route ; nous avons laissé *de côté la bourgade de Grillon*, immédiatement sur notre droite ; notre étape s'est terminée tard dans la soirée à Bédoin, autre bourgade, et nous avons logé chez Maître Laurent, bourgeois de ce lieu. Distance parcourue depuis Carpentras : trois lieues.

Bédoin [246]

C'est une jolie petite bourgade en contrebas du mont Ventoux. La plupart des habitants s'y adonnent à l'agriculture. On y dénombre, à mon sens, une centaine de chefs de famille, tout au plus. Des fontaines y jaillissent, qui sont d'excellente qualité. J'ai embauché sur place un laquais, âgé d'environ quinze ans. C'était le fils d'un habitant de ce lieu. Par la suite, à Uzès, je l'ai gardé à mon service.

Le 28 mai, à deux heures du matin, on nous a ouvert les portes du rempart pour que nous puissions sortir de Bédoin, et nous avons commencé aussitôt l'ascension de la haute montagne du Ventoux. Sur le chemin qui mène à la croix Sainte, nous avons pris notre petit déjeuner du matin près d'une modeste source d'eau fraîche. De fait, outre le chirurgien Adolphe, nous avions emmené avec nous un homme en plus : il se chargeait de porter nos provisions pour boire et manger. Près de cette fontaine, une croix de bois était dressée, la croix du Counillon[323] [= du Cornillon ?], au pied de laquelle il y avait tout un tas de cailloux. Ce sont les pèlerins en général, et les pèlerins du Ventoux en particulier, qui jettent ces petites pierres en passant, tout en prononçant à haute voix les paroles suivantes : *Dieu face mercy aux trespasses*. D'après le chirurgien Adolphe, ces croix qui sont assez nombreuses sur les pentes du Ventoux indiquent l'endroit précis où des pèlerins sont morts et enterrés, étant décédés soit pour cause de fatigue, soit dans un état de faiblesse et d'incapacité à poursuivre la route. Peu après, nous avons atteint la combe de Cornillon, puis le plan ou plutôt *lou* plan de Saint-Calet. Ensuite, nous sommes passés par les sites ou lieux-dits qu'ils appellent dans leur langue [provençale] *lou Mont Joie*, autrement dit la montagne joyeuse ; *item* lou Four de Cau, le four à chaux ; *item* lou Plans, le plan ; *item* le *collet des Chevrieres*, la colline aux chèvres ; le *collet des Sériettes*, la colline des cailles ou des passereaux ; le *collet* de Sant Anthoni ; *item* le *collet d'Aumian*, la colline d'Aumian ; *item* le *collet de Saint-Jacques* ; *item* le *val de Connières*, autrement dit le val des garennes ; *item* la combe des Turcs ; tout cela compte tenu du fait que *collet* signifie « colline » et *combe*, « vallée ».

Poursuivant notre itinéraire, nous avons fait halte brièvement à la ferme d'élevage des bêtes d'alpage de la Bastide, où nous avons bu du lait. Nous avons ensuite escaladé plusieurs pentes pelées, sur lesquelles il n'y avait *plus* ni arbres ni arbrisseaux, et de ce fait le soleil nous rôtissait dur, avant même que nous eussions atteint le sommet. Vers midi, nous sommes enfin arrivés tout en haut de la montagne, à proximité immédiate de la chapelle appelée de la Sainte-Croix ou de la Haute-Croix. *Depuis Bédoin, cela faisait environ quatre lieues.* Devant cette chapelle se dressait en effet une grande croix de bois, sur laquelle j'ai accroché mes vêtements ; ils étaient trempés de sueur. Je n'ai gardé sur moi que mon manteau. À ce moment-là mes compagnons, à savoir le chirurgien et le porteur de notre ravitaillement, s'approchèrent de moi ; ils s'imaginaient que je voulais abandonner mes vêtements sur cette croix de bois, et redescendre tout nu. Mais en fait, dès que mes habits furent secs, je les enfilai à nouveau, car un petit vent glacé commençait à souffler.

Dans la chapelle, une congère de neige s'était accumulée sur la hauteur, si je puis dire, d'un homme et demi. C'était le vent qui avait soufflé cette neige vers l'intérieur. Ça nous arrangeait tout à fait pour le casse-croûte, puisque nous pouvions ainsi rafraîchir notre vin que le soleil avait chauffé.

Après ce repas, nous avons contemplé la région dans son ensemble, en jetant un regard circulaire autour du Ventoux. De là on voyait extrêmement loin, tant du côté de la terre que de la mer, compte tenu du fait que vingt lieues de distance nous séparaient du rivage de la Méditerranée. Ce mont du Ventoux est considéré comme le plus haut de toute la Provence et des lieux environnants. C'est aussi le premier grand sommet que les navigateurs aperçoivent depuis le large. Le nom de « montagne de la Croix » témoigne tout à fait en ce sens, puisque aussi bien *Mauventou* [*sic*], en latin *mons Ventosus*, porte tautologiquement la dénomination de mont très éventé ou de Haute-Croix.

Chaque année, le 14 septembre, pour le jour de l'exaltation de la Croix, *ad diem exaltationis sanctae Crucis*, viennent des pèlerinages et processions nombreuses jusqu'à la Haute Croix. Elles rassemblent les habitants des bourgades et bourgs du bas pays avoisinant : cette journée de septembre est commode, puisqu'elle correspond à l'époque où la couverture neigeuse est minimale ou nulle sur le Ventoux. Lors des susdits pèlerinages, on gagne des indulgences, par le seul fait des grandes fatigues qu'implique quand même la montée jusqu'au sommet. D'autres pèlerinages analogues ont également lieu vers le Ventoux, en dehors de ces jours de fête de septembre. Il se trouve que l'épicéa ne pousse nulle part dans la région des alentours, sauf à l'extrême pointe sommitale de la montagne. Chaque pèlerin rapporte donc avec soi une branche de cet arbre : c'est une manière de prouver que l'individu en question a bien effectué l'ascension jusqu'à la Haute Croix. Les gens qui se couronnent ainsi de rameaux verts en descendant du Ventoux sont entourés d'une grande considération à leur retour : car il est clair qu'ils ont fait preuve de recueillement religieux, et qu'ils ont bel et bien accompli l'ascension de la grande montagne. Les villageois du bas pays furent tout à fait émerveillés quand ils se furent rendu compte que nous avions fait cette montée en une période tellement précoce de l'année, avant la fusion complète du névé sommital. Nous nous sommes abstenus bien sûr de leur faire savoir, à ces gens, que nous étions allés là-haut non pas pour pèleriner, mais pour collecter des herbes et des plantes rares, voire exotiques ; nous en avons trouvé effectivement en grand nombre sur cette montagne. Et j'ai envoyé à Bâle tous les échantillons d'icelles que j'ai pu recueillir ! L'après-midi, comme nous avions pique-niqué près de la chapelle, nous sommes ensuite quelque peu redescendus sur l'autre face du Ventoux jusqu'aux prairies ou prés de Percques. C'est là que nous avons trouvé l'herbe lunaire officinale (*Botrychium Lunaria*), autrement dit la plante de lune, comme on l'appelle[324] : une espèce de fougère dénommée aussi en français langue-de-cerf ; un végétal bizarre qui a la propriété, dit-on, de faire tomber les fers à cheval des pieds des montures, quand celles-ci lui marchent dessus et la foulent. Divers auteurs, parmi lesquels Du Bartas[325], ont écrit à son sujet. Elle a par ailleurs beaucoup de vertus cachées.

Ayant fini d'herboriser aux Percques, je me suis séparé de mes compagnons et je suis remonté seul au sommet de la montagne pour y étancher ma soif, là où la neige était tombée. Par la suite, en trois heures approximativement, je suis redescendu, toujours seul, jusqu'à Bédoin. Pour ce faire, je n'ai trouvé aucun chemin tracé. Quant à mes compagnons de route, que j'avais quittés à Percques, ils ne sont arrivés à Bédoin que plusieurs heures après moi ! Mon compatriote Lucas était très malade. Il avait attrapé la fièvre en haut du Ventoux, à cause du gel. Il se portait tellement mal que la crainte le prit de mourir dans ce pays sauvage. Pendant la nuit, néanmoins, les choses allèrent mieux pour lui. Nous prîmes le dîner du soir ensemble. Nous étions crevés de fatigue.

Le 29 mai, au matin, nous avons pris le petit déjeuner en compagnie de Monsieur de Saint-Cler [ou de Saint-Cex ?] et de Maître Jean Taisy, chirurgien demeurant à Bédoin, et natif de Pernes. Puis le notaire de Bédoin nous a délivré un billet en forme de passeport, à cause de l'épidémie de peste qui sévissait dans la région. Ce billet était rédigé de la façon suivante :

« En l'année 1598, le 29 mai, Messieurs Thomas Platter et Lucas Just ont quitté Bédoin pour se rendre à Caromb et à Carpentras. Ils avaient préalablement passé deux nuits à Bédoin.
« Signé : Pallier, *notarius*. »

Nous sommes partis de Bédoin tout doucement aux alentours de midi, car pendant l'entière matinée la maladie de mon compatriote Justus nous empêchait de prendre la route. Et puis, une fois en chemin, à petite vitesse, nous avons fait le voyage jusqu'à Crillon.

Crillon [249]

Crillon, petite bourgade, est située au sommet d'une colline et n'est guère peuplée. Nous ne nous y sommes point arrêtés et nous avons filé aussitôt vers Caromb, où nous sommes descendus à l'auberge de la Croix Blanche. Là encore, il a fallu que je donne des consultations aux malades du chirurgien Adolphe. Dans la rue, j'ai rencontré des boulangers qui charriaient coutumièrement du pain et de l'eau sur des planches bizarres, que j'ai dessinées[326]. Nous sentions bien que Maître Adolphe voulait continuer le voyage avec nous, et cette idée ne nous plaisait nullement. Au repas du soir de ce 29 mai, je l'ai donc saoulé tant et plus à force de vin blanc *et de vin rouge dont le gouverneur local nous avait fait cadeau.* Je savais qu'Adolphe adorait ça. J'ai usé de cette méthode dans l'idée que le lendemain matin son « capitole », *capitolium*, autrement dit sa tête, ne serait pas encore remise en état, et que donc il serait bien incapable de sortir de son lit. Nous pourrions ainsi nous débarrasser de lui en prenant le large.

Effectivement, le lendemain 30 mai, nous avons filé dès potron-minet en direction de Caromb, afin d'éviter d'être suivis par Maître Adolphe, le chirurgien. Vers midi nous étions de retour à Carpentras, et nous sommes descendus chez Monsieur le docteur Albertus. *Carpentras est l'une des villes les plus remarquables du Comtat Venaissin, et je voudrais décrire ici brièvement cette région.*

À propos du Comtat Venaissin [250]

On l'appelle en français comté de Venisse, ou Venissy, ou de Venaiscin, bref Comté ou Comtat Venaissin[327] ; en langue latine, *Venuxinus comitatus.* Au temps des Romains, c'était la « Narbonnaise seconde », *Narbonensis secunda.* Ce Comtat, outre l'archevêché d'Avignon, se compose également de trois évêchés : Carpentras, Cavaillon et Vaison[328] ; *et puis encore pas mal d'endroits qui se situent dans le même espace juridique, tels que L'Isle-sur-Sorgue, Carpentras encore et Valréas*[329]. Ce Comtat, c'est le plus beau petit pays, le plus fertile qu'on puisse trouver dans le monde ! Il est doté de nombreuses et modestes bourgades, ou de villages ceints par des remparts[a]. Il est arrosé par la Sorgue et par tout un chevelu de modestes cours d'eau.

---

a. La confusion entre *bourgade* et *village ceint par des remparts* devient ici, par exception, presque totale.

Carpentras [250]

La ville de Carpentras est *la plus noble cité du Comtat Venaissin, après Avignon*. Elle est assez grande, très peuplée, flanquée d'un plat pays des plus fertiles. La Nesque coule à proximité de Carpentras ; elle conflue avec la Sorgue non loin de la bourgade de Pont-sur-Sorgue, et les deux cours d'eau réunis se jettent ensuite dans le Rhône. On trouve en ville, à Carpentras, de très beaux édifices. Spécialement le palais épiscopal, qui est joliment construit et décoré. On peut dire que, dans cette demeure, rien n'a été oublié. Et d'abord, en l'une des salles du palais du prélat, nous avons vu représentées sur des tableaux rectangulaires toutes les cités du Comtat Venaissin, sans exception. Chacune de ces villes est figurée dans son paysage environnant. Ces vues sont ravissantes. On nous a conduits aussi vers une grande cour dans laquelle se trouve, si mes souvenirs sont exacts, la résidence du recteur *alias* gouverneur. *C'est aussi l'emplacement de l'école et l'on y a bâti de nombreux auditoriums*, qui sont de toute beauté. Monsieur le docteur Albertus nous a également conduits dans la rue des Juifs. Ils y habitent en très grand nombre. La population juive locale, à ce qu'on pense, est peut-être même plus importante qu'en Avignon, mais le régime qui leur est fait est le même dans les deux villes.

Par temps de pluie, on peut se déplacer à sec en maint endroit de Carpentras : il y a en effet beaucoup de passages couverts sous les maisons, exactement comme à Berne.

J'ajoute que la ville est bien fortifiée, entourée de superbes remparts. Pour les portes de cette enceinte, c'est comme en Avignon. Elles sont gardées et surveillées, au nom et à la solde du souverain pontife, par des militaires italiens. Ceux-ci coûtent très cher au pape : car il affecte à leur entretien, d'après ce qu'on croit, presque toutes les recettes fiscales comtadines telles qu'il les perçoit ici et là dans les villes de cette grande circonscription qu'est le Comtat. Les frais de la garde de l'enceinte urbaine ne sont donc pas imputés particulièrement ni directement par l'administration pontificale aux seuls habitants de Carpentras (ni d'Avignon).

Le dimanche 31 mai, Monsieur le docteur Albertus nous a accompagnés hors la ville, hors les portes du rempart, jusqu'au monastère des capucins, que nous avons visité. Ce couvent est situé en plaine. Son architecture est de même type que celle qui caractérise en règle générale les couvents des capucins. Ils ont là un jardin très gracieux et aussi un étang. Nous sommes revenus ensuite en ville pour contempler le sanctuaire de Saint-Siffrein[330] : c'est l'église paroissiale la plus importante. Monsieur le docteur Albert, déjà mentionné, avait pris ses mesures pour que nous puissions voir le trésor qui est conservé dans cette église. Cependant, on était en train de chanter une messe dans le chœur : nous avons, pendant ce temps-là, visité les autres parties de l'église. Elle est vaste et joliment construite, puisque Carpentras, comme je l'ai déjà indiqué, est le siège d'un évêché.

La messe étant terminée, le sacristain nous a fait signe de venir dans le chœur. Là se trouvaient plusieurs chanoines à ce préposés. Ils nous ouvrirent la porte du caveau voûté où se trouve le trésor ; nous les avons précédés dans cette crypte, éclairés que nous étions par des flambeaux de cire. Ensuite, ils ont ouvert une châsse, sous la voûte. Il y avait dans cette caisse toute une diversité d'objets sacrés. Les chanoines nous les présentaient en totalité, à la suite, et ils en faisaient l'éloge. Nous avons remarqué, entre autres, un mors destiné à être fourré dans la bouche d'un cheval. On dit ou on prétend qu'il a été forgé avec le clou qui a servi à fixer la main droite de Notre Sauveur Jésus, dûment percée pour la circonstance, le tout afin d'attacher le Christ à l'arbre de la croix. Et, donc, voici ce qui s'est passé à ce propos...

Au sujet du mors qu'on a forgé à partir d'un clou de la croix de Notre Sauveur [252]

...Comme me l'ont raconté les chanoines, la sainte Madeleine[331] [en fait, l'impératrice Hélène] avait fait exhumer les trois croix près de Jérusalem, et elle avait ainsi récupéré toute une variété d'objets sacrés qui « relevaient » de Notre Sauveur. Parmi ces reliques figuraient aussi les trois clous à l'aide desquels on L'avait attaché à Sa croix. Le fait est qu'à l'époque le fils de Madeleine [en réalité, le fils d'Hélène] s'appelait Constantin et qu'il était empereur romain. Constantin était ainsi dans l'obligation de prendre la direction de ses armées pour des guerres fort nombreuses. Et donc, de l'un des clous, l'impératrice fit faire une visière de casque pour protéger le front de l'empereur ; du deuxième clou, un bouclier pour protéger le cœur ; le troisième enfin fut forgé en forme de mors, à l'usage du cheval de Constantin. Ainsi le fils de cette grande dame, revêtu et armé de ces trois clous, serait-il assuré d'être heureux et victorieux à l'encontre de ses ennemis. Après la mort de l'empereur, on a voulu faire un don à l'un de ses plus anciens serviteurs, et l'on a laissé celui-ci libre de choisir le cadeau prévu, en fonction de ce qu'il désirait. Or ses demandes se sont limitées au seul mors de la monture impériale ! Il voulait qu'on le lui donne en récompense de ses durables, longs et loyaux services. On lui a octroyé cette gratification bien volontiers, car les gens avaient oublié, au palais impérial, que ce mors avait été forgé à partir d'un clou de la Sainte Croix ; mais lui, le serviteur, n'avait nullement désappris la chose ! Et voilà que cet homme, dorénavant muni du précieux mors, vient s'installer dans le Comtat Venaissin ! Par la vertu de cette relique, le nouvel arrivé se trouvait en mesure de chasser d'innombrables démons hors de la personne des *gens* [des possédés]. Et donc on a nommé peu après ce faiseur de miracles d'abord chanoine, puis abbé d'un monastère non loin de Carpentras. Le siège épiscopal de cette ville étant devenu vacant par la mort du titulaire, les chanoines ont élu évêque le ci-devant serviteur de Constantin ! Il a tout naturellement apporté avec lui ce mors dans sa cathédrale et il en a fait cadeau à celle-ci.

En notre temps, le mors est de ce fait toujours conservé, ainsi que je l'ai indiqué tout à l'heure, dans l'église Saint-Siffrein. Il opère quotidiennement beaucoup de miracles, spécialement quand il s'agit de chasser les démons, puisque aussi bien on fait venir de nombreux possédés dans la cathédrale afin qu'ils puissent profiter des pouvoirs miraculeux de cet objet. On nous en a narré plusieurs exemples qui sont encore tout frais ; car l'esprit diabolique se contorsionne activement dès lors qu'on présente le mors aux possédés. Les chanoines prétendent ainsi démontrer que cet objet est saint, en s'aidant pour ce faire d'une

citation du quatorzième chapitre du prophète Zacharie, presque
à la fin dudit texte. En latin, on y trouve la phrase suivante :
« *In die illa erit, quod super frenum equi sanctum domino omni-*
potenti, etc.[332] » Traduction du passage biblique en question :
« *En ce jour-là, les mors des chevaux porteront l'inscription*
suivante : consacré au Seigneur tout-puissant [d'après la traduction de la TOB, Zacharie, 14, 20]. » Et puis un chanoine fort
âgé m'a également montré un commentaire en forme de glose.
Le vieillard prétendait que cette glose était de saint Ambroise[333],
glose ambrosienne qui explique tout du long, paraît-il, comment
à partir de ce clou on a forgé un mors.

Quant à la forme de l'objet en question, je l'ai dessinée (voir
l'esquisse ci-jointe). Les chanoines nous ont dit également que
ce mors ne peut pas supporter le contact de l'or. On a essayé à
plusieurs reprises de l'enduire de dorure. Mais celle-ci est
retombée ; bref, elle a disparu immédiatement. Et, de fait, l'objet
dont j'ai esquissé les contours dans le dessin ci-joint se compose
uniquement de fer. Deux anges qui en revanche sont entièrement
dorés le soutiennent ; chacun d'entre eux est haut d'une coudée ;
le mors est placé entre ces deux anges. On a interdiction de le
toucher à main nue ; le seul contact autorisé se fait par le truchement de patenôtres [chapelets] et d'autres objets matériels. C'est
du reste à ce genre d'attouchements licites, par objets interposés,
que nous avons assisté, de la part de plusieurs visiteurs qui
étaient entrés avec nous dans le caveau.

Par ailleurs on nous a présenté encore beaucoup d'autres
reliques sacrées, mais elles ne valaient pas le mors[a] et je ne leur
ai prêté aucune attention.

Les chanoines qui nous guidaient affirmèrent aussi que le
pape avait très souvent eu le désir d'entrer en possession de ce
mors. Il en a même offert cent mille couronnes [= trois cent
mille livres tournois] aux gens de Carpentras. Et pourtant ceux-
ci n'ont jamais voulu y donner suite, car ils le tiennent pour leur
plus précieux trésor auquel rien ne peut se comparer...

---

a. Thomas Platter « croit » assez volontiers aux reliques issues de la vraie
croix, mais pas nécessairement aux autres, celles des saints.

...Et puis, la visite de Saint-Siffrein étant terminée, nous nous sommes rendus chez Monsieur le docteur Albert, pour y prendre le repas de midi.

Après manger, Albert nous a emmenés dans une maison ; là, en une grande salle, plusieurs acteurs étrangers (italiens) jouaient la comédie et faisaient d'étranges cabrioles de toute sorte. En cet emplacement, nous pûmes nous rendre compte visuellement du luxe où se complaisent les habitants de Carpentras. À cet égard, ils ne le cèdent en rien à ceux d'Avignon.

Après avoir quitté ce spectacle des comédiens, nous sommes allés retirer un bulletin du genre « passeport » chez le secrétaire de l'hôtel de ville. C'était [toujours le problème de la peste] pour attester que le bon air régnait à Carpentras, de façon qu'on puisse ensuite nous laisser entrer en Avignon. Il ne nous restait plus qu'à quitter Carpentras, ce que nous fîmes. Une heure après, *grosso modo*, nous étions arrivés à Monteux.

Monteux [255]

C'est une petite bourgade, d'environ cent maisons. Ça ressemblerait plutôt à un village, qui serait ceint de remparts. Nous avons bu un coup en une auberge, dans le faubourg, *extra muros*. Puis nous sommes repartis et nous avons dû jouer les saute-ruisseau, car il y avait pas mal de petits cours d'eau qui coupaient la route ; nous sommes arrivés à Entraigues-sur-Sorgue, autre bourgade. Distance parcourue depuis Carpentras : deux lieues.

Entraigues [255]

Ce nom est dû aux cours d'eau qui entourent la ville. Comme qui dirait « entre les aigues », ou « entre les eaux ». Et d'abord, un ruisseau traverse l'agglomération ; un peu plus loin, d'autres ruisseaux encerclent le site, à quelques portées d'arquebuse de l'enceinte. Il faut dire que, dans le Comtat Venaissin, l'eau ruisselle de partout. Nous avons passé la nuit à Entraigues. On note aussi, en ce lieu, la présence d'une tour carrée ; elle est grande et haute. On la voit d'Avignon, tant le pays est plat.

Le 1er juin au matin, nous avons repris la route, les uns et les autres, en direction d'Avignon. Distance parcourue depuis

Entraigues : deux lieues. Arrivée en Avignon. Après le repas du soir, Bartholomäus Zollikofer[334] nous a fait faire un bout de promenade jusque dans une maison où se donnait un bal tout à fait magnifique.

Le 2 juin, après la soupe du matin, nous avons franchi le pont d'Avignon, puis traversé les deux bourgades successives qui constituent au total Villeneuve-lès-Avignon ; enfin, nous sommes arrivés au fort Saint-André.

Saint-André [256]

Petite bourgade. Ses capacités défensives sont pourtant très fortes. On l'appelle Saint-André, et j'y ai déjà fait allusion précédemment dans ce journal. C'est une forteresse très difficile d'accès, mais Barthélemy Zollikofer avait de bonnes relations avec le capitaine Anthony qui commandait la place, si bien que nous avons pu y entrer sans trop de mal.

La forteresse est située au-delà de Villeneuve ; elle est juchée sur le sommet d'un piton. Et de là-haut, à ce qu'ils disent, on peut tirer au canon comme à partir d'une *citadella* sur toutes les maisons de la ville d'Avignon... Voilà pourquoi ce site de Saint-André est très cher au roi de France !

La plupart des gens qui habitent dans ce lieu fortifié sont des soldats ; Saint-André, dans l'ensemble, fait plutôt un effet solitaire et petit. L'endroit jouit quand même d'une assez grande réputation, mais il le doit précisément à la forteresse et aussi à l'église, vers laquelle convergent des pèlerinages nombreux.

On aperçoit quantité de beaux et gros canons, montés sur roues, dans cette forteresse[a]. Elle est entourée de remparts fort épais, et en plusieurs endroits ces murs sont tellement à pic qu'il n'y a pas moyen de les escalader.

L'église possède un orgue superbe et l'on y conserve beaucoup de reliques. On nous en a présenté plusieurs, parmi lesquelles en particulier un doigt de saint André ainsi qu'une de ses dents, le tout enchâssé magnifiquement. *Item* la tête de sainte Kasaria[335], fille du roi d'Espagne, et puis la grotte où elle s'était

---

a. Thomas Platter est toujours quelque peu en mission (autodéterminée ?) de « renseignement », notamment militaire en ce cas.

retirée, à proximité de l'église. Au total, nous avons bien visité l'ensemble du site, et notamment le château planté au cœur de la bourgade ; ensuite, nous sommes retournés en Avignon.

Le 3 juin 1598, nous sommes sortis hors de cette ville, *extra muros*, afin d'y prendre un bain dans un bras de la Sorgue, lequel s'en va traverser ensuite la ville pour se jeter finalement dans le Rhône.

Le 4 juin, nous nous sommes procuré un bulletin de santé réglementaire, affirmant que le bon air régnait en Avignon. Il s'agissait d'un formulaire imprimé d'avance, et dans les « blancs » ou espaces vides duquel on avait écrit à la main ce qui suit :

« Les consuls et conservateurs pour la santé d'Avignon[336] : le 4 jour du mois de juing 1598 est parti de ceste cité d'Avignon, en laquelle (graces à Dieu) n'y a nul soubson de peste, ny mal contagieux. Declarant nul ce buletin, s'il y a plus de deux persones. Les s[ieur]s Plater et Just, ayantz seiourné troys jours, [en Avignon] [vont partir] p[ou]r Beaucaire, Uses et aultres passages[a]...

« Signé : Ourz [... ?], secrétaire ou greffier de la ville. »

Après le casse-croûte, nous nous sommes installés dans un bateau sur le Rhône et de là nous n'eûmes plus qu'à filer en direction de Beaucaire, une ville dont j'ai déjà parlé à diverses reprises. Ayant débarqué en ce lieu, nous avons bu le pot vespéral en l'auberge de la Vache, puis le même soir nous sommes allés jusqu'au village de Vès [Vers]. Avons passé la nuit chez l'aubergiste Marcolin.

Le 5 juin, départ pour Uzès : en route, nous sommes passés auprès du roc des Coquilles auquel j'ai déjà fait allusion ; en milieu de journée, nous sommes arrivés chez Monsieur Régis, l'apothicaire.

Le 6 juin, nous avons visité l'aqueduc souterrain, que j'ai signalé précédemment, et nous avons pique-niqué en soirée près de la belle fontaine de Font d'Ouro.

---

a. Exemple intéressant de francophonie, hors du royaume de France pourtant.

Le 7 juin, après manger, nous sommes allés nous promener avec la famille des Servery jusqu'à leur ferme de Jonqueyroles[337].

Auprès de ce mas, en pleine campagne, on peut voir une tour haute, ronde, emmuraillée, qui ressemble tout à fait à la tour du rempart d'une ville. C'est un pigeonnier. À l'intérieur, cette tour est tapissée de plus d'un millier de nids qui sont contigus, à touche-touche les uns les autres, et tapissés de petites feuilles quadrangulaires ; un peu comme chez nous les poêles à l'allemande avec leurs carreaux de faïence à l'intérieur ; les pigeons nichent dans ces alvéoles. Au centre de l'édifice se dresse une colonne qui sert d'appui à une échelle, laquelle permet d'accéder directement aux nids : on peut les retourner, comme des rouages ou comme des pots à fromage, pour attraper les oiseaux dans ces alvéoles. Tout en haut, il y a un petit toit surélevé, avec des orifices pratiqués par en dessous, au travers desquels les pigeons peuvent sortir de la tour, ou bien y entrer. Financièrement, un pigeonnier de ce genre est extrêmement profitable. En effet, si l'on met à part le seigneur du pigeonnier, les autres gens n'ont pas le droit de manger ces pigeons, et cet élevage est soumis à de très anciens droits de justice [= à des monopoles seigneuriaux]. On ne peut pas ériger un pigeonnier de ce genre sans autorisation. En Normandie, d'après ce que j'ai entendu dire, de nombreux nobles tirent de telles tours pigeonnières l'essentiel de leur revenu, et le roturier qui en possède une doit, du seul fait qu'il n'est pas noble, verser au roi un gros péage et une espèce de taxe [le franc-fief]. *Monsieur le capitaine Curion*[338] *m'a dit qu'en région parisienne il connaît un pigeonnier qui verse aux autorités, à titre de redevance, quinze cents livres tournois par an, à quoi s'ajoutent douze douzaines de pigeons par jour [?] – à l'exception de deux mois par an au cours desquels le propriétaire de cet établissement de colombophilie est dispensé d'une telle fourniture de volatiles.*

En soirée, nous sommes revenus à Uzès. Le 8 juin, dans la matinée, nous avons donné quelques consultations à propos de plusieurs maladies qui sévissaient localement. Dans l'après-midi, nouvelle promenade, en compagnie de membres de la famille Servery *alias* Serviers, au village de Saint-Siffret. Puis retour à Uzès dans la soirée.

Le 9 juin, à Uzès toujours, on nous délivra un « billet de santé » rédigé comme suit :

« Sont partis d'Uzès où, Dieu merci, la santé règne, Messieurs Thomas Platter, Lucas Just, Hans Jacob Teicher et leur laquais. Ils étaient restés un mois dans notre ville. Monsieur Rouvière, docteur en droit, s'est joint à eux pour ce déplacement. Et tout cela, c'est dans l'intention de se rendre dans la ville de Nîmes.
« Le 8 juin *anno* 1598.
« Signé : Le Filz, greffier. »

Après la soupe du matin, nous nous sommes dirigés vers Saint-Nicolas. Il y a là une auberge, située sur la rive du Gardon, près d'un pont.
Nous sommes passés ensuite auprès du mas de Monsieur Carsan ; et, vers deux heures, nous sommes arrivés à Nîmes ; nous avons logé à l'auberge de *l'Étoile*. Dans l'intervalle, avant notre entrée dans Nîmes, en un moment où il n'y avait encore sur notre itinéraire que montagnes et vallées, nous avons constaté, puis provoqué un superbe écho : il était capable de se répéter en trois lieux différents, à raison de cinq syllabes successives. Distance parcourue d'Uzès à Nîmes : trois lieues.
Le 10 juin, nous nous sommes promenés en ville, à Nîmes, de côté et d'autre ; nous avons visité des antiquités très diverses...
Le 11 juin 1598, nous sommes allés nous entretenir avec Monsieur Julius Pacius[339] : il est recteur de l'école nîmoise, dans laquelle il a fait sa résidence. L'ensemble du bâtiment scolaire a été rénové, pour lui plaire. Ensuite nous sommes retournés sous la porte du rempart, et là nous avons pris un nouveau billet de santé, sur formulaire imprimé et qui était rédigé comme suit :

« Nous consuls de la cité de Nismes certifions estre parti [*sic*] d'icelle ou dieu graces à bonne santé Monsieur Thomas Plater et Lucaz Just et Jehan Jacques et ung lacquay, ayant couché deux nuitz [à Nîmes], pour aller à Aigues-mortez et Montpellier.
« Le présent ne servant que pour quattre.
« Ce XI juin 1598.
« Rozel consul[340]. »

Ensuite nous n'eûmes plus qu'à prendre la route en direction du village de Milhaud, et de là vers Uchaud. Distance parcourue depuis Nîmes : deux lieues.

Nous avons mangé à midi en Uchaud, puis de là sommes passés à proximité de Vauvert[341] ; c'est de cette localité que provient le dicton français du diable de Vauvert ou diable Vauvert. Et voici maintenant, d'après ce qu'on nous a dit, l'origine de cette expression : il y a dans cette contrée beaucoup de terrains marécageux ainsi que de petits étangs, eux-mêmes parsemés de grosses touffes d'herbes buissonnantes ; celles-ci forment comme autant de menus îlots incessamment mobiles. Et comme ces îlots sont dépourvus de racines qui seraient assez solides pour les fixer, et que d'autre part ils sont maintes fois poussés par le vent, on a déclaré que le diable habite sous ces petites îles et les fait bouger. Passé Uchaud, nous avons encore couvert la distance d'une lieue et sommes arrivés à Aimargues.

Aimargues [260]

C'est une petite bourgade, proche de Lunel et de Marsillargues. Parmi ces trois localités, il n'y en a aucune qui puisse se développer convenablement, tant elles sont bâties proches les unes des autres. Le cours d'eau du Vidourle passe à travers Aimargues ; il naît d'une source qui est située entre Nîmes et Lunel ; il se jette, près d'Aigues-Mortes, dans la Roubine rhodanienne.

La bourgade d'Aimargues n'a rien d'extraordinaire, pas davantage que Marsillargues. Elles sont peuplées l'une et l'autre de paysans, pour l'essentiel.

Nous avons continué notre route par Saint-Laurent-d'Aigouze et sommes parvenus au pont Carbonnière[342], par-dessus lequel est expédié presque tout le sel qu'on extrait des marais salants de Peccais[343] ; je veux dire celui qu'on transporte à dos de mulet. Il transite par ce pont et il y paie des droits de douane. Le vrai grand commerce du sel, en revanche, celui qui utilise les péniches, remonte directement vers Lyon, *via* le Rhône. Au milieu de ce pont Carbonnière est plantée une tour : un peloton de soldats y monte la garde en tout temps ; ils perçoivent les redevances au paiement desquelles sont astreints tous les voyageurs et convois routiers, car la tour est un point de passage obligé. Nous avons pris ensuite la route d'Aigues-Mortes et, une fois parvenus dans cette ville, nous voulions descendre à l'auberge du Cygne. Mais il y avait beaucoup de soldats dans cet établissement. Nous nous sommes donc rendus chez le capitaine Margaly, pour y loger ; et pourtant ce n'était pas un aubergiste professionnel.

Le 12 juin, après la soupe du matin, nous sommes allés chez le gouverneur, Monsieur Gondyn[344], dans sa demeure. Il nous a fait conduire dans la ville tout entière, et dans les différentes tours du rempart sans en excepter une seule. Après le repas de midi, nous avons fait un trajet d'une lieue vers l'est, afin de nous rendre à Peccais dans les célèbres salines.

Peccais, autrement dit une forteresse, entourée de fossés remplis d'eau ; *elle est tenue par un gouverneur, lui-même flanqué de plusieurs Suisses et d'autres soldats qui montent la garde, sur place.* Cet édifice est construit tout contre un bras du Rhône, un bras d'eau qui se jette dans la mer en cet endroit précis. À l'ouest, on voit dix-sept salines, planches ou plateaux de sel ou terrains salins ; ils sont de forme rectangulaire et allongée, comme de grandes plates-bandes excavées *d'environ vingt pas de long et quinze de large.* Je disais donc qu'on dénombre dix-sept salines de ce genre à Peccais. La fabrication ou plutôt l'extraction du sel, pendant l'été, s'opère de la façon suivante :

On a creusé de nombreux canaux et autres amenées d'eau qui viennent de la mer. On conduit ainsi l'eau salée, non loin de là, dans diverses citernes revêtues de bois. En d'autres termes, l'eau de mer est amenée dans ces récipients ou citernes de bois profondes et carrées afin qu'on puisse disposer, grâce à elles, de réserves aquatiques au cas où cela serait nécessaire. En été, dès le début du temps chaud, on utilise des mules : elles font tourner une roue en forme de noria, à laquelle sont accrochés nombre de seaux et de pots ; l'eau est ainsi puisée, puis montée de seau en seau – c'est le même mécanisme que celui que j'ai déjà décrit et qu'on emploie pour l'arrosage des jardins. Grâce aux mules et aux norias, on déverse donc l'eau de mer (précédemment emmagasinée dans les citernes) en direction d'un réseau secondaire de canaux ou de conduites du liquide, qui débouchent à leur tour dans les susdites plates-bandes (excavées) des salins :

celles-ci se remplissent ainsi d'une mince nappe d'eau de mer, d'environ un doigt d'épaisseur ; dans ces conditions, dès que le soleil tape dur là-dessus, l'eau de mer coagule, caille et se fige comme si elle se prenait en verglas, et c'est cela qu'on nomme la première couche ou le premier lit [de sel]. Ensuite, on fait à nouveau sortir l'eau de mer des citernes carrées. Et puis, *via* le réseau secondaire des canalisations, on dirige cette nouvelle « rasade », toujours pareil, vers d'autres plates-bandes ou tables, et là les couches d'eau qui se sont ainsi formées n'ont plus qu'à se figer ou à se solidifier grâce aux chaleurs qu'irradie le soleil et grâce au vent sec qui accompagne celles-ci. Ainsi se forme la deuxième couche, et l'on répétera cette opération aussi souvent, aussi longtemps que possible, et cela jusqu'à ce que le soleil, la belle saison se terminant, commence à perdre de sa force ou bien jusqu'à ce que le temps devienne instable. Si la pluie tombe pendant la durée de fabrication du sel, les dégâts induits sont énormes, en particulier quand ce contretemps intervient dans les débuts de la besogne, avant l'épaississement de la couche de sel. À ce moment-là, tout se remet à fondre sans résistance... et le travail est perdu. En revanche, plus il fait sec et chaud, plus on obtient de sel. Au mois d'août, la canicule est durable et les Cévenols, venus de leurs montagnes, descendent par centaines et par centaines de personnes, tant et plus, en direction des marais salants. On a, en effet, grand besoin de ces travailleurs saisonniers, en plus des gens du pays ; ils arrachent et détachent les plaques de sel dorénavant solidifié ; ils le font avec des pics et d'autres outils spécialisés, comme s'ils avaient affaire à de la glace. Le lit de sel qu'on va attaquer de la sorte peut être épais d'un empan [une vingtaine de centimètres] ; mais, dans d'autres cas, la couche est plus mince. La strate supérieure, celle qui provient pour ainsi dire du « caillé » de l'écume de mer, se caractérise par une très jolie blancheur, comme de la neige. En revanche plus on s'approche de la strate inférieure, celle qui touche au sol, plus le sel devient noir – et néanmoins sa capacité de salaison est d'autant plus forte !

Supposons que, pendant que le sel se forme, on dépose dans la saumure des lits salins telles ou telles formes bizarres, susceptibles de servir de moules, par exemple des bardeaux ou des branchages ; dès lors, le sel colle et cristallise là-dessus[a] : cela donne des configurations étranges. On dirait du sucre candi sur des bâtons. On nous a permis, à nous également, de déposer des morceaux de bois, pour ce faire, dans la mixture saline des plates-bandes. Mais on nous a interdit d'emporter avec nous les blanches figurines ainsi obtenues. Le fait est qu'on n'en était pas encore à l'époque annuelle du charroi du sel ; et, dans ces conditions, il fallait absolument empêcher tout prélèvement salin qui pourrait porter préjudice à la fiscalité royale. On ne pouvait donc rien emporter de la denrée en question avant le temps prévu pour cela. Les responsables des marais nous promirent cependant de nous faire envoyer nos échantillons, dès que viendrait le moment autorisé. Au mois d'août, on dénombre en ce lieu beaucoup plus d'un millier de personnes qui sont ainsi occupées chaque jour à la collecte du sel. Tout cela coûte très cher, aussi bien les frais d'exploitation que de transport maritime, fluvial ou terrestre du produit de ces marais salants, au point que la dépense est vraiment étonnante. Et pourtant le roi de France retire un très gros revenu de l'impôt qu'il peut prélever ainsi sur tout ce sel. Le revenu en question suffit à couvrir les frais de ramassage du produit. En plus, le monarque peut ainsi salarier (avec les écus tirés de la vente des « récoltes » de Peccais) les présidents, les docteurs et les conseillers des cours souveraines languedociennes. Et quand il veut octroyer une somme d'argent en liquide à quelqu'un, il assigne ce débours monétaire sur les recettes de l'impôt salin. C'est le moyen de paiement le plus sûr et le plus rapide.

Les travailleurs et piocheurs du sel au mois d'août, quand ils sont en pleine action, jouissent d'une liberté bien particulière : ils ont le droit en effet d'insulter, d'interpeller, d'outrager tous les passants et spectateurs, bref de leur chanter pouilles, et cela de la façon la plus grossière, la plus ignominieuse qui puisse être, à l'entière volonté de l'insulteur ! Peu importe, en l'occurrence, le statut social de la personne invectivée, si haut soit-il. Les injures peuvent être proférées en toute impunité. Celle-ci peut s'expliquer, éventuellement, par le fait que les travailleurs du sel de Peccais sont au service du roi ; ou bien en raison de

---

a. Cristallisation réelle... et symbolique : cf. Stendhal, *De l'amour*, 1822...

leur grand nombre ; et puis au motif qu'ils travaillent durement sous la chaleur d'un soleil torride.

Une fois la collecte faite, ces ouvriers accumulent le sel en tas, sous diverses huttes érigées à cet effet l'une sur l'autre. Cela fait toute une montagne de sel. Nous avons pu voir d'assez nombreux « greniers à sel » de ce genre, entre Peccais et Aigues-Mortes.

J'ai procédé à des achats de plusieurs plantes marines, dans les cabanes des pêcheurs. Par la suite, j'ai expédié ces plantes en direction de Bâle. Après ces emplettes, nous avons fait route de nouveau vers Aigues-Mortes.

Le 13 juin, nous avons été gratifiés d'un bulletin de santé, rédigé de la façon suivante :

« Le XIII juin 1598 sont partis d'Aigues-Mortes (où, Dieu soit loué, la bonne santé règne) Thomas Platter, Lucas Just, Hans Jacob Deicher, tous allemands, en même temps qu'un laquais qui est à leur service ; leur séjour préalable dans la ville d'Aigues-Mortes avait duré deux jours. Ils veulent maintenant se rendre à Montpellier.

« Signé : A. Mezo [... ?], consul. »

Nous avons ensuite affrété un bateau, sur l'étang de Thau ; après la soupe du matin, nous avons pris place à son bord, pour filer *via* l'étang vers Mauguio[345]. Nous n'y sommes arrivés qu'à la nuit ; nous avons logé à l'auberge du Sergent Vert. Distance parcourue depuis Aigues-Mortes : environ trois lieues.

Mauguio [263]

Cette localité, en français, s'appelle Melgueil. C'est une petite bourgade, sise tout au bord de l'étang de Thau. Un grau, canal ou cours d'eau, comme on voudra l'appeler, fait communiquer l'étang avec la mer à hauteur de Mauguio, en sorte que cette localité dispose d'un débouché navigable et maritime, exactement comme Maguelonne.

Au milieu de Mauguio se dresse une butte artificielle, bâtie avec de la terre qu'on est venu accumuler sur place. Du haut de ce tertre, on voit très distinctement, par-delà la bourgade, toute la région alentour, en direction de la mer, de l'étang et de la terre ferme. On croit généralement que cette hauteur artificielle fut érigée afin qu'elle puisse servir d'observatoire à l'usage des personnes qui y monteraient la garde au sommet, en vue de la sécurité du lieu de Mauguio. Ou bien, selon d'autres, il avait été question, dans le projet initial, de bâtir un château sur cette « motte ». La circonférence de celle-ci n'est pas bien grande, mais la butte elle-même est assez haute et l'on peut en faire l'ascension à partir de n'importe quel point du cercle qui la délimite. Tout en haut, on a construit un moulin à vent. Il y a, dans ce petit pays, un proverbe français qui dit : « Qui veult aller sur ceste montaigne, il fault qui monte ung grand faix de terre » [en français dans le texte]. Dans leur dialecte, c'est la même idée : on doit monter cette charge de terre avec soi, tout là-haut. Les habitants sont pêcheurs et paysans pour la plupart d'entre eux.

Le 14 juin, le consulat de Mauguio nous a délivré un bulletin de santé ; il était écrit, selon la coutume, sur du papier aux armes de la ville. En voici la teneur :

« À Mauguio, loué soit Dieu, la bonne santé règne. Thomas Platter, Lucas Just, Jacob Deicher ont passé une nuit dans notre ville, ainsi que leur laquais. Ils l'ont quittée ; ils veulent se rendre à Montpellier.

« Le XIV juin 1598.

« Signé : Bertrand, consul. »

Munis de ce bulletin, nous avons pris la route de Montpellier. Distance à parcourir : une lieue.

Les gardes qui veillaient à la porte du rempart montpelliérain ont inspecté tous nos bulletins de santé depuis Uzès. Nous les leur avions passés sous la porte. Cela fait, ils nous ont ordonné de rester hors la ville jusqu'à ce qu'un consul de Montpellier revienne du village de Pérols : cet émissaire à son retour pourrait enfin préciser si oui ou non la santé régnait, si l'air était bon à Aigues-Mortes et à Mauguio. Car il était fort possible – c'était du moins ce qu'on craignait à Montpellier – que la maladie contagieuse sévisse en ces deux localités du littoral. Nous fûmes donc contraints de faire le pied de grue, hors les murs, toute la journée. Les auberges, quelles qu'elles fussent, refusaient de nous recevoir. Elles ne daignaient même pas prendre nos bagages en consigne : nous les avons donc laissés en vrac sur la grand-route, à la garde de notre laquais ; il ne nous restait plus qu'à tuer le temps dans un jeu de paume. À la nuit tombée, retour du consul. Il apportait de bonnes nouvelles : la maladie, annonçait-il, ne sévissait ni à Aigues-Mortes ni à Mauguio, mais à Marseille et à Aix ça mourait dur.

Si les informations qu'il apportait avec lui avaient été dans le sens contraire, la nuit suivante se serait passée de même : aucune auberge n'aurait voulu de nous, il aurait fallu rebrousser chemin et passer quarante jours en un lieu épargné par la contagion. Dans tout ce pays de Languedoc, en effet, on prend des dispositions excellentes contre la peste : ne serait-ce que parce que, dès qu'elle envahit un lieu habité, elle produit des ravages bien plus grands que chez nous. Si les autorités n'agissaient pas de la sorte et si elles fléchissaient sur ces règlements, des villes entières seraient exterminées peut-être à cause des grandes chaleurs locales, propices aux pestes. Et donc, c'est seulement le soir qu'on nous a laissés pénétrer en ville ; Monsieur de Fabrègue, qui était notre homme d'affaires et correspondant financier, nous a fourni le logement : nous avons passé la nuit dans sa maison.

Du 15 au 20 juin inclus, sans interruption, je me suis incrusté à Montpellier ; j'ai réglé toute sorte d'affaires pendantes, et par ailleurs j'ai inspecté de nombreuses curiosités dans la ville, dont j'ai rendu compte dans un précédent paragraphe. Par-dessus le marché, je suis allé me promener dans le jardin du roi, que Monsieur le docteur Richer de Belleval a fait installer au nom du monarque pour l'instruction des étudiants en médecine.

On a établi ce jardin entre les portes du Pyla-Saint-Gély[346] et du Peyrou, à environ une portée d'arquebuse des remparts (j'ai déjà signalé la chose *supra*). Richer a fait creuser sur place un puits profond ou une espèce de citerne, et l'on a également bâti selon ses indications de nombreuses grottes voûtées où l'on peut séjourner d'une façon très plaisante pendant l'été. Il y a fait apporter de la terre humide et moussue pour qu'on soit en mesure de cultiver des plantes aquatiques sous ces voûtes selon leurs exigences spécifiques respectives. En dehors de ça, il a divisé le jardin en compartiments pour chaque espèce de plante, et cela de la meilleure manière. Il a fait ériger une montagne à l'intérieur de ce parc botanique, et il l'a découpée en multiples terrasses. Dans cet espace global, chaque emplacement a son entrée particulière ainsi que ses portes ou portiques sur lesquels figurent, en lettres d'or, diverses inscriptions dont je vais donner maintenant le texte. Et d'abord, sur la porte principale sont apposés les mots *Hortus regius* (jardin royal), en même temps que les armoiries du roi et celles du connétable de Montmorency. Vient ensuite la deuxième porte : *Plantae quae in dumis, spinetis et dunetis adolescunt* (plantes qui poussent dans les buissons, les fourrés, les épines). Et puis la troisième porte : *Plantae quae in locis apricis, saxosis, arenosis crescunt* (plantes qui se développent dans les endroits ensoleillés, pierreux et sableux). Quatrièmement : *Plantae quae in locis umbrosis, sylvis proveniunt* (plantes qui croissent dans les emplacements ombreux et dans les forêts). Enfin les végétaux aquatiques, comme je l'ai déjà indiqué, sont plantés près du grand puits-citerne[a]. Si le roi ne donnait point à cette entreprise une grosse subvention et ne remboursait pas les frais, tout irait en perdition.

Voyage à Celleneuve [265]

Le dimanche 21 juin 1598, nous sommes allés en promenade, nous autres Allemands, les uns avec les autres, au village de Celleneuve. Nous avons pris le repas de midi à l'auberge, au bord d'un cours d'eau. Distance parcourue depuis Montpellier : une lieue. Le soir venu, nous avons dîné dans une belle prairie, sous de grands arbres. Il y a un pont de pierre non loin de là sur cette rivière de la Mosson. Dans le même secteur, on trouve aussi beaucoup d'arbres de Judée, et des cheveux-de-Vénus (*capillus Veneris*), ce que nous appelons chez nous « cheveux-de-femme ». Ensuite, tous ensemble, nous sommes revenus en ville, à Montpellier ; Monsieur Jean-Jacques Catalan, accompagné de ses filles, était également de la partie.

Le 22 juin, je ne bougeai de Montpellier.

Le 23 juin, Monsieur Jacob Huber et Monsieur Aurelius Burckhardt[347], tous deux Bâlois, sont arrivés à Montpellier, venant de Paris.

---

a. Admirable exemple de réflexion active, prémonitoire, sur les écosystèmes et autres « biotopes ».

Les 24, 25 et 26 juin, je suis resté à Montpellier.

Le 27 juin, on a publié à Montpellier la nouvelle de la paix[a] que le roi de France a faite avec le roi d'Espagne[348]. Cette paix a d'abord été annoncée à son de trompe par les trompettes de la ville. Le greffier du consulat, ensuite, en a donné lecture, du haut de son cheval.

Les 28, 29 et 30 juin, je ne bougeai de Montpellier. J'ai acheté divers poissons d'espèces tout à fait remarquables. Je les ai vidés et préparés ; j'ai également collecté d'autres échantillons d'étonnantes entités, tant maritimes qu'exotiques ; par la suite, j'ai expédié le tout à Bâle.

Voyage à Uzès [266]

Le 1er juillet, j'ai pris possession d'un billet de santé, sur formulaire imprimé et qui était conçu comme suit :

« Ce iourd'huy premier juillet mil cinq cens quatre vingts dixhuict est parti de Montpellier, ou, dieu graces à bonne santé, M[onsieu]r Plater et son lacquay residant pour s'en aller à Sommieres et Uzès.

« Fesquet[349]. »

Avec, sous ce texte, les armoiries urbaines de Montpellier effectivement imprimées.

Muni de ce bulletin, j'ai pris la route. Plusieurs Allemands m'ont accompagné jusqu'à l'auberge du pont de Castelnau, sous lequel passe la rivière du Lez. Là nous avons bu ensemble, à mes frais, le pot de l'adieu. Monsieur Lucas Justus m'a escorté jusqu'à l'auberge du pont de Salaison. En ce lieu, nouveau coup à boire ! Et puis est venue la séparation, entre moi et Justus, après quarante-quatre jours passés ensemble. Il a fait retour en direction de Montpellier. Quant à moi, j'ai pris la route vers Sommières en passant par les villages de Fontmagne et de Restinclières. À Sommières, je suis descendu à l'auberge de la Croix d'Or.

---

a. Cet événement, sur le moment, apparaît aux contemporains comme infiniment plus important que le tout récent édit de Nantes.

Le 2 juillet 1598, j'ai traversé avec mon laquais les villages de Villevieille et de Sauvenargues : c'est dans cette seconde localité, en un boqueteau, qu'on trouve sous les pierres quantité de scorpions blancs ou jaunes. J'ai donc acheté, à Sauvenargues, un petit pot plein de scorpions vivants et je l'ai emporté jusqu'à Uzès, d'où je l'ai expédié vers Bâle. Il n'y avait, à l'arrivée en Suisse, qu'un seul scorpion survivant. Continuation de l'itinéraire : Sauvenargues donc, puis Saint-Mamert, et Montpezat (où j'ai bu un coup). Ensuite, casse-croûte à La Calmette.

De là, vers Dions, où nous avons traversé la rivière du Gard[350]. Dès qu'il a plu longuement, ce cours d'eau qui d'habitude n'est qu'un simple torrent devient comme un fleuve énorme et furieux. Passé ce « Gardon », nous avons fait route par le village de Russan jusqu'à Aubarne. Là, j'ai bu un coup. Puis passage à Blauzac et à Malaigue. Suis enfin arrivé (Dieu en obtienne louange !) sain, frais et dispos, mais tard en soirée, dans la ville d'Uzès. Je suis descendu, en ce lieu, chez mon logeur Anthony Régis, l'apothicaire. Distance parcourue depuis Montpellier : onze lieues.

Voyage à Alès [267]

Le 9 juillet, j'ai quitté Uzès à cheval, en compagnie d'Anthony Régis ; nous sommes passés par les villages de Monterrin et de Serviers ; nous avons également côtoyé deux grandes fermes ou *mas*. Nous sommes arrivés au village de Seynes[351] ; nous avons logé dans la maison du capitaine Vaurargues ; en sa compagnie, nous procédâmes ensuite à l'ascension de cette « haute montagne » [631 mètres d'altitude...] qui s'appelle le Ranc du Bouquet, ou le Guidon du Bouquet. But de cette excursion : herboriser ! C'est le plus haut sommet de toute la région et, de là-haut, la vue s'étend puissamment loin sur l'entière zone environnante ; on peut même, vers le sud, découvrir ou apercevoir la mer. Toute cette zone montagneuse est boisée, et pleine de sangliers : ils ne se gênent point pour faire de gros dégâts dans les cultures. Nous avons pu le constater, en effet : ces cochons sauvages ont beaucoup dévoré... et beaucoup vomi.

Par la suite, j'ai expédié vers Bâle les plantes que j'ai ainsi
collectées au Ranc du Bouquet. Quoi qu'il en soit, après avoir
fait de la sorte un bon bout de promenade à l'aventure, nous
sommes redescendus et nous avons pris le repas de midi chez
le capitaine Vaurargues. Ayant avalé ce casse-croûte, nous avons
traversé les villages de Marièges et de Célas[352], et sommes
arrivés très tard à Alès, car nous avons longtemps « traîné » à
Seynes. À Alès, nous sommes descendus à l'auberge du
Bourdon ou du Bâton de Pèlerin. Distance parcourue depuis
Uzès : environ cinq lieues.

Alais [Alès] [268]

Le nom de cette ville peut aussi s'écrire Alaix ou Alès. C'est
une jolie cité, plaisante. Elle est toute proche du Haut-
Languedoc[a] [sic], et c'est un peu la porte des Cévennes. Du
point de vue seigneurial, elle relève du seigneur-connétable de
Montmorency. Il y a tenu longue et fréquente résidence. C'est
pourquoi il y a fait construire un beau château avec un jardin
très plaisant. Nous avons dîné seulement vers minuit dans notre
auberge. Étant arrivés très tard, en effet, nous dûmes patienter
longtemps. En cette hôtellerie, presque tout le monde était déjà
au lit, lors de notre venue nocturne.

Le lendemain, 10 juillet, nous avons pris le petit déjeuner
matinal chez un pâtissier fabricant de pâtés en croûte, à la gueule
de son four. Ensuite nous avons visité la ville ; elle est assez
grande et populeuse, puisque aussi bien la région environnante
produit beaucoup de vin et de céréales.

La rivière du Gardon lèche, au passage, les remparts d'Alès ;
elle prend sa source dans le Haut-Languedoc [sic] et s'en va se
jeter dans le Rhône. Le trafic des bateaux, sur le Gardon, est
des plus réduits...

Nous avons traversé cette rivière. Près d'Alès, elle est assez
large, et encombrée de rochers. Puis nous sommes passés dans
un beau vignoble. Enfin, à une demi-heure de la ville, nous

---

a. Le Haut-Languedoc correspond en principe à la région toulousaine et
avoisinante. La science toponymique de Thomas Platter semble donc être en
défaut sur ce point, exceptionnellement.

sommes parvenus à la source dont les eaux sont utilisées pour l'arrosage des jardins d'agrément du connétable. L'endroit où nous étions parvenus était tellement charmant, et le panorama, superbe, dominant toute la ville : à midi, nous avons pique-niqué dans une belle prairie près de la source. On avait apporté pour nous des provisions, en provenance d'Alès. Après ce repas sur l'herbe, nous avons fait retour jusqu'au Gardon ; une fois celui-ci traversé, nous étions en ville ; il ne nous restait plus qu'à visiter le jardin du connétable, dont voici les principaux aspects :

Le jardin d'agrément [268]

Au pied de la montagne, près de la rivière du Gardon, au sortir de l'une des portes du rempart, à main gauche, on aperçoit une jolie maison, très charmante. C'est là qu'habite le jardinier ; ses outils et autres instruments nécessaires à l'horticulture y sont également conservés.

Ayant traversé ladite maison de part en part, nous avons descendu ensuite quelques marches[a] – et voilà, nous étions rendus dans le célèbre jardin d'agrément d'Alès. Il est rectangulaire, un peu plus long que large, encastré dans quatre murs, ornés d'un crénelage de belles dalles.

Au milieu du jardin, on a érigé une superbe fontaine en marbre blanc ; son bassin est tapissé, au sol, par une mosaïque colorée ; elle représente toute sorte de bêtes étranges : poissons, crustacés, tortues et autres animaux aquatiques du même genre, fidèlement dessinés, d'après nature, comme s'ils nageaient dans la fontaine. Au centre de celle-ci sont plantés quatre tubes : ils font jaillir les jets d'eau à des hauteurs considérables, grâce à une pression très forte. En effet, le point d'origine de la source qui alimente la fontaine du parc est situé à une altitude beaucoup plus élevée, à un quart de lieue de la ville, soit une demi-heure de marche ; l'eau est canalisée vers le jardin en passant par-dessus le Gardon.

Quand on sort de la maison du jardinier, à main gauche dans le parc, on pénètre en une longue allée où il n'y a que des

---

a. Erreur de TF19, p. 373 : « monté quelques marches ».

noisetiers ; elle est ouverte par le haut, ayant trois cents pas de long et douze pieds de large[a]. À mi-chemin de cette allée se dresse un pavillon estival, masquant une déclivité, et au centre duquel trône une belle table d'ardoise noire. L'allée est plantée d'est en ouest.

Derrière cette allée, du côté sud, coule un ruisseau : il traverse le parc et fait fonctionner un moulin, situé à l'est ; on peut régler le débit de ce cours d'eau, en plus ou en moins. Soit qu'on veuille prendre des bains ; soit qu'il s'agisse de diriger l'eau vers toutes les différentes parties du jardin, dans un but d'irrigation. Au nord, le ruisseau se jette dans un étang oblong et triangulaire, qu'on a creusé au sein d'une belle prairie : il est assez vaste et sa profondeur est de sept pieds. Au centre de l'étang se trouve une île, revêtue d'une belle herbe verte.

Dans cet étang vivent de nombreux poissons, qu'on y tient et qu'on entretient. On les voit nager au soleil, en eau transparente. Auprès de cet espace lacustre, on aperçoit un noyer qui porte des noix... sans coquille ! On peut voir aussi dans ce jardin du connétable bien d'autres végétaux étranges de-ci, de-là, et puis des arbres fruitiers *idem*, les uns et les autres fort plaisants.

Vers l'est, et dans la partie centrale du parc, une grande porte s'ouvre en pleine muraille. On franchit cette ouverture et l'on arrive dans une seconde allée : elle est plantée d'un grand nombre de mûriers blancs, chacun d'entre eux étant à un pas de distance du suivant ; cette allée a quatre cents pas de long et dix-huit pieds de large ; elle est rectiligne, comme un trait de flèche ; les branches des mûriers se joignent et se recourbent en altitude, formant une voûte de dix-huit pieds de haut, en sorte qu'on peut se promener là-dessous à pied sec, même par temps de pluie. Au centre de ce chemin vert s'ouvre un carrefour d'où l'on peut voir les quatre murs du jardin ; cette même allée, tout en longueur, donne sur une porte : celle-ci permet d'accéder au labyrinthe que j'ai marqué de la lettre D dans mon croquis[353].

Les haies qui délimitent les plates-bandes du labyrinthe consistent en pruniers, pommiers et cerisiers de la hauteur d'un homme ; ils sont tellement rapprochés et intriqués que personne ne peut se faufiler à travers ni par-dessus. Le chemin qui mène

---

a. Erreur de TF19, p. 373, « douze pas de large » (!).

au centre de ce dédale fait cinq cents pas de long, si toutefois l'on ne s'égare point, et à nouveau cinq cents pas en sens inverse pour sortir du labyrinthe, ce qui fait mille pas en tout. Par ailleurs, ce chemin a un pas de large. À chacun des quatre angles extérieurs du grand carré labyrinthique se dresse un pavillon d'été : quatre maisonnettes au total. Elles sont quadrangulaires, elles aussi, avec quatre portes béantes, et elles sont revêtues de vigne, jasmin et autres ; avec, à l'intérieur, des lits ou banquettes de gazon vert, dans le style de chez nous, et très joliment faites. Ce sont des espèces de couchettes pour le repos, en position assise ou horizontale. Il arrive souvent qu'on s'égare dans ces maisonnettes estivales, dès lors qu'on se trompe de porte quand on veut en sortir ; la chose est spécialement fréquente lorsqu'on veut y passer un moment à batifoler avec une fille ; et c'est bien ce qui s'est produit en ce qui concerne le fils du connétable. Du reste, ce garçon, d'après ce qu'on prétend, y a finalement perdu la santé et la vie, à force de faire des frasques avec les Juives en Avignon.

D'après mes souvenirs, il y a encore d'autres cabanons d'été, en supplément, aux divers angles de ce labyrinthe, et plus particulièrement un pavillon qui est très orné au cœur même du dédale en question. Cette petite demeure centrale est recouverte d'une sorte de treille dont les fruits se destinent à faire des raisins de Corinthe. Sous la feuillée, dans la cabane, se dresse une belle table d'ardoise, avec un lit d'herbes et beaucoup de sièges, où l'on peut se divertir en tout temps.

Ce labyrinthe est quadrangulaire. Vu de l'extérieur, il ne paraît pas très grand et je ne pense pas qu'il ait plus de vingt-cinq pas en longueur et en largeur. Mais pour peu qu'on se trouve à l'intérieur et qu'on s'y perde, alors on a le temps... de trouver le temps très long avant d'en sortir. Derrière le labyrinthe, on aperçoit également un petit bois fort joli, épais, planté de houx, troènes, poiriers, pommiers, cerisiers. On peut facilement s'y promener, comme le montre l'esquisse que j'en ai donnée sous la rubrique de la lettre C. Il y a aussi dans ce bosquet quadrangulaire plusieurs pavillons d'été, et au milieu d'icelui se trouve une belle maisonnette, ou plutôt une chapelle avec huit chœurs, le tout très joliment recouvert de plantes et

d'herbes. Quant aux « cabinets » ou pavillons d'été dont je viens
de parler à l'instant, ils sont au nombre de neuf.

Ensuite, et toujours dans le parc du connétable, le jardinier
nous a montré deux parterres rectangulaires. Ils sont tout à fait
plaisants et sillonnés d'allées qui sont de petites merveilles :
entourés de bordures en plantes basses, ils sont complantés d'un
grand nombre d'arbres rares et qui portent du fruit. On peut s'en
rendre compte par les deux croquis que j'ai esquissés à ce propos
et que j'ai légendés par les lettres A et B. On peut prendre une
vue d'ensemble desdits parterres et du jardin ; ensuite, on se
rend sur place dans telle ou telle partie de ces vergers. Les quatre
parterres ou départements divers dont je viens de parler sont
derrière l'allée des mûriers, sur le flanc nord.

Vers le sud, en revanche, on peut embrasser du regard deux
grands jardins potagers où poussent des choux, des oignons, des
melons[a], des cucurbitacées et d'autres végétaux pour la cuisine ;
cela donne des structures circulaires entourées de bordures
d'arbres fruitiers. Les plates-bandes à herbes culinaires sont
également bordées, sur les marges, par des rangées d'hysope, de
romarin et de plantes du même genre, et elles sont rembourrées
de terre grasse.

Ces mêmes plates-bandes sont environnées de petits fossés ou
de canaux ; on peut les irriguer toutes quand on veut, en utilisant
l'eau du gros ruisseau précité [ces procédures d'arrosage découlent des méthodes spécifiques de l'irrigation « potagère » de type
méditerranéen et méridional, employées dans les jardins de
Languedoc, de Provence, de Catalogne, etc.]. Vers l'est s'allonge également une magnifique allée, avec une file d'arbrisseaux et de grenadiers sur la droite ainsi que des lauriers sur la
gauche.

Vers l'ouest, encore un long chemin de promenade
rectiligne : les buissons y alternent avec des arbres et arbustes
entrelacés, tels qu'épines-vinettes, aubépines, groseilliers de
groseilles à maquereau, troènes, cerisiers, pêchers, tous alignés
au cordeau et bien taillés. Au-delà d'iceux se trouve une belle

---

a. Sur l'arrivée du melon dans les jardins provençaux et languedociens
de la Renaissance, voir nos *Paysans de Languedoc*, éd. de 1996, premiers
chapitres (LRL).

et vaste prairie, couverte d'arbres fruitiers, dans laquelle est situé l'étang.

Vers le nord, voici derechef une longue allée. Quand on la suit vers le soleil couchant, ce ne sont que lauriers sur la gauche ; et à droite, de beaux orangers, citronniers et divers arbres producteurs de limons, les uns et les autres adossés à des murailles, exposés tout le jour au midi pendant l'été, recouverts et protégés en hiver.

Vers le sud s'étend, comme je l'ai dit, la longue allée des noisetiers en forme de couloir. En somme, *in summa*, l'ensemble du jardin mesure au minimum quatre cents pas de long et trois cents pas de large. Les belles allées pour promeneurs l'entourent de partout, avec une ornementation de plantes parfumées, tant exotiques qu'indigènes, et porteuses de fruits ; et puis ça gazouille tant et plus, je veux dire les oiseaux, c'est charmant. On y bénéficie des divertissements et jouissances les plus variées : aussi bien pour les yeux et les oreilles que pour le goût et les autres sens. Il y a plus à voir là-dedans que ce qu'on peut en écrire et décrire, surtout avec si peu de temps devant soi. Pourtant, non seulement j'ai fait de mon mieux pour esquisser des croquis de plusieurs sections et plates-bandes de ce jardin, mais aussi j'ai voulu dessiner divers outils dont se servait le jardinier : il est lui-même, à l'en croire, complètement débordé de travail dans le jardin en question – ce qui n'a rien d'étonnant. Ayant quitté ce parc, nous nous sommes dirigés vers la maison du docteur Pinchinat[354], médecin octogénaire. Nous avons pris chez lui le repas du soir.

Dans la cité d'Alès, rien ne vaut particulièrement la peine d'être vu, mis à part le château. Il est situé en ville, et l'on y jouit d'une vue complète sur le susdit jardin d'agrément, lui-même contigu à cette demeure seigneuriale : on peut accéder directement du château au jardin pour s'y promener. Ce château est joliment bâti ; d'après mes souvenirs, il est recouvert d'ardoise noire.

Nous sommes partis d'Alès, à cheval, le 11 juillet à trois heures du matin[a] et sommes arrivés vers l'heure du casse-croûte

---

a. Ce membre de phrase manque dans l'édition allemande de 1968

à Saint-Hippolyte-de-Caton[355] ; nous avons pris le repas de midi dans cette localité. Après manger, de nouveau en route ! Au village de Fauconverd[356], nous avons bu un coup ; puis, par Serviers et Monterrin, nous sommes arrivés tard dans la soirée à Uzès.

À propos de l'aiguillette, coutume assez répandue en Languedoc [274]

Le 16 juillet, vers midi, on m'a fait le récit suivant : un mariage avait lieu à Uzès. Dès lors, je m'étonnai que ces noces n'eussent point été célébrées dans une église de la ville, alors qu'on les avait publiquement annoncées, auparavant, pendant trois dimanches successifs. On m'expliqua les motifs d'un tel comportement ; et, du reste, j'ai déjà fait allusion précédemment à ce problème. En fait, les fiancés s'étaient secrètement rendus dans une église villageoise et ils y avaient reçu la bénédiction nuptiale, tout cela pour éviter qu'on ne leur noue le lacet de l'*aiguillette*, car il s'agit là d'un tour de sorcellerie démoniaque. Ce n'est rien d'autre que l'œuvre du diable : il a une telle haine pour l'institution du mariage qu'il tâche d'utiliser tous les moyens pour la rompre ; il veut semer les germes de l'adultère et de la putasserie : l'aiguillette a pour effet de provoquer l'exécration mutuelle entre les époux. Dès lors, si les candidats au mariage vont ouvertement à l'église, ils reconnaissent ceux qui les ensorcellent de la sorte, et ils entretiennent ensuite avec eux un commerce de putasserie. On trouve, en Languedoc, quantité d'exemples de ce genre de pratique. Le maléfice consiste simplement en ceci : lorsque le prêtre prononce les paroles sacramentelles : « Ce que Dieu a uni, l'homme ne doit pas le morceler », le sorcier ou la sorcière noue un lacet d'aiguillette, en ajoutant ces mots : « mais bien le diable ! » et en jetant un *patac*[357] derrière son épaule, tout en disant encore : « Vas-y, diable ! Prends ça, diable ! » Si la pièce de monnaie, équivalant à l'un de nos pfennigs, est alors perdue, ça y est, la sorcellerie est accomplie. Le nouveau marié est rendu impuissant, il devient

---

(R. Keiser). Nous l'avons repris dans la traduction française du XIXe siècle dont l'auteur avait utilisé le manuscrit original.

incapable de connaître charnellement sa jeune épouse, et cela jusqu'à ce que soit enfin dénouée l'aiguillette. Et pourtant les hommes ainsi ensorcelés peuvent quand même utiliser leur virilité à l'endroit d'autres femmes ou jeunes filles ! De là, des adultères, des fornications... Voilà bien une pratique infâme, méchante, diabolique ! Ceux qui s'en rendent coupables sont condamnés à la peine de mort et envoyés au bûcher. En tout cas, une chose ne fait aucun doute : c'est le diable[a] qui stocke cette menue monnaie, dès lors qu'elle semble « perdue ». Il la garde comme pièce à conviction, jusqu'au jugement final, pour pouvoir confondre l'auteur du crime [et pour l'emmener en enfer].

Ces manigances de lacets noués sont, hélas ! extrêmement communes en Languedoc. Peut-être à cause de l'envie : celle-ci peut dériver de la jalousie parce qu'ils sont nombreux, en tout temps, à rivaliser autour d'une fille. Ou bien alors elles proviennent d'un désir de vengeance. Tant et si bien que, sur cent mariages, il n'y en a pas dix qui se célèbrent publiquement à l'église. Une fois que le principe même d'un certain mariage a été annoncé, le garçon et la fille emmènent avec eux leurs pères et mères plus quelques amis très proches, et puis c'est tout ! Ils se rendent alors en tout petit groupe dans un village où se fait d'ordinaire le minimum d'épousailles ; ils y reçoivent secrètement la bénédiction nuptiale. Ensuite ils reviennent en ville ou dans leur localité de résidence, et c'est seulement à ce moment-là qu'ils procèdent au festin des noces.

Parfois, c'est le curé en personne qui pratique ce genre de sorcellerie maléfique, à l'encontre du couple dont il est justement en train de bénir le mariage. Ou bien ce sont des petits garçons qui sont coupables ! Effectivement, j'ai connu un garçonnet qui a commis une méchanceté de ce genre, dont fut victime la servante de son père. Celle-ci a supplié ensuite l'enfant, d'une façon pressante, de dénouer l'aiguillette. Et du coup le mari de cette femme, tout aussitôt, a été tiré d'affaire ; il était guéri.

---

a. TP II récuse, plus ou moins, le culte (catholique) des saints ; mais il donne, encore et toujours, beaucoup d'importance au diable, en sa religion tant personnelle que protestante.

Les pratiques d'aiguillette, jointes à la liberté dont jouissent les femmes en ce pays, jointes aussi à l'indulgence des juges vis-à-vis de l'adultère et de la fornication, tout cela est cause du peu de mariages qui se font en Languedoc. Le fait est que, pendant les trois années au cours desquelles j'ai séjourné constamment dans cette province, je n'ai pas eu connaissance de plus de dix mariages réellement célébrés. La plupart des gens vivent comme des débrouillards, à l'improviste ; ils n'épouseront que sur le tard ; et ils ont alors d'excellentes opportunités pour mener un grand train de vie. De là vient peut-être que leur pays n'est pas aussi peuplé que le nôtre ; ils disposent d'autant plus de place au soleil.

Outre l'aiguillette, il y a encore bien d'autres techniques du même genre ; je préfère ne pas les évoquer ici. L'historien Jean Bodin[358] cite à ce propos le cas d'une femme qui mettait en œuvre vingt-cinq méthodes différentes afin de pratiquer cette espèce de maléfice antinuptial.

À propos des vacarmes du chalifary *[charivari]. Un genre de chahut auquel on procède en Languedoc devant les maisons des nouveaux mariés [275]*

Ce mot de *chalifary* vient du grec. Cela veut dire quelque chose comme « casser la tête des gens ». On y a recours quand un jeune célibataire épouse une vieille veuve ; ou bien, *vice versa*, quand une jeune fille se marie avec un vieux veuf. Dès lors, la bande des jeunes se rassemble en ville, en assez grand nombre. Chaque participant va jouer d'un instrument spécifique : vieux chaudron pour l'un, poêle pour l'autre, tambour pour un troisième, et puis encore un sifflet, une cuiller dans son pot à sel, une corne de vache, etc. Tout ce monde se rassemble devant la maison où dorment les mariés et, à minuit, ils commencent à jouer de leurs instruments. Chacun entreprend de faire entendre des cris et des chants affreux, ou de déclencher du tapage. Cela fait un désordre et un bruit effroyables. Il n'y a pas un voisin qui puisse fermer l'œil, et ce jusqu'à une distance d'une douzaine de maisons à partir de la demeure des mariés. Les chahuteurs s'arrangent aussi pour que la rue soit infectée d'une telle puanteur qu'il n'y a pratiquement personne qui puisse supporter ça. Ils persistent tellement dans ces festivités scandaleuses[359] – chaque nuit pendant une, deux ou trois heures, et même jusqu'au lever du jour – qu'au bout du compte les nouveaux époux finissent par se mettre d'accord avec eux et leur donnent une douzaine de couronnes [= trente-six livres tournois], un peu plus ou un peu moins, selon les disponibilités financières du couple. La bande des jeunes consomme ensuite cet argent sous forme de mangeailles. À terme, le mari et la femme sont laissés en paix.

Ces charivaris sont cause, à mainte reprise, de querelles inextricables. Ainsi à Uzès : plusieurs personnes, qui s'accompagnaient d'excellente musique, voulaient accueillir de façon courtoise un couple de nouveaux époux. Cependant, les charivaristes firent du sabotage au moyen de leur vacarme habituel. Dans la bagarre, l'un des musiciens fut poignardé par un chahuteur[a]. Du coup, les charivaristes furent tous condamnés à mort. Mais ils avaient pris la fuite. On a donc interdit expressément cette pratique chahuteuse. Cela n'a pas empêché qu'elle continue.

Voyage à Montpellier [276]

Le 3 août 1598, j'ai enfourché mon cheval et j'ai quitté Uzès. Par Malaigue, Blauzac, Aubarne et Dions, je suis arrivé au village de La Calmette. Là, j'ai eu mon repas de midi. Ayant repris la route, j'ai bu un coup à Saint-Mamert et puis je suis passé par Montpezat, Sauvenargues, Villevieille et Sommières. Arrivée au château de Boisseron. Cette demeure, ainsi que le village attenant, relève de la seigneurie de Monsieur Carsan[360] : le siège seigneurial en question est une baronnie. Le sieur Carsan, qui l'a donnée à son fils en cadeau, n'est jamais qu'un simple bourgeois de la ville d'Uzès. Et pourtant, par le fait de cette donation domaniale, Carsan junior est maintenant dénommé baron de Boisseron. Au château, j'ai bu un coup. J'ai constaté qu'on reconstruisait cette demeure en la renforçant. Ensuite, *via* les villages de Restinclières, Castries, Vendargues

---

a. Ordre (musical) et désordre (bruyantissime). Dédoublement classique du carnaval, et d'autres rites apparentés de l'Ancien Régime ; voir notre *Carnaval de Romans* (LRL), et les expériences plattériennes en ce même genre, à Marseille et en Avignon.

et Salaison, je suis arrivé sous les murs de Montpellier. Moi et mon cheval avions fait onze lieues dans la journée par une chaleur ardente ! Mais les portes de la ville étaient déjà fermées. En conséquence, j'ai passé la nuit dans le faubourg, près du Pyla-Saint-Gély ; je suis descendu à l'auberge du Marteau.

Le 4 août, je suis entré dans Montpellier, à cheval, et suis descendu à l'auberge du Cheval Blanc. Ensuite, j'ai fait affaire avec Monsieur Hans Jacob Müller, de Bâle[361]. J'ai reçu de sa part une somme d'argent, et en contrepartie je n'eus plus qu'à lui souscrire une lettre de change sur la ville de Bâle. C'était du reste en vue d'une telle opération financière que j'avais entrepris cette chevauchée tout seul depuis Uzès jusqu'à Montpellier. J'en ai profité, par la même occasion, pour acheter des livres et autres objets. Müller et moi, nous avons pris le repas de midi près de l'église Saint-Pierre dans un jardin tout à fait plaisant. Et puis, en soirée, nous avons dîné au Cheval Blanc.

À propos de la cire blanche [277]

Non loin de l'église Saint-Pierre (c'était jadis un édifice tout à fait superbe), nous avons assisté, dans un jardin, aux opérations de blanchiment de la cire. Voici comment les choses se passent : on fait fondre la cire jaune dans une énorme marmite, jusqu'à liquéfaction complète. Ensuite, on prend des moules qui ressemblent à des chapeaux haut de forme. On les humecte au préalable avec de l'eau ; puis on les plonge dans la cire fondue... et on les en retire aussitôt, couverts d'une couche de cire fort mince, puisque ayant l'épaisseur d'une lame de couteau ; cette couche a donc pris la forme d'un chapeau qui aurait l'air d'un « tube » fort allongé. Quand on est en possession d'un grand nombre de ces « tuyaux » de cire, on les pose sur l'aire, elle-même surélevée et pavée à l'aide de plaquettes, le tout à ciel ouvert ; on les sépare à l'aide de longues perches. Aux quatre coins de l'aire, on dispose également quatre chaudrons remplis d'eau froide ; cela, en vue d'arroser à maintes reprises les cires qu'on a moulées de la sorte et qu'on expose au soleil pendant tout le temps nécessaire. Ainsi la denrée blanchit-elle de plus en plus, et l'on retourne les « hauts-de-forme » à plusieurs reprises jusqu'à ce que le blanchiment soit devenu de tous côtés clair et

net. L'aire est inclinée pour que les eaux puissent s'évacuer. À la
fin, on fait fondre la cire blanche et le produit ainsi obtenu est à
la base d'une des grandes activités montpelliéraines.

Le 5 août, soupe du matin. Et puis, à cheval ! Première étape :
Castelnau, où j'ai bu un coup. Ensuite l'itinéraire habituel :
Salaison, Castries, Sussargues, Beaulieu, Bellioc [= Beaulieu],
Saussines. Arrivée à Boisseron. Là, achat de scorpions blancs. Bu
un coup. Puis direction Sauvenargues, *via* Sommières. À Sauve-
nargues, comme je l'ai déjà signalé, c'est là que se trouvent le
plus de scorpions. J'en ai acheté un lot important. De là, j'ai
chevauché aussitôt jusqu'à Montpezat, *via* Saint-Mamert. À
Montpezat, bu un coup. Enfin, dans la soirée, arrivée à La
Calmette. Couché sur place.

Le 6 août, itinéraire habituel vers Uzès : *via* Dions, Aubarne
et Blauzac. À Uzès, j'ai logé chez Frondigue, le cuiseur de pâtis-
serie et de petits pâtés, à l'enseigne de la Croix.

Voyage à Nîmes[362] [277]

Le 11 août, j'ai quitté Uzès à cheval, en compagnie de mon
ancien logeur Antoine Régis. Nous étions en route depuis une
demi-heure environ, quand il m'a montré un petit noyer dans un
champ ; il m'a déclaré que cet arbre fleurissait le soir de la Saint-
Jean[a], et même qu'il fructifiait simultanément dans la même
soirée. À Uzès, de nombreuses personnes m'ont confirmé la
chose. Chacun est libre bien sûr de croire ça, ou non. Poursuivant
notre chemin, nous avons passé le pont à Saint-Nicolas, puis nous
avons traversé plusieurs collines et vallées. Enfin, nous voici
rendus à Nîmes. Sommes descendus au Cheval Blanc. Pas mal
de clients de l'auberge se trouvaient là qui étaient allemands ; ils
arrivaient de Montpellier. Parmi eux, j'aperçus mon compatriote
Aurelius Burckhardt ; il faisait la conduite à ce groupe germanique jusqu'en Avignon. À midi, nous avons mangé chez Maître
Nicolas, le pâtissier cuiseur de pâtés.

Après ce repas, nous sommes allés dans la maison d'un président pour y voir une civette. Nous avons observé ce magistrat

---

a. La Saint-Jean, fête de fécondité, dans le folklore languedocien, comme
souvent déjà chez TP II.

qui, de l'animal, retirait l'excrétion parfumée qu'on appelle en effet « civette ». La collection du président incluait aussi une tête de bœuf de mer[363], ainsi que le pénis d'icelui, *alias* verge : tout en os, épaisse comme le bras, longue d'un pied et demi. Dans cette même demeure, il y avait un énorme crocodile[a]. Ensuite, j'ai escorté jusqu'à Uchaud (en passant par Milhaud) Monsieur le docteur Constans[364], de Nîmes, qui m'avait servi de logeur. À Uchaud, lieu de notre séparation, nous avons bu, Constans et moi, le coup du départ. Et puis en ce qui me concernait, ce fut l'heure du retour, toujours à cheval. J'ai donc fait le trajet d'Uchaud jusqu'à l'auberge Saint-Nicolas, en traversant Nîmes au passage. Je savais par avance que, dans cette hôtellerie de Saint-Nicolas, on ne me donnerait pas de billet de santé. J'avais donc pris la précaution, lors de l'escale nîmoise dans l'entre-deux, de me munir de l'habituel formulaire imprimé, dûment postdaté pour le jour suivant. En voici le texte :

« Nous consuls de la ville de Nismes certifions estre parti dicelle, ou Dieu graces a bonne santé, monsieur Thomaz Platter ce XII aoust 1598 pour aller à Uses. Le présent ne servant que pour ung [= pour une seule personne]. Le XII aoust 1598.
« 1598 Rozel consul[365]. »
[Papier timbré aux armes de la ville.]

Le 12 août, je suis revenu à Uzès, d'assez bonne heure. L'auberge du Pont Saint-Nicolas (mon gîte nocturne) n'était en effet éloignée de cette ville que d'une lieue ; si bien que les gardiens qui étaient en sentinelle sous la porte du rempart d'Uzès étaient complètement épatés parce qu'ils croyaient, d'après la « date » de mon bulletin de santé, que j'étais parti de Nîmes le matin même. À Uzès je suis descendu chez Frondigue, à l'auberge de la Croix.

Voyage à Vallabrix[366] [280]

Le 14 août, j'ai de nouveau enfourché ma monture et je me suis rendu chez le capitaine Combet, au village de Vallabrix.

---

a. Vraisemblablement, un spécimen empaillé, ou un squelette de crocodile. Non pas un saurien vivant...

C'est sur la route de Bagnols. Ce capitaine était très malade ; il vomissait tout ce qu'il avalait. J'y ai passé la nuit, à la suite de quoi j'ai refait la chevauchée dans le sens contraire, jusqu'à Uzès, le 15 août au matin. Depuis cette ville, je lui ai fait parvenir mon ordonnance avec les remèdes.

Voyage à Alès [280]

Le 17 août, en selle ! Une fois de plus. M'accompagnaient Madame Pinchinat, la femme du docteur (d'Uzès) qui porte ce nom, et le laquais du capitaine de Vaurargues. Nous avons fait route ensemble jusqu'en Alès. Dans l'intervalle, j'ai pu voir plusieurs sources plus qu'étranges. Nous étions passés, au préalable, par les villages de Monterrin, Serviers, Esgalliers, Bourdiguet, Le Chabian[367]... Arrivés au village de Seynes, nous sommes descendus chez le capitaine de Vaurargues, dont le fils avait épousé peu auparavant la nièce de Monsieur le docteur Pinchinat ; cette femme, quand elle était encore enfant, fut éduquée chez le docteur qui la traitait comme sa propre fille, car il n'avait pas de descendants directs. Sur l'heure de midi, nous avons déjeuné à Seynes avec ce père adoptif.

Après le repas, j'ai engagé un guide ; il m'a conduit, *via* les villages de Navacelle et de Cal[368], à main gauche, jusqu'à une plaine où jaillissait une source sulfureuse.

À propos de la source sulfureuse [280]

Dans le dialecte des gens du pays, cette source porte le nom de Font Derlande à cause du moulin d'Arlende, qui n'est pas loin de là, et qui appartient au comte de Portes[369]. On l'appelle aussi la *Font Belle* et encore la *Font Poudende*, la source puante, à cause de sa forte odeur de soufre. Elle était très en vogue avant qu'on ait pris connaissance des bains de Balaruc. Il y avait quantité de gens qui se rendaient ainsi à la fontaine d'Arlende : ils s'y baignaient, buvaient son eau, y faisaient des cures contre la gale et pour guérir de vieilles plaies. Moi-même, grâce à l'eau minérale de cette *Font Poudende*, j'ai guéri une fille d'Uzès d'un abcès purulent qui la tourmentait. Cette eau prend sa source dans une prairie non loin des villages d'Auzon et de Navacelle, et plus précisément sur le territoire d'Auzon, en quelques endroits.

On la recueille en premier lieu dans un puits maçonné tout exprès : elle y affleure en assez grande quantité, de telle façon qu'elle n'y fait jamais défaut ni n'en déborde. Il y a également, proche de ce puits, un fossé creusé à même la prairie, et d'où l'on voit sourdre aussi *l'eau minérale* : c'est là, paraît-il, qu'elle est la meilleure. J'en ai pris avec moi, et l'ai emportée à Uzès. S'agissant de son goût, disons qu'elle est insipide, comme de l'eau ordinaire ; mais par sa couleur elle est grisâtre, et elle dégage un fumet de soufre qui demeure tenace aussi loin qu'on la transporte. Cette eau vire au rouge, quand on l'agite. À la superficie du liquide, dure est la matière qui nage, sous forme d'une couche mince comme une feuille et des plus fragiles. Si l'on y met le feu, cette matière brûle comme du soufre, encore lui, tout en dégageant la même odeur soufrée.

À propos de la fontaine de poix [281]

Ensuite, je suis allé au village d'Auzon qui doit être à une lieue de Seynes. C'est là que j'ai vu la fontaine de poix, celle que les habitants locaux appellent dans leur langage [d'oc] la Font de la Pègue[370] [autrement dit, la source de la poix]. Juste à côté du village, au bord du ruisseau qu'on appelle Auzon, se dresse un rocher d'où l'on voit sourdre ou même couler en tout temps une eau noirâtre qui tire pourtant quelque peu sur le blanc ! Pendant l'été, lorsque la chaleur est très forte, comme c'était le cas lors de mon passage en ce lieu, le filet de poix qui s'écoule est noir, gluant, maigrelet. Les paysans[a] la tirent du rocher ; ils la dévident à la manière d'un écheveau, comme de la glu dont on se servirait pour attraper le gibier à plumes, quand on extrait cette glu du pot qui la contient. J'ai vu les paysans qui procédaient ainsi, et c'est ce que j'ai fait à mon tour. Par la suite ils vendent ce produit aux apothicaires, ici et là. Lesquels l'utilisent ensuite comme si c'était de l'asphalte, dans les maladies de la matrice des femmes, et pour d'autres affections morbides. Remède très efficace.

---

a. Thomas Platter prend ici contact, comme en bien d'autres occasions, au fil de sa *Beschreibung*, avec le monde paysan méridional.

La poix en question a la noirceur de l'asphalte, en effet. Quand on la fait brûler, l'odeur qu'elle dégage évoque à peu près celle du soufre ou de la momie, *mumia*. Elle fond par la chaleur. J'en ai expédié un échantillon à Bâle, ainsi qu'un fragment du rocher d'où sort cette poix.

Le village appartient au comte ou vicomte de Portes ; dans le ruisseau tout proche, on trouve de petits poissons, vraiment du menu fretin qu'on appelle ici des *ânes* [en français, des chabots ou des cotte-goujons][371]. Ils sont excellents.

À environ une portée de mousquet du rocher bitumineux se trouve un champ sur lequel, par temps de grosse chaleur, on peut également recueillir de la poix, si bien que rien ne pousse par ailleurs, qui soit cultivable, dans cette pièce de terre. Mais un vent froid soufflait sur la région, le jour de ma venue : on ne pouvait donc pas détecter quoi que ce soit en fait d'asphalte sur ce champ. À l'origine, la poix d'Auzon valait son poids d'or, pour ainsi dire, à cause de ses vertus curatives ; mais, de nos jours, elle se vend à bas prix.

Ayant visité ces deux sources, je suis revenu au village de Seynes *via* Navacelle et Brouzet[372]. À Seynes, j'ai soupé chez le capitaine.

Le 18 août [1598], en compagnie de la femme du docteur Pinchinat et de mon laquais, j'ai pris la route d'Alès et, par les villages de Marièges et de Selees [?], notre trio est arrivé dans cette ville. Je me suis installé à l'auberge du Bourdon de Pèlerin. Voyez aussi *supra* la notice descriptive que j'ai déjà donnée d'Alès.

Déjeuner de midi, dans cette ville, avec le docteur Pinchinat. Ensuite, j'ai assisté au battage du blé sur l'aire : c'est la scène que j'ai décrite précédemment dans mon texte relatif à l'agriculture en Languedoc. J'ai pris le repas du soir derechef avec Monsieur le docteur susnommé, qui n'est autre que le médecin de ville officiel des Alésiens. Dormi dans sa maison.

Le 19 août, promenade avec la femme de Monsieur le docteur Pinchinat dans le jardin des délices du connétable, ce parc que j'ai précédemment décrit d'une manière circonstanciée. Madame Pinchinat, pour mon honneur et pour mon plaisir, avait invité deux jeunes filles, deux *Mesdamoyselles* : l'une s'appelait de La Ferrière, l'autre La Noble, en allemand *der Eysengruben* et *die*

Edle. Elles sont venues avec nous dans le jardin, où l'on nous a porté le repas de midi : au cœur du labyrinthe, dans le pavillon de plaisance, sous le toit de vigne vierge, nous avons cassé la croûte avec ces demoiselles.

J'ai enfourché mon cheval aussitôt après le pique-nique ; et puis, *via* les villages de Selees, Marièges, Seynes et les deux mas du Chabian et de Bourdiguet, j'ai filé jusqu'au village de Serviers, le même jour. J'ai installé mon cheval dans l'auberge locale, et j'ai grimpé pédestrement la pente à pic qui mène au château de Serviers. J'y ai rencontré deux frères, deux gentils-hommes qui s'appelaient, l'un, de Vallérargues et, l'autre, de Saint-Christol. Ils revenaient de guerre, du Dauphiné, depuis peu[373]. J'ai déjà décrit ce château *supra*, mais je m'aperçois seulement maintenant que j'avais oublié de dire qu'il était entouré d'un fossé de douves, plus particulièrement auprès du pont-levis[a] !

Le 20 août, après la soupe du matin, je suis redescendu de cette forteresse et puis j'ai collecté, près du ruisseau, quelques pierres à feu ou pierres à fusil. Ensuite, je suis revenu en ville, à Uzès, *via* Monterrin, le tout à cheval.

Le 27 août, mon compatriote Monsieur Aurelius Burckhardt est arrivé à Uzès, venant d'Avignon, pour me rendre visite. Aussitôt après le dîner vespéral, je l'ai mené chez ma maîtresse[b] [en français dans le texte] ; et de nouveau, le lendemain matin, chez elle, pour une collation que je lui ai donnée.

Voyage à Nîmes [283]

Le 28 août, j'ai pris à Uzès un billet de santé, car la rumeur de peste courait tant soit peu çà et là :

« Le 28 août 1598, Monsieur Platter a quitté Uzès qui est son lieu de résidence normal, et où la santé, Dieu soit loué, reste bonne. Il a l'intention de se rendre à Nîmes.

« Signé : Le Filz, greffier de la ville. »

---

a. Thomas Platter se passionne comme toujours pour le système des forteresses de France méridionale et de Catalogne. Il *fait comme si* ses descriptions pouvaient intéresser les responsables bâlois.

b. Simple flirt, ou brève liaison ?

Après réception de ce papier, j'ai entrepris de faire la conduite à mon compatriote Monsieur Aurelius Burckhardt, qui allait faire le trajet vers Nîmes. À peine sortis d'Uzès, et simplement parvenus dans le faubourg de cette ville, nous avons dû faire halte dans le jardin de Monsieur le capitaine Allard[374], pour y boire un coup. À la suite de quoi, nous avons poursuivi notre route et sommes arrivés à Nîmes sur l'heure de midi. Nous y avons rencontré beaucoup d'Allemands, à l'auberge des Arènes. Mon bon ami le gentilhomme Christoph Lasser von Lasseregg[375] se trouvait également parmi eux.

Après le casse-croûte, j'ai pris congé de mon compatriote Burckhardt qui poursuivait son voyage, à cheval, en direction de Montpellier. Quant à moi, j'ai emmené tous les autres Allemands dans le sens inverse, vers Uzès ! Lors de notre arrivée sous les murs de cette ville, toutes les portes étaient déjà fermées depuis longtemps. Nous sommes donc descendus à l'auberge du Soleil, dans le faubourg. Nous y avons passé la nuit.

Le matin du 29 août, j'ai conduit le gentilhomme Lasser von Lasseregg chez ma maîtresse ; nous avons discouru et discuté pendant un moment avec elle ; ensuite, nous sommes allés ensemble chez mon pâtissier cuiseur de pâtés ; et, là, j'ai offert à tous mes Allemands le petit déjeuner du matin. Et puis je les ai accompagnés à cheval, en direction d'Avignon, après qu'ils eurent bien contemplé sur place, au préalable, tout ce qu'il y avait à voir à Uzès. Vers midi, j'étais de retour en cette ville.

Voyage à Saint-Quentin [284]

Le 10 septembre, afin d'herboriser, j'ai fait route jusqu'à Saint-Quentin-la-Poterie, avec Mathieu Régis, le fils de mon ancien logeur. J'y ai ramassé des plantes rares et belles : ce n'était ni la première ni la dernière fois que j'agissais ainsi. Ensuite, j'ai expédié tous ces végétaux vers Bâle.

Pour le reste, j'ai déjà décrit ce village. Dans la soirée, nous sommes revenus à Uzès[a].

------

a. Uzès, assez peu décrit par Racine... Sur ce point, Thomas Platter lui est peut-être supérieur.

Le 15 septembre, à Uzès, j'ai acheté un cheval, car j'envisageais de commencer *dans les plus brefs délais* mon voyage en Espagne, ainsi que mon périple de retour, ultérieurement, *via* la France. Mais ensuite j'ai réfléchi et j'ai pesé tous les termes du problème. J'ai compris que de fortes dépenses allaient s'ensuivre pour moi et que, de toute façon, je ne pourrais pas visiter les pays et les villes aussi commodément que je l'avais imaginé tout d'abord ; je serais obligé de faire cette randonnée le plus vite possible, ce qui ne m'arrangeait pas. J'ai donc aussitôt revendu le cheval et je n'ai rien perdu à cette revente.

Voyage à Montpellier [284]

Le 30 septembre [1598], j'ai pris, à Uzès, un billet de santé rédigé sur formulaire marqué d'un sigle dûment imprimé :

« *Le 30 septembre 1598 est parti de cette ville, où Dieu soit loué la santé règne, Monsieur Platter, médecin d'Uzès ; il a l'intention de se rendre, en voyage, à Villevieille, Sommières, Montpellier et autres lieux.*

« *Fait à Uzès, comme on peut le voir ci-dessus.*
« *Signé : Le Filz, greffier.* »

Ensuite, j'ai pris la route habituelle, en passant par les villages que j'ai souvent mentionnés. Je suis arrivé à *Calmeto*[a] [La Calmette], où j'ai pris le repas de midi. Le soir même, j'étais à Villevieille, où j'ai passé la nuit.

Le 1er octobre, *via* Sommières, Boisseron, etc., me voici parvenu à Montpellier. J'ai logé à l'auberge du Cheval Blanc.

Le 2 octobre, toujours à Montpellier, je me suis mis en quête d'une pension, nourriture comprise ; je voulais en effet m'incruster plusieurs jours dans cette ville : à la date du 1er juillet précédent, le doyen, au nom des médecins, m'avait fait savoir que je pouvais dorénavant préparer mon *cursus*, cours magistral réglementaire. Il faut dire que j'avais déjà obtenu le baccalauréat de médecine à la date du 22 mars 1597. En conséquence je devais, et voulais, commencer à faire l'explication et l'exégèse

---

a. Thomas Platter emploie ici la forme occitane, populaire, de ce toponyme. Dès cette époque, notre auteur est parfaitement occitanophone.

du livre de Galien qui s'intitule *De arte parva*, autrement dit « à propos du petit art » ou tout simplement « sur l'art de la médecine ». La chose devait se dérouler *in collegio*, dans le collège. J'avais reçu, pour ce faire, la lettre officiellement scellée du doyen, et je me suis exécuté en temps voulu.

Le 3 octobre, j'ai pris pension chez le célèbre chirurgien Maître Noé : j'avais dans sa maison la table et la chambre. Je citerai deux autres copensionnaires, également chez Noé : à savoir Monsieur Schobinger[376], de Saint-Gall, et un Bourguignon nommé Grangier[377], originaire de Dijon.

Le 4 octobre, mon compatriote Miey nous a quittés ; il est retourné à Bâle et, pour ma part, j'ai commencé la préparation de mon cours public.

Les 5, 6 et 10 octobre, à six heures du matin, au collège, *in collegio*, je me suis conformé à l'ordonnance décanale que j'avais reçue le 1er juillet, et j'ai prononcé les leçons magistrales, en présence du corps médical estudiantin, se composant lui-même de licenciés, bacheliers et simples étudiants. Les uns et les autres m'en ont donné acte et témoignage, en une lettre écrite sur parchemin qu'ils ont tous contresignée de leur propre main.

À la fin de chaque leçon, j'emmenais tout cet auditoire à la maison du pâtissier cuiseur de pâtés et je leur offrais, à mes frais, une collation matinale afin qu'ils fussent très assidus à m'écouter de manière à ce qu'ils puissent ensuite me donner leur attestation. Quant au temps qui me restait pour séjourner à Montpellier, je l'ai employé à l'achat de toute espèce d'objets curieux que j'ai ainsi collectionnés pour les expédier ensuite en direction de Bâle. Et puis j'allais au domicile des malades en compagnie des médecins, afin de pouvoir bien me rendre compte visuellement de la manière dont ces docteurs pratiquaient leur métier.

Sur ces entrefaites, le doyen n'avait pas encore scellé mon diplôme, ce sceau décanal devant donner force juridique aux signatures des susdits licenciés et étudiants. Je demandai donc à mes compatriotes de bien vouloir récupérer ce document à mon intention, dès que le doyen aurait enfin, à son propos, procédé aux formalités indispensables. Ce qu'ils firent.

Le 13 octobre, *je me procurai le formulaire imprimé d'un bulletin de santé, sur lequel on avait inscrit le texte suivant :*

« Ce jourdhuy trexiesme d'octobre mil cinq cens quatre vingts dixhuict sont parti de Montpellier, ou dieu graces a bonne santé, Thomaz Plater, docteur en medicine, et son garson, ayant demeuré ung an, pour s'en aller à Sommieres et Uses. »
(Aux armes de la ville.)
« Signé : Fesguet[378]. »

Je n'eus *plus ensuite* qu'à m'en aller de Montpellier, une fois de plus. Mes compatriotes me firent la conduite jusqu'à Castelnau ; nous y bûmes le coup du départ ; ensuite, je fus laissé à moi-même *en compagnie de mon laquais* et je chevauchai ainsi jusqu'à Sommières en passant par Faumane [Fontmagne ?], une fois de plus.

Le 14 octobre, toujours à cheval, je suis passé à Saint-Mamert ; ensuite j'ai filé par le chemin coutumier jusqu'au village de La Calmette, où j'ai pris le repas de midi. Et, de là, en route pour Uzès, sans dévier de la voie usuelle et souvent évoquée ici. À la nuit tombée, j'étais de retour dans cette ville.

Le 15 octobre, je me suis installé avec mon laquais chez Pierre Frondigue, l'aubergiste de la Croix qui était aussi pâtissier faiseur de pâtés. Je lui donnai une certaine somme monétaire pour le logement. Mais en ce qui concernait le manger, j'ai convenu avec Frondigue que je paierais chaque repas au fur et à mesure, en fonction de la nourriture consommée.

Le 17 octobre, j'ai envoyé mon laquais en Avignon, pour qu'il puisse s'enquérir de la présence, ou non, du gentilhomme Lasser von Lasseregg en cette ville. Dès que j'eus vérifié que Lasser était bien là, je commençai à faire mes préparatifs de voyage.

Le 19 octobre et les jours suivants, jusqu'à mon départ, j'ai pris le temps d'une série de concertations sur tous les points avec mes malades afin que nous puissions, eux et moi, régler nos comptes ; puis j'ai pris congé de ces divers patients. J'ai confectionné les paquets d'un grand nombre d'échantillons végétaux et de curiosités qui firent d'abord l'objet de mes achats ; j'ai empaqueté aussi tous mes livres et mes écrits ainsi que mes vêtements. J'ai fourré le tout dans une *banaste*[379]. Il y en avait bien pour deux cents livres en poids [= environ cent kilos] ; tout cela a été dûment noté. J'ai expédié le colis vers Lyon, depuis Uzès ; ensuite, de Lyon jusqu'à Bâle.

Le dimanche 25 octobre, j'ai pris le repas de midi avec mon ancien logeur, Maître Antoine Régis, l'apothicaire chez qui j'avais pris pension. Je lui ai fait également mes adieux ainsi qu'à sa famille, et j'ai pris congé en m'acquittant de mon dû... du mieux que j'ai pu selon mes disponibilités.

Après ce déjeuner, je me suis rendu de divers côtés en ville, chez toutes mes connaissances, j'ai pris congé d'un chacun et j'ai annoncé aux uns et aux autres que je devais me rendre en Avignon ; et puis, partant de là, j'ai ajouté que je m'en allais ensuite traverser le Languedoc et toute la France en vue d'un retour final chez moi, dans ma maison, à Bâle. Que j'ai eu de bons amis et d'excellentes relations dans cette ville d'Uzès, c'est ce que tout le monde peut comprendre : j'y étais venu avec l'intention de pratiquer la médecine sur place pendant une durée de temps qui devait se situer entre un et trois mois. En fait j'y suis resté depuis le 21 avril 1597 jusqu'à ce jour 25 octobre 1598, c'est-à-dire un peu plus de dix-huit mois !

Dans la soirée, je fus l'hôte de Monsieur Carsan ; je m'acquittai envers lui de ma dette de reconnaissance du mieux que je pus, car on n'avait eu pour moi, dans sa maison, que de bons procédés[a].

Voyage en Avignon [287]

Le 26 octobre au matin, je suis encore allé voir plusieurs parmi mes meilleurs amis ; j'ai pris congé comme il se devait et *vice versa*, tout cela étant assez pénible car j'avais vécu une bonne période en leur compagnie. Mais il fallait bien se quitter.

Quelques bons protecteurs et amis vinrent encore me tenir compagnie dans mon logement à l'heure de la soupe matinale. Ensuite, je n'eus plus qu'à enfourcher le bidet que mon logeur Maître Antoine Régis avait mis à ma disposition, et je quittai Uzès. Je fis la croix sur cette ville, « car je ne voulais pas me retrouver une fois de plus à Uzès au bout de trois jours », et effectivement j'ai tenu bon sur ce point : à vrai dire, je ne sais

---

a. Carsan est catholique. En dépit d'attaques occasionnelles contre le « papisme », Thomas Platter, là comme ailleurs, ne se comporte nullement à la façon d'un sectaire.

toujours pas quand je reverrai cette ville, ni même si je la reverrai un jour ! Et pourtant j'y ai récolté, pendant mon séjour, tant d'affections et d'expériences heureuses ! Beaucoup d'amis m'accompagnèrent à la sortie de la ville, pendant environ une heure de trajet ; puis j'ai continué cette chevauchée seul, en compagnie de mon laquais, *via* Flaux et Valliguières, et tard le soir j'ai atteint la bourgade de Rochefort.

Le matin du 27 octobre, j'ai poursuivi mon itinéraire équestre et suis arrivé à Villeneuve[a] pour l'heure du casse-croûte. J'ai pris le déjeuner de midi à l'auberge du Coq et, une fois ce repas terminé, j'ai renvoyé mon cheval en direction d'Uzès.

Je n'eus plus ensuite qu'à traverser le pont d'Avignon. Une fois parvenu dans cette ville, j'ai pris un logement à l'auberge du Petit Paris auprès des gentilshommes Lasser von Lasseregg.

Mon séjour avignonnais [inauguré ainsi le 27 octobre] s'est prolongé jusqu'au 24 décembre en compagnie de ces deux frères ; ils m'ont enseigné la langue espagnole ; j'ai appris toute sorte d'artifices étonnants pour lesquels ils n'épargnaient aucune dépense. Je les ai consignés dans un autre registre avec le plus grand soin, autant que cela m'était possible. Et puis entre-temps j'ai pris connaissance de diverses curiosités locales, que je n'avais pas notées auparavant, et que voici.

Tout d'abord, derrière notre auberge, j'ai visité l'église Saint-Martial, de l'autre côté du ruisseau ; elle est assez joliment bâtie. À l'intérieur, auprès d'un autel, on aperçoit le tombeau d'un archevêque. C'est du beau marbre, avec de superbes statues ; et avec sept gradins, et des épisodes différents, sculptés.

Sur les colonnes de cette église figurent les portraits de tous les princes et potentats qui ont été moines dans l'ordre de Cluny. On peut voir parmi eux, en particulier, l'effigie de Casimir, roi de Pologne[380] : il avait été moine. Il est ensuite redevenu roi. À ce retour en royauté, il n'a mis qu'une seule condition : que tous les rois de Pologne qui lui succéderaient, ainsi que leurs serviteurs, portent l'habit de moine pendant la messe. Et puis également que tous les Polonais, sans exception, ne fassent chaque jeudi qu'un seul repas. S'agissant maintenant des autres tableaux, chacun d'entre eux décrit ce qui en son temps, dans

---

a. Villeneuve-lès-Avignon.

la papauté, a fait l'objet d'une rénovation et d'une découverte. La tombe du remarquable juriste que fut Emilio Ferreti[381] est située dans le couvent des frères prêcheurs. On peut y lire son épitaphe, inscrite sur la pierre tombale.

Ceux des religieux qu'on appelle les frères minimes[382] disposent eux aussi, en Avignon, d'une belle église dont la partie supérieure, très large, est en pierre de taille. Cet édifice pourrait servir de forteresse. Dans l'église des célestins, on peut voir également plusieurs belles épitaphes, parmi lesquelles celle du roi René[383] : il est représenté près d'une civière destinée à porter les morts, sur laquelle on a peint très artistement des toiles d'araignée, afin de mieux démontrer son humilité. Aux murs de cette même église sont accrochés quantité de tableaux et d'inscriptions : les uns et les autres concernent les miracles qui furent obtenus par l'intercession des prières de ces moines célestins. Parmi ces images se détache en particulier celle d'un jeune garçon : il était tombé du sommet d'une haute maison jusque dans la rue, et il s'est rompu à mort en quantité de morceaux. Son père les a portés dans la susdite église, et tout cela s'est recollé grâce aux prières des moines célestins, qui de cette manière ont rendu la vie au garçon. Les choses en étaient au point qu'on ne pouvait plus voir de cicatrices sur sa peau. La foi de ces moines, qui est sans faille, la force de cette foi et divers miracles du même genre leur ont valu de grandes richesses en provenance de toute espèce de personnes. Grâce à quoi les célestins ont pu bâtir cette admirable église tout en améliorant leurs revenus[a].

Il y a aussi, en haut de cette église, une plate-forme, *plata forma* sur laquelle on peut disposer de gros canons, si bien que le sanctuaire est susceptible d'être transformé en forteresse.

La même église compte encore dans ses dépendances deux superbes jardins, dans lesquels nous furent montrés de beaux cyprès, des lauriers, ainsi que d'autres plantes exotiques du même genre.

En l'église Saint-Augustin, à laquelle j'ai déjà fait allusion précédemment, j'ai assisté dans le chœur, le 13 décembre 1598,

---

a. Mixture : thème (discrètement luthérien) de la foi ; thème antipapiste des richesses mal (?) acquises par les moines. Complexité plattérienne...

à la consécration d'un évêque d'Uzès. Cela s'est déroulé solennellement, en présence d'une quantité de peuple. On lui a posé sur la tête une mitre imposante et damassée de blanc[384] ; on l'a revêtu de ses vêtements épiscopaux ; enfin on lui a passé au doigt, par-dessus son gant, une grosse émeraude, extrêmement précieuse, enchâssée dans un anneau.

Une école juive, *synagoga judaica*, fonctionne par ailleurs en Avignon. Il se trouve d'autre part qu'environ cinq cents Juifs résident dans une rue spécialisée de cette ville. J'en ai déjà parlé ci-dessus. Je les ai vus souvent, ces Juifs, qui pratiquaient leurs coutumes bizarres, dans leur temple et en dehors d'icelui. J'en ai fréquemment parlé avec eux. Il faut dire que, presque tous les jours, ils venaient à plusieurs dans notre logis et ils y apportaient des marchandises à vendre. C'est pourquoi je veux maintenant décrire ces usages de leur communauté, et cela d'une façon un peu plus circonstanciée que je ne l'ai fait jusqu'à présent.

À propos de plusieurs lois et coutumes des Juifs [289]

Et d'abord, ce qui frappe dans le temple des Juifs, c'est l'application et le zèle qu'ils apportent au service divin ; mais la rationalité chez eux fait défaut. Leur foi tient en treize articles qui élucident les particularités du Tout-Puissant : à savoir qu'Il est le Créateur... de toutes les créatures ; qu'Il est unique ; qu'Il n'a pas de caractéristiques corporelles ; qu'Il est éternel ; qu'on doit L'adorer, Lui et Lui seul ; que, parmi tout le genre humain, Il a sélectionné selon Son bon plaisir un peuple, celui des prophètes ; que, de tous ces prophètes, c'est Moïse qui fut le plus éminent ; que la loi de Moïse est sortie tout droit de la bouche de Dieu, loi qu'on trouve aujourd'hui encore parmi ces Juifs ; que cette loi doit demeurer pour l'éternité sans être modifiée ; *item* que Dieu a pleine compréhension de toutes les œuvres et pensées des hommes ; que Dieu récompensera ceux qui observent Ses commandements et qu'Il punira ceux qui ne respectent pas les interdictions qu'Il a promulguées ; que le Messie est encore à venir ; *item*, treizième et dernier article, qu'il y aura une résurrection des morts, quand cela plaira à Dieu.

Ils croient aussi que la vérité ne se trouve pas seulement dans les écrits des prophètes, mais également dans les interprétations de cette Loi par les rabbins très sages ; à la limite, il vaut mieux s'en tenir à celles-ci plutôt qu'à la lettre des paroles de Moïse. Ainsi tiennent-ils les traditions qu'ils ont reçues de leurs aïeux pour l'expression même de la Loi que Dieu Lui-même avait transmise à Moïse de vive voix. Cette Loi, Moïse à son tour l'a communiquée aux générations suivantes sur un mode purement verbal, sans la rédiger. Tout cela pour que les païens ne l'apprennent pas, et afin que les Juifs la conservent parfaite pour eux-mêmes et qu'ils parviennent ainsi, par la suite, à la béatitude. Quant à l'exégèse de la susdite Loi, elle est contenue dans leur saint Talmud que Moïse avait également rapporté de la montagne du Sinaï, en même temps que la Loi écrite. Le fait est que Moïse est resté là-haut quarante jours et quarante nuits. Là, Dieu l'a mis à Son école : d'abord, Il lui a donné la Loi écrite ; ensuite, Il a passé tout Son temps à la lui expliquer ; et Il lui a ordonné d'expliquer ultérieurement celle-ci, de vive voix, aux enfants d'Israël.

Voilà pourquoi les Israélites considèrent qu'ils ont reçu en partage toute espèce d'honneur et de dons particuliers dont les autres peuples ne disposent point. Ces cadeaux, ce sont la terre de Canaan, la Loi, les prophéties, et la résurrection des morts. En tout état de cause, les rabbins très sages ont divisé l'entière loi de Moïse en 613 articles, tout en faisant la distinction parmi ces articles entre ce qui est prescrit et ce qui est interdit. Les prescriptions, du fait de ces rabbins, sont au nombre de 248, c'est-à-dire aussi nombreuses que l'homme a de membres à son corps. Quant aux interdits, on en compte 365, autant que de jours dans l'année, ou encore autant que de veines dans le corps humain : chaque veine est donc en charge d'empêcher l'homme de faire ce qui lui est ainsi interdit. Si cette protection échoue, les gens disent que l'homme n'a pas une seule bonne veine dans son corps. Même remarque pour les membres : ils incitent l'homme, eux, à obéir aux commandements. Supposons que chaque membre de l'homme respecte un commandement par jour, et que d'autre part il se soumette quotidiennement à une interdiction : dès lors, la loi de Moïse est intégralement observée par l'homme en question. Plusieurs rabbins y ont encore ajouté sept prescriptions supplémentaires, ce qui porte le nombre précité, en dernière analyse, à $613 + 7 = 620$. C'est-à-dire, tout compté, *in summa*, un chiffre égal au nombre de mots qui sont contenus, en hébreu, dans les dix commandements classiques du décalogue. Il se trouve cependant que les femmes ont quatre membres de plus que les hommes ; mais, d'un autre côté, il faut aussi prendre en considération les soins qu'elles apportent au ménage. Tout bien compris, elles ne sont donc justiciables que de 64 commandements et 36 interdictions, ce qui fait 100 au total.

De la circoncision des Juifs [290]

Je suis resté deux mois en Avignon. J'ai donc vu circoncire deux petits garçons dans leur temple. Les choses se passent de la manière suivante, comme j'ai pu le constater pour une part *de visu*, également par ouï-dire, enfin du fait de mes lectures. Le « circonciseur » doit être juif, de sexe masculin et non pas féminin ; il doit aussi être bien entraîné pour cette opération. Lors de la première circoncision à laquelle j'ai assisté, l'opérateur n'était autre que le père du bébé. Cet homme avait des ongles longs et taillés en pointe, aux deux pouces. Le couteau était de fer ou d'acier bien aiguisé ; cette lame était fixée dans un manchon de cuivre jaune. Cela ressemblait à un rasoir de barbier, mais pas si gros. Le bébé avait été baigné avant la circoncision, lavé bien propre, et enveloppé dans ses langes, le tout pour qu'il soit très net au moment de la circoncision ; sinon, il serait impossible de prier pour lui et sur lui. Et si cet enfant se salit derechef, le circonciseur doit attendre avant de faire la prière jusqu'à ce qu'enfin on ait nettoyé ce petit être. Donc, la cérémonie eut lieu quand l'enfant était âgé de huit jours, le matin, et à jeun pour que cela saigne le moins possible. Ce matin-là, on avait tout préparé de très bonne heure. D'abord, on a disposé près de l'arche sainte deux sièges ornés de beaux tapis de soie et de coussins de velours : c'est dans cette arche que se trouve en effet le livre de la Loi ; et dans le temps on y conservait aussi les coffrets de l'Alliance [divine], car c'est un emplacement sacré.

Vient tout aussitôt le parrain : il s'installe sur l'une des chaises ; et, de même, le circonciseur auprès de lui. Suivent également d'autres Juifs. L'un d'entre eux lance un appel à haute voix pour qu'on apporte tous les objets utilisés lors de la circoncision. Du coup, plusieurs jeunes garçons accourent : l'un tient un grand flambeau, qui comporte douze petites bougies de cire, symboles des douze tribus d'Israël ; deux autres ont une chopine en main, qui contient du vin rouge ; un quatrième tient en main le couteau de circoncision ; le cinquième est muni d'une petite écuelle avec du sable dedans ; le dernier enfin apporte un petit pot où se trouve de l'huile d'olive ; il dispose également de petites pièces de tissu très propres, douces et fines, qu'on appliquera ensuite sur la blessure du bébé. Tous ces garçons se sont avancés au plus près en se mettant juste à côté du circonciseur et en l'entourant de toute part ; leur but, en l'occurrence, est de voir d'autant mieux le spectacle et de s'en instruire. Les offices que remplissent ainsi les jeunes garçons dans cette affaire doivent être achetés par eux ou pour eux à prix d'argent, tout comme d'autres fonctions religieuses qui s'accomplissent également dans le temple des Juifs, et qui font l'objet elles aussi d'acquisitions à titre onéreux et avec des offrandes. Tout cela est public.

Plusieurs personnes, présentes à la cérémonie, se munissent de confitures ou de cordiaux destinés à encourager le rythme cardiaque, et ce afin de réconforter le père ou le parrain dans le cas où l'un d'eux aurait un malaise au vu des souffrances de l'enfant. Le parrain s'assied ensuite sur l'un des sièges ; le circonciseur se place en face de lui, et il entonne le cantique du deuxième livre de Moïse, cet hymne que chantaient les enfants d'Israël à l'époque où ils traversaient la mer Rouge ; puis il entreprend de chanter encore autre chose. Dès lors, les femmes apportent l'enfant jusqu'au seuil, et toute l'assistance se lève ; le parrain s'avance jusqu'à la porte, reçoit l'enfant et va se rasseoir avec lui sur sa chaise. Du coup, tout le monde se met à crier : « Que soit béni celui qui vient ! », autrement dit en hébreu *Baruch habba*, car dans leur temple ils ne parlent que la langue hébraïque ; ils sont en effet fermement convaincus que l'Ange de l'Alliance, c'est-à-dire le prophète Élie, accompagne l'enfant et qu'il vient s'asseoir à côté du parrain sur l'autre siège.

Élie veille ainsi à ce que la loi de la circoncision soit respectée et correctement exécutée. Quand ils préparent la chaise ou le siège destiné à Élie, obligation leur est faite de dire à haute et intelligible voix : « Ceci est le siège du prophète Élie ». Autrement, celui-ci ne vient pas à la circoncision. Et puis, pour qu'on soit sûr qu'il assiste bel et bien à l'opération, on laisse sa chaise en place trois jours entiers durant.

Le parrain tient donc le bébé sur ses genoux et lui enlève les langes ; il attrape le petit sexe de l'enfant, le saisit au prépuce par-devant, presse le petit gland ; il frotte le prépuce pour lui faire perdre tant soit peu la sensibilité et pour que l'enfant souffre d'autant moins de l'incision. Dès lors, il prend des mains du garçon qui se tient debout à ses côtés le couteau à circoncire et dit à haute voix : « Sois loué, ô Dieu, notre Seigneur, roi du monde, toi qui nous as sanctifiés avec tes commandements, et qui nous as donné la loi de la circoncision ». Tout en parlant, il coupe, de façon à l'enlever, un petit morceau de devant du prépuce dans une proportion suffisante pour qu'on puisse voir à nu le petit gland. Il jette ensuite, sans perdre un instant, ce petit bout de chair dans la coupelle qui contient du sable (entre-temps, le garçon qui se tient debout aux côtés de l'opérateur a repris des mains d'icelui le couteau à circoncire) ; ce même opérateur empoigne alors le gobelet de vin, le porte à sa bouche et la remplit complètement, et il peut ainsi en arroser l'enfantelet par-dessous le visage, car le bébé a été affaibli par l'intervention. Ce même parrain prend ensuite le sexe du petit enfant dans sa bouche et il suce bien le sang, vraiment bien, pour arrêter l'hémorragie. Puis, le sang qu'il a sucé de la sorte, il le recrache dans le gobelet de vin ou dans la coupelle. Il répète cette action au moins trois fois. Dès que le saignement, traité de cette manière, s'est un peu calmé, le circonciseur prend dans ses deux ongles de pouce épointés et aiguisés la peau mutilée du sexe de l'enfant, la déchire en l'arrachant de son support et en la retroussant vers l'arrière ; et cela de façon que le petit gland soit de toute part dénudé et découvert : telle est la phase de la cérémonie qu'ils appellent la « mise à nu », et elle est beaucoup plus douloureuse pour le petit bonhomme que ne l'est la circoncision proprement dite. Le circonciseur n'a plus alors qu'à saisir un petit linge qui jusqu'alors baignait dans l'huile et il en fait un pansement pour le sexe enfantin, en enveloppant celui-ci deux ou trois fois dans le tissu huileux. Il n'a plus, pour finir, qu'à remettre ses langes au bébé.

L'opérateur, à cet ultime moment (c'était dans ce cas le père de l'enfant) se lance alors dans un petit discours : « Sois loué, ô Dieu, notre Seigneur, roi du monde, toi qui nous as sanctifiés avec tes commandements ; toi qui nous as ordonné de suivre la loi d'Alliance qu'Abraham notre père avait contractée avec toi. » Sur quoi l'entière communauté se met à dire, en guise de réponse : « Cet enfant est maintenant entré dans la loi d'Alliance d'Abraham notre père ; de même devra-t-il ensuite se conformer à la loi de Moïse, aussi bien lors de son mariage que dans les bonnes œuvres qu'il accomplira. » C'est maintenant au tour du circonciseur de se laver la bouche et les mains très proprement, cependant que le parrain se met debout, avec le bébé dans les bras ; il se place juste en face du circonciseur, qui lui-même empoigne l'autre gobelet, celui qui contient du vin rouge, de façon à prononcer ensuite une prière au-dessus de ce récipient. Cette prière se continue aussitôt après sur le bébé en personne, et cela dans les termes suivants : « Ô notre Dieu et Dieu de nos pères, fortifie cet enfant et conserve-le en vie à son père et à sa mère ; que son nom dorénavant soit choisi parmi les noms qui sont en usage dans le peuple d'Israël (c'est en effet seulement à cet instant qu'il donne son nom à l'enfant) ; ce nom sera celui d'Isaac, fils d'Abraham ; que le père du bébé se réjouisse à l'idée de celui qui est ainsi sorti de ses reins ; et que sa mère se réjouisse elle aussi à l'occasion de ce fruit qui est issu également de son corps maternel. » Le discours se poursuit ; c'est du reste ce qui est écrit dans les Proverbes [de Salomon] *au paragraphe 23 du chapitre 25* : « Que ton père et ta mère soient dans l'allégresse, et qu'ils se réjouissent de t'avoir ainsi engendré. » Le prophète *Ézéchiel* dit lui aussi, *en son paragraphe 6 du chapitre 16* : « Passant près de toi, je t'ai vu gisant dans ton sang, et je t'ai dit : dans ton sang, tu dois vivre ! Et je te l'ai dit encore, quand tu étais ainsi étendu de tout ton long dans ton sang : allons ! tu dois vivre ! » À ce moment-là, le circonciseur trempe son doigt dans le gobelet de vin, ce récipient dans lequel il avait précédemment recraché le sang qu'il avait sucé ; et à trois reprises il passe doucement ce doigt, comme pour une caresse, sur les lèvres du petit enfant ; il fait cela dans l'espérance que celui-ci vivra d'autant plus longtemps, dans cet enduit du sang de sa circoncision, conformément aux paroles ci-dessus du prophète Ézéchiel. David est cité à son tour par l'officiant : « Que cet enfant se souvienne éternellement de son alliance et de sa promesse[a], mot d'ordre pour mille générations[385]. » Et le ci-devant circonciseur continue de prier : « Que Dieu veuille tous les protéger, les uns et les autres, afin qu'ils gardent encore et toujours les commandements de son alliance. Qu'il veuille accorder longue vie au père et à la mère ; qu'il bénisse l'enfant, etc. » Pour conclure, le circonciseur va donner à tous les jeunes garçons une gorgée à boire : ils la prélèvent, chacun son tour, dans le gobelet consacré ; puis ils rentrent chez eux en compagnie du petit bébé juif et ils le déposent dans les bras de sa maman ; c'est ainsi que prend fin la circoncision.

Plusieurs Juifs pieux, d'après ce qu'on m'a dit, placent aussi le bébé un bref instant sur le coussin du siège du prophète Élie avant comme après la circoncision, afin que ce même Élie en personne touche et bénisse ce petit être. On a vu qu'ils jettent le minuscule prépuce, une fois coupé, dans le sable de la coupelle ; entre autres significations, cela veut dire que la semence qui proviendra du pénis ainsi opéré sera aussi abondante que le sable de la mer.

Supposons maintenant qu'il s'agisse d'un enfant malade : dès lors, on attendra qu'il soit guéri pour le circoncire. Quant aux garçonnets qui sont morts, on les circoncit dans le cimetière, au bord de la tombe ; on ne fait pas de prière à leur intention, en cette circonstance. Mais on leur érige une stèle commémorative, afin que les gens prient pour eux. Pour en revenir aux festivités de tout à l'heure, disons qu'à la sortie de la synagogue on revient chez soi ; là, un délicieux festin a été préparé : le nombre des convives est, au minimum, d'une dizaine d'hommes, avec en plus un ou deux rabbins ; ils prononcent des sermons et de

---

a. Je propose ici un compromis entre la version plattérienne de ce texte biblique en allemand [p. 293, l. 13 du haut dans l'édition bâloise de Thomas II Platter par Rut Keiser], et d'autre part la traduction qu'en donne la Bible TOB, p. 1832, colonne de gauche (LRL).

longues prières par-dessus la table, auxquels les invités prêtent pourtant fort peu d'attention.

Quand il s'agit d'une petite fille, les choses se passent de la façon suivante : lorsque la fillette est âgée de six semaines, plusieurs jeunes filles se groupent autour du berceau dans lequel gît l'enfant ; elles sont habillées de beaux tissus et de ceintures d'argent très ornementales. Elles soulèvent le bébé en même temps que le berceau à plusieurs reprises, et elles donnent un nom à cette fillette. La jeune fille qui est placée à la tête du berceau (et de l'enfant) se trouve être la marraine. Et dans ce cas également, il y aura ensuite un bon repas.

Des bains des femmes [293]

On m'a montré aussi en contrebas de leur temple, et sur le côté, plusieurs baquets qui peuvent contenir de l'eau et dans lesquels les femmes doivent souvent se purifier. Et cela de telle manière qu'elles se trempent entièrement dans l'eau, et même qu'aucun de leurs cheveux ne reste à l'air ; elles doivent même à cette occasion écarter l'un de l'autre chaque doigt et aussi tous les membres, bras et jambes, de façon que l'eau en effet entre partout et puisse purifier complètement leur corps. Cette pratique comporte souvent de grands dangers, spécialement en hiver, là où l'on ne dispose pas de sources chaudes ; d'autre part, il est interdit de verser de l'eau chaude pour attiédir la température de la baignade. Ces pratiques ont été amplement décrites, ainsi que d'autres coutumes des femmes juives, dans un petit livre allemand-hébreu intitulé *Livret des femmes*[386].

À propos de l'éducation des enfants [294]

Ils tiennent leurs enfants de façon très stricte dès le plus jeune âge et ils les accoutument tout de suite aux commandements de leur Loi : ces enfants doivent se déshabiller dans leur lit ; d'autre part, il leur est interdit à tout jamais, au temple, de se promener nu-tête. Et pourquoi donc ? Eh bien, parce qu'au-dessus d'eux plane la Majesté de Dieu, devant Lequel ils n'ont pas le droit de se dénuder. Ils s'imaginent que pour un enfant, marcher tête nue, c'est très mauvais signe. Et puis, spécialement depuis la septième jusqu'à la treizième année, et pendant tout le reste de leur vie, il leur est énergiquement défendu de sortir sans se couvrir la tête. On les habitue aussi depuis l'enfance à porter une ceinture autour du corps, de façon à bien séparer le cœur des parties honteuses, et tout cela pour qu'au moment de la prière des pensées qui seraient paillardes ne s'en aillent pas remonter jusque dans leur cœur. Ce n'est qu'à partir de l'âge de treize ans que les enfants sont tenus de respecter les commandements. Quant aux péchés qu'ils commettent auparavant, les fautes sont attribuées à la responsabilité du père, et il est puni à la place de sa progéniture. À l'âge de quinze ans, ils doivent apprendre à comprendre les disputations qui laissent des doutes. À dix-huit ans les garçons se marient, et parfois plus tôt. Pour les filles, le mariage, c'est quand elles ont douze ans et un jour. À vingt ans, ils ont le droit d'agir sans tutelle. Ils doivent dire leur prière au moment du lever du soleil et pas plus tard. Voilà pourquoi leurs parents les réveillent de bonne heure.

Comment les Juifs se lèvent le matin [294]

De très bonne heure ils se mettent à la prière. Car, au début de la nuit, Dieu fait fermer toutes les portes du ciel, et les anges qui sont en séance non loin de là expédient les mauvais esprits dans le monde sauvage. Mais après minuit des hurlements s'élèvent dans le ciel : « Attention ! On va ouvrir les portes célestes vers l'orient. » Et donc sur terre les coqs entendent ces cris, et du coup ils poussent leurs cocoricos pour dire que les gens doivent se réveiller. Car c'est à ce moment que les mauvais esprits perdent leur force. Les Juifs peuvent donc lancer leur parole matinale : « Loué sois-tu, Dieu, d'avoir ainsi doté de raison les coqs. »

Le Juif n'a pas le droit de se dresser nu dans son lit, ni d'y enfiler sa chemise étant assis ; il doit faire cela couché, avec les bras et la tête bien fourrés sous les couvertures, de manière que les murs de la maison ne contemplent pas la honte de son corps nu.

On ne leur permet pas de se laver avec la main droite, parce qu'elle les aide à déchiffrer l'Écriture sainte. Ils n'ont pas non plus le droit, en matinée, de *se* toucher avec des mains non lavées, et cela à cause des mauvais esprits qui prennent leur repos sur ces mains. Ils doivent aussi se laver la bouche et le visage, pour la bonne raison que l'un et l'autre sont faits à l'image de Dieu ; ils n'ont pas le droit de prononcer le nom de Dieu avec une bouche qui n'est pas nettoyée. L'eau ainsi usagée, ils doivent ensuite la recueillir dans un petit baquet qu'on peut tenir dans les mains ; il faut surtout ne pas la jeter en un lieu de passage, là où les gens ont l'habitude d'aller et venir, car il se trouverait toujours des personnes qui pourraient utiliser ce liquide afin de procéder à des sortilèges.

Au sujet de l'habillement des Juifs et au sujet également de leurs objets ou symboles de mémoire qui se réfèrent aux commandements et aux interdits [295]

D'abord, ils ont une robe ou un petit manteau carré : quelques-uns d'entre, eux le mettent tout de suite, le matin au saut du lit ; d'autres, seulement à partir du moment où ils veulent prier. Ce sont tout simplement deux morceaux de tissu, carrés, en drap, en taffetas ou en soie, l'un devant, l'autre derrière, avec deux rubans qui rattachent ces carrés l'un à l'autre, par-dessus les épaules de l'intéressé. Ils n'ont qu'à passer la tête dans l'entre-deux et ça pend, comme je disais, par-devant et par-derrière. À chacun des quatre coins de ce vêtement, il y a une longue frange ; donc quatre franges au total. Chacune d'entre elles consiste en huit fils de laine blanche ; elles pendent du haut vers le bas, accrochées à un bouton. Frange et bouton, cela fait, pour chacune de ces penderies, quatre, huit ou douze doigts de large. Ils appellent les susdites franges des *zizis*. Ils ont une très haute estime pour ce genre de manteau ; à tel point qu'ils disent que l'homme qui porte avec assiduité un tel vêtement sera fidèle à la Loi tout entière. Car il y a d'abord cinq nœuds à chaque frange, comparables aux cinq livres du texte biblique de Moïse ; si l'on y ajoute les huit fils de laine qui composent la frange en question, ça fait huit plus cinq, soit treize. Et le petit mot *zizis* à lui tout seul équivaut au chiffre 600 ; donc celui qui tient un *zizis* détient le nombre $600 + 13 = 613$, ce qui correspond au total des 613 commandements autant qu'il y a d'articles au total.

Par ailleurs, ils s'attachent également autour de la tête un *tephillin precatoria*, autrement dit une bride ou cordelette de prière, *alias* ruban mémorial ou mémoriel pour la prière. Il y a aussi un gros bouton, dans lequel se trouvent des extraits de l'Écriture sur parchemin. Ces textes sont tirés du chapitre 13 du livre 2 de Moïse, comme des chapitres 6 et 11 du Deutéronome[387], et ils sont placés entre des carrés de cuir de veau pliés en huit, dont les côtés sont piqués et cousus. Le tout est accroché par-devant, sur le front, là où les cheveux ne poussent pas, pour que ça pende juste entre les yeux, contre le cerveau, afin que la mémoire des commandements de Dieu soit bien imprimée dans la tête.

Comme troisième type d'accessoire de prière, ils prennent encore un morceau de cuir carré, ils le plient comme dans le cas précédent, et ils écrivent d'autre part sur un parchemin plusieurs vers tirés du deuxième chapitre de l'Exode[388] ; ils fourrent cela dans un bout de cuir cylindrique qui ressemble à un dé à coudre, ils cousent ensuite le petit cylindre qu'ils ont rempli de cette façon dans le carré de cuir plié et replié dont je parlais à l'instant, ils fixent le tout à un long ruban et ils appellent ça *tephillin*, espèce de bride manuelle. Ils attachent ce *tephillin* en question au bras gauche, en amont, au-dessus du coude, à même la peau, de façon que la partie épaisse du cuir soit appliquée contre la chair « brachiale », cependant qu'en revanche les susdites Écritures de l'Exode sont tournées vers le cœur. Ainsi ces Écritures portent-elles en quelque sorte leur regard vers le cœur, et l'homme équipé de la sorte en devient d'autant plus ardent à s'acquitter de ses prières. Quant au long ruban, ils l'entortillent et l'enroulent autour du bras vers l'aval de l'avant-bras et jusqu'à la main. S'agissant de ces diverses opérations, ils commencent par attacher la bride ou *tephillin*, puis dans une seconde phase ils procèdent à l'embobinage brachial du long ruban. Ils n'ont plus alors qu'à prononcer les paroles suivantes : « Sois loué, ô Dieu, notre Seigneur, roi du monde, toi qui nous as sanctifiés par tes commandements et qui nous as commandé en effet de nous revêtir de cette bride. » Entre-temps, ils lèvent les yeux au ciel ; plus précisément, ils s'efforcent de regarder l'important « bouton » [contenant les textes de Moïse] qui est sur leur front. Ils baisent d'abord ces divers objets ; et ils les appliquent ensuite sur leurs deux yeux. À d'autres moments, on conserve ces choses dans un sachet à double ou triple paroi.

Voilà donc trois objets symboliques de remémoration ; ils sont tenus par les Juifs pour tout à fait sacrés, et l'on s'exprime beaucoup à leur sujet par écrit. C'est ce que j'ai appris de leur propre bouche [celle des Juifs], après que je leur eus posé bien des questions ; je leur demandais ce que signifiait chacun de ces objets quand je les voyais, portés par les fidèles à même leur corps, au temple. Les Juifs se revêtaient de tout cela avec soin ; ils s'en dévêtaient quand le moment idoine était survenu pour ce « déshabillage ».

De la prière du matin des Juifs [296]

Pour que de la prière nulle omission ne soit faite, elle a été prolongée de telle sorte qu'on n'en voit le terme qu'au bout de trois heures chaque jour. C'est pourquoi, dans les villes où ils ont leurs propres écoles, appelées *synagogas*, comme en Avignon, ils s'y retrouvent ensemble tous les matins. Devant l'école, il y a une lame de fer qui est fixée au mur. Chacun doit y nettoyer ses chaussures quand de la crotte adhère aux semelles. Une fois entrés dans le saint lieu, ils commencent par cogiter pendant un moment pour savoir avec Qui ils vont bien pouvoir s'entretenir. Ensuite, ils se mettent à s'incliner devant l'arche sainte et ils prononcent encore de nombreuses prières à haute voix, conformément à ce qui est prévu dans leur livre d'oraisons ; plusieurs parmi ces prières sont par leurs soins chantées et, à multiples reprises, ce faisant, ils s'arrêtent de façon répétitive sur un seul mot pendant une demi-heure ou même une heure entière. Souventefois se tournent-ils aussi le corps et la tête de divers côtés. Finalement ils disent tous *amen* après chaque oraison, et semblablement font les femmes dans leur temple féminin qui est à l'étage en dessous, et puis ils ajoutent *selah* ; ils effectuent de nombreux sautillements ; et ils regardent au-dessus de leur tête, comme s'ils voulaient sauter au plafond. Ils pensent que si l'on dit *amen* avec recueillement, la prière en est rendue plus efficace ; je dirais même plus, ce serait aussi valable que quand quelqu'un marque son propre nom sous une Écriture.

Enfin, après tout ce cérémonial, ils se dirigent vers la porte de sortie pour quitter le temple ; en cette phase terminale, ils marchent à reculons pour ne pas présenter à l'arche sainte la partie postérieure de leur individu, d'autant que cette arche contient le livre de la Loi ; c'est donc leur visage qui est tourné vers l'arche afin de faire honneur à celle-ci. Une telle sortie s'opère de façon extrêmement lente, car Dieu, à les en croire, compte leurs pas et les en récompense grandement, à proportion du nombre de ces pas. Il peut arriver qu'une femme leur apparaisse en chemin. Alors ils doivent fermer les yeux, afin d'éviter les mauvais désirs. Dans leurs écoles-synagogues, ils n'ont pas le droit non plus de cracher par terre, car cette expectoration à l'air libre pourrait effleurer un ange si peu que ce soit. Ils déposent donc précautionneusement leur crachat dans un petit mouchoir. Il faut aussi que, dans la station debout, ils soient quand même en position inférieure par rapport au pupitre sur lequel est posé leur livre de prières. On creuse donc, dans ce but, un trou *ad hoc* au pied dudit pupitre. J'ai eu, auprès d'eux, vision et perception de toutes ces choses en de nombreuses occasions.

Que font les Juifs après la prière du matin ? [297]

Dès que rentrés chez eux, ils enlèvent leur ruban de prière et leur mantelet de remémoration. D'abord ils prennent le petit déjeuner du matin, avant d'aller vaquer à leurs affaires. Ils considèrent en effet que la bile peut être affectée par soixante-trois maladies, qui toutes peuvent disparaître par la simple ingestion d'un petit morceau de pain et d'une gorgée de vin. Entre-temps, les femmes pieuses préparent normalement le casse-croûte afin que les hommes puissent le consommer au moment convenable, à onze heures, lors du repas de midi. Sinon, ils attraperaient facilement des maladies. Pour ce déjeuner du milieu du jour, ils sont fermement priés d'avoir le ventre vide et les mains lavées. Après manger également ils se nettoient les mains et les essuient pour les sécher ; ils tiennent énormément à ces pratiques. Ils ont encore beaucoup de coutumes bizarres durant les repas, en ce qui concerne les remerciements [les grâces], le pain, le sel et le vin ; ils doivent se comporter correctement, comme s'ils étaient assis en présence du Seigneur ; ils évitent de jeter des arêtes de poisson et des os à côté d'eux ou derrière leur place à table, afin de ne point atteindre les créatures invisibles. Après manger, ils laissent un *morceau de* pain sur la table, pour que la faveur divine y demeure.

En soirée, ils font dans leur synagogue la prière du soir et de la nuit. Quand il y a deux factions adverses qui se disputent, l'une d'entre elles va droit au livre des prières et des cantiques, le ferme, frappe dessus avec la main, et dit : « Je le ferme ! » Dès lors, ils n'ont plus le droit de prier jusqu'au rétablissement de la paix. Ils rentrent donc chez eux, à mainte reprise, sans avoir dit leurs prières ; et pour peu que l'une des factions s'obstine récalcitrante, cette « grève des prières » persiste souvent pendant plusieurs jours. Au lit, une fois couchés, ils prient et ils prient encore jusqu'à ce qu'à force ils s'endorment. Au préalable, ils se sont déshabillés de la même façon qu'ils s'étaient habillés le matin, mais en sens inverse.

*De plusieurs choses qu'on trouve dans leurs synagogues,
et ce qu'on y fait [298]*

Quand ils prient dans leurs écoles pour le sabbat, il leur arrive souvent de tomber à terre la tête la première et le visage tourné vers le bas ; ils font des courbettes et ils se livrent à des mouvements aussi nombreux qu'étranges.

Ensuite, ils commencent leurs cérémonies avec le livre de la Loi et ils y lisent le texte des leçons de la semaine.

Ils ont dans leurs écoles-synagogues un livre de la Loi, autrement dit les cinq livres de Moïse ; le tout écrit en grosses lettres sur plusieurs feuilles de parchemin en peau de veau qui sont cousues ensemble de manière à former un rouleau tout en longueur ; lequel est lui-même fixé aux deux bouts à deux pièces de bois cylindriques et allongées, ce qui permet de soulever l'ensemble et de le tenir en main, de le porter ; on garde l'objet ainsi constitué dans une arche spéciale en une ouverture creusée dans un mur, de sorte que tout cela peut se conserver longtemps dans la synagogue.

Le portillon de l'arche est masqué par un beau rideau brodé. Et plus la fête est importante, plus le rideau est précieux, luxueux. Les fidèles apprécient particulièrement quand ces broderies représentent des oiseaux merveilleux.

Le Livre lui-même est toujours enveloppé dans un tissu spécial où l'on a brodé pas mal de mots d'hébreu. En outre, il y a encore un autre tissu qui est déployé à l'extérieur, par-dessus le premier, à la manière d'un mantelet en velours, en soie, ou même entièrement doré. À cette seconde enveloppe est accrochée une chaîne d'argent, au bout de laquelle on a fixé une plaque d'argent, elle-même porteuse de l'inscription suivante : *Keser Thorah*, autrement dit « Couronne de la Loi ».

Et donc le chantre, qu'ils appellent le *chasan*, extrait de l'arche le Livre saint ; puis, le tenant dans sa main, il se rend sur un emplacement exhaussé qui leur tient lieu de chaire. Alors tout le monde se met à chanter des versets tirés respectivement du quatrième livre de Moïse [les Nombres], 10, 35[389] ; *idem* d'Isaïe, 2, 3 ; *idem* des Psaumes, 34, 4 ; et puis des Psaumes, encore eux, 99 (5), soit neuf vers.

Au-dessus de l'emplacement rectangulaire et surélevé, une table est dressée que recouvre une espèce de nappe ou encore un beau tissu de soie ou de velours. Le chantre dépose le Livre à plat par-dessous cette étoffe ; un autre personnage enlève les enveloppes qui empaquetaient ce volume en forme de rouleau. Il le déroule, puis il convoque un membre de la communauté qui se trouve être présent. Il l'appelle par son nom et par le nom de son père : « Viens donc ici ! » L'homme fait le déplacement, s'intercale entre les deux officiants et baise le Livre à travers les tissus, car ceux-ci sont toujours disponibles ; il prend en main les deux longs cylindres de bois qui ferment les extrémités du Livre-rouleau et loue Dieu à haute et très forte voix pour cette Loi qu'Il leur a donnée.

Ensuite, le chantre lit un chapitre du Livre, puis il revient, baise le Livre une fois de plus, et se lance dans une nouvelle louange du Très-Haut, comme précédemment. On convoque alors deux autres fidèles, l'un après l'autre, et chacun refait à son tour, très exactement, ce qu'avait fait le premier, lequel pour sa part sort de la salle de culte par un autre portillon, différent de la porte par laquelle il avait fait antérieurement son entrée.

Surgit alors un nouvel acteur de la cérémonie : c'est un homme qui se doit, en la circonstance, d'avoir de la force dans les bras. Il soulève donc avec les deux mains, bien au-dessus de sa tête, le Livre dûment déroulé ; et aussi longtemps qu'il peut le porter de la sorte, il fait, ainsi chargé, le tour de l'assistance, de façon que chacun puisse voir l'Écriture de la Loi ; et pendant ce temps la communauté s'exclame : « Voici la Loi que Moïse a proposée aux enfants d'Israël. » Entre-temps, dans leur sanctuaire à elles, les femmes se disputent, se bousculent, se poussent autour des vasistas et fenêtres grillagées, car ces dames voudraient bien, elles aussi, voir et considérer la Sainte Écriture du Livre. Or, à la différence des hommes, elles n'ont même pas le droit de baiser cet ouvrage ; alors elles font des sauts, des bonds. Si le Juif qui tient le Livre à bout de bras trébuche ou tombe, ils doivent tous jeûner pendant longtemps, et de toute façon cette chute du Livre serait le signe d'un grand malheur qui pourrait bien leur tomber dessus.

Viennent ensuite les hommes qu'on a commandés pour s'occuper des cylindres de bois qui sont aux deux bouts du Livre-rouleau. L'un de ces hommes saisit le cylindre d'amont et, par ses soins, le parchemin est derechef enroulé autour d'icelui ; un autre homme présente les tissus grâce auxquels on peut remettre le Livre dans son enveloppe habituelle et lui enfiler son mantelet par-dessus. Puis les voilà tous qui viennent : ils baisent le Livre, le touchent avec deux doigts, puis appliquent ceux-ci sur leurs yeux, pour signifier que ce volume est un objet sacré ; quand on le rapporte dans l'arche, le chantre se met à chanter, puis le peuple lui répond. Au moment où le Livre est déposé dans l'arche, le peuple chante les versets bibliques des Nombres, 10, 36. Ces Juifs terminent enfin leur prière par le psaume 5 (paragraphe 9), comme j'ai souvent vu faire chez eux, ayant bien remarqué et noté tout ça.

Comment les Juifs se préparent à leur sabbat [299]

Ils commencent ces préparatifs quand le soleil commence à se coucher ou, si le temps est sombre, quand les poules essaient de voler, ou encore quand s'envolent les corbeaux et les pigeons. Dès lors, les femmes doivent allumer dans leurs maisons les lumières du sabbat ; et cela en signe de pénitence, due au fait qu'Ève jadis avait cru bon d'éteindre la lumière de la vie.

Les femmes se munissent donc de nourritures délicates, et elles préparent trois repas impressionnants : le premier pour le vendredi soir, les deux autres pour le jour du sabbat. Elles nettoient leur corps tout entier, se coupent les ongles et jettent aux flammes les rognures d'iceux, par crainte que l'on ne s'en serve pour quelque tour de sorcellerie. En somme, *in summa*, elles font tous les apprêts comme pour un mariage, le tout afin d'honorer la fête du sabbat.

Comment ils célèbrent le sabbat [299]

Ils chantent, ils prient et ils lisent, comme je l'ai déjà partiellement exposé lors d'un passage antérieur de mon texte. Ils ne doivent effectuer aucun travail pendant le sabbat, même pas tuer une puce. Ils peuvent simplement attraper celle-ci et la jeter loin d'eux. Ils n'ont pas le droit de voyager ni de faire quoi que ce soit qui pourrait être interprété comme étant une besogne productive. Et, par exemple, il ne faut surtout pas qu'ils donnent trop à manger aux oiseaux, car s'il restait de cette nourriture avariée, grains et autres, supposons que de la pluie tombe et que tout ça se mette à pousser, on aurait l'impression qu'ils ont semé les graines. Tout leur but dans cette affaire, c'est de bien vivre, de faire la cour amoureuse. Qui plus est, en cette occasion, ils mangent de l'ail, quelquefois même ils organisent des mariages, et tout cela pour honorer la fête du sabbat. Incidemment, il y a beaucoup d'écrits à ce sujet. Ils pensent que, pendant ce sabbat, les mauvaises puanteurs sont moins considérables qu'en d'autres jours, du moins en divers lieux, parce que l'enfer lui-même ne brûle pas ce jour-là. Même les damnés, ces impies, fêtent le sabbat en enfer ; c'est leur jour de sortie : ils ont le droit d'aller se promener, mais quand leur sabbat prend fin, ils doivent retourner en enfer et y rôtir pendant toute la semaine. Ainsi s'explique la mauvaise odeur qui caractérise les tombes des impies et damnés. Ils prétendent aussi que, le jour du sabbat, ils disposent d'une âme supplémentaire. Du coup, elle leur élargit le cœur, ce qui les rend d'autant plus guillerets. Pendant le sommeil de l'homme, toujours selon leurs dires, deux âmes le quittent : l'une monte, l'autre descend. Elles s'instruisent alors de beaucoup de choses. La troisième âme, celle qui vient tout juste d'arriver, fait son séjour, elle, près du cœur. C'est elle qui est à l'origine des rêves. Ils racontent et même ils croient encore pas mal de sophismes du même genre.

La Pâque des Juifs [300]

Ils s'y préparent pendant plusieurs jours et ils continuent semblablement à faire la fête durant quelques journées supplémentaires après le jour férié proprement dit, afin que tout se passe d'autant mieux selon les règles. Mais, tout au long de cette fête, ils se prennent tous pour de grands seigneurs ; ils se penchent tous vers le côté gauche pendant leurs libations et ils font cul sec de quatre pichets bénis pleins de vin, l'un à la suite de l'autre. Ils maudissent tous les autres peuples et enfin ils prient pour que Dieu veuille bien, sous peu, reconstruire leur temple. Et ils répètent à longueur de temps : « Maintenant, tu dois bâtir, bâtir, etc., très bientôt, très bientôt, etc. » Ils célèbrent cette fête avec une énergie peu commune le 14 mars pendant deux jours de suite.

La Pentecôte [300]

Lors de la deuxième nuit d'après Pâques, ils commencent à compter les jours, au moment où les étoiles se mettent à briller, et ils font en même temps une petite prière. Ils continuent toujours de la même façon jusqu'au septième jour : ça va donc faire une semaine. Le huitième jour, les voilà qui disent : « Aujourd'hui, huit journées de faites ! » Ensuite, sur leur lancée, ils comptent jusqu'à quarante-neuf. Ils arrivent ainsi à la soirée de Pentecôte. Ce jour-là, personne ne ferait une saignée à cause du mauvais air, qu'ils appellent « bourreau ». À Pentecôte, chez eux, les festivités s'étalent sur deux jours : ils jonchent le sol d'herbe verte, et ils plantent des arbres de mai verdoyants.

La fête des tabernacles, alias des tentes de feuilles, ou huttes de branchages [300]

Cette fête a lieu en septembre ; c'est le septième mois de l'an, ou plutôt le premier, car c'est en septembre qu'Adam fut créé, d'après eux. On célèbre ces festivités en mémoire des quarante années au cours desquelles Dieu a fait camper sous des tentes de feuillage le peuple d'Israël, errant dans le désert du Sinaï[a]. Certes, ils disent beaucoup de prières à l'occasion de cette fête, mais sans recueillement authentique, car ces oraisons se bousculent à toute vitesse dans leur bouche. Et s'ils pouvaient dire d'un coup mille mots en une seule expiration de leur souffle, ce serait à leur avis du grand art.

À l'occasion de cette fête, le chantre, dans la synagogue, prononce une petite prière : « Seigneur, donne-nous la paix, etc. » Alors chaque fidèle prend dans sa main droite un petit bouquet de palmes, de rameaux d'olivier et de petits branchages de saule, et un citron dans la main gauche. Ils louent Dieu, ils secouent ces rameaux et ils les orientent successivement vers les quatre bouts du monde, et puis vers le haut et vers le bas ; ils font tout cela sept fois par jour pendant sept jours d'affilée, en mémoire du fait qu'on [Josué] a fait le tour à sept reprises de Jéricho, en sorte qu'à l'issue de telles tournées les remparts de cette ville tombèrent. Et donc de la même façon (croient-ils) la chrétienté s'effondrera.

Sur la fête de la nouvelle lune, etc., etc. [301]

Ils fêtent aussi la nouvelle lune, car ils pensent que la lune et le soleil avaient le même éclat lors des premiers temps de la création. Mais la lune avait ronchonné contre Dieu et elle avait voulu régner seule au ciel. Dieu l'a donc rapetissée ; et il a aussi décrété que, dorénavant, elle emprunterait son éclat au soleil. Du coup la lune a fait entendre ses plaintes, et Dieu, touché par ces lamentations, aurait eu regret d'avoir agi de la sorte et il aurait ordonné, de ce fait, qu'à chaque lune nouvelle on fasse un sacrifice à l'astre des nuits.

À propos du premier jour de la nouvelle année, voici leur croyance : chez eux, il intervient au cours du premier mois d'automne, et très précisément lors de la première lune nouvelle de ce mois. Cette journée coïnciderait avec la création d'Adam ; à

---

a. Sur cette fête des Tentes, voir le *Dictionnaire encyclopédique de la Bible*, Brepols, 1987, p. 1251, qui nuance sans les contredire les affirmations de Thomas Platter.

cette occasion, Dieu, en compagnie de ses anges, fait passer en jugement les péchés des Juifs. C'est pourquoi ils célèbrent, ce jour-là, une fête tout à fait imposante.

Ils ont aussi une fête de l'expiation-réconciliation, pendant laquelle ils châtient leur corps, tout en s'abstenant simultanément d'une quintuple série de voluptés :

1° ils jeûnent (et cependant, par exception, ils peuvent donner à manger aux malades, sur ordonnance médicale) ;

2° ils ne portent pas de souliers ;

3° ils ne s'enduisent pas de parfums d'agréable odeur ;

4° ils ne se baignent ni ne se lavent ;

5° ils s'abstiennent de leurs femmes.

Les Juifs et le jeûne [301]

Ils ont de nombreux jours de jeûne (et pourtant la loi de Moïse ne prescrit qu'une seule journée de privation alimentaire dans ce genre, le 10 septembre, à l'occasion de la fête d'expiation). Par exemple, ils ne mangent que des lentilles, en signe de tristesse, à la date du *huitième jour du mois des foins, au neuvième jour duquel le feu fut mis au Temple, entièrement détruit par cet incendie. Ils tiennent donc ce mois pour marqué par le malheur.* Des haricots, des pois et autres légumineuses du même type, ils n'en mangent pas, car leurs graines ont sur le dessus un trait noir qui ressemble à une bouche. Mais les lentilles et aussi les œufs n'ont pas de trait noir de ce genre. Autant dire que ces aliments-là n'ont pas de bouche : ils ressemblent par conséquent à un homme triste, qui garde le silence, comme s'il n'avait pas de bouche.

Leur cuisine et leur nourriture [301]

Les Juifs ont deux catégories de vaisselle, l'une pour la viande, l'autre pour les produits laitiers. Ils ont toujours sur eux deux couteaux, l'un destiné à couper la viande, l'autre pour le fromage et le poisson.

Ils ne placent pas côte à côte le lait et la viande sur le foyer de cuisine, ni ne les servent sur table l'un près de l'autre. Ayant mangé de la viande, ils sont fermement priés d'attendre une heure entière avant de se mettre à ingérer quelque produit laitier.

Chair et poisson, ils ne les disposent pas non plus ensemble, ni ne les mangent l'un en même temps que l'autre, par crainte de la lèpre. Quant aux bouchers des Juifs, ils doivent être bien entraînés ; il est nécessaire qu'ils soient diplômés par les rabbins, autrement ils n'auraient pas le droit de pratiquer leur profession. Il convient en effet qu'ils étudient à fond les réglementations écrites, aussi nombreuses que bizarres, qui concernent le métier de boucherie. Ils ne mangent aucune viande saignante, ni non plus les quartiers de derrière des animaux abattus, car l'ange du Seigneur a comprimé l'articulation de Jacob [et déboîté la courbe de son fémur, près des parties viriles[a]], d'après Genèse[b], 32[390]. En général, ils vendent les viandes de derrière aux chrétiens, après les avoir souillées au préalable ; ils laissent aussi leurs enfants pisser dessus, et ils y jettent également un sort pour que les chrétiens avalent la mort bubonique à l'aine. Tous ceux des Juifs qui se sont convertis à la foi chrétienne ont attesté ces faits par écrit, à l'unanimité.

Sur le mariage des Juifs [303]

Pendant tout le temps où j'ai été en Avignon, j'ai eu l'occasion d'assister à un mariage juif qui s'est tenu dans cette ville, et j'ai même été présent aux danses qui accompagnaient ces festivités. Disons qu'il y avait à peu près une demi-douzaine de Juifs qui se tenaient debout dans un coin de la salle, et qui chantaient à voix très forte, en psalmodiant ainsi toute espèce de danses, gaillardes et branles. L'usage d'instruments à cordes était exclu. Venons-en maintenant au mariage en tant que tel : des deux côtés, homme et femme, on s'est engagé à la conclusion d'un pacte conjugal. À partir de là, les Juifs, jeunes et vieux, sont convoqués ensemble dans une salle. Les jeunes en particulier ont, pour chacun d'entre eux, un pot ou une cruche neuve en main. L'un de ces garçons donne lecture de la lettre de mariage et il indique en outre le genre de cadeau dont il doit

---

a. Notre traduction tient compte du texte de Thomas Platter et de la traduction française du passage de la Genèse (la Génèse que cite par ailleurs l'auteur) d'après la Bible TOB, p. 102.

b. Notons que TP II, connaissant bien sa religion protestante, dispose ici d'un savoir approfondi et précis de la Bible.

gratifier le nouveau couple, au titre de don du matin de la nuit de noces. Il signale de surcroît la date à laquelle doivent prendre place les noces. On souhaite ensuite beaucoup de bonheur aux futurs époux. Dès lors ils jettent leurs pots par terre, car à les en croire ce jet signifiera bonheur et profusion de richesse. À la sortie, on donne du vin doux et des sucreries à ces jeunes. Au cours de la journée qui précède celle des noces, la mariée doit prendre un bain froid et elle est tenue de se tremper entièrement dans l'eau. Les femmes doivent accompagner cet épisode balnéaire avec des clochettes, pour que tout le monde entende. Les futurs époux s'envoient l'un à l'autre des ceintures : le garçon fait don, en l'occurrence, d'une ceinture à boucles dorées ; en revanche, celle que la jeune fille offre à son fiancé a des boucles d'argent.

Enfin, quand arrive le jour de la bénédiction du mariage, on fait la toilette de la fiancée en lui donnant superbe allure ; on peigne joliment ses cheveux, on les sépare en y dessinant une raie, on lui met un bonnet ornemental de belle apparence ; on lui pose un voile devant les yeux pour qu'elle ne puisse pas regarder son futur époux. Tout en préparant ainsi la jeune personne, les femmes chantent toute sorte de chansons de noce, pour la distraire et lui faire plaisir.

Ensuite on la bénit dans la rue devant l'église [= le temple], en plein air, comme j'ai pu le constater.

L'époux marche en tête du cortège nuptial et il est flanqué par un groupe d'hommes. Puis vient la mariée, en compagnie des femmes. Ainsi conduite, cette mariée fait à trois reprises le tour du marié. Puis celui-ci à son tour la prend en charge et fait un tour avec elle, cependant que le peuple jette sur eux des grains de blé afin que ce couple croisse et se multiplie en progéniture, et pour qu'il devienne riche. La fiancée se place à la droite de son futur mari, *le visage tourné vers le sud ; et leur lit sera également orienté de même manière, afin qu'ils engendrent des fils.* Le rabbin, qui les unit, pose sur la tête de l'époux l'extrémité d'un tissu velu que le marié porte autour du cou et sur la tête. Le même rabbin prend ensuite un verre de vin et, après une petite prière de louange au Très-Haut, il présente ce verre au jeune homme et à la jeune fille pour que de ce breuvage ils boivent chacun quelque peu. Cependant, la mère de la mariée s'est placée debout derrière sa fille ; et elle lui essuie la bouche avec un mouchoir. Mais la maman, ce jour-là, s'est trop dépêchée ; du coup la fille, trop hâtive à son tour, s'est inondée elle-même avec le vin. Or cette mariée, pour la circonstance, était en tenue de satin blanc. Elle fut grondée violemment par sa mère, devant tout le monde. En fait, c'était la mère qui était coupable, car la jeune fille, étant vierge, n'avait pas le droit de lever les yeux sur quiconque. D'après ce qu'on m'a dit aussi, c'était la première fois qu'elle allait au temple. Le fait est que les vierges n'ont pas permission, avant mariage, de pénétrer dans le temple. Ce faisant on veut empêcher ainsi un scandale d'amour et que les fidèles ne soient détournés de la prière. Lors de la bénédiction nuptiale, quand la mariée est vierge, on la fait boire dans un flacon étroit ; mais s'il s'agit d'une veuve, on lui présente un large verre. Ensuite, le rabbin prend des mains du marié une bague en or sans pierre précieuse ; il la montre aux gens de l'assistance pour qu'ils vérifient la valeur de ce bijou, puis il la passe au second doigt de la mariée [l'annulaire]. Ensuite, il lit à haute voix le texte du contrat de mariage. Dès lors, le rabbin donne à boire aux époux dans un autre verre, différent du précédent ; et puis il loue Dieu de ce que, après s'être promis l'un à l'autre, ils se sont maintenant reçus mutuellement comme mari et femme. Quant au premier verre, celui dont il fut question tout à l'heure, le marié le jette à terre en souvenir de la destruction du Temple.

Après la bénédiction, les gens se mettent à table ; le marié doit chanter une longue prière, puis les convives s'écrient : « Préparez les poules ! » On présente à la mariée une poule ainsi qu'un œuf, et voilà les invités qui déchirent la poule, avec de grands rires. Manière de signifier que la jeune femme doit accoucher facilement, avec joie, sans douleur, comme une poule qui se met à caqueter quand elle pond son œuf. Après ces joyeusetés divertissantes, le festin des noces est servi, on danse, on chante – tout cela est d'une grande gaieté. Les festivités nuptiales tirant à leur fin, ils dansent un branle, l'époux s'empare d'un homme après l'autre, l'épouse en fait autant avec les femmes, et ils se tiennent tous les uns les autres. Ou encore un homme de rang distingué s'empare du mari, et, de même, une femme de rang distingué se met avec l'épouse, puis ils dansent, comme je viens de l'expliquer. La noce dure huit jours, en général.

Au sujet du divorce des Juifs [302]

La loi juive, en principe, ne permet pas le divorce. Et pourtant, de nos jours, il s'agit là d'un phénomène admis par la coutume, sans qu'on ait à en donner de justification particulière. La lettre de séparation doit simplement avoir douze lignes, étant écrite d'une manière spéciale, et il faut qu'elle soit remise à la femme en présence de trois témoins.

Comment les femmes juives, devenues veuves, divorcent ensuite d'avec le frère de leur défunt mari [303]

Supposons que l'homme décédé laisse un frère célibataire. La veuve, dans cette hypothèse, n'est point en droit de se remarier avec quelqu'un d'autre. Il est vrai que le frère en question peut faire passer à cette veuve une lettre de divorce. Ou bien encore il la prend lui-même pour épouse, afin de donner à son défunt frère un héritier en réveillant la semence spermatique ; toutes ces mesures étant prises pour que le lignage et le nom de famille soient conservés. De cette manière, les biens de la maison du ci-devant premier mari n'iront pas filer vers des lignées étrangères. En cas de divorce, la femme veuve enlève à l'homme le soulier qu'il avait au pied droit, ce pied étant dorénavant dénudé ; le tout en présence des anciens et des conseillers en titre de la communauté juive. La veuve crache au visage du frère survivant en disant : « Qu'il en soit fait de même à quiconque refuse de reconstruire la maison de son frère. » À partir de ce moment, elle peut se remarier [avec un autre]. Une dame juive s'est plainte à moi, dans cet esprit : « Le frère de mon défunt mari habitait Francfort[a], m'a-t-elle dit, et il ne veut pas se déclarer. »

---

a. Il y a donc des liens entre les Juifs ashkénazes de Francfort et les sépharades d'Avignon.

À propos des maladies des Juifs [304]

Ils sont affectés eux aussi par toute sorte de maladies, comme les chrétiens. Pour s'en guérir, ils utilisent de nombreuses lettres de leur alphabet, des artifices cabalistiques ainsi que des tours de magie surnaturelle, et des sorcelleries à l'encontre des maladies graves. Tous leurs livres en sont pleins.

Au sujet des châtiments chez les Juifs [304]

Les hommes juifs adultères doivent, par temps d'hiver, rester assis un bon moment dans l'eau glacée, qui leur arrive jusqu'au ras de la bouche. En été, on les fait asseoir sur une fourmilière, nus, sans le moindre vêtement ; dans cet état, on se borne à leur boucher les oreilles et le nez. Après cette épreuve, ils ont le droit de se laver à nouveau dans l'eau froide. Si la punition ne suffit point, le coupable doit marcher nu, en été, dans un essaim d'abeilles et laisser son corps se couvrir de piqûres, à dose suffisante. Quant aux assassins, on les chasse en les faisant moisir pendant trois années dans la misère ; ils se font flageller dans toutes les villes, etc.

La mort chez les Juifs [304]

Quand un Juif meurt, ses parents et amis déchirent leurs vêtements et ils versent de l'eau dans les rues à gros bouillons. Ils considèrent en effet que l'ange de la mort a tué l'homme avec un glaive auquel sont encore accrochées trois gouttes de bile : l'une pour occire sa victime, la deuxième pour rendre le défunt livide, et la troisième pour le faire pourrir. Les déversements d'eau précités devraient donc permettre à l'ange de laver son glaive. À leur avis, quand le mourant tend ou étend les mains, cela veut dire qu'il laisse filer le monde : plus rien ne lui appartient ; il est comme jadis au jour de sa venue ici-bas. En revanche, s'il referme ses mains en serrant les poings, cela signifie le contraire. On lave le mort avec de l'eau chaude ; par ailleurs on bat un œuf qu'on mêle à du vin, et l'on badigeonne la tête du cadavre avec ça. Quand il gît dans la fosse, ses plus proches amis procèdent à l'inhumation ; ils arrachent alors plusieurs touffes d'herbe qui sont comme des présages de résurrection.

Les Juifs croient qu'il leur faudra, une fois morts, voguer et faire mouvement à travers des trous cachés ou par-dessus des crevasses fissurant le sol, jusqu'à ce qu'ils parviennent enfin dans la Terre promise. Voilà pourquoi un certain nombre de Juifs riches font de leur vivant le voyage en direction de cette Terre promise, afin d'être libérés ensuite de telles peines.

Au sujet de l'avènement du Messie [305]

Ils sont fermement convaincus que le Messie va encore venir et que se produiront auparavant dix grands miracles. On lui donnera une femme, à ce Messie ; on lui préparera un superbe festin en vue duquel ils feront rôtir un bœuf énorme, ainsi que des oiseaux et du poisson (la chose est annoncée dans leur Talmud). Les chrétiens deviendront leurs serviteurs. Il y aura toujours du blé, sans qu'il soit nécessaire d'en semer, et de la pluie quand ils le désireront ; en somme, *in summa*, ils deviendront tous de grands seigneurs et ils seront dédommagés de leurs souffrances.

Pendant toute l'époque de mon séjour en Avignon, j'ai observé *de visu*, chez les Juifs, ce que je viens de décrire, pour une part ; et, pour une autre part, ils me l'ont dit de vive voix, ou je l'ai lu dans leurs livres ; car ils venaient souvent dans notre auberge afin de vendre aux deux frères Lasser von Lasseregg toute sorte de marchandises belles et précieuses ; ou bien ils se bornaient à montrer ces marchandises, car les deux frères leur achetaient peu. Cela n'empêchait point les Juifs de venir nous voir presque tous les jours. D'une façon plus générale, ils sont puissamment protégés par les autorités pontificales d'Avignon ; celles-ci veillent à leur éviter toute malveillance dommageable, car ils sont tenus de payer de gros impôts qui sont très profitables au pape.

À propos des comédiens [305]

Pendant mon séjour en Avignon, j'ai souvent vu jouer nombre de comédiens étranges, la plupart du temps italiens ; en particulier un certain Ian Bragetta, autrement dit Jean Braguette[391] : il mettait en scène, sur une estrade, dans une salle du jeu de paume, des comédies très drôles et divertissantes, avec deux actrices et quatre acteurs. À plusieurs reprises, j'ai assisté à ce spectacle : il se prolongeait en général jusque dans la nuit, si bien qu'on devait finir la soirée aux chandelles. Une fois, je m'en souviens, entre autres épisodes récréatifs, l'un de ces comédiens parvenait à imiter le cri de toute sorte de bêtes et d'oiseaux, rien qu'avec un petit sifflet qu'il avait dans la bouche. Il manœuvrait le sifflet et le faisait bouger à l'intérieur de la cavité buccale ; il s'aidait, pour cela, de sa seule langue et sans le secours des mains. *Item*, en une autre occasion, il coupa la tête d'une jeune fille derrière un rideau ; ensuite il a tiré le rideau et voilà que la tête se tenait bien droite dans un pot, lui-même posé sur un banc ; quant à l'actrice décapitée, elle laissait pendre ses deux bras qu'elle agitait de chaque côté du banc, de sorte que le cou apparaissait bel et bien tronqué. Si l'on ne connaissait pas l'astuce technique que l'Italien avait employée pour la circonstance, on était obligé de croire qu'il y avait là un truc tout à fait incorrect. Et pourtant, dans les faits, nulle sorcellerie n'était à mettre en cause. Ils donnaient aussi de très jolies pastorales, autrement dit comédies de bergers. Ils interprétaient également d'une façon gracieuse les rôles de Pantalon[392] et de Zani[393], non seulement avec des mots, mais aussi sur le mode charmant : ils s'exprimaient par des danses, des gestes et des sauts – tout le monde riait et regardait cela avec plaisir. Ils parlaient en italien et aussi, de temps en temps, ils assaisonnaient leurs discours d'un peu de langage languedocien[a]. On trouvait parmi eux, en outre, d'excellents musiciens, grâce à quoi ils pouvaient accompagner leurs chants, en un style délicieux, au son de la harpe, de la viole et du luth. Nombreux étaient ceux qui s'émerveillaient.

Au bout de quelque temps, ils se sont aperçus que la foule finissait quand même par déserter leurs spectacles de comédie. Or ils étaient obligés de payer un loyer très cher pour le jeu de paume qui leur servait de théâtre. Ils se sont donc installés sur la place publique d'Avignon, appelée place au Change. Ils y ont disposé une longue estrade, sur laquelle ils se sont postés, après

---

a. Le terme « occitan » (plus tardif en tant que tel) n'est pas utilisé par Thomas Platter, mais celui-ci connaît fort bien les différences, certes non fondamentales, qui séparent les deux variétés de la langue d'oc que sont le provençal et le languedocien.

le repas de midi, tous ensemble sur les planches, l'un près de l'autre ; ils ont placé une caisse bien close, à leurs côtés, sur cette même estrade. Pendant un couple d'heures, sur cette scène, ils ont joué une comédie très drôle, jusqu'à ce qu'ils constatent qu'une grande foule de peuple était rassemblée là, au coude à coude ; on y dénombrait, selon les cas, entre cent et cinq cents personnes, ou même mille spectateurs. À ce moment, Zani, qui était leur patron, a ouvert la caisse et l'un de ses camarades, habillé en docteur, qui se trouvait debout à ses côtés, l'a interrogé d'une voix claironnante : « Qu'est-ce qu'il y a là-dedans, en fait de marchandises ? » En réponse, Zani s'est redressé, et il a commencé à débiter un beau discours : « Je reviens de Turquie ; dans ce pays, j'ai acheté de précieux médicaments et l'on m'a enseigné quantité de recettes occultes. » Il ajoutait qu'on lui avait tenu tant de favorables propos sur cette ville d'Avignon (dont il fit en même temps le plus pompeux éloge) et qu'il en avait reçu tellement de bienfaits ! Il voulait donc, en signe de gratitude, et pour venir en aide aux Avignonnais, leur communiquer les secrets de son art comme de ses remèdes.

Et, sans plus tarder, le voilà qui tire de sa caisse une petite boîte pleine d'onguent plombé[394] ; il ouvre ce récipient, se frotte les mains, le visage et d'autres endroits du corps avec cette pommade, la flaire ; il en donne aux personnes qui sont à ses côtés, toutes déguisées et joliment masquées, pour qu'elles la sentent et l'inspectent : elles affirment toutes qu'elle est excellente, précieuse. Mais une voix discordante s'élève, quand même ! C'est le docteur qui se met à polémiquer contre Zani, le traite de vagabond, lui déclare que sa pommade, c'est simplement du beurre ; bref, il la discrédite le plus possible. Zani a son tour reprend la parole, et démolit les raisonnements de son adversaire doctoral avec une pléthore d'arguments. Zani et le docteur continuent ainsi pendant un bon moment leur joute verbale l'un contre l'autre, d'une façon tout à fait grotesque, jusqu'à ce qu'au bout du compte le docteur se taise, et Zani finit par avoir le dessus. Ils n'ont plus alors qu'à jouer de leurs instruments de musique, d'une manière fort charmante, tout en chantant : c'est un délice.

Sur ces entrefaites, Zani sort de sa caisse quelques centaines de petites boîtes de cette pommade dont il tient boutique ; il a l'intention de les vendre. Il entreprend derechef de vanter à grands cris sa pommade. Chacune des petites boîtes à pommade lui a coûté cent couronnes [= trois cents livres tournois], affirme-t-il, non compris le travail et la peine qu'il a dû fournir à ce propos. Mais il annonce que, maintenant, il veut bien vendre cette marchandise à dix couronnes la boîte. C'était très bon marché, car cela lui avait coûté très cher, et le client pouvait donc s'y retrouver tout à fait, financièrement parlant. Celui qui voulait acquérir une boîte n'avait qu'à lui lancer son mouchoir avec l'argent dedans pour l'emplette. Entre-temps, nouvel intermède de musique instrumentale, juste un petit moment. Et puis le docteur reprend la parole : « Ce que tu demandes pour une boîte est trop élevé », dit-il à son compère Zani. Et du coup le docteur veut encore couper la poire en deux, à raison de cinq couronnes la boîte [= quinze livres tournois], puis il se tait un court instant, et le voilà qui fait baisser derechef le prix de moitié ; puis à nouveau de 50 %, et ainsi de suite, jusqu'à ce qu'on en arrive à un *stüber* la boîte ; un *stüber*, c'est-à-dire un sou tournois français [en d'autres termes la soixantième partie d'une couronne – ou d'un écu, cela revient au même ; ou encore la vingtième partie d'une livre tournois, laquelle vaut vingt sous]. Un *stüber* ou un sou tournois, ce qui ferait la moitié d'un *batzen* helvétique. Et voilà Zani qui à son tour hausse le ton. Il déclare qu'il pense avoir déjà fait beaucoup de concessions, et que ses pommades valent bien ça. Et pourtant il veut plaire à la bourgeoisie d'Avignon. « Donc ce ne sera pas dix couronnes, ni cinq couronnes, ni deux, ni une, ni une demi-couronne, ni dix sous, ni cinq sous, ni deux, mais bel et bien, dit-il, un seul *stüber* [= un sou tournois] pour une seule de mes petites boîtes ! Quiconque en désire une, il n'a qu'à me jeter son mouchoir. Le premier à le faire aura une boîte gratuite. » Aussitôt les spectateurs jettent leurs mouchoirs en masse sur l'estrade, dans lesquels ils ont noué le susdit *stüber* ou sou. Dès réception, les deux compères récupèrent les sous, puis ils enveloppent la boîte à pommade dans le mouchoir, et ils n'ont plus qu'à retourner le mouchoir ainsi lesté à chaque envoyeur. Et puis, de temps en temps, quand des dames réceptionnent une boîte de ce genre, les comédiens y ont attaché un billet doux pour savoir où l'on peut les rencontrer, et à quelle heure. Il y a beaucoup de telles pratiques utilisées dans ce genre d'opération.

Tous ces Italiens ont quantité de choses à faire pour exploiter les gens. Quand Zani a vendu quelques centaines de ses boîtes, il lui en reste encore davantage à « refiler » aux clients ; il est donc obligé de faire plus d'efforts. En fin de séance, il avertit les spectateurs encore une fois : « Que celui qui désire une boîte me lance son paquetage de monnaie, car il ne me reste qu'une douzaine de ces boîtes et ensuite il n'y en aura plus de disponible. Et puis, demain, je vendrai autre chose. »

Le lendemain, après le repas de midi, les Italiens montent de nouveau sur l'estrade, « en banque[a] ». Ils sont au nombre de sept sur l'estrade : d'abord, ils jouent une belle comédie ; ensuite, voilà Zani qui exhibe les denrées qu'il va mettre en vente : ça peut être une poudre dentifrice, et qui sent bon – le parfum ne provenant pourtant que du papier qui contient la poudre ; ou encore c'est un remède contre les verrues, ou contre le cor aux pieds ; ou du savon vénitien ; ou des produits contre les maux de dents, ou de la poudre parfumée, ou des eaux de senteur, ou des produits du même genre. Le docteur et Zani disputent l'un avec l'autre à leur propos ; ensuite, Zani étale ces marchandises et il les vend communément à raison d'un *stüber* [= un sou tournois] pour chaque article.

De temps à autre, ils mettent en vente également des paperasses imprimées sur lesquelles sont décrits leurs tours de passe-passe ; et puis, devant tout le monde, ils font une démonstration de celles qui prêtent le plus à rire. Enfin, quand ils ont réussi à vendre ces papiers pour un sou tournois, Zani se borne à déclarer : « De telles écritures peuvent être trop difficiles à déchiffrer. Alors, si quelqu'un ne parvient pas à comprendre ou à apprendre ce qu'il y a là-dedans, cette personne n'a qu'à se rendre dans mon auberge, et là je lui expliquerai la chose ; et par ailleurs je lui révélerai bien d'autres tours de passe-passe, beaux et secrets, moyennant un pfennig. »

Avec ces méthodes et d'autres du même genre, il leur arrive de gagner quelque argent, bien que cela se produise rarement,

a. « En banque » : en français dans le texte de Thomas Platter. Terme désignant ici la table ou l'estrade théâtrale.

car ils ont tendance à beaucoup gaspiller ; et quand ils voient que leurs artifices commencent à ne plus payer, ils se tirent de là et s'en vont dans une autre ville. Alors ils voyagent de par le monde, et ils s'abstiennent de gaspillages monétaires : s'ils veulent faire des économies, ils peuvent parfois effectivement mettre pas mal d'argent de côté. Il y a beaucoup d'événements de cette sorte ; d'autres jeux merveilleux ou des danses y ont lieu, mais on ne peut pas tous les décrire par la plume.

Voyage à Montpellier [308]

Le 24 décembre [1598], j'ai pris congé des deux frères, les gentilshommes Christoph et Wolf Dietrich Lasser von Lasseregg, puis j'ai quitté Avignon. Le noble Johannes Escher[395] de Zurich chevauchait à mes côtés. Nous avons traversé le village de Sernhac (on dit aussi Soulignac, ou Sorignac), à deux lieues d'Avignon. Ce village est situé sur le grand chemin qui vient de cette ville. Encore deux lieues supplémentaires et nous avons fait halte pour le repas de midi à l'auberge de la Bégude. C'est à mi-chemin entre Avignon et Nîmes.

Après le casse-croûte, j'ai encore parcouru trois lieues dont la moitié jusqu'au village de Bezouce, et l'autre moitié (une lieue et demi, derechef) jusqu'à Marguerittes, *via* Bezouce.

Marguerittes [308]

C'est une petite bourgade détruite. Pour la visite, elle n'offre rien de spécial. Nous l'avons traversée à cheval et bientôt, tard dans la soirée, c'était l'arrivée à Nîmes ; nous sommes descendus, dans cette ville, à l'auberge des Arènes.

Ce soir-là, c'était la nuit de Noël qui commençait. À minuit, nous nous sommes rendus dans l'église des papistes. Nous y avons écouté de la musique sacrée, magnifique, et toute sorte de cantiques de Noël[a].

Le 25 décembre au matin, jour de la naissance du Christ, nous avons fait route par Milhaud, puis par Uchaud. Ensuite arrêt à

---

a. On notera une fois de plus l'ouverture d'esprit et de sensibilité de Thomas Platter, protestant fidèle, mais très accessible à une certaine esthétique catholique (prébaroque ?).

la Bégude Blanche, autrement dit l'Auberge Blanche, pour
l'heure du casse-croûte. Après le repas de midi, nous avons
continué notre chemin par les villages de Colombiers, puis de
Saint-Brès ; ensuite nous avons traversé le pont de Salaison, et
de là nous fîmes escale aux auberges de Castelnau. Sommes
arrivés à Montpellier tard dans la soirée. Depuis Nîmes, cela
faisait huit lieues. Sommes descendus à l'auberge montpelliéraine du Cheval Blanc.

CHAPITRE III

Catalonia

Année 1599

Le 2 janvier, je me préparai à mon voyage vers l'Espagne. J'ai pris pension chez Monsieur le capitaine de Rose, comme déjà du 26 au 31 décembre de l'année passée. Il avait déjà beaucoup d'Allemands chez lui.

Le 11 janvier, j'ai reçu de l'argent de mon marchand-banquier. Il m'a également remis une lettre de change pour Narbonne, afin que je ne sois pas démuni d'argent lors de mon arrivée en Espagne.

Voyage en Espagne [309]

Le 13 janvier 1599, j'ai quitté Montpellier en compagnie de Monsieur Sebastian Schobinger, de Saint-Gall. Avec plusieurs Allemands, nous avons pris le petit déjeuner du matin dans le faubourg, en salle du jeu de paume. Notre itinéraire ultérieur passait par les villages de Lavérune et de Montbazin[1]. Nous y avons bu un coup en fin de journée ; ensuite, ayant fait encore du chemin, nous sommes arrivés à la nuit dans la bourgade de Villemagne, à quatre lieues de Montpellier.

Villemagne ou Villmagna[a] [309]

C'est une petite bourgade ; elle n'a qu'une seule rue, bien droite, avec une porte à chaque bout ; il y a un fossé tout autour.

---

a. De nouveau, Thomas Platter donne les deux orthographes : française et d'oc. Il y en aurait d'autres exemples à proposer. Nous avons conservé celui-ci dans notre traduction pour illustrer ce fait de double appartenance linguistique.

Nous y avons logé dans une auberge qui n'avait pas d'enseigne. Après souper, nous étions assis près du feu, quand un garçon d'une vingtaine d'années s'est trouvé là, qui était natif de Meaux, près de Paris ; sur sa demande, nous l'avons embauché comme laquais. Il était tout à fait ravi de faire le voyage d'Espagne avec nous.

Le 14 janvier, nous sommes partis tôt, et sommes arrivés très vite à l'abbaye de Villemagne ; elle fut construite artistement dans une forêt, mais les réformés l'ont presque entièrement détruite. Ce monastère est situé dans le diocèse de Béziers ; les moines appartiennent à l'ordre des bénédictins. En hiver, cette région est affligée par une atmosphère chaude et malsaine : ça nous a frappés, lors de notre passage en ce lieu. Vers l'heure du casse-croûte, nous étions rendus dans la ville de Montagnac. Cela faisait deux lieues depuis Villemagne.

Montagnac [310]

C'est une ville close de remparts. Nous y avons contemplé une belle église, extrêmement fortifiée ; elle est entourée d'un fossé, avec un pont-levis. Extérieurement, cette église ressemble à une *citadella* ou à une forteresse plutôt qu'à la maison de Dieu.

On peut dire que cette ville, proportionnellement, est le plus grand centre de fabrication des chapeaux de tout le Languedoc. Les chapeliers les expédient jusqu'à Lyon. Voilà pourquoi, chaque année, se tient à Montagnac une foire[a] : elle est libre, et affranchie de taxes. Leurs chapeaux sont bien considérés, en raison de l'excellent feutre dont ils sont confectionnés. C'est une question de qualité de la laine. Ces couvre-chefs conservent aussi très bien leur coloris.

Après manger, nous nous sommes remis en chemin, et nous sommes arrivés en début de soirée sur les rives du fleuve de l'Hérault, dont j'ai déjà parlé précédemment. Nous l'avons traversé en barque, et nous avons rejoint Pézenas en fin de soirée. Nous y sommes descendus à l'auberge de Saint-Georges. Depuis Montagnac, cela faisait deux lieues.

---

a. Erreur de Thomas Platter : *trois* foires.

Pézenas [310]

C'est une belle ville, amusante et gaie. Le duc de Montmorency, connétable de France, y trouvait toute sorte d'occasions
de se distraire, quand il résidait en Languedoc. Et puis, de nos
jours, c'est le duc de Ventadour[2] (gendre du connétable) qui fait
souvent sa résidence à Pézenas, de sorte que la ville connaît un
puissant essor. En dehors de l'enceinte, on est confronté à d'immenses faubourgs. En étendue, ils se sont accrus de plus de
moitié par rapport à leur superficie antérieure. À leur tour,
comme la ville elle-même, ils sont entourés de douves et d'un
rempart circulaire. Dans cette zone faubourienne, à l'extérieur
de la vieille ville proprement dite, on trouve maintenant beaucoup de beaux bâtiments, les meilleures auberges et une superbe
église. *Idem*, c'est exclusivement dans le faubourg, et non point
« en ville », que se tient la foire du 8 septembre. Les marchands
y viennent en grand nombre, tant de Lyon que de Toulouse. Le
château est situé lui aussi hors la ville. Il est perché sur une
hauteur bien caractérisée ; en descendant de là, on tombe directement dans le faubourg. Au-devant de la ville, la route est pavée
de galets et elle est surélevée, le tout sur une longueur d'un
demi-mille. En bordure de cette voie, on a installé un beau jeu
de paume.

Le connétable possède aussi un superbe mas, avec son
domaine agricole, à un quart d'heure de distance de Pézenas.

En ville, ce même connétable est également propriétaire d'un
jardin d'agrément : j'y ai vu une belle fontaine et, par-dessus
celle-ci, un petit enfant en pierre qui lançait des filets d'eau par
son sexe en miniature, ainsi que par les deux extrémités de ses
seins et par la pointe de la flèche dont il était porteur. Un
Cupidon ! Je crois me souvenir aussi qu'en ville on dispose de
bains chauds. En somme, rien ne manque à Pézenas de tout ce
qui peut servir au divertissement : les jeux de paume et les jeux
de ballon y sont très communs. On trouve là quantité de riches
citoyens, hommes de belle prestance, qui consacrent entièrement
leur temps à des amusements de ce genre.

Après avoir bien visité cet espace urbain, nous nous sommes
rendus en soirée, ce même jour, dans la bourgade de
« Vauroux », Valros, localité sise à une lieue de Pézenas.

Valros [311]

C'est une petite bourgade. Il me semble bien qu'elle n'a qu'une porte, avec guère plus d'une cinquantaine de maisons. Elle est quand même close de murs[a]. *Nous avons fait un tour à l'intérieur.* Puis, tenant compte de cette clôture de remparts, nous nous sommes installés pour la nuit dans une auberge (la Bégude de Valros) ; elle est distante de Valros d'environ une portée d'arquebuse ; elle se situe en bordure de la grand-route.

Le 15 janvier au petit matin, nous avons cheminé à travers bois et sommes arrivés à Béziers pour le casse-croûte. Nous avons logé à l'auberge de la Figuière, *alias* du Figuier ; la distance parcourue depuis Valros était de trois lieues. Il y a aussi, hors de notre itinéraire, une route de poste, depuis Montpellier ; située plus au sud, et non loin de la mer, elle passe par Loupian et Saint-Thibéry. Elle évite Pézenas, et aboutit dans Béziers.

Béziers [311]

En latin, ça s'appelle *Bliterae*[3] [sic]. C'est une ville assez grande et bien bâtie, fortifiée ; elle était déjà fort connue au temps des Romains ; elle jouxte la rivière de l'Orb. Plus précisément ce fleuve coule au pied de la haute colline, elle-même surplombée par la ville. On traverse l'Orb sur un pont de pierre ; mais les charrettes n'ont pas la possibilité d'y passer, car ce pont est obstrué grâce à des tringles et piquets de fer. Le trafic utilise un bac qui traverse le fleuve, lequel vers l'aval se jette en mer non loin de Béziers.

Le connétable a dépensé tellement d'argent et d'énergie pour mettre en état de défense le cercle des douves et l'enceinte fortifiée biterroise qu'il aurait pu, de l'avis de beaucoup de

---

a. À Valros, on n'en est même pas à la centaine de maisons qui constituent normalement, selon Thomas Platter – et selon Pierre Chaunu (« le monde plein »), l'effectif du village moyen, appelé de toute façon « bourgade » (*Stettlin*) quand il est entouré de remparts. Avec ses 250 habitants, Valros, du fait de son enceinte fortifiée, est quand même qualifié lui aussi, ou elle aussi, de bourgade.

personnes, à ce prix-là ou peu s'en fallait, amener la mer jusqu'à ce qu'elle vienne baigner les remparts de la ville.

Celle-ci est située, disais-je, sur une hauteur abrupte dont les flancs retombent sur le rivage de l'Orb. Il y a également une *citadella* en ville, dans laquelle habite le sieur d'Espondeillan[4], flanqué d'une garnison nombreuse.

Au centre-ville, face à l'hôtel de la mairie, il y a une fontaine tout à fait élégante et de grande valeur ; elle est située sur une belle place ; là sont construites les maisons, à caractère résidentiel, où demeure surtout l'élite des gros marchands citadins.

L'évêque de Béziers habite *intra muros*, dans un grand palais, bien construit ; il est posté tout contre le rempart, en hauteur, sur une colline qui « coiffe » la ville ; à partir de cette demeure épiscopale, nous avons pu embrasser du regard toute la région qui environne Béziers, y compris jusqu'à la mer.

Parmi les très nombreuses églises biterroises, nous en avons visité trois. Elles portaient respectivement les noms de Saint-Félix, Sainte-Madeleine et Saint-Lazare. Elles sont ornées d'une manière exquise, car les habitants sont tout ce qu'il y a de plus papistes. Aucun réformé n'habite là, du moins pour ce qu'on en sait. En revanche, les marranes sont très nombreux à Béziers ; on leur inflige encore davantage de brimades qu'à Montpellier (j'ai déjà fait allusion précédemment à ces tracasseries montpelliéraines à l'encontre des marranes). Dans l'une des églises que j'ai mentionnées tout à l'heure, on lit une inscription bizarre qui commence par les mots suivants :

Balsamus et Bardus Berhardus, ad omnia tardus etc.

Autrement dit : « Balsamus, et Bardus Berhardus qui est en retard pour tout, etc. »

Dans l'auberge de la Croix Blanche, nous avons vu diverses traces de ruines : ce sont les restes d'un ancien amphithéâtre romain.

Le 16 janvier 1599, nous avons donc séjourné à Béziers, nous avons vu ces curiosités diverses et nous avons rendu visite à Madame Constance, *sœur* de Monsieur Jacques Catalan, ainsi qu'au docteur Hucher[5] qui se trouvait au chevet d'un de ses malades.

Le 17 janvier, nous avons quitté Béziers en descendant à flanc de colline, et nous avons traversé la rivière d'Orb. La pluie n'avait pas cessé de tomber pendant quelques jours, et l'Orb était fortement grossi. À l'heure du casse-croûte de midi, nous étions arrivés au village de Nissan[6], où nous sommes descendus chez le maître de poste. Depuis Béziers, nous avions déjà parcouru deux lieues. Après le repas, nous voulions continuer le voyage ; mais le maître de poste et d'autres individus qui revenaient de Narbonne nous ont déconseillé de partir. La rivière avait tellement grossi que nous ne pourrions pas la traverser, disaient-ils. Si nous voulions continuer le voyage, il valait mieux le faire par la poste, ce que nous fîmes. Mais, parce que nous ne pouvions pas chevaucher sur la grand-route, nous avons dû payer pour deux relais de poste jusqu'à Narbonne, alors qu'on aurait dû nous en compter un seul. Nous fûmes obligés de faire le trajet en passant par les bourgs de Capestang, Ouveillan et Sallèles. Et nous voilà enfin rendus à la rivière d'Aude. Elle prend sa source dans les montagnes du pays de Sault, à proximité de la Catalogne ; ensuite, elle coule au travers de la ville de Narbonne ; enfin, elle va se jeter dans la mer. Nous avons été contraints d'attendre un bon moment au bord de ce cours d'eau, l'Aude, jusqu'à ce qu'on daigne nous le faire traverser en bac. Il faut dire qu'il n'y a pas de trafic de bac régulier à cet endroit, et les bateliers en ont profité pour nous rançonner d'autant plus. Dans toute cette région, il n'y avait rien que de l'eau partout. Les prairies, les champs étaient tous inondés, au point que les gens pataugeaient jusqu'à la ceinture. Le fait est que le niveau de la plaine autour de Narbonne est très déprimé : par temps de pluie, le sol de cette plaine est donc rapidement submergé. Voilà pourquoi les Narbonnais ont énergiquement regimbé contre les initiateurs d'un canal qui, une fois creusé, relierait l'Aude à la Garonne. Si cette voie d'eau artificielle était réalisée, ce qui n'est pas le cas, on pourrait transporter aisément des marchandises de grande valeur à travers la France depuis l'Atlantique jusqu'à la Méditerranée, et *vice versa*. Les opposants, qui sont nombreux, craignent en cas de liaison aquatique entre ces deux fleuves que le pays narbonnais, aussi bien la ville que la campagne environnante, soit entièrement noyé sous les eaux ; et pourtant le roi de France tient beaucoup à ce site de Narbonne, qui joue le rôle de forteresse frontalière. En fin de parcours, nous avons fait route par Moussan jusqu'à Narbonne ; une fois rendus dans cette ville, nous sommes descendus à l'auberge de l'Écu, chez le maître de poste. Distance de Nissan à Narbonne : deux lieues.

Narbonne [313]

Cette ville doit son nom de *Narbo Martius* ou *Marius* à un consul romain... Elle s'appelle en allemand *Narbunen*. C'est une capitale, qui a donc donné sa dénomination à la « Gaule narbonnaise », ou *Provincia narbonensis*[7]. D'autres personnes pensent que le nom de Narbonne n'a rien à voir, en réalité, avec le consul Marius qui est censé avoir construit cette ville en l'an 635 après la fondation de Rome, quand il faisait la guerre aux Gaulois ; mais c'est le roi de France qui l'aurait appelée Narbonne, d'après le nom du personnage qui l'aurait construite à l'époque de Moïse, en l'an 2315, c'est-à-dire avant l'apparition de Troie et de Rome.

Les Romains, pourtant, ont envoyé en ce lieu des peuples divers : ceux-ci furent implantés par leurs soins, sur place, à Narbonne ; ils y formaient des colonies, *colonias*, les colons en question devant y faire résidence et combattre, en effet, les ennemis de Rome. C'est même le premier endroit en Europe où les Romains ont installé des émigrants en provenance d'Italie. La ville de Narbonne fut jadis, dit-on, beaucoup plus importante, beaucoup plus peuplée de marchands et d'artisans qu'elle ne l'est aujourd'hui[a]. De ce fait, elle dépassait en richesse, splendeur et fortification toutes les autres cités, d'un bout à l'autre de la région. De nos jours, c'est la fortification de la ville plutôt que sa grandeur qui frappe. C'est à juste titre qu'on appelle cette ville la clef du royaume de France, à l'égard du Roussillon[8] et de l'Espagne. Elle est bâtie sur un terrain situé très bas ; c'est pourquoi on l'a également surnommée l'égout de la France, le cloaque de la Gaule, *cloaca Galliae*.

---

a. Appréciation tout à fait exacte : voir la récente thèse, remarquable, de Gilbert Larguier sur Narbonne (*Le Drap et le Grain en Languedoc*, Presses universitaires de Perpignan, 1999).

La ville est de forme quasiment rectangulaire ; le rempart qui l'entoure est haut, fort, épais. À la surface de ce mur, on peut apercevoir beaucoup de belles vieilles choses, bref des antiquités romaines qui sont comme encastrées dans la maçonnerie. Personne ne peut monter sur le chemin de ronde qui couronne cette enceinte fortifiée sans être accompagné par des soldats du duc de Joyeuse⁹, cette même soldatesque qui nous a escortés quand nous fîmes le tour complet de la ville. En plusieurs endroits, les vieux remparts ont onze pas d'épaisseur, et sont renforcés par des bastions en grand nombre.

Le premier et le plus beau de ces bastions, sur lequel on peut monter, tout près de l'Aude, s'appelle la tour de la Reine ; il est superbe, et puissamment défensif ; il monte la garde face à l'Espagne ; il est construit purement et simplement avec de belles et fortes pierres de taille ; elles ont chacune dix à douze pieds d'épaisseur. Un fossé plein d'eau, joliment creusé, fait le tour de ce bastion de la Reine, et le prolongement de cette même douve encercle également toute la ville, au pied de la muraille.

Du haut de ce bastion – et une telle remarque vaut aussi pour tous les autres bastions –, on ne voit pas seulement la ville entière, mais encore les alentours, les environs. Depuis cet observatoire et jusqu'à une lieue de distance, on n'aperçoit pas une seule hauteur qui serait digne de ce nom. Les chemins de ronde et autres rondelins, aussi bien au-dessous qu'au-dessus de la surface du sol, sont tellement bien conçus que de l'intérieur d'iceux on peut, paraît-il, repérer de loin la présence et l'arrivée de l'ennemi. Ils débouchent sur la lumière du jour par de grands orifices orientés vers le haut : on dirait des ouvertures de puits.

Un deuxième bastion, réputé *très fort et très grand lui aussi, est dédié* au connétable de Montmorency et il est situé à environ cinq cents pas du premier. Dans ce bastion numéro deux figurent de belles antiquités de marbre blanc, sur lesquelles on peut lire l'inscription suivante, en latin :

I. AEMILIO F. PA. P. ARCANO, etc.
TUITIONEM STATURA N IIII
LDD IIIIII VIRORUM.

Et puis, un peu en dessous :

DEC IIIIII VIR AUGUSTAL., etc.
DE SUO POSUIT.

[Ce qui suggère *grosso modo* : au début un nom propre, Aemi-
lius ; puis des mesures prises pour l'entretien et la garde du lieu
(*Tuitio*) ; et enfin, à partir de L.D.D., et de ce qui suit : « lieu
mis à disposition par décret des six magistrats », etc.]

Le troisième bastion s'appelle le bastion neuf de Saint-Paul.
Le quatrième, c'est la tour de Fournon, bâtie de belles pierres,
fortes et bleuâtres, taillées en forme de diamants à trois pointes.
Le cinquième, c'est la *Cittadella*. Le sixième, Saint-Philippe. Le
septième, Saint-François. Le huitième, Saint-Côme. Ils sont
presque tous construits de la même façon, et solidement fortifiés ; ils sont rembourrés de terre, et tout cela de telle sorte qu'ils
cachent bien la ville aux regards extérieurs. Grâce à l'interpo-
sition de ces tours, on ne peut pas voir la ville, ni *a fortiori* la
canonner.

Le fleuve de l'Aude traverse Narbonne en plein milieu ; il y
a *en cette ville* un port de mer. C'est ainsi que pas mal de navires
peuvent entrer et sortir de Narbonne, en passant au pied du
premier bastion, qui n'est autre que la tour de la Reine. Car de
l'autre côté, vers l'amont, là où l'Aude pénètre en ville, les
arcades voûtées empêcheraient les bateaux de circuler, si d'aventure ils tentaient cette entreprise.

Le pont lui-même, situé en ville, est en forme de voûte, et
pavé de cailloux. Il est couvert ou bordé de maisons dans
lesquelles demeurent les marchands les plus huppés du cru. C'en
est au point que, pour qui ne serait pas au courant, on ne se
douterait même pas qu'il y a un pont là-dessous, je veux dire
sous ces habitats chics.

Par ailleurs, la ville n'a que deux portes : l'une vis-à-vis de
la France, et l'autre en direction de l'Espagne. Tout comme les
tours et les remparts, elles sont gardées par de nombreux soldats,
flanquées d'ouvrages défensifs, et parfaitement pourvues de
fossés, herses, tourelles, portillons ainsi que de toute espèce
d'artillerie.

Les 18 et 19 janvier 1599, nous avons procédé à l'inspection
des sites locaux, tant ce qui vient d'être dit que ce qui va suivre.

Narbonne est le siège d'un archevêque : nous avons visité la résidence de ce personnage, à proximité de l'église Saint-Just. C'est un très grand palais, mais vétuste. Le bâtiment est ouvert en permanence aux visiteurs. On peut y entrer sans crainte aucune, et voir tous les appartements, les grandes salles... Et pourtant cela se distingue davantage par l'ancienneté que par l'ornementation esthétique, qui laisserait plutôt à désirer.

L'église qui a le plus d'allure, en ville, c'est Saint-Just. On y trouve le chœur le plus beau, le plus élevé, le plus éclairé par la lumière naturelle qu'on puisse visiter dans toute la France. Autour de ce chœur, on circule au long d'un beau déambulatoire, lui-même assorti de nombreuses chapelles et d'autels magnifiques, à commencer par l'autel de la Trinité, *altare Trinitatis*, superbement doré.

Au-dessus d'un autre autel se dresse un très grand et beau retable, peint à l'huile, sur de vastes panneaux. Disons plus précisément que ce tableau représente la résurrection de Lazare d'entre les morts. Deux grands peintres ont présidé à la confection de cette œuvre : Michel-Ange a commencé et, la mort ayant interrompu son travail, Sebastiano Veneto a terminé la besogne[10]. Il y a en particulier quatre détails, sur ce tableau, qui suscitent l'admiration et l'émerveillement. Et d'abord la main gauche de Marthe, main tendue vers l'union avec le Christ. Au regard des spectateurs, elle semble se diriger vers Lui et pourtant elle est simultanément retirée. On la voit donc en extension, ouverte, avec toutes ses parties, situées aussi bien à l'extérieur qu'à l'intérieur de cette main. Vient ensuite, en deuxième lieu, la main droite du Christ dont on aperçoit de même l'intérieur et l'extérieur à la fois. En troisième lieu, ce sont la taille et le genou, recourbés, de Lazare ressuscitant, car il est plié en deux, faisant voir en même temps le dessus et le dessous. Enfin, *quarto*, les cheveux gris de saint Pierre, dépeints avec des couleurs si tendres et avec tellement d'art que c'en est tout à fait admirable. Ce chef-d'œuvre, il faudrait dire plutôt ces chefs-d'œuvre sont estimés à plusieurs centaines de couronnes[a] [une couronne = trois livres tournois]. Beaucoup de grands seigneurs en font tirer des copies par des peintres de grand talent ; j'ai vu moi-même une copie de ce genre à Soleure, chez Monsieur de

a. C'est beaucoup moins que la valeur de la relique du clou du Christ à Carpentras (300 000 livres tournois).

Vic[11], ambassadeur de France auprès de la Confédération helvétique, lequel estimait grandement le tableau en question. Il est vrai qu'en cette église narbonnaise, seul le chœur est actuellement disponible. Car on n'aurait jamais pu la terminer, de la façon dont on l'avait commencée. Ce qui n'empêche pas qu'on y trouve des orgues de considérable beauté ! Situées bien entendu dans le chœur et pour cause, ces orgues sont partagées en sept sous-ensembles, séparés les uns des autres par les piliers d'une colonnade. Tout l'appareillage des orgues est actionné par un unique soufflet, qu'on a fixé en un lieu particulier de ce bâtiment. Sont suspendues aussi les chaînes qui furent forgées jadis, dit-on, afin d'attacher saint Paul quand il était captif. *Item*, le chœur contient de nombreuses tombes en marbre blanc, où l'on a inhumé les archevêques narbonnais. J'ai pu lire en ce lieu, également, l'épitaphe du *dauphin* Philippe, fils du roi de France. En voici le texte :

Sepultura bonae memoriae Philippi quondam Francorum regis, filii beati Ludovici, qui Perpiniani calida febre ab hac luce migravit, III Nonas Octobr[es], anno Christi MCCLXXI[12].

Traduction : « Ci-gît Philippe [le défunt roi Philippe III le Hardi] de pieuse mémoire, qui fut roi des Français, et fils de Saint Louis ; c'est à Perpignan qu'il a quitté la lumière de ce monde, à la suite d'une fièvre chaude, le 5 octobre 1271 [en fait, en 1285]. »

Les Goths s'étaient emparés de Narbonne ; et plus tard Attila en a fait autant, à son tour : il a ravagé et brûlé cette ville ; du coup, presque tous les édifices romains, si décoratifs et précieux, ont été détruits[13]. Précédemment, pendant le règne de l'empereur Claude, les Narbonnais s'étaient convertis au christianisme, grâce au proconsul Paulus Sergius[14] qui lui-même était devenu chrétien à Rome sous l'influence de l'apôtre Paul.

Dans l'hôtel de ville, on peut apercevoir une plaque sur laquelle est inscrit le poème latin [anti-huguenot] que voici :

> *Nata Genevensi nutritaque bellua stagno*
> *Te duce et his armis colla secanda dabit,*
> *Sedibus aethereis posthac Astrae redibit,*
> *Almaque pax terras religioque colet.*

[Traduction française : « La bête monstrueuse [hérétique], née et nourrie dans l'étang de Genève [le lac Léman...], toi étant général en chef, et ces armes étant ce qu'elles sont, cette bête donc donnera son cou à couper. Cela fait, Astrée [autrement dit Thémis, déesse de la justice] descendra de son séjour céleste ; dès lors, la religion et la paix bienfaisante régneront en ce pays [narbonnais]. »

Sur la place se trouve une table augustéenne, en un coin, au-dessus de laquelle on faisait des sacrifices en l'honneur de l'empereur Auguste. À l'emplacement du marché actuel, on a disposé une fontaine jaillissante, d'aspect tripartite ; elle est couronnée par [une œuvre de ?] l'artiste Michel-Ange. À proximité du rempart, sur la place, un autel splendide est dédié à Notre-Dame. Il est artistement taillé dans du marbre, lui-même blanc comme neige. Les habitants sont riches, en général. Ils font étalage de luxe dès qu'il s'agit d'habillements, de jeux de paume... Il y a beaucoup de soldats dans la ville. Je crois que, de ce fait, les Narbonnais paient peu ou pas du tout d'impôts au roi [étant déjà pénalisés et fiscalisés par ailleurs pour l'entretien de ces militaires].

Le couvre-chef qui surmonte la tête des femmes du cru est fort laid, spécialement quand il s'agit de femmes issues de la bourgeoisie ordinaire. Leur tête et leur front sont enturbannés par un voile blanc, comme si elles étaient perpétuellement malades.

Le 20 janvier [1599], autrement dit la Saint-Sébastien[15], c'est très grand jour de fête à Narbonne. Aux yeux des habitants, ce saint est en effet le patron de la ville ; ils prétendent qu'il avait été le fils d'un jardinier nommé Narbon. Nous avons vu son effigie transpercée de flèches, en même temps qu'une grande procession de peuple dans l'église Saint-Sébastien. Cette statue de saint Sébastien avait sur la tête une couronne de toute sorte de plantes, telles qu'on pouvait en trouver alors dans cette saison [hivernale].

Monsieur des Molins, auquel j'étais recommandé par Monsieur de Fabrègue, de Montpellier, me remit une lettre de change ainsi qu'une missive de recommandation pour Messieurs Sebastien Perearnaut et Michel Bosch, marchands de Perpignan et membres du corps de communauté de cette ville.

Après manger, nous avons quitté Narbonne et, chemin faisant, nous sommes arrivés dans la soirée à une rivière, qu'on nous a fait traverser par porteurs. Sur la rive d'en face, à laquelle nous accédâmes, il y avait une auberge : c'est là qu'est installé le bureau de la poste à cheval ; elle est très fortement utilisée. L'endroit s'appelle Villefalse ; il n'y a là qu'un petit groupe de maisons. Nous avons donc obliqué à main gauche, en direction de la mer, et nous sommes arrivés jusqu'à la bourgade de Sigean ; la distance parcourue depuis la poste de Villefalse était d'environ un demi-quart d'heure de marche[16]. À Sigean, nous sommes descendus chez Monsieur Guerre à l'auberge du Dauphin, cet animal que nous appelons en allemand *Meerschwein*, « cochon de mer ». Nous avions couvert quatre lieues depuis Narbonne.

Sigean [319]

On appelle aussi cet endroit Saint-Jean ; c'est une petite bourgade ; elle appartient encore à la couronne de France. À mon sens, s'il y a cent maisons à Sigean, c'est le maximum. Cette bourgade est solidement bastionnée ; elle est, en outre, bien pourvue de canons. Elle est flanquée ou précédée par un minuscule faubourg : c'est l'endroit où se trouvent les meilleures auberges. Et cela parce que les portes des remparts qui donnent accès à la petite cité proprement dite sont fermées de bonne heure et s'ouvrent tardivement. C'est donc en une hôtellerie située dans cette banlieue miniature que nous avons logé. Non loin de notre gîte nocturne, un peu plus éloignée de la bourgade, se trouvait la principale église des gens de Sigean, la plus prestigieuse : elle s'appelle Saint-Félix. Nous prenions notre repas du soir, quand un Espagnol a surgi ; c'était un citoyen de Perpignan. Et le voilà qui s'engage à nous prêter une mule et à nous conduire le lendemain en toute sécurité jusqu'à dans cette ville. Ça nous rendait grand service ! Car l'insécurité sévit, de façon générale, sur ce genre de frontière des deux royaumes.

Le 21 janvier [1599], nous avons quitté Sigean de très bonne heure ; nous filions à toutes jambes, car nous avions devant nous une longue journée. Nous enfourchions la mule à tour de rôle, mon compagnon et moi, pendant une heure chacun. Notre guide espagnol disposait, lui, de sa propre mule pour lui tout seul. En

« chevauchant » ainsi, nous sommes passés à proximité de la forteresse de Leucate ; nous l'avons laissée à main gauche, à une distance de quelques portées de mousquet. Il s'agissait, en l'occurrence, d'un vrai château fort ; il est situé sur une hauteur bien marquée qui domine la haute mer ; sur l'autre face, il est baigné par l'étang. Et pour le reste, il est placé sous la protection de rochers qui sont aussi hauts qu'inaccessibles.

C'est la dernière forteresse appartenant au roi de France sur cette portion de frontière avec l'Espagne, et elle protège le passage qui va d'un pays à l'autre. Ce passage se fraie lui-même un chemin entre la place forte en question et, d'autre part, une authentique montagne, haute, rocailleuse, qui constitue le commencement de « Roncevals » [les pré-Pyrénées[17]]. Le susdit château est sous bonne garde en tout temps : artillerie, nombreux soldats. Depuis cette place bien remparée, les canons peuvent faire feu sur la mer, située à environ une demi-heure [de marche] de Sigean. Puis, en cours de route, nous sommes passés dans un défilé plutôt étroit, et très rocheux : on l'appelle *Desferra Cavallo*, autrement dit Déferre-cheval, car les chevaux y perdent les fers qu'ils ont au bout des pattes, sur cette piste taillée dans le roc.

C'est ici qu'est la fin, la borne frontière du royaume de France ; et, *vice versa*, c'est le commencement de l'Espagne. Un peu sur le côté, à l'écart de la grand-route, il y a un village qui s'appelle Fitou ; c'est la dernière localité faisant partie des territoires qui relèvent du roi de France, en tout cas dans cette région. Néanmoins, sur la grand-route, on aperçoit encore, en bordure, quelques méchantes maisons : entre autres, le relais de poste de Fitou ou Cabannes de Palmes, qui appartient lui aussi à la couronne de France. Entre lui et Sigean, il faut compter trois lieues.

Aussitôt après, nous avons foulé le sol espagnol. En règle générale, le terrain, au-delà de cette frontière, n'est plus couvert que de broussailles où l'on envoie paître les moutons. Finies les vignes, les champs... À midi, nous étions rendus à Salses pour le casse-croûte. L'auberge de la Croix Blanche nous a servi de logement. Depuis le relais de poste de Fitou, cela faisait quatre lieues.

Salses [320]

En situation de frontière, c'est la première forteresse qui relève du roi d'Espagne. Selon plusieurs personnes, l'étymologie de ce nom de lieu serait la suivante : en dialecte languedocien, le mot Leucate, qui désigne la forteresse (appartenant au roi de France) que précédemment nous visitâmes, veut dire « oie », peut-être à cause des étangs qui environnent cette place forte, étangs dans lesquels les oies ont plaisir à barboter. Tenant compte de tout cela, le roi d'Espagne a aussitôt construit sur son propre territoire une forteresse collée à la frontière française. Il l'a dénommée Salses, terme un peu salé en effet et qui signifie dans le dialecte catalan[a] : *bouillir, mijoter, mitonner*. Ce roi, somme toute, voulait ainsi faire savoir, soi-disant, que l'oie n'est pas bonne à manger toute seule, qu'on doit la consommer dans un bouillon, et peut-être même que c'est lui, le monarque ibérique, qui souhaite dévorer l'oie [française] dans sa soupe.

Salses : forteresse, autrement dit château, dont la lourde bâtisse est complétée par de hautes tours très nombreuses, cependant qu'un fossé profond cerne l'ensemble. Cette place forte est enterrée si profondément dans le sol que l'entrée en est difficile à voir, les remparts de terre extérieurs étant surélevés autour du château.

On considère que Salses est l'un des plus solides châteaux forts de toute l'Espagne, au point que les Français, l'ayant assiégé en vain, en sont bien souvent revenus avec un œil au beurre noir ; bref, ils n'ont jamais pu s'en emparer. En 1503, notamment, ils se sont présentés face aux remparts de Salses avec quarante mille hommes, ainsi qu'avec de la grosse artillerie en quantité. Comme ils comptaient de bons soldats dans leurs rangs, ils pensaient venir à bout de la forteresse en moins de trois jours. Mais en réalité la résistance a duré longtemps, des jours et des jours à n'en plus finir. Jusqu'à ce qu'enfin le roi d'Espagne se fâche tout à fait ; et, du coup, ses ennemis français, par lui attaqués, ont dû se replier avec de grosses pertes[18].

---

a. Bonne distinction entre les dialectes languedocien et catalan : TP II « sent » la frontière linguistique.

Aucun étranger n'a le droit de côtoyer la forteresse au-delà d'une limite d'approche fixée à vingt pas. C'est pour éviter l'espionnage visuel.

En ce lieu de Salses, on se heurte aux premières sentinelles espagnoles : elles examinent les nouveaux arrivants l'un après l'autre ; elles s'enquièrent de leurs noms et qualités, ainsi que du but de leur voyage. Nous nous sommes fait passer pour Languedociens, et nous avons dit à ces factionnaires que nous voulions être admis à entrer en Espagne pour voir si nous pouvions y vendre du grain et du vin. Nous avions l'intention d'importer ensuite ces marchandises en Espagne par voie maritime. On devait nous laisser passer, puisque aussi bien nous voulions travailler pour le bien de l'Espagne[a] !

Juste à côté du château de Salses s'allonge assez considérablement une rue fort large, bordée de nombreuses maisons. Parmi elles, on trouve aussi des auberges : nous avons choisi celle qui était à l'enseigne de la Croix Blanche, et nous y avons pris le repas de midi.

On nous a fait rôtir un chapon, mais sans l'entrelarder (car l'usage en Espagne n'est point d'entrelarder les volailles). On asperge simplement le chapon avec des gouttelettes de lard fondu. Les cuisiniers se servent pour cela d'une lardoire en fer assez spéciale ; ils la font rougir au feu, y disposent le lard et font égoutter le tout sur le volatile. Par ailleurs, on nous a servi à boire dans des verres espagnols d'un genre bizarre : leur forme était contournée d'une manière surprenante, de sorte que l'utilisation en était pénible ; on ne pouvait s'y désaltérer qu'à petites lampées progressives, si bien qu'on parvenait à étancher la soif avec peu de vin.

Pour tout dire, l'habillement des femmes, les usages, tout commençait à être typiquement espagnol. Cela devenait très différent du Languedoc. J'en parlerai à nouveau par la suite.

Ayant ainsi pris notre repas, nous avons fait un petit tour dans la bourgade. Décidément, c'est plein de soldats partout qui habitent là. On ne voit qu'eux, ou presque. Il n'y a que les cadres les plus distingués qui habitent dans le château. Nous avons payé

---

a. Donc Platter n'a pas ou très peu d'accent allemand quand il s'exprime en dialecte languedocien, sinon les sentinelles l'auraient aisément repéré.

pour le bulletin de santé quant à nos personnes, et pour la douane : peu de chose, car nous n'avions pas de denrées que nous dussions dédouaner, ni rien en marchandises neuves, dans nos affaires. Il n'en allait pas de même d'un voyageur français : il avait apporté avec lui six chemises de femme toutes neuves ; il voulait en faire cadeau à sa cousine qui demeurait en Espagne. Il les portait sur lui ou dans ses bagages, et il ne les avait pas dédouanées, ni payé les droits pour elles. Si bien qu'on les lui a toutes confisquées. Et puis nous avons repris notre voyage. À droite, sur une haute montagne, nous avons vu le haut château de Haupol. Au cours d'une période antérieure, quoique récente, un seigneur français, Monsieur de Fosseuse, l'avait en sa garde.

Ensuite est apparue devant nous la haute montagne blanche du Canigou ; elle est située à quatre lieues derrière Perpignan, bref au-delà de cette ville. On dit que c'est le plus haut sommet des Pyrénées. Ce nom de « Canigou » lui vient de sa couleur blanche[a], puisque aussi bien il est couvert de neige en permanence. Situé, je le répète, à quatre lieues de Perpignan, il n'a néanmoins nullement tendance à influencer cette ville dans le sens frigorifique. Bien au contraire, il la protège du froid, car le vent froid souffle dans les hauteurs et la montagne empêche ce vent de toucher Perpignan. Cette ville jouit ainsi d'un climat tempéré et d'une absence de bise. Voilà pourquoi les orangers, dans la région, poussent en pleine terre, et de nombreuses maisons n'ont pas de fenêtres fermées avec des vitres. (J'aurai l'occasion d'en parler à nouveau, dans un texte ultérieur.)

Et puis, bientôt, nous sommes arrivés à Rivesaltes.

Rivesaltes [322]

C'est une petite bourgade, située au bord d'un cours d'eau par-dessus lequel on a bâti un pont fort élevé. Sur ce pont se tient un poste de garde ; il examine les voyageurs qui passent. Nous avons donné, quant à nos personnes, les mêmes informations qu'à Salses ; puis, sans perdre une minute, nous avons filé tout droit sur Perpignan où nous sommes arrivés tard dans la

---

a. *Canities*, qui veut dire blancheur, en latin.

soirée. Distance parcourue depuis Salses : quatre lieues. Sommes descendus à l'auberge Saint-Georges, chez Monsieur Anthony.

Perpignan [323]

Autres noms de cette ville : Parpignan, ou Perpinnan, ou encore Pyripineana. Ces mots viennent de la dénomination des Pyrénées ; montagnes qui tirent elles-mêmes leur appellation d'un grand incendie, dont je parlerai plus tard. À ce qu'on croit, la ville de Perpignan fut fondée pour éterniser la mémoire de l'emplacement où ce grand feu[19] avait pris naissance. De là viendrait Pyripineana, comme qui dirait l'endroit d'un brasier, d'après le mot grec *pyr* ou *pur* qui signifie « feu ». Cité bien vieille, en effet ! Au dire de plusieurs personnes, elle daterait de cinq cents ans avant Jésus-Christ. Elle a toujours bénéficié d'une haute estime, en tant que forteresse et ville guerrière s'il en fut jamais. Les Français, à maintes reprises, ont été contraints d'en lever le siège avec de gros dommages, et couverts de ridicule. Ce fut spécialement le cas du dauphin, fils aîné[20] du roi de France, en 1543, alors qu'il venait à l'improviste de tenter un assaut pour s'emparer de Perpignan. Ils ont recommencé ce genre d'entreprise en 1598 : ils voulaient, par surprise, piller la ville ; mais ils ont été repérés à temps[a].

Le site est très solidement fortifié : remparts de brique épais. Nombreux bastions tout autour. En plusieurs endroits de l'enceinte, les douves, très convenablement maçonnées, font bonne garde. Et puis, de façon plus particulière, on a dressé à l'intérieur de la ville, non loin du rempart, sur une hauteur bien caractérisée, un château fort extraordinairement vaste et très puissant, orienté vers le sud. Il est ceint d'un *profond* fossé, de toutes parts ; et ses murs de brique sont eux aussi d'une épaisseur substantielle. L'édifice « castellaire » en question, pris dans son ensemble, fait davantage l'effet d'une bourgade, fût-elle petite, que d'un véritable « castel ». À ce qu'on prétend, il y aurait dans cette forteresse ou citadella cinq cents grosses pièces d'artillerie [?] montées sur roues. De l'extérieur, nous avons compté, à

---

a. Francophile à son ordinaire, Thomas Platter laisse pourtant filtrer quelques aspects (justifiés...) de francophobie.

vue d'œil, plus de trente-cinq canons de fort calibre ; nous n'eûmes pas l'autorisation de pénétrer dans la forteresse. Les ennemis réussiraient-ils à s'emparer de la cité, ils ne parviendraient pas pour autant à s'implanter dans la citadelle et, donc, ils seraient contraints d'évacuer Perpignan à bref délai. Voyez le cas des Français en 1598 : ils voulaient seulement piller la ville, pour mieux s'en retirer après coup. Mais on les avait espionnés ; on avait même repéré celle des portes de l'enceinte par où ils voulaient s'introduire (il y a, au total, quatre portes de ce genre autour de la ville). Depuis cette date, on a encore amélioré tout cela, comme j'ai pu le constater par moi-même.

Les rues de la ville sont extrêmement belles et spacieuses ; elles sont bordées de maisons construites très en hauteur ; les montants des fenêtres se recourbent, dans leur partie élevée, sous forme de voûtes ou d'arcades en marbre. Ces fenêtres elles-mêmes sont très larges, de sorte que deux ou trois personnages et même plus[a] peuvent s'y tenir l'un près de l'autre, sans qu'ils obstruent les rebords d'icelles. La plupart du temps, les fenêtres en question restent ouvertes ; elles ne sont même pas garnies de vitres ni d'autre coupe-vent. Il faut dire que les montagnes sont tellement proches de la ville que, par effet d'écran, elles font obstacle aux froidures et à la bise, si bien qu'on n'est point obligé de fermer les ouvertures des maisons. Un gros ruisseau, large de quatre pas environ, passe en ville, suivant le trajet d'une certaine rue. Sur les deux rives de ce cours d'eau sont plantés des orangers, chacun d'eux ayant la hauteur d'une pique. Lors de notre passage, ils étaient chargés de fruits mûrs. Il y avait là plus d'une cinquantaine de ces arbres. Ils me faisaient penser, chez nous, aux saules, amateurs d'humidité. En effet, les gens nous disaient que ces orangers poussent très bien avec les pieds dans l'eau et donnent ainsi des fruits. Les jardins situés à l'intérieur et à l'extérieur de la ville n'étaient pas en reste : on y trouvait, en quantité, de bons gros orangers, d'une forte stature, et puis des arbres chargés de citrons ou de limons. Ce qui m'a beaucoup étonné, c'est que ces arbres ne gèlent point, alors que la ville est tout contre les Pyrénées, qui sont souvent couvertes

---

a. Un tableau de Murillo (*Femmes à la fenêtre*) rend bien compte de cette spécificité espagnole.

de neige. Mais on m'a expliqué une fois de plus que les montagnes proches, paradoxalement, abritent bien mieux cette ville contre l'air froid, et qu'ainsi Perpignan jouit d'un climat tempéré. C'est l'inverse de ce qu'on a éprouvé à Bâle maintes fois : les Alpes couvertes de neige, éloignées de chez nous, projettent de grandes froidures sur notre ville.

L'hôtel de ville perpignanais, où siège le conseil municipal, est puissamment grand et bien bâti. En face de ce bâtiment se trouve la Loge, très joliment construite : les marchands et autres bourgeois distingués viennent y faire les cent pas. On y voit aussi les avocats et les procureurs ; ils s'y rendent quand une affaire juridique les rend indispensables. Ils ne sont pourtant pas aussi nombreux qu'en France. Si la justice de Perpignan ne satisfait pas certains plaideurs, ils peuvent en appeler à Barcelone. Près du marché aux poissons habitent les marchands les plus considérables, pour lesquels j'avais une lettre de change. On fait dans cette ville du très bon drap, et j'ajouterai qu'il y a quelques années les longues mantes ou manteaux de Perpignan étaient, chez nous, utilisés de manière commune.

La ville de Perpignan est siège d'un évêché ; mais l'évêque habite dans une autre localité, qui s'appelle Elne, située à deux lieues de Perpignan[21]. Tout cela se trouve dans le comté de Rossignol [sic], *alias* Roussillon, dont la capitale n'est autre que Perpignan.

L'académie ou université perpignanaise est assez active, du fait des études d'Écriture sainte et de philosophie. Huit médecins pratiquent leur art et profession dans la ville. Les boutiques de chirurgiens sont complètement ouvertes aux regards des passants, à ceci près qu'un simple rideau est tiré [qui protège ou révèle l'intimité des opérations]. J'y reviendrai.

Les apothicaires travaillent, eux aussi, dans de superbes officines, et ils se conforment aux ordonnances du *Dispensatorium*, livre dont ils utilisent l'édition barcelonaise[22]. La « maison des femmes[a] » de Perpignan n'est plus dans l'état florissant qui, *selon diverses personnes, fut jadis le sien*. Elle est très largement démolie, ce qui n'empêche pas qu'on rencontre encore et à tout moment, sur son emplacement, toute sorte de gens bizarres. Les

---

a. Le bordel...

habitants, hommes et femmes, ont des costumes très différents de ce qu'on peut voir en France au point de vue vestimentaire. Dans les débuts, ça me surprenait tant et plus, surtout quand il s'agissait de la mode masculine : j'étais sidéré par les chapeaux minuscules des hommes, par leurs grandes fraises, et aussi par leurs pourpoints étroits, leurs larges capes et culottes. Même stupéfaction, de ma part, à la vue des femmes : leur taille de guêpe, l'immense pourtour du bas de leur robe, et la hauteur de leurs chaussures ! J'en parlerai encore de façon circonstanciée, plus tard, puisque aussi bien ces dames, à Perpignan comme à Barcelone, jouissent de libertés analogues, dans une ville comme dans l'autre, s'agissant de leur manière de s'habiller.

On nous a également montré, à Perpignan, l'hôtel des monnaies : on y frappe des pièces spéciales, dans le genre de l'obole ou du *haller* [équivalent d'un denier français] ; on les a marquées de deux P (voir mon dessin ci-contre). Et de même un *hardy*, qui est égal à deux *haller* ; et encore une pièce de six *haller*, ce qui fait un demi-*stüber* [c'est-à-dire l'équivalent d'un demi-sou français ou encore six deniers de France]. *Item* un simple *stüber* et un double *stüber* [soit l'équivalent, respectivement, d'un ou deux sous français]. Ces diverses pièces ne conservent leur valeur officielle que dans le cadre du comté de Roussillon. Aussitôt qu'on sort de ce pays, c'est une autre monnaie qui a cours, et dès lors on perd beaucoup sur le change quand on troque ces pièces (roussillonnaises) contre d'autres qui sont utilisées dans les provinces voisines. Pour qui n'a pas l'expérience nécessaire, c'est une entreprise pénible et dommageable que de tenter de se débrouiller dans le fatras des piécettes. J'ai envoyé à Bâle un échantillonnage complet de toutes les catégories de monnaies locales. *Voir les illustrations*[23] *ci-jointes.*

Les 22 et 23 janvier 1599, nous avons visité les diverses curiosités remarquables de la ville, celles dont j'ai précédemment fait état. Et puis, plus spécialement pour que notre laquais lui aussi soit bien armé, nous lui avons fait fabriquer, à l'instigation d'un habitant de Perpignan, une longue pique dans le genre de celles dont on se sert pour aiguillonner les cochons. Mais, ayant quitté Perpignan et ayant parcouru environ une lieue depuis cette ville, nous avons rencontré en route un homme de

Barcelone qui nous a donné un avertissement contraire à celui du Perpignanais. Et donc nous avons châtré l'épieu du laquais. Le Barcelonais, en effet, nous avait demandé de qui nous tenions l'autorisation de porter cette pique avec nous. Il ne nous restait qu'à lui dire la vérité, ce que nous fîmes. Et lui de réagir aussitôt : « Si vous exportez, dit-il, cet engin en votre compagnie hors des frontières du Roussillon sans avoir de permission spéciale pour agir de la sorte, vous devrez payer vingt couronnes d'amende [= 60 livres tournois de France]. Ou alors votre valet sera condamné aux galères et mis aux fers. Car il y a une loi qui s'exprime de la façon suivante : *Non se pue traer baston con hierro.* » Traduction : « Il est interdit de porter avec soi un bâton garni d'un morceau de fer. » C'est pourquoi nous avons aussitôt dépouillé le bâton de porcher de sa lame, et nous avons simplement conservé le manche de pique dans sa nudité déferrée. C'est vraiment à ne pas croire, les usages bizarres qu'ils ont un peu partout en Espagne. Il y a là de quoi se fourrer dans des périls et dans des pétrins qui sont dangereux, dommageables.

Le 24 janvier, nous sommes allés voir nos marchands et hommes d'affaires, Sebastien Perearnaut et Miquel Bosch (ce dernier se trouve être le frère de l'apothicaire Louis Bosch, de Montpellier, qui loge dans cette ville languedocienne près de l'enseigne du Cheval Blanc) ; les deux personnages, Sebastien et Miquel, nous ont donné une lettre de change ouverte, adressée à Monsieur Nicolas Fortich, marchand à Barcelone. Cette lettre, écrite en langue catalane, était rédigée de la façon suivante :

« Al s[enh]or Nicolau Fortich, m[ercado]r, en Barcenon. Molt mag[nifico] s'[enh]or. A 16 del corrent sondz [= fonch ?] men ultimas y despies [= despres ?] nous troban dosines [?]. La pat yebra [= rebre ?] per mans de Thomas Plateros y Sebastia Chobinger, alemans, desquels sobra, que sels osaressa menester fins en summa de vint escus en virtut desta lory donara y nos altres a sobres [= as obres ?] de sr de Molins de Narbone, y respondra de selon. Feta a 19 del corrent y desquels donara fins en dita somma de 20 escuts me cobrera rebuda y los ominar [= nominats ?] donant nos [= vos ?] debit y avis.

« Sebastia Perearnaut y Miquel Bosch. »

Ce qui signifie en bref[a] :

« Pour Monsieur Nicolas Fortich, marchand de Barcelone.
« Monsieur,
« La dernière missive que nous avons envoyée était datée du
16 janvier, il y a donc huit jours. La présente lettre, que voici,
vous sera remise de la main à la main par Messieurs Thomas
Platter et Sebastian Schobinger, tous deux allemands. Si ces
deux personnages ont besoin d'argent, jusqu'à concurrence d'un
maximum de vingt couronnes ou vingt écus français [= soixante
livres tournois de France], vous leur paierez la somme qu'ils
vous demanderont de la sorte, et vous bénéficierez de la garantie
financière que vous fournit à ce propos Monsieur de Molins, de
Narbonne ; lequel est convenu de tout ça le 19 janvier dernier.
Dès que vous nous aurez informé de cela, nous vous rembour-
serons la somme correspondante. »

Ensuite nous sommes allés chez le secrétaire de ville, qui nous
a remis un bulletin de santé ; il était imprimé en langue catalane
et scellé du sceau de la ville, appliqué avec un pain à cacheter,
ce sceau ressemblant à l'empreinte d'une pièce de monnaie d'un
stüber. Le bulletin portait le texte suivant :

« Parteix de la vila de Perpinya, en la qual gracies a nostre
Senyor Deu, tenim bona sanitat, Thomas Plateros ; per ço li es
estada despatxada la present certificatoria, per lo secretari dedita
vila, baix scrit, y ab lo sagell comu, de aquella sagellada.
« Dat en Perpinya vuy als 24 del mès de Janer 1599. »
Suivent le sceau de la ville et la signature :
« Soler 3ae maior. »

Ce qui veut dire[b] :

« De cette ville de Perpignan où, grâce à Notre Seigneur Dieu,
la santé règne, Thomas Plateros est parti. C'est pourquoi le
secrétaire de la ville lui a remis ce bulletin de santé, qui a été
scellé et signé au préalable.

---

a. D'après la traduction allemande de Thomas Platter, laquelle s'écarte
parfois quelque peu de l'original catalan.
b. Traduit par nous, en français, à partir de la traduction allemande de
Thomas Platter.

« Donné à Perpignan le 24 janvier 1599. »

Sceau sur le papier replié.

« [Signé :] Soler, [consul de la ville, en troisième position édilitaire]. »

Il en va de ce royaume[a] comme de tous les autres États monarchiques : on y parle des dialectes nombreux et différents, qui pourtant sont inclus dans l'ensemble linguistique sous une même dénomination ; *mais* le meilleur parmi ces langages, c'est celui qui est en usage à la cour du souverain[b] et dans la région environnante. C'est bien ce qui se produit en Espagne également : la langue castillane est la meilleure, et plus on s'éloigne de la Castille, plus on parle mal. Le langage qu'on parle à Barcelone comme à Perpignan, et dans tout le comté de Catalogne, s'appelle effectivement le catalan ; et il y a de temps à autre des éditions imprimées dans cette langue – j'en possède quelques-unes. Le catalan est tellement éloigné de la langue espagnole correcte que les Castillans ne le comprennent pas. En revanche, les Catalans comprennent les Espagnols ; et tout cela, ça s'appelle pourtant de l'espagnol !

Hors la ville, au ras de la porte nord du rempart, coule une rivière, surmontée d'un pont.

Ayant considéré ces diverses curiosités *de visu*, il ne nous restait qu'à payer notre aubergiste, ce que nous fîmes à raison d'un réal, autrement dit[24] un quart de franc[c] ou de livre tournois, non compris le tarif pour la nourriture. Le prix du lit nocturne (un réal) valait aussi bien pour nous que pour notre laquais. Dès lors, nous avons quitté la ville de Perpignan. Nous n'étions accompagnés que par un seul Français, mais nous n'avions pas encore parcouru un couple de lieues que déjà nous tombions sur six voyageurs espagnols : ils voulaient se rendre eux aussi à Barcelone. Nous sommes donc passés par les villages suivants : Saint-Jean-Lasseille, au bout d'une lieue et demie ; puis

---

a. L'Espagne.

b. « Républicain » bâlois, Thomas Platter, une fois de plus, manifeste son intérêt pour les régimes monarchiques tant du nord que du sud des Pyrénées.

c. Un quart de livre tournois ou cinq sous de France. On a donc une couronne = 1 écu français = 3 livres tournois = 12 réals = 60 *stübers* alémaniques ou 60 sous français.

Banyuls-dels-Asprès ; enfin Le Boulou[25] ou Le Boulon, au terme d'une lieue et demie supplémentaire. Dans ce village qu'on appelle encore El Bolo, nous avons pris le repas de midi. Il faut dire qu'une fois entrés dans l'auberge, le patron de cet établissement s'est borné à placer à notre disposition une simple table, recouverte de sa nappe. Souhaitions-nous être mis en présence de quelque chose à boire ou à manger, sur le couvert ainsi dressé ? Dans ce cas, il fallait prévoir d'apporter son manger chacun pour soi, comme j'aurai encore l'occasion de le dire.

En cours de voyage, sur le chemin que nous suivions depuis Perpignan, nous avons laissé de côté, à main gauche, le bourg de Bages à propos duquel on cite volontiers le proverbe suivant :

> *A Bages, non y ages [vages ?], et a Bages non iras*
> *Si parens non y as,*
> *Et ayes ou non y ayes,*
> *Non anas à Bages.*

Autrement dit : « À Bages, n'y va pas, à Bages tu n'iras pas si des parents tu n'y as pas ; et que tu en aies ou que tu n'en aies pas, tu n'iras pas à Bages. »

Ou encore [interprétation de Thomas Platter] : on ne doit pas aller dans des bourgs pareils quand on n'y a pas d'amis. Après le casse-croûte, nous avons traversé la rivière du Tech ; ensuite, nous avons filé par le village des Cluses jusqu'au village du Perthus. Distance parcourue : une lieue. Le Perthus est situé sur la montagne entre deux hauts rochers : la nature a fendu les roches de haut en bas, comme si un tailleur de pierres avait fait le travail avec soin ! Et c'est de là, d'une situation de trou pour ainsi dire, que le village du Perthus a tiré son nom : en langue française « pertuis », en latin *pertusum*. Et l'on peut en cet endroit, du fait de l'étroitesse du passage, immobiliser un convoi militaire important avec de petits effectifs de défenseurs. Car c'est le seul vrai col sur les Pyrénées appelées aussi Rontzeval, du moins[26] dans cette région. Une fois qu'on en est venu à bout, on peut ensuite très facilement pénétrer en Espagne. Pour dire vrai, je n'ai pas vu d'autre poste fortifié, hormis à cet emplacement, sur le chemin qui mène de Perpignan à Barcelone[a].

Au sujet de Roncevaux ou Rontzeval [ce qui veut dire en réalité : au sujet des Pyrénées] [328]

Cette chaîne de montagnes est la plus haute, la plus large et la plus longue qu'on puisse trouver dans toute l'Espagne. Monts des Pyrénées : on les appelle volontiers Rontzeval ou Roncevaux, à cause d'une vallée proche de Bayonne ; mais l'autre nom, *Montes Pyrenei*, vient d'un petit mot grec qui est *pur, pyr* ou πῦρ[b], et qui veut dire « feu » ; autrement dit monts de feu, ou montagne enflammée. Et, de fait, les Pyrénées jadis ont brûlé. Cause de cet incendie : les bergers, en hiver, avaient fait du feu, pour se chauffer ou bien pour je ne sais quels préparatifs. Là-dessus s'est levé un vent violent qui venait de la mer : il a soufflé sur le feu ; il a enflammé la montagne, à tel point que non seulement l'incendie a brûlé les arbres et la végétation en général, mais même les pierres ont flambé, ainsi que les veines de minerais métalliques ; celles-ci sont fort nombreuses dans cette région très accidentée ; en maint endroit, d'après ce qu'on dit, l'argent fondu jaillissait du sol et coulait comme une rivière. Et cet argent, plusieurs étrangers qui se trouvaient là l'auraient acheté ; ils l'auraient payé au moyen de quelques pièces de monnaie, ou bien par troc avec d'autres marchandises. Les indigènes étaient ignorants de la valeur de ce Pactole ; ils ont accepté le marché. L'argent ainsi acquis fut transporté jusqu'à Marseille, et les susdits acheteurs sont devenus extrêmement riches. Selon d'autres personnes, ce serait plutôt un gros tremblement de terre, dans cette région, qui serait la cause de l'embrasement en 500 avant Jésus-Christ. Le feu aurait jailli d'une crevasse qui se serait ainsi ouverte ; il aurait enflammé toute la montagne.

Quoi qu'il en soit, les montagnes commencent derrière Bayonne, près de Fontarabie ; de là, elles s'étendent jusqu'à Saint-Jean-Pied-de-Port ; et de là, toujours vers l'ouest, à travers

a. Toujours « l'espionnage » (?).
b. TP II sait le grec ou, à tout le moins, du grec.

de nombreuses localités intermédiaires et supplémentaires[a], on débouche sur Peyrepertuse, puis sur Fitou et Leucate, à une lieue de distance de Salses ; on arrive enfin en territoire français ; c'est le terminus après un parcours d'un million de pas, soit dix lieues, mesure[b] d'Allemagne [*sic*]. Cette chaîne de montagnes sépare [du nord au sud] le royaume de France de celui d'Espagne, du côté de l'est (où nous nous trouvions alors) ; pour le reste, pour les autres lieux [à l'est et à l'ouest], la chaîne est comme entourée et fermée par la mer, comme j'aurai l'occasion plus tard de le faire remarquer.

Les Pyrénées abondent en beaux arbres qui donnent des fruits, en sources d'eau pure, en métaux précieux également ; de temps à autre, on y recueille aussi des pierres précieuses. C'est pourquoi les poètes ont été imaginatifs : selon eux, dans le royaume d'Espagne (qu'ils présentent comme un amas de métaux et de pierres précieuses), on trouve des cavernes dans lesquelles sont disposés les appartements du dieu de la Richesse, le dénommé Pluton.

Partis du Perthus, nous sommes arrivés le soir au bourg de La Junquera. Distance parcourue : une lieue. La Junquera est située encore en zone pyrénéenne.

---

a. Nous notons, ici en note de bas de page, les toponymes en question, que Thomas Platter énumère d'ouest en est en son texte même, au fil d'une longue énumération, fastidieuse : ce sont (à partir de Saint-Jean-Pied-de-Port), les vallées de Salazar et de Roncevaux ; puis le territoire du royaume de Navarre, par Canfranc ; de là, le « curseur » plattérien se déplace vers l'est, vers Peña Collarada et Jaca ; puis Sobrarbe, ensuite Yusa (lieu non identifié) et sa région ; au delà, c'est Castejon de Sos en Val d'Aran, sur la haute vallée de la Garonne ; suivent, toujours de plus en plus vers l'est, Puerta de Viella, et Porteille Blanche d'Andorre ; Alt de la Capa ; Bellamar et Puerto de Ribes (non identifiés) ; Llivia ; le col de la Perche, près de Montlouis ; Puy Valador ; Caudiès-de-Fenouillèdes (dans nos actuelles Pyrénées-Orientales) tout comme Puy Valador ; Saint-Antoine de Galamus (Pyrénées-Orientales) ; enfin le château de Peyrepertuse au nord de Caudières, à ne pas confondre avec l'illustre château « cathare » (?) de Peyrepertuse situé dans l'actuelle Aude.

b. Thomas Platter ajoute en effet (erreur d'inattention) « ou dix lieues allemandes » (texte allemand de Platter, éd. 1968, vol. I, *op. cit.*, p. 329, lignes 4 et 5 du haut). C'est absurde. Il a oublié un zéro. C'est « 100 lieues » (chiffre inexact évidemment, mais quand même moins incorrect, qu'il a vraisemblablement voulu écrire).

Une mésaventure bizarre s'est produite : le personnel de l'auberge où nous sommes descendus se composait de trois ou quatre hommes, à savoir le grand-père, le père et le fils, chacun d'eux ayant femme et enfants[a]. On donna à chacun de nous ce qu'il désirait pour manger, et ce qu'il pouvait payer illico. Après, nous nous sommes couchés à raison de deux voyageurs par lit, cependant que notre laquais en était réduit à passer la nuit devant le feu. Nous avons dû pourtant payer son écot nocturne à raison d'un huitième de franc, autrement dit trente deniers en monnaie française ; et dans notre cas, un réal. Pourtant, il n'y avait là rien de bon ni de luxueux, considérant la dureté locale des matelas. Rien d'étonnant à cela : la raison pour laquelle le couchage est payé tellement cher, c'est que là-dessus ils font du profit ; en revanche, les boissons et les nourritures sont taxées et leur prix ne va pas au-delà du montant de cette taxe. Il se trouve par ailleurs que La Junquera n'est pas située en Roussillon, mais dans l'Ampurdan. Si bien que deux deniers[b] de Perpignan valent seulement un denier à La Junquera ; et douze deniers par ailleurs font un sou, lequel équivaut à un demi-réal d'Espagne ou encore à deux sous six deniers de France, en d'autres termes trente deniers font un huitième de franc, c'est-à-dire (ce qui revient au même) un huitième de livre tournois française.

Le lendemain, de très bonne heure, nous n'avons pas attendu que le grand-papa de la famille aubergiste sorte de son lit. Nous avons payé notre écot pour la nuit écoulée et c'est ainsi qu'en ce 25 janvier, après avoir avalé une petite soupe du matin, nous sommes partis ; nous n'avons même pas pu voir le bourg de La Junquera. On nous a escortés avec des torches jusqu'à la sortie du bourg. Ensuite nous avons poursuivi notre route, et nous sommes arrivés d'abord à une auberge isolée, située à une lieue de La Junquera. L'hôtellerie en question s'appelle l'Hostal Nau, en d'autres termes la Maison Neuve. Son isolement a quelque chose de coutumier puisque beaucoup d'autres auberges, en Espagne, sont dans le même cas, étant « seulettes » au long des

---

a. Bel exemple de « famille élargie » (... en ligne verticale !) de type pyrénéen (voir les travaux de Joseph Goy).

routes. Il faut dire que dans tous ces pays espagnols, les villages d'habitat groupé sont beaucoup moins fréquents que ce n'est le cas en France ou dans d'autres pays.

Ensuite, nous avons traversé un cours d'eau grâce à un pont qui s'appelle Pont-de-Molins[27]. Il est construit en pierre, et bâti très en hauteur au-dessus de l'eau. D'après ce qu'on nous a dit, on a beau sonder, on n'a jamais réussi à toucher le fond de la rivière sous ce pont. Et nous voilà derechef parvenus à une seconde auberge, dite l'Hostal de Serre, *alias* la Maison de Serre. Nous étions tous deux recrus de fatigue. Nous avons donc acheté du vin, de quoi remplir pour chacun d'entre nous un petit verre ; et, de même, achat d'un peu de pain. Nous buvons, nous mangeons. Nous nous sentons tout de suite en meilleure forme, et nous pouvons reprendre le voyage. Dans toute l'Espagne, il y a quelque chose de vraiment bien : pour un pfennig, on peut s'acheter le petit peu de pain ou de vin dont on a besoin. On vous donne un modeste verre ou demi-verre, ou *grosso modo* du pain de la grosseur d'une noix, ou enfin la quantité que vous désirez ; et ce, toujours au prix taxé. Peu importe qu'on soit étranger ou indigène ; vieillard, enfant, ou personnage ayant l'âge de raison. Supposez que vous soyez dans une grosse bourgade ou dans une ville : il y a toujours des alguazils ou des sergents de ville qui, dans la rue, interrogent les enfants : « Où as-tu acheté ça ? Et à quel prix ? » Et s'ils se rendent compte que les denrées furent acquises au-dessus du prix taxé obligatoire, la punition est très lourde. De sorte que les marchands de vin, bouchers, boulangers, etc., sont contraints de respecter les ordonnances *ad hoc* quant à la taxation.

Au terme de cette nouvelle étape, nous sommes arrivés dans la ville de Figueras ; depuis l'Hostal Nau, cela faisait deux lieues de chemin.

Figueras [330]

C'est une assez jolie ville. Avant que nous y fassions notre entrée, nous avons pénétré dans l'église Saint-François, sise à un jet de pierre (distance approximative) du pourtour extérieur de Figueras. On a érigé dans ce sanctuaire, situé au bord de la grand-route, un autel tout en marbre, et de belle apparence ; il est assez récent. Mon impression, c'est qu'il y a des moines qui habitent juste à côté de cette église. En ville, je n'ai rien vu qui présente un intérêt particulier : elle n'est ni très grande ni fortifiée. Nous l'avons traversée sans faire halte. Il y a un faubourg de chaque côté, à l'entrée et à la sortie de la ville.

Peu après Figueras, nous étions rendus au petit village de Santa Leocadia de Algama, au bout d'une lieue de chemin. Nous y avons pris le repas de midi. Nous avons traversé ensuite la rivière de Bascara, ainsi que le bourg qui porte le même nom. Encore une lieue supplémentaire, depuis Santa Leocadia. Dans la soirée, nous sommes descendus à l'auberge proche du château d'Orriols ; elle s'appelle l'Hostau d'Orriols. Depuis Bascara jusqu'à Orriols, cela faisait une demi-lieue. Nous avons passé la nuit à l'Hostau d'Orriols.

Le 26 janvier, après la soupe du matin, nous nous sommes mis en route. Arrivés au village de Medinha[a], ayant ainsi parcouru une lieue et demie, nous avons bu chacun un petit verre de vin pour reprendre des forces. Puis le voyage continue : nous touchons au pont qu'on appelle Puente Mayor, dans la ville de Gérone ; nous descendons à l'auberge de la Couronne ; entre Medinha et Gérone, nous comptons une lieue de distance.

Girona, alias Gérone [331]

C'est une ville assez grande, et ancienne. Elle fut construite par Géryon, monarque tyrannique. Elle est bâtie sur une hauteur dont la cime est située à main gauche, quand on entre en ville. Une superbe cathédrale couronne ce sommet : elle a nom Saint-Narcisse[28] ; le Narcisse en question était d'origine allemande.

Le sol de l'église est couvert de nattes, faites de jonc tressé. C'est pour qu'on ressente d'autant moins la froidure qu'exsudent les pavés du dallage[b]. Je pense qu'on enlève ces tapis de sol pendant la saison estivale. Dans le chœur, on a dressé un autel d'argent massif. Il est incrusté de pierres précieuses absolument

---

a. Thomas Platter a écrit Medignac, à la languedocienne.

b. Cette église n'est pas chauffée pendant l'hiver, donc. De l'argent en provenance d'Amérique a vraisemblablement été utilisé pour l'autel, ci-après...

exquises et qui sont de toutes les couleurs ; les unes et les autres
ont beaucoup de valeur. C'est au point que cet autel passe pour
être le plus somptueux qu'on connaisse dans le monde entier.

Ensuite, nous sommes redescendus en ville du haut vers le
bas de la colline par un escalier de pierre impressionnant, puis
nous avons visité Gérone en long et en large. C'était jour de
marché hebdomadaire sur la place : elle était pleine de monde.
Dans le faubourg également, on vendait toute espèce de choses.
Il y a là un fleuve nommé « Tardera », le Rio Ter, qui traverse
la ville. Ce cours d'eau prend sa source dans les Pyrénées ; en
fin de parcours, vers l'aval, il se jette dans la Méditerranée, non
loin de Gérone ; grâce à lui, on peut remonter par bateau
jusqu'en ville. Et de fait le roi de France avait voulu se servir
de ce fleuve pour amener, par mer d'abord, une puissante
armada ; elle était chargée d'apporter du ravitaillement au camp
des assiégeants français, et elle devait aussi jeter l'ancre sous
les murs de Gérone. Mais, étant encore en mer, les Français de
l'armada ont été taillés en pièces par les Espagnols, puis noyés
de la façon la plus extraordinaire ; tant et si bien qu'ensuite les
autres Français qui étaient dans le camp des assiégeants sont
morts de faim ; une infection est née de cette mauvaise odeur ;
le roi de France lui-même en est mort ; enfin, les troupes survi-
vantes de ce même camp français qui était sous Gérone ont dû
se retirer et faire retour en territoire français[29].

Il faut parler aussi du grand tyran Géryon, lequel a donné son
nom à *Geriona*, la ville qu'on appelle aujourd'hui Gérone. Ce
despote avait été tué par le roi d'Égypte, Osiris [!], lors de la
première bataille rangée qui ait eu lieu en Espagne. On a dit de
cette bataille qu'elle avait mis aux prises un dieu et un géant.
De fait, Géryon fut une manière de géant. Quant à Osiris, les
Égyptiens par la suite en ont fait leur dieu et l'ont adoré comme
tel : on trouve encore aujourd'hui son portrait parmi les corps
embaumés – ceux des momies modelées avec de la terre bleue.
La cité de Gérone est tenue pour tout à fait sacrée, à cause de
saint Félix, le martyr : il fut effectivement martyrisé en ce lieu ;
qui plus est, un évêque de Gérone nommé Jean fut jadis l'adversaire farouche des ariens en Espagne[30]. Sur place, il y a un

évêque, de nombreux et prestigieux chanoines, et bien d'autres messieurs du clergé ; ils ont de grands biens.

Pendant que nous visitions la ville, les marchands espagnols qui avaient fait l'étape précédente en notre compagnie quittèrent la ville sans prévenir. La situation devenait pour nous fort pénible : car mon camarade et moi, flanqués de notre laquais, nous restions en arrière. Et nous ne connaissions rien du chemin à suivre après Gérone. Du coup, nous nous mettons à faire le trajet à toutes jambes, aussi vite que nous pouvons, pour rattraper les Espagnols. Nous arrivons d'abord à une auberge, appelée l'Hostal Nau (la Maison Neuve). Là, nous apprenons qu'ils ont déjà sur nous plusieurs longueurs d'avance. Nous ingurgitons chacun un petit verre de vin et, de nouveau, nous leur courons après. Mais tout cela ne servait à rien. Car, ayant fait route jusqu'à l'auberge suivante, l'Hostal Tiona, encore une hôtellerie isolée, située à une lieue de Gérone, l'aubergiste nous a informés comme suit : « Vous serez dans l'impossibilité de les rattraper avant qu'ils soient rendus dans leur hébergement nocturne. » Pour ce faire, il nous fallait cheminer encore deux lieues, en traversant la forêt la plus dangereuse de toute la région. Et là, nous risquions fort de nous égarer ou de tomber aux mains des meurtriers. « C'est pourquoi, ajouta l'aubergiste, l'avis que je vous donne, c'est de loger chez moi au cours de la nuit qui vient[a]. » Nous aurions volontiers suivi son conseil ; mais ce qui nous causait du souci, c'est que ce même soir quelques espions pourraient bien venir se pointer dans cette auberge, et puis le lendemain matin aller nous attendre en embuscade dans la forêt le long du chemin, ce qui était spécialement à craindre si nous nous avisions de partir de très bonne heure, avant le lever du soleil. Et cependant cette « partance » précoce eût été tout à fait nécessaire si nous voulions rattraper nos compagnons ; ils nous avaient suffisamment avertis des dangers à encourir sur cet itinéraire. Ce dont nous avons pu, dès le lendemain, nous rendre compte après inspection des innombrables potences qui bordaient la grand-route.

---

a. Le danger d'une traversée forestière est à la fois un *topos* classique des récits de voyage... et, ici, une réalité.

En fin de compte, nous nous sommes décidés à continuer notre voyage le jour même, sur la piste de nos Espagnols. Nous espérions rencontrer, en chemin, quelque cultivateur ; dès lors, nous n'aurions plus qu'à l'embaucher comme guide : il nous montrerait la bonne direction. Et, de fait, nous avions quitté l'Hostal Tiona depuis une demi-heure, et voilà que nous tombons sur deux paysans, montés chacun sur un petit âne. Ils revenaient du marché de Gérone. Malheureusement, ils nous firent savoir qu'ils n'allaient pas vers le gîte nocturne auquel nous souhaitions parvenir. Nous avons donc exprimé le vœu que l'un d'entre eux veuille bien nous faire la conduite. Mais le paysan sur lequel nous avions jeté notre dévolu exigeait, pour un accompagnement qui allait durer deux heures, une rémunération exorbitante ; il était intraitable ; il prétextait les dangers qu'il allait courir ; à la fin, nous lui accordâmes ce qu'il demandait et nous l'exhortâmes avec insistance à nous guider correctement ; il acquiesça, puis donna l'ânon qu'il montait à son camarade pour que celui-ci ramène la bête à leur village. Et il vint avec nous.

Nous marchions, escortés par lui, depuis un quart d'heure à peine, quand tomba la nuit. Et cependant, grâce au clair de lune, un peu de lumière filtrait encore. Sans transition, nous arrivâmes dans un bois où il y avait surtout beaucoup de broussailles et fort peu de vrais arbres. Là-dessus, notre nouveau guide évoqua les nombreuses agressions dont cette zone avait été le théâtre. Nous étions très soucieux. En cas d'une attaque de ce genre, en effet, il n'était pas exclu que notre guide passe dans le camp adverse, et nous tombe à son tour sur le râble. Aussi bien l'observions-nous de la manière la plus attentive. Il marchait en tête ; je le suivais ; mon compagnon de route de longue date, Monsieur Sebastian Schobinger, occupait la troisième position et notre laquais fermait la marche. La chose était maintenant pour nous tout à fait claire : nous nous attendions à être attaqués. Je planquai dans ma chaussure un peu d'or. Dans notre bourse, celle de mon compagnon et la mienne, nous ne gardions que le strict nécessaire dont nous avions besoin pour subsister jusqu'à Barcelone ; ou à peine davantage. En cas d'attaque, nous avions pour les voleurs une phrase toute prête : « De l'argent, nous n'en toucherons qu'à Barcelone, grâce à une lettre de change que nous recevrons dans cette ville ! » Nous continuions à marcher dans cet ordre, en nous serrant les uns aux autres. Nous accélérions ; nous ne laissions pas de repos à notre guide ; nous le poussions en avant : « Dépêche-toi ! » Nous lui promettions un supplément de pourboire, en sus du salaire dont nous étions convenus avec lui.

À un certain moment, nous arrivâmes sur une hauteur, d'où l'on pouvait nous voir de loin. Nous entendîmes alors un cri rauque, comme celui d'un corbeau. Cela venait d'un endroit situé latéralement par rapport à nous, éloigné d'une distance d'environ un jet de pierre. Aussitôt un autre cri semblable lui répondit, par-devant nous, dans la direction que nous suivions. La distance approximative, cette fois, pouvait être d'une portée d'arquebuse. Nous avons pensé immédiatement que nous étions environnés de voleurs par-devant et par-derrière. Du coup, nous avons tiré nos épées nues et les avons dressées pointe en l'air vers le ciel ; notre laquais en fit autant avec son bâton [en forme de pique] ; l'accompagnateur paysan, pour sa part, brandissait semblablement son bâton. Nos épées brillaient quelque peu, grâce au clair de lune. Et donc nous avancions le plus vite que nous pouvions, bien résolus à en venir aux armes en cas d'attaque. Si nous avions le dessous, nous étions prêts à céder notre argent et notre bourse. À supposer que les agresseurs nous en tiennent quittes à si bon compte... Nous avions terriblement peur, comme toute personne peut facilement l'imaginer dès lors qu'elle s'est trouvée dans un péril semblable. Je suis encore persuadé aujourd'hui qu'il y avait eu des espions [à l'auberge] qui s'étaient chargés ensuite de monter cette embuscade. Mais parce qu'ils ont vu ou entrevu que nous étions quatre, ils ont peut-être eu peur de ne pas tirer beaucoup de profit dans cette affaire. De toute manière, il me paraît impensable que deux [vrais] corbeaux se soient ainsi donné la réplique presque au même endroit en croassant de la sorte à si peu d'intervalle de temps, et à une heure si tardive dans la nuit[a]. Ayant ainsi traversé ce bois ou cette espèce de garrigue broussailleuse, nous sommes arrivés, aussitôt après, au village de Mallorguines, à deux lieues de Tiona[31]. À l'auberge nous avons retrouvé nos ci-devant compagnons espagnols en train de souper. Ils furent tous

---

a. TP II connaît la nature, y compris ornithologique.

complètement stupéfaits à l'idée que nous ayons pu ainsi les rattraper à une heure nocturne aussi avancée, étant passés par ce chemin dangereux, et cela sans être dévalisés ! Notre accompagnateur leur raconta notre parcours, simultanément héroïque et rapidissime, à l'en croire. Et il passa la nuit auprès de nous. On comprendra facilement quelle était notre joie au moment de prendre à notre tour le repas du soir tous ensemble. Par la suite, nous avons fait très attention de ne pas nous séparer aussi légèrement de nos compagnons de voyage.

Le 27 janvier, après avoir avalé le petit déjeuner du matin à notre logis de Mallorguines, nous avons repris la route et sommes arrivés à l'auberge qu'on appelle Hostal de Rupit, lui-même « illustré » par le dicton suivant :

> *L'Hostal de Rupit*
> *Duquel on dit*
> *Ben pagat et mau servit.*

En d'autres termes : « L'Hostal de Rupit : on paie beaucoup, à ce qu'il paraît, et l'on est mal servi. » Depuis Mallorguines, cela faisait un parcours d'une lieue de distance. Dépassant ce site, nous avons cheminé plus oultre, et nous sommes arrivés à Astarlid, *alias* Hostalrich. Cela faisait une lieue supplémentaire, depuis Rupit.

Hostalrich [334]

C'est une [petite] ville, avec un château posté sur une hauteur. Tout en haut, sur cette forteresse, est posée une tête de fer. Un proverbe catalan y fait allusion : *Vos cal ana a Starlich para adoubar la cerveilliere.* Autrement dit [d'après la traduction allemande de Thomas Platter] : « Quand quelqu'un souffre d'égarements, il doit se rendre à Hostalrich pour se faire rectifier la cervelle. »

La ville est tout en longueur, mais pas bien large (comme c'est le cas pour beaucoup d'autres villes en Espagne), et l'on y fait régner un ordre très strict vis-à-vis des malfaiteurs ; ils sont fort nombreux dans cette région.

À vrai dire, nous ne fîmes pas long feu en cette bourgade et nous la traversâmes dare-dare.

À peine étions-nous sortis d'Hostalrich que nous aperçûmes toute une série de potences, les unes après les autres, au long de la grand-route. Elles étaient presque toutes chargées de cadavres et ce spectacle dura quasiment l'espace d'une demi-heure de chemin. De ma vie je n'ai vu tant de potences ni de pendus, si proches les uns des autres. On m'a expliqué que ce pays était entièrement forestier, mais traversé par une grand-route ; sur cette route, on pouvait apercevoir de loin tous les voyageurs qui passaient. De là de très nombreux assassinats et des brigandages. Il y avait donc une coutume, pour l'exemple et pour inspirer une terreur dissuasive : supposons qu'à l'endroit même où quelqu'un commettait un délit, nulle potence n'ait été antérieurement dressée qui serait disponible *in situ*, sur la grand-route, pour pendre le coupable ; alors on érigeait une potence toute neuve à son intention et l'on y suspendait cet homme. De là vient le grand nombre de gibets au long de ce chemin. Après quoi nous sommes arrivés dans le village de La Batlloria, au bout d'une lieue de parcours[32]. Nous y avons vu depuis ce lieu, dans un champ, de nombreux ceps de vigne : ils étaient accrochés à des troncs de peuplier bien droits, bien noirs. Et tout cela donnait du très bon vin, en abondance, sans excès de travail ni de frais monétaires.

Bientôt après, nous sommes arrivés dans la ville de San Celony, située en bordure d'un cours d'eau. Distance parcourue depuis La Battloria : une lieue.

San Celony [335]

C'est une assez jolie ville. Nous y avons pris le repas de midi. Mais il n'y avait en ce lieu rien de particulier, ni qu'on ne puisse voir également ailleurs. Ce qui m'a le plus étonné, c'est que dans l'auberge on ne trouvait absolument rien, là non plus, ni à boire, ni à manger, même en donnant de notre argent ; nous devions tout acheter à un autre endroit, et puis apprêter ça par nous-mêmes dans l'hôtellerie. Plusieurs parmi nous, du reste, avaient déjà fait préalablement leurs achats de nourriture, chemin faisant, avant d'arriver à San Celony. *D'après mes souvenirs, devant chaque maison de cette localité, il y avait un tonneau ouvert, dressé, plein d'eau, à utiliser en cas d'incendie.*

Après le casse-croûte, nous sommes passés, deux lieues plus loin, par le village de Linas ; et nous sommes arrivés à la nuit tombante au village de La Rocca, encore une lieue et demie supplémentaire. Nous y avons passé la nuit. *Entre San Celony et Barcelone, en une seule journée, nous avons traversé trente-deux fois le même petit ruisseau. Cela revenait à faire une trentaine de passages successifs d'une seule enjambée chaque fois.*

Le 28 janvier, après le petit déjeuner matinal, nous sommes passés par l'auberge qu'on appelle l'Hostal de la Grue, au bout d'une lieue de parcours ; et de là nous sommes arrivés au bourg de Moncada, encore une lieue. À main droite, sur une hauteur très proéminente, se dresse l'église de Nuestra Señora de Moncada, Notre-Dame de Moncada. C'est un lieu de rendez-vous pour de nombreux et importants pèlerinages. Nous avons pris notre repas de midi à Moncada, dans le bourg. C'est là qu'on nous a fait le récit du voyage de l'impératrice, depuis l'Allemagne jusqu'à Barcelone. Pour la partie du chemin qui va de Moncada à Barcelone, on avait dressé à l'époque, à l'intention de cette personne, une table après l'autre et une auberge après l'autre, pour traiter de façon d'autant plus prestigieuse la suite d'une telle grande dame ; ce traitement s'était étalé sur deux lieues.

Quant à l'histoire de la venue de l'impératrice, la voici[33] : don Remon Berenguel (ou encore *Herr* Remon Berenguel) était comte de Barcelone. Or il apprit, en ce temps-là, que l'impératrice avait été accusée d'adultère par deux nobles chevaliers d'Allemagne ; on l'avait enfermée dans une prison qui lui serait mortelle... ou bien il fallait que, dans le délai d'une année, un chevalier veuille bien se présenter qui délivrerait cette personne, au terme d'un combat contre les deux nobles susdits. Berenguel, accompagné par Roca, son fidèle serviteur, s'est donc rendu à la cour de l'empereur. Une fois arrivé à destination, il a enfilé la robe d'un moine va-nu-pieds ; il est allé dans la tour carcérale, auprès de l'impératrice ; il désirait, disait-il, entendre celle-ci en confession. Audition faite, la confession de la dame impériale ne lui a rien révélé d'accablant, bien qu'il ait tout essayé. Finalement, il a fait connaître à celle-ci sa véritable identité, disant qui il était, et ajoutant qu'il voulait la délivrer, elle la souveraine, au moyen d'un combat. Mais elle devait préalablement lui promettre de ne rien révéler jusqu'à ce que trois jours se soient écoulés après ce combat. Ce qu'en effet l'impératrice lui a promis.

Dès lors, on s'est rendu sur la place du combat. Mais Roca, le serviteur qui devait lutter contre le second chevalier, n'était pas présent. En conséquence, le comte barcelonais dit à l'empereur : « Je veux d'abord me mesurer avec le plus courageux des deux chevaliers ; et, quand je l'aurai vaincu, je m'en prendrai à l'autre. »

Sur ordre de l'empereur, le comte s'est donc attaqué au premier chevalier, et il lui a donné tant de coups qu'il l'a tué. De peur, l'autre chevalier s'est rendu. L'empereur, absolument ravi, a donné la liberté à son épouse ; et il a reconduit le comte à son auberge avec les plus grands honneurs. Sans plus attendre, ce même comte de Barcelone est parti en catimini le soir même ; et quand l'empereur, le jour suivant, a voulu lui rendre hommage et le régaler d'une façon ou d'une autre, aucun être humain, l'impératrice exceptée, ne savait où était le comte, ni même qui il était. La dame s'en tenait à son serment (tel qu'elle l'avait prêté au comte) de ne rien avouer à son sujet avant le troisième jour. L'empereur n'en était que plus zélé pour envoyer chercher Berenguel sur toutes les routes et pour s'enquérir à son sujet, mais en vain, car le comte filait comme le vent. Trois jours cependant se sont écoulés, et la dame a révélé son secret à l'empereur, devant tout le monde. L'empereur a aussitôt déclaré à son épouse qu'il ne voulait en aucun cas se trouver en sa compagnie, ni à table ni au lit, jusqu'à ce qu'elle trouve moyen de remettre le noble chevalier entre ses mains impériales à lui ; elle devait, disait-il, chercher le comte partout, et le ramener jusqu'à lui ; car Berenguel avait accompli, pour lui plaire à elle, des actions extraordinaires, et il l'avait délivrée d'une mort honteuse...

Aussitôt, elle est partie d'Allemagne en direction de l'Espagne ; elle était escortée par quatre cardinaux, de nombreux évêques et trois cents nobles ; nul serviteur ne les accompagnait[a]. Quand le comte [de Barcelone] a eu vent de ce qui allait se passer, il est venu à la rencontre de l'impératrice en direction

---

a. Souveraineté, nobles chevaliers, femmes, cardinaux,... et serviteurs absents ! Ce sont les diverses fonctions du social, quasi duméziliennes.

de Gérone ; il était suivi[a] de tous les nobles chevaliers ainsi que des femmes de haut parage de sa seigneurie entière. L'impératrice, à son tour, a envoyé au-devant de lui deux cardinaux. Ils ont fait bon accueil au comte, et ils lui ont dit : « Surtout, ne descends pas de cheval. Car c'est sur ta monture que tu dois souhaiter la bienvenue à l'impératrice. » Cette réception, en effet, s'est produite avec tous les honneurs et la plus grande amabilité. Ils sont arrivés ensuite à Barcelone, en discutant de façon charmante. Sur la route qui menait à cette ville, la cour de la grande Dame a fait l'objet partout d'un traitement magnifique, que c'en était un vrai régal, comme je l'ai indiqué précédemment ; en outre, elle est restée encore quinze jours à Barcelone. On y a organisé une fête tellement superbe, afin d'honorer cette personne, qu'à vrai dire on n'avait jamais rien vu de semblable auparavant dans cette ville.

Par la suite, le comte a fait ses provisions de victuailles pour le voyage, et il s'est rendu en Allemagne, en compagnie de l'impératrice, afin d'y rencontrer l'empereur. Et là, on l'a comblé d'honneurs, ce comte, comme jamais prince n'en avait reçu avant lui. Et puis, outre bien d'autres cadeaux, on lui a offert aussi le comté de Catalogne pour qu'à l'avenir il l'ait à disposition et le possède en pleine propriété, comme jadis le détenait l'empereur.

Cette histoire est assez ancienne, déjà ; mais à Moncada et à Barcelone on la raconte, comme si elle était récente, à tous ceux qui en font la demande.

Nous sommes arrivés au village de San Andrès de Palomar ; et là, nous avons bu un coup. Depuis Moncada, nous avions progressé d'une lieue. Puis on nous a portés à dos d'homme, pour nous faire traverser un cours d'eau. Aussitôt après, une troupe d'Espagnols qui avaient grande allure – ils étaient montés sur des mules – est venue à notre rencontre. Ils nous ont montré quantité de petites médailles d'étain de saint François attachées à des cordons de laine de couleur, qui n'étaient pas bien grands non plus. Ils ont offert une médaille à chacun d'entre nous, pour que notre voyage soit d'autant plus heureux et réussi – c'est du

---

a. Cette histoire est importante pour une légitimation impériale de la souveraineté comtale, puis royale, à Barcelone.

moins ce qu'ils nous disaient. Ils nous ont montré de nombreuses pièces de monnaie, dont chacune valait un réal. Ils les avaient reçues comme cadeaux, en échange des médailles. Ils nous faisaient ainsi comprendre ce qu'ils attendaient de nous. Nous leur donnâmes à chacun un demi-réal. Drôle de manière de pratiquer la mendicité.

Ensuite, nous avons pris la grand-route qui va vers Barcelone : c'est la plus belle, la plus plate, la plus large et la plus propre route que j'ai jamais vue ou parcourue auparavant. On croirait voir la surface polie d'un jeu de paume, plutôt qu'un chemin. À Barcelone, nous sommes descendus à l'auberge du Bœuf. De San Andrès à cette ville, la distance que nous avons franchie dans l'intervalle était d'une lieue. Mais depuis Perpignan, cela faisait vingt-sept lieues et demie.

Barcelone [337]

Cette grande cité, à ce qu'on prétend, a été créée et mise au monde par le capitaine carthaginois Amilcar Barcino *ou Barca*[34] *; c'était vers l'année 233 avant la naissance du Christ, si l'on se fie au décompte de l'historien Eusèbe*[35]. Et précisément, à cause de ce nom de Barca ou Barcino, les anciens scribes appelaient le lieu en question *Barcinona*. Maintenant, on dit *Barcelona* ; l'écrivain latin Prudence[36] *alias Prudentius* parlait, lui, de *Barcilon* ; et quelques géographes, pour leur part, disent *Barcilona*. L'effigie (sculptée) d'une tête bovine, encastrée dans les remparts antiques de la ville, confirme l'étymologie en question : car la gueule de bœuf est bel et bien l'emblème des Carthaginois ; elle prouve qu'ils furent les premiers bâtisseurs sur le site. *Dans la rue de Paradis,* intra muros*, on voit encore la tombe du roi d'Espagne Athaulf (et non pas celle d'Hercule, comme le prétendent plusieurs personnes). Nouvel indice d'antiquité urbaine, et des plus reculées. On peut se référer également aux ouvrages de Jacob Meyr*[37] *et de Barthélemy Platina*[38] *(dans un paragraphe où celui-ci traite de l'époque du pape Léon III). Selon ces auteurs, Barcelone fut enlevée aux Maures par l'empereur Charlemagne en l'an 792, et elle fut ainsi ramenée dans le giron du pouvoir chrétien*[39]*. Néanmoins, les Maures lui infligèrent ultérieurement de grandes et fortes souffrances.*

Barcelone sert aujourd'hui de capitale au comté de Catalogne. Qu'il s'agisse de l'esthétique, de la richesse ou de la qualité des constructions, on ne trouve rien de mieux dans toute l'Espagne et, je dirais même plus, dans toute la chrétienté, si j'en crois plusieurs personnes ; le fait est que les maisons, pour nombre d'entre elles, y ressemblent davantage à de beaux palais et à des demeures fortifiées qu'à des habitations ordinaires. Les nobles et les seigneurs en effet ne résident pas dans leurs maisons de campagne, mais plutôt en ville. Ils y sont donc somptueusement logés, comme j'ai pu le constater lors de visites que j'ai faites chez quelques-uns d'entre eux en compagnie de médecins. Pour l'industrie locale du bâtiment, la ville est admirablement située : elle est en effet contiguë à la montagne de Monjuich, en d'autres termes le mont de Jupiter, puisque c'est là, au sommet de cette hauteur, que dans le temps on offrait des sacrifices à ce dieu. La matière première de ladite montagne, postée au sud de Barcelone, est comme une immense carrière de pierre, grâce à quoi l'on a pu bâtir le port et la cité. La montagne protège également Barcelone contre les excès des grosses chaleurs ; si elle n'était point là, les habitants souffriraient bien davantage de la canicule. Depuis le sommet de Monjuich, en position dominante, on peut apercevoir les navires en mer à très longue distance.

La ville de Barcelone, en forme de croissant de lune, est bâtie au bord du rivage et la mer vient battre les remparts du côté de l'est. Ceux-ci, grâce à un exhaussement propice, sont couronnés par un superbe chemin de promenade en terrasse, lui-même parallèle au rivage maritime, *ce qui est très plaisant*. On peut donc s'asseoir sur le mur d'enceinte. Celui-ci a quinze cents pas de long et environ vingt de largeur[a]. En son milieu, *grosso modo*, se dresse la demeure du gouverneur royal, du « vice-roi » comme on dit : on a construit une galerie qui part d'icelle vers l'extérieur, et qui va jusqu'à la mer. On a déjà commencé à bâtir un nouveau port à cet emplacement. J'en parlerai par la suite. Bel endroit, en vérité ! On y voit sans cesse des gens de tous les pays qui s'y promènent, avant le casse-croûte et avant le repas du soir ; les voitures sont nombreuses aussi, qui arrivent

---

a. Chiffres qui rectifient par avance les erreurs de TF19, p. 418.

et puis qui partent. C'est comme ça que les gens se mettent en appétit. Le chemin de promenade est surélevé ; il n'est pas revêtu d'un dallage en pierre. C'est pourquoi les déplacements y sont très doux. Quant aux voitures, une paire de mules, qui marchent *de front*, se charge de tracter chacune d'entre elles. On n'utilise les chevaux, la plupart du temps, que pour les monter et en vue d'une promenade. Car ils sont très beaux et gracieux. Pour les relais de poste, les gens du pays se servent communément de mules. Au pas comme au trot, elles offrent une grande sécurité. Dans les voitures *alias* « coches », les sièges à l'intérieur sont occupés par des femmes ; d'après ce qu'on m'a dit, c'est seulement depuis quelques années qu'on a introduit cet usage. Autrefois, les femmes distinguées se promenaient à pied, accompagnées par des servantes en grand nombre, et chaque dame voulait éclipser les autres, les concurrentes. Maintenant, il s'agit toujours de l'emporter, mais simultanément de faire moins de frais. On a donc inventé ce nouveau moyen : avec un attelage de deux mules, plus une suivante et un cocher, une femme du monde déploie autant de luxe que jadis quand elle entretenait un effectif pédestre de six à dix suivantes. Il y a encore d'autres places de loisir en ville, et qui sont bien dégagées, plates, où ces dames ont l'habitude de se promener ; mais le chemin du rempart est préféré à tous les autres pour un tel exercice, à cause de sa rectitude et du panorama sur la mer : car il y a tout le temps quelque chose qui arrive de l'étranger, et qui mérite d'être vu ; quant au vent, il souffle plus frais, plus sain qu'ailleurs.

La maison de la douane pour les marchands est située près de la place des Promenades, sur le côté. On y lève de grosses taxes ; elles frappent toutes les marchandises, que celles-ci soient d'importation ou d'exportation, et peu importe qu'elles voyagent par terre ou par mer[a]. La denrée concernée peut être infime, elle doit pourtant acquitter un droit de douane, Si l'on apprend que même pour une transaction portant sur des marchandises minuscules le commerçant n'a pas payé la taxe aux douaniers, alors tout est confisqué : les deux tiers de la valeur de cette confis-

---

a. On est encore loin ici du mercantilisme de type colbertien, qui taxe les importations mais pas les exportations.

cation iront aux pouvoirs publics, et le tiers restant sera donné à ceux qui, attentifs, prennent soin de ce genre d'opération.

En fait d'argent, dès qu'on exporte plus de dix couronnes[a], il faut, là-dessus, payer une taxe (fiscale). Ces pratiques, pour les étrangers, sont très gênantes, surtout quand ils ne connaissent pas les usages locaux à ce sujet, lesquels varient en Espagne d'un royaume à l'autre, ou d'une province à l'autre.

Lucius Marinaeus Siculus, au treizième livre[40] de son ouvrage sur les rois d'Aragon, fait un grand éloge de Barcelone, dans *les termes que voici* : « *C'est, dit-il, une ville splendide avec ses seigneurs et ses princes ; elle est très noble. La surabondance y règne en toutes choses qui servent à la vie des hommes. C'est presque la plus puissante cité, parmi toutes celles qu'on peut trouver sur terre et sur mer. Les hauts faits qu'on lui doit sont nombreux et considérables. Ils furent accomplis sur le territoire barcelonais, mais aussi à l'étranger. D'où la renommée de cette ville. Sa réputation et sa puissance ont intimidé, de façon très équitable, aussi bien l'Espagne entière que la France, l'Afrique et toutes les autres nations[b], tous les princes... On a pour Barcelone une grande estime, non seulement à cause de sa richesse et de ses biens, mais aussi en raison de la sagesse qui caractérisa ses nombreux grands hommes ; en raison également de ses bonnes mœurs et de ses lois. Les citoyens de Barcelone, pour augmenter l'utilité commune, se conformaient aux mœurs et aux ordonnances des anciens Romains ; ils ne commettaient jamais d'abus. Les tâches tant communes que particulières, ils les accomplissaient les unes et les autres d'une manière simultanément spécifique et soigneuse. Leur richesse ne fut point cause d'altercation ni de discorde. Elle n'a pas perverti l'économie domestique ni la justice. Ce qu'ils désiraient plus que jamais, c'était de vivre en suivant les inspirations de la raison et de la nature, plutôt que celles de la loi écrite. Les nobles s'appliquaient et s'exerçaient à l'équitation et aux arts martiaux. Ils étaient héroïques et impavides face à l'ennemi. Les marchands faisaient honorablement leur métier mercantile. Ce qui les motivait en ce sens, c'était la*

a. Erreur de TF19, p. 429 qui écrit à tort « 30 couronnes ».
b. Les nations : avis aux « chercheurs » qui ne font remonter le phénomène national qu'au XIXe siècle. Compte tenu des nuances sémantiques, bien entendu...

gentillesse, l'esprit de vérité et l'extrême générosité, bien davantage que le goût du gain. Les prêtres, et le clergé dans son ensemble, vivaient de façon sainte et pieuse ; ils s'acquittaient de leurs devoirs en honorant comme en craignant Dieu tant et plus. Les autres citoyens pratiquaient, selon le cas, les arts libéraux et les métiers[a] plus communs de l'artisanat. Nulle personne n'était paresseuse ni pauvre ; et cette simple raison incitait les immigrants en provenance d'autres peuples à venir résider dans Barcelone. Ainsi cette ville devenait-elle de jour en jour plus populeuse ; et voilà pourquoi ailleurs on prenait exemple sur les coutumes barcelonaises, et l'on se réglait sur elles. »

La Loge de douane des marchands fait figure de construction isolée. À ce qu'on m'a dit, les marchandises qui appartiennent au roi sont exemptes, elles, de cette taxe douanière mais doivent quand même, pour le principe, faire le tour du bâtiment de la loge. Tout près d'icelui s'ouvre une grande porte, qui mène au port, et sous laquelle on trouve en permanence quantité de gardiens et de scribes : ils enregistrent et examinent toutes les denrées qui entrent ou qui sortent.

Quant au port, il a été bâti en eau profonde, par la main des hommes, voici longtemps, et de la façon suivante : on a prélevé de grosses pierres en provenance de la montagne de Monjuich et on les a immergées en mer, très nombreuses, les unes sur les autres, jusqu'à ce que la digue ainsi constituée émerge de façon visible au-dessus du niveau marin ; les dépassements ainsi obtenus atteignent vingt pieds[b] en hauteur, *grosso modo.* Ensuite, on a recouvert cette construction avec du ciment, lui-même formé de chaux et de sable. La couche de béton appliquée de la sorte faisait environ douze pas de large et s'étendait sur une substructure de pierre [la digue] longue de cinq cents pas ; cette jupe bétonnée descendait jusqu'en dessous du niveau de la mer. Fait remarquable, la mer est profonde jusqu'au bord même du rivage, ce qui rend le port d'autant meilleur et plus sûr. Du côté du sud, on voit un peu partout de gros anneaux de fer, solides, scellés dans le ciment ; il y en a aussi par-dessus la

a. Nobles, marchands, prêtres, artisans, immigrants : sociologie sommaire, mais correcte, sur le plan fonctionnel à tout le moins.

b. Pieds, et non pas toises ! (erreur de TF19, p. 419).

couche bétonnée, là où l'on marche. Ils servent à attacher les galères et les vaisseaux, ce qui évite que les unes et les autres partent à la dérive en raison du vent. Dès que la mer, devenue tempétueuse, abîme quelque chose dans le port, on procède immédiatement aux réparations nécessaires. Beaucoup de galères étrangères et de grands navires viennent jeter l'ancre dans ce mouillage ; le commerce maritime s'y est beaucoup accru, spécialement depuis que les Maures ont détruit le port de Tarragone[41].

Pendant mon séjour à Barcelone ont accosté, je le répète, de nombreuses galères venues de l'étranger, parmi lesquelles celles du grand-duc de Florence[42] : elles étaient porteuses de cadeaux que ce prince offrait au nouveau roi d'Espagne. Don Juan, frère[43] du grand-duc, commandait ces galères. Mais on exigeait de lui des taxes portuaires considérables, s'il restait trop longtemps à Barcelone pour y effectuer son débarquement. Aussi a-t-il quitté la ville avec sa flottille au bout de quelques jours pour filer vers un autre port. Néanmoins, pendant le temps où il est demeuré dans son premier mouillage, on lui a rendu de grands honneurs, avec des banquets, des salves d'armes à feu, etc. Il a également fait dresser sur les quais du port une tente quadrangulaire ; on y a célébré la messe en sa présence ; à l'instant de l'élévation de l'Eucharistie, sa fanfare de douze trompettes s'est mise à sonner, avec ensemble. Puis don Juan est retourné dans sa galère, en mer ; la fanfare y a trompeté en chœur, et de plus belle. C'était très plaisant.

Quant aux navires de toute espèce qu'on voit dans ce port, je les ai déjà décrits à propos de Marseille, *supra*. En amont, vers la place des Promenades, au sud, se trouve l'arsenal de la ville, où l'on construit les galères : il y en a un grand nombre qui sont en chantier ; on ne manque de rien pour leur construction et leur lancement : une fois terminées, on les fait glisser sous un grand portail et, de là, elles n'ont plus qu'à se poser sur les flots. L'endroit où l'on garde la grosse artillerie est situé près de l'arsenal des galères, afin qu'on puisse toujours les équiper fin prêtes en vue de la guerre ; on construit aussi, dans cette zone d'arsenaux, toute sorte de navires de guerre et de chasse, grâce aux bonnes disponibilités en bois de charpente. Quant aux canons eux-mêmes, on n'a pas voulu nous les montrer : c'est à cause du passage, à Barcelone, de beaucoup d'étrangers ; dès lors, il n'entre pas dans les habitudes des gens de l'arsenal de faire visiter les dépôts d'artillerie : les bâtiments militaires et navals y sont puissamment vastes ; ils sont contigus à la porte du rempart de la ville ; dans l'arsenal proprement dit, on a érigé un bastion qui a des murailles de forteresse. En beaucoup d'endroits on peut voir des tours à forte capacité défensive, des bastions, et un rempart qui fait le tour complet de la ville. Barcelone, en conséquence, est tenue pour l'une des cités les plus fortes vis-à-vis d'un assiégeant, parmi toutes les villes espagnoles. Barcelone, en fait, comprend deux parties : la vieille ville ; et puis la nouvelle, autrement dit le faubourg.

La vieille ville est toute proche de la mer et elle est encore entourée de ses remparts anciens, ceux qu'avait construits Amilcar Barca. L'enceinte en question n'est pas très allongée, puisque aussi bien l'on n'y trouve que quatre portes, et plusieurs tours, elles-mêmes décorées de nombreuses têtes de bœuf : elles signifient la paix et le travail, et elles correspondent aux symboles carthaginois. La vieille ville contient les églises, les maisons, les rues très élégantes ; en particulier la rue des orfèvres : elle est très longue et l'on y voit presque uniquement des boutiques d'orfèvres ; celles-ci se succèdent à touche-touche les unes après les autres, des deux côtés de la voie. Elles se répartissent en deux catégories : certaines d'entre elles ne sont concernées que par l'argent-métal ; elles se chargent de l'élaborer. On les appelle des *plateros*. Les autres se spécialisent dans le travail de l'or : ce sont les *plateros qui labran oro,* autrement dit les *plateros* qui travaillent l'or. Tout cela vient du mot *plata*, qui veut dire « argent ».

Il y a aussi beaucoup d'autres rues où l'on vend des marchandises précieuses : d'icelles, j'en ai vu ainsi exposées partout, et de toute espèce ; on pensait en effet, à l'époque de ma visite, que le roi d'Espagne viendrait à Barcelone afin d'y accueillir sa fiancée[44]. C'est la raison pour laquelle nous sommes restés d'autant plus longtemps dans cette ville... en laquelle déjà on avait élevé à grands frais, pour honorer le souverain, de très hautes tours en bois sur lesquelles on devait représenter toute sorte de scènes triomphales. Nous avons vu des tours de ce genre près du marché aux poissons, non loin de la loge de douane. Sur ces entrefaites, le monarque fut informé que les Barcelonais,

fidèles à leurs vieilles normes juridiques, voulaient bien le recevoir et lui laisser faire son entrée chevauchante en leur ville à
la seule condition que ce fût comme comte de Catalogne, et non
comme roi d'Espagne. Dès lors Philippe III s'est décidé à orga-
niser l'accueil de sa fiancée dans Valence, où il a le titre de roi,
et non point dans la capitale de la Catalogne : c'est effectivement
ce qui s'est produit. Et pourtant, à diverses reprises, nous avons
vu arriver et débarquer à Barcelone de nombreux carrosses
destinés à la future reine, ainsi que les serviteurs d'icelle et ses
chevaux de carrosse. On les avait fait venir, afin qu'ils attendent
la venue de cette princesse. Les Barcelonais ayant appris que le
nouveau roi Philippe III se refusait à recevoir chez eux sa
fiancée, ils ont envoyé, à ce qu'on dit, un message à ce souverain. Ils proposaient, par le truchement de cette lettre, de payer
tous les frais du voyage royal dans leur ville et, en sus de tout
cela, de lui offrir encore deux cent mille couronnes supplémentaires [= six cent mille livres tournois de France]. À condition
qu'il veuille bien accueillir cette princesse sur leur territoire
barcelonais. Mais la seule chose qu'ils ont pu obtenir, c'est que
le souverain vienne chez eux pour faire son entrée chevauchante
en leur ville, mais après ses noces. Il fut quand même contraint,
à l'occasion de l'accomplissement de cette promesse, de frapper
trois fois de suite à la porte de la ville avant qu'on lui donne la
clef et qu'on lui ouvre cette porte. Un témoin oculaire de cet
épisode m'a donné toutes indications, ultérieurement, sur la
raideur avec laquelle les Barcelonais se cramponnent à leurs
anciennes coutumes juridiques.

Près de la loge de douane, s'étend une longue et large rue où
n'habitent que des tailleurs et des commerçants spécialisés dans
la vente des vêtements, qu'il s'agisse de vieilles frusques ou de
costumes neufs. Les uns et les autres, ils les vendent ou les
échangent, selon le cas. Tous les jeudis, ces marchands portent
leurs marchandises, vêtements, denrées, mobilier et ustensiles de
ménage sur l'emplacement qui est vis-à-vis de leur maison ; ils
les accrochent à des étalages qu'ils ont dressés pour la circonstance ; et ils les vendent à la criée, un article après l'autre, au
son de la trompette[a].

---

a. Erreur de TF19, p. 344 : « au son du tambour ».

Dans une autre rue encore ne demeurent que des cordonniers, des deux côtés de cette rue, là aussi à touche-touche, un étal après l'autre ; ils vendent des pantoufles de femmes, et qui sont très hautes, fort joliment peintes. J'en ai envoyé une paire à Bâle, parmi les plus basses que j'ai pu trouver. Dès qu'une dame est seule pour marcher avec ça aux pieds, c'est très pénible : en général, les femmes ainsi « pantouflées » se font accompagner par leurs serviteurs, qui marchent à leur droite et qui les soutiennent des deux mains. Vont-elles au bal ? Plusieurs d'entre elles ôtent ces pantoufles et s'assoient dessus comme s'il s'agissait de petites chaises.

Dans une autre rue, je n'ai vu que des potiers : ils vendaient de la très jolie vaisselle de terre en grande quantité. La plupart de ces vases sont vernissés, comme si on les avait peints avec de l'or. J'en ai envoyé un exemplaire à Bâle. Une autre rue encore : rien que des fabricants d'aiguilles. J'ai pu voir avec quelle rapidité ils façonnaient toute espèce d'aiguilles. J'en ai acheté une bonne quantité, plus chères que chez nous. En outre, j'ai dû payer des droits de douane à l'exportation quand je les ai envoyées en direction de Bâle.

Les résidences de nombreux marchands parmi les plus riches et les plus considérables de la ville sont contiguës au marché. Ils vendent, en abondance, des denrées précieuses ; et, dans le même genre, on y rencontre aussi plusieurs épiciers, et des apothicaires : ceux-ci disposent de nombreux remèdes, fort bizarres. Ils sont les seuls autorisés à vendre les *Dispensatoria*, livres spécialisés dans leur art, où sont imprimées les recettes pharmaceutiques. Le monopole de vente de ce genre d'ouvrages a été institué pour que de telles éditions ne tombent pas dans le domaine public ; et afin d'empêcher qu'elles ne soient portées à la connaissance du vulgaire, qui pourrait en faire mauvais usage. J'ai donc acheté l'un de ces volumes, et je l'ai expédié à Bâle.

Les boutiques des chirurgiens ou barbiers donnent sur la rue, complètement ouvertes. C'est là qu'ils vous taillent la barbe. Il y a seulement un rideau accroché à l'entrée qui s'interpose entre les passants et leur officine. Quand quelqu'un se fait raser, l'opérateur dispose la chaise en regard de la rue, et il tire en avant le rideau comme une toile de tente ; de sorte que cette étoffe déborde, à l'extérieur de l'immeuble, d'environ une coudée –

soit à peu près un pied et demi. La raison pour laquelle les barbiers agissent ainsi, à mon avis, c'est qu'ils n'ont pas confiance les uns dans les autres. Ils veulent donc que les passants voient quel client ils rasent, et comment ils le rasent. Lorsque la nuit tombe, ils mettent une chandelle face à leur plat à barbe, pour que leur travail soit d'autant mieux éclairé, quand on vient chez eux pour avoir recours à leurs services. Ils ont l'habitude de tailler très court la chevelure de la clientèle, pratiquement à même la peau. C'est pourquoi les barbiers trouvaient bizarre, quand je venais me faire coiffer, que je veuille garder mes cheveux longs, à la mode française[a].

Toutes les rues de la vieille ville sont pavées avec des dalles de pierre longues, larges, plates, bien taillées. Le tout est plat, en effet, droit, rectiligne, de sorte qu'on peut y marcher et y danser comme dans une salle de bal. Et partout, de par les rues, sous ces dallages, il y a des puisards donnant au-dessus des égouts, ce qui permet de véhiculer l'eau de pluie sous terre ; si longue que soit l'averse, on peut donc à tout moment, dans cette partie de la ville, se déplacer à pied sec, en restant propre : le fait est que ce réseau de puisards et d'égouts évacue vers la mer toutes les ordures et les eaux pluviales, puisque aussi bien la ville descend un peu en pente directement vers la mer.

Nous avons également pénétré dans une belle maison, celle du roi, qu'on appelle la Casa de la Deputacion. J'y ai vu la plus belle salle qui puisse exister. Car en ce lieu se trouvent les portraits de tous les rois d'Espagne, ainsi que de leurs femmes ou filles, à l'époque où ces dames étaient régentes. C'est de la peinture à l'huile, le modèle étant portraituré depuis le haut de la tête jusqu'à la ceinture. La collection est disposée dans l'ordre chronologique ; les portraits sont accrochés sur le mur du fond pour toute la série qui va jusqu'au souverain actuel. À vrai dire, ces portraits sont en si grand nombre que les quatre murs de la salle s'en trouvent complètement garnis. Le plafond est extrêmement haut, et le regard s'y perd comme dans l'intérieur d'une tour, tout entière ciselée en transparence, avec de belles colonnes, galeries et moulures qui sont dorées pour la plupart d'entre elles. Un éclairage naturel tombe du plus haut de cet

---

a. Francophilie plattérienne, ici ; implicite à tout le moins...

édifice, comme s'il s'agissait d'une lanterne ; ce qui n'empêche point, par ailleurs, que de nombreuses fenêtres jettent elles aussi une note très lumineuse et de toutes les couleurs. En somme, *in summa*, c'est presque indescriptible à quel point cette salle est belle. Au-devant de celle-ci, et en dehors d'elle, on a planté des orangers, des citronniers, hauts et superbes. À cet endroit, le dallage des carreaux émaillés, tel qu'on le voit partout ailleurs, fait défaut, mais une ouverture est évidée dans le terrain autour de chaque arbre ; elle fait environ huit pieds de diamètre, et elle est creusée plus en profondeur que le reste du sol. Et de fait les arbres bénéficient, pour chacun d'entre eux, d'une irrigation permanente. D'après ce qu'on nous a dit, on doit les arroser d'autant plus souvent, ces arbres producteurs d'agrumes, qu'ils se dressent en hauteur, en un lieu sec. Car en cette antichambre de la première salle, tout est en altitude, comme si l'on était en plein air, à ciel ouvert. Ces arbres donnent beaucoup de plaisir à regarder. Ils sont entourés de jasmin fort joli. On remanie sans cesse cet édifice, qu'on prépare pour l'arrivée du roi.

Juste à côté, dans les limites de ce même palais, se trouve le trésor, très bien garni, de l'entier pays de Catalogne, dont les clefs sont confiées à un assez grand nombre de responsables régionaux, parmi lesquels un médecin nommé Castello : l'année de ma venue, il était à la fois bourgmestre [= consul] et trésorier de la ville de Barcelone ; dans ce pays, en effet, la profession médicale accède communément aux charges politiques.

Le dirigeant le plus élevé en grade, à Barcelone, c'est le vice-roi, comme ils l'appellent en langue catalane. Il fait fonction de gouverneur royal. Il est choisi par le monarque ; au bout de dix années de service, son mandat est terminé. Sans perdre de temps, le souverain n'a plus qu'à lui désigner un successeur. C'est un poste très rentable et considérable. Aux côtés de ce gouverneur de la région, on trouve aussi un gouverneur de la ville proprement dite, ainsi que le Conseil de ville : l'hôtel de ville, somptueux, est bien construit. Quand on vient de l'extérieur, on peut y accéder en deux endroits différents par un escalier de pierre, selon les indications qu'on nous a données. Cet hôtel de ville est proche de la loge marchande de la douane.

Tout près du logis du vice-roi, sur la promenade qui est proche de la mer, on a commencé à bâtir un second port, à l'instar du premier, auquel j'ai déjà fait allusion précédemment. Si la digue neuve afférente à ce port neuf était prolongée jusqu'à la mer, on pourrait le fermer avec une chaîne, ce qui impliquerait un grand effort. Il y a peu de jeux de paume à Barcelone ; les gens y jouent encore avec des ballons de cuir durcis. Les cartes, les dés, voilà les amusements les plus répandus.

On trouve également à Barcelone, tout comme dans les autres grandes villes d'Espagne, une « maison des femmes » : elle leur est réservée ; elles y font résidence jour et nuit. Il s'agit d'une ruelle longue et étroite, fermée par une grande porte. Des deux côtés de cette venelle, au rez-de-chaussée, une série de chambrettes s'échelonne comme les cellules d'un couvent, l'une après l'autre. On en compte une quarantaine. Chaque prostituée réside dans l'un de ces pied-à-terre, en son particulier. Elles prennent leur repas chez un aubergiste, situé lui aussi dans ce même quartier. Elles versent à cet homme un prix de pension, et elles paient au roi l'impôt. La ruelle reste ouverte toute la journée, et chaque femme demeure assise devant le seuil de sa loge, en chantant, jouant du luth ou bavardant avec ses consœurs. Elles sont assises sur des fauteuils superbes ; elles sont vêtues de manière somptueuse ; elles n'ont pas honte d'aller et venir publiquement de par les rues, et elles ne s'estiment pas à moins haut prix que le reste de l'humanité. Il y a aussi un personnage qu'on appelle le roi (*el rey*) : il est toujours là à faire les cent pas, pour vérifier que personne ne vient semer du désordre. Les ordonnances de police à ce propos sont nombreuses, et l'on doit les respecter sous peine... de lourdes peines : interdiction totale par exemple de porter sur soi une arme ou un couteau, quand on pénètre dans cette rue. De même, un chirurgien est préposé au soin de ces dames : dès qu'il remarque que l'une d'entre elles est atteinte d'une maladie contagieuse ou de quelque affection ou infection, les autorités se chargent d'expulser cette femme hors de la rue bordelière par crainte que ses clients ne soient victimes de quelque inconvénient fâcheux. À Barcelone, on ne tient pas ce commerce pour un bien grand péché ; notons que leurs prédicateurs ne poussent pas contre icelui des cris d'orfraie, trop contents eux aussi de fréquenter la ruelle en question ; il y a du reste un curé spécialisé qui est préposé sur place : il dit la messe à ces femmes, il les entend à confesse, il célèbre encore d'autres offices ou *officia* en ce lieu. Tout ça pour qu'elles se convertissent, mais cela se produit rarement ; sauf quand elles sont vieilles et laides, de telle sorte qu'elles ne parviennent plus à gagner leur vie. Les gens pensent qu'il faut conserver de tels endroits, afin d'éviter des péchés plus grossiers encore, car les Espagnols sont chauds et très enclins au vice. On pense protéger ainsi les épouses et les filles honnêtes. Les gens du cru ont souvent fait état, devant nous, de telles motivations, celles-là ou bien d'autres qui ne sont guère différentes ; elles sont racontées dans leurs comédies et ailleurs.

Hormis tout cela, il y a encore bien des auberges insolites, des cabarets ou restaurants, des pâtisseries où l'on fait la débite des pâtés, et puis des commerces de vin et autres lieux du même genre. On y passe agréablement le temps, de toute sorte de manières.

Dans les auberges espagnoles, comme je l'ai indiqué précédemment, le patron ne doit au voyageur que la table et le couvert, et le lit tout fait, avec sa couverture. Quelqu'un veut-il faire la bonne vie, dans ce genre d'hôtellerie, en mangeant ou en buvant ? Alors il doit lui-même acheter sa nourriture. L'aubergiste, ensuite, n'a plus qu'à apprêter celle-ci, selon le goût du client, et de toute manière il s'acquitte de cette besogne à peu de frais. Mais le même hôtelier se rattrape sur le lit, ou sur d'autres formes de couchage, telle qu'une simple paillasse, car c'est là-dessus qu'il gagne. Tout le reste est taxé et ils ne peuvent rien prendre de plus, à titre de ristourne, sous peine de grave punition. C'est pourquoi aucun client n'est en position de marchander pour la nourriture. On paie ce qui est exigé.

Semblablement, chez les marchands de vin, tout est organisé pour le mieux. D'abord, on a personnellement la possibilité d'entrer dans leurs caves ; elles ne sont guère profondes. Ensuite, on s'y fait servir du vin ; exactement la quantité qu'on désire, soit qu'on en veuille seulement un peu ; ou même le simple contenu d'un unique petit verre ; là aussi le prix taxé fait l'objet d'un affichage, le texte d'icelui étant écrit sur parchemin, par les soins des autorités ; les parchemins eux-mêmes sont cloués respectivement sur chaque tonneau, et dûment scellés. Par-dessus le marché, les clients peuvent être gratifiés de petits biscuits faits avec du pain en forme de bretzels. On les donne en sus de la boisson. Donc, pour un pfennig, on peut boire et manger. Supposons que le voyageur n'apprécie pas la première gorgée de vin qu'on lui a fait goûter. Dans ce cas, on lui en donne d'un autre tonneau ! On peut tâter ainsi des variétés de vin les plus diverses : vin de grande qualité, appelé [à tort] vin corse[45] ; et puis malvoisie, vin des Canaries, de France, d'Espagne, et d'autres bons crus ; les débits de boissons, en effet, appartiennent à des gens très riches et ils stockent le vin en grosses quantités. C'est pourquoi beaucoup de messieurs fort distingués viennent à dos de mule jusqu'à ces cabarets, et ils s'y font servir du vin à suffisance. Parmi ces personnages, il en est plus d'un qui commence par dîner dans sa maison, et puis s'en va chevauchant sa monture en direction de ce genre de taverne, afin d'y boire un coup. Car il n'y a rien de honteux, si l'on est rencontré dans de tels endroits. Mais l'on n'y va que pour étancher sa soif. Il n'est pas question de s'y saouler[a].

À Barcelone, l'un des divertissements les plus marqués, c'est le spectacle des comédies. Pour elles on a construit des lieux spécialisés, autrement dit des *theatra*, dans lesquels tout le monde peut voir les pièces qu'on y joue, et la façon de les jouer ; les comédiens font leur métier d'acteurs sur une estrade. Quand il y a beaucoup de monde, les jeunes garçons orphelins qui sont pensionnaires de l'hôpital apportent beaucoup de sièges confortables et les installent sur le sol, là où il n'y a pas de siège. Les gens distingués s'assoient là-dessus ; ils paient au minimum un demi-réal par personne, c'est-à-dire un peu plus qu'un *batzen* ; et même plusieurs déboursent une somme supérieure. Tout cela, en une année, constitue un très gros revenu ; l'hôpital, qui en est récipiendaire, fait le meilleur usage de cet argent ; car la fortune des hôpitaux n'inclut pas seulement les sièges des spectateurs, mais aussi les théâtres eux-mêmes, sur lesquels ils prélèvent une redevance. Pendant les représentations théâtrales des comédies et autres divertissements du même genre, on fait également la quête au titre des dons d'aumône ; le but de ces collectes monétaires étant de bien rappeler aux spectateurs que, si l'on

---

a. Le thème de la sobriété méridionale par rapport à l'éthylisme des pays du Nord et de l'Est (germaniques, etc.) était déjà présent chez Felix Platter.

n'hésite point à dépenser de l'argent pour de tels spectacles, il ne faut pas pour autant oublier les pauvres.

À Barcelone, il y a en effet un hôpital, qui est très grand, très bien bâti. Je l'ai vu et je l'ai beaucoup admiré : il est vraiment somptueux. Et pourtant, on m'a fait savoir que cette institution n'a pas de revenus constants et assurés ; il en va de même des autres établissements hospitaliers en Espagne. Les uns et les autres, à Barcelone comme ailleurs, gagnent pas mal d'argent avec les recettes des spectacles auxquelles je viens de faire allusion. Pour le reste, les gens riches, appartenant à la haute société, leur fournissent journellement une si grande quantité de viande, de pain, de vin, d'argent, etc., que dans ces hôpitaux on ne manque jamais de rien, et même il y a du surplus.

Dans ces places consacrées aux activités théâtrales, j'ai vu de jolies comédies jouées par des Espagnols. Elles sont pleines de finesse, et fondées sur toute espèce d'histoires extraordinaires. Il est arrivé certain jour qu'un diamant précieux, monté sur un anneau, s'est perdu dans une assemblée de spectateurs de cette espèce de représentation théâtrale. Afin de le récupérer, on a incité tout le monde avec des paroles menaçantes à plonger la main fermée dans un baquet qui contenait du son, et ensuite ces mêmes personnes l'ont retirée ouverte. À la fin des fins, quand tout le monde y est passé, l'anneau s'est retrouvé au fond du baquet.

En une nouvelle salle de spectacle, qui se trouvait dans le faubourg, et qui n'était pas encore entièrement construite, un Français nommé Buratin a exécuté pendant quelques jours d'admirables tours de saltimbanque sur la corde raide. Celle-ci était tendue, très en hauteur, au-dessus du sol.

Et d'abord il a effectué, en s'aidant d'une première corde, une reptation ascensionnelle. Parvenu jusqu'à la corde bien tendue qu'on vient de signaler, il s'est retourné comme un singe par-dessus celle-ci, d'une façon vraiment extraordinaire, et puis il s'est suspendu à la corde tantôt par un bras, tantôt par un pied, sans être attaché.

Ensuite il s'est redressé, il a pris dans sa main, en guise de balancier, une longue perche et il a exécuté, toujours sur la corde (en faisant ses tours), des danses de toutes sortes, danses bizarres, compliquées, telles que des canaries, des branles, des gaillardes et d'autres du même genre. Partant de là, il s'est lancé dans les cabrioles de très haute dimension, et plusieurs fois une cabriole par-dessus l'autre ; et il a rebondi ; ce faisant, il se conformait entièrement au rythme et à la cadence que lui dictaient les instruments à corde, dont des musiciens, postés sur une estrade, jouaient à son intention.

Au cours de la phase suivante, il s'est débarrassé de son balancier et il a dansé une danse espagnole, avec des cliquetis de castagnettes qu'il manipulait des deux mains, selon la coutume de ce pays-là, et tout cela très joliment et artistement. Et le voilà maintenant qui fixe de hauts cothurnes à ses *chaussures* ; ainsi équipé, il court sur la corde en avançant, ensuite à reculons, sans cesser de se tenir bien droit, en station verticale. Il a encore dansé des danses bizarres, qu'on appelle *passomezo*, et d'autres de même catégorie[46].

Changeant de registre, il a fixé des balles rondes de jeu de paume à la semelle de ses chaussures et, par-dessus celles-ci, il a dansé, marché... Pour finir, il s'est fourré et quasiment ficelé dans un sac, ce qui ne l'a pas empêché de se déplacer encore et toujours sur la corde. Il a chargé sur ses épaules l'un de ses acolytes ; ainsi lesté, il a continué, sur corde, ses marches et ses pas de danse.

Au cours de toutes ces démonstrations de souplesse incroyable, il se laissait choir à mainte reprise, comme si carrément il tombait, ce qui ne l'empêchait pas de se raccrocher en s'aidant seulement d'un bras, d'une main ou d'un pied ; et puis encore il se mettait sur la corde en écartant les jambes, il tombait des deux pieds sur un seul côté – mais il était leste comme tout, et très habile ; il pouvait de nouveau toutes les fois s'élancer sur la corde, le corps bien droit, avec une telle rapidité et des postures si avantageuses que de ma vie je n'ai jamais rien vu de semblable. Très souvent les femmes poussaient des cris de terreur : ça y est, il tombe, il va se tuer ! Mais rien de fâcheux n'est jamais advenu en ce qui le concernait, du moins pendant mon séjour, quand j'assistais à son spectacle ; et tout le monde pensait qu'il y avait là-dedans beaucoup de sorcellerie ou des fantasmes oculaires ; sans quoi, ce genre d'acrobatie était impensable. Mais, en réalité, lui-même m'a affirmé que rien dans tout ça n'était surnaturel ; ses exploits résultaient simplement d'exercices d'entraînement longs et durables. C'était un beau jeune homme, costaud, célibataire, natif de Paris, à ce qu'il prétendait. Il m'a déclaré qu'avec cette activité il avait déjà mis de côté environ dix mille couronnes [= trente mille livres tournois] et qu'il les avait placées en France. J'ai pu constater que, pour ce qui était de l'argent, il n'était pas spécialement pingre ; ses gains correspondaient à ses désirs, mais il ne souhaitait pas jouer ainsi tous les jours : il désirait quitter sous peu ce métier d'acrobate, à ce qu'il disait.

Cette noble ville a aussi de nombreuses églises, grandes, bien construites. L'une des plus remarquables était proche de l'auberge où nous logions à l'enseigne du Bœuf ; ce sanctuaire est situé sur une hauteur et l'on y monte par un large escalier de pierre, bordé de superbes maisons, qui sont là en grand nombre. Près du cloître de l'église en question, dans une cour à usage de cimetière, on aperçoit une fontaine : elle a beaucoup d'allure. On y nourrit des oiseaux de mer en grand nombre, et de race souvent insolite. La ville a été de tout temps la résidence d'un évêque, *et l'évêché de Majorque est subordonné à celui de Barcelone*. D'après ce qu'ils affirment, saint Sévère[47] fut évêque de Barcelone ; et, longtemps après lui, saint Patianus[48] devait à son tour occuper ce même siège épiscopal, en 350 après Jésus-Christ. Les Barcelonais se font gloire également de ce que des saints martyrs en grand nombre ont habité sur place, à commencer par saint Cucufa[49] et sainte Eulalie[50], dont ils montrent volontiers les reliques à qui leur en fait la demande.

Ramon Berenguer, premier[51] du nom, était comte de Barcelone. C'était un vaillant guerrier, un héros : on dit qu'il a fait construire cette église épiscopale au temps du pape [?] Guillabert en l'honneur de la Sainte Croix[52] et de l'Église. C'était en l'an 1058 après la naissance du Christ. Berenguer a octroyé de nombreux privilèges au clergé de cet établissement ; il a donné, à l'évêché ainsi créé, des bornes territoriales et des frontières bien assurées. Cette église, il l'a pourvue aussi d'une quantité de cadeaux, assortis de la perception d'importantes redevances ; il s'y est fait inhumer, en compagnie de son épouse Almodis de la Narche. Sur la tombe, on peut lire l'épitaphe suivante :

« Ci-gît Ramon Berenguer, prince de Barcelone, comte de Gérone et margrave d'Auson. Après la mort de son père le comte

Berenguer, il n'a pas seulement reconquis les territoires de la
principauté de Barcelone, dont les Maures s'étaient emparés ;
mais il a également vaincu douze rois maures en bataille rangée ;
il les a obligés à lui payer le tribut ; et voilà pourquoi on lui a
donné le surnom de protecteur et de rempart des chrétiens. »

Outre cette cathédrale, il y a encore quantité d'autres églises
à Barcelone ici et là : leur nom m'est sorti de la tête.

Du 28 janvier au 2 février 1599, et même ultérieurement, j'ai
pris connaissance des monuments dont il vient d'être question ;
en ce même jour du 2 février, très précisément pour la fête de
la Chandeleur, j'ai vu défiler dans Barcelone une procession de
prêtres et de laïcs ; elle avait grande allure. Les participants bran-
dissaient d'innombrables cierges de couleur, aux formes
bizarres ; ils en ont fait cadeau, pour finir, aux églises de la ville.
Non loin de la cathédrale s'élève le bâtiment de l'Inquisition :
c'est une vaste construction ; elle est remarquable également par
sa hauteur. Elle est pourvue d'innombrables fenêtres, et elle est
située à proximité immédiate du palais épiscopal. Chaque fois
que j'ai regardé ce vaste édifice, je pensais à la très stricte action
répressive qui s'y exerce au nom de la religion, en fonction de
ce qu'on appelle l'Inquisition espagnole[53]. Tout cela est décrit
en long et en large dans le grand livre des martyrs[54]. En bref,
voici comment ça se passe : un homme laisse-t-il soupçonner,
par ses paroles ou par sa conduite, qu'il a de l'admiration pour
les partisans de l'Évangile[a] ? ou bien peut-on simplement
supposer qu'il ne les blâme pas ? ou encore a-t-on l'impression
qu'il n'a pas beaucoup d'estime pour les catholiques espagnols ?... Dès lors, les dénonciateurs portent plainte contre lui
auprès des jésuites, en d'autres termes *inquisitoribus* : « Cet
homme est un luthérien, un *luterano* » – c'est le seul mot qu'ils
utilisent pour qualifier les évangéliques, les protestants. Dès lors,
le suspect est immédiatement enfermé dans l'immeuble inquisitorial auquel je viens de faire allusion ; le voici incarcéré en
tant qu'hérétique ; il reste là-dedans pendant pas mal de jours ;
et même, de temps à autre, cet enfermement peut durer plusieurs
mois, sans qu'il soit procédé à un interrogatoire contre ce
prévenu, sans même qu'on lui demande pourquoi on l'a mis en

---

a. Il s'agit bien sûr des protestants.

état d'arrestation. Mais tout à coup les inquisiteurs de l'hérésie, comme ils s'intitulent, se mettent en tête d'agir ; ils viennent donc voir le prisonnier et ils lui demandent : « Pourquoi êtes-vous là ? » Si le prisonnier l'ignore, ils lui disent, eux, le pourquoi de sa détention. Ils lui demandent ensuite le genre de religion à laquelle il appartient. S'il répond : « Je suis papiste », ils l'interrogent : « Ton lieu de naissance ? Où t'es-tu confessé pour la dernière fois ? Idem, où s'est déroulée ta dernière communion ? » Quand l'individu interrogé leur a fourni les indications qu'ils demandent, ils le laissent croupir en prison et ils écrivent aussitôt à des correspondants qu'ils ont dans les endroits ainsi désignés, pour savoir ce qu'il en est. Le fait est que, grâce au réseau des jésuites, des capucins et des relais de poste, les inquisiteurs disposent des meilleures opportunités pour opérer ces vérifications. Apprennent-ils, au terme d'une telle procédure, que les affirmations de l'accusé sont démenties par les faits, ou peu s'en faut ? Ils l'examinent ; le voilà qui se contredit ; ils remarquent que l'homme est effectivement luthérien – alors ils le brûlent au bûcher sans autre forme de procès, en tant qu'hérétique, parce qu'il leur a débité des mensonges.

L'homme avoue-t-il en revanche qu'il est de la religion [réformée], qu'il veut s'améliorer et devenir catholique romain ? En ce cas, on lui donne lecture de tous les articles de foi qu'il doit s'efforcer de croire catégoriquement et on les lui inculque presque une fois par semaine, pendant une période de temps très longue. Puis, quand ils pensent qu'il est maintenant bien affermi dans sa nouvelle foi et qu'il ne risque plus de trébucher, ils le libèrent de l'état de stricte incarcération dans laquelle il se trouvait jusqu'alors. Mais il doit encore séjourner deux ans dans ce même palais inquisitorial ; il doit aussi être revêtu en permanence d'une longue robe sur laquelle sont figurés, outre une grande croix, des diables nombreux qui tâchent de l'entraîner en enfer ; en contrepartie, sur la même robe, sont dépeints les inquisiteurs et les anges qui le tirent de là. En cet équipage, le malheureux doit participer à toutes les processions et à toutes les activités, *actibus*, à l'occasion desquelles d'autres personnages accusés d'hérésie sont brûlés, eux, à cause de leur foi ; et le but de l'opération, c'est que tout le monde puisse voir que cet homme a été luthérien et qu'il s'est converti au catholicisme.

Mais supposons que l'homme en question se refuse absolument à changer de conviction ; qu'il ne veuille dire oui à aucun de leurs articles du dogme. En ce cas, ils s'efforcent encore pendant quelque temps de le convertir. Mais enfin, dès qu'ils ont sous la main une petite fournée de personnages récalcitrants du même acabit, ou bien même si l'homme en question est seul de son espèce, alors ils l'expédient dans une grande ville, où de nombreux prisonniers coriaces d'un genre analogue sont disponibles ; ou bien même ils le mènent carrément tout seul en tant qu'hérétique au bûcher, cet événement ayant un caractère public. En vue du supplice, il porte un vêtement ou une longue robe entièrement peinturlurée de diables qui l'entraînent en enfer, tout en le tourmentant ; et puis il est brûlé vif d'une façon tout à fait atroce. Ensuite il a son effigie dans l'église, peinte au milieu des flammes, avec son nom inscrit sur ce tableau. Le supplicié, à en croire les inquisiteurs, est promis par ce procédé à une ignominie éternelle. Telle est leur opinion. Les victimes en revanche doivent considérer leur destin comme un honneur spécial ; elles doivent s'estimer heureuses, et elles le sont en effet, par le seul fait qu'elles furent astreintes à cette obligation tragique d'être martyrisées et brûlées pour le nom du Christ et pour sa vraie religion. Tous les livres d'histoire et autres martyrologes sont remplis d'exemples semblables.

Il y a aussi, à Barcelone, une université dont la grande réputation s'étend au loin. On y trouve toutes les facultés : l'art de Raymond Lulle (qui lui-même était né dans la ville de Majorque, située dans l'île du même nom) y est enseigné en tout temps par un professeur désigné spécialement pour cela[55]. Mais récemment le dernier titulaire de cette chaire « lullienne » a été atteint de surdité et de sénilité ; il en est mort.

On dénombre vingt-deux médecins à Barcelone, parmi lesquels six professeurs ; ils font des cours magistraux et procèdent à des disputations. Le docteur Mediona[a], parmi eux, a été nommé chancelier et *protomedicus*, autrement dit « premier médecin ».

Les médecins et aussi des lettrés ou intellectuels appartenant à d'autres disciplines peuvent à l'instar des nobles être revêtus,

---

a. Et non pas Medisma, erreur de TF19, p. 432.

le cas échéant, de toute espèce de postes politiques, comme ceux de légats, bourgmestres, chefs de guerre... C'était le cas par exemple de deux docteurs, nommés Cascanes[56] et Solers : ils étaient médecins et en même temps, à l'époque, bourgmestres [= consuls] de Barcelone ; cette ville, à part entière, les avait envoyés comme *ambassadores* auprès du roi d'Espagne. Quant au docteur Castello, je l'ai accompagné de côté et d'autre dans les maisons barcelonaises au titre de sa consultation médicale ; nous nous conformions ainsi, lui et moi, à cet usage que j'avais vu pratiquer à Montpellier. J'ai déjà signalé que Castello avait été consul et garde du trésor de Barcelone.

Au cours de notre séjour en cette cité, nous sommes sortis de la vieille ville pour pénétrer dans le ci-devant faubourg *extra muros. On pouvait encore subodorer, d'après la position de l'ancienne enceinte, que cette ville dans le temps n'avait été qu'une petite bourgade : elle ne s'écartait alors du rivage de la mer que de la distance d'une « course de chevaux[a] ». Elle avait, dans sa forme première, quatre portes, elles-mêmes encadrées par des murs d'enceinte élevés, à égale distance les unes des autres, formant le carré en direction respective des quatre points cardinaux. Tout ce petit quadrilatère se situe maintenant au centre-ville, dans le cadre plus vaste de la Barcelone actuelle. Mais, à cause de l'essor démographique citadin, la ville s'est accrue en deux vagues d'expansion, sous les espèces et apparences de charmantes maisons et d'églises splendides. Et à deux reprises, corrélativement, Barcelone s'est entourée de deux nouvelles enceintes concentriques, successives, emboîtées l'une dans l'autre : murailles puissantes, superbes tours...*

Aussitôt après, nous sommes allés au collège de médecine. Arrivés là, nous nous sommes mis à l'écoute d'un étudiant qui disputait *pro gradu*, c'est-à-dire pour l'obtention du doctorat. On nous fit cadeau également, à nous deux, d'exemplaires de ses thèses, dans la salle de soutenance. Nous pûmes donc disputer l'un et l'autre contre lui[b]. Quand quelqu'un a terminé d'argumenter ainsi disputativement contre le candidat, on apporte à

a. Une « course de chevaux » (*Rosslauf*), soit moins d'une centaine de mètres, dans l'ancienne métrologie allemande.
b. Fin de la fiction selon laquelle Thomas Platter, à son entrée en Espagne, était marchand de blé...

l'argumenteur une paire de gants de cuir parfumés, comme cadeau de remerciement. J'ai envoyé le tout à Bâle, je veux dire les thèses, et les gants dont je fus gratifié. Les discussions, pendant la soutenance, se sont déroulées dans un latin très pur ; les murs de la salle des séances étaient tendus de tapisseries somptueuses. Les docteurs en médecine, très nombreux, étaient assis sur les bancs des gradins supérieurs ; les étudiants en revanche garnissaient les bancs d'en bas, autour de la salle. L'ordre hiérarchique, en cette affaire, est beaucoup mieux observé qu'en France. Le candidat, *candidatus*, avait fait ses études et accompli son *cursus* à Valence. Le jury avait donc tendance à le cuisiner de façon plus énergique, en tant que « horsain ».

Dans le faubourg, qui n'est autre que la ville neuve, nous avons vu également de beaux jardins, en grand nombre : les oranges, citrons, limons et grenades y viennent à l'air libre, sur leurs arbres fruitiers, comme dans nos vergers bâlois les pommes et les poires. Pommiers et poiriers, on n'y prend seulement pas garde ; j'en ai vu un très grand nombre hors de Barcelone. Dans les champs, il y avait quantité de pommes qui étaient restées attachées aux branches ; elles étaient destinées, pour la plupart d'entre elles, à servir de projectiles, d'un camp contre l'autre, lors des « batailles » du Carnaval. J'y reviendrai dans la suite de ce récit. *Il y avait aussi beaucoup de beaux palmiers, un peu partout, dans les jardins de la ville.* Dans l'une de ces ortalisses[a], j'ai vu un très grand figuier d'Inde[b]. Les dimensions de son feuillage à la base de l'arbre étaient comparables[c] aux miennes, celles du milieu de mon corps. Mais les feuilles du haut de la plante avaient été coupées.

La ville neuve se compose presque entièrement de jardins, et de maisons de plaisance. Et pourtant cette section « moderne » de Barcelone détient de solides positions défensives grâce à une enceinte pourvue de remparts, de portes et de fossés. Une telle structure fortifiée, « enveloppante », est donc du même ordre

---

a. Ortalisse : jardin, en Languedoc.

b. Figuier d'Inde, ou figuier de Barbarie, autrement dit *Opuntia* ou cactus, plante venue du Mexique jusqu'en Espagne et dans la zone méditerranéenne, au XVIe siècle.

c. Le cactus apparaît à Platter comme un « arbre ».

que celle qui à l'intérieur de l'espace urbain entoure la vieille ville ; si l'on faisait disparaître la vieille muraille entre l'ancienne cité et la nouvelle, on jurerait que les deux villes n'en font qu'une.

La zone suburbaine est aussi plaisante que belle, plantée d'orangers elle aussi. On y trouve, par ailleurs, des végétaux exotiques. Non loin de la ville, on est en présence d'une forêt, peuplée de pins pignons ; lors de notre trajet entre Gérone et Barcelone, on était en train d'abattre leurs fruits et j'ai expédié vers Bâle quelques-uns d'entre eux. Ils sont si lourds et si gros que, quand ils vous tombent directement sur la tête, le choc peut être mortel.

À plusieurs reprises, nous avons franchi la porte du rempart en direction de l'*extra muros* ; nous pouvions alors regarder les pêcheurs qui tiraient le grand filet. La mer est ici bien moins poissonneuse que ce n'est le cas dans la zone maritime qui baigne la région montpelliéraine. Nous avons remarqué ce déficit « halieutique » du côté catalan, et les pêcheurs locaux l'ont volontiers reconnu.

Quant aux coquillages, le déficit est du même ordre : ils ne sont guère variés et, pis encore, on n'en trouve presque pas sur le littoral barcelonais, par comparaison avec le Languedoc[a]. Constatation analogue, enfin, sur le marché aux poissons : on y vendait, d'après ce que nous avons observé, presque uniquement des sardines, petits poissons s'il en fut jamais.

Au total, nous sommes restés six jours à Barcelone. Il se trouve que nous voulions quitter l'Espagne avant Pâques pour être de retour en France. Compte tenu de ces impératifs chronologiques, nous sommes donc partis de Barcelone pour nous rendre au monastère de Montserrat.

Voyage dans le célèbre monastère de Notre-Dame de Montserrat [354]

Le 4 février, nous avons pris notre petit déjeuner matinal. Puis ce fut le départ : nous sommes passés par le village d'Hospitalet, soit une lieue de distance depuis Barcelone[57]. Ensuite, San Juan

---

a. Épuisement précoce des sites de pêcheries, et autres, sur la côte catalane ?

Despi, une demi-lieue de plus ; San Feliu de Llobregat, encore une demi-lieue. À San Feliu, nous avons bu un coup. Puis est venu Molins de Rey, une demi-lieue. De là, nous avons poursuivi notre route jusqu'à la rivière de *Llobregat* ; nous l'avons traversée en barque ; aussitôt après, nous étions rendus au village de San Andrès de la Barca, et cela faisait une lieue supplémentaire depuis Molins de Rey. Enfin, nous sommes arrivés dans la ville de Martorell, soit une lieue de plus, la dernière de cette journée.

Martorell [354]

Cette ville est située au bord d'un petit cours d'eau qui sert d'affluent au fleuve du Llobregat, celui-là même que nous avions traversé grâce au bac de San Andrès de la Barca. *Le Llobregat se jette dans la mer non loin de Barcelone.* Martorell se présente comme une cité tout en longueur, et point large du tout. Elle est à mi-chemin (ou un peu au-delà) entre Barcelone et Montserrat. Nous y avons pris le repas du soir. Sur ces entrefaites, plusieurs femmes se sont présentées et elles nous ont demandé quelque argent pour venir en aide à deux jeunes fiancés afin qu'ils puissent se marier : leur pauvreté, jusqu'alors, les avait empêchés de convoler.

Le 5 février 1599, nous sommes sortis de Martorell après un long trajet à l'intérieur de cette ville qui est en effet très allongée. Au débouché de la porte du rempart, nous sommes tombés sur un cours d'eau. Nous avons dû payer l'octroi pour passer le pont. Et puis, *via* le village de Brera, situé à une demi-lieue de Martorell, nous sommes arrivés dans la ville d'Esparraguera, encore une demi-lieue depuis Brera.

Esparraguera [355]

Cette ville aussi est très étroite et longue, comme le sont tous les villages et bourgades entre Barcelone et Montserrat. Les gens ne bâtissent point dans les zones latérales de la ville ; ils construisent seulement en longueur afin que tous puissent habiter sur la grand-rue, qui n'est qu'un prolongement de la grand-route. Si la ville avait été bâtie en rond, elle serait l'une des plus grosses villes d'Espagne. La raison de cet état de choses

« longiligne », à mon sens, c'est qu'on a voulu, ce faisant, pouvoir construire davantage d'auberges, qui sont très bien fournies en lits et en draps. Mais tout le reste (nourriture, etc.), il faut le faire venir d'ailleurs ; et c'est spécialement pénible pour le voyageur étranger, surtout quand on doit se procurer le vin à un bout de la ville, et le pain dans un tout autre secteur de celle-ci. Nous n'avons pas fait escale en cet endroit, et nous avons poursuivi notre chemin jusqu'au bourg de Collbató (à une lieue de Martorell). Ce lieu-dit est situé au pied de la montagne sur laquelle se trouve le monastère de Montserrat.

D'après ce qu'on raconte, il était une fois un frère de la communauté de Saint-Jacques, originaire de Thurgovie [Suisse]. Venu en ce bourg de Collbató, il avait considéré la haute montagne ; ce jour-là, elle était ensevelie dans les brouillards. S'étant immobilisé, debout, il a levé les yeux vers Montserrat, et il a fait la déclaration suivante : « Monter sur cette horrible haute montagne, moi, jamais ! Je sais bien qu'elle grimpe jusqu'au ciel. Si j'osais faire ça, je finirais par tomber mort de fatigue, en cours d'ascension. » Et du coup, bien que ce voyageur se soit engagé à effectuer le pèlerinage jusqu'au monastère de Notre-Dame, il y a renoncé ; il a fait demi-tour et il est retourné en Thurgovie. Une fois rentré, il a raconté d'horribles histoires à propos de cette haute montagne.

Nous bûmes un coup, au bourg de Collbató, puis nous avons commencé l'ascension de la montagne ; dans la soirée, nous sommes arrivés au monastère de Notre-Dame de Montserrat, à raison d'une lieue de parcours[58]. Pour y parvenir, nous avons couvert presque la moitié de l'itinéraire qui mène depuis la base jusqu'au sommet de la montagne de Montserrat. Le nom de Montserrat fait allusion à la présence, sur la crête, de plusieurs hauts rochers, pointus, isolés ; ils se dressent à pic en forme de pyramides. C'est comme si l'on évoquait, en latin, un *mons serratus*, une montagne sciée, bref un mont découpé avec une scie ; c'est comme si l'on se représentait le Seigneur Dieu en train d'utiliser une scie pour partager le massif montagneux en plusieurs parties, de façon à faire se dresser tout droit de nombreux sommets isolés.

À peine entrés dans le monastère, nous avons dû déposer nos armes dans une grande salle, où l'on peut lire en grosses lettres l'inscription suivante : *Aqui se dexan las armas*, autrement dit, c'est ici qu'on laisse les armes[a]. Cela fait, on nous a donné à chacun un fragment de bois servant de signe, cependant qu'on posait sur nos armes un fragment exactement semblable, le tout pour qu'on puisse reconnaître notre armement et nous le restituer, au moment où nous allions ensuite le récupérer, en vue de prendre le chemin du retour.

L'étape suivante de la visite nous a menés jusqu'à un vestibule, auquel nous avons accédé par un escalier en colimaçon. Là, un personnage nous a interrogés ; je pense qu'il s'agissait du camérier ou camerlingue de l'établissement. Il nous a demandé qui nous étions, d'où nous venions et ce que nous désirions. Je lui ai répondu : « Nous sommes allemands ; nous venons de Barcelone ; nous nous sommes rendus préalablement dans cette ville, pour y assister à l'arrivée de la reine et à son mariage. Toujours à Barcelone, nous avons appris que nous nous trouvions à proximité de l'illustre monastère. Nous avons donc fait route dans sa direction, afin de le visiter, afin de visiter aussi les cellules isolées des ermites. » Le camérier nous a demandé de lui céder une contremarque, en échange de la clé qu'il a mise à notre disposition. Elle donnait accès à une chambre qui nous était destinée, et dans laquelle il y avait deux lits munis de draps blancs. Il nous fournit encore d'autres indications : nous devions, dit-il, envoyer notre laquais vers les étages inférieurs, aux cuisines. Là, on lui donnerait assez de pain et de vin pour nous trois. Si nous souhaitions également qu'on nous fournisse du poisson ou d'autres choses, on pourrait nous les procurer pour un prix modique. Et le cuisinier se chargerait de préparer ces victuailles selon nos souhaits, sans que nous ayons à dépenser quoi que ce soit en supplément : c'est bien ce qui s'est produit.

6 février 1599 : le matin, de bonne heure, nous avons pris un guide ; dès la sortie du monastère, nous sommes arrivés à l'aplomb d'un rocher qui, dressé verticalement, nous faisait face à la manière d'un mur. On y a découpé des marches dans la pierre, taillées en zig-zag. L'ascension est protégée de place en place par des garde-fous. Nous avons effectué notre montée tout au long de ces gradins ; le trajet fut bref et nous sommes

---

a. Traduit par nous à partir de la traduction allemande de Platter (LRL).

parvenus à l'entrée de la cellule d'un ermite. Elle s'appelait, je crois, San Onofre. Et quand on est juché à son emplacement, on peut encore voir le monastère et entendre ce qui s'y discute ! Nous avons continué à grimper et sommes arrivés à la hutte d'un autre ermitage ; on l'appelle, d'après mes souvenirs, le Désert de Sainte-Madeleine ; il est situé à une demi-lieue du monastère ; en dépit d'une telle distance, celui-ci demeure visible depuis ce « Désert » et l'on peut même entendre ce qui s'y dit, presque comme si l'on y était. Cette facilité d'audition s'explique par l'à-pic du rocher. En revanche, le trajet proprement dit qui mène du monastère à Sainte-Madeleine contraint le voyageur à faire un long détour.

Au terme de l'étape suivante, nous avons gagné un ermitage qui s'appelle la Solitude de Saint-Jean, bâti au sommet d'un piton. De toutes les cellules d'ermites, au nombre de huit en tout, que nous avons considérées lors de cette excursion, celle-ci [Saint-Jean] nous a paru être la plus belle, et la plus magnifiquement ornée. À partir de cette petite maison, depuis le dessus d'un cabanon, nous avons pu apercevoir les îles de Majorque et de Minorque. Il faisait grand beau temps, clair, et l'on voyait très bien ces deux îles, comme si elles étaient à dix lieues de nous, pas davantage, alors que leur véritable distance, en fait, est de plus de soixante lieues[a] ! On peut juger par là de l'altitude élevée de telles cellules monacales. L'ermite de Saint-Jean nous demanda : « Qui êtes-vous ? » Nous lui dîmes que nous étions allemands, et nous ajoutâmes, comme tout à l'heure lors de notre dialogue avec le camérier, que nous étions d'abord venus à Barcelone pour assister aux noces du roi d'Espagne. Nouvelle question de l'ermite : « Y a-t-il encore beaucoup de luthériens en Allemagne ? » À quoi nous rétorquâmes : « Oui, un bon nombre, spécialement en Saxe. » En Espagne, les gens n'arrêtent pas de s'étonner, en se demandant quel genre de personnes peuvent bien être ces luthériens ; car de ceux-ci, les Espagnols sont complètement ignares. Les seules informations dont ils disposent sont celles que leur dispensent les curés quand ils

---

a. Non ! Mais il s'agit peut-être de lieues marines, beaucoup plus courtes que les lieues terrestres. Le terme « mille marins », en ce cas, serait plus exact, de notre part.

prêchent en chaire. Ici, pas moyen d'avoir un livre protestant[a] : personne n'aime parler des luthériens, ni expliciter leur façon d'être, car dans ce cas on est immédiatement confronté à l'Inquisition, comme je l'ai signalé précédemment.

Ensuite, nous avons encore visité, chemin faisant, cinq autres cellules d'ermites ; ce qui fait qu'au total nous en vîmes huit, lors de notre excursion de ce jour. Quelques-uns parmi les ermites nous ont donné du fromage et du pain à manger ainsi que du bon vin à boire. Ce n'était pas de refus, de notre part. D'autres pensionnaires de ces habitats érémitiques nous ont fourni quelques amusements et distractions en nous montrant des petits oiselets, tels que des chardonnerets et des linottes[59], qui sont là à voleter dans les jardinets des huttes. Autant dire que ces oiseaux sont apprivoisés. Ils arrivent à tire-d'aile pour se poser sur la bouche ou sur les mains des ermites, et de même ces oisillons leur mangent le pain sur la bouche et sur les mains ; à la suite de quoi les ermites leur rendent la liberté et les laissent s'envoler dans la nature. Les personnes superstitieuses voient du miracle là-dedans, et attribuent ces phénomènes ornithologiques à la grande piété des ermites. En réalité, je pense qu'il s'agit là de choses très faciles à comprendre, car ces petits oiseaux ont l'habitude de séjourner à de telles hauteurs, lesquelles ne sont terrifiantes qu'en apparence ; personne ne vient les effaroucher ni les chasser, et ils trouvent à se nourrir près des ermites ; ils les suivent ; peut-être même ont-ils été accoutumés à cette familiarité humaine depuis leur petite enfance dans le nid. En France aussi, de la même manière, on dresse les moineaux à suivre l'homme, au fil de leur vol.

Il y a au total douze cellules d'ermites en divers endroits, éloignées les unes des autres. Il est donc très difficile de les visiter toutes en une seule journée. À vrai dire, il y a peu de pèlerins qui font ainsi cette tournée générale des douze sites, puisque aussi bien il suffit d'avoir visité une seule cellule pour être absous de ses péchés ! Voici donc, dans l'ordre, l'énumération de cette douzaine de cellules, l'une après l'autre. Le premier ermitage, tout en haut de la montagne, est aussi le plus éloigné du monastère ; il s'appelle Saint-Jérôme[60] ; nous ne

a. Grosse différence d'avec la bibliothèque des jésuites du collège rhodanien de Tournon.

l'avons pas visité. Le deuxième, situé un peu plus bas, c'est Sainte-Madeleine, que nous avons vu. Le troisième, encore plus proche du monastère : San Onofre[61]. Le quatrième : San Juan. Le cinquième : Santa Catalina[62]. Le sixième, Santiago, autrement dit Saint-Jacques, est situé[63] à plus d'une demi-lieue du monastère. Et pourtant, dans cette cellule autrement dit chapelle, on entend chanter la messe et résonner les orgues du monastère. Auprès de ce sixième ermitage, un peu en contrebas, se trouve la chapelle dédiée à saint Michel ; à une portée d'arquebuse de celle-ci s'ouvre, près d'un gros rocher, la grotte profonde dans laquelle on a découvert l'image de Notre Dame, la mère de Dieu. Cette statue de la Vierge est en pierre d'ardoise noire, et je l'ai vue sur le grand autel de l'église du monastère, ce dont je parlerai ultérieurement. Le septième ermitage, c'est Saint-Antoine. Le huitième, c'est San Salvador (« Notre Sauveur »), près duquel est plantée une roche vive dont la hauteur est de mille coudées[a]. Le neuvième, San Benito[64]. Le dixième, Sant Anna : c'est là que tous les ermites se rassemblent pour les jours de fête. Ils s'y confessent et entendent la messe. Ensuite chacun s'en retourne chez soi, et va se retirer dans sa cellule. Aux alentours de cet endroit solitaire poussent des arbres qui restent verts toute l'année. Le onzième ermitage, c'est la Trinidad, la Trinité : un bel édifice, bien construit. Le douzième, c'est Santa Cruz, la Sainte-Croix, l'ermitage le plus proche du monastère. On peut en ajouter un treizième, celui *del buen ladron Dimas*[65], du bon larron ou bon meurtrier Dimas ! À mon avis, c'est en ce lieu qu'a résidé Juan Guarin, *alias* Jean Gerin.

À propos de ce personnage, on m'a rapporté comme étant véridique une merveilleuse histoire, qu'on n'a pas le droit de mettre en doute[66]. La voici :

À l'époque où Grife Pelos, premier comte de Barcelone[67], était au pouvoir, en 880, il y avait un saint ermite qui demeurait sur la montagne de Montserrat. C'était le frère Jean Guarin[b] : il se rendait souvent à Rome et, lorsqu'il arrivait dans cette ville, les cloches en grand nombre se mettaient d'elles-mêmes à

a. La coudée biblique serait de 43 cm (Sam. 17, 4). À raison de 30 cm seulement, la roche en question serait haute, déjà, de 300 à 400 m.

b. C'est l'orthographe qu'a utilisée l'Index de l'édition 1968 de Thomas Platter junior.

sonner, pour donner témoignage de sa sainteté. C'est pourquoi le pape, les cardinaux et le peuple romain l'aimaient beaucoup. Et, de ce fait, quelques personnes, motivées par la jalousie, ordonnèrent à deux diables d'induire en tromperie le saint frère : l'un d'eux a revêtu le costume ecclésiastique d'un frère ; il s'est présenté dans cet accoutrement à Jean Guarin et il l'a prié de le prendre avec lui, puisqu'il voulait lui aussi quitter le monde et servir Dieu. Le vrai frère Guarin, par un mouvement d'affection, a obtempéré à cette requête ; comme il avait coutume d'habiter seul, il a indiqué au faux frère un autre ermitage, tout proche du sien ; cet autre ermitage, on l'appelle aujourd'hui encore la caverne ou *cueva* du diable. On me l'a montrée, elle aussi, mais depuis l'époque de ces événements aucun ermite n'y a plus jamais résidé. Le diable-moine y a fait sa demeure pendant une bonne période ; il y jouait la comédie du parfait saint homme.

L'autre diable, entre-temps, s'est rendu auprès de la fille du comte de Barcelone : elle était belle et délicate. Quand on a voulu le chasser du corps de cette fille qui était donc devenue une possédée, ce deuxième diable a fait savoir qu'il ne pouvait ni ne voulait quitter la place : le saint frère Jean Guarin de Montserrat, par ses prières, était seul capable de l'en déloger. Tout aussitôt le comte a mené lui-même sa fille à Montserrat, et il a prié frère Jean de bien vouloir expulser ce diable hors du corps de la jeune personne. Jean a fait sa prière, et le résultat qu'on recherchait fut obtenu : on a vu effectivement le diable en question qui sortait du corps de la fille avec toute sorte de gestes bizarres. Et il disait : « Si la jeune fille ne prolonge pas son séjour auprès du frère Jean pendant neuf jours encore, je m'emparerai d'elle à nouveau. » À la suite de quoi, le comte a prié le saint frère avec beaucoup d'insistance : « Ma fille est guérie. Je te prie de bien vouloir la garder auprès de toi pendant neuf jours supplémentaires. » Une telle demande était spécialement pénible au gré de frère Jean. Néanmoins, il ne pouvait pas opposer de refus à la requête comtale, étant donné que le demandeur s'était exprimé d'une manière si énergique.

Entre-temps, le diable avait déployé toutes ses ruses pour que frère Jean commette des péchés gravissimes. Il a commencé par le rendre amoureux de la jolie fille. La situation était telle que

Jean avait l'impression de brûler vif à force d'amour. Jean a pourtant opposé à cette passion une très longue résistance, jusqu'au moment où il a pu croire qu'il parviendrait à prendre ses distances d'avec cette fille. Il a donc demandé à son voisin [l'autre diable] comment il devait se comporter. L'interlocuteur lui donna son avis : « Tu dois demeurer auprès d'elle. » Jean s'est donc conformé à cet avis, lequel émanait d'un personnage qu'il croyait être un grand saint. Mais la faiblesse de la chair, si je puis dire, fut la plus forte. Il a été bientôt vaincu par son amour, il a violé cette vierge et il a pris son plaisir avec elle ; mais, tout de suite après l'acte, il a éprouvé des sentiments de vif repentir et il a tout raconté à son voisin, le diable incarné en moine ; il lui a demandé conseil, pour savoir comment il devait se comporter. L'autre lui a dit d'assassiner la fille, pour que son péché de viol ne soit jamais révélé et pour qu'il ne perde pas la foi ni non plus la confiance dont il jouissait parmi le peuple. Chose dite, chose faite.

Là-dessus, huit jours s'écoulent et le comte de Barcelone survient pour rendre visite à sa fille. « Ta fille, dit frère Jean au comte, a quitté la cabane pour aller dans la montagne. Je ne l'ai pas revue depuis. Je pensais qu'elle s'en était allée pour rentrer chez elle avec sa servante. » Le comte a donc cherché sa fille partout dans la montagne, mais il n'a pas pu la retrouver. Il a fini par croire qu'elle avait été mise en pièces par les bêtes fauves, et il est revenu tout triste à Barcelone[a]. Quant au faux ermite [le diable], il a pris contact aussitôt avec frère Jean ; il lui a dépeint l'énormité de sa faute, afin de le désespérer. Par la même occasion, il lui a dévoilé son identité : « Je suis un diable », lui a-t-il déclaré. Jean était donc proche du désespoir. À la fin, il a pourtant repris courage, il est tombé à genoux, il a demandé pardon à Dieu, et il a décidé de faire le voyage jusqu'à Rome, et de s'y confesser. Le pape l'a absous de son péché, mais sous condition d'accomplir la pénitence suivante : Jean ferait le chemin du retour, depuis Rome jusqu'à Montserrat, à genoux nus ; Jean aurait également interdiction, au cours de ce trajet, de lever son visage vers le ciel – et cela jusqu'à ce

---

a. Cette histoire est censée se passer en 880 ; or c'est l'époque de la fondation du monastère de Montserrat. S'agissait-il d'un mythe de fondation ?

qu'un enfant nouveau-né lui ordonne de se tenir debout derechef sur ses jambes. Frère Jean était parfaitement satisfait par cette absolution et il a obéi avec assiduité à l'injonction papale pendant sept années ; peu à peu ses vêtements sont tombés en haillons, de sorte que son corps s'est couvert d'une grande quantité de poils, au point qu'il avait pris très exactement les apparences d'une bête sauvage. Il ne faisait que se traîner sur ses genoux ; il vivait d'herbes et de racines.

Longtemps après, comme le comte de Barcelone chassait sur la montagne de Montserrat, ses chiens ont débusqué frère Jean et ils ont lutté à qui mieux mieux pour le capturer. Quand les chasseurs ont vu ce qui se passait, ils ont piqué Jean avec leurs épieux ; ils croyaient que c'était une bête sauvage, car il était couvert de poils comme le serait un ours[68]. Mais quand ils se sont rendu compte de son côté innocent et inoffensif, ils lui ont jeté, sur ordre du comte, une corde autour du cou et ils l'ont conduit à Barcelone. Ils ne savaient pas quel genre d'être c'était, car il ne disait pas un mot. On l'a simplement gardé dans la cour, en compagnie d'autres animaux ; là, on lui donnait de l'eau et du pain comme aux autres bêtes sauvages. Sur ces entrefaites, la comtesse de Barcelone accouche d'un garçon, et peu après le comte donne à sa cour un grand banquet. Il y avait là, invités, les consuls de Barcelone et des personnages extrêmement distingués de la ville. Les uns et les autres ont prié le comte de bien vouloir amener la bête sauvage jusqu'à la table du festin. En fait, parmi les invités, personne ne savait quel genre de bête c'était. Peu après, on a apporté à la table du banquet le bébé comtal. Et voilà que ce Tout-petit aperçoit frère Jean en train de manger un morceau de pain sous le banc, comme ferait un chien. Du coup, l'enfant s'écrie à voix très forte, en présence de toute la société, ce qui provoque une énorme surprise :

« *Levantate, fray Juan Guarin, levantate, ponte derecho, y mira al cielo, que tu has cumplido la penitencia, que te dio el santo padre. Y nuestro sennor Jesu Christo te ha perdonado todos tus pecados.* »

Ce qui veut dire : « Lève-toi, frère Jean Guarin, redresse-toi[a], tiens-toi droit debout sur tes jambes, et regarde le ciel, car tu as accompli ta pénitence, telle que te l'avait imposée notre saint

---

a. Nous traduisons, pour la bonne règle d'après la traduction allemande,

père le pape. Et Notre Seigneur Jésus-Christ t'a pardonné tous tes péchés. »

Frère Jean entend cela, et aussitôt il saute sur ses pieds, en remerciant Dieu d'avoir fait montre d'une telle clémence à son égard. Le comte et ses invités se sont émerveillés tant et plus, aussi bien en raison du discours de l'enfant que des gestes et paroles de la prétendue bête sauvage. Dès lors, Jean a tout raconté au comte : à savoir ce qui lui était arrivé pendant ces sept années ; comment, à l'instigation de Satan, il avait possédé puis tué et enfin enterré sa fille ; et les pénitences auxquelles il s'était livré par la suite. « Maintenant, dit-il au comte, tu peux faire de moi ce que tu veux. – Je t'ai d'ores et déjà pardonné, lui répondit le comte. Tu dois simplement me montrer l'endroit où tu as enterré ma fille, pour que je puisse conduire son corps à Barcelone. Et là je lui ferai construire un tombeau, avec une imposante épitaphe. »

Le comte, en conséquence, et puis ses chevaliers, accompagnés de frère Jean, se rendirent à la chapelle de Notre-Dame, à Montserrat ; cette chapelle s'intitule Saint-Michel ; j'en ai déjà parlé précédemment. Et là, Jean indique au comte l'endroit où il a inhumé sa victime, c'est-à-dire sous la porte de la chapelle Notre-Dame, appelée Saint-Michel. Cette chapelle est proche de l'emplacement [de la grotte] où l'on a trouvé la statue de Notre Dame. On commence à creuser ; et que trouve-t-on en ce lieu, vivante, belle et saine ? La jeune fille ! Il n'y avait aucune marque ni manque sur son corps, excepté au cou, là où elle fut poignardée avec le couteau. Il y avait à cet endroit simplement une petite marque, comme la trace d'un fil de soie coloré. Tous ceux qui étaient présents se sont beaucoup réjouis ; ils ont remercié Dieu et Marie sa mère. Le comte a interrogé sa fille : « Comment as-tu fait pour rester en vie ? » Sa fille lui a répondu : « Avant d'être poignardée, j'ai prié d'une façon très intense la mère de Dieu. C'est elle qui m'a maintenue en vie. » Le comte souhaitait ramener sa fille à Barcelone, mais elle n'a pas voulu le suivre, et elle a dit : « Je veux consacrer ma vie au

---

du reste correcte, de Thomas Platter, laquelle vient après le texte catalan ci-dessus, dont la compréhension est par elle-même aisée pour le lecteur français.

service de Notre Dame. » C'est pourquoi le comte a fait construire un monastère de femmes près de la chapelle miraculeuse et sa fille est devenue l'abbesse de ce couvent[a], lequel appartenait à l'ordre des nonnes bénédictines de San Benito ; et c'est là qu'elle a terminé sa vie en tant que religieuse.

La dévotion et l'affluence aux pèlerinages se sont tellement développées qu'en l'année du Christ 976, Borrell, comte de Barcelone[69], a cédé ce couvent aux moines, avec l'autorisation du pape. Il faut dire que les religieuses bénédictines ne pouvaient plus faire face à tout. Aujourd'hui encore le monastère est régi par un prieur, en compagnie de ses frères en religion.

Cette histoire du frère Jean Guarin, je l'ai entendu souvent raconter à Barcelone, et elle est détaillée en long et en large dans un livre espagnol, intitulé *Los milagros de nuestra sennora de Monserrat,* « Les Miracles de Notre Dame de Montserrat »[70]. En cet ouvrage sont également décrits, par ailleurs, bien d'autres phénomènes miraculeux, tout à fait extraordinaires : ils sont censés s'être produits à Montserrat. En tout cas, une chose que je sais fort bien, c'est que si quelqu'un s'avisait d'être sceptique sur la « véracité » de tous ces récits, il serait tout aussitôt incarcéré dans la maison de l'Inquisition, et peut-être aussi conduit au bûcher.

Les ermitages précités disposent, pour chacun d'entre eux, d'une belle petite église particulière, joliment ornée, et pourvue d'un autel pour y chanter la messe. À l'entrée de chacune de ces petites églises, il y a une chapelle, qui reste ouverte en tout temps. On y trouve un autel et, à proximité, tous les ornements *ad hoc*. Les étrangers peuvent y pénétrer sans le moindre empêchement, et j'ai moi-même inscrit mon nom en allemand dans plusieurs de ces sanctuaires.

Le visiteur n'a qu'à frapper à l'entrée. Une fois qu'il est admis à l'intérieur, il aperçoit une authentique petite église, vue du dedans, avec la belle décoration du saint lieu complet. Là, tout est dans l'ordre. En aucun autre endroit, ou peu s'en faut, je n'ai

---

a. La retrouvaille du corps (vivant) de la jeune fille est visiblement liée dans la propagande émanant du couvent de Montserrat à la découverte de la statue miraculeuse de la Vierge initiant l'abbaye (voir *infra*). Il y a là toute une série de mythes de fondation, emboîtés, du crypto-paganisme au christianisme.

vu quelque chose de comparable. À côté de l'église intérieure, on a encore construit deux ou trois chambrettes d'une grande beauté : elles contiennent des portraits, de petites horloges, des tableaux, des lits et tous les ustensiles ménagers indispensables. De même ont-ils aussi de charmants jardinets, des plantes potagères et des arbres fruitiers. Quant à leurs chambres, en règle générale, elles sont voûtées et pourvues de murs bien bâtis qui les protègent de la pluie, du vent et de la neige. À vrai dire, tout cela me faisait souvenir des cellules des chartreux, qui ont eux aussi toutes leurs chambrettes ainsi réunies. Mais la grosse différence au détriment des chartreux et à l'avantage des moines de Montserrat, c'est que ceux-ci résident très haut sur la montagne ; ils ont une vue immense sur la terre et sur la mer ; si bien qu'à mon avis il n'y a pas d'endroit au monde qui soit de si plaisante apparence que cet habitat érémitique, et je ne pense pas qu'ils puissent désirer un emplacement meilleur.

Quant au boire et au manger, ces ermites ne manquent de rien, car tous les jours, ou dans certains cas tous les deux jours, on charge, au monastère, un mulet avec des victuailles et de la boisson. On mène cet animal au grand chemin, et puis on le laisse continuer tout seul. Le mulet n'a plus qu'à se déplacer d'un ermitage à l'autre et ainsi de suite par ses propres moyens, sans être accompagné. Quand le mulet arrive à l'une de ces stations, il s'immobilise ; l'ermite sort alors de sa cellule, il prélève sa portion particulière dans la grande corbeille qui est à flanc du bât muletier, et il n'a plus qu'à remettre l'animal sur la bonne voie ; dès lors celui-ci continue le trajet, avec la grosse cloche suspendue à son cou ; il fait ainsi la tournée générale des douze ermites en apportant à chacun sa portion respective, puis il redescend au monastère ; en fin de parcours, ses deux corbeilles de bât sont vides. Nous avons assisté à ce spectacle près d'un ermitage, et nous avons vu le solitaire qui prélevait sa part de nourriture, et qui ensuite renvoyait la bête en direction de l'étape suivante. Le peuple considère aussi tout cela comme un miracle, qu'une bête dénuée de raison soit si désireuse de rendre service à ces braves gens.

Les ermites, qui vivent sur la montagne dans leurs cellules, sont presque tous des vieillards à longue barbe grise qui descend jusqu'à la ceinture. Ils sont vêtus d'une robe longue, de couleur brunâtre, et ceinturée d'une cordelette ; c'est à peu de chose près le vêtement des capucins. Ils ne quittent jamais leur cellule pour descendre au monastère, en dépit de la neige ou des grands brouillards qui hantent de façon presque permanente la montagne de Montserrat. Ils n'ont pas non plus le droit de se réunir publiquement, afin que ne soit point perturbé le service religieux auxquels ils s'adonnent, chacun pour soi. Seules exceptions : aux jours de grandes fêtes, ils se rassemblent à l'ermitage de Sainte-Anne – c'est le numéro dix de la série des chapelles. Supposons cependant que l'un d'entre eux soit dans l'impossibilité de chanter personnellement la messe dans son petit sanctuaire : en ce cas, les moines du monastère doivent veiller à ce que cette messe soit dite par l'un d'entre eux, tous les jours. J'ai pu constater le fait chez l'un de ces ermites, dans sa propre cellule, et notre guide nous a donné à ce propos l'information nécessaire. Malgré l'interdiction qui leur est faite de se réunir entre eux, ils ne manquent pourtant pas de compagnie, tant d'étrangers que de personnes du voisinage ; soit que ces gens arrivent jusque-là en tant que pèlerins, soit qu'ils viennent se promener chez les ermites aux fins de se distraire ; tous les ermites que nous avons rencontrés n'étaient donc pas dans la solitude absolue.

Il y a également, là-haut, de temps à autre, des femmes qui viennent en pèlerinage ; donc, aussi bien hommes que femmes peuvent arriver et pèleriner sans distinction de sexe chez ces « frères saints », car c'est ainsi qu'on les qualifie. Les visiteurs, tant masculins que féminins, obtiennent le pardon pour leurs péchés : il suffit pour cela qu'ils aient rendu visite à un seul de ces ermites ; ensuite, ils n'ont plus qu'à se confesser de leurs fautes au monastère.

Nous avons donc visité ces emplacements et, en particulier, huit ermitages. Puis nous sommes redescendus par le grand chemin ; car nous n'avons pas emprunté, en vue de cette descente, le sentier (taillé dans le roc) que nous avions utilisé d'abord pour l'ascension – ce sentier sur lequel nous dûmes, à l'aller, nous traîner bien souvent à quatre pattes en rampant, dans la crainte où nous étions de tomber parmi les nombreux et profonds abîmes qui s'ouvraient au plus près de nous, des deux côtés. Dans la soirée, nous étions donc rendus au monastère.

En ce qui concerne maintenant l'illustre montagne de Montserrat en tant que telle, on considère qu'elle se situe presque au centre du comté barcelonais, à sept lieues de la capitale, appelée Barcelone. Cette montagne est caractérisée, en termes géographiques, par son isolement. Elle s'étend sur quatre lieues, dans son entière superficie. Elle est néanmoins entourée par de nombreux bourgs et villages ainsi que par d'autres montagnes, qui pour la plupart, les uns et les autres, appartiennent au monastère. Le fleuve Llobregat longe la montagne de Montserrat, en contrebas ; j'y ai fait allusion lors d'un passage de mon texte.

Cette montagne est si haute que sa cime rocheuse apparaît au loin dans les airs, se perdant parmi les nuées ; beaucoup de gens pensent qu'elle va jusqu'à heurter le firmament de la lune.

Monter à de telles altitudes, c'est très fatigant et pénible. Mais une fois qu'on est arrivé en haut, on se régale tellement à contempler la belle ordonnance et les bâtiments du monastère qu'on en oublie la fatigue...

...Car enfin, c'est vraiment un émerveillement complet que de ressentir parmi des rochers si hauts[a], si monstrueux, la fraîcheur de l'air ainsi que la beauté des plantes et des arbrisseaux. C'est comme si l'on était dans un pur et simple jardin d'agrément. Les hautes parois rocheuses font penser à une ville bien construite, entourée de nombreuses tours et de remparts. Une vallée en forme de gorge prend naissance parmi les plus hauts rochers ; elle descend ensuite jusqu'au cours d'eau qui baigne les zones inférieures et elle coupe littéralement la montagne en deux parties, tant et si bien qu'on trouve six ermitages d'un côté et six de l'autre.

Quant au couvent de Montserrat lui-même, voici ce qu'il y a à dire sur ses premiers commencements : il était une fois sept jeunes garçons du bourg de Ministrol, situé en bas de la montagne[71]. Ils gardaient leurs troupeaux. Plusieurs samedis de suite, à la tombée de la nuit, ils virent quantité de cierges allumés qui tombaient du haut du ciel dans une caverne de la montagne. Ils entendaient ensuite des chants ravissants, en grand nombre, qui sortaient de l'intérieur de ces grottes ou de ces ermitages.

a. Aigoual, Ventoux, Montserrat. Sous couleur de « rochers monstrueux », Thomas Platter se plaît en fait dans les montagnes moyennes, avec vue sur le bas pays ou sur la mer.

Ils ont raconté la chose à leurs pères, qui à leur tour sont venus se rendre compte, et qui ont vu et entendu ces divers phénomènes. Enfin ils ont informé le curé-recteur d'Avilesa, qui tous les dimanches venait chanter la messe dans le bourg de Ministrol. Or ce recteur faisait preuve d'une dévotion ardente à l'égard du Seigneur Jésus-Christ et de sa mère. Pendant quatre samedis consécutifs, il vérifia sur le terrain l'authenticité de ce qu'on lui avait narré de la sorte, et il conclut que ces récits étaient exacts. À la suite de quoi il fit son rapport à l'évêque de Manresa, dont la résidence était proche. Et donc, en compagnie de quelques personnes de sa suite, en compagnie également du recteur, l'évêque se rendit un samedi soir à l'endroit où l'on avait détecté ces signaux miraculeux. Et là, effectivement, ils virent de nombreuses lumières qui tombaient du ciel jusque dans la caverne et ils entendirent une musique ravissante ; quant à ce qu'ils écoutaient ainsi, on aurait dit des chants angéliques ! Tout cela se prolongea jusqu'aux environs de minuit. L'évêque, ses curés et tous les autres accompagnateurs s'émerveillaient tant et plus : ces visions et spectacles les rendaient très heureux.

Le dimanche suivant, l'évêque emporta avec lui et avec sa suite beaucoup de torches et de cierges consacrés, et il descendit dans la grotte avec plusieurs ecclésiastiques de sa suite ; leurs narines y ressentirent une odeur tellement merveilleuse que tous les parfums du monde ne pouvaient se comparer à celle-ci. Dans la grotte, ils trouvèrent la statue de la Vierge Marie, qui est bénie entre toutes les femmes[a] ; c'est celle-là même que j'ai vue, se dressant sur le maître-autel de l'église du monastère, et personne n'a jamais pu savoir d'où provenait cette statue [avant son atterrissage dans la caverne où l'évêque l'avait finalement découverte]. L'évêque s'agenouilla, genoux nus sur le sol, et il remercia Dieu, puis il sortit de la grotte avec en sa possession la statue, trésor inestimable ; son projet, c'était de la transférer dans son église épiscopale de Manresa, et de l'y mettre en bonne place. Mais quand la statue ainsi transportée fut parvenue

---

a. Parallélisme avec la « trouvaille » du corps de la fille du comte. Dans les brochures de Montserrat (*Los milagros*, cité *supra*), les deux histoires sont liées. *Idem* : le refus de quitter un certain emplacement de la part de la fille, et de celle de la Vierge.

jusqu'à l'emplacement où se dresse aujourd'hui l'église, dans l'actuel monastère de Montserrat, il devint désormais impossible de faire bouger la statue, ni vers l'avant ni vers l'arrière.

L'évêque fut alors frappé par une inspiration divine : il fit la promesse et le vœu de faire construire en cet endroit précis une église et une chapelle ; il y installerait ensuite la bienheureuse statue. De son côté, le recteur d'Avilesa promit de résider doré-navant, pour le restant de ses jours, sur le même emplacement. Toutes ces promesses ont été entièrement suivies d'effet. Les bâtiments et les richesses du monastère se sont progressivement accrus au point que, de nos jours, c'est l'une des abbayes les plus fortunées, les plus considérables de toute la chrétienté. Les pèlerinages y convergent en nombre aussi grand et même plus grand que ce n'est le cas pour Saint-Jacques-de-Compostelle en Galice. J'ai pu m'en rendre compte visuellement, et aussi grâce aux confidences que j'ai recueillies auprès de nombreuses personnes tout à fait crédibles. Outre les vastes bâtiments et bien d'autres indices, la grande opulence de cette institution est encore démontrée par les pratiques suivantes, que je vais décrire : toutes les personnes qui se rendent au monastère, qu'il s'agisse de riches ou de pauvres, de piétons ou de cavaliers, d'individus situés à haut ou bas niveau social, toutes ces personnes donc sont autorisées à séjourner dans ce couvent pendant trois jours et trois nuits – mais pas plus longtemps quand même ! Car il faut faire place, régulièrement, à la fournée des nouveaux arrivants. Les « séjournants » sont entièrement et gratuitement défrayés, tant en nourriture, hébergement et boisson, chacun selon son rang social.

Supposons quelqu'un qui est absolument étranger et qui ne dispose, sur place, d'aucune relation, ni connaissance, ni recom-mandation : cela n'est pas grave. On lui octroie aussitôt l'hé-bergement, le mobilier et les ustensiles de ménage, le vin et le pain en quantité suffisante. Admettons aussi qu'il ait besoin de faire cuisiner quelque nourriture : on la lui prépare, sans bourse délier ; c'est en effet ce qui nous est arrivé. On nous a donné beaucoup de pain et de vin, plus une chambre particulière avec deux lits tendus de draps blancs déployés, et puis tout l'assort-iment et la vaisselle pour la table, l'un et l'autre disponibles dans la chambre : l'ensemble était mis *gratis*, je le répète, à notre disposition. Quant au poisson, nous avons pu l'acheter à bas prix et on nous l'a préparé très correctement à la cuisine. Nous n'eûmes aucun sujet de plainte[a]. S'agissant maintenant des pauvres, et des pèlerins en général, s'ils n'ont pas de relations sur place, on leur donne du pain, du vin, et aussi d'autres nourritures variées. J'ai vu de longues tables noires de monde, bref environnées d'hôtes étrangers fort nombreux, occupés à se nourrir ; nous aurions très bien pu manger à ces tables, mais comme nous avions un laquais à notre service, on nous a servi les repas en particulier, dans notre chambre.

Maintenant, si quelqu'un est tant soit peu connu, ou s'il dispose de la moindre recommandation, on le traite avec magnificence, et *gratis*, dans l'appartement qui lui est réservé. C'est ce que j'ai observé à propos d'un comte qu'on attendait pour la soirée, et qui devait arriver en provenance de Saragosse. Sa chambre était tendue de tapisseries de tout premier ordre, et on lui préparait son dîner. Cela nous arrangeait tout à fait, car pendant ce temps-là on faisait d'autant moins attention à nous. Aux chevaux des visiteurs, on donne également le fourrage gratuit, et tout cela est parfaitement ordonnancé. Le procédé reste le même : on n'a pas le droit de dépenser un liard. La seule chose qui va dans le sens d'un « débours », c'est qu'au moment où vous souhaitez quitter le monastère, on vous indique un tronc pour y déposer votre aumône et dans ce récipient chacun verse, à l'intention des pauvres, ce que bon lui semble. Même une simple obole (un *Haller*) est suffisante. Les serviteurs de l'abbaye ont interdiction de collecter des pourboires auprès des visiteurs. Nous-mêmes souhaitions offrir des gratifications au camérier qui nous avait donné la clé de notre chambre et qui la récupérait ensuite. Il refusa tout net : « Il m'est interdit de recevoir quoi que ce soit, nous dit-il. Vous devez déposer votre offrande dans le tronc des pauvres. »

S'agissant maintenant des bâtiments du couvent, disons que l'entière superficie du monastère est entourée d'une muraille. À l'intérieur de cette enceinte habitent tous les corps de métiers

---

a. Ici, Thomas Platter manifeste une certaine admiration pour la gratuité de l'hébergement dans ce site miraculeux des « papistes ».

indispensables : forgerons, charrons, selliers, serruriers, vitriers, tailleurs, cordonniers, meuniers, boulangers, menuisiers et l'ensemble des artisans dont les métiers ont trait au bâtiment et à l'alimentation. Ces hommes appartiennent en totalité au personnel de l'abbaye et leur entretien est assuré grâce aux revenus de celle-ci qui sont, paraît-il, énormes. Il y a aussi en très grand nombre des étables, des écuries, des granges et des caves, situées les unes et les autres dans la cour d'entrée ou sur son pourtour.

Ensuite, nous avons pénétré au cœur même du monastère ; il est très bien construit. On y trouve quantité d'appartements et de grandes salles. Là, on héberge le tout-venant, puisque aussi bien chaque jour un grand concours de peuple pénètre dans l'abbaye, venant de loin : des gens originaires de toutes les nations possibles. C'était spécialement vrai lors de notre passage : les Français notamment venaient en foule ; depuis la paix, toute récente[a], on avait ouvert de nouveau les passages pyrénéens qui mènent de France en Espagne[72]. Quant à l'église du monastère, on y accède par un bel escalier en colimaçon grâce auquel, au premier étage, on est de plain-pied avec l'entrée du sanctuaire. Sur une face, depuis ce premier niveau, on jouit d'un spectacle superbe. L'autre côté donne directement sur le rocher. C'est dans l'église primitive qu'on célèbre encore, de nos jours, l'ensemble des services divins : chaque matin, à quatre heures, on vient frapper aux portes de toutes les chambres des hôtes pour leur rappeler que c'est le moment d'assister à matines. Il fait encore très sombre, spécialement dans la chapelle de l'église primitive, là où se dresse la statue de schiste ardoisé noir de Marie. Les femmes morisques, celles qui sont noires, en tirent vanité : elles sont, à les en croire, beaucoup plus belles que les femmes blanches, puisque aussi bien la mère de Dieu fut une femme noire, comme le montre son image authentique à Montserrat. Devant l'autel et les nombreuses statues d'anges dont il est orné, proches de l'effigie de Marie, on a suspendu de grandes lampes ; elles sont très nombreuses, on les tient allumées en permanence. Et par en dessous on a également accroché de vastes plats en

---

a. C'est bien l'événement essentiel. Cf. à ce propos l'article important de Joël Cornette, dans la revue *L'Histoire*, mars 1999.

pur argent massif dans lesquels s'écoule le goutte-à-goutte de l'huile des lampes. Celles-ci sont entièrement fabriquées, elles aussi, avec de l'argent, ce qui fait qu'elles brillent tant et plus. Près de cette chapelle, alignés le long du mur, se dressent une quarantaine d'énormes cierges en cire, dont plusieurs ont la taille et la grosseur d'un homme, et même davantage. Ils pèsent plus d'un quintal ; plusieurs d'entre eux, quatre-vingts livres ; et les plus petits, soixante livres. J'ai pu le constater et l'on m'a donné, à ce propos, des informations. Près de chaque cierge, on a fixé au mur un parchemin sur lequel est inscrit le nom de la ville et de la paroisse qui a fait don de ce flambeau de cire jaune à Montserrat. Les paroissiens concernés reviennent chaque année en procession dans le sanctuaire. Ils renouvellent et remplacent la cire du ou des cierges dont ils sont chargés. Je veux dire celle qui s'est brûlée et consommée pendant l'année entière, puisqu'on allume ces flambeaux pour toutes les occasions des jours de fête.

À quelque distance de là, dans *l'église*, on aperçoit aussi des ex-voto, des peintures variées, des attestations scellées à la cire, des lettres, des cannes et des tableaux ; ils dépeignent les miracles qui furent accomplis par la très honorée Vierge Marie[a]. Quiconque contemple cela s'émerveille forcément au vu de telles œuvres du Très-Haut : on aperçoit là de grosses chaînes de fer, des grilles en fer elles aussi, des cordes horribles, de gros boulets de prisonniers ! Car il y a beaucoup de gens que Notre Dame *de* Montserrat a délivrés de la stricte captivité et des fers, où ils étaient durement retenus prisonniers. Ils ont donc apporté ces objets dans l'église et les ont laissés sur place. On a représenté aussi, en peinture, quantité de personnes qui sont revenues de la mort à la vie. Dans cette église, j'ai vu de nombreuses maquettes de navires de bois, en miniature ; des débris de bois en provenance d'authentiques bateaux ; et puis des histoires entières narrées sur un tableau, et rédigées par écrit, qui racontent comment plusieurs malheureux ont été affreusement éprouvés lors des pires tempêtes, ballottés par les vagues et par

a. Il ne s'agit pas ici d'une « intercession » de Marie, comme le veut, à tort, TF19 (p. 444), mais bien d'une action directe de sa part, ce qui implicitement choque Thomas Platter en tant que réformé et pour de bonnes raisons. Le terme « intercession », néanmoins, est employé peu après, en fin de paragraphe, à « juste » titre.

l'impétuosité de la mer : tout espoir de sauvetage était perdu ; mais, après une invocation à Notre Dame de Montserrat, ils ont pu rejoindre, ô miracle, un port où ils étaient désormais en lieu sûr. On peint aussi, sur des tableaux, beaucoup d'hommes et de femmes qui se trouvaient en grand péril, à proximité de bêtes féroces qui voulaient les avaler ; et, grâce à l'intercession de Marie de Montserrat, ces personnes ont été sauvées.

Il y a également nombre d'hommes et de femmes qui sont représentés par des sculptures sur bois, des figurines de cire ou des tableaux peints, et qui sont sous le signe de la mort : plusieurs d'entre eux sont en effet mortellement frappés, taillés en pièces avec des épées, percés par des piques, traversés par des flèches ou des balles ; ces plaies pouvant affecter, selon les individus atteints, tantôt les épaules, tantôt le dos, tantôt les côtés, tantôt la poitrine ou le cœur. D'autres encore ont été rivés aux galères ou soudés à d'autres structures, soit par les deux bras, soit par les pieds, avec des fers qui furent forgés pour la circonstance. Il y en a encore qui ont eu la tête fendue, qui ont été blessés aux yeux, ou bien qui ont perdu l'audition. À d'autres, les intestins pendaient hors du ventre. Et pourtant, ô miracle, toutes ces personnes, grâce à l'invocation à la Sainte Vierge Marie de Montserrat, ont été guéries, délivrées, et elles ont récupéré la santé. La plupart du temps, on peut retrouver le nom de ces gens et toute leur histoire brièvement rédigée, le tout noté sur des parchemins ou des papiers. On peut également lire ces mêmes récits dans les livres des chroniques de l'abbaye ; et ces prises de notes sont spécialement effectives quand les individus miraculés se sont répandus en cadeaux et en offrandes importantes à l'intention des moines. Et tel est généralement le cas ! C'est la raison pour laquelle l'abbaye de Montserrat est parvenue progressivement à un niveau de richesse tellement élevé.

J'ai vu encore de vieilles roues de charrette en grand nombre, des cannes d'aveugles et de paralytiques, des béquilles, des bâtons de pèlerins, et tout ça en quantité, en amoncellement dans cette église. Ce bric-à-brac est resté là, déposé *in situ* par tous ceux qui, grâce à l'intercession de la Vierge Marie de Mont-serrat, furent libérés et guéris de leurs maux. Les pèlerins, en effet, placent d'immenses espoirs dans la mère de Dieu ; et malheureusement, dans bien des cas, ils la préfèrent à Dieu lui-même. On peut s'en rendre compte, tant par l'ouïe que par la vue, en prenant connaissance de leurs écrits et de leurs prières.

Dans cette vieille église, les chants sont tout à fait merveilleux, car le monastère entretient sur place une chorale nombreuse, qui se compose d'adultes et de jeunes gens. Nous avons donc procédé à une visite générale de l'église en question ; assez obscure, elle n'a rien d'extraordinaire (si j'en excepte les curiosités que je viens d'évoquer). Au sortir d'icelle, nous nous sommes rendus dans l'église nouvellement construite et qui n'est pas encore entièrement terminée. Elle est très lumineuse à l'intérieur et elle repose, pour l'essentiel, sur des colonnes de marbre. Les carrières de marbre sont en effet largement exploitées dans la montagne de Montserrat, à tel point que toutes les marches d'escalier dans cet édifice sont entièrement en marbre. En cette église neuve, on a déjà installé dans les deux bas-côtés, de part et d'autre, plusieurs chapelles closes, pour y entendre les confessions. Au-dessus des portes de chacune des chapelles, on indique, par une inscription en espagnol, la nation qui est appelée à utiliser ce confessionnal. Et on lisait sur l'une de ces portes : *Aqui confiessan los Franceses*, en d'autres termes : « Ici se confessent les Français ». Ces quelques mots nous ont fichu la peur au ventre.

Nous nous sommes donc repliés aussitôt sur le grand bâtiment du monastère. Là, c'était une agitation générale à cause du comte espagnol, qui devait arriver le soir même. Je demandai au camérier de me rendre ma contremarque ; il eut tôt fait de me la rapporter ; à mon tour, je lui restituai la clef de notre chambre. Je lui demandai quelle somme d'argent nous lui devions. Il nous répondit qu'il ne voulait rien du tout ; il se borna à nous indiquer le tronc pour les pauvres, en nous priant de donner quelque chose pour eux, en fonction de notre bonne volonté. Il nous conduisit ensuite à la pharmacie du couvent, laquelle est très bien équipée et pourvue. Là, on donna à chacun d'entre nous une paire de cierges de cire blanche, en échange de quoi nous payâmes à l'apothicaire un réal par paire. Nous prîmes congé de ce pharmacien comme du camérier et, sans tambour ni trompette, nous filâmes le plus vite possible vers la sortie. On nous remarquait d'autant moins, à cause de tout le remue-ménage qui se produisait en vue de l'arrivée du comte. En bas, dans la grande salle qui donne sur la cour, nous avons récupéré nos armes en échange de la première contremarque, celle qu'on nous avait remise à l'arrivée ; puis nous avons planté sur nos chapeaux, chacun pour soi, l'un des cierges blancs qu'on nous avait donnés, ornés tous deux d'un portrait de la Vierge Marie de Montserrat, dorée partout. Nous ressemblions à des frères de saint Jacques. J'ai du reste envoyé à Bâle, par la suite, ces deux luminaires. On considère que quand une femme en couches tient en main l'un de ces cierges, allumé, la naissance de l'enfant est facilitée. C'est pourquoi ils sont chers au cœur des papistes.

Nous sommes descendus de la montagne aussi vite que possible, car nous avions peur qu'on nous demande de remonter pour aller à confesse, du fait que nous avions les cierges. En effet, il est interdit de les détenir si l'on ne s'est pas confessé. Nous sommes arrivés peu après dans le bourg qui est en bas de la pente ; son nom, c'est Colibato ou Collbató. Et là, nous avons bu un coup.

Dans la soirée, nous sommes parvenus ensuite dans la ville de Sparagera ou Esparraguera, située à deux lieues du monastère (voir ce que j'en ai dit, précédemment).

Le matin du 7 février (c'était un dimanche), nous avons traversé le village d'Abrera ; chemin faisant, nous passâmes le pont et y payâmes la douane. Sommes arrivés, au bout d'une lieue de trajet, dans la ville de Martorell – déjà rencontrée à l'aller, au fil de mon récit. Là nous avons pris le repas de midi, et nous nous sommes sentis détendus, car nous avions dépassé le plus redoutable moment. Dans les jardins, nous avons pu apercevoir de nombreux aloès. Après le casse-croûte, nous avons traversé la rivière de Llobregat en utilisant le bac de Saint-André ; après quoi nous sommes arrivés au village qui porte ce nom, puis au village de Molin de Reus, où nous bûmes un coup. Avons terminé dans la soirée, sans nous presser, l'étape jusqu'au bourg de Saint-Félix. Soit deux lieues et demie.

Nous avons passé la nuit dans ce bourg. Et cela d'autant plus volontiers que nous avons pu cueillir en ce lieu quelques feuilles de figuier d'Inde[a], une plante dont plusieurs spécimens poussaient sur le mur d'un jardin. Le matin suivant, 8 février [1599], nous avons quitté Sant Felix avant le jour, afin qu'on ne puisse pas nous repérer, du fait de ces feuilles de figuier d'Inde que nous emportions camouflées dans une caissette revêtue de planchettes en bois. Nous avions l'intention d'en faire cadeau au docteur Richer de Belleval, à Montpellier. Notre itinéraire de la matinée passait par les villages de San Juan Despi et d'El Hospital. Vers midi, nous étions rendus à Barcelone. Nous sommes descendus dans notre chère vieille auberge du Bœuf où nous avions laissé, à l'aller, la plus grande partie de nos bagages[73].

Le 9 février, nous avons perçu chez notre correspondant bancaire, le marchand Nicolas Fortich, de Barcelone, la somme de vingt couronnes espagnoles [= vingt escudos][b] et je lui ai souscrit la lettre de change suivante pour Monsieur des Molins à Narbonne :

« Jh̄s. Mā en Barcelona, a 9 de febrier 1599. Mag[nifico] señor pagara par esta primera de cambia a Sebastia Perearnaut y Miquel Bosch veynte escudos de doze reales l'escudo por tanto recebidos de contado por orden de los dichos de Nicolao Fortich de Barcelona, ponga los a cuenta de señor Jacques de la Fabregue, mercader en Montpelier, y Xr̄ō sea con todos. Por 240 reales. »

Ce qui veut dire, en allemand [ici, en français] :

« Jhesus Maria in Barcelona, le 9 février 1599. Le magnifique Seigneur doit payer en vertu de cette première lettre de change, à Messieurs Sebastien Perearnaut et Michel Bosch, vingt couronnes, chacune valant douze réaux ; moi, Th. Platter, je les ai reçues, en liquide, de Nicolas Fortich, de Barcelone ; et je les inscris sur le compte de Monsieur Jacques de Fabrègue, marchand de Montpellier. Et que le Christ soit avec tous !

« Bon pour 240 réaux.

« Signé : Thomas Platter M. D. [docteur en médecine ?]. »

---

a. Il s'agit là, comme toujours chez Thomas Platter et d'autres auteurs de cette époque, d'un spécimen de cactus, initialement originaire du Nouveau Monde.

b. Correct : 1 couronne = 1 écu = 3 livres tournois.

Avec cet argent, j'ai acheté des livres en tout genre, un costume espagnol, une rapière elle aussi espagnole, des aiguilles, des pantoufles, des chaussures, un étui à ciseaux, une sacoche, des fruits secs, etc. J'ai expédié à Bâle l'ensemble de ces acquisitions. Le reste du temps que nous avons passé à Barcelone, nous l'avons employé en observations, soit de choses que j'ai déjà décrites ici, soit d'autres choses encore que je vais maintenant évoquer.

Nous avons vu pas mal d'aveugles, aussi bien à Barcelone qu'à Perpignan. Ils se déplacent en groupe, généralement deux par deux : dans cette équipe, entre l'un et l'autre aveugle, il y a un petit garçon. Tous deux, de chaque côté, lui mettent la main sur l'épaule ou sur la tête. Et il les mène là où ils veulent aller. Nombreux parmi ces aveugles sont ceux qui savent très bien jouer du violon ou de la *guiterne* (guitare)[74], ou d'autres instruments. En échange d'un peu d'argent, ils divertissent ainsi l'auditoire, pendant un long moment. Ils restent assis, en jouant de la sorte, devant les boutiques des artisans ou dans la rue des filles publiques ; ils leur font la cour. De là vient peut-être le proverbe suivant : « Tu joues très bien du violon ; quel dommage que tu ne sois pas aveugle ! » Il y a aussi de nombreux personnages, dans l'élite locale, qui sont aveugles, ou simplement malvoyants. C'est pourquoi plusieurs d'entre eux portent en tout temps des lunettes au-devant de leurs yeux ; d'autres ont un miroir qui leur pend au cou, à l'extrémité d'un long pédoncule : ils s'en servent quand ils veulent observer quelque chose avec soin. La raison pour laquelle il y a tant d'aveugles en Espagne est difficile à savoir. De l'avis de plusieurs personnes, cela viendrait de ce que les jeunes garçons de ce pays, en règle générale, se promènent nu-tête jusqu'à l'âge de dix ou douze ans ; et du coup, passé cet âge, ils ont du mal à garder la tête couverte. D'autres attribuent ces phénomènes de cécité à la mode espagnole : elle oblige à couper les cheveux au ras du crâne, ce qui provoque un flux de sang ; et, au bout du compte, le sens de la vue est endommagé. La déesse Vénus, par ailleurs, n'est peut-être pas entièrement étrangère à ces aveuglements.

Parmi d'autres branches de l'artisanat, dont on ne trouve pas toujours l'équivalent ailleurs, je signalerai les fabricants de cuirs peints : ce sont eux qui préparent les très beaux cuirs espagnols ; par leurs soins, ces peaux tannées sont dorées, argentées, peintes, et sur elles les artistes impriment avec une presse et font des dessins à partir de jolis modèles et de doubles cordons. Cuirs pour recouvrir de beaux fauteuils ; cuirs aussi pour préparer toute sorte de tapisseries d'été qu'on met sur les parois des appartements et des salles. On produit ces tapisseries en raccordant, par des coutures, diverses peausseries dont les ornements se correspondent les uns aux autres. Et quand les spécialistes de ces travaux connaissent l'articulation interne des chambres, ils peuvent arranger leurs tableaux de cuir avec subtilité : à l'endroit où se trouvent les portes, ils posent des encadrements de portes en cuir ; de même, pour les fenêtres, ils installent des simili-jambages en peau ; c'est ainsi qu'ils tapissent les chambres au cours de la période estivale. En hiver, on ôte ces tapisseries de cuir, et l'on tend des étoffes de drap sur les cloisons et murs des chambres pour que l'intérieur de ces pièces conserve d'autant mieux la chaleur ; car celles-ci ne sont ni lambrissées, ni revêtues de boiseries, ni pourvues de poêles. Et puis, de temps à autre, les dallages et sols des appartements sont recouverts de nattes en jonc tressé, qui protègent du froid.

Le 17 février 1599, j'ai assisté à l'exécution d'un meurtrier. Non loin de Barcelone, il avait contribué à trahir l'un de ses bons amis qui peu auparavant lui avait avancé beaucoup d'argent ; ils l'avaient attiré hors de sa maison, laquelle était isolée. Puis ils l'ont assassiné de manière déplorable et ils ont pillé son domicile. Une fois pris et condamné, on a d'abord promené le criminel, sur une charrette, en l'entière *cité* de Barcelone : au long d'un tel tour de ville, sur les grandes places et à tous les carrefours, on tenaillait le supplicié avec des pinces rougies au feu. Cela fait, on l'a amené à la place principale, près du marché au poisson ; on l'a hissé sur l'estrade d'un échafaud, à bonne hauteur ; là, un curé l'a entendu à confesse, puis il a récité des prières pour lui. L'homme était agenouillé, son chapeau lui cachait les yeux ; le bourreau se tenait derrière lui et, d'un seul coup, il lui a tranché la gorge avec un large coutelas qui ressemble à un couteau à poisson et qu'on appelle, en langue italienne, un *paga debiti*, autrement dit « le paiement de la dette ». Le malfaiteur est tombé aussitôt, la tête la première, visage pétrifié par la mort. Juste après, le curé a débité son très sérieux prêche, depuis l'échafaud ; il a lancé en direction de la foule des auditeurs, fort nombreuse, un avertissement. Le discours portait sur l'homme qui venait d'être exécuté, comme quoi celui-ci avait succombé à la tentation. Et voilà pourquoi l'on devait éviter les occasions dangereuses, et se tenir en prière avec assiduité, afin que nul ne soit induit en tentation. Et tout cela était dit en langue catalane ; l'orateur se mettait en fureur ; il se donnait de la peine tant qu'il pouvait ; il hurlait si bruyamment que j'en étais époustouflé. Après cette exhortation, qui a duré presque une heure, le prêtre est redescendu de l'estrade et, à ce moment, le bourreau a découpé le cadavre en quatre portions qu'il a pendues respectivement aux quatre angles de l'échafaud. Par la suite, on a procédé à un nouvel accrochage de ces quatre quartiers dans les faubourgs, hors la ville.

Au passage, je note un fait qu'il ne m'est pas possible de passer sous silence : à Barcelone, j'ai vu un tourneur qui aurait pu aisément utiliser ses deux mains, et qui pourtant faisait fonctionner les fers de son tour avec un seul pied. Or les produits qu'il obtenait de la sorte étaient parfaitement corrects ; je l'ai souvent observé avec admiration, tandis qu'il travaillait ainsi : il m'a tourné un encrier en os, que je lui ai acheté une fois fini.

Du 18 au 22 février inclusivement, tous les jours et sans interruption, c'était Carnaval. Cette époque festive avait commencé depuis pas mal de temps déjà, mais elle était alors à son point culminant. Nous avons vu une mascarade après l'autre. Elles déambulaient dans la ville, en passant et repassant, à pied comme à cheval ; elles étaient travesties chacune différemment de l'autre.

C'est que, pendant toute l'année, les femmes sont tenues très sévèrement resserrées, enfermées ; elles ne peuvent presque pas causer avec des étrangers, qu'il s'agisse d'hommes faits ou de garçons : ces natifs sont tellement jaloux ! Depuis leur fenêtre, elles n'ont le droit de parler aux hommes qui passent en bas dans la rue qu'à haute voix pour que tous les passants puissent entendre ce qu'elles racontent ; à la rigueur, elles peuvent s'exprimer au moyen de signes secrets. En revanche, pendant l'entière période du Carnaval, elles sont libérées de toutes ces entraves. Elles peuvent courir masquées, un peu partout, en compagnie de leurs amies et connaissances : j'en ai vu des quantités, de ces femmes masquées, au cours du Carnaval barcelonais. Du coup, les coucous – les *cocus* [en français dans le texte] – se pressent en foule, avant même l'arrivée du printemps. Les hommes sont obligés, souvent contre leur gré, de tolérer ce comportement de la part de leurs épouses, dans la mesure où la chose est de tradition depuis les anciens âges.

Ceux des carnavaliers qui sont pédestres vont de maison en maison, au son d'instruments de musique à cordes : c'est le même spectacle que j'ai déjà décrit à propos de la ville d'Avignon. Pourtant, la plupart d'entre eux sont à cheval ou assis dans des voitures, et ils roulent en ville, en allant et venant, en circulant les uns autour des autres.

Nous nous sommes donc rendus à la grande place qui est située dans la vieille ville, à proximité des anciens remparts, en direction du Collège des médecins. Nous y sommes venus tous les jours vers le soir. C'est là qu'ils se retrouvent tous. Une voiture après l'autre, à touche-touche, parcourt cette longue et large place, vers l'amont puis vers l'aval. D'autres, qui sont cavaliers, montent de superbes chevaux d'Espagne. Cela leur sied fort mal, et c'est même dommage qu'ils aient des chevaux d'une telle beauté. La plupart de ces personnages en effet montent à deux l'un derrière l'autre sur un seul cheval, et tous sont masqués. D'autres carnavaliers se déplacent à pied d'une maison à l'autre, et cette grande place est pleine de spectateurs et de personnes adéquatement masquées. Toutes les fenêtres des demeures qui entourent cet emplacement sont garnies de femmes, costumées et ornées de la façon la plus somptueuse. Elles regardent les gens qui passent, dont les uns sont à pied, les autres à cheval ou en voiture.

Les personnes masquées portent des sacs bourrés d'oranges douces et jaunes ; ou bien encore, de temps à autre, ce sont leurs serviteurs qui portent, pour eux, des coffres ou des sachets pleins de ces fruits : ils les lancent sur les femmes qui sont aux fenêtres. Celles-ci à leur tour attrapent ces projectiles avec la main, ou bien elles les laissent filer dans les chambres qui se trouvent derrière les fenêtres ouvertes. Quand les mêmes viennent à passer une seconde fois devant telle fenêtre, la femme les bombarde avec des oranges, de haut en bas, ou encore en visant le garçon qui lui plaît le plus. Et celui d'entre les jeunes hommes qui est ainsi la cible la plus fréquente au cours de ces batailles de fruits, celui-là est le plus en faveur auprès de ces dames. Et de même, *vice versa*, pour les femmes. On gaspille ainsi des milliers et des milliers d'oranges, rien qu'en un seul jour. Car celles qui tombent à terre, les enfants les ramassent et ils se les jettent à la tête les uns des autres[a]. De temps à autre, ils utilisent pour ça des limons ou des citrons. Dans certains cas, les participants remplissent les fruits avec des poudres ou des liquides parfumés ; ces agrumes peuvent aussi contenir des billets doux. Si les femmes s'en aperçoivent, elles conservent ces « poulets[b] » dans leur particulier. De tels « bombardements » comportent aussi, sous-jacentes, des pratiques nombreuses et bizarres. On utilise également, de temps à autre, comme projectiles, des œufs remplis de liquides odoriférants, mais ces façons d'agir sont plus dangereuses que dans le cas des oranges. On peut, ce faisant, infliger aux femmes d'affreux outrages si l'on verse dans ces œufs, par exemple, un liquide mordant, susceptible de noircir ou de brûler leur visage.

À cheval et en voiture, les carnavaliers arpentent très lentement la place en la montant et en la descendant. Le but des jeunes hommes qui ainsi défilent : bien regarder les femmes et, en retour, être dévisagés par celles-ci. Les cavaliers, en particulier, portent des bottines qui de temps à autre sont assez joliment dorées. Ces bottines sont garnies, chacune, d'un unique éperon, long comme la main ; il ressemble à un fuseau. L'éperon est équipé latéralement d'une petite roue arrondie, ce qui permet au cavalier de piquer sans péril les flancs de sa monture. Sinon, l'éperon irait s'enfoncer jusque dans les boyaux du cheval.

La fête du Carnaval a duré jour et nuit jusqu'au mercredi des Cendres, le 24 février. En cette journée, après la messe matinale, on a marqué le front d'un chacun avec une pincée de cendres. L'effet en a été impressionnant : tous ont oublié aussitôt leurs folies, ils sont devenus raisonnables et pendant sept semaines ils

---

a. La vulgaire bataille d'oranges, toujours pratiquée en Espagne, n'a gardé de nos jours que l'aspect le plus simpliste de ce rite folklorique en réalité très sophistiqué.

b. Billet doux, billet galant.

vont cesser de manger de la viande. Cette cendre, ce doit certainement être une poudre très efficace ; de quoi rendre béat d'admiration l'ambassadeur du Prêtre Jean, qui s'en est émerveillé, ainsi que de deux autres curiosités locales[75].

Le dimanche 21 février, jour du carnaval des seigneurs, j'ai assisté à Barcelone à un mariage absolument superbe. Pour les déplacements depuis la demeure familiale des mariés jusqu'à l'église et *vice versa*, on utilisait seulement des voitures, splendides ; ou bien on allait à cheval. Et pourtant la distance à parcourir n'était pas grande. Mais personne ne daignait aller à pied, sauf les serviteurs. Et ceux-ci n'étaient point de jeunes laquais, comme c'est le cas en France, mais bel et bien des hommes adultes dans la force de l'âge. Cette domesticité mâle était vêtue avec magnificence ; ils étaient presque aussi richement habillés que leurs patrons. Le festin, le bal, tout se déroulait d'une façon prestigieuse, à ce que j'ai pu voir. Il devait certainement s'agir de la famille d'un très grand seigneur, car en ce qui me concerne, de toute ma vie, je n'ai jamais vu de banquet qui fût aussi considérable, aussi délicieux.

Les danses des Espagnols ne sont pas aussi élégantes qu'en France. Ils ne parviennent absolument pas à concurrencer les Français sur ce point, ni non plus pour l'équitation. Ils dansent ensemble une danse appelée *sarabanda*, sarabande ; ils y procèdent par couples, mais ils ne se tiennent pas l'un l'autre ni ne se soulèvent[76] ; ils battent des deux mains, comme s'ils claquaient des doigts ; ils ont aux pouces des instruments en bois ou en os, et ils frappent dessus avec les doigts du milieu : cela produit un son très fort ; ils appellent ces objets des castagnettes ; j'en ai envoyé quelques-unes à Bâle ; en cette occasion, l'homme et la femme dansent à tour de rôle ; ils se montrent et se tournent le visage à tout moment ; l'homme danse en général à reculons, et ils se livrent à toute une gesticulation absolument bizarre et ridicule, ainsi qu'à des mouvements eux aussi grotesques du corps, des mains et des pieds ; j'ai vu une cinquantaine de couples qui dansaient ainsi de par les rues, sans cesser de se faire vis-à-vis.

Le royaume d'Espagne et plus spécialement le comté de Catalogne en général [375]

Le royaume d'Espagne, dans le temps, était subdivisé en de nombreux royaumes ; mais, de nos jours, c'est une énorme monarchie. De toute antiquité, on appelait cette vaste région l'Ibérie, à cause du roi Ibéro : il en avait tenu le gouvernement à la suite de Tubal qui en fut le premier souverain. Noé, en effet, une fois sorti de l'arche après le Déluge, a partagé le monde entier entre ses trois fils. L'aîné, Sem, a ainsi obtenu de son père l'Orient, l'Asie et les îles orientales. Au deuxième fils, Cham, fut cédée la terre méridionale, autrement dit l'Afrique. Enfin le troisième, Japhet, a eu les pays occidentaux et septentrionaux, parmi lesquels l'Europe *alias* chrétienté[a]. Ce Japhet a engendré sept fils : ce sont Gomer, Magog, Mapai, Javan, Thubal, Mesech et Thiras.

Le cinquième fils, Thubal, s'appelait aussi Jubal ou Jubel (d'où vient le nom des Jubeles qu'on donnait autrefois aux Espagnols). Ce Jubal est arrivé par mer, depuis Jaffa jusqu'en Andalousie. Il a donc apporté de Jaffa, par-devers lui, toute espèce d'animaux domestiques et de choses nécessaires, et il a commencé à cultiver la terre. Il a également utilisé le droit naturel[b], qu'il tenait de Noé et de Japhet.

Longtemps après, le roi Hercule a quitté l'Espagne pour l'Italie : lors de son départ, il s'est fait remplacer au gouvernement de l'Espagne par son fils Hispalus, qui a régné pendant dix-sept ans.

Hispanus, fils d'Hispalus, a succédé à son père en tant que dixième roi d'Espagne ; c'était en l'an 1710 avant la naissance du Christ ; le nouveau monarque a répandu tant de bienfaits sur son royaume que cet État a perdu son nom primitif et s'est dorénavant appelé jusqu'à nos jours Espagne, mot formé sur Hispanus[77].

---

a. Remarquable équivalence !

b. Beau texte, quoique farfelu : origine moyen-orientale, exacte, de l'agriculture, quant à ses prolongements vers la Méditerranée occidentale ; sources vétéro-testamentaires, donc divines, du droit naturel. Voir à ce sujet Alain Renaut (dir.), *Naissance de la modernité*, Paris, Calmann-Lévy, 1999, p. 132.

L'ensemble de ce pays a la forme d'un pentagone. On croirait une peau de bœuf étalée après l'équarrissage.

La presque totalité du royaume est entourée par la mer, à la façon d'une île. Le tout forme un circuit d'une étendue de six cents lieues depuis Salses dans le comté de Roussillon, en passant par le détroit de Gibraltar jusqu'à l'Océan, et de là jusqu'à Bayonne. Depuis cette ville jusqu'à Salses en allant vers l'est, on compte soixante-six lieues d'Espagne, de Bayonne à Salses en passant par les montagnes des Pyrénées *alias* de Roncevaux [*sic*] ; ces montagnes séparent l'Espagne du royaume de France et j'en ai déjà parlé précédemment.

L'Espagne est tellement étroite, au long de cet axe pyrénéen Bayonne-Salses, que Johannes Vasaeus[78] *a pu présenter l'affirmation suivante : à savoir qu'en traversant la région Cantabrique, étant lui-même posté sur le mont Saint-Adrien, il a pu de là-haut voir les deux mers [!]. Il s'agissait, d'un côté, de l'Océan, dont il était fort proche ; et, de l'autre, de la Méditerranée, dont les vagues, au gré de ses regards, lui paraissaient au loin étincelantes et brillantes* [sic].

On a souventefois, dans le passé, divisé ce royaume d'Espagne en diverses portions, telles que Grenade, Portugal et Tarragone ; maintenant, ce qui est proposé, c'est une partition en quatorze royaumes. Chacun d'entre eux, jadis, avait son monarque particulier, mais il n'y a plus aujourd'hui qu'un seul roi qui détient le pouvoir : c'est Philippe III. Les royaumes concernés s'appellent : 1° Vieille et Nouvelle-Castille ; 2° León ; 3° Aragon ; 4° Catalogne ; 5° Navarre ; 6° Asturies ; 7° Grenade ; 8° Valence ; 9° Tolède ; 10° Galice ; 11° Murcie ; 12° Cordoue ; 13° Portugal[79] ; 14° Algarve[80]. Les revenus d'ensemble de ces quatorze entités s'élèvent annuellement à plus de cinq millions de ducats.

En outre, on dénombre en Espagne vingt ducs : chacun d'entre eux dispose communément d'un revenu annuel dépassant les cinquante ou soixante mille ducats, et plusieurs parmi ces ducs ont des ressources beaucoup plus importantes. *Idem*, vingt margraves, ou marquis ; leurs revenus sont un peu inférieurs à ceux des ducs. *Idem*, soixante comtes ; le revenu annuel, par comte[a], est de dix à vingt mille ducats, mais pour plusieurs d'entre eux ça peut aller jusqu'à cinquante mille ducats. À quoi il faut ajouter une quantité incroyable de barons, baillis, vicerois, gouverneurs, maréchaux[b], régents...

S'agissant maintenant du clergé, on y trouve également des prélats dont la richesse est extraordinaire, tels que ceux des ordres de Saint-Jacques, de Saint-Jean de Jérusalem (les « johannites »), etc. ; ils disposent de domaines princiers ; ceux-ci, en certains cas, rapportent annuellement dans les cinquante mille ducats. Qui plus est, on dénombre en Espagne neuf archevêchés et quarante-six évêchés ordinaires, parmi lesquels s'individualisaient en règle générale huit évêques pourvus du titre de cardinal. Il y a en outre sept universités ou hautes écoles.

Les ecclésiastiques jouissent d'un très grand prestige dans toute l'Espagne et ils sont aussi puissamment riches. La seule église de Tolède perçoit, chaque année, des recettes qui équivalent *grosso modo* à deux cent mille ducats, et là-dessus l'archevêque de cette ville en retient quatre-vingt mille pour sa consommation personnelle.

En supplément de tout cela, le roi d'Espagne possède encore de vastes territoires dans le Nouveau Monde, à quoi s'ajoutent le royaume de Naples, et puis le duché de Milan, et encore bien d'autres pays qui se situent en dehors du royaume espagnol proprement dit. Les frais de garde de ces diverses zones sont pourtant énormes : il faut beaucoup d'hommes de guerre pour tenir en main cet ensemble. Le roi tire de son domaine un revenu annuel bien déterminé, mais il ne lui est pas permis d'imposer davantage de contributions fiscales, à la différence du roi de France qui est libre, lui, d'agir ainsi. Voilà pourquoi les Espagnols disent : *Todos somos reyes*, nous sommes tous des rois quand nous payons nos impôts. *Cela n'a pas empêché Philippe II, en notre temps, d'être considéré comme le plus grand potentat du monde*[81].

En Espagne, les montagnes dominent les paysages. Il y a très peu de fleuves navigables, et les pluies sont rares. Il fait beau-

---

a. Hiérarchie à la Saint-Simon, assaisonnée de considérations financières.

b. Erreur de TF19, p. 453 qui ajoute à cette liste plus ou moins hétéroclite, des « consuls ».

coup plus chaud qu'en France. Ce pour quoi le teint des habitants est légèrement plus foncé, plus bronzé que ce n'est le cas chez les Français. Compte tenu de cette chaleur, on met de côté la neige et la glace hivernales qui se sont formées sur les montagnes, afin qu'on puisse les utiliser l'une et l'autre en été pour rafraîchir l'eau et le vin.

Si l'on en croit les écrits de Navagero[82], il y a en Espagne trois choses ou curiosités remarquables. La première, c'est un pont par-dessus lequel l'eau passe, contrairement à l'usage qui veut qu'en règle générale l'eau coule en dessous des ponts : il s'agit, en l'occurrence, de l'aqueduc ou conduite d'eau de Ségovie. La deuxième, c'est une ville entourée de flammes : c'est une façon de parler pour désigner la cité de Madritum *(Madrid), dont les remparts sont construits avec des cailloux et des pierres à feu. Il est question, en troisième et dernière position, d'un pont au-dessus duquel peuvent dépaître simultanément dix mille têtes de bétail : on entend par là le fleuve de Guadiana qui disparaît sous la terre à un certain emplacement, pour ressortir ensuite à l'air libre au bout de sept lieues d'un parcours caché[83].*

Sur leurs montagnes, ils ont des fosses comme des espèces de puits, creusées dans la terre ou taillées dans le roc ; elles disposent d'une évacuation d'eau. Ils y déposent à la base une couche de broussailles ; ils empilent de la neige par-dessus, puis une nouvelle couche de broussailles et encore une couche de neige, en montant à la hauteur d'un homme, et ainsi de suite jusqu'à ce que la fosse soit pleine ; ils recouvrent cet empilement stratigraphique à l'aide d'un toit, afin que la pluie ne puisse pas s'infiltrer à l'intérieur. Car, comme ils disent, l'eau de pluie est l'agent le plus rapide qui soit pour faire fondre la neige. C'est la raison pour laquelle, en contrebas de ces fosses, ils creusent une rigole d'écoulement, afin que l'eau de fusion qui naît pendant l'été des neiges accumulées dans celles-ci soit aussitôt évacuée vers l'aval. En été justement, quand on veut boire frais, ils prélèvent la neige qu'ils ont stockée de la sorte : ils la chargent dans des seaux de bois épais, bien couverts et à double paroi. Ces seaux, portés sur les bâts des mulets, sont conduits en ville, et là cette neige se vend très cher : elle se débite en effet à raison d'un demi-réal, voire d'un réal entier, pour une livre pesant de neige. Un réal, c'est-à-dire l'équivalent d'un quart de franc français[a]. Le cuveau intérieur du seau, dans lequel la neige est entreposée lors de son transport, comporte à la base une espèce de caillebotis, de sorte que la neige fondue, qui pendant le voyage vers la ville a tendance à goutter par en dessous, peut passer dans le cuveau inférieur du seau, ce cuveau étant lui-même percé de trous d'écoulement vers le bas... ! Ainsi la neige restante, non fondue, peut-elle rester sèche.

Ils utilisent ensuite cette neige de façon très variée. Plusieurs se servent d'un seau de liège[84] dans le fond duquel ils déposent une couche de neige épaisse de trois pouces[b]. Ils y placent ensuite une coupe en forme de carafe, en cuivre, étamée à l'intérieur, et pleine de vin. Puis ils achèvent de remplir le seau avec de la neige. Ils n'ont plus qu'à le recouvrir au moyen de son couvercle, lequel se compose de deux parties ou simplement d'une seule. Ce couvercle a un trou central, à travers lequel émerge le goulot de la carafe. On agite le tout en tenant ce goulot, jusqu'à ce que le contenu de la carafe soit bien rafraîchi. Puis ils n'ont plus qu'à en boire avec des verres, conformément au dessin que je donne ici même avec mon texte[85]. Si la carafe est en verre, il ne faut pas l'agiter. Autre méthode : on enveloppe la neige dans un chiffon, et l'on met ce paquet à tremper dans le vin ou dans l'eau.

L'Espagne est riche en vin, grains, huile d'olive, cire, safran, sucre, oranges, citrons, limons, grenades, figues, oignons, dattes, câpres[c], amandes de pin pignon, petites bestioles productives d'écarlate [= cochenille du chêne kermès], et autres productions ou fruits du même genre pour l'usage pharmaceutique, lesquels sont meilleurs qu'en France. En revanche, celle-ci l'emporte quantitativement sur l'Espagne pour les produits de grande consommation, comme le vin et les grains. Le fait est que la population et les constructions citadines et autres ne sont pas aussi développées qu'en France. En beaucoup d'endroits, le sol de l'Espagne est rocailleux, et ne se prête point à la mise en valeur agricole. C'est pourquoi l'on importe beaucoup de ravitaillement en provenance des pays étrangers, afin de nourrir la

---

a. Un franc français = une livre tournois de France.
b. Erreur de TF19, p. 454 qui écrit « deux » pouces.
c. TP II a employé le mot grec *kapparès*.

population autochtone. En outre, les Espagnols préfèrent de loin porter la lance plutôt qu'un fouet de bouvier, et leurs goûts les poussent à conquérir des champs et des biens fonciers, en y portant au préalable le dégât et la dévastation, plutôt qu'à y pratiquer l'agriculture.

On voit nettement aussi que, la plupart du temps, les ouvriers agricoles ou les cultivateurs sont des Français. Ils ont honte, en effet, dans leur pays d'origine, de travailler la terre, parce que plusieurs d'entre eux, en France, sont des notables ou des dirigeants militaires et autres. Ils préfèrent partir vers l'anonymat des pays inconnus afin de s'y nourrir par le travail de leurs mains. Et de même ce sont des Français[a] qui accomplissent la plupart des travaux d'artisanat difficiles, tels que la charpente, la menuiserie, le travail des maçons, etc. C'est le cas en Catalogne, où j'ai été particulièrement attentif à de tels phénomènes. En revanche, les Espagnols sont si fiers, si avides d'honneur et d'argent, qu'ils n'ont guère envie de se livrer à des besognes de service, très maigrement rémunérées. Ils préfèrent risquer leur vie et leur corps, et traverser des mers fort agitées pour se rendre aux Indes. Tout cela pour y gagner de l'argent, des biens, et pour s'y faire un grand nom.

Innombrables sont ceux qui partent en guerre vers l'Italie et les Pays-Bas. Et l'expérience quotidienne démontre que bien souvent des gens de basse condition parviennent à des postes de commandement très importants. Dès qu'ils se sont enrichis considérablement, ils se mettent, dans la plupart des cas, à raffoler de splendeur tant pour leurs vêtements que pour leur train de maison. Ils prennent de grands airs, comme s'ils étaient de grands seigneurs, ou des comtes, ou des princes effectivement nés de race princière, alors que bien souvent il ne s'agit là que de fils de piètres artisans. Cette fierté, ils l'ont sucée de leurs parents avec le lait. Bien souvent, j'ai vu à Barcelone des femmes de savetiers qui passaient, et qui arboraient communément des tenues vestimentaires auxquelles chez nous les femmes de la noblesse ne pourraient prétendre. C'est le peuple le plus dressé sur ses ergots et le plus fier que j'ai jamais vu. Personne n'est assez bon pour eux. De ce fait ils veulent être les premiers

---

a. Français venus des pays de langue d'oc, et fort peu de la langue d'oïl.

partout, et personne ne peut vivre en bonne intelligence avec eux.

Par nature, ils sont tous assez mélancoliques et, pour cette raison également, ils sont lents dans leurs entreprises, peu portés à de vifs efforts, à moins d'y voir un avantage susceptible d'être conquis par leurs soins ; ils dissimulent beaucoup de choses en feignant l'ignorance à propos d'icelles. En ce qui concerne les beuveries et la bonne vie, ils sont bien loin d'avoir la convivia-lité qui caractérise les Français, mais ils sont empreints de sérieux et de gravité ; ils se contentent de fort peu de nourriture ; bien souvent ils ne mangent que des cardons (cardes)[86] et de la salade. Ils peuvent bien piquer une patte de perdrix à leur chapeau et grommeler en public entre leurs dents pour faire croire qu'ils viennent de manger des perdrix et qu'ils en ont encore des fragments de rôti entre les dents.

Ils coupent leur vin pour moitié avec de l'eau quand ils veulent boire pendant les repas. On ne voit parmi eux aucun ivrogne. Ils tiennent l'abus des boissons pour la plus grande ignominie qui puisse leur arriver. À les en croire, un seul ivrogne dans un lignage, et voilà toute la race qui est endommagée. En somme, *in summa*, ils sont très sobres dès qu'il s'agit de boire et de manger, surtout quand c'est leur porte-monnaie qui doit débourser. Mais quand ils peuvent vivre en parasites aux dépens d'autrui, alors ils n'y vont pas de main morte. Les gens venus d'ailleurs et les étrangers, ils ne les reçoivent point amicalement, comme font les Français[87] ; ils ne leur prêtent guère attention, ils ne veulent vraiment pas servir ; un paysan espagnol ne cédera pas volontiers la préséance à un prince, dès lors qu'il n'est pas d'humeur à le faire. En revanche, quand on a gagné leur sympa-thie et quand ils font une promesse à quelqu'un, alors on peut s'y fier. Hors d'Espagne, ils se témoignent les uns aux autres une amitié indéfectible, et ils risquent leur vie tous ensemble. C'est pourquoi ils peuvent supporter la faim, la soif, la canicule, etc. mieux qu'aucune autre nation dans la chrétienté. De ce fait, dans les guerres, leurs exploits sont considérables.

Ils sont bien meilleurs fantassins[a] que cavaliers, quoiqu'ils disposent d'excellents chevaux, rapides au point qu'on va

---

a. C'est la « redoutable infanterie espagnole »...

jusqu'à croire que ces montures ont été conçues par l'opération du vent. Ils sont rusés dans l'escarmouche, réfléchis dans le combat, prompts à l'assaut, car la petitesse de leur corps est un atout ; ils sont prêts tour à tour pour la fuite, et derechef pour l'attaque. Sur mer, leur expérience est considérable : ils ont effectué la circumnavigation de toute l'Afrique, jusqu'à ce qu'ils se retrouvent en Orient, et c'est là qu'ils se sont emparés du royaume de Calicut[88] et d'îles fort nombreuses. C'est de quoi tous les livres sont pleins. J'ajouterai que, dans leur pays, nombreux sont les ports de premier ordre, nombreuses aussi les villes marchandes.

Chez eux, on ne trouve pas de parlements [dans le style français], mais quatre chambres de justice : en Castille, à Grenade, en Galice et en Navarre. Ils ont bien moins d'avocats que ce n'est le cas en France. Car ils ne se répandent pas, eux, en procédures judiciaires à la légère.

Par ailleurs, les Espagnols ont beaucoup de coutumes bizarres. Ils les appellent « les pragmatiques », *las pragmaticas*. Elles varient d'une province à l'autre. Les gens de Barcelone, notamment, jouissent de libertés particulières. C'est ainsi qu'ils ne reconnaissent le roi que de façon conditionnelle, *conditionaliter*, en tant qu'il est seulement leur comte. Sur ce point, ils sont d'une raideur extrême, et ils se donneraient au roi de France plutôt que de laisser tomber l'une quelconque de leurs franchises. Les Castillans et les Catalans ne s'aiment pas beaucoup les uns les autres, comme j'ai pu le constater en assistant à leurs comédies. Les habitants du royaume ou comté de Catalogne sont également mieux dotés de privilèges que ce n'est le cas pour les Castillans. En particulier, on leur permet [aux Catalans] de porter de grandes fraises[89] au cou (ces fraises étant empesées) et de longues rapières. Les Castillans, en revanche, n'ont pas droit aux fraises empesées, et celles qu'ils portent ne doivent pas dépasser deux doigts environ quant à la largeur. Semblablement, leurs rapières ne peuvent pas outrepasser une certaine longueur, prescrite par le règlement de mensuration des épées qui leur est propre. De même, il leur est interdit de marcher la nuit en groupe de quatre individus ou davantage. Si vous n'êtes que deux ensemble, vous ne devez pas laisser une tierce personne se faufiler entre vous. Il y a encore bien d'autres choses du même genre ; si l'on n'observe pas cette législation d'une manière attentive, on risque de faire l'objet d'une sanction pénale à bref délai. Ils disposent aussi d'un droit fort bizarre en Espagne : ils l'appellent la Fraternité, la *Hermandad* ; en vertu de celle-ci, des citoyens nombreux (voire des villes entières) se lient entre eux par serment ; en conséquence, ils s'associent et dès lors, à supposer que des gens fassent irruption dans le pays, aussitôt des milliers et des milliers d'hommes armés se dressent et courent sus aux malfaiteurs. Ceux-ci sont assaillis à tel point que nul parmi eux ne peut échapper, quand il s'agit vraiment d'une personne coupable. Si le criminel est attrapé, on l'attache vivant à un poteau, et on le crible de flèches jusqu'à ce que mort s'ensuive[a]. Ce maintien de l'ordre public est rigoureusement nécessaire, à cause du grand nombre de fainéants et de soldats ; les uns et les autres refusent de travailler en quoi que ce soit, et pourtant ils veulent tenir leur rang à bonne altitude sociale.

En Espagne, le vent n'est pas gâté par un parcours sur des lieux humides et sur des étangs ; l'air est donc très sain. Quant aux métaux comme l'or, l'argent et le fer, on les trouve en abondance dans ce royaume. Métaux estimés pour leur qualité ! Les lames ou rapières espagnoles sont préférées à toutes les autres ! Quant à l'or, il n'est pas seulement extrait du sol : les eaux de pluie peuvent provoquer aussi des écoulements de sable, dans lequel on trouve de l'or.

Le bétail ne fait pas défaut lui non plus, tant dans le secteur des animaux domestiques que de la faune sauvage.

De nos jours, on cultive les cannes à sucre près de Valence, en abondance. Et même on m'a fait don de l'une de ces cannes, encore verte, dans un jardin à Barcelone ; je l'ai envoyée à Bâle.

Le sel gemme pousse sur une montagne, près de Cardona ; on le taille[90] en tranches à partir du rocher et il repousse à l'emplacement de la découpe[b]. Ses couleurs sont tout à fait variées. À Segnitia, il y a une [grosse] marmite pour y recueillir le sel ; enfin, dans les montagnes, près de Reagortia, on trouve une mine

---

a. Cette « méthode » fut popularisée dans l'art de l'époque par l'iconographie du martyre de saint Sébastien.

b. Bernardin de Saint-Pierre ! Ce sel est comme les melons chers à cet écrivain, que le Seigneur a créés tels pour qu'on puisse les découper afin de les manger en famille.

de sel où l'on procède à l'extraction d'icelui. Près d'Antiquera, l'eau de pluie inonde de temps à autre une vallée fermée, et puis la chaleur du soleil dessèche tout cela ; du coup, l'eau se transforme en sel.

L'hypocrisie et la superstition règnent sans partage parmi ce peuple. Ils jurent comme des païens : « Par la vie du roi ! », « Par le trône du roi ! », et aussi « *Par la Santa Cruz !* », « Par la Sainte Croix ! » ; ils en dessinent une sur le sol, ou bien ils croisent le pouce sur l'index ; ensuite ils baisent cette croix improvisée et ils jurent par elle. L'homme auquel ils font « confiance » doit se méfier, car ils attaquent toujours par-derrière, quand la situation les avantage.

Dans les églises, ils font montre d'une grande dévotion. Quand ils y pénètrent, l'un d'entre eux seulement prend de l'eau bénite avec sa main, et il en passe à tous les autres en leur donnant sa main à baiser. Ensuite, ils se signent du signe de croix. On recueille des aumônes variées en l'honneur de saints fort nombreux, en un temps où les gens donnent beaucoup. La religion papiste a le monopole des cultes en Espagne, car les inquisiteurs extirpent d'une manière énergique les autres religions, au moyen des bûchers ; et ils ne laissent entrer dans le pays aucun livre qui serait en provenance d'une autre tendance religieuse. C'est pourquoi les gens sont dans l'impossibilité de les lire ; et puis ils ne font pas beaucoup d'efforts pour faire des études ; ils ont pourtant l'outrecuidance de se croire savants.

Leur langue est difficile, car elle penche quelque peu vers le langage italien, mais elle est plus rude et plus somptueuse. Ils ont beaucoup de mots qui leur viennent des Maures ou des Arabes. La langue castillane est renommée par-dessus toutes les autres, ne serait-ce que parce que la cour du roi est sise en Castille, à Madrid. Je m'en suis déjà expliqué *supra*.

Le blé se conserve dans des corbeilles de paille. La livre de viande ou de poisson fait trente-six onces. Les monnaies d'Espagne sont nombreuses, variées, diverses. La plus minuscule de toutes s'appelle *maravedi* : trente-quatre maravédis[91] font un réal, lequel équivaut à un quart de franc français [= un quart de livre tournois]. Le roi compte tout son revenu en maravédis : c'est ainsi la monnaie avec laquelle on paie le personnel administratif. Le maravédi, pourtant, n'existe pas comme pièce métallique tant cette monnaie vaut peu. Mais on a des demi-maravédis, qui valent encore moins : on les appelle des *blancas*. Il en faut deux pour faire un maravédi. On a aussi des *medios quartillos* qui font quatre blancs ou *blancas*, autrement dit deux maravédis. Un *quarto* fait huit *blancas*. Quatre *quartillos* font un réal, en termes de monnaie castillane.

En Catalogne, c'est différent : une livre [monétaire] y fait dix réaux, une couronne est égale à vingt sous, autrement dit à dix réaux et demi. Un ducat vaut douze réaux. La monnaie de Barcelone, c'est le denier et le double denier, et encore le *heller* qui fait six deniers, ce qui revient à un quart de réal. On a aussi des pièces d'un demi-réal et d'un réal entier. On utilise également, sur place, le pfennig obole ou liard de Saint-Jacques d'Aragon[92], celui de Vich[93], et celui de Valence. Le réal valencien vaut dix-huit *heller*, et les autres réaux valent, pour chacun d'entre eux, respectivement vingt-trois ou vingt-quatre deniers. Le demi-réal, à Barcelone, vaut onze *heller*. Il faut bien noter qu'en Espagne la seule monnaie à base de métal précieux qui soit acceptée, c'est celle du pays, qu'il s'agisse d'or ou d'argent. Par exception, au monastère de Montserrat, à l'occasion de quelques jours de grande fête, on accepte les pièces étrangères en vertu d'une ordonnance spéciale, imprimée et affichée. Hors de Montserrat, celles-ci ne valent rien, alors qu'on reçoit partout la monnaie courante espagnole. La raison en est peut-être que les Espagnols veulent se débarrasser de leur or et de leur argent, car ils en ont en abondance. Voici la liste des monnaies communes : en argent, le demi-réal, le réal et les pièces de deux, quatre et huit réaux ; quant à l'or, on le frappe sous la forme de pistoles, de doubles et quadruples couronnes d'Espagne ; à quoi s'ajoutent des monnaies portugaises, en or elles aussi.

Les services des postes sont analogues à ceux qu'on trouve en France, mais ils se font la plupart du temps à dos de mulet ; on peut aussi, en mainte occasion, courir des demi-postes (comme cela se fait en France à l'aide de *chevaux de relais*[a]) : cela s'effectue notamment à partir de Barcelone, en direction de nombreuses grandes villes. J'en reparlerai plus tard à propos de la France.

---

a. En français dans le texte.

Les femmes espagnoles sont très élégantes ; elles aiment avoir belle apparence. Sous leur robe, elles tendent un cercle de bois, placé tout près du sol, ce qui leur donne une démarche spectaculaire ; elles portent, en général, des pantalons d'homme sous la robe ; elles se déplacent en s'appuyant sur des pantoufles d'une hauteur extraordinaire. Elles peignent et colorent leur visage, leurs mains et [le haut de ?] leur poitrine avec du blanc, du rouge et du fard. Elles conservent préalablement ces produits dans de petits pots ; j'en ai envoyé toute une gamme à Bâle. Même quand ces dames sont naturellement jolies, elles utilisent néanmoins ce genre de peinture. C'est pourquoi l'on dit volontiers : « Qui prend une femme espagnole en obtient quatre, une longue et une courte, une belle et une laide. » Car, dans la journée, ce genre de dame est tout en longueur, ou plutôt en hauteur, sur ses pantoufles. Et elle est belle quand elle est maquillée. Mais au lever du jour, elle est courtaude et laide, avant qu'elle ne soit vêtue et peinturlurée. *Les femmes espagnoles boivent peu de vin.* Elles ne sortent pas de leur maison, à moins d'avoir devant elles et auprès d'elles des serviteurs qui les accompagnent, et puis des servantes qui marchent derrière. Elles portent sur le visage et sur tout le corps une mantille en crêpe noir, et ainsi elles voient autrui sans pouvoir être vues par d'autres personnes ; à moins bien sûr qu'elles n'écartent la mantille. Autre solution : elles se font conduire à travers la ville en carrosse.

Au sujet du comté de Catalogne [384]

Le comté, principauté ou royaume de Catalogne, en tant que tel, tire son nom du chevalier Oregerio Catalone[94] qui lui-même était ainsi appelé en raison du château de Catalo, où il résidait. Il était gouverneur de la province de Guiana, mais voilà qu'il apprend que les Espagnols sont opprimés par les Maures. Il entreprend donc de traverser les Pyrénées en compagnie de neuf chevaliers allemands. Là, il rencontre beaucoup de fuyards espagnols qui s'étaient réfugiés dans ces montagnes sauvages. Catalo a été promu chef de leur troupe ; en peu de temps, ils ont reconquis la province de Tarragone. Mapifer, l'un des neuf chevaliers, les a suivis. C'était l'époque où Charlemagne faisait son entrée dans le Roussillon, et Narbonne venait d'être reprise sur les

Maures. L'empereur Charles a donc comblé d'honneurs les neuf chevaliers ; il a nommé la province « Catalogne », d'après le nom du premier d'entre eux, et il a installé neuf églises principales dans ce pays, à savoir celles de Tarragone, Barcelone, Vich, Gérone, Urgel, Tortosa, Elne, Lerida et Majorque. De même il a choisi neuf comtes en ces provinces, qu'on a appelés des podestats, et puis encore neuf vicomtes, et en outre neuf « vavasseurs[a] ».

Les comtés sont les suivants : Barcelone, Cerdagne, Pallarès, Urgel, Elne, Roussillon, Ampurias, Bisulduna [?] et Tarragone. Après la mort de l'empereur Charlemagne, son fils Louis [le Pieux] a confirmé les susdits comtés[95], mais il a gardé le comté de Barcelone par-devers lui, car il le tenait pour la première et la plus noble portion de cette principauté catalane. Louis a substitué en sa propre place, comme comte de Barcelone, don Jofre[96], auquel a succédé un autre don Jofre[97], fils du précédent ; ce second Jofre s'est marié avec la fille du comte de Flandre auquel le roi de France, incidemment, avait offert le comté de Barcelone en l'année du Christ 775. Jofre II est mort sans enfants ; il a laissé le comté à son frère don Borrel[98], auquel a succédé don Berenguel. Après celui-ci est venu don Remon Berenguel, qui fut le septième comte de Barcelone. Celui-ci a obtenu la soumission de douze rois maures. Lui a succédé son fils don Remon Berenguel, qui fut ultérieurement poignardé par son frère. Ce Berenguel avait laissé un fils, nommé lui aussi don Remon Berenguel et qui fut son successeur : c'est lui qui a délivré l'impératrice, comme je l'ai signalé longuement lors d'un précédent paragraphe. Ce comte s'est marié avec Pétronille, fille de don Ramiro el Monge, roi d'Aragon. Le comte et Pétronille ont eu quatre enfants : des fils et des filles. Le fils aîné, don Alonso, a reçu en héritage le royaume d'Aragon et le comté de Barcelone. Don Remon Berenguel, sur ordre de son beau-père, s'est fait appeler Don Remon, prince d'Aragon, et là-dessus ce nouveau prince a ordonné que, parmi ses descendants, tous ses successeurs portent le titre de « roi d'Aragon et comte de Barcelone » ; cette règle est encore observée, de nos jours, par les rois

a. Les « vavasseurs », dans la hiérarchie féodale, occupaient une position subordonnée par rapport aux comtes podestats et vicomtes.

d'Espagne. Et l'on tient fermement la main, comme je l'ai souvent signalé, à ce que les gens de Barcelone ne reconnaissent le roi d'Espagne que comme leur comte. Le souverain actuel, lors de sa venue à Barcelone, a frappé par deux fois aux portes de la ville, mais c'était en vain. Il disait : « Je suis le roi de Barcelone. » Et ils lui répondaient : « Nous ne vous connaissons pas. » Il a encore frappé une troisième fois, et ils ont demandé : « Qui est là ? » Et il a répondu : « C'est moi, roi d'Espagne et comte de Barcelone. » Alors un petit mannequin d'enfant est descendu des nuages à tire-d'aile, il a apporté au monarque la clé d'or[a] pour ouvrir la porte de la ville, et celui-ci a pu faire son entrée à cheval dans Barcelone.

Dans cette principauté, en d'autres termes royaume de Catalogne, on compte cinquante-six villes ou localités qui sont de premier ordre, c'est à savoir[b]... [voir leur liste, en note, ci-dessous, au nombre de 55 seulement].

Par ailleurs, il y a encore bien d'autres villes et bourgs dans la principauté de Catalogne, mais elles sont un peu moins importantes que les précédentes, et j'en ai vu plusieurs également. Cette principauté s'étend depuis Salses jusqu'au fleuve Èbre, et depuis le golfe du Lion jusqu'au Rio Cinca[99].

Elle n'est pas fertile en tous lieux. Il y a davantage d'arbres que de céréales ; et plus de végétaux sauvages que de plantes cultivées. Les Catalans se tirent d'affaire grâce à la mer, car la navigation leur est très lucrative : les ports maritimes dont ils disposent dans la principauté sont excellents et nombreux.

Du 21 au 26 février, nous avons encore séjourné dans notre bonne vieille auberge du Bœuf. Mais le fait est que nous avions acheté toute sorte d'objets bizarres ; nous les avions enfermés dans notre chambre, dont nous conservions la clef sur nous en permanence, si bien que la servante était dans l'impossibilité d'y pénétrer pour faire le lit. Elle en était extrêmement contrariée ;

---

a. Autonomie « catalane » de Barcelone...

b. Argueda, Arbucid, Aldicona, Barcelona, Blanes, Cabellea, Calaf, Campedro, Cardona, Castildesi, Cerda, Cerial, Cerbera, Colibre, Corial, Empunias, Elna, Esiges, Figueras, Granel, Granulles, Girona, Lerida, Lisbal, Martorel, Marzilla, Miralcampo, Molin de Rey, Moncada, Morella, Moxente, Palas, Palamos, Palafugel, Prates, Perpignan, Poblin, Puig, Redona, Roses, Salsas, Sansillen, San Pedro de Or, Tarraga, Tarragona, Talara, Tuye, Valaguer, Valtierra, Vesalu, Veria, Villa Franca, Vique, Urgel, Ygualada.

les choses en vinrent au point que dans sa colère elle demanda à notre laquais : « Où sont tes *prédicants*[a] français ? Pourquoi bouclent-ils leur chambre comme ça ? » Du coup, le jeune laquais entre à son tour en fureur contre cette servante ; il veut la poursuivre avec un tison enflammé et il lui aurait fait subir une méchante violence. Heureusement, notre aubergiste est accouru à temps pour s'interposer. S'il n'était pas intervenu, nous aurions couru un très grand péril, et nous aurions fort bien pu nous retrouver illico dans la maison de l'Inquisition. Comme le laquais nous l'avait conseillé, nous n'avons fait semblant de rien, comme si nous n'étions pas au courant. Néanmoins, craignant des ennuis, nous avons quitté notre auberge le 26 février. Nous avons transporté nos bagages à la loge de douane, en vue d'en faire la déclaration complète, et nous avons payé des taxes douanières fort élevées en échange d'un certificat qu'on nous a remis. On a également examiné nos livres et on n'en a trouvé aucun qui soit interdit.

Le 27 février, avons acheté du pain, du vin, du poisson et d'autres provisions de bouche en vue des quelques jours que nous allions passer sur un bateau, notre intention étant d'utiliser celui-ci pour rentrer en France. Pour notre laquais, il y eut de gros problèmes : à peine était-il monté dans la petite barque qui devait nous mener au bateau plus important chargé de notre traversée, à peine embarqué donc, ce garçon se mit à vomir tripes et boyaux ; il fut tellement malade qu'il fut incapable de boire et de manger pendant toute la durée de notre trajet maritime. Mais, ce jeune homme excepté, aucun de nous n'eut à souffrir de telles incommodités.

Au jour susdit, qui était un samedi, toutes nos affaires se trouvaient déjà chargées sur le navire. Nous montâmes dans un canot pour rejoindre ce bateau, qui n'eut plus qu'à sortir du port. C'était un bâtiment d'environ trente à quarante pieds de long ;

---

a. Accusation de calvinisme. Grave, en Espagne. Le laquais lui-même se révélera (*infra*) être protestant, ou sympathisant à la Réforme. *Prédicant* signifie, comme toujours en Languedoc et dans les provinces environnantes tant françaises qu'espagnoles, prêcheur protestant ou même pasteur. Voir le grand livre du pasteur Charles Bost, *Les Prédicants protestants des Cévennes et du Bas-Languedoc*, Paris, 1912.

il était doté d'une cale qu'on pouvait fermer en cas de nécessité (il appartenait à cette troisième catégorie des navires méditerranéens que j'ai décrits ci-dessus, lors de mon passage à Marseille). Le patron était français[a], originaire de La Ciotat en Provence[100]. Cette ville est située au-delà de Marseille et au bord de la mer. Il avait avec lui un associé, servant de second maître ; et, en plus, quatre ou cinq matelots. À l'aller, son navire avait transporté un chargement de grains depuis la côte française jusqu'à Valence. On n'eut plus qu'à hisser à bord notre canot, on déploya deux voiles, et nous quittâmes le port de Barcelone, poussés par un vent assez favorable, à la grâce de Dieu tout-puissant. Nous avons fait voile non loin de la ville de Mataró : elle est sise au bord de la mer et nous l'avons aperçue au passage. Elle est située à quinze milles marins de Barcelone, ce qui ne fait que cinq lieues d'Espagne car chaque lieue terrestre est égale à trois milles marins. Ensuite, nous avons poursuivi notre voyage sans désemparer ; et nous avons vu, toujours à une lieue de distance environ ou un peu davantage, les villes suivantes, l'une après l'autre, qui se trouvaient au bord de la mer, à savoir : Arenys de Mar, Canet de Mar, San Pol de Mar, Calella, Blanes, Lloret de Mar, Tossa de Mar et San Feliu de Guixols ; cette dernière localité étant pourvue d'un port bon et réputé. Depuis Mataró[101], il fallait compter trente-cinq milles marins, en d'autres termes douze lieues terrestres. Nous sommes arrivés en soirée dans la ville portuaire de Palamos. Depuis San Feliu, cela faisait dix milles marins, équivalant à trois lieues terrestres. Au total, en une journée, de Barcelone à Palamos, nous avons couvert soixante milles marins, soit vingt lieues terrestres. De temps à autre, au cours de ce long trajet, nous avons perdu de vue la terre ; autrement dit, nous avons fait voile, par moments, très au large et jusqu'en pleine mer.

Palamos [388]

C'est une assez jolie ville, située à proximité de la mer et juchée sur une colline. Le port est bon, mais ouvert. Nous y

---

a. Pour Thomas Platter II, un Provençal est un Français ; peu importe la différence des langues, d'oc ou d'oïl.

avons débarqué ; puis nous sommes montés en ville, où nous avons passé la nuit.

Le matin du 28 février, nous avons quitté le port de Palamos ; nous voulions naviguer jusqu'en France. Mais à peine étions-nous en mer qu'un vent violent, contraire, venu du large, nous interdit d'avancer, si bien qu'après avoir déployé pendant un long moment beaucoup d'efforts, nous avons dû quand même faire demi-tour. En peu de temps, donc, nous voilà revenus à Palamos que nous avions quitté le matin même. Le 24 février déjà, c'est-à-dire quelques jours auparavant, nous avions voulu faire voile en direction de Valence, depuis Barcelone, mais à cause du vent contraire nous fûmes obligés de retourner au point de départ. La même mésaventure nous est survenue à Palamos, si bien que nous dûmes passer une seconde nuit dans cette ville.

Le lundi 1er mars, nous avons quitté Palamos de bon matin. Le vent était plus favorable. Nous sommes donc passés, par voie maritime, près de la ville et port d'Ampurias (c'est de ce lieu que part la route de terre en direction de Gérone). Puis, passage au large de la ville et port de Rosas que nous avons aperçu de loin ; *idem*, au large de Cadaquès, soit un trajet déjà de quarante milles marins depuis Palamos. Sommes encore passés par-devant Puerto de la Selva et Llansà. Enfin, nous sommes arrivés dans le port de Port-Vendres en soirée et même tard dans la nuit. Depuis Cadaquès, cela faisait vingt-six milles marins et, depuis Palamos, soixante-six milles marins, autrement dit vingt-deux lieues terrestres d'Espagne. Nous avions couvert tout cela en une journée. Port-Vendres s'appelle aussi Collioure.

Entre-temps, durant ce jour, nous avons utilisé un long trident qui était attaché au bateau par une cordelette, et nous avons harponné puis capturé deux dauphins *alias* cochons de mer qui s'approchaient de notre bateau en nageant. Ils avaient environ huit à dix pieds de long, mais ils étaient énormément gras, comme des porcs qu'on aurait gavés. Leur chair fait penser, à peu de chose près, à la viande de porc. Les matelots les ont abattus tous deux et découpés ; ils en ont salé la plus grande partie, et ils ont mangé le reste sous forme de viande fraîche, après l'avoir tout au plus posée sur des braises de charbon de bois, pour la faire un peu rôtir. Ensuite, ils l'ont consommée, et j'étais leur invité pour ça également. Mais ça m'est resté sur l'estomac, car c'était indigeste. À mon avis, chacun de ces dauphins devait peser environ cent trente livres.

À nuit noire, nous sommes arrivés au port. Des deux pilotes, le chef et le second, c'était le plus jeune qui tenait le gouvernail ce jour-là. Puisque aussi bien ils permutaient l'un avec l'autre pour le pilotage du bateau, une journée l'un, une journée l'autre. Et voilà pourquoi, en ce jour, c'était le second pilote qui gouvernait le bateau à sa guise et qui voulait l'amener jusque dans le port. Mais le vent nous était contraire, et il fallait tout en avançant à la voile tirer des bordées. Le jeune second ne voulait pas céder sa place. Du coup, le plus vieux patron criait à son collègue : « Ton pilotage n'est pas correct ! Tu devrais manœuvrer autrement ! », et il voulait s'installer à sa place au gouvernail. Le jeune entrait en fureur et hurlait contre son ancien, en pleine altercation, criant : « C'est moi le patron, maintenant ! Je sais fort bien comment je dois me comporter ! » Chacun des deux prétendait avoir raison, et aucun des matelots n'avait le droit d'élever la voix pour s'interposer. Les deux hommes juraient et blasphémaient Dieu, tellement qu'on n'eût point été surpris que nous dussions tous payer cher pour leur façon d'agir[a]. Ça ventait, ça pleuvait et les éclairs zébraient le ciel de tous les côtés, que j'en avais les cheveux qui se dressaient sur la tête ; les deux protagonistes auraient dû se mettre en prière et, au lieu de ça, ils juraient comme les valets du bourreau. Enfin, le jeune homme, qui pilotait toujours notre bâtiment, déclara au vieux : « Si tu ne veux pas te taire, je jetterai le navire à pleine voile contre un rocher et il n'en restera pas planche sur planche, ni poutre sur poutre. Cesse donc une bonne fois pour toutes de m'embêter ! » À la suite de ces menaces, le vieux en rabattit quelque peu ; et au bout du compte, après beaucoup d'efforts, nous sommes parvenus à pénétrer dans le port. L'équipage y a jeté l'ancre et nous avons passé le reste de la nuit dans le navire. Nous sortions d'un moment de peur terrible. Et l'on peut s'imaginer notre joie, quand nous fûmes ainsi arrivés à bon port. Quiconque s'est trouvé, lors d'un voyage en mer, dans des

---

a. Allusion à l'Inquisition, aux dangers du mauvais temps, ou, tout simplement, à la colère de Dieu, toujours possible ?

angoisses pareilles comprendra facilement à quel point nous étions soulagés.

Le 2 mars, au moment de débarquer du bateau sur la terre ferme, nous avons examiné le port à loisir ; il n'y avait qu'un grand navire, à côté du nôtre ; il était arrivé à Port-Vendres peu avant nous et il avait surmonté, lui aussi, des périls considérables.

Ce port, de par sa nature, forme comme un vaste lac entre deux rochers. L'eau y est profonde, de sorte que les plus grands navires venant du large peuvent y pénétrer. Parmi les ports appartenant à l'Espagne et qui sont situés sur le littoral méditerranéen de ce pays, Port-Vendres est considéré comme l'un des plus sûrs. Et pourtant les navires n'y font pas relâche, à moins que le vent ne les oblige à y séjourner. Ce fut le cas de plusieurs galères italiennes au cours de l'année passée. Elles furent contraintes de s'incruster là pendant une longue période. Nombreux sont les galériens qui moururent de froid pendant ce séjour forcé ; ils sont enterrés à proximité de Port-Vendres.

Après avoir bien considéré ce port, nous avons franchi, sans désemparer, une hauteur qui nous séparait de Collioure[102] et nous sommes parvenus dans cette localité. De Port-Vendres à Collioure, il n'y avait qu'une demi-heure de marche.

Collioure [389]

Il y a là, outre le château, une ville. D'un côté, celle-ci touche à la mer. À cet endroit-là, les petits navires peuvent aborder. On les voit accoster l'un près de l'autre, spécialement les bateaux de pêche ; on a l'impression, en ce lieu, d'un lac qui partirait de la haute mer et qui s'insinuerait jusqu'à la ville, entre deux crêtes montagneuses. Les gros navires, pour leur part, se bornent à séjourner dans la partie du port qui est la plus extérieure, la plus proche de la mer – à une portée d'arquebuse de celle-ci. Les petits navires, grâce à leur faible tirant d'eau, peuvent arriver, eux, jusqu'aux abords mêmes de la ville. De l'autre côté de celle-ci, le terrain est tout en hauteur, et en général c'est montagneux autour de Collioure, excepté là où ce lieu donne directement sur la mer. Depuis le port extérieur (Port-Vendres) jusqu'en ville, il faut bien compter une demi-heure de marche ; on se borne, pour ce faire, à franchir montagne et vallée ; on n'aperçoit la ville qu'au dernier moment, parce qu'elle est en renfoncement : on tombe sur elle quand on n'en est plus qu'à une portée d'arquebuse environ. Pendant que nous étions sur place, nous avons parcouru cet itinéraire une ou deux fois, voire trois fois par jour.

La ville de Collioure n'est pas grande ; elle ressemble plutôt à un bourg. Sur son flanc maritime, elle est dépourvue de fortifications. Elle n'a de remparts que vis-à-vis de la montagne. Les plus belles maisons sont toutes situées dans les rues qui s'avancent vers la mer et qui forment comme un demi-cercle par rapport à celle-ci. Il y a surtout des artisans et des commerçants ; *ils* font le trafic des poissons séchés ; en outre, ils ont aussi des maisons de négoce ou *factoreries*. Les ports de Collioure ou de Port-Vendres sont très fréquentés ; car c'est là qu'on fait relâche, quand on veut naviguer depuis l'Espagne jusqu'en France ou en Italie. En effet, il n'y a pas d'autre bon port pour le mouillage des grands navires entre Collioure et Marseille. Et, par exemple, l'actuelle reine d'Espagne a été contrainte de faire tout d'une traite, avec ses galères, le trajet maritime qui va de Marseille à Collioure, sans jeter l'ancre dans l'entre-deux. Elle est arrivée dans ce port catalan quatorze jours après que nous l'eûmes quitté. Quand nous sommes allés (pédestrement) de Perpignan à Narbonne, nous avons croisé un courrier après l'autre qui apportaient au roi d'Espagne des nouvelles de cette princesse. Mon opinion, c'est que depuis Collioure jusqu'à Marseille la route maritime directe n'est pas plus longue, en fait, que de Montpellier à Marseille[a]. Simplement, il faut s'éloigner davantage de la terre, et vers le large, quand on veut naviguer du port catalan jusqu'au port provençal.

La ville de Collioure était appelée *Illiberis* par les Anciens. Elle n'a rien de particulier. Beaucoup de vieilles demeures colliouroises sont en ruine ; personne ne les habite. *Non loin de là, il y avait un temple élevé en l'honneur de Vénus.* Le château local est encore debout, bien fortifié. Dans le temps, des rebelles s'y étaient établis, et fortement retranchés, contre le roi des Goths, Wamba ; plus précisément, on trouvait à la tête de ces

---

a. Inexact : la distance Collioure-Marseille est nettement plus longue que ne l'est « l'écart » Montpellier-Marseille.

révoltés le duc Ranosindus, le comte Hildigisius, et Paulus, serviteur du roi Wamba[103]. Après la prise du château rebelle par les soins de ce roi, Paulus s'est enfui à Nîmes ; là, on l'a fait prisonnier. En fin de compte, on l'a mené en compagnie de tous les autres traîtres jusqu'à Tolède, où il fut contraint de terminer sa vie en prison misérablement.

Les 3, 4, 5, 6 et 7 mars, tous les jours sans exception, nous quittions notre navire dans la journée pour aller en ville, à Collioure ; nous y prenions les repas de midi et du soir ; puis, à la tombée de la nuit, nous nous embarquions, au port, pour aller coucher sur le navire. Nous y dormions sur la dure. Nous espérions sans cesse, en effet, l'arrivée d'un vent propice qui nous permettrait de lever l'ancre aussitôt et nous voulions en ce cas faire diligence. Dans la journée, nous laissions notre laquais au port pour qu'il puisse nous avertir d'urgence, dès que les marins voulaient partir. Mais la nuit, c'était à nous de nous adapter. Bien souvent, nous avions terriblement froid dans le bateau, car nous n'avions pas de bonnes couvertures. De temps en temps, nous courions toute la nuit les uns autour des autres, sur le bateau ou dans le port, pour nous réchauffer ; dans la journée, nous allions faire un tour en ville, ou bien nous parcourions le port ici et là dans notre petit canot ; à plusieurs reprises, je fis ces randonnées en barque tout seul, pour me distraire, quand le vent était suffisamment calme. Nous passions ainsi notre temps aussi bien que possible, tout en attendant avec beaucoup d'impatience un vent favorable. Mais quand dans le port ça soufflait dans le bon sens, on nous disait en revanche qu'en mer c'était complètement différent. Ou bien, d'après ce qu'on nous indiquait, c'était l'inverse : vent favorable sur mer, mais rien de bon dans le port ! Impossible d'en sortir ! La Méditerranée en effet n'a ni marée descendante ni marée montante, comme c'est le cas sur les côtes de l'océan Atlantique. On ne peut s'aider en tout et pour tout que du vent pour obtenir le résultat recherché, et pour sortir d'un port. J'ai pu constater ainsi à quel point c'était pénible d'attendre les bonnes dispositions « venteuses » : il vaut bien mieux, à mon sens, circuler sur mer au milieu de l'hiver ou au milieu de l'été plutôt qu'au printemps ou pendant l'automne ; et cela à cause de l'instabilité du vent durant ces deux dernières saisons. Sur terre, c'est exactement l'inverse : les périodes printanières et automnales sont les meilleures. Situation très différente en mer où l'on ne doit compter que sur le vent pour se tirer d'affaire, et l'on y parcourt d'énormes trajets si la direction de ce vent reste constante pendant plusieurs jours successifs. Mais, si le vent souffle le matin d'un côté, si vers midi il tourne dans une autre direction, et le soir encore vers une troisième, comme cela se produit couramment sur mer pendant le printemps et l'automne, alors les choses deviennent vraiment difficiles !

Nous avons constaté, au bout du compte, que le vent n'arrivait point à se stabiliser. Et puis nos marins ne pouvaient ni ne voulaient nous faire avec certitude aucune promesse de départ, ni fixer le moment où ils mettraient à la voile pour filer vers la France. Notre argent, par ailleurs, commençait quasiment à s'épuiser. Nous avons donc décidé de partir par la voie terrestre, tout en laissant notre laquais dans le navire à la garde de nos bagages ; c'est pourquoi, le 8 mars, nous avons donné de la nourriture à ce laquais, et puis des consignes fermes. Il devait rester sur le navire auprès de nos bagages jusqu'à ce que nous parvenions à le rejoindre. Nous avons également présenté une requête au patron du bateau : si notre laquais vient à manquer de quelque chose, nous vous en prions, ne le laissez pas tomber ! Nous avons déclaré, en outre, à ce patron que nous voulions le rembourser en toute priorité, pour sa dépense, une fois que nous serions rendus en Agde, où il avait l'intention lui aussi de faire relâche.

Ce même jour, nous avons donc quitté Collioure. Notre itinéraire nous a d'abord menés en Argelès[104] : c'est un bourg, *ou même une ville*, située à une lieue de notre point de départ matinal. Puis Elne, encore une lieue de faite. C'est là, en Elne, que l'évêque de Perpignan a sa demeure et sa résidence. Ensuite nous sommes passés à Corneilla del Velcol, où nous avons bu un coup. Après continuation de notre chemin, nous sommes parvenus le soir sous la pluie à Perpignan. Depuis Elne, cela faisait deux lieues. J'ai déjà évoqué précédemment tout cela, à propos de notre voyage d'aller.

Une information nous est parvenue ultérieurement, selon laquelle notre navire, le 9 mars, avait pu enfin quitter Collioure *alias* Port-Vendres. Il était passé au large de Canet, Narbonne,

Vendres, Sérignan et Cap-Brescou. Ce même bateau a finalement rejoint Agde au cours de la journée suivante, celle du
10 mars. Il est entré dans le port de cette ville par le canal *ad
hoc* qui permet d'y pénétrer. Quant à nous, le 9 mars au matin,
nous avons été retenus à Perpignan à cause des formalités douanières. Nous avons dû déclarer tout notre argent, ainsi que nos
bijoux et toutes les choses en état de neuf que nous emportions
avec nous, et que nous n'avions encore jamais utilisées. Cette
déclaration, il a fallu l'effectuer en trois endroits différents :
d'abord au roi, ou plus exactement à celui qui est son représentant sur place ; ensuite au « général », autrement dit gouverneur
de la ville ; et pour finir à un troisième personnage. Chacun
d'entre eux a apposé son sceau sur notre bulletin. On n'avait
pas le droit d'emporter sur soi plus de dix couronnes [= trente
livres tournois], lors du passage en France. Cela ne constituait
nullement une interdiction gênante pour nous deux, mon compagnon et moi ; et pour cause... Mais il y avait auprès de nous un
Français du Périgord ; il venait de recueillir un héritage en
Espagne. Pour lui faire plaisir, nous avons dû nous charger d'une
partie de son argent comme si c'était le nôtre. Ça ne l'a pas
empêché d'en dissimuler aussi une bonne quantité, de son
argent, çà et là dans ses habits. À nous trois, nous n'avons
déclaré qu'un total de quatorze ducats en argent. Mais si les
sommes en numéraire qu'il avait également cachées sur sa
personne avaient été découvertes par la douane, celle-ci lui aurait
tout pris. Il faut dire que, sur ces frontières, tout cela est contrôlé
de très près. Même les aiguilles que j'avais achetées à Barcelone
pour m'en servir plus tard comme cadeaux, même elles, j'ai dû
les dédouaner à Perpignan, comme il appert du certificat suivant,
en langue catalane, qu'on nous a donné à tous les trois :

« Guardes et mestrat de ports dexan passar Thomas Plateros
con los dos companyons ab quatorse ducats en plata, dos sortijas
de oro, y una de llato, y una cadenilla de llato y secientes agulles
de cosir han pagat dret de les dites agulles y lo demes sels dona
de propines per sa despesa.

« Fech in P[er]p[inian]a, non de mars 1599.

« Domene d[?] nos[?]. »

Ce qui donne, en langue allemande [retraduit par nous de celle-ci en français] :

« Les gardes et maîtres des ports accordent le passage [de la frontière] à Thomas *Plateros* et à ses deux compagnons : ils ont sur eux quatorze ducats en argent, deux anneaux d'or, une bague, une chaînette en laiton doré, et six cents aiguilles d'acier ; ils ont payé les droits de douane pour ces aiguilles ; le reste, nous le leur avons laissé en franchise pour leurs dépenses et consommation pendant la suite du voyage.

« Signé : Domène.

« Fait à Perpignan le 9 mars 1599[a]. »

Le sceau de cette ville est imprimé en creux sur le papier blanc.

Quand nous fûmes quittes avec ces formalités, à peine étions-nous sortis de la ville, et parvenus à l'extérieur des portes du rempart, qu'un soldat qui se tenait debout sur le pont, au passage de la rivière, nous interpella : « Avez-vous ouvert vos bagages ? Avez-vous payé les droits de douane ? » Nous lui montrâmes le susdit bulletin, et nous déclarâmes que toutes ces démarches étaient maintenant derrière nous. Il lut le bulletin, et nous fit remarquer qu'après tout nous aurions pu, qui sait, dissimuler quelque chose : « Je pourrais aussi bien, ajouta-t-il, vous contraindre à un déshabillage complet, pour fouiller vos vête-ments. Cela posé, je suis tout à fait conscient qu'une telle chose serait ressentie par vous comme une grave humiliation, car vous êtes des *cavalleros honorados*, des cavaliers honorables ou des nobles. Il vous suffit par conséquent de donner une offrande aux soldats d'ici, et dans ces conditions ils ne vous fouilleront pas. » Nous suivîmes ces indications et, offrande faite, nous n'eûmes plus qu'à partir et à continuer notre route ; nous étions bientôt rendus dans la bourgade de Rivesaltes, dont j'ai déjà parlé à l'occasion de notre voyage d'aller. Là, nous avons bu un coup. Puis, nouveau départ.

---

a. Comme toujours, nous tenons compte, dans notre propre traduction du catalan, du texte original perpignanais et de la « translation allemande » de Thomas Platter.

Nous débouchons donc hors des portes du rempart de Rive-saltes et, arrivés sur le pont du faubourg sis à l'extérieur, la scène de Perpignan avec le bulletin se répète. À nouveau, il faut faire aux soldats un cadeau et néanmoins payer une nouvelle fois les droits de douane. Ensuite, nous voilà rendus au bourg de Salses ; nous y avons bu un coup, pour ne rien changer ; et puis, dere-chef, on a examiné nos bagages. Mais cette fois notre bulletin fut un sauf-conduit suffisant, et on nous a laissés passer. Nous sommes donc partis le plus vite possible, et le soir même, tard dans la soirée à vrai dire, nous étions rendus au relais de poste de Fitou, à *las cabanes des Palmes*, dans le hameau des cabanons paysans de ce lieu-dit des Palmes, en effet. C'est là que nous avons pris le repas du soir ; puis nous avons dû coucher sur la paille ; elle était soi-disant toute fraîche, cette paille, mais en fait elle grouillait de petites bestioles bien vivantes ; le matin, au réveil, nous en avons pris pleine conscience, et elles nous ont donné du fil à retordre tant et plus.

Le 10 mars, vers midi, nous sommes arrivés à Villefalse ; nous avons cassé la croûte au relais de poste ; le soir même, tard, nous étions rendus à Narbonne, et nous avons pris logement à notre vieille auberge de l'Écu de France chez le maître de poste.

Le 11 mars, nous avons séjourné à Narbonne, et c'est dans cette ville que j'ai retiré dix couronnes [= trente livres tournois] des mains de Monsieur des Molins.

Le 12 mars, nous avons quitté Narbonne, et sommes arrivés au bourg de Coursan. De là, nous avons traversé l'Aude sur un bac. Ensuite, nous sommes passés par le chemin pénible et profond du Pas-de-Loup ; après quoi nous sommes parvenus au village de Nissan. Nous y avons pris le petit déjeuner du matin. L'étape suivante nous menait jusqu'à Béziers. Au sujet de cet itinéraire qui conduit de Perpignan à Béziers, je n'ai rien de plus à dire, puisque j'en ai beaucoup parlé précédemment, à propos de ce même trajet, mais à l'aller, dans le sens inverse, Béziers-Perpignan.

À Béziers, nous sommes tombés sur des mules, qui prenaient la direction d'Agde. Elles ne portaient aucun fardeau. Le patron de ce convoi muletier a consenti à ce que nous les montions. Nous les avons donc « chevauchées » en progressant au fil d'un chemin creux, absolument exécrable. Il nous a fallu traverser l'Hérault dans cet équipage, et en plusieurs endroits cette « chevauchée » muletière nous a exposés aux plus graves périls que nous ayons jamais rencontrés dans des périples aquatiques de ce genre, car il avait plu pendant très longtemps et tous les champs étaient inondés. De Béziers jusqu'en Agde, cela faisait deux lieues. Nous sommes descendus à l'auberge agathoise[a] des Trois Rois. Nous y étions arrivés très tard à cause du susdit chemin creux, et du péril des eaux débordées.

Le 13 mars, nous sommes allés voir, au port, notre patron de bateau, le sieur Bombardin, sur son navire. Il faisait relâche à portée de la ville, dans le chenal, autrement dit dans le port d'Agde. Il avait déjà embarqué une nouvelle cargaison de blé, à l'intention de l'Espagne, comme lors de son voyage précédent. Après manger, Bombardin se préparait ainsi à partir et à faire voile en direction de Valence. Ce de quoi notre laquais était dans l'angoisse. Il craignait que le patron n'emporte avec lui nos bagages, à titre de paiement, puisque nous ne lui avions pas réglé le prix de notre traversée depuis Barcelone. Nous avons donc déboursé ce que nous devions à Bombardin, et nous l'avons chaleureusement remercié. Ensuite, nous avons pris le repas de midi en Agde, et avons fait route par Marseillan jusqu'à Mèze. J'ai déjà dit l'essentiel, lors d'un précédent paragraphe de ce livre, à propos des trois villes en question : Agde, Marseillan et Mèze.

Dans cette dernière localité, la plupart des gens sont de la religion réformée, et c'était spécialement le cas en notre auberge locale, à l'enseigne de la Fleur de Lys. Grâce à quoi, en période de jeûne catholique, nous avons mangé de la viande au repas du soir. Nous voulions cependant qu'on prépare des œufs pour notre laquais. Mais il nous déclara : « Moi aussi, je suis de votre religion. Mais je savais bien à Villemagne, au moment où vous alliez m'embaucher, que si j'avais fait état de cette appartenance, vous ne m'auriez pas emmené avec vous en Espagne. » J'avais déjà eu ce pressentiment : car en Espagne justement, comme un Gascon exigeait de ce laquais en notre présence qu'il fît le signe

---

a. Agathois : d'Agde.

de la croix, il avait été incapable d'obtempérer et de se signer de la sorte.

Le dimanche 14 mars, nous sommes passés par Gigean, puis par Fabrègues, où nous avons pris le repas de midi. Et nous voilà, peu après, de retour à Montpellier, au terme de ce voyage d'Espagne. Nous sommes descendus, dans cette ville, à l'auberge du Coublo, ou Couple, autrement dit de l'attelage à deux ou quatre chevaux[a]. *Laus Deo* : louange à Dieu.

Ce qui s'est passé à Montpellier en ce qui me concernait, après ce retour d'Espagne [395]

Le quatrième jour après notre arrivée à Montpellier, très précisément le 17 mars, j'ai loué en compagnie de Monsieur Sebastian Schobinger, mon camarade de voyage, une chambre chez Monsieur Gauseran ; elle était à côté de la demeure et de la pharmacie de Monsieur Jacques Catalan. Nous logions nuit et jour chez Gauseran. Nous achetions notre nourriture et nous la faisions préparer, ou bien nous allions manger dans les auberges.

Le 22 mars, j'ai envoyé à Bâle une lettre de change ; j'ai expédié par la même occasion vers cette ville tous les objets que j'avais achetés et collectionnés en Espagne, et ailleurs ; j'avais effectué ces acquisitions depuis mon ultime retour d'Uzès.

Le 24 mars, j'ai écrit à Bâle : c'était la dernière lettre que j'envoyais ainsi en provenance du Languedoc. Et la lettre suivante, s'il plaisait à Dieu, je comptais l'envoyer de Bourges, lors de mon arrivée dans cette ville[b].

Voyage à Pérols [395]

Le 29 mars, j'ai quitté Montpellier en compagnie de mon compatriote Monsieur Lucas Justus et du fils de mon logeur d'Uzès, Mathieu Régis. Nous sommes arrivés tard dans la soirée au village de Pérols. Le 30 mars, nous avons traversé l'étang et

---

a. Voir le mot *coublo* dans F. Mistral, *Trésor* du Félibrige, t. I, p. 588.

b. On ne peut pas dire que les relations affectives soient intenses entre Thomas II Platter et son frère très aîné, Felix. Rareté des correspondances épistolaires ! Quelle différence avec les nombreuses lettres entre Felix et son père Thomas au cours des années 1550, montpelliéraines elles aussi !

sommes arrivés au bord de la mer, jusqu'au port autrement dit grau de Mauguio.

Là, nous avons dû nous séparer : mes camarades ont traversé le grau : il s'écoule comme un fleuve – mais en sens inverse d'icelui – depuis la mer jusque dans l'étang. J'y ai déjà fait allusion précédemment dans le présent ouvrage. Ils sont partis en direction d'Aigues-Mortes, tandis que moi je suis revenu à Montpellier. Nous ne nous sommes revus, Justus et moi, que bien après, quand j'étais de retour à Bâle, enfin.

Le 14 avril, j'ai dû souscrire une lettre de change à Monsieur de Fabrègue, notre marchand-banquier : il s'agissait pour moi d'assurer ainsi le remboursement de l'argent qu'il m'avait avancé pour mes dépenses à Narbonne et en Espagne ; et puis je voulais par la même occasion me procurer auprès de lui les fonds qui seraient nécessaires pour mes débours à venir, lors de mon prochain voyage en France et vers Paris.

En ce jour, mon marchand-banquier, ce même Monsieur de Fabrègues, qui était alors consul de Montpellier, s'est adressé à moi au sujet d'un autre problème : les autorités de Montpellier, en effet, construisaient en ville un nouvel hôpital[105]. On me pria donc de rédiger un texte de supplique ; je devais l'envoyer ensuite à tous les Allemands qui séjournaient à Montpellier ; et cela pour que chacun d'entre eux contribue financièrement, selon son bon plaisir, à la fondation d'une salle spécialisée, dont la destination apparaît dans le texte suivant, que j'ai mis par écrit et que j'ai transmis par la suite au consul.

« *In nomine Domini.*
« Le 14 avril 1599.
« Il se trouve que les consuls et des conseillers de cette bonne ville de Montpellier, à cause du grand nombre des pauvres passants, ont commencé à faire bâtir un nouvel hôpital ; et donc Messieurs les Allemands qui résident en ce moment dans la ville ont considéré le grand nombre de leurs compatriotes qui la traversent journellement ; et ils supplient les susdites autorités qu'elles veuillent bien octroyer à ces messieurs un emplacement dans le susdit hôpital afin d'y dresser plusieurs lits et tout l'attirail qui va avec ces lits ; une telle installation devant se faire aux frais des susdits Allemands. Et tout cela afin que si quel-

qu'un de leur nation germanique, voulant aller en Espagne ou ailleurs, se trouve (événement qui est fréquent) en manque de ressources ou connaisse des problèmes de santé, dès lors les susdits messieurs allemands qui résident pour un temps à Montpellier veuillent veiller à ce que leurs compatriotes pauvres ou malades puissent en tout temps être accueillis dans cet hôpital et y recevoir aussi des secours tout particuliers. Et c'est pourquoi les susdites autorités montpelliéraines, après avoir considéré cette requête qui en effet est tout à fait justifiée, ces autorités donc, mues par leur gracieuse bonne volonté, ont donné un accord positif à toutes les demandes des messieurs allemands, afin que ces pauvres passants germaniques puissent être aidés de toutes les façons. Le but, c'est non seulement que de telles aumônes soient maintenues à niveau en tout temps, mais que même elles s'accroissent de jour en jour. C'est pourquoi nous supplions très humblement ces messieurs allemands, de quelque état et condition qu'ils puissent être, quand cette demande leur sera présentée, qu'ils veuillent bien considérer le caractère chrétien d'une telle œuvre, et qu'ils lui ouvrent une main bienfaisante, afin que rien ne fasse défaut à ceux des pauvres qui sont leurs compatriotes. Un tel comportement généreux de votre part, messieurs les Allemands, sera reconnu par les autorités locales pour ce qu'il est, c'est-à-dire pour une libéralité considérable ! Et, du coup, ces autorités favoriseront d'autant plus votre nation ; quant aux pauvres qui sont vos compatriotes, ils seront d'autant plus motivés à en appeler par leurs prières au Dieu Tout-Puissant afin qu'Il vous raccompagne en bonne santé jusque dans votre patrie ; afin qu'Il octroie aussi le bonheur et la prospérité à toutes vos entreprises, etc. »

Monsieur de Fabrègue, consul, a donc communiqué cet écrit à tous les Allemands qui se trouvaient alors à Montpellier (c'est chez lui, du reste, qu'ils se ravitaillaient en argent, par le système des lettres de change). Il leur a indiqué qu'il souhaitait que chacun d'entre eux cotise, selon son bon plaisir, à cette œuvre commune ; et qu'en outre chacun appose sa signature sous ce papier, de façon que tout cela soit noté dans le registre de l'hôpital et qu'on puisse ensuite présenter cette supplique (dûment signée) aux autres Allemands qui après nous viendront, pour qu'ils agissent de même. Nous avons donc été tous volontaires pour cette entreprise. Fabrègue, consul, en sa qualité d'administrateur de l'hôpital, a conservé et gardé par-devers lui le texte soussigné de la sorte. Grâce à un tel système on a ramassé, depuis, de l'argent tant et plus, et l'on a pu procéder, paraît-il, à l'installation des locaux ainsi prévus pour nos compatriotes.

Du 15 au 18 avril, j'ai acheté toute espèce d'articles divers. Je me suis habillé en vue du voyage [il s'agit du voyage de retour de Platter en direction de Bâle, la première grande étape devant se situer en Aquitaine et France du Nord] ; puis je me suis préparé à partir.

Le 18 avril, j'ai fait un repas d'adieu, sur l'heure de midi, avec Jacques Catalan et plusieurs Allemands, chez la Nougaret. Chacun mangeait sa soupe en prenant les morceaux avec les doigts, sans cuiller, et n'avait plus ensuite qu'à boire le bouillon, car tel est l'usage dans le pays. Or l'un de nos Allemands refusait de manger sans cuiller. Du coup, il chercha querelle à l'hôtesse parce qu'elle n'avait pas de cuiller dans son auberge. Et de même il n'y avait qu'un seul grand couteau sur la table, attaché à une chaîne de fer. Nous devions tous utiliser cet unique instrument. Les Languedociens ne disposent point (comme en revanche cela se fait chez nous) d'un équipement de couteaux et de cuillers bien organisé[106].

CHAPITRE IV

Aquitania

Voyage depuis Montpellier en passant par les pays de Rouergue, Gascogne, Poitou, Anjou et Touraine en direction de Blois et de Soings-en-Sologne dans la maison de M. de la Chesnée au lieu dit Le Chatellier [397]

Le 19 avril [1599], comme déjà le jour précédent, j'ai satisfait à mes devoirs vis-à-vis de toutes les personnes que je connaissais, et j'ai pris congé des uns et des autres. Au cours des journées précédentes, j'avais déjà fait des adieux, en particulier quand mon compagnon Schobinger avait quitté Montpellier pour Lyon, le 13 avril dernier.

Le 19 avril donc, je me disposais à partir dans l'heure qui suivait, et déjà j'avais préparé mon laquais à ce voyage. C'était Daniel Olivier, natif de Meaux près de Paris ; il nous avait accompagnés, Schobinger et moi, en Espagne. Mais, au dernier moment, il m'opposa un refus. Il me déclara qu'il voulait rester à Montpellier pour s'y installer au service d'un président de cour, nommé Tuphany [Tuffani], lequel lui avait promis monts et merveilles. Aussi bien ne voulais-je pas contraindre ce serviteur à partir avec moi. Mais, par la suite, on m'a raconté que le même Daniel Olivier s'était mis au service de Johann Oelhafen, de Nuremberg[1]. Et puis, peu après, il s'était sauvé de chez le Nurembergeois en question, après s'être fait rhabiller de neuf par les soins d'icelui. Je trouvais tout cela bizarre, mais je ne voulais pas m'attarder plus longtemps à Montpellier. Je fis donc la tournée de plusieurs auberges pour y chercher des associations possibles et je finis par tomber sur un citoyen de Millau[2], qui disposait d'un mulet. Il voulait quitter Montpellier dans un délai d'une heure. Son itinéraire devait l'amener jusqu'à Villefranche-de-Rouergue, localité située à quelques jours de marche de Toulouse, où je voulais me rendre ensuite. À l'auberge montpelliéraine du Soleil où nous nous étions rencontrés, je conclus un accord avec lui. Je lui donnerais tant d'argent. Il se chargerait, jusqu'à Villefranche, du port de mes bagages. Départ, donc ! Je m'arrêtai dans le faubourg pour y boire le coup de l'étrier, dans la salle du Jeu de Paume, en compagnie de plusieurs camarades. Et tout de suite après, nous voilà en route. Mon compatriote Kraft[3] m'a fait la conduite jusqu'à Celleneuve. Nous sommes arrivés ensuite à l'auberge de Saint-Paul, dont j'ai déjà parlé. Là, nouvelles libations. Dans la soirée, nous sommes parvenus jusqu'à la bourgade de Gignac. Depuis Montpellier, cela faisait cinq lieues.

Gignac [398]

C'est une petite bourgade, avec à l'intérieur une forteresse, une *citadella*. Gignac est situé sur une hauteur, et bordé par la rivière d'Hérault, qui prend sa source dans les montagnes du Gévaudan. Ce cours d'eau passe par Ganges, puis longe Gignac, et enfin se jette dans la Méditerranée, auprès d'Agde. C'est à Gignac que deux de mes compatriotes, le docteur Maximilien Pantaléon[4] et, après lui, le docteur Kraft, l'un et l'autre bachelier de l'université montpelliéraine, ont fait leur premier stage dans l'exercice de la médecine[a] ; qu'ils ont, comme on dit, en tant que jeunes médecins, rempli leur premier cimetière. En outre, il y avait encore en ce lieu un autre docteur en médecine : Monsieur Darvivi, tel était son nom. À quoi il convenait d'ajouter deux apothicaires. Et pourtant, à mon sens, s'il y avait cent chefs de famille à Gignac en ce temps-là, c'était bien le grand maximum.

Ils ont un temple et un pasteur-prédicant de la religion réformée, car la plupart des habitants de cette bourgade sont protestants. Dès la première nuit, plusieurs muletiers sont arrivés dans notre auberge en compagnie de leurs bêtes de bât. Ils suivaient le même chemin que nous.

---

a. Nul chauvinisme « anti-allemand » ou « anti-alémanique » en cette affaire, parmi les Languedociens, à Gignac tout comme à Uzès. En ce qui concerne Gignac, TP II présente cette localité comme une *Städtlin* ou *Stettlin* (bourgade), concept auquel il s'est beaucoup attaché. Voir, de même, le *Stättele* ou *Shtetl* dans la civilisation juive de l'Europe orientale ancienne.

Le 20 avril, dans la matinée, nous avons quitté Gignac de bonne heure. Dès la sortie de la ville, nous avons traversé la rivière d'Hérault. Au bout d'un temps bref, nous sommes arrivés dans le pays de Rouergue : j'en parlerai par la suite. Nous avons gravi les monts de Valderias et de Coste Neuve. Nous avons laissé de côté le village de La Rouquette[5] et sommes arrivés à l'auberge de Saint-Pierre ; elle se dresse en position isolée ; nous y bûmes un coup. La soirée débutait à peine quand nous sommes parvenus au bourg du Caylar, où nous avons passé la nuit. Le Caylar est doté d'un grand château, sis sur une montagne, et très fortifié ; il est continuellement pourvu de tout le nécessaire, au meilleur niveau de ce qui se fait dans le genre en Languedoc, à mon avis du moins. Depuis Gignac, la distance parcourue est de huit lieues, me semble-t-il.

Le 21 avril, nous nous sommes levés de bonne heure, nous sommes passés non loin de La Salvetat, puis nous avons fait halte à l'auberge de l'Hospitalet. Nous y bûmes un coup.

Ensuite, nous sommes passés par le village en ruine de La Cavalerie, qui passe pour un vrai nid d'assassins : ils ont élu résidence, dit-on, dans une caverne détruite. Nous sommes arrivés dans la ville de Millau. Depuis Le Caylar, cela devait faire sept lieues.

Millau [399]

C'est une ville assez grande. Elle gît dans un bas-fond. Elle est encerclée entièrement par de hautes montagnes, à partir desquelles on peut de toute part la canonner. Elle est entourée par deux fleuves ; le plus important des deux, c'est le Tarn[6] : vers l'aval, il passe par Montauban, puis se jette dans la Garonne non loin de La Magistère [sic]. Voilà pourquoi l'on peut dire que les sources de ces deux cours d'eau sont seulement éloignées l'une de l'autre d'environ quatre lieues ; l'un d'entre eux se jette dans l'Océan, autrement dit dans la mer « du Nord » [sic] ; mais l'autre fleuve, qui n'est autre que l'Hérault et qui baigne Ganges au passage, va se jeter, lui, dans la Méditerranée. La plus petite rivière de ce secteur s'appelle la Dourbie et elle coule également autour de Millau. C'est à cet endroit qu'elle perd son nom, ses eaux se mêlant désormais à celles du Tarn. Il pleuvait très fort au moment de notre arrivée. Nous avons dû, à cette occasion, traverser deux ponts. L'un d'entre eux est très long.

En ville, les maisons, pour la plupart d'entre elles, sont couvertes de lauzes noires. Les habitants appartiennent, dans leur ensemble, à la religion réformée. Et précisément ils étaient alors réunis en assemblée : leurs députés y rendaient compte de ce qui s'était passé [à l'échelon du royaume] dans l'assemblée de Châtellerault en raison de la publication de l'édit royal [de Nantes][7]. Deux personnages distingués, originaires de la noblesse régionale du Rouergue, Monsieur d'Harpagon [*sic* pour d'Arpajon[8]] et Monsieur de la Rocque, m'ont donné des informations à ce propos. Grâce aux remparts et aux cours d'eau qui l'entourent, la ville occuperait une très forte position défensive... si n'étaient les montagnes qui l'environnent de très près.

À supposer que la fantaisie m'eût pris d'établir mon habitation à Millau, les opportunités pour moi eussent été tout à fait excellentes ; c'est d'ailleurs ce qu'on m'a fait savoir. Et l'on n'aurait jamais pu deviner où j'avais bien pu me fourrer, si j'avais voulu tenir secrète cette résidence millavoise ; tellement la ville est à l'écart, enfouie au cœur des montagnes. C'est là, du reste, que les réformés trouvent refuge dans les temps de persécution[a].

Le 22 avril, nous n'avons été sur le départ qu'assez tardivement, car mon muletier avait encore diverses affaires à régler sur place. Nous sommes arrivés en milieu de journée à Saint-Beauzély[9]. Nous y avons pris le repas de midi. Il y a un beau château près de cette localité.

Après le casse-croûte, nous avons continué notre progression par les bourgs de Mauriac et de Castries (près de Castrieux), et sommes arrivés à Viarouge, simple bourgade. Nous y bûmes un coup. Ensuite, *via* Prades-Salars, nous sommes parvenus tard dans la soirée à l'unique auberge d'Alaret, située en pleine forêt et environnée par quantité d'arbres. Depuis Millau, cela faisait à peu près neuf lieues, à mon avis.

Là comme ailleurs sur ce parcours, nous fûmes très bien traités et hébergés. Il faut dire que les gens avec lesquels je

---

a. La forte densité humaine de certaines zones huguenotes (cévenoles et autres) s'explique, du moins en partie, par ces phénomènes d'immigration défensive.

faisais le voyage étaient bien connus dans les auberges : ils étaient usagers de cette route.

Les muletiers accompagnaient d'abord, première tâche, leurs bêtes à l'écurie. Aussitôt après, ils se rendaient dans la salle commune. Là, on nous servait d'abord une bonne collation, et pendant ce temps les mules reprenaient leur souffle. Ensuite, les muletiers déchargeaient celles-ci et leur donnaient les soins nécessaires. Entre-temps, on nous préparait un souper superbe. Ce repas terminé, nous nous étendions autour d'un grand feu ; en général, il était allumé au milieu de la cuisine, si bien qu'on pouvait siéger tout autour. La fumée s'échappait par une grande cheminée, installée elle aussi au centre de la pièce : nous nous chauffions, jusqu'à ce que nous fussions bien secs et réchauffés. Puis nous nous coulions dans des lits chauds... quand il y en avait. Le lendemain, avant même le lever du jour, on nous servait une soupe matinale (c'était le troisième repas !), et l'on donnait à chacun d'entre nous une bouteille pleine de vin pour le voyage.

Le 23 avril, l'addition payée, nous avons passé le pont qu'on appelle pont de Soulas. Puis, ayant longé la rivière, nous sommes enfin parvenus à la montagne sur laquelle est située Rodez. Depuis Alaret, cela doit faire trois lieues. Nous sommes arrivés sur l'heure de midi.

Rodez [401]

C'est la capitale du Rouergue. Elle a subi mainte persécution de la part des Goths, des Sarrasins et des Français[a]. Ceux-ci lui ont finalement imposé leur pouvoir. Elle est située sur une montagne, à la manière d'un château qui de tous les côtés serait difficilement accessible. En effet, il n'y a pas de plaine à l'extérieur des ravins qui entourent la ville ; mais, sur toute la périphérie d'icelle, ça descend à pic. Et, juste au pied de la montagne, il y a la rivière d'Aveyron qui coule[10]. Elle se jette

---

a. Petit accès de francophobie minuscule, comme on en trouve de temps à autre, notamment à propos de villes diversement brimées, sous la plume de ce francophile impénitent qu'est Thomas II Platter par ailleurs...

dans le Tarn, près de Moissac ; et le Tarn en fait autant dans la Garonne, près de Lamagistère.

Il y a trois places, assez vastes, dans cette ville ; on y tient plusieurs foires, chaque année, en particulier pour le jour de la fête de saint Georges – laquelle coïncidait avec cette étape rodézienne de mon voyage. C'était, en l'occurrence, une foire de tout premier ordre. Il n'y a pas que des Français et des Gascons qui s'y rendent, mais aussi des Espagnols, venus là tant pour vendre que pour acheter. On me prenait dans cette ville pour un Espagnol, à cause de ma tenue vestimentaire. C'est pourquoi l'on m'a mis en garde, en me conseillant de ne pas voyager seul dans ce pays. Il y avait là, en effet, des coquins fort méchants qui détroussaient à mainte reprise les étrangers. Lors des dernières foires, celles qui précédaient notre arrivée, plusieurs Espagnols furent ainsi attaqués sur la grand-route. Notons qu'il y avait grande quantité de gens du pays sur cette route, tant devant eux que derrière. Les assaillants étaient des cadets de bonne famille, jeunes gens de la noblesse, tous à cheval, tous masqués. Ces Espagnols avaient été dévalisés pour la simple raison qu'ils n'avaient pas embauché d'hommes d'escorte pour leur protection ; ils allèrent porter plainte auprès des autorités. Mais personne ne fut châtié, parce qu'on ne pouvait pas savoir qui étaient les coupables.

Rodez est une grande ville, de tout premier ordre ; sa position défensive est forte, et pas seulement du fait de la montagne sur laquelle elle est juchée, mais aussi en raison des fossés, des remparts et des portes de l'enceinte ; les herses sont hissées, puis redescendues à l'aide d'un système de grandes roues aussi étonnant qu'ingénieux. Un Suisse, qui m'a mené en haut des tours et des portes, m'en a fait toute la démonstration. Car toutes les portes sont gardées par des soldats de la Confédération. Ils portent des costumes tailladés, selon l'habitude suisse, et ils battent le tambour. L'évêque de Rodez, qui réside dans cette ville, a lui aussi recruté ses gardes du corps uniquement parmi les Confédérés ; en effet, il n'a pas confiance dans les bourgeois de la ville : à plusieurs reprises, ils ont déjà essayé d'attenter à sa vie. Mais ils n'ont jamais réussi leur coup, tant il veille à être efficacement protégé. Les maisons sont presque toutes recouvertes de lauzes noires, ce qui produit un effet hautement déco-ratif.

En ville, on aperçoit un beau palais épiscopal, et puis une cathédrale tout à fait majestueuse. Le clocher, artistement bâti, fait penser à la tour de la cathédrale de Strasbourg. Il est très haut et orné de sculptures. Un soldat confédéré de la garde m'a conduit tout en haut de cet édifice et, de là, j'ai pu apercevoir une immense étendue de pays.

Le pays de Rouergue [402]

Du fait que Rodez est la capitale du Rouergue, je voudrais mentionner les particularités de ce pays, telles que j'ai pu les apercevoir. En latin, on l'appelle *Regio Ruthenorum* (la région des Ruthènes). Elle appartient au Languedoc [*sic* !]. Elle commence à Gignac[11] et s'étend jusqu'à Villefranche-de-Rouergue, une localité que j'ai traversée par la suite, en passant. Des deux côtés [de cet axe nord-sud], on ne manque pas non plus d'espace, en cette région. Et bien que celle-ci relève du Languedoc [!], elle appartient pourtant à la reine Marguerite, qui fut la première femme du roi actuel[12]. Cette dame réside dans son fief en Auvergne, *Avernia*, au château d'Usson, ayant tous les revenus royaux de cette contrée.

Le pays en question, cependant, est quelque peu infertile, à cause des montagnes et vallées nombreuses qui le sillonnent : les habitants sont d'autant plus laborieux, pour pouvoir se nourrir.

Le Rouergue, à mon avis, n'est pas moins montagneux que le Valais. Les femmes portent un couvre-chef assez singulier : ça ressemble à une mesure de blé, c'est comme un gros *setier*[13], entouré d'un voile blanc.

En montagne, à ce moment, le temps était tellement instable qu'il ne s'est pas passé un jour sans que nous eussions du vent, de la pluie, de la neige ou de la grêle, et bien souvent les quatre à la fois. Et, en plus, un grand froid qui nous tombait sur le dos.

Imaginons un instant que je n'aie pas voyagé en compagnie des muletiers : j'aurais certainement été dévalisé pendant ce voyage. On m'avait prévenu, du reste. Beaucoup de voleurs, en effet, hantent cette région montagneuse. Quant aux prévôts des maréchaux, on ne les voit jamais dans ce pays, pour chasser les malfrats ou pour les mettre en prison. Ceux-ci le savent bien et ils en profitent d'autant plus pour mal faire.

Après avoir pris le repas de midi à Rodez, et ayant vu les curiosités évoquées ci-dessus, j'ai pris le départ, en compagnie de plusieurs muletiers (les autres sont restés sur le champ de foire). En ce même jour, nous avons donc *traversé* le village appelé Le Pas[14], où j'ai bu un pot ; et puis, par les villages de L'Hospitalet et des Farguettes, nous sommes arrivés dans une auberge appelée la Maison Neuve. Depuis Rodez, cela devait faire trois lieues. C'est l'unique maison neuve, isolée, qui ait été récemment bâtie sur cette grand-route. D'où son nom.

Dès notre entrée dans cette hôtellerie, on nous a donné à boire et l'on nous a fort bien traités (voir ce que j'ai noté à ce propos, *supra*).

Le 24 avril, nous avons continué le voyage. Nous sommes passés à côté de Rignac : c'était jour de foire. Et puis ce fut Villemale, un bourg bien fortifié. Nous avons vu, dans la campagne, de très beaux bœufs, grands et gras. Ils portaient autour du cou des espèces de colliers, en forme de grilles avec de longues tiges attenantes, qui les empêchaient de se lécher[15]. On nous a expliqué qu'ils devenaient d'autant plus gras, dès lors qu'ils ne pouvaient plus se lécher.

Ensuite, nous sommes passés par les villages de La Triviale, La Bosse [?], Pargason [?] et Raynals. Sommes arrivés dans la ville de Villefranche-de-Rouergue. Depuis la Maison Neuve, cela devait faire cinq lieues.

Villefranche-de-Rouergue [404]

Dans cette ville, le sénéchal général exerce la haute autorité et c'est là que se tient le tribunal qui rend la justice dans toute la région. Villefranche gît dans une vallée. Quand on vient de Rodez, on aperçoit cette ville depuis un mont élevé du haut duquel il faut descendre, car elle est bâtie au pied d'icelui, au bout du parcours.

L'Aveyron ou *Verous* passe juste à côté de Villefranche, comme déjà près de Rodez ; et ensuite (à Moissac) ce cours d'eau se jette dans le Tarn.

La ville de Villefranche est grande et accidentée. Elle a beaucoup d'arcades et de passages couverts sous lesquels on peut marcher à pied sec par temps de pluie.

Au centre-ville, il y a une belle et grande fontaine, qui jaillit en cet endroit. Par ailleurs il n'y a pas de puits en ville, si bien qu'en tout temps j'ai pu voir beaucoup de gens qui venaient chercher de l'eau à cette source centrale.

Les maisons ne sont pas couvertes avec des lauzes, mais avec des tuiles. Dans les faubourgs, il y a de beaux jardins. En l'un de ces jardins, on nous a montré un superbe jet d'eau mû par un soufflet. Si l'on joue aux boules ou aux quilles dans ce jardin, et si quelqu'un actionne ou braque le jet d'eau, on est arrosé de partout.

La ville est assez bien fortifiée ; les herses des portes avec leurs barres ne sont pas verticales, mais posées de travers. Je suis arrivé à Villefranche vers midi et j'y suis resté tout le reste de la journée.

Le 25 avril, qui était un dimanche, je me suis rendu, le matin, dans l'église des réformés, car ils sont nombreux dans cette ville. Je me suis séparé de mes compagnons de route, les muletiers. Chemin faisant, je leur avais beaucoup parlé de l'Écriture sainte, à maintes reprises[a] ; ils en ignoraient les données les plus générales et les plus nécessaires au salut. Dans leurs églises, ils n'entendaient, disaient-ils, que des textes et des chants en latin, auxquels ils ne comprenaient goutte. Le fait est qu'on prêche très rarement dans ces montagnes, car les prédicants [huguenots] ne parviennent point à y pénétrer. Et puis les paysans habitent très souvent loin des églises : ils deviennent des gens grossiers, impies ; le Mauvais Esprit a vite fait de les tenter. Et même ils se donnent à lui. Tout cela produit des sorcières ou des maîtres sorciers, dont ces montagnes sont pleines.

Après le prêche, tenu au temple de Rodez, j'ai emmené avec moi un paysan : il portait mon bagage, tout en m'indiquant le chemin à suivre.

---

a. C'est l'un des rares textes où Thomas Platter fait preuve d'un certain prosélytisme protestant, peut-être coutumier chez lui et certainement sincère, mais rarement signalé comme tel dans ses souvenirs.

Une fois pris le petit déjeuner du matin, nous avons gravi la montagne appelée La Coste, qui se trouve devant la ville, et nous sommes arrivés au village de Saint-Vincent, *Sanvensa*, où il y a également un château bien fortifié. Là, nous avons bu un coup. Puis ce furent les villages de La Fouillade et de La Bourgière, *La Bruyère*. Nouvelles libations, là aussi, vespérales cette fois. Enfin, arrivée au village de La Guépie, alias *La Gueppiou*. Depuis Villefranche, cela faisait, me semble-t-il, quatre lieues.

Il y a là un cours d'eau, appelé Biou (le *Viaur*), sur lequel un pont est bâti. La moitié de ce pont appartient au Rouergue ; l'autre moitié, à l'Albigeois. En somme, ce cours d'eau sépare ces deux pays l'un de l'autre. Près du Viaur, sur une colline, il y a un vieux château démoli : on doit cette destruction au duc de Joyeuse. Le Viaur se jette dans l'Aveyron, qui lui-même vient de Rodez.

Ensuite nous sommes passés non loin du village de Marsac, que nous avons laissé de côté. Sommes parvenus alors dans le faubourg suburbain, qui s'appelle lui-même Cabanes de Cordes ou Auberges de la ville de Cordes. Depuis La Guépie, cela devait faire une lieue. Il faisait encore jour, et donc nous avons grimpé jusque dans la ville de Cordes[16] afin de nous y promener.

Cordes [405]

Cette ville s'appelle également Erdes. Elle est éloignée de Villefranche-de-Rouergue d'une distance de cinq grandes lieues, ou six petites lieues. Elle est située sur une montagne bien marquée, dans le pays d'Albigeois, et sa position est puissamment forte ; elle est flanquée en effet de trois faubourgs ; chacun d'entre eux est entouré par une enceinte de remparts, solidement close, gardée, murée. La ville appartient au roi ; par ailleurs, elle n'est soumise à personne. C'est le seigneur de Cardonac qui est en charge de la garde de Cordes au nom du souverain. La population de cette ville est très faible. On y a bâti pourtant des maisons fortes et de beaux palais en grand nombre. Mais les guerres prolongées ont chassé de la ville une grande partie de la population.

Il y a, dans Cordes, de vastes places, belles et amples[a] ;
plusieurs d'entre elles sont plantées de grands arbres qui parfois
les recouvrent de leurs frondaisons. On y tient des marchés. On
y mesure les grains dans une auge de pierre, ce qui épargne
beaucoup de fatigue. On y tient trois foires annuelles. Toute la
ville est pavée de larges dalles en pierre de taille, comme à
Barcelone en Espagne. Il y a aussi dans cette ville, d'après mes
souvenirs, un château fort où réside le gouverneur. De sorte que
la ville est la mieux fortifiée de tout l'Albigeois ; à partir d'elle
le regard porte au loin, et l'on peut tirer le canon en conséquence, de façon à bien défendre le pays. Cordes est située à
main gauche, quand on va de Villefranche-de-Rouergue à
Toulouse, et elle est bâtie tout en haut d'un piton élevé.

Il se trouve que les portes du rempart ne s'ouvrent que tard
dans la matinée. Nous sommes donc redescendus au cours de la
soirée pour coucher dans une auberge du faubourg des Cabanes
de Cordes, hôtellerie située au bord de la grand-route. Nous y
avons passé la nuit, près de la rivière.

Le 26 avril, dès le matin, nous sommes partis en direction de
Frauseilles, où il y a également un château[17] ; après avoir
traversé ce village, nous sommes arrivés à la bourgade de
Cahuzac-sur-Verre, *alias* « Queisabeure ».

Queisabeure. Autrement dit, en allemand : Käs und Biren oder
Butter ; *et en français : fromage et poires [sic], ou fromage et
beurre [406]*

C'est une petite bourgade détruite, et pourtant elle dispose
encore d'une ceinture de remparts. C'est là que j'ai vu pour la
première fois des maisons construites en terre. Cette localité se
trouve dans l'Albigeois.

Nous y avons pris la soupe du matin. Nous avons ensuite
continué notre route et, par Montels, nous sommes arrivés à
Broze ; nous sommes passés à côté de ce lieu et avons aperçu,

---

a. La conception que se fait Thomas Platter de la grandeur des places
urbaines (qui sont de dimensions réduites en réalité) n'est évidemment pas
la nôtre.

au bord du chemin, la Croix du Moine. Cet édifice est couvert en tuile et construit en brique. On dit que le corps du moine en question est en train de pourrir dans cet édifice. On l'a muré là-dedans à cause de plusieurs méfaits qu'il a commis. Ensuite nous sommes passés près de la ville de Gaillac, que nous avons laissée à main gauche, et nous sommes arrivés au village de Saurs. Là, nous avons pris le repas de midi. Depuis Cordes, cela faisait quatre lieues. Après ce casse-croûte, nous avons aperçu au passage le château de Saint-Salvy et nous sommes arrivés dans la ville de L'Isle-d'Albigeois, *alias* Lisle-sur-Tarn.

L'Isle-d'Albigeois [406]

Cette ville s'appelle L'Isle-d'Albigeois à cause du fleuve du Tarn, qui l'entoure. C'est une très petite bourgade. Les remparts de l'enceinte comme aussi la plupart des maisons sont bâtis de terre ou d'argile, entrelacée de colombages en bois. Au milieu de cette bourgade s'étend une place extrêmement vaste.

Peu après, nous sommes arrivés à Rabastens, autre bourgade. Distance parcourue : trois lieues.

Rabastens [407]

C'est une bourgade, sise elle aussi en Albigeois. Elle est beaucoup plus importante que L'Isle ; ses remparts, ainsi que la plupart des maisons, sont construits en brique. Elle est entourée ou baignée par le Tarn. Nous avons bu un coup vespéral en ce lieu, puis nous avons continué notre route de ce côté de la rivière du Tarn, que nous avons ensuite traversée sur un bateau. Peu après, nouvelle traversée « batelière » de l'Agout, autre cours d'eau ; il vient de la ville de Castres. De là, par la grand-route, nous avons cheminé jusqu'à l'unique auberge appelée la Pinte (du nom d'une mesure des liquides). Nous y avons passé la nuit. La Pinte est située juste en face, à une portée d'arquebuse, de la bourgade de Saint-Supplisse [*sic*, pour Saint-Sulpice]. Distance parcourue : une lieue.

Saint-Sulpice-la-Pointe [407]

Avant le repas du soir, je suis allé me promener dans cette bourgade, qui appartient au Languedoc ; elle est séparée de l'Albigeois par la rivière de l'Agout. La bourgade de Saint-Sulpice a été entièrement et complètement détruite par le duc de Joyeuse ; la plupart des maisons étaient construites en terre. Saint-Sulpice appartient au roi, et la reconstruction est en cours.

Le 27 avril, comme nous sortions de l'auberge de la Pinte, nous apercevions sur notre gauche Saint-Sulpice, dont je viens de parler. Et sur notre droite, à environ une portée d'arquebuse du gîte où nous avions passé la nuit, une autre bourgade s'offrait à nos regards : c'était Mézens. Nous avons repris la route et sommes passés par le village de Roqueserière, où nous avons bu un coup. Puis, par Montastruc, nous sommes arrivés à Castel-maurou ; cela faisait trois lieues. Là, nous avons pris le repas de midi.

Après ce casse-croûte, je suis parvenu (en compagnie de mon guide, que j'avais embauché à Villefranche) dans l'illustre ville de Toulouse. Nous étions passés, au préalable, par deux « bégudes » ; en d'autres termes, deux auberges. En cours de route, j'ai donné congé à ce guide et je lui ai payé son salaire, pour qu'il puisse quitter la ville en cette même journée, car on était encore en plein jour quand nous sommes arrivés à Toulouse. J'ai pu me loger près de la porte du rempart, non loin du moulin de Bazacle. Depuis Castelmaurou, nous avions parcouru deux lieues.

Toulouse [407]

C'est la capitale du Languedoc. La distance entre cette ville et Montpellier, *via* Narbonne, est de trente-six lieues. Mais il se trouve que j'avais déjà visité Narbonne. J'ai donc fait route par les montagnes du Rouergue, je suis passé par les villes rouer-gates susdites, et j'ai parcouru soixante lieues depuis Montpellier jusqu'à Toulouse ; j'ai effectué de la sorte un détour de vingt-quatre lieues, à en juger par la carte.

Toulouse[18], alias *Tolosa*, est l'une des plus vieilles villes de France. Selon certains, elle a été fondée par Tolosan, un Troyen, avant la destruction de Troie. D'autres pensent que Toulouse a été créée au temps de Deborah[19], la femme-juge juive dont il est question dans la Bible ; ou bien le premier bâtisseur serait Tholo, un petit-fils de Japhet, vers l'an 3916 après la création du monde. Comme ce Tholo avait peur du Déluge, il a posé la première pierre de la cité sur cette montagne à laquelle on donne aujourd'hui le nom de Vieille Toulouse. Et pourtant, de tout cela, on n'a point trouvé de trace.

Quoi qu'il en soit, que chacun juge à sa manière ! On aperçoit beaucoup de restes de très vieilles bâtisses romaines dans cette ville. Elle fut la colonie des Tectosages et leur résidence : ils figurèrent en Gaule, après le Déluge, parmi les premiers habitants. En plus d'une quantité d'autres vieux édifices, on voit encore à Toulouse, dans une rue, la *Portaria* (ce mot vient de *porta* et *aries*, c'est-à-dire la porte et le bélier, car on vénérait en ce lieu *Jovem aretinum*[a], c'est-à-dire Jupiter, ainsi que le Bélier dont l'effigie pour les Toulousains fut tout à fait essentielle). On voit aussi le temple d'Apollon, devenu aujourd'hui l'église de Saint-Quentin-Martyr, ainsi que le temple de Jupiter, qu'on appelle maintenant Notre-Dame-de-la-Daurade[20].

Près de l'endroit qu'on appelle l'Inquisition, on aperçoit encore plusieurs portions qui subsistent de l'amphithéâtre comme aussi du capitole, ainsi qu'un château rond qui ressemble à celui de Rome[b].

C'est un autre argument de poids et qui montre bien que les Romains avaient beaucoup d'estime pour cette ville, puisqu'ils lui ont accordé le *jus capitolii*, autrement dit le droit de liberté du temple capitolin, un droit qu'ils ne donnaient pas volontiers à d'autres cités. En outre, il y avait à Toulouse un temple magnifique. Selon certains, il se situait à l'emplacement du sanctuaire maintenant dédié à saint Sernin ; ou bien s'agit-il de l'église Saint-Quentin ? C'est là que se trouve ou se trouverait un trésor de tout premier ordre que les Tectosages ont apporté de Grèce (Justin en parle au livre 32 de son œuvre). Et personne ne peut y toucher sans péril pour sa vie. Les mésaventures de Cepion et d'autres seigneurs romains ont bien prouvé l'exactitude d'une telle affirmation. De là est né un proverbe : quand un trésor est cause de dommage, on le qualifie d'*aurum tholosanum*, autrement dit d'or de Toulouse.

---

a. La déclinaison latine est grammaticalement correcte, comme toujours chez Thomas II Platter, même si l'étymologie est fantaisiste.

b. Il s'agit du Panthéon romain.

Les Goths [Wisigoths] ont fait long séjour dans cette ville, jusqu'à ce que les rois de France les refoulent *in Hispaniam*, jusqu'en Espagne. Leur roi Théodoric et son fils Thorismund[21] avaient fait de Toulouse leur résidence. Cette ville leur plaisait plus que d'autres cités, à cause de sa richesse et de son antiquité. En outre, elle était très bien située, dès lors qu'il s'agissait d'élargir leur empire à partir de ce site toulousain. On voit aussi, on voit encore, dans un ancien temple païen, plusieurs murs qui sont couverts de petites pierres quadrangulaires, dorées et argentées, qu'ils disent avoir été obtenues par la fonte[a] : il est bien clair que la ville était très riche.

De nos jours encore, la cité de Toulouse vient au second rang de distinction et d'importance après Paris, tant pour la richesse que pour la population nombreuse et la réputation. D'abord, c'est là qu'est le parlement de l'entier pays de Languedoc, le deuxième parlement après Paris pour le nombre de ses magistrats. Il fut fondé par le roi Philippe le Bel[22] ; son successeur Charles VII l'a établi de façon définitive en 1444. Enfin Louis XI, en 1468, l'a entièrement confirmé.

Ce parlement a deux présidents : le premier président, lors de mon passage, s'appelait *Faber*, autrement dit Du Faur[23], un homme très capable. Par exception, il a reçu du roi son office présidentiel en don gratuit. Tous les autres offices des magistrats, à Toulouse comme ailleurs, sont vendus par le monarque à gros prix d'argent, comme j'aurai l'occasion de le dire.

Semblablement, on compte douze conseillers de ce parlement, dont six laïques et six ecclésiastiques. S'y ajoutent les gens du roi, *servi regii*, comme au parlement de Paris, qui sont au service du monarque.

Outre le parlement, tribunal suprême, fonctionnent encore à Toulouse deux conseils. Il s'agit d'abord des capitouls ou conseillers de ville, qui doivent leur appellation aux Romains ; leurs statuts, en effet, sont restés à peu près les mêmes depuis l'époque romaine. Et de là vient ce nom de *capitouls* qu'ils ont gardé jusqu'aujourd'hui.

---

a. Thomas II Platter est obsédé, à maintes reprises, par le problème de ces pierres dont il imagine qu'elles furent obtenues par un processus de fusion, comme s'il s'agissait d'un métal...

Le second de ces conseils, autrement dit le petit tribunal, est élu par les bourgeois de la ville, et s'occupe de problèmes mineurs[24].

À Toulouse, ils ont tellement de lois particulières et de libertés, et ils préservent les unes et les autres avec tant de zèle et de sérieux, que leur ville fait presque l'effet d'une république, bien davantage qu'elle ne ressemble à une monocratie ou à une ville royale.

Les parlementaires sont choisis par le roi, mais les autres conseils sont élus par les bourgeois. Il y en a toujours huit qui sont portraiturés côte à côte, dans la maison de la ville. On les nomme capitouls ou échevins ; ils sont élus d'après l'ordre de préséance des paroisses et ils se tiennent ensuite au rang qui leur est ainsi conféré, à chacun d'entre eux. Si l'élu de la paroisse la plus élevée en grade est un bourgeois, mais noble est celui de la paroisse de second rang, chacun demeure ensuite à la place qui lui revient du fait de cette hiérarchie *paroissiale*[25] [et non pas nobiliaire][a].

Les huit capitouls sont renouvelés en bloc chaque année, par élection. Dès qu'ils sont élus, on les peint, chacun d'entre eux, en costume officiel, robe longue d'un rouge écarlate, fourrée et bordée de velours noir ; ces portraits sont fidèles à la réalité, et ils demeurent en place jusqu'à ce que tous ceux d'une même fournée annuelle des huit soient morts. Tant que l'un d'entre eux reste en vie, on ne les enlève pas. Dès que le dernier des huit est mort, on recouvre le tableau qui le concerne avec de la peinture blanche, pour faire place nette à l'intention des édiles suivants. Si cependant un capitoul se conduit mal, on procède à cet effacement alors qu'il vit encore, pour mieux le déshonorer.

Sur chaque effigie, on note le nom du capitoul en question, l'époque de son élection et la durée de son mandat.

À l'entrée de l'hôtel de ville, on lit ces vers aux côtés des portraits :

---

a. Comme toujours le « démocrate » (relatif) qu'est le Bâlois Thomas Platter s'intéresse aux institutions plus ou moins représentatives : représentativité municipale des Capitouls, mais vénalité des offices parlementaires, etc.

Eligit octo viros urbi Catherina quotannis,
Et stringit nodi religione sacri.

Ce qui veut dire : « Chaque année Catherine[a] élit huit hommes pour la ville, et elle les lie par la sainteté religieuse d'un nœud sacré. » Cet hôtel de ville a été donné à Toulouse par une femme nommée Clémence[26], et elle fit cadeau simultanément d'une somme de cinquante mille couronnes [= cent cinquante mille livres tournois]. Toujours à l'entrée du même édifice, on lit les vers suivants :

Tectosagum hic locus est, ubi sacra oracula consul
Temporaque afflictis dat meliora salus.

Ce qui veut dire : « Ici est le lieu des Tectosages, où le consul prononce des oracles sacrés et où le Salut donne des temps meilleurs aux affligés. » L'hôtel de ville est gardé tous les jours par cinquante bourgeois armés[b].

J'ai donc parcouru l'étage inférieur de ce bâtiment, où j'ai vu tout ce dont il vient d'être question. Ensuite, on m'a conduit dans deux salles superbes. L'une est prévue pour les audiences, auditions, interrogatoires ; l'autre est utilisée pour les remerciements, démissions, retraits, sur lesquels on délibère.

Près de cette salle, il y a une chapelle où les capitouls entendent la messe chaque matin, avant d'entrer en séance du Conseil. Et puis, dans une pièce voisine, ils prennent tous les matins également, juste après la messe, leur collation, autrement dit le petit déjeuner. On m'a montré ensuite le *capitolium*, luimême situé près d'un bel escalier en colimaçon, que les capitouls peuvent gravir à cheval. C'est là qu'ils ont leurs annales[27]. Elles remontent à quatre siècles et même davantage. Rédigées sur des feuilles de parchemin blanc, elles sont contenues dans trois gros volumes in-folio, reliés en velours ; le premier des trois est en velours vert, le deuxième en violet et le troisième en noir. Là, tout est inscrit dans l'ordre : les noms des capitouls, leurs armoiries, leurs portraits, et ce qui s'est passé pour chacune de leurs administrations successives. Si l'un des capitouls s'est

---

a. S'agit-il de Catherine de Médicis, qui visita Toulouse en 1565 et 1578 ?

b. Énormité de ce chiffre qui témoigne pour un sentiment d'insécurité toujours existant.

mal conduit, les textes qui le concernent sont effacés. Dans le temps, les premiers capitouls ou chefs de la ville n'étaient autres que dix-huit comtes ; les débuts de leur gouvernement citadin, à Toulouse, remontent à l'année 705. Le premier d'entre eux s'appelait Charles. Par la suite, cette ville a été incorporée à la couronne de France grâce à Raymond, comte de Toulouse : il n'avait laissé qu'une fille qui épousa Alphonse, frère de Saint Louis. Elle est morte sans laisser d'héritier. Toulouse a donc été entièrement adjugée à la Couronne[28].

J'ai également visité le palais. Cet édifice a grande allure, et c'est là que le parlement règle les affaires du roi. Nous y avons vu une grande salle dans laquelle les commissaires s'expliquent avec les avocats sur les affaires en litige ; là se font aussi les versements monétaires. Ensuite, nous nous sommes rendus dans la salle d'audience : elle est tapissée de drap brun, semé de fleurs de lys jaunes à la française, ce décor étant le même que dans les autres parlements du royaume. Nous avons visité en outre toutes les autres grandes salles, ainsi que les boutiques des marchands. Près du palais parlementaire se dresse le grand château de Toulouse, forteresse solide mais assez vieille déjà.

Quant à l'université *alias* haute école de Toulouse, elle était considérée, dans le temps, comme l'une des meilleures de la chrétienté entière, dans toutes les branches des diverses facultés. Aujourd'hui, la renommée de cet établissement ne vaut plus que pour la théologie et le droit. Les étudiants en droit, en particulier, sont venus s'inscrire à Toulouse en grand nombre depuis les débuts de certaine décadence montpelliéraine : on raconte en effet l'événement suivant, qui doit remonter à la nuit des temps. Il était une fois un étudiant en droit qui avait déshonoré la fille d'un président de cour souveraine de Montpellier. Il fut fait prisonnier et condamné à mort, mais ses camarades étudiants le délivrèrent par la force. Le président, par la suite, a riposté en faisant assassiner tous les étudiants en droit ; il profitait, pour ce faire, de ce qu'ils étaient réunis au collège, situé dans le faubourg. Après cette traîtrise meurtrière, les étudiants juristes n'ont plus voulu se rendre à Montpellier ; ils ont filé aussitôt vers Toulouse, et ensuite leur effectif, progressivement, s'est tant accru dans l'université de cette ville que, par moments, ils peuvent y être au nombre de quelques milliers. Ils s'arrogent des libertés considérables, au point de faire de nombreuses sottises.

J'en fus témoin dans leur collège ; je les ai vus qui étaient en grand nombre devant l'auditorium, pendant le cours magistral du professeur : ils jouaient à toute sorte de jeux ; ils poussaient des hurlements sauvages ; et, toujours pendant la leçon magistrale, ils font un fracas terrible en pleine salle de cours ; ils crient au professeur : « Tu dois cesser ton cours quand nous le décidons. » Chose que j'ai vue, de mes yeux vue ! *Et, à la fin, ils crient tous ensemble* : « *Vivat*, etc. » Ils ont toutes les audaces, ils sont prêts à se lancer dans les plus sales tours pour les réaliser selon leur bon plaisir. Lors de mon passage à Toulouse, on m'a raconté un méchant procédé dont ils venaient de se rendre coupables peu auparavant, à cause de quoi les fautifs étaient encore en prison. Voici comment les choses se sont passées.

Plusieurs parmi eux n'avaient pas d'argent. Ils enfermèrent donc l'un de leurs camarades dans un coffre bien clos ; ils le firent porter chez un marchand qui était leur homme d'affaires. Ils lui demandèrent de bien vouloir leur garder ce dépôt : « Prêtez-nous quelque argent, ajoutèrent-ils, en fonction de ce gage. Nous devons nous rendre aujourd'hui même en certain lieu pour y recevoir de l'argent. Ensuite nous reviendrons et nous serons en mesure, grâce à cette somme, de récupérer notre dépôt. » Vient l'heure de minuit. L'étudiant sort du coffre, prend une petite chandelle qu'il avait emportée avec lui, observe bien tout ce qui peut être intéressant dans la boutique du marchand et s'empare de plusieurs marchandises précieuses. Il les entrepose dans le coffre. Mais voilà que le chien du marchand s'aperçoit de quelque chose et se met à aboyer. Le marchand se réveille, se lève et s'en va fureter dans sa boutique, mais il ne trouve rien de suspect. Il retourne donc dans son lit. Du coup, l'autre sort à nouveau du coffre et prend sur lui des marchandises supplémentaires, mais de nouveau il est dérangé par les aboiements du chien, et le marchand se manifeste une fois de plus, sans rien apercevoir, quand tout d'un coup il pense au coffre : il se dit qu'il pourrait bien contenir quelque chose de vivant ; il imagine de disséminer très discrètement des cendres par-ci, par-là en boutique, et un peu partout autour du coffre. Il rentre dans sa chambre. Les choses ne tardent pas : le chien repère derechef l'individu qui se déplace dans la boutique, et il recommence à aboyer ; après un bon moment, le marchand retourne dans sa boutique, et il aperçoit toutes les traces de va-et-vient du personnage qui s'est ensuite caché à nouveau dans la caisse. Pourtant, il ne dit rien.

Dans la matinée, les étudiants, complices du voleur, s'en viennent afin de retirer le coffre. Mais pendant ce temps le marchand, toujours avec discrétion, s'était arrangé pour faire venir des sergents : ils ont appréhendé les jeunes malfaiteurs, et ils ont ouvert la malle : ils y ont trouvé le voleur nocturne, ainsi que quantité de marchandises de grande valeur. On les a tous incarcérés, mais ces jeunes gens étaient de très bonne famille et je pense donc qu'on leur aura fait grâce de la vie ; leur friponnerie sera considérée comme « tour subtil » – c'est ainsi qu'on appelle le vol, chez les Gascons.

Peu de temps auparavant (c'était avant ma venue à Montpellier), un autre épisode a eu lieu à Toulouse : il s'agissait d'un jeune homme qui avait paillardé avec la fille d'un président de cour souveraine. Déjà on le conduisait, enchaîné, sur l'échafaud où l'on devait lui couper la tête, et pourtant il fut délivré par les étudiants en droit. Ils s'y sont pris de la façon suivante : ils ont embauché un grand nombre de jeunes garçons et ceux-ci ont bombardé le bourreau et ses serviteurs avec une grêle de pierres. Sans perdre un instant, quelques centaines d'étudiants se sont manifestés, munis de leurs armes dégainées. Alors le bourreau, épouvanté, a planté là le malfaiteur et l'échafaud. Une demi-douzaine de combattants, masqués, ont pu ainsi monter sur cet échafaud. Par la force, ils se sont emparés du condamné, l'ont fait descendre, et l'ont porté dans un monastère. Et puis, secrètement, ils l'ont sorti de la ville, habillé en femme. Il s'appelle Rondelet ; c'est le neveu du grand médecin, autrement dit le fils du frère d'icelui, *ex fratre medici*[29]. J'ai assisté par la suite à sa promotion au doctorat en droit à Montpellier, titre qu'il a reçu avec de grands honneurs. C'est même lui qui, personnellement, m'a raconté cette histoire.

Les étudiants ont aussi pour habitude de s'introduire dans les bals distingués, et de s'y lancer dans des activités insolites. Et, par exemple, il leur est arrivé d'éteindre brutalement toutes les lumières dans la salle de danse et dans l'entière maison du bal ; ils se permettaient ensuite les privautés les plus phénoménales avec les femmes, jusqu'à ce qu'on se procure à nouveau de la lumière.

Et puis, de temps en temps, s'ils apprennent que quelque grand banquet va se donner, ils font irruption avec violence dans la maison des dîneurs, ils déboulent dans les cuisines et ils arrachent les plats des mains des serveurs. Autre forme de délinquance fort coutumière de leur part : dans les bousculades d'une foule nombreuse, ils s'emparent des chapeaux et des manteaux des gens, exactement comme font de-ci, de-là les pages ou les jeunes nobles en France. Ensuite, ils revendent ce butin et ils utilisent tout l'argent ainsi « gagné » pour leurs dépenses au jeu ou pour d'autres choses inutiles. Quand ils ont beaucoup d'argent, on les voit parader fièrement, sans manteau, avec beaucoup d'effronterie, ou bien avec le manteau roulé autour du bras. En revanche, dès qu'ils sont sans le sou, ils s'emmitouflent dans le manteau jusqu'à la bouche inclusivement, et ils s'enfoncent la tête là-dedans : ils n'ont presque pas le droit de se faire voir.

Et pourtant l'université de Toulouse a été fondée par le pape Jean XXII, qui lui a conféré ses privilèges[30]. Elle a été agrandie ensuite par Innocent VI ; on y a établi et fondé les collèges de Sainte-Madeleine, de Pampelune, de Saint-Martial, de Sainte-Catherine, du Périgord, etc.

Il y a dans cette ville de très nombreuses églises ; leur apparence est superbe. Parmi elles, la plus remarquable, celle qui l'emporte sur toutes les autres, c'est *Sanctus Saturninus* : cette église s'appelle en effet Saint-Sernin[31]. Le pape Jean XXII, au cours de l'année 1317, a fait de ce sanctuaire le chef-lieu du nouvel archevêché de Toulouse. Le premier archevêque en titre fut Jean de Convenes [en fait Jean de Comminges, ci-devant évêque de Maguelonne[32]].

Par ailleurs, saint Saturnin ou Sernin fut le premier évêque de cette ville. Il était né à Patras, en tant que fils du roi d'Achaïe. Sa mère était Cassandre d'Arabie, fille du roi Ptolémée. Au temps où Jean-Baptiste prêchait dans le désert, Saturnin fut l'un de ses auditeurs et il fut baptisé par ce même Jean-Baptiste. Il était l'un des soixante-douze disciples du Christ et il est resté longtemps parmi eux, jusqu'à ce que saint Peréon et saint Martial l'envoient comme missionnaire en France.

Étant à Toulouse, au capitole, il refusa de sacrifier aux idoles et aux faux dieux : les gens du peuple le précipitèrent du haut du château rond local, qui ressemble au capitole de Rome. Ensuite, on a attaché Sernin à un bœuf et on l'a traîné dans les rues de la ville jusqu'à ce qu'il meure. Son corps a été ramassé par deux femmes ; elles l'ont caché ; il se trouve encore dans cette église Saint-Sernin.

Elle est très grande, et construite de telle façon qu'elle sert aussi, le cas échéant, de château fort à l'usage de Toulouse. On a posé par-dessus ce sanctuaire de petites pièces d'artillerie montées sur roues, comme j'ai pu moi-même le constater.

Devant la porte Saint-Sernin, dans la rue du Peyrou, on voit les statues de saint Martial et de saint Saturnin, sculptées dans le marbre. On aperçoit aussi, à leurs pieds, la vierge Austris, fille de Marcellus ; elle gouvernait Toulouse en collaboration avec celui-ci, et elle fut baptisée par les deux saints en question. Du côté de saint Martial, on peut lire le vers suivant :

Jure novae legis sanatur filia regis.

Autrement dit : « Selon le droit de la loi nouvelle [= le christianisme], la fille du roi est guérie. » Et puis, aux pieds de saint Saturnin, autre inscription :

Hic socius socio subvenit auxilio.

Soit : « Le camarade vient en aide à son camarade. » Et enfin, sur le bassin des fonts baptismaux, là où Austris fut baptisée :

Quum baptisatur morborum lepra fugatur.

C'est-à-dire : « Quand on baptise, puisse la lèpre des maladies être mise en fuite. »

Cette église Saint-Sernin possède aussi un haut et beau clocher, du sommet duquel on domine par le regard l'ensemble de la ville. L'intérieur de l'église est immense, et d'une grande beauté, dans son style propre ; il est orné d'autels et de tableaux. Le chœur surtout passe pour l'emplacement le plus saint de tout l'univers à cause de la grande quantité de reliques, de corps saints et d'autres objets sacrés qui sont censément conservés dans la crypte voûtée, sous le chœur et, pour la plupart d'entre eux, dans des caisses d'argent. On m'en a donné le catalogue sur papier et j'ai pu recopier les vers que je cite ci-après, y compris une prière qui était inscrite sur le mur de la voûte.

Et d'abord, dans les huit cercueils d'argent sont conservés les huit corps des saints évêques apôtres et martyrs. À savoir : en premier lieu, saint Exupère[33] ; il a droit à un cercueil particulier. Ce fut un saint évêque de Toulouse. Pendant un temps, à cause de l'ingratitude que ses sujets diocésains professaient à son égard, il s'était retiré dans une solitude, à Blagnac[34], près de la Garonne, où il décédera par la suite. Les Toulousains le réclamaient. Mais il s'était juré de ne jamais retourner parmi eux et il disait : « Aussi vrai que le bâton que j'ai en main ne peut pas redevenir vert, aussi vrai le fait que je ne reviendrai pas chez eux. » Et, du coup, le bâton sec qu'il avait en main est redevenu vert et à bref délai ce bâton a bourgeonné. Et quand il a vu un tel phénomène, il est retourné chez ses sujets toulousains, motivé qu'il était par le miracle en question. Son corps est conservé avec ceux des autres saints... Avec ses reliques, on se livre à toute sorte de charlataneries superstitieuses. On touche les jambes de saint Exupère avec des objets, qui sont ensuite trempés par les fidèles dans de l'eau ou du vin. On obtient ainsi une boisson avec laquelle on guérit la fièvre et le catarrhe, et cela sous prétexte que le même Exupère, de son vivant, avait guéri de la fièvre saint Ambroise (il vivait vers l'année 438). Le deuxième de ces huit personnages, c'est saint Barnabé, qui a gardé sa tête et son corps. Le troisième, c'est saint Philippe. Le quatrième, saint Jacques le Mineur, *minor*, fils de Zébédée. Le cinquième corps, c'est celui de saint Jacques le Majeur, dont la tête a été transportée à Compostelle en Galice. Les frères de saint Jacques s'y rendent en pèlerinage ; en passant à Toulouse, ils visitent le corps de ce même saint. Le sixième, c'est saint Eustache ou, selon l'opinion d'autres personnes, saint Hilaire[35], évêque de Toulouse. Le septième, c'est saint Simon l'apôtre. Le huitième, saint Saturnin dont j'ai déjà parlé tout à l'heure. À propos de ces huit saints, on peut lire le poème suivant, inscrit sur le mur, dans la voûte du chœur :

> *Omnia perfectum quidvis si dicitur octo,*
> *Hoc sibi prae reliquis, vendicat iste locus,*

Octo cum faciunt praesentia corpora divum
Cetera perfecti cedere templa Deï[a].

[Traduction, après le premier vers, dont le sens est obscur :
« Ce lieu revendique pour soi-même la prééminence avant tous
les autres, en ce que les huit corps des saints qui y sont présents
relèguent au second plan tous les autres sanctuaires du Dieu
parfait. »]

Par ailleurs, il y a encore bien d'autres reliques dans cette
église Saint-Sernin : citons les corps de saint Jean-Baptiste et
d'autres disciples de Notre Sauveur. *Item* ceux de saint Georges
le martyr, de l'apôtre Simon, de saint Papoul, évêque et martyr
à Toulouse[36]. *Item* quatre dépouilles de saints : Claude, Nico-
strate, Symphorien et Castor. *Item* ceux des martyrs Alcisat,
Victoria, Cilicus et sa chère mère Julia. *Item* le corps de saint
Simplicius et celui de saint Silvius, évêque de Toulouse. *Item*
les corps des saints abbés Aegidius et Gilbert. *Item* les corps des
saints Honestus et Aymundus, et de sainte Suzanne, fille de
Hilkia de Babylone[37].

De même, une caisse en ivoire où gisent des corps saints en
nombre et surtout plusieurs dépouilles mortelles en provenance
des douze apôtres. *Item* la tête de saint Barthélemy, apôtre. *Item*
une épine de la couronne d'épines de Jésus-Christ. *Item* une belle
image, en argent, de la Vierge, où sont conservés plusieurs de ses
cheveux et un fragment de sa robe. Enfin il y a encore une caisse
pleine de saints ossements, dont les dénominations d'appartenance sont devenues illisibles à cause de leur ancienneté. Ces
reliques sacrées, pour la plupart d'entre elles, furent transportées
à Toulouse, dit-on, par les soins du roi Charlemagne.

---

a. Ambivalence de Thomas Platter vis-à-vis des reliques, une fois de
plus : il est intéressé en tant que spectateur. En même temps, en tant que
réformé, il suggère sa différence par rapport aux catholiques « superstitieux ».
Voir à ce propos, derechef, Peter Brown, *Le Culte des saints, op. cit.*, pp. 56,
68-69 et *passim* ; en contre-point : Calvin, *Œuvres*, éd. Millet, « Folio »,
1995, p. 189 *sq.*, *Traité des reliques*, très provoltairien ou prévoltairien ! Pour
un regard distancié, à la fois compréhensif et critique, sur l'« autre », en
l'occurrence sur les Africains, regard assez comparable à la vision plattérienne relative aux « papistes », on consultera l'admirable ouvrage du jeune
huguenot Chenu de Lautardière, *Relation d'un voyage à la côte des cafres*
(1686-1689), texte établi par Frank Lestringant, Éditions de Paris Max
Chaleil, 1996.

Par-dessus la porte de la crypte où sont renfermés ces saints objets, on a inscrit les deux vers qui suivent :

Omnia si lustres alienae climata terrae
Non est in toto sanctior orbe locus.

Ce qui donne, en traduction : « Tu peux visiter la terre entière[a], tu constateras que ce lieu est considéré comme le plus saint du monde. » Au-dessous de ces vers latins, on a inscrit une invocation à tous les saints dont voici la traduction : « Sois-nous propice, nous t'en prions, Seigneur, par les mérites glorieux de tes saints [suivent les noms précédemment énumérés et cités ci-dessous en note], ceux-là et aussi les autres, dont les corps et les reliques sont conservés dans cette église afin que, grâce à leur pieuse intercession, nous soyons protégés contre tout malheur par le Christ, notre Seigneur. Amen[b]. »

Tels sont les noms des saints que les fidèles invoquent, afin que ces saints veuillent bien intercéder en leur faveur auprès de Dieu. Leurs reliques sont enfermées sous cette voûte.

À l'église Saint-Étienne, j'ai grimpé tout en haut du clocher. De là, j'ai pu considérer la ville dans son ensemble ; elle est vraiment très grande, et son pourtour est presque circulaire. Une énorme cloche est accrochée au sommet de cette tour, et son diamètre est de douze pieds. Dans l'église, sur un mur, j'ai déchiffré deux vers latins, les mêmes que j'ai cités précédemment, mais inscrits par un quidam qui vraisemblablement ne savait ni lire ni écrire. Je rappelle ici leur texte : « Tu peux visiter la terre entière, tu constateras que ce lieu est le plus somptueux du monde. » Simplement, cette seconde inscription

---

a. Nous tenons compte comme toujours de la traduction allemande (approximative) que Thomas Platter donne de ces vers latins.

b. Voici l'invocation latine en question par nous traduite du texte même de Thomas II Platter, éd. Keiser, p. 419 : « *Propitia //, quaesumus, domine nobis famulis tuis, per sanctorum tuorum Jacobi, Simonis et Judae, Philippi et Jacobi, Barnabae et Bartholomaei, Turnini, Exuperii, Pappuli, Aegidii, Georgii, Claudii, Nicostrati, Simphoriani, Castoris, Cilici et Julitae, Alcisati et Victoriae, Simplicii, Hilarii, Syvii, Honorati, Gilberti, Aymundi, Honesti, Susannae et Catharinae, aliorumque sanctorum tuorum, quorum corpora et reliquiae in praesenti ecclesia habentur, merita gloriosa, ut eorum pia intercessione ab omnibus protegamur adversis per Christum dominum.* AMEN. »

remplace le mot « saint » (*sanctus*) par le terme « somptueux » (*lautus*).

Près de cette église, il y a une belle place où l'on a coutume de disposer une batterie de gros canons, quand on craint des troubles. Les gens d'ici en effet ne font guère confiance aux habitants de Montauban, une ville située à sept lieues de Toulouse, et dans laquelle tout le monde est de la religion réformée. Il y a à cela une raison spéciale : c'est qu'en l'année 1573 [en réalité, 1562], par suite d'une trahison des capitouls, les Montalbanais, forts d'une armée de vingt mille protestants, ont bien failli s'emparer de Toulouse. Ces envahisseurs étaient déjà les maîtres de la plus grande partie des positions dans la ville. Mais par crainte de ne pouvoir conserver leur conquête, dans la journée du 17 mai 1573, ils ont évacué la ville sans y être contraints en quoi que ce soit. On organise ce jour-là, tous les ans, une procession d'actions de grâce, à ce propos[38].

Le couvent des frères prêcheurs de saint Dominique, en d'autres termes des dominicains, est également construit d'une façon tout à fait somptueuse. L'impression de luxe est analogue, s'agissant de l'église Saint-Augustin. Au-dessus des fonts baptismaux, j'y ai copié l'inscription suivante :

Aqua benedicta deleantur
Nostra delicta. Amen.

Autrement dit : « Puissent nos péchés être effacés par l'eau bénite. Amen. »

Même remarque, quant à la « somptuosité », pour le sanctuaire du couvent des carmes déchaussés, dont l'intérieur est construit tout en marbre. Il y a là, d'après ce qu'on m'a dit, dans une caverne souterraine, environ trente cadavres qui sont disposés *in situ* depuis plus d'un siècle. Une lampe brille au-dessus d'eux, sans interruption. Si on les touche, ils tombent en poussière. Un ange doré plane au-dessus d'eux, dit-on, comme pour les emmener tous au paradis. On prétend aussi que, dans l'église Saint-Quentin, on conserve une jarre qui fut le récipient de l'eau lors des noces galiléennes de Cana.

Il y a encore bien d'autres églises dans la ville. Elles seraient fort utiles, si seulement on en faisait bon usage, car il se commet chez eux un énorme tas d'impiétés et de gros péchés quand ils s'adonnent à des facéties[a]. C'est ainsi qu'à l'intérieur et à l'extérieur de la ville, on peut voir beaucoup de maisons de mauvaises mœurs : les gens les fréquentent sans appréhension.

Le fleuve de Garonne coule en plein milieu de la ville et il est traversé par un pont qu'on appelle pont de la Daurade[39] ou Saint-Crépin. Tout à côté, on a bâti un bel hôpital, avec des salles séparées pour les hommes et pour les femmes. Tout cela est très bien tenu. Dès qu'on a passé le pont, on arrive dans un grand faubourg ou une rue limitrophe de la province de Gascogne. Quand on parvient là en effet, une fois sorti par la porte de l'enceinte, on se trouve en terre gasconne, frontalière de Toulouse. Le faubourg en question, lui aussi, est clos par un rempart. Non loin du pont dont je viens de parler, on a commencé à en construire un deuxième, en pierre et voûté. Au bout de la ville, là où l'eau du fleuve s'écoule en direction de la mer, vers l'aval, on aperçoit le pont de bois du Bazacle, près de la porte du même nom. Sous ce pont, il y a le moulin le plus habilement et artistement bâti que j'ai jamais vu, et je crois que c'est ce qui se fait de mieux dans le genre, en toute la chrétienté. C'est le moulin du Bazacle, comme on l'appelle[40] ; il est situé hors de la ville et il est agencé comme suit : ses fondations sont en pierre, mais la partie supérieure est en bois, le tout étant recouvert d'une toiture en tuile ; et donc tous ces moulins sont protégés par un toit unique.

Ils sont au nombre de deux : chacun d'entre eux a seize roues. Chaque roue entraîne deux meules. Leur travail est suffisamment puissant pour moudre chaque jour de quoi fournir la farine à cent mille personnes. Avec ça, on peut ravitailler la ville entière et une partie de la campagne environnante. Toute la journée, on voit des quantités d'ânes qui défilent en foule les uns derrière les autres. Ils apportent le blé au moulin et ils remportent la farine. J'étais en admiration, car mon logement était proche de cette minoterie. *C'est pourquoi l'on dit qu'à Toulouse il y a deux*

---

a. Léger affleurement d'antipapisme...

merveilles du monde, à savoir les moulins et l'église Saint-Saturnin. Autrement dit, en vers français :

> *Basacle le molin,*
> *L'eglise Saint-Sernin.*

Le cours de la Garonne est tellement bien contrôlé que l'eau a une chute en cet emplacement ; de là, elle tombe dans un tambour, et elle entraîne avec beaucoup de force une roue, me semble-t-il, horizontale : celle-ci est de dimension modeste ; et à son tour, par le moyen d'un arbre vertical, elle met en mouvement puissamment les deux meules. Tout ça se passe sous le pont. Les meuniers habitent juste au-dessus de l'eau ; *il y a* là *une* salle déambulatoire fort plaisante ; on y rencontre les meuniers, et aussi les femmes des bourgeois les plus considérables : elles regardent le travail de meunerie en train de se faire ; ou bien, masquées, elles mettent le grain en tas, ou même elles s'emploient personnellement, de temps à autre, à le faire passer sous la meule.

D'un côté, vis-à-vis de la ville, et d'autre côté, vis-à-vis de la Gascogne, l'eau tombe à pic ; elle est pourtant contrôlée avec des planches de sorte qu'on peut faire descendre et passer vers l'aval[a] les petits bateaux qui vont et viennent dans la ville. Ils opèrent ainsi très rapidement cette descente. C'est presque le même spectacle qu'à Londres en Angleterre, sous le pont également, comme je l'ai vu de mes yeux.

On voit aussi en ville l'effigie du roi de France Charles IX lorsqu'il a fait son entrée à cheval, dans Toulouse, en l'année 1565. Quant au roi actuel, Henri IV, quand il était encore de la droite religion [protestante], ils l'ont « statufié » lui aussi... et ils lui faisaient tous les outrages et moqueries possibles[b], car ils étaient papistes au dernier degré. Il y a aussi beaucoup de belles places, comme Saint-Georges, Salin, La Pierre, où se tiennent

---

a. Il s'agit d'écluses, semble-t-il : elles ne sont point à cette époque monopolisées par la technologie hollandaise.

b. Ce passage n'est pas clair [éd. Keiser, p. 422], mais la droite religion (*rechte Religion*) ne peut être, sous la plume de Thomas II Platter, que celle de ses frères protestants. Cette « statue » d'Henri IV faisait-elle fonction de « mannequin », cible d'outrages divers, à l'époque, de la part des catholiques toulousains ?

les marchés hebdomadaires et les foires annuelles, et encore d'autres places, toujours à Toulouse.

Et pareillement il y a plusieurs belles rues, longues, larges, droites, dans lesquelles se rencontrent la plupart des marchands considérables dont la ville est pleine. Ils y ont leurs demeures et leurs boutiques.

Je me souviens encore fort bien, qui plus est, que les rues toulousaines sont pavées de cailloux pointus, fort aigus en tout, comme à Bâle. Mes pieds en ont gardé la cuisante mémoire. Par ailleurs, la ville est plate. Il n'y a point de hautes collines *intra muros*. Les remparts encerclent une vaste superficie, et cette enceinte est presque ronde. Les murailles de ces fortifications se révèlent très solides ; les tours sont puissantes et nombreuses, ainsi que les murs et les boulevards ; les douves sont profondes. Tout cela est parfaitement « remparé », bâti de briques rouges et bien cuites (le même matériau est employé pour de nombreuses maisons dans la ville). C'est tellement solide que les trous qu'y produisent les boulets ont tout au plus le diamètre du boulet en question, rarement davantage. Quand on bombarde cette enceinte, il y faut beaucoup plus d'efforts et de dépenses que quand on s'attaque à celle d'une autre cité. En tout cas, l'on considère Toulouse comme l'une des villes les plus fortes de France.

Non loin de là, on aperçoit les montagnes de Ronceval [= des Pyrénées] dont j'ai déjà parlé. Elles sont situées à vingt-quatre lieues de Toulouse. Elles ont l'air à la fois toutes proches, et d'une extension infinie ou indéfinie[41].

Du 27 au 30 avril [1599], jour ultime au cours duquel j'ai quitté Toulouse, j'ai séjourné en ce lieu tranquillement ; j'y ai contemplé et noté ce dont il vient d'être question.

De la province ou du pays de Languedoc en général [423]

Toulouse est la capitale du Languedoc. C'est là que se trouve le parlement de cette province, auquel on peut faire appel à partir de toutes les localités languedociennes. (Une exception quand même : pour les questions qui concernent la religion réformée, on fait appel au tribunal mi-parti qui se trouve à Castres[42].) Je vais donc maintenant dire quelques mots au sujet du Languedoc en général.

Et d'abord on dénomme cette région Languedoc parce que, là où les Français disent *ouy*, les Languedociens, eux, disent *oc* ou *o ben oc*. La langue d'oc, c'est donc tout simplement celle où l'on emploie le mot « oc ».

Cette province est l'une des meilleures, des plus riches et des plus fertiles qu'on puisse trouver dans la France entière. Aussi bien pour le blé, le vin : c'est en effet à Frontignan, près de Montpellier, que croît le précieux muscat, celui qu'on boit à Bâle comme s'il s'agissait d'un soi-disant « vin corse », en réalité un grand cru. Et puis il y a l'huile, le sel, les fruits, la laine, le safran, le pastel[43] (qui sert pour la teinture), les figues, les raisins secs et toute sorte de productions du même genre, utiles et nécessaires. Il n'y manque qu'un bon port de mer, doué de sécurité ; mais depuis lors j'ai appris qu'on en a creusé un qui est de qualité[a], au pied de la montagne de Sète, près de Balaruc – c'est du moins ce qu'on raconte[44].

En plusieurs endroits, c'est très plat. En d'autres, c'est montagneux. Il y a divers terroirs où le sol porte au même endroit, en *coltura promiscua*, de l'olivier et des grains ; ou de l'olivier et de la vigne, sur la même parcelle de terre. Et puis, ailleurs, rien du tout.

Au bord de la mer, le climat est très tempéré. Il y a rarement plus de deux mois d'hiver et l'on n'a presque jamais froid. En quatre ans, j'ai vu seulement une fois tomber de la neige qui a tenu sur le sol. Elle a froissé et gâté beaucoup d'oliviers, parce que ceux-ci gardent leurs feuilles en hiver [et la neige s'y colle, alourdissant le tout]. De mémoire d'homme, ça ne s'était jamais produit auparavant. Pendant tout l'hiver, on voit des légumes qui verdoient dans les jardins. Le chou reste bon tout le temps, ainsi que d'autres végétaux qui chez nous gèleraient. Le romarin, la lavande ou *stoechas*, le thym, le myrte, le ciste, les rosacées et autres plantes semblables des pays chauds, chez nous on les cultive dans les jardins, alors qu'en Languedoc de tels végétaux poussent dans toutes les haies en plein champ : les boulangers

---

a. Il y eut en effet des tentatives en ce sens, mais le chantier *ad hoc* fut en définitive un fiasco. La question sétoise ne sera reprise, avec succès cette fois, qu'au temps de Colbert.

chauffent leurs fours à Montpellier avec du romarin ! Les conditions de température sont comme en Provence, dont j'ai déjà parlé *supra*.

Le Languedoc inclut les pays de Vivarais, Gévaudan, Velay, Cévennes, Albigeois, Rouergue[a], et d'autres régions encore. L'ensemble est divisé en vingt-deux diocèses ou évêchés. On compte onze de ces évêchés dans le Haut-Languedoc et onze dans le Bas-Languedoc. On parle aussi, à ce propos, du haut pays et du bas pays. En Haut-Languedoc, les onze diocèses correspondent à l'archevêché de Toulouse, et aux évêchés de Lavaur, Rieux, Comminges, Montauban, Saint-Papoul, Carcassonne, Alet et Limoux, Mirepoix, Albi – qui passe pour être l'un des plus riches évêchés de France –, et enfin Castres. En Bas-Languedoc, ce sont les diocèses de Montpellier, Nîmes, Narbonne (qui se trouve néanmoins être archevêché), Béziers, Uzès, Saint-Pons, Agde, Lodève, Viviers, Le Puy et Mende[45]. L'ensemble du territoire languedocien est très étendu. En longueur, il faut compter plus de six jours de voyage pour traverser de part en part toute cette province depuis Beaucaire (sur le Rhône) jusqu'à Toulouse. Cela fait dans les cinquante lieues de long, et en plusieurs endroits la largeur de ce pays est du même ordre. Les provinces avoisinantes sont facilement identifiables grâce aux cartes géographiques.

Tout comme les autres provinces françaises, le Languedoc verse au roi chaque année beaucoup d'argent. Les méthodes d'extraction fiscale en ce pays languedocien sont les suivantes, telles que me les a expliquées un receveur d'Uzès, chez qui j'ai logé.

Et d'abord, les gens des trois états se répartissent dans l'assemblée des états provinciaux de Languedoc en fonction de la qualité respective des uns et des autres :

1° Il y a en premier lieu les ecclésiastiques [l'Église] ; ils sont représentés à la réunion des états de Languedoc par les évêques ou par les vicaires généraux de ces prélats ;

2° La noblesse : elle est incarnée à la réunion des états par certains barons ou gentilshommes ;

---

a. Le Rouergue n'est pas en Languedoc.

3° La bourgeoisie des villes et le peuple des campagnes : ils sont représentés, au niveau du village, par l'ancien et le nouveau consul, ou bourgmestre. Ils sont donc au nombre de deux, ou davantage, si la localité se révèle très importante. Il s'agit en conséquence d'un consul ou plusieurs, accompagné(s) d'un *bourgeois* distingué, mais d'ordinaire ce sont les deux consuls les plus élevés en grade, l'ancien et le nouveau, qui font ainsi le déplacement pour la réunion de ces états, convoqués par le roi.

Les trois ordres *ou états* se réunissent tous les ans, une fois par an, sur ordre du roi, alternativement dans une ville du haut ou du bas pays, celle qu'a prescrite pour la circonstance le monarque, ou bien son lieutenant dans la province. La présidence ou le siège prééminent dans cette assemblée appartient à l'évêque le plus ancien de la province de Languedoc. Une fois réunis les délégués des états, on donne en premier lieu lecture des exigences fiscales du souverain ; elles concernent les sommes d'argent qu'on doit lever pour lui dans le pays. Ensuite, le lieutenant du roi fait connaître aux trois ordres ce qu'ils doivent verser au roi en question, compte tenu de leurs obligations de service, d'obéissance, monétaires, etc. L'argent que l'on accorde et promet au roi (bien qu'il en demande souvent beaucoup plus, car il peut exiger tout ce qu'il désire, ce dont il peut en effet se vanter vis-à-vis des autres rois) revient chaque année à la même somme, sauf quand il faut faire de nouvelles dépenses pour les gens de guerre, dans les cas de grande nécessité. Et aussi, de temps en temps, la province accorde au monarque des subsides extraordinaires, en dehors des réunions des états provinciaux, autrement dit en cas d'urgence, comme cela s'est produit à l'époque où Henri IV assiégeait la ville d'Amiens[46]. Les sommes requises sont donc octroyées ; on tient compte aussi des frais de la session, et des gratifications faites ou à faire en faveur des envoyés du souverain. Ensuite on répartit tout ce fardeau fiscal en vingt-deux parts, proportionnellement, et en conformité avec la division du Languedoc en vingt-deux diocèses. Le secrétaire du roi prend note, par écrit, de cette répartition.

Chaque délégué du tiers état s'en retourne au *chef-lieu* de son diocèse respectif, muni de la requête chiffrée qui concerne cette circonscription particulière[a]. Là, ils réunissent une assemblée des délégués des localités les plus importantes du diocèse. Cette assemblée s'appelle une *assiette*. (Notons que précédemment, lors de la réunion des états à l'échelle de toute la province, seuls avaient été admis, pour le compte de la roture ou du tiers état, des représentants en provenance de l'unique chef-lieu de chaque diocèse.) Et là, à l'assiette, les représentants en question font connaître le chiffre fiscal qui découle de la répartition générale, le « département » qu'a mis par écrit le secrétaire du roi, *secretarius*. Et les mêmes opérations recommencent : on inclut dans les calculs diocésains le coût de cette réunion de l'assiette ainsi que les frais des dépenses communes que doit assumer le diocèse[b] pour sa propre gestion. Un commissaire de haut rang préside à tout ce travail de l'assemblée de l'assiette ; il porte aussi le titre de lieutenant du roi. Cependant, il ne participe pas aux votes. La somme diocésaine est ensuite partagée, au prorata des ressources de chaque communauté intradiocésaine de ville ou de village, par les soins de députés spéciaux qu'on appelle des *coéquateurs*. Ils sont bien au courant des ressources respectives des diverses localités ; ils partagent entre elles proportionnellement ; quand l'une d'entre elles est riche, ils la taxent à beaucoup d'impôt.

Cela fait, les représentants de chaque ville, hameau ou village, qui ont fait office de délégués à l'assiette, s'en retournent chez eux avec pour chacun d'entre eux le chiffre de la taxe prévue pour sa localité. Une fois rendus sur place, ils réunissent le conseil de la commune et ils donnent lecture du chiffre de la

---

a. Exemple, ici, d'une traduction plus « développée » par nos soins (LRL) : les connaissances que nous avons en tant que spécialiste de l'histoire du Languedoc nous ont permis, au prix d'une très légère « extension » du texte, d'allemand en français, de rendre intelligible une prose plattérienne qui, extrêmement condensée, eût été par elle-même peu compréhensible au lecteur français. Thomas II Platter, sûr de lui-même, partait de l'idée abusive selon laquelle « nul n'est censé ne pas comprendre un texte, fût-il obscur, dès lors que je parle du Languedoc ».

b. Il s'agit ici du « diocèse civil » languedocien, dont les limites correspondent du reste à peu de chose près à celles du diocèse proprement ecclésiastique. Voir à ce propos la grande thèse d'Émile Appolis, *Le Diocèse civil de Lodève*, Albi, 1951.

charge d'impôt assignée à leurs concitoyens. Ils incorporent à cette demande les frais de réunion passés ou à venir, ainsi que les dépenses et les coûts de la gestion communale. Ils répartissent cette somme globale entre tous les habitants de la communauté, chacun de ceux-ci pour son compte, jusqu'à ce que cette ventilation soit terminée. On charge ensuite un délégué, ou député, de l'exécution de cette tâche collective. Ce personnage rédige un « livre des tailles » où sont couchés par écrit tous les habitants avec l'indication de leur fortune. Et chacun, selon sa richesse en francs [en livres tournois], doit payer tant de deniers par livre, ou plus ou moins, au prorata de ce qu'il possède, *rata que rata*[a]. C'est toujours le même système : il s'agit à chaque niveau, dans les assemblées et assiettes, d'opérer une répartition proportionnelle en gardant sans cesse présente à l'esprit la globalité des sommes requises. Donc, cette somme et tous les frais divers déjà évoqués sont répartis entre les habitants. On appelle cette taxation la *taille*. Les consuls, clavaires[b] exacteurs et collecteurs, ou autres mandataires à cela délégués, se doivent de percevoir cette taille et de la collecter, en effet, selon les ressources des localités mises en cause[47].

Vient alors, dans le cadre de chaque diocèse ou évêché, celui qu'on appelle le receveur : il tient du roi, par achat, son office cher ou moins cher, selon l'importance du diocèse. Le souverain le rémunère de ses peines par un salaire annuel et il le récompense ainsi du mal qu'il s'est donné pour collecter l'argent de l'impôt royal. En outre, pour les frais propres de ce receveur dans le cadre du diocèse qui forme sa circonscription, et aussi pour ses frais de chevauchée de perception de l'impôt, il encaisse une gratification personnelle de six deniers par livre tournois [soit 2,5 % de l'impôt perçu]. Six deniers par livre pour le receveur, c'est-à-dire un demi-sou, compte tenu du fait que deux sous de France équivalent à un demi-batzen de Suisse.

L'action du receveur se décompose de la manière suivante : la tenue des assiettes ou susdites assemblées particulières des

---

a. Jolie expression languedocienne de l'époque, et qui correspond bien à ce que veut exprimer Thomas II Platter, en l'occurrence.

b. Clavaire : celui qui a les clefs (du coffre, etc.). En clair, le préposé aux finances d'une ville languedocienne.

villes et villages du diocèse vient d'avoir lieu. Dès lors, le receveur emporte avec soi tous les tableaux de répartition fiscale ou
« départements », relatifs à chaque localité, concernant les
sommes d'argent qu'il lui appartiendra de percevoir puis de
reverser à l'État ; le tout afin qu'il puisse d'abord exiger et
encaisser ses rentrées d'argent dans un délai déterminé. À
l'échelon supérieur, dans le Haut et le Bas-Languedoc, se
trouvent respectivement deux receveurs généraux et deux
contrôleurs ou enregistreurs généraux. C'est à eux que les receveurs de chaque diocèse doivent payer dans le délai voulu ces
sommes dont ils leur sont redevables. L'un des receveurs et
contrôleurs généraux perçoit ainsi l'argent qui doit aller dans le
trésor royal : on appelle ça l'aide, l'octroi et la crue. L'autre
receveur et contrôleur général reçoit, en ce qui le concerne, cette
portion de la masse fiscale qu'on appelle taillon ou deniers de
la solde et ustensiles. C'est celle qu'on a accordée au roi pour
le financement de ses compagnies[a], des gouverneurs et lieute-
nants de Languedoc, ainsi que de ses serviteurs et des prévôts
les plus élevés en grade, et aussi pour payer tous les receveurs
et contrôleurs. Cet argent-là ne saurait être détourné ailleurs ni
pour d'autres fins. Chaque diocèse se charge, en outre, de payer
ses prévôts particuliers. Supposons d'autre part, comme cela se
produit en effet, qu'il faille régler des dettes, bâtir des forteresses
ou des places frontières, ou bien faire des cadeaux au roi ; on
doit alors trouver des fonds, et dans ce cas on nomme un receveur général spécialisé : il est rémunéré, pour la recette qu'il
effectue de la sorte, à raison d'un sou par livre tournois [soit
5 % de la masse fiscale qu'il perçoit en tout].

Les quatre hauts titulaires susdits des fonctions de receveurs
et contrôleurs généraux de Haut et Bas-Languedoc portent le
titre de conseillers du roi et sont tenus de rendre des comptes.

Celui des receveurs généraux, en effet, qui perçoit et encaisse
l'argent [proprement dit] du roi, en d'autres termes l'aide, l'octroi et la crue, eh bien ! ce receveur-là doit verser sa recette au
trésorier de l'Épargne du monarque ou à toute autre personne à
ce désignée par le monarque, et le versement en question doit

_____

a. Compagnies militaires.

s'effectuer au moment prévu, sans faute ni erreur, selon les décisions prises en Conseil royal.

Les autres receveurs doivent rendre compte à la chambre des comptes du roi, chacun dans sa région. Cette « reddition comptable » s'entend de tout l'argent qu'ils ont perçu, et des diverses catégories de dépenses qu'ils ont effectuées à partir de cette perception. Quant aux collecteurs locaux, ils sont tenus de faire de même, chacun dans sa localité[a]. Si bien que, l'un dans l'autre, tout ça roule à la perfection ; il est impossible d'établir un système qui soit mieux adapté.

Le 30 avril, plusieurs bateaux étaient en partance pour Bordeaux. En conséquence, je me rendis au port et au fleuve : ce même cours d'eau que vers l'aval on appelle Garonne, Gironde ou Girande. La raison de ce nom « giratoire », c'est qu'à marée haute le fleuve est repoussé vers l'amont jusqu'à La Réole, tandis qu'à marée basse il se jette à nouveau dans la mer. Voilà pourquoi on l'appelle *Girande* : à cause de tels remous tourbillonnaires dans un sens, puis dans l'autre[48].

Près du bateau, je rencontrai un Néerlandais et deux Allemands ; ils arrivaient de Bâle, *via* Montpellier. Ils voulaient eux aussi se rendre à Bordeaux. Aussitôt, je les interrogeai sur ce qui se passait à Bâle. Ils me racontèrent toute sorte de choses bizarres. Et puis ils me posèrent la question : « Savez-vous où se trouve Thomas Platter ? À Montpellier, on nous a dit qu'il était parti vers Toulouse. » L'un d'eux, qui s'appelait Kleinfeld[49], natif de Danzig, me déclara qu'il avait sur lui, en charge, une lettre, un *mémorial* que le docteur Felix Platter lui avait remis à Bâle ; une lettre dans laquelle ce même Thomas Platter, frère de Felix, pourrait prendre connaissance des souhaits du

---

a. Répétons, sans craindre de lasser, que cette admirable description du système fiscal très sophistiqué du Languedoc a exigé de notre part un effort particulier de traduction, compte tenu de notre culture « fiscaliste » quant au Midi languedocien (voir nos *Paysans de Languedoc*, Paris, SEVPEN, 1966). Une simple traduction mot à mot de ce texte superbe, mais complexe, aurait été inintelligible et n'aurait pas rendu justice à la belle réflexion plattérienne en l'occurrence. Et une telle réflexion de notre part vaut aussi pour bien d'autres passages « languedociens » et autres, pas seulement fiscalistes ; ils exigent du traducteur de se donner un peu d'espace s'il ne veut pas rendre opaque le texte original de Thomas Platter.

docteur Felix en question. Les trois personnages s'appelaient respectivement Reinhold Kleinfeld, de Danzig ; Peter Christoph von Spreckelsheim, de Hambourg[50] ; et Jonas Reichersberg de Veere, en Zélande[51]. Je ne me fis pas connaître immédiatement. Je me bornai à répondre que je connaissais bien Thomas Platter et que je souhaitais jeter un coup d'œil sur la lettre de son frère Felix. Ils me la montrèrent aussitôt ; elle était ouverte et donc je l'ai lue. C'était un avertissement de mon frère : « Reviens à la maison, à Bâle, le plus vite possible. » Lecture faite, je leur restituai la missive[a].

Nous étions déjà dans le bateau et nous pensions que nous allions partir, quand tout à coup le batelier a décidé de rester à quai. Il prenait pour prétexte le vent contraire qui était trop fort. En réalité, ce n'était nullement le cas. Il ne recherchait qu'une échappatoire, parce qu'il espérait pouvoir charger davantage encore son bateau. C'est pourquoi, en compagnie de deux Français, nous nous sommes assuré les services d'une autre embarcation qui serait vraiment pour nous, afin de faire le trajet jusqu'à Bordeaux. La condition que nous y avons mise, c'est que le patron [batelier] ne devait charger aucun passager supplémentaire sans notre permission. Et donc, à la grâce de Dieu, nous nous sommes embarqués à Toulouse, sur la Garonne, là où elle commence à devenir navigable. Au passage, nous avons aperçu la ville de Grenade[52], mais nous ne sommes pas descendus de bateau. Ensuite nous avons filé en droiture, à portée de vue des villages de Verdun-sur-Garonne, Bourret et Belleperche. Sommes arrivés jusqu'à la ville de Castelsarrasin, sise au bord de l'eau. Puis encore deux villages : La Pointe, et Malause où nous avons mis pied à terre, pour passer la nuit à l'auberge. Celle-ci est à un jet de pierre de Malause, localité située dans le Quercy, juste à la frontière de ce pays. Au souper, je me suis présenté sous mon nom, enfin, à mes trois compagnons de route. Ils m'ont donné des nouvelles en tout genre, concernant Bâle, et cela pendant la journée entière, et aussi à l'occasion du repas du soir ; le fait est qu'ils avaient habité Bâle pendant longtemps.

---

a. Thomas n'obéira pas à Felix. Les relations entre les deux frères sont complexes.

Le lendemain 1ᵉʳ mai, nous avons dépassé la ville de Clermont et nous sommes parvenus au village de La Magistère, situé en Armagnac ; non loin de Moissac, localité sise au confluent du Tarn et de la Garonne. Nous avons aperçu ensuite le château de Sauveterre, et sommes arrivés sur l'heure de midi à Agen. Là nous sommes descendus de bateau, et avons fait notre entrée dans cette ville. Depuis Malause, cela faisait six lieues.

Agen [430]

C'est la capitale du petit pays de l'Agenais, qui forme lui-même une sénéchaussée, autrement dit une circonscription judiciaire particulière. Elle fait partie du gouvernement de Guyenne, dont le maréchal d'Ornano est le gouverneur général[53]. Il possède un beau palais dans cette ville et il y séjourne à mainte reprise. Agen est située en plaine, dans la province de Gascogne ; l'endroit est tellement plaisant, tellement fertile, la situation de la ville, elle-même tangente à l'une des rives de la Garonne, est si commode, que c'est vraiment la cité qui vient en tête de toutes les autres villes d'Aquitaine. Les trafics fluviaux entre Bordeaux et Toulouse, et aussi ceux qui sont en provenance du Quercy ou du Rouergue, ont beaucoup enrichi les habitants d'Agen[a].

La ville est très ancienne ; les Romains la connaissaient. Ils la nommaient Garites[54]. De fait, Ptolémée parle d'Agen comme étant la capitale des Garites.

On s'en rend bien compte quand on considère les vieux remparts près de l'église Saint-Etienne : on affirme que celle-ci a été fondée par saint Martial et qu'elle occupait la position d'église principale, *caput spiritualium*, au temps des apôtres.

Il y avait aussi un beau pont sur la Garonne, mais il a été détruit par les Sarrasins afin d'empêcher que Charles Martel, *Martellus*, aïeul de Charlemagne, et qui les pourchassait alors, ne puisse les atteindre. On voit encore dans l'eau les vestiges, *rudera*, de ce pont. Agen est le siège d'un évêché, qui dépend

---

a. La crise économique (incontestable) due aux guerres de Religion est déjà effacée à Agen, par la prospérité des récupérations ou reprises d'après guerre, spécialement sensibles en un tel carrefour fluvial.

de l'archevêché de Bordeaux. Elle est régie par un consul. Il y a dans cette ville beaucoup de juristes et d'officiers civils, car sa juridiction s'étend très loin. Nous avons vu également *in situ* un hôtel de ville beau et attrayant ; la ville d'Agen est bâtie en brique rouge, de même que ses remparts. C'est comme à Toulouse. Tout près de la ville, d'un côté, coule la Garonne. D'autre côté s'étendent de belles prairies, grandes et larges, et des jeux de mail. Nous avons aussi visité le collège des jésuites, où ces pères étaient très nombreux, parce qu'on les a chassés de tous leurs établissements dans la France entière[55]. Ils nous ont montré tout ce qui avait tenu de près ou de loin à cet homme de tout premier ordre que fut Jules-César Scaliger[56]. C'est en effet dans cette ville qu'il est né ; ce fut aussi le lieu de sa résidence et de sa mort.

Sa maison est proche de l'église des carmes déchaussés. On l'a enterré devant l'autel de ce sanctuaire, mais on n'y a jamais inscrit d'épitaphe en son honneur du moins pour le moment. Nous nous en sommes rendu compte visuellement, lors de notre visite. Un frère ecclésiastique, de son nom Philippe Isaac, prieur du lieu, nous a beaucoup parlé de ce Jules-César, qu'il a bien connu : Scaliger était resté tout à fait ignorant dans les matières ecclésiastiques. Il s'était rendu, avant sa mort, dans le couvent des moines de saint Augustin pour qu'ils lui enseignent la religion, comme s'il n'avait été qu'un enfant point encore parvenu à l'âge de raison. Il aurait eu, à ce qu'on dit, six enfants légitimes parmi lesquels trois fils. Soit : Constant, qui est mort ; Monsieur de la Scala, l'aîné, qui a gardé le nom de la famille ; et Joseph, le juriste distingué[57] qui est poète en Hollande et qui aurait été, dit-on, très déraisonnable dans sa jeunesse. Auxquels s'ajoute un fils illégitime, appelé lui aussi Constant : il demeure à Sérignac[58]. Également, trois filles : Anna, qui s'est mariée avec un marchand ; une autre, qui est devenue religieuse ; la troisième a épousé le conseiller Tournade, lequel habitait dans la maison du père, Jules-César Scaliger. Monsieur Bien a hérité de la plus grande partie des livres d'icelui. Quant à ses manuscrits, ils ont atterri pour une part chez les jésuites. Originaire de ce même lignage des Scaliger, une fille avait échu en mariage au margrave de Bade et Hachberg, il y a bien longtemps ; elle lui avait apporté en dot la ville de Vérone, qui de nos jours appartient aux Vénitiens[59].

Non loin d'Agen, le Lot et la Dordogne viennent se jeter dans la Garonne. Du fait de ces confluents, la ville d'Agen est d'autant plus peuplée par des gens de métiers[60].

Après le casse-croûte, nous avons traversé Clermont-Dessous[61] et sommes arrivés dans la ville de Port-Sainte-Marie. Soit trois lieues de trajet depuis Agen.

Port-Sainte-Marie [433]

C'est une petite ville. Elle est sise au bord de la Garonne, sur une colline, et elle est quelque peu fortifiée. Nous y avons bu le pot vespéral. La situation de Port-Sainte-Marie ressemble quasiment à celle de Brisach sur le Rhin, quoique ni si importante ni si fortifiée, et elle n'a rien de particulier qui mérite d'être vu.

Puis nous sommes passés[a] près du village de Thouars et sommes parvenus à l'endroit où la Garonne reçoit les eaux de son pernicieux affluent, auteur de dégâts, dénommé la Baïse. C'est là, au bord du fleuve, qu'est située la ville de Nérac ; on voit en ce lieu une forêt composée uniquement de hauts cyprès. Depuis Agen, la distance est d'environ trois lieues. Nous sommes bientôt arrivés en vue du château d'Aiguillon. *Il est flanqué d'une petite ville.* Non loin de là se trouve le confluent de la Garonne avec le Lot : cette rivière prend sa source en Auvergne, près de Mende ; elle se jette par la suite en Garonne, après avoir traversé le Quercy. Nous avons longé la rive de Garonne à hauteur du village de Monheurt, et sommes arrivés à la nuit dans la ville de Tonneins. Depuis Port-Sainte-Marie, cela faisait à peu près six lieues. Nous sommes descendus à l'auberge du Cheval Blanc.

Tonneins [434]

Cette ville est située sur une hauteur bien marquée, tout à côté de la Garonne. À cet endroit, on peut la traverser en bac. En ville, la plupart des habitants appartiennent au culte réformé : on les trouve aussi en grand nombre dans les localités environnantes. Tonneins est très fortifiée : les réformés ont pu s'y main-

---

a. Le trajet de Thomas II Platter, en l'occurrence, est toujours nautique, sur la Garonne.

tenir contre la fureur des papistes et ils la détiennent encore. Nous y avons passé la nuit.

Le dimanche 2 mai, nous sommes descendus des hauts de Tonneins ; puis notre bateau a défilé vers l'aval, tout au long des villes, villages, bourgs et châteaux ; en particulier Le Mas-d'Agenais, un bourg doublé d'un château[a] ; et puis Taillebourg, un village. Quant à Caumont, ville et château, cette localité se situe, par rapport à la Garonne, en rive sud[62] ; en revanche, toutes les autres localités que nous avons successivement dépassées et énumérées depuis Toulouse se trouvent, elles, en rive nord, par rapport au fleuve. Excepté Grenade. Ensuite, et toujours au bord de l'eau, nous avons encore vu la ville de Marmande, puis Couthures, et la ville de Sainte-Bazeille ; ultérieurement, le village de Fignac et la ville de Meilhan : c'est là, à Meilhan, que les mouvements des marées, descendante et montante, commencent à devenir sensibles. Est venu ensuite le château de Lofrou ; enfin nous avons cassé la croûte à La Réole. Depuis Tonneins, cela faisait six lieues.

La Réole ou La Reolle ou La Riolle [454]

C'est une ville riveraine de la Garonne, au nord. Elle n'est pas spécialement grande ; elle attire pourtant l'attention, parce que c'est là que les marées basses et hautes commencent vraiment à intervenir. Telle est, je le répète, l'origine du nom de Gironde, Girande ou Garonne, comme qui dirait une eau qui se retourne. Six heures de montée, six heures de descente – j'en reparlerai plus amplement par la suite. Ultérieurement, à Saint-Macaire, qui est à quatre lieues vers l'aval, on nous a indiqué que la marée remonte seulement jusqu'à cette ville [et non pas jusqu'à La Réole]... À mon avis, selon que la lune est pleine ou nouvelle, on a la marée montante ou descendante, et quatre lieues de plus ou de moins, ça ne change pas grand-chose à l'affaire, même si plusieurs personnes pensent qu'on ressent la marée jusqu'à Meilhan, vers l'amont.

a. Énumération très plattérienne (villages, bourgs, villes, châteaux) ; il n'y manque que la bourgade (*Stettlin*).

Nous avons donc pris le repas de midi à La Réole. Ensuite, nous avons continué notre itinéraire aquatique. Au long de la rive, nous avons vu le village de Caudrot[63], et le château de Castets-en-Dorthe, qui appartient au seigneur de Fagas. Puis ce fut l'arrivée dans la ville de Saint-Macaire. Encore quatre lieues parcourues.

Saint-Macaire [435]

C'est une petite bourgade, située sur la Garonne, en rive nord. On y trouve aussi un collège de jésuites. Nous n'y avons fait halte que brièvement. Puis nous sommes passés au-devant de Langon, encore une ville garonnaise, en rive sud. Avons vu le château de Sainte-Croix-du-Mont, et sommes arrivés en soirée dans la ville de Cadillac. Depuis Saint-Macaire, cela faisait deux lieues.

Cadillac [435]

C'est une ville, avec un château, le tout appartenant[a] au duc d'Épernon ; ce duc est également le maître de beaucoup d'autres endroits dans la région. Dans la chapelle du château, nous avons pu voir le somptueux monument funéraire que le duc a fait ériger en l'honneur de son épouse (née de Candale, à ce que je crois, *ut puto*[b]). La ville de Cadillac est petite, et pas spécialement populeuse. Nous avons vu les citoyens de ce lieu qui dansaient, *intra muros*, toute espèce de branles avec les femmes ; cela me faisait absolument penser à une mascarade à cause des vêtements des danseurs, car les paysans de cette région portent communément de petits bonnets plats, rouges ou bleus, et des casaques de coutil, comme chez nous les prédicants[c]. Leurs pantalons sont taillés aussi dans du coutil, très larges, en pattes d'éléphant :

---

a. Thomas Platter confond ici, à propos de l'« appartenance » ducale de la ville, le concept de propriété (quant au château) et celui de seigneurie (sur la ville). Erreur, ou facilité de style, qui est assez fréquente dans son texte.

b. Thomas Platter, comme toujours, est ici bon latiniste ; *cf.* aussi ses lectures et traductions d'inscriptions latines. *Idem* pour l'occitan, qui témoigne de ses qualités d'écoute ; voir *infra* lors du paragraphe suivant : Lo Begin.

c. Nous avons déjà expliqué le sens de ce mot (pasteur, « prêcheur » protestant, à propos des régions réformées du Rouergue).

cette largeur est presque la même depuis le haut jusqu'en bas, jusqu'aux chevilles. On dirait que ces gens marchent dans un sac de blé, qui serait fendu en deux.

Ensuite, nous nous sommes rendus à l'auberge, pour y passer la nuit, au village de Béguey (*Lo Begin*), à environ une portée d'arquebuse de Cadillac. C'est là que nous avons pris congé de notre batelier, conformément au contrat qui nous liait tel que nous l'avions établi à Toulouse. Il nous a procuré, à ses frais, un autre bateau, car le sien était trop faible [pour la fin du voyage].

Le 3 mai, juste après minuit, nous sommes montés dans ce nouveau bateau, près du village de Béguey : c'était le moment où la marée commençait à descendre en direction de la mer ; plusieurs femmes batelières se sont mises à notre service, car communément les femmes du village de Podensac se chargent de la conduite des bateaux de ce genre. Nous étions bien une trentaine de personnes à bord de notre nouveau navire. Cela valait la peine d'ouvrir l'œil, car ces gens de Gascogne ont la réputation d'être des voleurs très ingénieux, et ils tiennent cela pour un art subtil[a] bien davantage que pour un gros péché. C'est pourquoi l'on affirme que les Gascons ne peuvent pas supporter la corde de chanvre ; et, à vrai dire, on a coutume de les vexer en les taquinant à ce propos. Il était donc trois heures du matin ; nous étions toujours dans notre grand bateau des lignes régulières quand nous avons traversé le village de Podensac, où l'on préfère les batelières aux bateliers pour conduire ces embarcations ; et c'est ainsi que, *via* Rions, notre équipage féminin nous a amenés par la voie d'eau jusque dans le faubourg bordelais. Nous avons dû encore attendre un moment, jusqu'à ce qu'on nous ouvre les portes. Quant aux batelières[b], elles nous ont quittés pour naviguer ensuite dans le sens contraire, vers l'amont

---

a. Sur cet « art subtil », voir, plus tardif, tel tableau de pick-pocket, par Georges de La Tour.

b. Femmes batelières, sur la Garonne, mais aussi déjà sur la Saône d'après Felix et Thomas Platter, tant au milieu qu'à la fin du XVIe siècle. Voir également les plantureuses « nautonnières » de Rubens dans sa série picturale relative à Marie de Médicis (Emmanuel Le Roy Ladurie, *L'Ancien Régime, Histoire de France*, Hachette, 1991, p. 31).

du fleuve, en utilisant la marée montante. Depuis Cadillac, cela faisait huit lieues de trajet[64].

Bordeaux [436]

Le 3 mai, vers quatre heures du matin, nous avons franchi la porte de la ville, celle qui donne sur le port. Nous avons pris logement à l'auberge des Trois Pommes : la ville s'appelle en latin *Burdegala*[65], en raison des deux cours d'eau, la Burde et la Gala, entre lesquels elle est située. Quelques personnes l'ont aussi appelée par abréviation *Burdegal* ou *Biturigal*. De même ces personnes ont-elles qualifié les habitants de Bordeaux de « deuxièmes Bituriges », du fait que les Berruyers (premiers Bituriges) habitent à Bourges, dans le Berry. Selon d'autres gens, les Bordelais portent encore le nom de *Vibisci, Josces* ou *Ibisces*. Cette ville, à ce qu'on dit, est la capitale de toute la Gascogne, mais, plus largement encore, de toute la Guyenne *ou Aquitaine*. J'ai visité le palais du parlement de Guyenne : c'est un vaste édifice, qui date de l'ancienne période franque. Dans le temps, ce fut le siège des ducs d'Aquitaine, mais sous le roi Charles VII on y a transféré le siège du parlement[a]. On y tient des procès en si grand nombre que le premier président à lui tout seul doit verser au roi 32 000 couronnes, autrement dit 96 000 livres tournois *alias* francs, pour l'achat de sa charge. La situation géographique de Bordeaux est très bonne, tellement commode que c'est certainement l'une des meilleures qui puissent être dans toute la chrétienté, en ce qui concerne l'environnement terrestre aussi bien que nautique. Tout ce qui est utile ou nécessaire à une ville, on le trouve à Bordeaux, qu'il s'agisse de la nourriture, de la boisson, des armes, des fortifications, de la marchandise, de la gent intellectuelle[b], etc. Et d'abord, à l'échelle de la France entière, c'est la province où l'on produit le plus de vin pour la vente. Depuis Bordeaux, on

---

a. De la féodalité à la Robe, Thomas Platter, à propos de notations insignifiantes, montre un certain sens du devenir historique.

b. Texte très « pré-dumézilien » : les trois fonctions, agricole (nourricière), militaire, intellectuelle...

exporte ce vin par mer, en direction de toute l'Europe occidentale et septentrionale, *in totam occidentalem et septentrionalem
Europam*[a], là où les vignobles n'existent point. À vrai dire, tout
le monde est au courant de tels faits. Il y a, plus particulièrement,
deux catégories de vins dans la région : à savoir le vin de Garre
ou de Graves, et celui qu'on appelle de La Bastide[66] : il ne le
cède en rien au vin grec et au malvoisie[67], de l'avis de beaucoup
de gens. Tous les ans, après et avant l'automne, de grands
navires, innombrables, viennent à Bordeaux pour y charger du
vin et pour le transporter vers les destinations susdites. Divers
marchands qui s'occupent de ce genre de trafic m'ont donné des
informations à ce propos.

On estime également que le pain de Podensac et de Talence[68],
non loin de Bordeaux, est le meilleur de toute la Guyenne. En
cette région, les terres sont très productives et les champs sont
labourés seulement avec les bœufs : ceux-ci ont des fers aux
pieds, comme chez nous les chevaux.

La Garonne est extrêmement large aux abords de cette ville.
Son niveau s'élève, puis baisse, en fonction des marées. Le
fleuve, lors des grandes marées, va jusqu'à s'épancher dans la
ville de Bordeaux, dont l'échancrure, sur les rives de Garonne,
a la forme d'une demi-lune. Du fait de cette configuration, on
est en présence de l'un des ports de mer les plus beaux et les
plus sûrs parmi tous ceux qui existent en France : j'y ai vu
quantité de grands navires, en provenance de nombreux pays
étrangers et lointains. Multiples sont les nations qui en tout
temps sont présentes à Bordeaux, dès lors qu'elles s'occupent de
grand commerce. La ville est très peuplée : en toute époque, on
y dénombre une trentaine de milliers d'habitants.

Ô combien larges sont les rues bordelaises ! Nombre de places
aussi sont belles, vastes, étendues. Ce fut notre première impression en venant du port : nous avons emprunté une large rue,
débouchant sur une grande place. *D'après le pourtour des
anciens remparts, on peut considérer que la cité avait originellement un plan quadrangulaire. Ensuite, à cause d'un gros essor*

---

a. Thomas II Platter serait-il « européen » à l'heure où Sully mijote plus
ou moins son grand projet quant à l'Europe ?

démographique, elle a pris sa forme actuelle, comme on peut présentement s'en rendre compte.

Assez basses sont les maisons[a] ; et la plupart du temps bâties à l'anglaise, avec pignon sur rue, mais les gouttières les unes contre les autres : spectacle analogue à celui que j'ai pu, par la suite, apercevoir à La Rochelle. *Beaucoup de belles maisons, quoi qu'il en soit.* Remparts puissants, fossés profonds, châteaux et bastions solides : la ville est très bien pourvue de tout cet attirail de défense, qu'il s'agisse de l'*intra muros* ou de la périphérie de l'enceinte.

Non loin de la vieille bâtisse du palais Galien[69], et en face du jeu de mail, se dresse le Château-Trompette[70] – c'est ainsi qu'on appelle cette forteresse. Il donne sur la Garonne ; le maréchal d'Ornano le fait garder par des soldats italiens ; il est gouverneur de la province entière. On ne laisse entrer les Français dans le Château-Trompette qu'avec de grandes difficultés. Mais de l'autre côté de la ville, on note la présence, pareillement, d'une autre forteresse : elle porte le même nom, mais elle est mieux fortifiée encore que le Château-Trompette. Elle est placée sous la garde d'un chef français. Aucun étranger n'y est admis. Le fait est que le roi tient énormément à cette ville de Bordeaux, car elle est proche de la frontière d'Espagne ; et puis son port, accessible aux navires de mer, est bon, utile, *large, grand, sûr...* *C'est pourquoi les Anglais, dans le temps, ont assiégé Bordeaux de façon fort rude. Tel était leur espoir : s'ils parvenaient à s'emparer du château de cette place frontière, forte entre toutes, ils pourraient ensuite triompher des autres villes aux alentours. Mais ils en ont été empêchés par le courage déterminé des défenseurs et par la robustesse des remparts. Il leur a fallu, dans ces conditions, battre en retraite*[71].

Au sujet de la permanente excellence et de l'ancienneté de cette ville, les monuments antiques de toute espèce, et maintes autres choses encore, visibles sur place, fournissent suffisamment d'indications.

Et, premièrement, il y a encore une quantité de murailles antiques au centre-ville. Elles démontrent que la cité était alors très

---

a. Cette « bassesse » est restée un trait caractéristique d'une partie au moins de l'actuelle architecture bordelaise.

grande et qu'elle jouissait déjà d'une bonne réputation à l'époque de l'empereur Auguste. Les habitants avaient adopté les lois de Rome. La preuve en est le palais de tutelle, *palatium tutelae*, un ancien monument, qui fut bâti par les Romains. Ils l'avaient dédié à leur dieu, auquel ils avaient remis leur destin. Car ces gens avaient sélectionné leurs propres dieux, *deos tute-lares* ou dieux tutélaires, auxquels ils vouaient plus particulière-ment leurs villes. Dans le temps, ce bâtiment des « piliers de tutelle[72] » était situé à l'extérieur de Bordeaux, mais maintenant il est inclus dans la ville. Il est construit en pierres de taille carrées, à la mode antique. Il a 87 pieds en longueur, et 63 en largeur. À l'intérieur, on voit des arcatures de voûtes plates (*fornices*) telles que les Anciens avaient coutume d'en faire. Par-dessus, le bâtiment est quadrangulaire, très ouvert et dépourvu de toit. Se dressent encore dix-huit grandes colonnes, sur lesquelles on a taillé en bas relief plusieurs effigies des Romains de l'Antiquité. La partie supérieure du grand bâtiment carré reposait sur ces colonnes et sur quelques autres piliers qui ont disparu depuis. Chacune de ces colonnes a vingt-quatre empans de circonférence[a].

En amont de l'édifice, parmi les décombres archéologiques, *in ruderibus*, il y a un jardin ; il surmonte une cave à vin, souter-raine ; elle n'est point voûtée et son plafond, plat, n'est pas soutenu par des colonnes. Ce sont les vieux Romains qui, avec leur art merveilleux, l'ont construite, et cela provoque l'admi-ration de beaucoup de gens. On entrepose du vin dans cette cave. Plusieurs personnes pensent qu'à l'époque romaine les criminels s'en servaient comme d'un refuge, *facinorosorum refugium*, et que c'était un lieu de liberté pour les fuyards[b]. D'autres estiment qu'il s'agit là d'un capitole, *capitolium*. À environ deux cents pas de la ville, devant la porte Saint-Germain, j'ai encore vu un autre monument romain, beau et antique. C'est le palais Galien, *palatium Galieni*. On l'appelle aussi *Galerne*. Ce bâtiment a la forme allongée d'un œuf. Il est construit en petits cailloux taillés, comme le précédent, et aussi à la ressemblance d'un édifice

a. Environ 480 cm, soit 1,50 m de diamètre.
b. Thomas Platter est ici bon latiniste, aux limites de la cuistrerie : l'ad-jectif *facinorosus* témoigne d'une langue assez recherchée.

analogue qu'on trouve à Augst, près de Bâle. Le doute n'est pas possible : il s'agit bien d'un ancien amphithéâtre, dont les dimensions atteignaient 370 pieds dans le sens de la longueur, et 230 pieds pour la largeur. En l'honneur de l'empereur Gallien, dont cet amphithéâtre portait le nom, les gens du pays ont pris la dénomination de « Galiens ».

Dans l'hôtel de ville bordelais, j'ai vu aussi des antiquités nombreuses, belles, splendides. Dès l'entrée d'icelui, on aperçoit deux vieilles statues de marbre gris, avec cette inscription latine :

> D.M.
> TARQUINIAE FASTINAE
> M. CALVENT. SABINIANUS
> DIV. SIBI ET CONJUGI.

[Ce qui veut dire : « Aux mânes de Tarquinia Faustina, Marcellus Calventius Sabinianus dédie cette inscription, en son nom propre et au nom de son épouse. »] Les statues en question, un homme et une femme, sont placées près de la porte.

Dans la cour de l'hôtel de ville se dresse une pyramide qui porte l'inscription suivante :

> AUGUSTO SACRUM ET
> GENIO CIVITATIS
> BITUR. VIV.

[Ce qui veut dire : « Ce monument est dédié à Auguste, et au génie de la cité des Bituriges-*Vivisci*. »]

Ces effigies ont dû être mises en place au temps de l'empereur Claude, il y a environ 1 560 années et davantage[73].

En l'année 1594, au mois de juillet, on a fait une découverte dans les collines juives, *collibus Judaicis*. C'est là qu'ont vécu les Juifs, longtemps après leur expulsion par Philippe le Bel en 1273 [*sic*][74]. On a trouvé dans ce secteur, hors la ville, près de la chapelle Saint-Martin, trois belles statues antiques en marbre blanc. Le conseil municipal les a installées dans la mairie [dans l'hôtel de ville] en signe d'éternelle mémoire. L'une d'entre elles représente une femme sans bras ; les deux autres sont des figures masculines, sans mains ni tête. Chacune des trois mesure environ six pieds de haut. La femme, à ce qu'on croit, serait Messaline, épouse de l'empereur Claude : elle est bien connue dans les récits historiques à cause de sa redoutable putasserie. Elle est représentée en costume romain, à l'antique. Elle est vraiment étonnante à regarder.

Suite de la visite : deux autres personnages sont également dressés sur des colonnes, dans l'hôtel de ville. Il s'agit du divin Britannicus[75], et de l'empereur Claude en personne. On peut y lire l'inscription suivante, parmi d'autres textes épigraphiques :

DRUSO CAESA. NICI

CAESARIS AUG. N. DIVIA

AUG. PRAEFECT. URBIS

GUSTAL...

[Inscription très mutilée. Traduction concevable [?] du texte restitué : « À Drusus César, fils de Germanicus César, petit-fils de Tiberius César Augustus, arrière-petit-fils du divin Auguste, au prêtre et préfet de la ville, membre du collège des prêtres pour Auguste. »]

Les Goths, ultérieurement, ont détruit la ville de Bordeaux. Il est donc vraisemblable qu'à cette occasion ils ont mutilé aussi ces trois statues.

Au même endroit, près de la chapelle Saint-Martin, on a trouvé encore d'autres pierres avec des inscriptions romaines. De même le sceau de Néron sur une belle pierre, *alias* médaille ; on peut y voir, d'un côté, le combat d'Apollon contre Marsyas ainsi que le châtiment de celui-ci. Et l'on a écrit circulairement, tout autour : « *Nero Claudius Caesar Augustus Germanicus P. Max. Trib. Pleb. Imp. PP.* » Autrement dit : « Claudius Caesar Augustus Germanicus, grand pontife, tribun de la plèbe, *imperator*, père de la patrie... » En outre, on a découvert au même endroit bien d'autres trésors, antiques et précieux.

Les savants considèrent qu'à l'emplacement où furent faites ces trouvailles se dressait le temple de Jupiter (*templum Jovis*), et c'est pourquoi les portes locales du rempart conservent encore le nom de Driaulx, c'est-à-dire *Dyos Jouis*, « Jupiter divin[a] ».

_____

a. Mélange de latin (Jovis) et de grec (Dios). Étymologie par ailleurs farfelue.

Le 7 mai 1441, une haute école, en d'autres termes une université, a été fondée à Bordeaux par le pape Eugène IV[76] : on y enseigne toute espèce d'arts et lettres ; mais en fait, si l'on met à part la théologie (grâce aux jésuites[77]) et les étudiants en humanités (*humanitatis studiosos*), cette école a fort peu de prestige. Elle doit aussi sa renommée à l'excellent poète que fut Ausone[78], natif de Bordeaux. J'ai lu, de lui [?], inscrit dans le *collegium*, les vers suivants :

> *An decuit Musas ulla magis urbe locari*
> *Quam quae Phoebigenum protulit Ausonium ?*
> *Quare Burdegalam cole plebs studiosa patronam*
> *Ferque tuis multos civibus Ausonios.*

[Traduction : « Existe-t-il une seule autre ville où les Muses sont davantage chez elles que dans cette cité de Bordeaux qui a produit Ausone, né de la race d'Apollon ? C'est pourquoi, peuple studieux, cultive cette ville qui est ta patronne, et donne à tes concitoyens des Ausone en grand nombre ! »]

À Bordeaux se trouve un archevêque. Lors de mon passage, c'était un cardinal[79]. Pour entrer en ville, ou pour sortir d'icelle, ce prélat doit, à cheval, passer par une certaine porte de l'enceinte. Il a, sous lui, des diocèses en grand nombre.

Par ailleurs, le sanctuaire de Saint-Séverin est doté d'un évêque particulier : le délégué d'icelui exerce juridiction dans le faubourg, elle-même délimitée par une pyramide qu'on m'a montrée, posée au fil du chemin. Cette église, appelée Saint-Séverin ou Saint-Saturnin (ou plutôt Saint-Seurin), est effectivement située dans le faubourg[80]. La préséance appartient, d'autre part, à une église de très haut rang, nommée Saint-André ; c'est la cathédrale de la ville. Saint Martial[81], l'un des disciples du Christ, et qui fut l'apôtre des Toulousains, a fondé et créé la tour de cette église Saint-André, en tant qu'église chrétienne primitive de l'Aquitaine, *primitivam Aquitaniae*. Clocher tout à fait magnifique, et très haut !

Quant à saint Seurin ou Saturnin qui fut évêque de Cologne, et qui vivait au temps de saint Martin, il est enterré dans l'église dont je parlais tout à l'heure : elle porte son nom. Dans cette église Saint-Seurin, on voit une plaque accrochée au mur, avec une inscription latine apposée dessus, dont voici la traduction :

« Dans le monde entier, il y a deux cimetières qui sont fameux et saints. D'abord, en Arles, aux champs Élyséens (c'est celui que j'ai visité ; voyez mon texte sur Arles précédemment). Le second cimetière est à Bordeaux, près de Saint-Seurin. C'est le Christ lui-même, apparaissant sous la forme d'un évêque, qui en a fait la consécration et la dédicace[82]. Sept autres évêques étaient rassemblés là. Ils n'eurent pas la permission de demander au Seigneur Christ : "Qui es-tu ?" »

Et cette interdiction de questionner fut maintenue jusqu'à ce qu'Il disparaisse, après la dédicace de l'église et du cimetière. Voici les noms de ces six évêques : Maximin d'Agen, Trophime d'Arles, Saturnin de Toulouse, Fronton de Périgueux, Martial de Limoges, et Eutrope de Saintes[a]. En ce cimetière bordelais, on dénombre beaucoup de grands cercueils en pierre, éventuellement superposés l'un sur l'autre par couples de deux, attachés ensemble avec des bandes de fer. C'est là que reposent, aux champs Élyséens et dans la montagne de Garcin, ceux qui sont morts pour la foi chrétienne, à Roncevaux, sous le règne de Charlemagne, du fait de leurs relations [néfastes] avec Hunold[83]. Ces cercueils ressemblent à ceux du cimetière Saint-Honoré d'Arles. L'un d'entre eux, bien qu'il soit peu surélevé par rapport au sol, se remplit d'eau par les temps de pleine lune ; et quand celle-ci est décroissante, il s'assèche, jusqu'à ce qu'il soit complètement déshydraté lors du dernier quartier lunaire. On me l'a montré, et c'était d'autant plus extraordinaire que ce cercueil, surmonté par un autre sarcophage, était lui-même verrouillé avec des pinces[84].

J'ai également visité l'église Saint-Michel. Les Anglais l'ont construite à l'époque où ils tenaient la région.

On m'a montré aussi le lieu où le roi de France fait battre monnaie.

On m'a signalé, d'autre part, qu'à La Bastide, non loin de Bordeaux, il y a un bois de cyprès, ancien et beau, où nulle autre espèce d'arbre ne pousse. Sa superficie est de sept ou huit

---

a. Cette liste correspond exactement et en quasi-totalité aux diverses grandes régions du pays d'oc en son entier, elles-mêmes placées sous l'égide des villes susnommées. Seule fait exception Saintes, qui chevauche la zone d'oïl, vers le nord.

morgen [soit deux hectares et demi] ; et l'on m'a certifié qu'à l'époque aucun Anglais ne pouvait entrer dans Bordeaux, s'il n'apportait avec lui une branche de cyprès. Ces arbres ont en général cent pieds de haut et une brasse [= un mètre soixante ?] de diamètre.

En somme, *in summa*, cette ville a été conquise et détruite par les Sarrasins en l'année 729[85] ; brûlée en 853 par les Normands ; longtemps opprimée par les Anglais ; en fin de compte, au cours de l'année 1548, Montmorency (par ordre du roi de France Henri II) l'a détroussée de toutes ses libertés[a] ; néanmoins, parée de ses édifices, qu'ils soient anciens ou nouvellement bâtis, c'est une cité en tous points excellente, et digne absolument d'être vue[86].

De la province de Gascogne en général [447]

Bordeaux est la capitale de la Gascogne : il convient donc de dire quelques mots sur cette région, qu'on appelle aussi *Novempopulaire, Novempopulanie*. C'est une province française ; elle s'étend jusqu'à l'Espagne et les Anciens l'appelaient *Aquitania*. On pense qu'elle couvre un tiers de la France, depuis les Pyrénées (Rontzeval) jusqu'à la Garonne ; elle touche à l'Océan ; elle est frontalière aussi du Lyonnais et de la Narbonnaise. Mais si l'on veut en faire une description appropriée, disons que la Gascogne n'est qu'une partie de l'Aquitaine ; et, de même, elle n'est qu'une province sous l'égide du gouvernement de Guyenne, lequel inclut en effet de nombreuses provinces.

Quoi qu'il en soit, la Gascogne a pas mal d'extension en largeur. Ses habitants fournissent les meilleurs fantassins qu'on puisse trouver dans toute la France ; par leurs gestes, par leur langage, ils sont plus espagnols que français, du simple fait de leur situation frontalière. Des dirigeants distingués et des chefs militaires en sont originaires : ainsi Biron[87], Monluc[88], Épernon[89], etc., qui ont donné aux Français des victoires triomphales. Leur langue gasconne n'est pas comprise par les

---

a. Notation assez exacte, bien que peu aimable pour le royaume de France...

Français, mais eux comprennent fort bien les Français. Le langage gascon a beaucoup de traits en commun avec l'espagnol et le languedocien. C'est une mixture et l'on a bien du mal à l'écrire.

On se moque beaucoup des indigènes, d'une manière vexante, à cause de leur considérable penchant pour le vol. De là vient le proverbe : Gascon larron, Gascon voleur, et l'on ajoute qu'ils ne peuvent pas souffrir la corde de chanvre. On donne aussi à leur langue la dénomination de « basque » ; et beaucoup de personnes estiment qu'en l'occurrence il s'agit du langage ibérique ou hispanique des origines, tel qu'il était dans le temps ; mais il s'est adultéré par la suite, et jusqu'à maintenant. Guillaume de Salluste, seigneur Du Bartas, poète de tout premier ordre, est natif de Gascogne[90] : il a très joliment décrit sa patrie, en vers français. Il en a détaillé, de belle manière, les richesses et les fertilités.

Le gouvernement de Guyenne regroupe de nombreuses provinces, telles que : Gascogne, Saintonge, pays de La Rochelle, Poitou jusqu'à la Loire, et de même Comminges, Bigorre, Armagnac, Albret, et d'autres petits pays riverains de la Garonne.

Le 3 mai [1599], j'ai bu un coup en soirée dans le faubourg des Chartreux et de nouveau nous avons embarqué. La marée, descendante, nous emportait vers l'Océan, et ainsi nous avons quitté Bordeaux... Nous sommes passés, *via* la Garonne, près du confluent de ce fleuve avec la Dordogne. En rive droite, nous avons aperçu Bourg-sur-Gironde, un peu dans l'intérieur des terres, puis le village de Roque-de-Thau, en bordure du fleuve, et en fin de soirée nous sommes arrivés à la forteresse de Blaye[91]. Depuis Bordeaux, sept lieues.

Blaye [444]

Cette ville s'appelle aussi Blais, en latin *Blavia*. Elle fait partie de la Saintonge, mais en position de promontoire, *promontorium*. La forteresse de Blaye est séparée de la ville par l'intervalle d'un jet de pierre, et elle passe pour la plus remarquable de toute la région. On y trouve constamment une centaine de soldats, entretenus par le roi de France. Ils lèvent des droits de douane sur les navires qui viennent de Bordeaux, ou qui s'y rendent. Cela rapporte chaque année une grosse somme, *summam*. Il y a de grands et beaux canons dans cette forteresse, et l'on y montre au visiteur un trou par lequel on a fait parvenir aux Espagnols des plats fort vinaigrés, pendant la dernière guerre.

Les gens d'ici se vantent de ce que le grand Roland, petit-fils de Charlemagne, est né à Blaye ; on l'y a enterré. Il y a non loin de cette ville un lieu-dit qu'on appelle, de nos jours, la Garde de Roland. C'est là qu'il s'est dressé à partir de cet emplacement ; il a lancé, à ce qu'on dit, une longue pique jusque dans la Garonne, laquelle est large de près d'une lieue, à l'aplomb de Blaye.

Cette ville est petite ; elle a aussi un faubourg, dans lequel nous avons passé la nuit, afin de pouvoir partir d'autant plus tôt.

Le 4 mai, nous avons embarqué de très bonne heure ; sommes passés au large de Castillon ; arrivés sur l'heure de midi au bourg de Saint-Christoly-Médoc. Là, casse-croûte.

Après manger, nous sommes passés au large de Talmont-sur-Gironde, « *quasi-talon du monde* », comme on dit. Là se trouve la très remarquable église Saint-Thomas. Désormais, en ces lieux, la Garonne prend le nom de Gironde, à cause du mouvement des marées, et de la violence cyclique de leurs allers et retours. Plutôt qu'à un fleuve, cette Gironde ressemble à un grand lac ou à la mer. Nous avions contre nous un vent qui soufflait très fort, et nous ne pouvions avancer qu'à grand-peine. Beaucoup de passagers avaient mal au cœur et vomissaient. Le vent me soufflait en pleine figure les odeurs et les matières ainsi dégurgitées, de la part d'une femme saisie de malaises qui se trouvait sur le bateau. J'ai cru que j'allais rendre moi aussi. Mais ça ne m'est point arrivé, puisque de ma vie je n'ai jamais vomi lors d'une traversée en mer. La nuit tombait quand nous sommes arrivés au bourg de Meschers, également situé en bordure de l'estuaire. Nous avons pris notre casse-croûte nocturne dans un méchant cabanon. Puis, embarqués à nouveau. Il y avait assez de vent sur la Gironde, vers minuit, pour que nous puissions avancer derechef. Le matin, au petit jour, nous sommes arrivés à Royan. Distance parcourue depuis Blaye : dix lieues. Depuis Royan, j'ai vu la tour de Cordouan, construite en haute mer à dix lieues de cette localité. Elle est surmontée par une lanterne, remplie de lumières allumées. Cet éclairage nocturne permet d'y voir sur la mer, quand on veut remonter le cours de la Gironde, en direction de la Garonne. Afin qu'on n'aille pas heurter un rocher ou s'échouer sur le rivage.

Petit déjeuner du matin dans le bourg de Royan. Puis continuation du voyage. Traversée d'un lac. Au bord de ce lac, nous avons bu un coup dans une auberge. Sommes arrivés, *via* le village de Fouilloux, au village de La Tremblade : c'est le plus long village-rue que j'ai jamais vu. Ensuite, nous avons franchi un bras de mer sur une petite barque – il y a des quantités d'esquifs du même genre entre Royan et La Rochelle. Cet épisode nautique nous a bien pris une demi-heure, *grosso modo*, en style retardataire, surtout qu'il y avait pas mal de vagues, et nous ne disposions que de rames pour avancer. Sommes ainsi parvenus, aussitôt après, dans le bourg [*Fleck*] de Marennes dont les rues sont pavées de petits cailloux comme celles d'une ville. À Marennes, il y a de nombreuses maisons. Le gouverneur de l'endroit, c'est Monsieur Constant, frère de notre prédicant français de Bâle[92]. Il a sous ses ordres beaucoup de localités et de bourgs. Ensuite, sommes passés par les villages du Breuil[93] et de Hiers[94]. Arrivée dans la ville de Brouage. Distance parcourue depuis Royan : huit lieues.

Brouage[95] *[451]*

C'est une ville forte, du fait des possibilités qu'offre le site pour la défense et aussi parce que son enceinte est pourvue de triples douves remplies d'eau, avec des ponts-levis, des remparts, des tours et bastions puissamment fortifiés.

Le roi a fait construire Brouage voici quelque quarante ans, sur une hauteur bien caractérisée, pour faire échec aux fortifications de La Rochelle et il y a, disais-je, autour de Brouage, trois fossés concentriques remplis d'eau et de mousse, l'un derrière l'autre.

À l'intérieur de la ville, les maisons sont toutes construites le long de rues tirées au cordeau, en ligne droite, de façon que sur la longueur entière de la rue on ait la possibilité de voir les remparts des deux côtés. Ces maisons ne sont pas hautes, afin qu'on puisse d'autant moins facilement leur tirer dessus et les détruire. Tout cela ressemble beaucoup à la ville d'Aigues-Mortes, dont j'ai déjà parlé précédemment. Au milieu de la ville de Brouage s'ouvre une grande place où l'on peut mettre la troupe en ordre de bataille, car les soldats s'y exercent avec énergie à la manœuvre, en simulation guerrière. De cinq à sept cents militaires gardent la ville en tout temps. Chaque soir on les conduit au poste de garde, au son des fifres et des tambours, et on les ramène le lendemain matin.

Il y a aussi en tout temps quinze Confédérés [helvétiques] en ville et qui veillent sur leur chef : c'était alors le fils du seigneur de Saint-Luc.

Il y a également à Brouage une « académie » spéciale (selon le terme qu'emploient les Français). On y donne entraînement et enseignement aux jeunes gens de la noblesse et à d'autres seigneurs bien nés pour toute espèce d'exercices et de jeux cavaliers : on leur apprend l'équitation, le saut à cheval, la danse, l'escrime, la mandore [mandoline] et autres choses du même genre[96]. Les élèves ont parmi eux un recteur ou un chef : il est salarié par le roi de France, et néanmoins il reçoit aussi de ses écoliers l'argent qu'on leur a confié à cet effet. En revanche, en vue de ces exercices de cavaliers, il subventionne et entretient les plus remarquables et les meilleurs écuyers, maîtres d'escrime, maîtres de ballet, etc. Ceux-ci instruisent et dressent les susdits disciples, cependant que le recteur va de l'un à l'autre et donne ses ordres afin que tout se passe bien et convenablement. Splendide est son écurie en laquelle il tient une vingtaine de chevaux, magnifiques, tous plus beaux les uns que les autres. Matin et soir, à la fraîche, on dresse ces chevaux en certains lieux de la ville, spécialement aménagés à cet effet. Simultanément les élèves apprennent à chevaucher de telles montures, à courir la bague, etc. ; ensuite, ils se rendent au cours d'escrime ; *puis ils font de la voltige sur des chevaux de bois* ; et de là ils passent à la danse, à laquelle ils s'appliquent avec autant de zèle[a]. Aussitôt après manger, ils apprennent à mesurer ; à tracer sur le sol les fondements d'une forteresse ou à la fortifier ; et

---

a. Ce texte fait penser à certains passages de Rabelais, relatifs à l'éducation de Gargantua par Ponocrates.

puis ils font de la musique, ils jouent de la mandore [sorte de luth]. Après, dès que le repas est bien digéré, ils se remettent à leurs exercices de force. Tel est l'emploi du temps des jours de semaine. En revanche, ils s'adonnent à des divertissements aux jours de fête. Deux années, tel est en général leur temps de scolarité dans ces académies. Parfois moins, parfois plus, selon que l'élève est studieux ou bien paresseux et maladroit, tant les caractères sont différents. Quoi qu'il en soit, chaque élève paie, pour ces exercices de cavaliers, cinq cents écus-soleil au recteur, vieux noble tout à fait imposant, qui continue à dresser lui-même les chevaux. Par ailleurs l'élève mange où il veut, mais il paie sa nourriture séparément. Cela dit, si ces jeunes disciples sont des garçons d'un milieu seigneurial distingué, ils font à leurs maîtres de somptueux cadeaux supplémentaires. Dès lors, quand un noble, père de famille, a payé cinq cents écus *alias* couronnes [= quinze cents livres tournois] pour son fils, et qu'il lui a financé pendant deux années la nourriture et l'habillement, ensuite ça suffit. Le jeune homme n'a pas besoin, qui plus est, d'aller se former en Italie. Il se met dans l'armée, pour la guerre ; ou bien il part au service d'un grand seigneur. Car un gentilhomme est considéré comme nul et sans valeur, s'il n'a pas été bien dressé à toutes les disciplines que je viens d'indiquer. Et voilà pourquoi la technique équestre et la cavalerie française sont tenues pour supérieures à toutes les autres. Les élèves ou « disciples », en règle générale, sont âgés de quatorze à vingt ans ; il est rare qu'ils soient plus jeunes ou plus âgés.

Des académies du même genre, on en trouve encore d'autres en France : ainsi à Paris, Orléans, etc. On y tient les études intellectuelles pour fort peu de chose. On s'y livre bien davantage aux exercices divers. Il faut dire que les guerres, en France, ont duré tellement longtemps ! Du coup, ils ont laissé filer les études en complète décadence ; au point qu'ils ont même honte de parler latin. Ils prétendent que quiconque discourt en latin ne peut être qu'un curé. Et donc, en lieu et place de la formation intellectuelle, ils ont érigé ces académies.

Il y a aussi à Brouage un joli jeu de mail, bien droit, où les jeunes élèves viennent se distraire. Et puis, pareillement, un jeu de paume ; ils apprennent à y jouer. Quant au maître de ce jeu de paume, ils lui versent une rémunération globale. Dans les autres maisons, on ne trouve guère que des soldats qui y habitent, à peu d'exceptions près. La ville, en effet, n'est pas particulièrement commerçante, sauf en ce qui concerne le sel. On le produit en grandes quantités dans les environs de Brouage, en le faisant sécher au soleil. Au point qu'on s'en sert pour ravitailler toute l'Angleterre et une grande partie des nations du Nord. Le sel de Brouage est réputé en tous lieux et on l'utilise aussi en France. Il n'y a guère de ménages authentiques en cette ville, car fort peu de dames vertueuses y habitent. La plupart des femmes résidantes ne sont que des putes à soldats. Je ne crois pas qu'il y ait dans Brouage plus de cinquante personnes du sexe féminin, alors que plus d'un millier de mâles habitent en cette ville : dans l'ensemble, elle n'a qu'une population fort clairsemée.

Nous avons pris logement chez un aubergiste néerlandais : de fait, les étrangers sont largement majoritaires dans cette ville, vu qu'elle n'est sortie de terre qu'il y a peu d'années.

Le 6 mai au matin, nous avons donc visité tout cela, et aussi les églises : elles sont neuves comme tout le reste de la cité. Puis, nous sommes partis. Et, d'abord, nous sommes redescendus de la hauteur où se trouve Brouage. Nous sommes bientôt arrivés à un cours d'eau, formé par l'addition de deux rivières. La première, c'est la Charente *(celle-ci reçoit aussi, incidemment, les eaux de la Touvre*[97]*, laquelle a sa source dans des monts situés près d'Angoulême : cette Touvre a quelque chose de merveilleux, car elle jaillit directement de la terre, droit vers le haut, et elle est aussitôt navigable ; on y attrape aussi beaucoup de truites, comme à la fontaine de Vaucluse ; les Français considèrent que ces deux sources sont les plus importantes d'Europe, tant Vaucluse que Touvre. Celle-ci cependant ne coule, comme telle, que sur la longueur d'une lieue).* L'autre cours d'eau, complémentaire de la Charente, c'est la Boutonne[98]. Ces deux-là ensemble, une fois confondues et n'en faisant plus qu'une, se jettent dans la mer. La marée s'y fait sentir, aussi bien descendante que montante, comme dans le cas des fleuves que j'ai précédemment évoqués. Nous avons donc traversé en bac cette Charente-Boutonne ; nous sommes passés par le village de Moëze[99], où nous avons fait collation. De là, sommes arrivés au bord d'un bras de mer. On était à l'heure de la marée basse, quoique cela commençât à monter. Nous l'avons franchi sur la charrette d'un commerçant. Une autre voiture du même genre, chargée de marchandises, nous suivait. Au milieu du bras de mer, elle s'est bloquée dans le sable ; elle ne pouvait plus faire la traversée ; le cocher, pourtant, frappait les chevaux d'une façon horrible – rien n'y faisait. L'homme voyait bien que plus le temps passait, plus l'eau montait : les roues de sa voiture étaient déjà noyées. Il poussait des cris plaintifs à l'adresse de notre conducteur, pour implorer son aide. « Autrement, disait-il, mes chevaux, ma cargaison, tout sera perdu ! » Ce serait sans doute arrivé, car nous voyions bien que l'eau montait avec force ; la charrette s'enfonçait de plus en plus. Notre cocher a attelé ses chevaux, en renfort, au véhicule embourbé, et il a ainsi sauvé son collègue d'une désastreuse immersion.

Ensuite, nous sommes passés par le village de Lupin ; nous avons laissé de côté la ville d'Yves, sur notre droite. Au village du Rocher, en soirée, nous avons bu un coup. Puis, à Châtelaillon, ce fut l'heure de la collation, car il faisait vraiment très chaud. Ensuite, passage par Angoulins et arrivée dans la ville de La Rochelle. Depuis Brouage, cela faisait à peu près sept lieues. Sommes descendus à l'hôtellerie que tenait un Néerlandais, chez lequel étaient également hébergés de nombreux compatriotes de ce monsieur.

La Rochelle [454]

Cette ville s'appelle en latin *Rupella*, du mot *rupes*, qui veut dire « rocher ». La raison en est que quand on bâtit, dans cet espace urbain, on tombe, au-dessous du niveau du sol, sur de la pierre, du calcaire, et pas mal de charbon : en effet, juste à côté des remparts, tant à l'intérieur qu'à l'extérieur de l'enceinte citadine, on brûle du charbon de terre qu'on a extrait sur place, et aussi de la houille qu'on a également trouvée *in situ*. On étend celle-ci en tas, une couche après l'autre ; on allume le tout ; on brûle aussi du calcaire là-dedans, de façon simultanée : j'ai eu droit à une démonstration d'ensemble de la chose, et j'ai envoyé plusieurs spécimens desdits charbons à Bâle.

La ville de La Rochelle se trouve en Saintonge. *C'est pourquoi certains pensent qu'il s'agit de la cité que Ptolémée appelle*

Santonium ; *elle fonctionne en effet comme port maritime, et comme lieu de refuge pour toute la province de Saintonge ; d'autres objectent qu'une telle affirmation est inconcevable, parce que cette province de Saintonge n'existait pas il y a sept cents ans*[100]. À vrai dire, certains estiment que La Rochelle est située non pas en Saintonge, mais dans le petit pays d'Aunis[101], lui-même inclus dans la province du Poitou, à 45 degrés de latitude Nord. On ne considère pas cette ville comme bien ancienne. Elle a été construite à l'initiative des rois de France, du fait des opportunités et commodités qu'offrait le port, et afin que les habitants puissent se protéger contre les pirates, qui avaient causé de grands dégâts locaux en toute époque[102]. On dit que La Rochelle est le seul port de la Saintonge ; en tout cas le plus excellent, car les navires y sont en sécurité.

C'est l'asile, l'*asylum*, la forteresse de la province et de la région tout entière ! Elle est protégée, d'un côté, par la mer ; de l'autre, par des étangs *et des marécages*. Il est donc impossible d'amener de la grosse artillerie, par terre, afin de battre les remparts de la ville.

Avec ses *remparts*, ses bastions, ses *tours*, ses murs d'enceinte, ses douves et autres fortifications, La Rochelle est aussi bien gardée que toute autre ville en France.

Pendant tout le temps de mon séjour rochelais, je me suis promené sur le pourtour des murs d'enceinte, et j'ai visité toutes les fortifications ainsi que les bastions.

Ce qu'on m'a montré de plus remarquable, c'est le bastion ou boulevard de l'Évangile – telle est l'appellation qu'ils lui ont donnée. Ce « bastion » est situé près de la nouvelle porte. Il date de l'année 1573, quand la ville était assiégée par le duc d'Anjou[103]. Ensuite, ce prince a battu en retraite ; il est devenu roi de Pologne. La ville a été très fortifiée et, en ce temps, elle a reçu quatorze mille boulets d'artillerie lourde. À un moment, la place était presque conquise, mais finalement elle a été conservée en main rochelaise par les femmes et les servantes : énergiques, elles sont accourues, et elles ont opposé une ferme défense ; l'ennemi a été repoussé ; Anjou, futur Henri III, s'est retiré ; il est parti en compagnie de la délégation polonaise et il est devenu, comme je l'ai dit, roi de Pologne.

En ce temps-là, les remparts avaient été abattus à coups de canon ; par la suite, on les a entièrement reconstitués ; c'est comme dans l'île de Malte. La Rochelle, de nos jours, est entièrement pourvue et fortifiée de puissants bastions à l'état de neuf, situés à l'extérieur des anciens remparts. Qui plus est, on a décidé que l'ensemble de la ville devait encore être entouré par quatorze bastions supplémentaires : ils seront à une portée d'un jet de pierre ou de boulet les uns des autres. Chaque année, le maire en place devait faire ainsi construire un bastion de plus. Mais en réalité ça ne s'est pas produit. Lors de mon passage, deux de ces bastions seulement étaient terminés. Et pourtant le chantier était en train, depuis plusieurs années ; et l'on ne manquait pas de matériaux, tous disponibles, à portée du rempart. Cela dit, ils y travaillaient à force, et ils avaient déjà commencé la construction du troisième bastion. Une chose est certaine : s'ils arrivent à entourer ainsi la ville entière avec des ouvrages défensifs, elle sera sans égale dans toute la France, du point de vue de ses fortifications. Déjà elle passe pour être une extraordinaire place forte : comme j'ai déjà eu l'occasion de le dire, elle est entourée, tout entière, d'un côté par la mer ; de l'autre, par des remparts très épais et par un large mur sur lequel on peut circuler en voiture.

Le port est tout à fait en sécurité : il est situé entre deux tours, hautes et fortes. L'une d'entre elles porte le nom de Saint-Nicolas. On peut fermer le port avec une chaîne de fer, de façon qu'aucun navire ne puisse ni entrer ni sortir, à moins qu'on ne laisse le passage ouvert. De nombreux bateaux étrangers y pénètrent : ils entrent directement dans la ville, car le port, comme à Marseille, est circonscrit par l'espace urbain. À marée haute, les bateaux peuvent entrer et sortir. Quand elle baisse, ils s'échouent tous sur le fond de l'eau momentanément à sec, comme j'ai pu le constater. Toutes les douze heures, en effet, la mer monte ou descend. Elle monte en général pendant sept heures. Vient alors le maximum. C'est le moment où l'on peut la dessiner en toute clarté. Ensuite, il lui faut cinq heures pour redescendre, insensiblement. Au terme de cette retombée, le port est entièrement à sec, ainsi qu'une large bande de terre au-devant de la ville, en contiguïté avec la mer. À l'heure de marée haute, La Rochelle est bordée d'un côté par la mer, qui vient lécher le rempart. Les marées dépendent de la lune. Elles atteignent en effet leur maximum au moment de la pleine lune. Lors de la lune nouvelle, c'est le minimum. Les marins sont bien au courant de ce phénomène.

Non loin de la ville, en mer, il y a deux îles. La première, c'est l'île de Ré, autrement dit l'île du Roi ; on y trouve de nombreux vignobles. L'autre est en face de Brouage, là où la Charente se jette dans la mer : c'est l'île d'Oléron ; on y collecte quantité de sel, ainsi que dans d'autres îles de la région et sur le continent. Montés en haut d'une tour, nous avons pu voir depuis La Rochelle ces deux îles. De là, nous apercevions aussi la ville d'un seul coup d'œil : elle est construite en longueur. Nous avons remarqué que beaucoup de maisons étaient couvertes d'ardoise noire ; elles sont bâties sur de nombreuses terrasses ; plusieurs toits sont recouverts avec des lauzes comme celles dont on se sert à Metz pour les fortifications ; mais beaucoup d'autres maisons, elles, ont une couverture en bois. C'est pourquoi le feu fait de gros dégâts en ville. Récemment, sept maisons proches les unes des autres ont été totalement détruites, jusqu'au ras du sol, par un incendie : l'un des habitants d'icelles est mort de chagrin.

Au-dessus de l'enceinte des remparts, vis-à-vis de la mer, une tour se dresse ; elle est surmontée par une lanterne qui a la hauteur d'un homme. Celle-ci n'est plus utilisée (pas davantage que celle d'Aigues-Mortes, voyez *supra*), et pourtant on paie encore des droits de douane destinés à son financement ! L'arsenal de La Rochelle est une tour à lui tout seul : on y voit une grosse pièce de canon, appelée la *Vache* ; elle a quarante pieds de long. Il s'y trouve aussi des armures et autres ustensiles guerriers. Les tours et fortifications sont également pourvues d'artillerie en quantité. Sous les portes, de nombreux soldats montent constamment la garde. Ils sont communément recrutés dans la population locale. Si vous ne leur témoignez pas un grand respect, vous les vexez beaucoup. Et ils ont tout à fait le droit d'en tirer vengeance à votre encontre.

Les fontaines jaillissent toutes à l'intérieur de la ville. On n'y amène pas d'eau de l'extérieur.

La ville est entièrement libre. Elle est gouvernée par les habitants eux-mêmes et par eux seuls. Chaque année, lors de l'Ascension, en vertu d'un libre choix, entre eux, ils élisent un *échevin* suprême, maire, mayeur ou bourgmestre, avec un faste extraordinaire. Et de toute cette pompe qui entoure l'élection du maire vient le dicton selon lequel on peut voir de belles choses à La Rochelle lors de l'Ascension ; à Poitiers, lors de la fête Notre-Dame ; et à Angers, lors de la Fête-Dieu. *Les échevins rochelais président aux destinées de leur ville avec un zèle considérable, au point qu'est exclue, en ce qui les concerne, toute intervention d'un gouvernement extérieur. Il n'est pas question que ces échevins lèvent des soldats supplémentaires, ni qu'on leur octroie un château pour leur sauvegarde ou leur protection. Ils veulent éviter qu'une telle forteresse ne serve de siège et d'habitation à l'usage des tyrans. Car tous les habitants sont sur un même pied de justice et d'égalité*[a]. *En conséquence les bâtiments et maisons, quelles qu'elles soient, doivent être semblables. Il ne faut pas que quelques-unes d'entre elles soient suffisamment fortes pour intimider le peuple, cependant que d'autres seraient de bas étage et minables.*

La plupart des habitants sont étrangers, et aussi gens de guerre. Parmi eux, beaucoup de Néerlandais, d'Anglais, et de personnages venus des villes maritimes. Les uns et les autres font du commerce avec le monde entier ou peu s'en faut. Je crois que beaucoup d'Anglais ont construit leurs maisons dans cette ville : celles-ci en effet ont pignon sur rue et leurs gouttières sont situées vis-à-vis les unes des autres, comme c'est le cas aussi en Angleterre, la plupart du temps.

Les Rochelais étaient presque tous de la religion réformée, et la messe n'était pas célébrée dans leur ville[104]. Mais, depuis le temps, il se peut qu'elle ait été admise derechef *intra muros*. Petit à petit, les habitants ont obtenu du roi de France, qui est leur souverain, tant de libertés qu'ils jouissent maintenant... d'une Liberté à peu près totale. Par moments, ils ne donnent pas cher des injonctions du roi, car ils se fient entièrement aux fortifications de leur ville.

La ville bénéficie aussi de privilèges sur mer ; ils furent octroyés aux Rochelais par le roi Charles V en 1362[105]. *À*

---

a. Mentalité calviniste judicieusement égalitaire, bien avant la Révolution de 1789.

l'époque ils avaient chassé, assommé et tué manu militari *les Anglais, qui les tyrannisaient. Ils avaient également expulsé le chef de ces Britanniques en le ridiculisant ; et ils s'étaient soumis de leur plein gré, et par une alliance assurée, à leur roi [de France] ; en se liant de la sorte, ils avaient obtenu ces libertés resplendissantes, et ces immunités...*

Les vieilles églises rochelaises sont toutes détruites, et une église neuve [un temple] est en cours de construction, à l'initiative du Conseil de ville. Elle sera si basse que, de l'extérieur de la ville, on ne pourra pas voir son clocher[106]. J'ai été reçu aussi dans la maison de Monsieur Henri Vincent, lieutenant criminel. Voici pas mal d'années, il était pensionnaire chez mon frère, Monsieur le docteur Felix Platter, et sa maison est magnifiquement arrangée.

Les jeux de paume, à La Rochelle comme à Bordeaux, sont fort beaux et bien construits ; cela vaut en particulier pour leurs murs dont les *bricoles* sont faites avec des plaques de pierre, belles et larges[107] ; ces plaques sont également utilisées pour recouvrir le sol, afin d'éviter les mauvais sauts, causes d'accidents. Les balles, cependant, sont très chères. Les meilleures coûtent de quinze à vingt sous la douzaine[a] ; les Rochelais, en effet, sont fort riches et en règle générale ils dépensent beaucoup d'argent au jeu.

J'ai également visité le collège de La Rochelle. Le directeur, c'est Monsieur Kopp[108]. Son père était natif de Bâle. Ce *collegium* ne comporte pas de facultés, sauf celle de philosophie. Il est construit sur un vaste terrain, avec une grande place pardevant. Il est situé presque à l'extrémité de la ville.

Les 7, 8 et 9 mai [1599], je suis resté à La Rochelle, et j'ai visité les divers emplacements que je viens de signaler.

Le 11 mai, je suis allé voir leur temple, et j'y ai écouté un sermon.

Le 12 mai, il se trouvait que les deux camarades de voyage de J. von Spreckelsheim, qui l'avaient accompagné depuis Bâle jusqu'à La Rochelle, venaient de quitter cette ville subrepticement. Spreckelsheim espérait recevoir une lettre de change ; il était à court d'argent, et cette lettre de change n'était

a. = 0,75 à 1 livre tournois.

pas encore arrivée. Je l'ai donc aidé à être reçu en pension au collège chez Monsieur Kopp, lequel lui a fait quitter l'auberge où il se trouvait, et l'a pris chez lui. Kopp a promis à Spreckelsheim de ne pas le laisser tomber, ne serait-ce que pour me faire plaisir, et cela jusqu'à ce que la lettre de change parvienne à La Rochelle, ce qui en effet n'a pas tardé à se produire.

Le 13 mai, je venais de passer six jours entiers dans cette ville. J'ai payé mon aubergiste, et j'ai quitté La Rochelle, seul, après la soupe du matin. Je suis d'abord passé par le bourg de Dompierre[109]. Puis je suis arrivé au village de Nuaillé-d'Aunis. Là, il y a un beau château, habité par une veuve. Juste devant ce village, aux abords de la grand-route, nous avons vu une superbe garenne, en d'autres termes une prairie, grouillante de lapins sauvages. Nous n'avions qu'à crier ou frapper des mains, ils sortaient aussitôt en masse de leurs trous (terriers ou clapiers), qu'ils avaient creusés sous terre ; ça faisait vraiment plaisir à voir. Ce genre de garenne est très commun en France ; très utile aussi. En effet, si quelqu'un veut se procurer en vitesse quelque chose de bon, il tend un panneau, bref un filet, et il chasse les lapins hors de leur terrier. Ils courent se faire prendre, tête baissée, dans les filets. Ou bien encore on met un collet de fil par-dessus les trous de lapins, exactement comme pour attraper des poissons, et l'on fait entrer dans l'un des trous du terrier un furet, qui ressemble à une petite belette. Cela fait sortir tous les lapins, qui viennent se prendre dans le collet. On n'a plus qu'à les attraper avec les mains. Voilà qui fait un excellent repas. Par la suite, je suis passé par le bourg de Courçon. Suis arrivé au *village* de la Névoire, à la nuit tombante. Depuis La Rochelle, cela faisait sept lieues. Aux approches de la Névoire, j'ai été contraint de naviguer longtemps sur un canal étroit où il y avait beaucoup de mousse, comme c'est souvent le cas dans toute cette région.

Le 14 mai, je suis parti seul, de très bonne heure ; par le village de Sansais, auprès duquel il y a aussi un château, je suis arrivé dans la ville de Niort. Depuis la Névoire, cela faisait trois lieues.

Niort [461]

C'est une grande ville. On estime que son territoire, à l'intérieur de l'enceinte, se déploie sur l'étendue d'une lieue. Cette ville est très fortifiée ; elle a des remparts épais et robustes, et des remblais fortifiés tout autour, où je suis allé me promener.

La Sèvre coule tout près de Niort, et elle se jette en mer à six lieues de La Rochelle.

Il y a aussi beaucoup de beaux jardins autour de cette ville.

Au centre de Niort s'ouvre, couverte, une très grande et large place : les Halles ou la Halle. Là, les épiciers et les marchands peuvent vendre leurs marchandises et leurs grains, à l'abri de la pluie. Le fait est que nombreux sont les marchands de haut niveau qui habitent Niort. On y tient trois foires par an, renommées : le 8 février, le 6 mai, le 28 novembre. La plupart des habitants, à l'époque de ma venue, étaient de la religion réformée, et la messe n'était aucunement célébrée, où que ce soit, dans la ville ; et pourtant j'ai vu, dans Niort, une très belle église avec un haut clocher.

J'ai donc visité cette ville et j'y ai cassé la croûte. J'ai examiné aussi le château, vu de l'extérieur. Ensuite j'ai traversé le bourg de La Villedieu-du-Péron, sur la Sèvre, où j'ai fait collation. En soirée, je suis arrivé dans la ville de Saint-Maixent. Depuis Niort, cela faisait trois lieues.

Saint-Maixent [461]

Cette bourgade est située, comme Niort, dans la province du Poitou. Elle tire son nom de saint Maixent, qui fut évêque de Poitiers[110]. Dans le temps, c'était une belle ville et elle a encore des bâtiments qui ne sont pas négligeables. Elle est située sur une colline et l'on trouve *intra muros* un superbe monastère. J'ai dormi la nuit dans cette bourgade.

Le 15 mai, je suis passé par les villages de Soudan[111], La Villedieu, et La Motte-de-Saint-Éloi, où l'on a découvert, il y a peu de temps, une nouvelle mine d'or (j'ai envoyé à Bâle un petit morceau de cet or). Mais, depuis cette trouvaille, le gisement aurifère s'est quelque peu épuisé. Suis arrivé à Jazeneuil. J'y ai pris le repas de midi.

Après ce casse-croûte, je suis passé non loin de Coulombiers. J'ai traversé Fontaine-le-Comte et suis arrivé à Poitiers, où j'ai logé à l'auberge de la Fontaine. Depuis Saint-Maixent, cela faisait environ neuf lieues.

Poitiers [462]

C'est la capitale du comté ou de la principauté de Poitou. On appelait cette ville *Pictavia*, à cause des Pictons. Quant à Ptolémée, il la nommait *Augustoritum*[112]. Elle est située au bord de la rivière du Clain : celle-ci a sa source dans les montagnes du Limousin, et se jette finalement dans la Vienne. Le Clain est sillonné par de nombreux bateaux. Il coule aux alentours et au travers de Poitiers entre deux hauteurs, et la ville elle-même est partiellement située sur une colline. Après Paris, Poitiers est considérée comme la plus grande ville, en termes de superficie *intra muros*. Le problème, c'est qu'il y a dans cette cité poitevine beaucoup de places vides et non bâties, des jardins et aussi des champs céréaliers à l'intérieur de l'enceinte, si bien que la population est loin d'être proportionnelle à l'espace qui serait théoriquement disponible.

Les habitants sont assez à leur aise, quant à la richesse ; en toute époque, extrêmement gais : on danse tant et plus à Poitiers ; le *branle* lui-même est originaire du Poitou. Et ce qui chez eux est simplement tenu pour danse de paysans ou d'amateurs ignorants, on le considère dans d'autres villes françaises comme étant ce qui se fait de mieux, et même les seigneurs de la cour n'hésitent point à le danser. Ils ont un proverbe qui est bien à eux, selon lequel en été ce sont les pauvres et les paysans qui dansent, mais en hiver ce sont les riches et les grands. Telle est chez eux la coutume, en tout cas.

Les habitants sont papistes, en majorité ; pourtant il y a aussi, en Poitou, beaucoup de personnes de la religion réformée : ceux-ci disposent, près de Saint-Georges, d'un emplacement réservé pour leurs sépultures. Les Romains avaient bâti à Poitiers un bel amphithéâtre, *qu'on nomme les « Arènes »* ; elles sont situées près du château que le comte de Poitiers a construit par la suite, à une époque fort ultérieure. Ces mêmes Romains ont bâti de nombreuses conduites d'eau et aqueducs ou *égouts* souterrains, qui ont au total huit lieues de longueur, depuis la ville jusqu'à l'amphithéâtre. On peut apercevoir encore, hors la ville, quelques arcs voûtés qui sont les débris de ces aqueducs ; on les appelle en langue vulgaire les « arceaux de Parigné[113] ». On voit aussi des restes de l'amphithéâtre, mais complètement délabrés. On devait, me semble-t-il, conduire l'eau vers l'amphithéâtre au moyen de ces canalisations, puisque aussi bien il n'y a pas une seule fontaine dans la ville. L'eau est charriée partout à dos d'âne, et on la vend.

Plusieurs personnes pensent que la ville a été construite par les descendants d'Agathyrsis et de Gélon, tous deux fils d'Hercule. Ces mêmes descendants que les poètes appelaient les Pictes. Ceux-ci, dit-on, se multipliaient à tel point en Angleterre, qui était leur patrie, qu'ils ont dû la quitter, pour se chercher ailleurs une nouvelle résidence. D'autres auteurs contestent ce point de vue ; ils citent Pomponius Mela et Pline selon lesquels, bien avant que ces gens-là quittent l'Angleterre, les Pictons du Poitou étaient déjà connus[114].

La ville est régie par un maire, selon la coutume. Elle a un haut tribunal, appelé « présidial » (*judicium praesidiale*), dont le président porte le titre de « sénéchal ». Douze conseillers, un lieutenant civil et criminel, et un conservateur des privilèges de l'université forment le personnel de ce présidial. Dans le palais [judiciaire] ou *palais Galien* s'étend une grande salle, longue et large, sans piliers pour la soutenir ; elle risque de s'effondrer. Cela ressemble assez au château local dont la construction fut commencée en 1086 par Hugues-Aimon, comte de Poitou, lequel mourut sur ces entrefaites. Lui succéda Guillaume : grâce au mariage de sa fille (Aliénor), celui-ci fit passer le comté de Poitiers et la principauté d'Aquitaine au fils du roi français Louis le Gros. Et pourtant Aliénor fut répudiée par cet époux, à cause de leur trop proche parenté de sang. Elle épousa ensuite Henri, fils de Geoffroy-Marcel [d'Anjou], roi d'Angleterre [*sic*]. Cet Henri devint ultérieurement roi d'Angleterre, sous le nom d'Henri II. Les problèmes d'héritage ont donc engendré une guerre intestine entre les uns et les autres, *et les Anglais ont causé beaucoup de préjudices et de contrariétés à la ville de Poitiers[115].*

Charles VII a fondé en ce lieu une université, au cours de l'année 1431, quand les Britanniques occupaient Paris. Par la suite, le pape Eugène IV a confirmé cet établissement, et l'a doté de nombreux privilèges. Aujourd'hui, l'université poitevine est considérée comme l'une des meilleures, après celle de Paris. On y professe des cours magistraux de droit impérial romain et de droit canon qui sont fort utiles[116].

Les salles ou auditoriums dans lesquels on donne les cours magistraux sont raccommodés d'une façon très laide, selon la coutume des collèges français.

J'ai été reçu dans les demeures de plusieurs personnages fort lettrés, en particulier chez de Lavau, beau-père de Monsieur Pascal Lecoq dit *Gallus*[117]. Monsieur de Lavau était médecin[118]. Il m'a témoigné beaucoup d'honneur et d'amitié, en raison de son gendre. Nous étions désolés, lui et moi, que Monsieur le docteur Pascal se trouvât à Paris en compagnie de son épouse. De Lavau m'a offert une brochure dont il était l'auteur et qu'il a fait imprimer. Et pareillement Pidoux[119], doyen des médecins, m'a donné, lui aussi, un exemplaire imprimé de son livre sur les bains. J'ai envoyé ces deux ouvrages à Bâle.

Dans le temps, il y avait un archevêché à Poitiers : sa juridiction était pleine et entière, *jurisdictio omnis*, sur toutes les églises du Poitou. En 1361, cette vaste circonscription a été partagée en trois évêchés différents : ceux de Poitiers, Luçon et Maillezais. Ils ont, en tout, douze cents églises sous leur autorité[120].

La principale église, qui l'emporte sur toutes les autres, c'est la cathédrale dédiée à saint Pierre. Elle a été construite au temps d'Aliphius, huitième évêque de Poitiers[121]. C'est un monument superbe, bâti en pierre de taille, et comportant d'un côté une formidable muraille, toute d'une pièce. Il y a vraiment de quoi s'émerveiller. Et puis deux beaux clochers, et un toit dont la carcasse a fière allure, du fait de sa charpente artistement composée. L'église donne une impression de grandeur et de belle clarté[a]. D'après mes souvenirs, ce sanctuaire est situé sur une hauteur, avec la rivière en contrebas, qui elle-même laisse l'est à sa droite.

---

a. L'architecture ecclésiale médiévale n'est pas pour déplaire à Thomas Platter.

Après Saint-Pierre, l'église la plus distinguée, c'est Saint-Hilaire. Elle est construite près des remparts, en un lieu charmant. Par temps de guerre, on peut l'utiliser comme forteresse. L'abbé de ce monastère n'est autre que le roi de France *et il n'y pénètre qu'en vêtements de moine.* Saint Hilaire[122] et saint Athanase[123], dit-on, furent les premiers à prêcher l'Évangile en cette église. Dans le chœur, on voit saint Hilaire au fil d'une procession, quand il a libéré la ville des Anglais qui voulaient en escalader les remparts. Et puis, sur un côté, dans la muraille de l'église, on aperçoit un cercueil dans lequel un cadavre, dit-on, se décompose en vingt-quatre heures. *Ce même Hilaire s'est dressé avec énergie contre la secte arienne, et c'est là qu'il a écrit son ouvrage en douze livres, relatif à la Sainte Trinité.*

Sur le marché s'élève une église très ancienne : Notre-Dame-la-Petite. C'est Constantin qui l'a construite ; il y est représenté, assis sur son cheval, et l'on peut y lire les vers suivants :

> *Quam Constantini pietas erexerat olim / anno 346*
> *Ast hostis rabies straverat effigiem, / anno 1562*
> *Restituit veteris cupiens imitarier huius*
> *Fidus eques templi coenobiarcha pius. / 1592*

[Traduction : « L'effigie que la piété de Constantin avait érigée jadis, en l'année 346, eh bien ! la rage de l'ennemi l'a jetée à terre, en l'an 1562. Le pieux abbé de cette église, en chevalier fidèle, l'a érigée de nouveau, tant il était désireux que soit imitée cette forme ancienne, le tout en l'an 1592. »]

Remarquons que les chanoines de ces trois églises prennent le pouvoir chaque année pendant un jour complet, dans Poitiers. Ils s'arrogent toutes les clés de la ville, ils gouvernent, ils assument la charge du Conseil ; ils occupent, ce jour-là, de nombreux postes de responsabilité ; ils statuent, ils prennent des décisions de toute sorte qui ont force de loi, pleine et entière... et, le lendemain, ils restituent à qui de droit les pouvoirs et les clefs ! Et tout cela vient du fait qu'en une occasion, d'après ce qu'on raconte, ces chanoines ont tiré la ville des mains de l'Ennemi. Et donc chaque année, jour anniversaire d'un tel sauvetage, ils organisent une procession tout à fait solennelle. Et de là vient le proverbe dont j'ai parlé ci-dessus à propos de La Rochelle, sur l'importance de la fête Notre-Dame à Poitiers.

J'ai visité aussi l'église des Augustins, et j'ai vu comment le 16 mai, jour des Rogations[124], les boulangers circulaient dans ce sanctuaire, en portant le pain bénit, s'étant munis de fifres, tambours et cornemuses. Ce défilé, ils l'accompagnaient de cérémonies en grand nombre. Et puis j'ai encore visité l'église Saint-Didier où l'on peut lire, sous la grande croix, le vers suivant :

Qui passus es pro nobis, domine, miserere.

(Autrement dit : « Toi qui as souffert pour nous, aie pitié de nous, Seigneur ! ») À quoi s'ajoutent deux autres vers latins, suivis (dans la même inscription) de leur traduction en français :

Hoc deus est quod imago docet, sed non deus ipsa,
Hanc recolas, sed mente colas, quod cernis in illa[125].
C'est Dieu ce que l'image demonstre, mais l'image n'est
    pas Dieu.
Remémore-la, mais honore en esprit [ce] que tu vois en
    l'image.

Par ailleurs, la ville est assez bien fortifiée. J'ai vu en particulier, sur les remparts, une plate-forme ou *plata forma* : en temps de guerre, on peut y poser des canons. Un proverbe est répandu chez les Français : « Je suis Poitiers ! » Et voici pourquoi : le roi faisait son entrée, à cheval, dans cette ville. Un orateur était chargé de l'accueillir et il commença ainsi son discours : « Je suis Poitiers... » Il répétait ça tellement souvent, il n'avançait pas, il demeurait bloqué dans sa harangue. À la fin, le souverain lui déclara : « Tu n'es qu'un imbécile. » Si bien que, maintenant, l'on applique ce proverbe à des orateurs qui restent coincés dans leur discours.

Les 16, 17 et 18 mai, j'ai fait trois jours de halte à Poitiers, j'ai visité les emplacements dont il vient d'être question, et j'ai traversé aussi la rivière du Clain : quelques ponts la franchissent, qui jouxtent la ville. J'ai fait une tournée dans le faubourg, qui est assez développé. Ensuite, j'ai gravi la colline. De là-haut, on jette un coup d'œil d'ensemble sur une grande partie de la ville. *Par ailleurs, devant la porte dite du « Pont à Joubert », j'ai vu la Pierre Levée, une très grande pierre exhaussée*[126], *qui a environ dix-sept pieds de long et huit à dix de large. Elle est épaisse et étendue. À ce qu'on prétend, cette pierre aurait été transportée jusque-là par sainte Radegonde*[127] *; une église paroissiale, en ville, est dédiée à cette sainte. On lit dans Rabelais*[128] *que Pantagruel, d'une seule main, a soulevé cette roche. En notre temps, on y fait souvent ripaille, comme s'il s'agissait d'une table.*

Le 19 mai, j'ai réglé la note de mon auberge et je suis parti, seul, de Poitiers. Mon compagnon de route était sorti de la ville, déjà ; il avait un cheval de bât. Le ciel était partout couvert de nuées ; l'on craignait un gros orage et, de fait, c'est ce qui s'est produit. Toutefois, avant de quitter Poitiers, je voudrais dire quelques mots sur le comté poitevin, dans son ensemble.

Le comté de Poitou en général [469]

Dans l'Antiquité, ce comté ou cette province *faisait partie de la portion de France qu'on appelait l'Aquitaine. Le Poitou s'appelait* Pictavia *; les habitants étaient des Poitevins ou des Pictons.* Le pays était partagé en Haut-Poitou et Bas-Poitou[129]. Le Haut-Poitou s'étend vers l'est ; il est limitrophe *des Turons et des Bituriges*, autrement dit de la Touraine et du Berry. Vers le sud, les provinces voisines s'appellent *Saintonge, Angoulême* [*sic*, pour Angoumois] *et Limousin.* Vers le nord, il s'agit de *la Bretagne* et, au plus proche, des Andécaves, en Anjou. Le Bas-Poitou s'étend en direction de l'ouest jusqu'à la mer Gasconne *ou « mer Aquitaine »*[a]. La province prise dans son ensemble est immense, et très productive en ce qui concerne le blé, le vin, les fruits et céréales, les poissons, le bétail, et toute espèce de gibier à plume et à poil. C'est pourquoi la chasse y fait merveille, et spécialement pour *attraper les oiseaux ; c'est une pratique fort répandue. On compte douze cents circonscriptions, seigneuries, ou plutôt sites administratifs relevant de l'Église*[b], *et qui font partie des trois évêchés poitevins, respectivement ceux de Poitiers, Luçon et Maillezais. Selon l'Histoire de l'Église, c'est à saint Hilaire, apôtre de l'Aquitaine, qu'on doit l'implantation de la foi chrétienne en cette province, et la conversion des habitants.*

---

a. L'océan Atlantique.

b. Il s'agit, notamment, de plus d'un millier de paroisses ou de groupes de paroisses.

Si l'on met à part la Vienne et le Clain, ce pays ne dispose pas de grandes voies navigables : il n'est donc pas facile d'exporter hors province les grains produits sur place. C'est pourquoi le coût de la vie en Poitou est bas, et même meilleur marché que dans n'importe quelle autre région du royaume de France. De ce fait les paysans sont fort effrontés, combatifs, comme j'ai pu le constater quand je suis passé dans leur pays. Ils ont coutume d'être assez arrogants avec le voyageur qu'ils croisent au passage, quand ils sont en train de labourer leur champ. Désirez-vous connaître la bonne route ? Dès lors, ils se plantent aussitôt en face de vous. Et ils disent : « Oui, vous voulez vous rendre à cet endroit ; c'est un joli coin. Moi aussi, dans le temps, j'y suis allé. J'ai l'impression que vous êtes étranger. D'où venez-vous ? » Si le voyageur s'arrête un peu plus loin pour demander encore la bonne route, ils se mettent à bavarder pour passer le temps : « Il fait beau, le chemin est bon, pourquoi allez-vous tout seul ?... » Et beaucoup de balivernes du même genre. Avec ça, ils vous tiennent la jambe pendant un long moment, avant qu'ils se décident enfin à vous donner la réponse correcte. En somme, ils se moquent carrément de l'étranger.

Dans les villes, c'est encore pire : à Poitiers, ils ne sont guère accueillants. Vous souhaitez prendre pension chez l'habitant pour une année ? On vous demande pour ça trois cents livres tournois, tout compris ; et ensuite, ils vous traitent à leur guise. Je m'en suis bien rendu compte à propos des étudiants : dans les beaux jeux de paume de Poitiers, ces jeunes gens paient six sous pour une douzaine de balles de bonne qualité !

Le beurre qu'ils consomment est jaune comme du safran, car on le fait venir de Saumur et d'autres endroits où effectivement il est pétri avec du safran. Ils pensent que le beurre se conserve d'autant mieux, par ce procédé.

On élève aussi autour de Poitiers des ânes, les plus grands qu'on puisse trouver dans toute la France. Leur taille est celle d'un cheval et on les vend cent vingt couronnes pièce [= trois cent soixante livres tournois]. Ces ânes sont agressifs ; ils se caractérisent par leur inaptitude au travail ; on ne s'en sert que pour couvrir les juments. C'est ainsi, par ces accouplements, que sont conçus les grands et beaux mulets qu'on utilise en

Auvergne. Et chaque fois que ceux-ci montent une jument, il faut payer une couronne [= trois livres tournois]. Si bien qu'un âne de ce genre peut rapporter à son maître quatre ou cinq couronnes en une seule journée.

En Poitou, ils ont un langage bizarre. Les vrais Français n'arrivent pas à les comprendre. Les habitants, qu'on appelle des Poitevins, ont dans leur prononciation beaucoup de mots dont la dernière syllabe se termine par un « y ». On pense qu'il s'agit là d'un langage efféminé.

Le 19 mai, vers midi, j'ai donc quitté Poitiers. J'étais seul. Une demi-heure environ s'était écoulée depuis mon départ, quand les gros nuages ont crevé. Il pleuvait à torrents, et puis tout le vent, le tonnerre, les éclairs... ça me tombait dessus. Il faisait tellement noir et sombre qu'on se serait cru en pleine nuit. Je ne savais plus que faire. J'étais seul dans la campagne immense, je ne pouvais pas m'écarter de la grand-route, et pourtant elle était entièrement pleine d'eau, à tel point que j'y pataugeais jusqu'aux genoux. J'avais peur de me noyer, si ce déluge continuait. Je n'avais nulle part où m'abriter. Je marchais péniblement, dans la bonne direction, à la grâce de Dieu ; j'étais trempé jusqu'aux os ; et je continuais ainsi ma route, toujours seul, jusqu'au village d'Auxance[130]. J'y retrouvai mon compagnon, originaire de Saumur. Il avait été surpris comme moi par les pluies torrentielles, mais seulement après son arrivée au village. Il était assis dans l'auberge, près du feu, et il se séchait. Je commençais à en avoir par-dessus la tête de ce voyage, et pourtant je séchai moi aussi tout mon corps auprès du feu, et j'ai repris la route ensuite avec mon compagnon saumurois. Il était accompagné par un cheval de bât qui marchait à vide auprès de lui, et sur lequel il avait précédemment transporté du beurre en direction de Poitiers. Nous sommes passés, lui et moi, par le village de Bellefois, et de là vers Le Pouziou, autre village. Là, nous avons bu un pot vespéral. Ensuite, par le village de Varennes, nous sommes arrivés dans la ville de Mirebeau. Il faisait nuit. Depuis Poitiers, cela faisait à peu près cinq ou six lieues. Sommes descendus à l'auberge des Trois Rois.

Mirebeau [472]

Cette ville est assez vaste et pourtant, au cours des dernières guerres, elle a été fortement dévastée et détruite. Elle est située près de l'emplacement de la plaine où s'est déroulée la bataille de Moncontour, en l'année 1569[131]. Il y a un château très fortifié dans cette ville de Mirebeau, près duquel se trouve encore une autre forteresse. Elle a fait l'objet d'assauts très rudes, elle a été prise en trois occasions, et cependant à chaque fois l'ennemi en a été chassé. La ville elle-même est assez bien fortifiée. Pourtant, elle est très médiocrement peuplée ; on n'y trouve dans la plupart des cas que des pauvres gens ou des soldats ; tout le reste des habitants a quitté Mirebeau. La population est entièrement et extrêmement papiste.

Le 20 mai, jour de l'Ascension, nous avons quitté de très bonne heure notre auberge, et sommes arrivés au village de La Chaussée, où nous bûmes un coup[132]. Nous sommes passés ensuite devant l'église paroissiale de La Chaussée, que nous avons laissée sur notre gauche. Il y a là des tombeaux, comme à Saint-Maixent, qui émergent de la terre et qui sont taillés dans la pierre. C'est le signe d'une certaine distinction. J'ai vu des cercueils de pierre antiques, du même type, en Arles et à Bordeaux. Ensuite, nous avons laissé à main gauche le village d'Aulnay[a], et puis à main droite furent laissés de côté également, au cours de notre progression, les villages de Triou et d'Angliers. Sommes arrivés assez tard, pour le casse-croûte, dans la ville de Loudun. Avons logé à l'auberge du Cheval Blanc. Depuis Mirebeau, cela faisait environ six lieues.

Loudun ou Lodun [473]

Le nom viendrait de « l'os d'une oie » : c'est pourquoi l'on parle du Lodunois, le pays de Loudun [!]. Ce toponyme pourrait bien avoir une autre signification... Quant aux chapons de Loudun, à cause de leur grandeur et de leur qualité, ils valent plus cher que tous leurs congénères, ailleurs. D'où le proverbe : « À Loudun, gras chapon. »

---

a. Que Platter orthographie phonétiquement « one » !

Le pays est très plat. Il n'y a pas de montagnes et l'on est encore en Poitou. La ville de Loudun est assez vaste, en termes de circonscription. *Sedes regii tribunalis est* : c'est le siège d'un tribunal royal.

La plupart des habitants sont de la religion réformée. Le cheval de mon compagnon était tellement fatigué que nous pensions qu'il allait s'effondrer. Dans l'écurie, mon camarade l'a donc accroché au plafond en s'aidant des sangles de la sous-ventrière de cette bête, pendant que nous mangions. Ainsi l'animal pouvait-il se reposer tout en étant suspendu de la sorte ; la même méthode a été employée durant la nuit qui a succédé à notre repas du soir. Car mon compagnon savait bien que s'il laissait sa monture se coucher, elle deviendrait raide et ne pourrait plus se lever.

Après le petit déjeuner du matin, nous avons repris la route, et sommes passés par le village de La Grenouillère[133], puis par La Belle-Cave : village extrêmement long, dont les maisons sont très à l'écart les unes par rapport aux autres. Nous y bûmes un coup. Puis ce furent Bizet, Bouchaidière et Varrains. Notre arrivée dans la ville de Saumur fut nocturne, très tardive. Depuis Loudun, cela faisait quatre lieues. Depuis Mirebeau, dix lieues. Les portes de Saumur étaient déjà fermées. Nous avons donc passé la nuit dans le faubourg Notre-Dame, à l'auberge intitulée aussi *Notre-Dame*.

Saumur [473]

Cette ville jouxte la Loire, *Liger*, fleuve qui prend sa source au Puy-en-Velay[a], en Auvergne : il se jette dans la mer bretonne, en aval de Nantes, près du Croisic[134]. Ce grand cours d'eau, à mon sens, est le plus long qui existe dans toute la France. À Saumur même, un pont traverse la Loire : il a dix-sept cents pieds de long ; il unifie la ville, sur les deux rives du fleuve, de part et d'autre. Il ne s'agit pas d'une très grande cité, mais son enceinte de remparts est très belle, et elle a aussi de superbes faubourgs, fort étendus. Le château se dresse sur la hauteur. Il a été détruit d'un côté par les intempéries, et pourtant

---

a. Erreur.

ses fortifications restent solides. C'est là qu'habite, de temps à autre, le gouverneur de la ville, le noble seigneur Philippe de Mornay[135], de la religion réformée : il a écrit et fait imprimer de nombreux ouvrages contre les papistes. Saumur, à mon sens, fait partie de l'Anjou.

Une île, fort belle, s'interpose entre le fleuve et la ville ; on y trouve de plaisantes prairies et des lieux de promenade. Aux jours de fête, et aussi quand le temps est beau, les bourgeois de Saumur viennent y batifoler : danses, sauteries... Je les ai vues un peu plus tard, le dimanche 23 mai, lors de mon retour ultérieur (momentané) à Saumur.

Le 21 mai, j'ai quitté une première fois Saumur en bateau, sur la Loire. Suis passé au long du village des Rosiers[136] ; au village de Saint-Mathurin, nous avons bu un coup. Nous avons filé ensuite jusqu'à la bourgade des Ponts-de-Cé, où nous sommes arrivés dans la soirée. Depuis Saumur, cela faisait dix lieues.

Les Ponts-de-Cé [474]

C'est une jolie petite ville, auprès de laquelle, dans une île, se dresse un château fort, bien construit, et qui, en quelques emplacements, a pour ainsi dire les pieds dans l'eau.

On trouve aussi, en ce lieu, un long pont sur la Loire : Jules César l'a construit, quand il a pris ses quartiers d'hiver sur place avec toute son armée. De là vient le toponyme « Ponts-de-Cé », comme qui dirait le Pont de César ou le Pont de l'Empereur. Au sortir de cette bourgade, je traversais le pont tendu au-dessus du fleuve, quand je m'aperçus avec délectation qu'à cet endroit on attrapait en grandes quantités les aloses, ces poissons du mois de mai, la capture se faisant à l'aide de filets[137]. Les citoyens de la ville se tenaient debout sur des pieux de pilotis ; ils étaient munis de grandes barres de pêcheurs. Ils sortaient ainsi les poissons de l'eau et ils vendaient ces prises sur-le-champ. Les aloses font l'effet, par leur taille, de carpes allongées, mais très bonnes au goût. On ne les estime et on ne les attrape que dans cette seule saison du mois de mai.

Partant de là, j'ai effectué, en compagnie d'un garçon que j'avais embauché dans ce but, la visite des fosses de la carrière d'ardoises. J'y ai vu un spectacle extraordinaire, concernant les techniques employées pour extraire des ardoises. Je suis descendu jusqu'au fond des fosses ardoisières, jusqu'à cinq cents brasses de profondeur[a]. Ces excavations sont très larges vers le haut et assez étroites en bas[b], mais la lumière du jour baigne quand même toute la trouée, jusque dans ses parties inférieures. On y descend et on en remonte avec des échelles, comme dans un puits de mine. Les problèmes aquatiques demandent beaucoup d'efforts et causent les plus grosses dépenses : l'eau tombe en effet dans la fosse en grande quantité, à cause des sources qui sont très nombreuses. Avec beaucoup d'habileté, on récupère cette eau dans de grands seaux. On les fait monter progressivement, pleins d'eau, grâce aux grandes roues des norias, mues par des chevaux et des hommes. Ces seaux se déversent à leur tour, en cours de route, dans divers réservoirs artificiels, en lesquels d'autres seaux s'en viennent puiser, qui se déverseront ensuite encore plus haut, jusqu'à ce qu'enfin l'eau soit hissée tout au sommet de l'excavation ; et puis on recommence cet entier processus jusqu'à ce que l'évacuation des eaux se termine ; et cela pour qu'on puisse enfin faire le travail de la mine sans empêchement d'aucune sorte.

Dans la fosse, on se borne à tailler l'ardoise noire en gros blocs ; ensuite, on les charrie à dos d'hommes en grimpant de bas en haut tout au long des échelles. Une fois montés jusqu'à la surface, ces blocs sont débités et façonnés en nombreuses lamelles, à l'aide de larges couteaux, et l'on peut ensuite les utiliser en guise de tuiles pour garnir les toits. Le prix de vente d'une centaine d'ardoises est d'un franc, autrement dit une livre tournois. On cloue celles-ci sur les toits avec des chevilles en bois ; les ardoises ainsi « clouées » restent en place fort longtemps, et elles ont un aspect très ornemental. La plupart des

---

a. *Klafter*, dans le texte allemand, p. 475 de l'édition Keiser : autrement dit, brasse. La brasse française fait 1,60 m, ce qui donnerait vraisemblablement une profondeur excessive. À raison d'une brasse d'un seul bras (60 à 70 cm) on obtiendrait 350 m de profondeur environ, estimation qui « colle » avec ce qu'on sait par ailleurs sur les ardoisières angevines de l'époque.

b. Au Brésil, certaines mines d'or (amazoniennes) sont encore organisées d'après le même modèle.

maisons et des châteaux, dans cette région de l'Anjou, ont ainsi des toits d'ardoises. Parfois même, on se sert d'elles pour recouvrir les murs extérieurs des maisons ; ces demeures sont ainsi protégées contre toute espèce d'intempéries et contre les grands froids.

Les blocs d'ardoise les plus beaux, les plus gros, sont extraits avec des outils spéciaux : on en fait des tables et aussi des « ardoises » (tableaux de chiffres) pour la multiplication, l'addition, etc. Des gens viennent là, et demandent à être employés dans les ardoisières. On les embauche tous. Ils ont un contrat salarial précis, et une tâche journalière à remplir ; car la vente des ardoises marche tellement bien qu'on n'arrive pas à fournir à la demande[a]. Elles sont ensuite transportées sur la Loire jusqu'à l'Océan, et de là elles sont exportées vers de nombreux endroits dans le monde. De temps à autre, dans ces fosses, on a affaire aussi à une couche argileuse, surtout vers le haut, et c'est très dommageable ; mais le gain, en tout état de cause, reste très important.

D'après ce qu'on m'a dit, un certain nombre d'autres fosses analogues ont été creusées dans cette région, et toutes faites de main d'homme. Voilà qui est fort impressionnant, d'autant plus qu'on est ici dans une situation opposée à celle des mines dans lesquelles on extrait d'autres minéraux. En effet, dans celles-ci l'on doit s'éclairer avec des lumières qu'on apporte avec soi, puisque la mine en question est étroite vers le haut, mais en descendant elle s'élargit latéralement, vers les côtés. Ici, au contraire, dans l'Anjou, la fosse est très large vers le haut, à ciel ouvert ; puis elle dévale verticalement vers le bas, comme s'il s'agissait d'une vallée, mais creusée de main d'homme ; et l'on peut la descendre un bon bout de temps sans se servir des échelles, si on le veut. Mais, ensuite, cela se traduit par des pentes si abruptes qu'on a une peur atroce, rien qu'à l'idée de regarder vers l'espace inférieur. C'est alors qu'on doit nécessairement utiliser les échelles.

J'ai donc considéré avec émerveillement les belles ardoisières,

---

a. La conjoncture de recontruction ou de construction postérieure aux guerres de Religion semble être en effet excellente, et distributrice d'emplois salariés.

tellement profondes. Mais la nuit tombait. Il n'était pas possible d'en visiter d'autres. J'ai dû quitter ces lieux pour me rendre à Angers. J'y suis descendu à l'auberge du Griffon. Depuis les Ponts-de-Cé, cela faisait une lieue[138].

*
* *

Fin du premier tome du manuscrit de Thomas II Platter relatif au voyage en Savoie, France, Espagne, et France derechef.

[Comme nous l'avons indiqué au début du présent ouvrage, notre volume traite uniquement de la *Romania* (soit Genève, la Savoie, la moitié sud de la France, et la Catalogne). Nous n'excluons pas la publication d'un volume suivant, autrement dit du tome ultérieur, second et dernier du Journal de Thomas Platter junior ; il traiterait lui aussi de la *Romania* (France du Nord cette fois), mais il envisagerait également des pays situés hors *Romania*, et qui furent visités néanmoins par notre auteur jusqu'en 1599 : soit l'Angleterre, et les territoires flamingants de la Belgique actuelle. La partie tout à fait initiale du présent voyage plattérien, en une douzaine de pages, à partir de Bâle, fut consacrée, avant même le passage en *Romania* (1595-1599), à la traversée de la Suisse alémanique en 1595. Elle trouverait tout naturellement sa place en ce tome ultérieur : soit dans une introduction, comme ce fut le cas sous la plume de Platter ; soit dans le cadre d'une annexe en fin de volume.]

Notes d'après Rut Keiser

Les notes infrapaginales, dues à Rut Keiser, constituent à ce jour la référence la plus essentielle qui soit, relativement au texte de Thomas II Platter. Nous les reproduisons ici telles quelles, traduites, et parfois abrégées ou, selon le cas, complétées, voire légèrement modifiées ou corrigées par nos soins, compte tenu de quelques erreurs – inévitables – qu'elles contiennent (et dont certaines ont pu malgré tout nous échapper, notamment quant à l'histoire helvétique, qui nous était moins familière). Datées des années 1960, ces notes ont certes vieilli. Telles quelles, elles représentent un magnifique échantillon de la haute érudition bâloise de ces mêmes années 1960. C'est l'une des raisons, parmi bien d'autres, qui militent pour leur présentation et reproduction pratiquement intégrale ci-après. En fonction néanmoins de la spécificité du lectorat français, nous avons jugé inutile (par exemple) de citer intégralement telle longue note infrapaginale de Rut Keiser relative à une biographie détaillée de François Rabelais...

Nos corrections ou ajouts (en provenance des traducteurs) sont signalés par une mise entre crochets.

CHAPITRE PREMIER
Rhodania

1. À ce point de son texte, Thomas II Platter (TP II) a inséré une vue coloriée de Genève, signée DisCeMorl et datée du 11 décembre 1602. Il a également inséré et collé, à cet emplacement, un récit de l'« escalade » de Genève.

2. Strabon (actif jusqu'aux années 20 de notre ère), géographe grec, originaire de Cappadoce, auteur d'une *Géographie* encyclopédique.

3. Le pays des Gavots, *alias* le pays de Chaboul, en latin *Caput lacus*, la tête du lac ; il s'agit du Chablais, en Haute-Savoie ; à ne pas confondre, en réalité, avec le pays de Gex. Les *gavots* ou *gavaches* étaient identifiés de façon usuelle, en l'époque qui nous intéresse ici, à des montagnards légèrement sous-développés... Préjugé ?

4. Wad, la Waadt, autrement dit le pays de Vaud, avec la ville de Vevey, en allemand *Vivis*.

5. Genève était liée à Berne depuis les années 1520, et à Zurich depuis les années 1580. La réforme protestante avait eu évidemment son mot positif à dire quant aux bonnes relations genevoises avec ces deux villes. La clef dans les armoiries genevoises n'a rien à voir avec la Confédération, quoi qu'en pense TP II ; elle référerait en fait au chapitre épiscopal de la ville et... aux clés de saint Pierre.

6. Selon Rut Keiser, Michel Roset (1534-1616) fut l'un des hommes d'État importants de la ville de Genève, dont il fut conseiller, puis syndic à plusieurs reprises. Il fut chargé par la ville de diverses missions auprès des Confédérés et du roi de France. Il refusa d'être pensionné par les Savoyards, adversaires des Genevois. Quelques années après le passage de TP II sur les bords du Léman, Roset jouera un rôle important dans les négociations qui mèneront de façon définitive à une reconnaissance de l'indépendance de Genève vis-à-vis de la Savoie (voir Spon, *Histoire de Genève*, 1730 ; et J.A. Galiffe, *Notices généalogiques sur les familles genevoises* [s.l., 1892, Aymon Galiffe étant coauteur – LRL]).

7. Ici, TP II a dessiné les armoiries de Genève.

8. Rut Keiser décrit comme suit en quelques mots la carrière de Théodore de Bèze : ce personnage a vécu de 1519 à 1605, étant originaire de Vézelay. Il étudia à Orléans, Bourges et Paris, puis émigra vers la Suisse romande, par crainte des persécutions anti-huguenotes. Il enseigna le grec à Lausanne, et la théologie à Genève. Après la mort de Calvin (1509-1564), il fut le leader reconnu du mouvement calviniste en milieu genevois, et bien au-delà ! En France, il conservait beaucoup d'influence auprès de Jeanne d'Albret, puis de son fils Henri IV. En septembre 1595, il laissait au jeune TP II un autographe écrit d'une main tremblante.

9. Simon Goulart (1543-1628) était d'après Rut Keiser, à laquelle nous devons les renseignements qui suivent, originaire de Senlis. Il étudia la jurisprudence, puis la théologie. À partir de 1566, on le trouve établi à Genève ou près de cette ville, et il y exerce la profession de pasteur. Après la mort de Théodore de Bèze, il assumera la présidence de la vénérable compagnie des pasteurs genevois (*HBLS*, III, 617). Voir Eugène Choisy, *L'État chrétien calviniste à Genève au temps de Théodore de Bèze*, 1902 [thèse éditée à Genève, chez C. Eggimann, en 1902 – LRL] ; Albert de Montet, *Dictionnaire biographique des Genevois*, I, 383-387 [ouvrage édité à Lausanne, chez G. Bridel, 1877-1878 – LRL].

10. Les évêques de Genève avaient renoncé depuis le milieu du XVe siècle à leur droit de battre monnaie, et cela au profit de la Savoie. La ville de Genève n'eut son propre atelier monétaire qu'au début du deuxième tiers du XVIe siècle (*HBLS*, III, 466).

11. « Palmary », autrement dit jeu de paume, jeu de balle très pratiqué en France mais moins connu en Allemagne.

12. Pont d'Arve : en son manuscrit, TP II a illustré l'itinéraire qui l'a mené depuis Lausanne jusqu'au sud de Lyon, en passant par Genève, Seyssel et Lyon même ; il s'est aidé pour cela d'une carte de la région, carte qu'il a copiée et insérée dans ledit manuscrit ; la source originelle de ce schéma provient d'Ortelius, *Théâtre de l'Univers*, éd. 1587, p. 26.

13. Sigle ou Tiola, lieu-dit non identifié.

14. Seyssel (Haute-Savoie), localité riveraine du Rhône.

15. Dans le passage relatif à la Savoie qu'il a intercalé de la sorte en son texte, TP II s'inspire essentiellement d'Ortelius, *Theatrum oder Schawbuch des Erdtkreys*, p. 22. La bourgade de Sebusio à laquelle il fait allusion peu après correspond vraisemblablement à Segusio, ou Susa, ou Suse.

16. Charles Bouilly ou de Bouelles était originaire du Vermandois. Il fut l'auteur d'ouvrages philosophiques et théologiques publiés au cours de la première moitié du xvie siècle ; on lui doit également une *Introduction à la géométrie* et un travail relatif à la *Quadrature du cercle* (voir *Grosses Universal Lexikon*, vol. 4, p. 871 ; et les neuf notices que lui consacre le catalogue informatisé de la BNF [RK et LRL].

17. TP II a tiré d'Ortelius, selon son habitude, l'énumération qu'il propose quant aux diverses régions ou sous-régions de la Savoie.

18. Baugé, autrement dit le Bugey, devenu français depuis 1601, en même temps que la Bresse et le pays de Gex. Ce rattachement à la France est postérieur au voyage de TP II, mais antérieur à la rédaction définitive de son récit.

19. Cornelius Pelissari, d'une famille noble de la Valteline ; réfugié pour la foi à Genève, où il a reçu le droit de bourgeoisie en 1580 ; membre du Conseil de cette ville en 1587 ; de 1590 à 1592, il commande, non sans distinction, une compagnie au service de la République genevoise. Voyez J. A. Galiffe, *Notices généalogiques... genevoises,* III, 363 *sq.*

20. Jacques Anjorrant, seigneur de Souilly (1556-1648), docteur en droit, originaire d'une importante famille de noblesse de robe du Berry. Une branche de ce lignage, laquelle s'exilait pour cause de religion, vint s'établir à Genève. Jean Anjorrant, frère aîné de Jacques, était filleul de Calvin. Jacques fut en 1593 membre du Conseil, à Genève, ainsi que syndic et magistrat. Il joua un rôle considérable en tant qu'envoyé genevois en Hollande, à la cour de France, en Angleterre, à Turin et dans le Palatinat (*HBLS*, I, 379 *sq.* ; Spon, *Histoire de Genève*, I, 401, 420 *sq.* ; Galiffe, *op. cit.*, III, 13). Sur les collectes monétaires réalisées par Jacques Anjorrant en Allemagne, Hollande, France et Angleterre pour le compte de l'église de Genève, voir Eugène Choisy, *L'État chrétien calviniste à Genève au temps de Théodore de Bèze*, p. 428 *sq.*

21. Théodore Colladon, né en 1565, venait d'une famille de Bourges qui avait « choisi la liberté » en s'exilant pour cause de religion ; cette famille s'était établie à Genève vers 1550 ; elle avait acquis le droit de bourgeoisie en 1555. Ce lignage donna à la République beaucoup d'ecclésiastiques protestants. Théodore étudia en 1585 à Heidelberg, et en 1586 à Wittenberg. Le 30 mai 1587, il s'inscrivit comme étudiant à l'université de Bâle, et poursuivit ses études de médecine dans cette ville puis à Padoue. Devenu docteur en médecine, il pratiqua sa profession à Genève de 1602 à 1608 ; il vécut ensuite en Angleterre, où il publia des ouvrages médicaux (*HBLS*, II, 601 ; *Basler Matrikel*, II, 382 ; Joecher, I, 2013). Le 2 octobre 1595, Théodore Colladon inscrivit quelques mots en grec et en latin sur le livre d'or de TP II.

22. Jean Sarasin (1574-1632), *alias* Sarracen ; il était petit-fils du médecin Philibert Sarrasin. Ce Philibert, originaire du Charolais en Bourgogne, avait étudié à Paris ; devenu réformé, docteur en médecine de Perpignan, il avait pratiqué son art à Lyon. Il avait dû quitter cette ville du fait de ses idées protestantes. En 1551, il se réfugiait à Genève et il y acquérait le droit de bourgeoisie en 1555. Quant à Jean Sarasin, qui fait l'objet de la présente note, c'est le fils de Jean-Antoine (1547-1598), lui-même fils aîné du susdit Philibert Sarrasin. Jean avait étudié la jurisprudence à Montpellier, où il passa son doctorat. En 1603, il sera conseiller à Genève ; en 1605, syndic ; en 1626 et 1630, premier syndic. Après la paix de Vervins (1598), il sera à deux reprises envoyé par Genève auprès du duc de Savoie ; il prendra également part aux négociations de paix de Saint-Julien en 1603. Il avait épousé à Lyon en 1600 Marie, fille d'Antoine de Thézé ; puis, à Bâle en 1609, en secondes noces, Anna, veuve de Samuel Bastier (voir Galiffe, *Notices généalogiques*, 2e éd., 1831, II, 443-446 ; Spon, *Histoire de Genève*, I, 453 ; *HBLS*, VI, 83).

23. Château de Groslée, en rive droite du Rhône.

24. Il s'agit du château de Saint-André de Briord (Ain), sur la rive droite du Rhône, en Bugey ; cette grande demeure était, jusqu'en 1601, située en territoire savoyard. Elle n'appartenait pas au défunt amiral de Coligny, quoi qu'en dise TP II, mais bel et bien à sa veuve, l'« amirale » Jacqueline d'Entremonts, de Savoie. Celle-ci avait pris la fuite après le massacre de la Saint-Barthélemy et la mort de son époux, pour se réfugier chez sa mère en ce lieu de Saint-André. Elle y accoucha le 21 décembre 1572 d'une fille, Béatrice. En mars 1573, Jacqueline quitta le château en question, et c'est alors qu'elle fut mise en état d'arrestation au

Mont-Cenis ; séparée de sa fille, elle fut maintenue prisonnière par son souverain le duc de Savoie, Emmanuel-Philibert. Le successeur d'icelui, Charles-Emmanuel, ne la libéra point, malgré tous les efforts d'Henri IV. Elle mourut en prison à Ivrea (Ivrée), vers la fin de 1599. En 1601, le château de Saint-André fut rattaché à la France en même temps que la Bresse et le Bugey (H. Bordier, « La veuve de Coligny », *Bul. Soc. de l'histoire du protestantisme français*, vol. 24, 1875, p. 289 *sq.* ; Jacqueline Delaborde, « Jacqueline d'Entremonts, veuve de Coligny », *ibid.*, vol. 16, 1867, p. 221 *sq.*)

25. Ni Crenneu ni la Tour de Soy ne sont identifiables.

26. Salette, en rive gauche du Rhône, face à Proulieu.

27. Loyettes, en rive droite du Rhône.

28. Montluel (Ain).

29. TP II a inséré ici en son manuscrit une gravure de Francesco Valegio (ou Valesio), qu'il a collée sur une page intercalaire. Il l'a légendée comme suit : « Léon [*sic*] bouts-rimés en l'honneur de la ville de Lyon :

> Lyon qui de la France sers de force et rempart
> Lyon qui de plaisance reluis de toute part
> La rivière du Rhône doucement découlant
> Qui embrasse la Saône le rendent opulent. »

30. Munatius Plancus (87 av. J.-C.-15 ap. J.-C.) fut, en 44 av. J.-C., gouverneur des Gaules, fondateur de Lyon et, en Suisse actuelle, d'Augusta Raurica, aujourd'hui Augst ; il fut ainsi, indirectement, le fondateur de Bâle et voilà pourquoi on a installé sa statue en 1580 dans la cour de l'hôtel de ville bâlois. Quant à la fondation de Lyon, elle fut consécutive à l'expulsion des colons romains de Vienne, qu'avaient chassés les Allobroges. Le sénat romain ordonna à Munatius Plancus d'implanter les ci-devant « sans-logis » de Vienne dans la région des Segusiavi, au carrefour Saône-Rhône, en 43 av. J.-C. [le site lyonnais correspondait cependant à une localité celtique déjà existante – LRL]. Voir *Dict. archéologique de la Gaule*, art. « Lugdunum » ; Ernest Lavisse, *Histoire de France*, I, 2, 347 *sq.* ; Camille Jullian, *Histoire de la Gaule*, 1908, vol. IV, 44 *sq.*, 489 *sq.*, 504 *sq.*, et VI, 515 *sq.*

31. Marcus Vipsanius Agrippa (63-12 av. J.-C.) : homme d'État romain, très proche collaborateur de l'empereur Auguste.

32. Fourvière, du latin *forum vetus*, le vieux forum...

33. Cette remarque provient de Brun et Hogenberg, *Civitates orbis terrarum*, 1577, I, 10.

34. Louis X le Hutin, roi de France (1314-1316).

35. Philippe IV le Bel, roi de France (1285-1314).

36. Il s'agit d'Amédée V de Savoie, qui fut au pouvoir de 1283 à 1323. Son neveu, Pierre de Savoie, fut de 1308 à 1332 archevêque de Lyon, à l'époque où s'effectuait le transfert de souveraineté de cette ville au profit de la couronne de France, en vertu du traité de Vienne (1312). L'événement en question prit place à l'époque de Philippe le Bel et non pas, comme l'écrit à tort TP II, au temps de Louis X le Hutin. Voir Arthur Kleinclausz, *Histoire de Lyon*, Lyon, 1939, vol. I, p. 202-212.

37. Secusiani, dit TP II, qu'il faut écrire en fait Segusiavi : c'est une tribu celtique, située au carrefour Saône-Loire. Voir Pauly-Wissowa, *Real-Encyclopädie der Altertums*, 1921, 2ᵉ série, 3ᵉ demi-volume, p. 1096-1106 ; et en général l'*Histoire de la Gaule* de Camille Jullian.

38. La persécution dont il est question ici prit place en fait en 177, au temps de l'empereur Marc Aurèle (161-180), successeur d'Antonin le Pieux (138-161). Parmi les victimes figurait Pothinus, *alias* Potin, évêque de Lyon (voir à ce propos Lavisse, *Histoire de France*, II, 1, 4-8 ; *Dict. d'archéol. chrét.*, vol. X-1, p. 72-121). Le chiffre de 19 000 martyrs provient d'une inscription qui se trouvait elle-même sur une mosaïque longtemps préservée dans l'église Saint-Jean, laquelle sera nommée plus tard Saint-Irénée ; cette église fut détruite par les réformés en 1562, et « restaurée » en 1584. Le lien du mot Saône avec Sagona, Sanguis, Sang (?!), est tiré par TP II de Brun et Hogenberg, *op. cit.*

39. TP II (comme Sebastien Münster) traduit le mot Jura par l'allemand Jurten. La Saône prend sa source au sud d'Épinal. Elle est rejointe par son principal affluent, le Doubs, venu du Jura ; le confluent Doubs-Saône se situe lui-même à Verdun-sur-le-Doubs.

40. Le Bassigny est une petite région de la Haute-Marne ; elle inclut les villes de Chaumont et de Langres.

41. Saint-Jean-de-Losne (Côte-d'Or), localité riveraine de la Saône, se trouve en fait assez éloigné du confluent réel de la Saône et du Doubs, situé à Verdun-sur-le-Doubs.

42. TP II écrit Byzantz pour Besançon.

43. Benoît, *alias* saint Bénézet : voir *infra*, note 118 du chapitre II. Le pont sur le Rhône daterait des années 1183-1190, soit plus d'un siècle après la construction du pont qui traversait la Saône, celle-ci moitié moins large et nettement plus calme que le grand fleuve rhodanien. Les dirigeants lyonnais se lancèrent dans la construction du pont sur le Rhône, encouragés par les résultats déjà obtenus en Avignon, et en liaison avec les « Frères du Pont » qui opéraient dans le Vaucluse. De cette émulation naquit, à Lyon également, la légende relative à saint Bénézet ; d'après Kleinclausz, *Histoire de Lyon*, I, 167 et 268 *sq.*

44. Un certain Humbert, archevêque, a gouverné le diocèse de Lyon de 1065 à 1077. On lui attribue la construction du pont sur la Saône, le plus ancien de Lyon. C'est sous son « règne » que cette construction fut entreprise et, vraisemblablement, terminée (Kleinclausz, *ibid.*).

45. Dans les listes épiscopales de Lyon ne se trouve aucun Cyprien. L'archevêque lyonnais, en l'an 1298, s'appelait en réalité Henri de Villars (qui fut en fonction de 1296 à 1301). En revanche, il est de fait que, selon un poème de l'archevêque Agobard (814-840), les reliques de (saint) Cyprien furent apportées de Carthage à Lyon et inhumées dans la cathédrale Saint-Jean de cette ville (voir à ce propos le *Dict. d'archéol. chrétienne*, vol. X-1, p. 251). Il s'agit effectivement du docteur de l'Église et évêque de Carthage, Thaesius Caecilius *Cyprianus* : il survécut en 250 à la persécution de Dèce (249-251), mais il fut exécuté en 258 sur ordre du proconsul romain local. Charlemagne aurait obtenu des musulmans l'autorisation de faire venir en Arles les reliques de ce Cyprien. De là, elles arrivèrent ensuite jusqu'à Lyon et Compiègne. Voir Stadler et Heim, *Vollständiges Heiligenlexikon*, I, p. 700-703 ; Charles-André Julien, *Histoire de l'Afrique du Nord*, 1931, p. 227-233.

46. Hans Lützelmann, fabricant de briques et de tuiles (mort le 18 juillet 1602). Il avait épousé Hester Gross ou Grossmann, veuve de Thomas Ier Platter et ci-devant mère de notre Thomas junior. Elle décédera le 17 février 1612. Hester avait donc été la seconde épouse de Thomas senior et lui avait donné six enfants dont trois étaient déjà morts en 1582, année du trépas de leur père (voir les Basler Staatsarchiv, Privatarchiv, n° 355. Les informations y contenues selon lesquelles Hester Gross, devenue post-plattérienne, se serait mariée en secondes noces le 26 janvier 1582 ne tiennent pas debout, car c'était le jour de la mort de son premier mari, Thomas Platter senior ; le second mariage de la veuve Gross, ex-Platter, sera donc plus tardif). Quant aux négociations diplomatiques de 1595 dont Hans Lützelmann aurait soi-disant été l'un des acteurs, elles avaient été décidées en 1595 à Aarau pour protester contre le viol de la neutralité franc-comtoise dont Henri IV s'était rendu coupable. La mission diplomatique suisse constituée dans ce but se rendit à Lyon ; parvenue dans cette ville le 26 août, elle fut reçue en audience par Henri IV le 29 août. À la date du 22 septembre, le roi de France ratifia le traité de garantie renouvelée sur la neutralité de la Franche-Comté. Aussitôt après, le souverain fila vers le nord du royaume, pour y continuer la guerre contre l'Espagne. L'ambassade helvétique, aller et retour, se déroula ainsi du 27 juillet au 4 octobre 1595 (cf. *Eidg. Abschiede*, 1587-1617, p. 377-384 ; et Lavisse, *Histoire de France*, VI, 1, 401). L'envoyé bâlois qui participait à ces négociations n'était autre que Melchior Hornlocher, chargé notamment de discuter le problème des dettes du royaume de France à l'égard de la ville de Bâle. Le beau-père de TP II, le dénommé Lützelmann, ne faisait nullement partie de la délégation helvétique en général ou bâloise en particulier. Les rapports et archives concernant cette délégation ne font aucune allusion à sa présence ni à sa personne. Par ailleurs, TP II a inséré à cet emplacement de son manuscrit une gravure coloriée qui représente la pompeuse entrée d'Henri IV à Lyon, avec quantité d'obélisques et d'arcs de triomphe.

47. L'église de la Platière, originellement « de la Vierge et des saints Apôtres », simplifiée ensuite en « Sainte-Marie *in Platea* ». De là viendrait, dit-on, le nom de « la Platière ».

48. Konrad Meyer, docteur en droit, était depuis 1577 bourgmestre de Schaffhouse. Il abandonna cette fonction en 1599 et fut ensuite maître d'école jusqu'à sa mort en 1604.

49. Melchior Hornlocher (1559-1619), conseiller de ville à Bâle. En 1601, il fut maître de corporation ; en 1609, bourgmestre. Sa pierre tombale se trouve dans le cloître de la cathédrale. Voir à ce propos *HBLS*, IV, 291 ; et Peter Ochs, *Geschichte der Stadt und Landschaft Basel (1786-1822)*, VI, 334, 739. Sur les dettes de la couronne de France vis-à-vis de Bâle, voir

August Huber, « Das Anleihen der französischen Könige bei Basel », *Basler Jahrbuch*, 1896, p. 33-53. La délégation bâloise, à Lyon, n'obtint pas de résultats concrets de la part d'Henri IV. C'est seulement avec Sully que le paiement des intérêts put reprendre d'une façon régulière, cependant qu'en 1602 la France commençait à rembourser sa dette [ce remboursement est l'indice, parmi d'autres, de la belle prospérité française, dite de la « poule au pot », au temps des bonnes années du règne d'Henri IV – LRL].

50. Pierre-Encize ou Pierre-Cize, forteresse lyonnaise, sur la Saône.

51. Charles-Emmanuel de Savoie, duc de Nemours (1567-1595). C'était le demi-frère du leader ligueur Charles de Mayenne. Contre Henri IV mais aussi contre la Ligue, il avait commencé à se créer une position forte à Lyon, mais en septembre 1593 il fut victime de la bourgeoisie ligueuse lyonnaise, elle-même en état de rébellion ; on l'enferma dans la forteresse de Pierre-Encize, sous la surveillance de gardiens suisses. En février 1594, les royalistes prirent le dessus à Lyon ; ils y évincèrent les échevins ligueurs et ouvrirent à d'Ornano, fidèle d'Henri IV, une porte de la ville, à la Guillotière. En septembre 1594, Nemours parvint à s'évader, d'une manière grotesque [?], en direction de Vienne, mais cette ville à son tour passa dans le camp royaliste ; Nemours se vit perdu et se retira à Annecy, où il mourut en août 1595 (cf. Jacques-Auguste de Thou, *Histoire universelle*, [éd. de La Haye, 1740], vol. VIII, p. 324, 527 et 626 *sq.* ; et Lavisse, *Histoire de France*, VI, 1, 384).

52. Charles IX, roi de 1560 à 1574. Sous son règne fut construite la citadelle Saint-Sébastien sur la colline de la Croix-Rousse (Kleinclausz, *op. cit.*, I, 420).

53. *Ruten*, vieille mesure bâloise, correspondant à une longueur de 4,50 mètres environ ; cf. Hermann Mulsow, *Maß und Gewicht der Stadt Basel bis zum Beginn des 19. Jahrhunderts*, Dissertation, Fribourg-en-Brisgau, 1910, p. 31-33.

54. Irénée (IIᵉ siècle av. J.-C.), originaire d'Asie Mineure, élève de Polycarpe (à Smyrne), puis prêtre de la communauté chrétienne de Lyon au temps de Marc Aurèle. Après la grande persécution de 177, il devint évêque de Lyon ; il fut l'une des grandes figures du premier christianisme. Spécialement remarquables sont ses cinq livres contre la gnose. L'église Saint-Irénée, au sud-ouest de la vieille ville de Lyon, s'appelait originellement Saint-Jean.

55. Polycarpe (vers 70-156), évêque de Smyrne jusqu'à son martyre (voir, *supra*, la note relative à la persécution de Marc Aurèle).

56. Le procès-verbal du Conseil bâlois du 22 octobre 1595 (ancien style) évoque un texte de ce Wachter.

57. Le connétable, autrement dit Henri, duc de Montmorency (1534-1614). C'était le second fils du précédent connétable (Anne de Montmorency). Henri, seigneur de Damville, était devenu duc de Montmorency après la mort de son frère aîné François († 1579), lui-même précédemment titulaire du titre ducal. La famille cousinait de fort près avec les Coligny, protestants. Henri de Montmorency était gouverneur de Languedoc. D'abord allié des catholiques, il pencha ensuite (quoique catholique lui-même, mais modéré) vers des liens avec les protestants. Adversaire des Guise, il fut l'un des animateurs du parti des « politiques », conciliateurs. Contre les Guise encore, il soutint Henri III, puis Henri IV à partir de 1589. Ce monarque le fit connétable en 1593. Son influence fut certaine dans la restauration du « royalisme » à Vienne, Lyon, Dijon. Il termina sa vie en 1612, dans la fonction officieuse de « roi sans couronne » de Languedoc, en bons termes avec les divers partis en présence [sur ce Montmorency, voir par exemple Emmanuel Le Roy Ladurie, *Histoire du Languedoc*, PUF, « Que sais-je ? », 1962].

58. La Ligue ultra-catholique s'est distinguée par la journée des Barricades à Paris en 1588. Henri IV en est venu progressivement à bout, cette reprise en main étant acquise dès 1595 sur le plan intérieur, puis en 1598 sur le plan extérieur (paix « définitive » avec l'Espagne pro-ligueuse).

59. L'archevêque de Lyon était alors Pierre d'Espinac, primat des Gaules et (en son temps) solidement pro-ligueur.

60. Noël Bastier (1544-?) et son frère Jacques (1543-1608) sont les fils du marchand lyonnais Jacques Battier ou Bastier (1506-1564) originaire de Saint-Symphorien-le-Château (près de Lyon), et d'Agnès Thellusson. Jacques (le fils) était depuis 1573 bourgeois de Bâle, et marchand de soie dans la maison dite « de l'or » (Zum Gold). En 1577, il épousait Maria, fille du docteur en médecine Jean Bauhin ; Jacques fut donc, en même temps que son frère Jean, le fondateur

de la lignée bâloise des Bastier, cependant que Noël restait à Lyon. Cf. *Gedeon Sarasin und seine Nachkommen*, Bâle, 1928, p. 53 *sq.* et XV ; *HBLS*, II, 45.

61. Les deux frères Christoph et Wolf Lasser von Lasseregg appartiennent à une famille chevaleresque de Haute-Autriche qui avait pour « siège » le château d'Untrach, sur le lac Attersee. En 1630, un certain Matthäus Lasser habitait encore là, mais ce lignage s'éteindra à la génération suivante. Voir E. Hr. Kneschke, *Neues allgemeines Deutsches Adels-Lexikon*, V, 408. Dans la suite de son voyage, TP II rencontrera de nouveau ces deux frères, Christoph et Wolf. En Avignon, ils s'inscriront l'un et l'autre dans le livre d'or de TP II, au mois de décembre 1598 ; Christoph le fera au moyen d'une phrase en latin, et Wolfgang en espagnol.

62. Cette église est située, comme son nom l'indique, à Saint-Martin-d'Ainay.

63. Le château de Tamel, non identifié.

64. Philippe VI de Valois, roi de France de 1328 à 1350. La cession du Dauphiné au royaume français des Valois, à laquelle fait ainsi allusion TP II, se déroula de 1343 à 1349. Le dauphin Humbert II, qui n'avait pas d'enfants, s'arrangea pour solder ses territoires au profit de Philippe VI. Les festivités de l'annexion eurent lieu à Lyon en juillet 1349. « Humbert II » fit ensuite une carrière ecclésiastique distinguée en France du Nord. En 1586, dans ses *Antiquités de Paris*, l'historien Gilles Corrozet accusa Humbert d'avoir vendu à vil prix le Dauphiné à la famille royale parisienne.

65. Saluces, en italien Saluzzo, marquisat d'époque médiévale, indûment occupé par Charles-Emmanuel de Savoie en 1588 ; Henri IV abandonnera cependant ce territoire au Savoyard, lors de la paix de Lyon en 1601, compte tenu de l'acquisition de la Bresse et du Bugey par la France.

66. TP II écrit Provintz pour Provence.

67. Le Comtat Venaissin (« Venisse », comme l'écrit TP II) restera possession papale, avec des hauts et des bas, jusqu'à la Révolution française.

68. Les « pays » de Dauphiné qu'énumère TP II sont le Viennois et le Valentinois (respectivement autour de Vienne et de Valence) ; le « Roussillon » (en zone dauphinoise effectivement, à ne pas confondre avec les actuelles « Pyrénées-Orientales »...) ; le pays de Champsaur (Hautes-Alpes) ; le pays des Baronnies (Drôme) ; le Briançonnais (Hautes-Alpes) ; le Grésivaudan (Isère), en amont de Grenoble (Platter écrit Gévaudan et confond ainsi le Grésivaudan avec le Gévaudan, *alias* la Lozère actuelle) ; le Trièves, au sud de l'actuel département de l'Isère ; le Gapençais, avec Gap (Hautes-Alpes) ; le Dignois, avec Digne (Basses-Alpes) ; et enfin l'Embrunois (Hautes-Alpes).

69. Saint-Jean-de-Maurienne (Savoie). Les évêchés suffragants de Vienne n'étaient autres que Valence, Grenoble, Genève, Tarentaise, plus tard encore Viviers, puis Die et Saint-Jean-de-Maurienne. Voir à ce propos la *Gallia christiana* et le *Lexikon für Theologie und Kirche*, 2ᵉ éd., vol. X, p. 600 *sq.*

70. Après l'introduction de la Réforme à Genève, l'évêque de la ville transféra sa résidence à Annecy. En 1801, l'ancien diocèse de Genève fut aboli.

71. Le dauphin François vécut de 1518 à 1536. Il mourut à Tournon, d'une brève maladie, en août 1536. Voir Michel François, *Le Cardinal de Tournon*, Paris, 1951, p. 132.

72. Saint Crescent fut l'un des disciples du groupe des premiers apôtres. Une légende fit de lui le premier évêque de Vienne, en vallée rhodanienne. Il aurait été martyrisé au temps de Trajan (98-117).

73. Les inscriptions latines que TP II a copiées sont étudiées par Hans Lieb, dans *Basler Zeitschrift*, 54, 1955, p. 51-62. Le recopiage de TP II est méritoire, mais défectueux.

74. Trois forteresses à Vienne ou proches, tout compris : Sainte-Colombe, en rive droite du Rhône ; la Bastié (la Bastide) ; et – la plus importante – le Fort Pipet, que Montmorency a conquis en 1595.

75. La légende qui lie Pilate à Vienne repose sur quelques bases « historiques »... à demi fantaisistes, mais pas totalement inexistantes. Dans l'année 6 de notre ère – soit une décennie après la mort du « grand » roi Hérode –, Auguste, alors chef de l'État romain, aurait destitué Archelaus, fils d'Hérode et « tétrarque » local, et l'aurait banni vers Vienne en Gaule du Sud. De même, un peu plus tard, en l'an 39, l'empereur Caligula aurait destitué à son tour le tétrarque Hérode, successeur (à quelque distance de temps) du tétrarque précédemment mentionné, et l'aurait exilé à Lyon (Lugdunum) ; en fait, il s'agissait non point de la grande ville que l'on sait, mais de Lugdunum Convenarum, actuellement Saint-Bertrand-de-Comminges en Haute-

Garonne (cf. à ce propos Martin Noth, *Geschichte Israels*, 2ᵉ éd., 1954, p. 377 *sq.*). Quant au temple érigé à Vienne en l'honneur d'Auguste et de Livie, on le nommait au Moyen Âge *Pomerium Pilati* (boulevard ou bastion de Pilate) ; la boule rouge qui surmontait l'édifice s'appelait *Pomum Pilati* (la pomme de Pilate ! jeu de mots, semble-t-il, sur *Pomum-Pomerium*). Selon les uns, ce temple était « donc » la tombe de Pilate ; selon d'autres, il s'agissait d'un édifice typiquement romain. Johannes Nauclerus raconte dans sa *Chronica* (éd. 1579, p. 429) que Pilate avait été banni à Lyon (la grande cité, cette fois) sous le règne de l'empereur Claude et qu'en cette ville, par la suite, il s'était suicidé. Semblablement le Bâlois Joh. Jak. Grasser, dans son récit de voyage *Newe und volkommene italienische französische und englische Schatzkammer* (Bâle, 1610, p. 74), déclare que « Pilate tombé dans la misère s'est suicidé à Vienne par désespoir ». Martin Zeiller aussi, dans sa *Topographia Galliae* (3 vol., 1655-1661, vol. 3, 13ᵉ partie, p. 24 *sq.*), signale la fameuse pomme, considérée bien sûr comme la « tête » du sceptre de Pilate ; il note en effet que dans l'église Notre-Dame-de-Vie, *alias* la Vieille, qui serait l'ancien temple d'Auguste, on peut encore voir l'inscription suivante : « C'est la pomme du sceptre de Pilate » (cf. aussi le *Dictionnaire d'archéologie chrétienne*, vol. XV-2, p. 3043 ; ainsi que Nicolas Chorier, *Recherches sur les antiquités de Vienne*, éd. 1818, p. 30 *sq.*). D'autre part, en position intercalaire à cet emplacement du manuscrit de TP II, se trouve collée une feuille sur laquelle figure un dessin du pont de Vienne, *Pons Viennae*, croquis esquissé par TP II lui-même.

76. Un pont romain a bien existé à Vienne. Mais les noms des bâtisseurs et la date de 180 av. J.-C. qu'indique TP II sont impossibles car Vienne, ainsi que toute la région « allobrogique », n'est devenue romaine qu'en 121 av. J.-C. (Pauly-Wissowa, 2ᵉ série, vol. VIII-2, p. 2112-2128). Quant aux Gracques (les deux frères), tant Tiberius († 133) que Caius Gracchus († 121 av. J.-C.), ils n'ont rien à voir avec la ville de Vienne. Leur père, Tiberius Sempronius Gracchus (environ 220-150 av. J.-C.), ne peut pas non plus entrer ici en ligne de compte, malgré sa « coïncidence » chronologique avec les allégations de TP II. En 180 av. J.-C., ce père se trouvait en effet en Espagne, occupé à vaincre les Celtibères (Pauly-Wissowa, 2ᵉ série, vol. II-2, p. 1403-1409). La source, du reste erronée, de TP II dans cette affaire semble avoir été Martin Zeiller, *op. cit.*, III, 13ᵉ partie, p. 26 : cet auteur attribue, d'une façon fantaisiste, la construction du pont de Vienne à Tib. Gracchus en 178 av. J.-C.

77. Il s'agit en l'occurrence de l'« aiguille », l'unique vestige du cirque romain.

78. L'« itinéraire TP II » de Vienne à Tournon passe par Condrieu, Servières, Peyraud, Andance, Saint-Vallier, Fontagier (localité non identifiable), puis le château de Pilate près de Ponsas, et le château de Serves.

79. Tain est en rive gauche du Rhône, face à Tournon. Un dessin à la plume de TP II, représentant le « Chasteau de Tournon », est intercalé ici-même dans le manuscrit à l'emplacement du texte qui s'y rapporte.

80. Sur le cardinal François de Tournon, voir notre *Siècle des Platter*, vol. I, p. 245-247 ; la « jésuitisation » du collège de Tournon sous les auspices de ce prélat date, en sa phase inaugurale, des années 1561-1562 (cf. l'édition allemande de TP II par Rut Keiser, vol. I, 1968, p. 50, suite de la note 1).

81. La « Bible d'Anvers » n'est autre que la traduction française de ce texte sacré, telle que l'a réalisée Jacques Lefèvre d'Étaples (vers 1450-1537) ; « pro-protestante », elle fut imprimée aux alentours de 1530 à Anvers. En 1546, elle tomba sous le coup de l'Index pontifical des livres défendus ou suspects. Les théologiens (catholiques) de Louvain entreprirent alors une révision de cette Bible d'Anvers et ils en supprimèrent les ci-devant commentaires marginaux, tels que juxtaposés au texte sacré par le traducteur initial. Cette nouvelle édition de Louvain, datée de 1550, eut privilège de l'empereur et devint la Bible des catholiques français (voir *Realencyklopädie für prot. Theologie*, III, 130 *sq.* ; et Daniel Lortsch, *Histoire de la Bible en France*, Paris-Genève, 1910, p. 97 *sq.*).

82. La « Bible française imprimée à Genève », c'est tout simplement la traduction de la Bible qu'a donnée Pierre-Robert Olivétan (« Louis Oliviers »), auteur d'origine picarde (vers 1506-1538) ; elle fut imprimée d'abord en 1535 à Serrières, près de Neuchâtel. Olivétan a réalisé ce travail en réponse à une commande des vaudois, tant ceux des Alpes du Sud que du Piémont, lesquels assurèrent le financement de l'impression de cet ouvrage. Lefèvre d'Étaples fut également impliqué quant à la portion du texte relative au Nouveau Testament. Les éditions ultérieures de ce livre, révisées et améliorées, parurent effectivement à Genève et à Lyon. La « Vénérable

Compagnie » de Genève se chargea de l'ultime révision, sous la responsabilité de Théodore de Bèze, Simon Goulart et Corneille Bertram. Cette « nouvelle » Bible genevoise de 1588 remplaça progressivement la Bible initiale d'Olivétan et fut aussi acceptée, à la longue, par les huguenots français (cf. Henri Vuilleumier, *Histoire de l'Église réformée du pays de Vaud*, II, 105 *sq.* ; et *Realenzyklopädie für prot. Theologie*, III, 131 *sq.*). Sur Olivétan, voir Henri Meylan, *Silhouettes du xvₑ siècle*, Lausanne, 1943, p. 53-65 ; et Lortsch, *op. cit.*, p. 100-128. Sur la dame Claudia – peut-être Claude de Tournon, nièce du cardinal –, voir Léopold Chatenay, *Vie de Jacques Esprinchard*, Paris, 1957, p. 246 *sq.* ; et Maurice Massip, *Le Collège de Tournon*, Paris, 1890, p. 34, 59, 73.

83. L'interdiction de l'ordre des jésuites en France remonte aux suites immédiates de l'attentat de 1594 contre Henri IV – tentative de meurtre qu'on disait fomentée par les jésuites, avec leurs théories du régicide légitime en cas de comportement impie du souverain. Mais les diocèses méridionaux, encouragés par les parlements du Midi, n'appliquèrent pas l'ordre législatif qui venait du Nord, et le collège de Tournon put subsister ainsi que d'autres établissements jésuitiques dans les diocèses somme toute « occitans » (géographiquement) de Toulouse, Bordeaux, Auch, Agen, Rodez, Perpignan, Limoges, Tournon... Voir à ce propos Lavisse, *Hist. de France*, VI, 1, 394-397 et VI, 2, 95 *sq.* ; De Thou, *Hist. universelle*, VIII, 532 *sq.* et IX, 165 *sq.* ; Pierre de L'Estoile, *Mémoires-journaux* (éd. 1880), VII, 131 ; Devic et Vaissette, *Hist. générale de Languedoc*, V, 479 *sq.*

84. Cette femme, Louise de Budos, était depuis 1593 la deuxième épouse du connétable. La première, Antoinette de La Marck, était morte en 1591. La troisième, née Mlle de Clermont (1571-1654), devait survivre à son vieux mari. Henri IV fut présent au baptême de l'enfant premier-né des susdites deuxièmes noces, venu au monde en avril 1595 à Chantilly et prénommé Henri. Voir à ce propos Desormeaux, *Hist. de la maison de Montmorency*, vol. III ; F. Freytag von Loringhoven, *Die europäischen Stammtafeln*, III, tableau 123 (nouvelle édition d'Isenburg, 1956) ; A. du Chesne, *Hist. généal. de la maison de Montmorency et de Laval*.

85. Alphonse d'Ornano (1548-1610) était originaire d'une famille corse ; c'est pourquoi les contemporains l'appelaient Alphonse Corse. Il fut élevé à la cour d'Henri II et combattit en Corse à dix-huit ans contre les Génois ; il servit donc sous Charles IX, puis sous Henri III, et participa personnellement à l'« exécution » du duc de Guise en 1588 à Blois. Il fut l'un des premiers et plus anciens partisans d'Henri IV. Montmorency aidant, il rétablit l'autorité royale à Vienne, Lyon et Grenoble ; il fut en 1595 lieutenant général en Dauphiné et l'un des quatre maréchaux de France. Puis, en 1599, il assuma le gouvernement de Guyenne (*Biog. universelle*, vol. 31, p. 406). Relativement à sa personne, les jugements (injustes ?) de Sully et d'Henri IV manquaient singulièrement d'indulgence. Voyez Sully, *Mémoires...*, éd. 1778, vol. IV, p. 181 et *Lettres missives* d'Henri IV, vol. V, p. 428 *sq.* « Homme ignorant, opiniâtre, dangereux [...]. Il fait le Corse à toute outrance » (lettre d'Henri IV à Sully). Sur la remarquable activité de d'Ornano en Guyenne, plus précisément à Bordeaux, voir Camille Jullian, *Histoire de Bordeaux*, 1895.

86. Pomponne de Bellièvre (mort en 1607), né à Lyon, devint après la Saint-Barthélemy intendant en Languedoc, s'étant ainsi posté à Montpellier. Puis, sous Henri III, il fut surintendant des Finances, et envoyé en mission chez les Confédérés helvétiques ; ultérieurement, président au parlement de Dauphiné ; il fut l'un des représentants de la France aux négociations de paix qui menèrent au traité franco-espagnol de Vervins en 1598. Il devint chancelier en 1599. Selon De Thou (*Hist. univ.*, vol. 9, p. 315), Bellièvre fut quelque peu décevant en comparaison de ce qu'on attendait de lui [?].

87. Pierre Forget, seigneur du Fresne (vers 1544-1610), fut, au cours de la décennie 1590, l'un des quatre secrétaires d'État. Antérieurement, il avait représenté le roi de Navarre, futur Henri IV, à Genève, à la veille d'un conflit qui allait s'ouvrir entre cette ville et la Savoie. Ce même Forget fut conseiller d'État, intendant des bâtiments de la Couronne, et conseiller du Bureau des finances ; à sa manière, un précurseur de Sully. Il contribua à rédiger le texte de l'édit de Nantes en 1598. Il mourut peu après l'assassinat d'Henri IV (*Revue Henri IV*, vol. I, 1912 ; S.A. Chamberland, *Le Conseil des finances en 1596 et 1597*, p. 159 [le titre véritable est : Albert Chamberland, *Un plan de restauration financière en 1596, attribué à Pierre Forget*, Paris, Champion, 1904 – LRL] ; *Biog. univ.*, vol. 14, p. 397).

NOTES DU CHAPITRE PREMIER

88. Il s'agit d'un seigneur de Saint-Geniès [TP II orthographie ce nom Singeny] ; il est mentionné dans la correspondance d'Henri IV à plusieurs reprises en tant qu'homme de confiance du connétable et comme intermédiaire, ou messager, entre celui-ci et le roi (*Lettres missives d'Henri IV*, vol. 5, p. 55, 61, 275, 285, 582). Il était lieutenant de la compagnie des gens d'armes de ce même connétable de Montmorency, et il fut blessé dans un combat contre les troupes de la Ligue (Devic et Vaissette, *Hist. générale de Languedoc*, V, 459).

89. Louis-Juste de Tournon, sénéchal d'Auvergne, et protecteur des jésuites à Tournon (voir De Thou, *Hist. univ.*, vol. 9, p. 165 *sq.* ; et Pierre de L'Estoile, *Mémoires-journaux*, VII, 131).

90. Vraisemblablement le comte de Tonnerre, partisan d'Henri IV.

91. Claude de Guise (1578-1657), prince de Joinville ; fils cadet du duc Henri de Guise le « Balafré », lui-même assassiné en 1588. Claude se distingua sous Henri IV en divers combats, notamment au siège de La Fère en 1597, près d'Amiens. Il devint duc de Chevreuse. Louis XIII le fit entrer en 1619 dans l'ordre du Saint-Esprit. Il participa également, parmi les rangs de l'armée royale, aux sièges des places huguenotes de Montauban et de Montpellier, lors des « avant-dernières » guerres de religion (1621-1622) (*Grande Encyclopédie*, vol. 22, p. 569).

92. Sur les différentes danses de l'époque (branle, gaillarde, pavane, volte), Rut Keiser dans son édition de TP II (1968, p. 53) a donné une note importante et détaillée, se référant notamment à Jean Tabourot, de Dijon (*Orchésographie*, 1588, 2e éd. 1596), ainsi qu'à Franz Magnus Boehme, *Geschichte des Tanzes in Deutschland*, 1886 ; Curt Sachs, *Eine Weltgeschichte des Tanzes*, Berlin, 1933 ; Friedrich Blume, *Die Musik in Geschichte und Gegenwart*, 1949-1951 ; et Grove, *Dictionary of Music and Musicians*, 1954.

93. La Roche, en rive gauche du Rhône.

94. Le château de Crussol est situé en rive droite du Rhône.

95. L'université de Valence avait été fondée au milieu du XVe siècle par le dauphin, futur Louis XI. On y trouvait les facultés de médecine, de théologie et des deux sortes de droit, en l'absence néanmoins de la très propédeutique faculté des arts. La faculté de droit, illustrée par des juristes prestigieux comme Pacius, Cujas et Hotman, avait attiré de nombreux étudiants. Au cours des années 1550, la Réforme eut des adhérents et sympathisants dans cette université « valencienne » et Calvin y fit même un séjour temporaire en 1561. Mais la prise et le pillage de la ville par les troupes de François de Guise, et la mise à mort de pasteurs et de leaders huguenots, mirent fin aux espoirs des réformés dans Valence. La *Galliae politicae medicae descriptio*, publiée à Iéna en 1621, et qui fut rédigée par Johann Stephan Strobelberger, docteur en philosophie et en médecine, contient (p. 99 *sq.*) un texte de louange dithyrambique en l'honneur de l'université de Valence, et spécialement à la gloire des facultés locales de médecine et de jurisprudence. Voir aussi Nadal, *Hist. de l'univ. de Valence*, 1861 ; André Mailhet, « Le voyage de Calvin à Valence », *Bul. de la Soc. de l'hist. du prot. français*, 1906, p. 403-416 ; et H. Randall, *The Universities of Europe in the Middle Ages* (3 vol., nouv. éd. Oxford, 1936, vol. II, p. 201 *sq.*).

96. Il est question ici, bien sûr, du géographe Ptolémée, d'Alexandrie. Sa *Géographie* en huit livres est restée l'autorité essentielle, dans cette spécialité, jusqu'au XVIe siècle inclusivement. La traduction latine est du début du XVe siècle ; la première édition imprimée remonte aux années 1470. Érasme assura l'initiale édition du texte original en grec à Bâle en 1533. Tous les cosmographes de la Renaissance se réfèrent à la *Géographie* de cet auteur, comme chose allant de soi.

97. Il s'agit, vraisemblablement, du portrait et des « ossements » – longs de quinze coudées – du « gigantesque géant » (?) Briat, dont la tombe avait été découverte en 1456 près de Saint-Péray, non loin de Valence. Quelques fragments de ce squelette furent également transférés à Bourges, et du coup l'on parla faussement du « géant de Bourges » ! Voyez à ce propos Jean Chaumeau de Lassay, *Histoire de Berry*, Lyon, 1566, p. 229.

98. Ce qui est en cause, en l'occurrence, c'est la légende des Trois Saints, à savoir le prêtre Félix et deux diacres : Fortunat et Achille. L'évêque lyonnais Irénée les avait envoyés en mission à Valence. Ils furent martyrisés au temps de Caracalla (211-217). Leurs reliques furent brûlées par les huguenots ; voir à ce propos Stadler, *Vollständiges Heiligen-Lexikon*, vol. II, p. 179. La chronologie proposée par TP II (« l'année 185, au temps du règne d'Aurélien ») est impossible, car Aurélien fut empereur romain à partir de 270 de notre ère, alors qu'Irénée fleurissait dès le IIe siècle.

99. L'itinéraire « plattérien », de Valence au Pont-Saint-Esprit, passe par Soyons (en rive droite du Rhône) ; Toulaud, à trois kilomètres de Soyons, vers l'ouest, sur la hauteur ; La Voulte ; Le Pouzin, en Vivarais ; Baix, et puis la vue (à distance) sur Montélimar ; Ancône ; Le Teil ; le Château d'Amour, indiqué en effet sur une carte ancienne ; Viviers ; Donzère ; enfin Bourg-Saint-Andéol.

100. Anne de Lévis, duc de Ventadour, mort en 1622. La famille des Lévis (originaire de Lévis, près de Chevreuse en Île-de-France) obtint pendant le XIIIe siècle (au terme de sa participation lucrative à la croisade contre les albigeois) des terres et des biens de vaste superficie en Languedoc, principalement dans la région de Mirepoix. Aux XIVe et XVe siècles, c'est l'un des plus importants lignages aristocratiques de Languedoc. La terre de Ventadour fut érigée en 1578 en duché-pairie, dans le cadre des domaines appartenant aux Lévis. Le susdit Anne de Lévis était l'époux d'une fille du connétable Henri de Montmorency, qui donc fit ce gendre en 1593 lieutenant général au gouvernement de Languedoc (autrement dit « numéro deux » de la province, immédiatement après le gouverneur d'icelle, éventuellement absentéiste). Henri IV confiait d'autant plus volontiers le Languedoc à Anne de Lévis pendant les longues absences de Montmorency ; il s'agissait plus spécialement du Bas-Languedoc ou Languedoc méditerranéen (région de Montpellier), puisque le Haut-Languedoc était aux mains des Ligueurs anti-bourboniens. En 1599, les deux moitiés de la province furent enfin réunifiées au profit du susdit gouverneur-connétable et de son lieutenant Anne de Lévis (Devic et Vaissette, V, p. 465 et *passim* ; *Mém. de l'Acad. de Nîmes*, 1908, p. 1 *sq.* ; De Thou, *Hist. univ.*, vol. 8, p. 13 *sq.*).

101. À cet emplacement de son manuscrit, TP II a intercalé un dessin qui représente le Pont-Saint-Esprit.

CHAPITRE II

Occitania

1. Le provost ou prévôt, haut personnage chargé des responsabilités (de type policier) de la maréchaussée, sous l'égide du gouverneur de la province (voir Paul Dognon, *Institutions politiques et administratives du pays de Languedoc, du XIIIe siècle aux guerres de Religion...*). Sur Pierre d'Augier, cf. *infra*.

2. Uzès : en latin non pas Utica, mais Ucetia.

3. Itinéraire d'Uzès à Sommières : Malaigue (lieu non identifié), Blauzac, Aubarne, Dions, La Calmette, Saint-Mamert, Montpezat, Souvignargues, Ville-Vieille.

4. Les tanneurs « rouges » se distinguent des tanneurs « blancs » par le fait qu'ils utilisent des substances différentes pour le travail du cuir. Les tanneurs « rouges » se servent d'écorce d'arbres, en provenance principalement du chêne. Les tanneurs « blancs » font usage de l'alun, afin d'obtenir un cuir blanc et plus fin qu'on emploie de préférence pour la fabrication notamment des gants.

5. Le sieur de Bartissière, en orthographe plattérienne, n'est autre qu'Abdias de Chaumont-Guitry (vers 1550-1622), seigneur de Bertichères (*alias* Bartissère ou Bertissière), baron de Montredon et de Lucques. Il appartenait comme son père à la première génération protestante ; vers 1590, il s'était mis au service de l'armée genevoise, puis s'était retiré en Languedoc, où il avait été investi en 1595 du gouvernement des places de sûreté d'Aigues-Mortes, voire de Sommières. En 1597, il fut soupçonné d'entretenir des « intelligences » avec l'Espagne : convoqué à la cour d'Henri IV pour s'expliquer, il refusa par trois fois de s'y rendre. Du coup, les autorités royales provoquèrent contre lui un soulèvement de la bourgeoisie et des habitants d'Aigues-Mortes. En février 1598, il fut donc limogé de son poste d'Aigues-Mortes, et remplacé par le sieur Gondyn, maître de camp d'un régiment. Au sujet de Bertichères et de Gondyn, on se reportera aux lettres échangées entre Henri IV, Montmorency et Ventadour en février et mars 1598 (*Lettres missives* d'Henri IV, vol. IV, p. 939-941 et 1066-1068). En ce qui concerne Aigues-Mortes, voir ci-après, lors d'un voyage de TP II en cette ville. Au cours de l'année 1598,

Bertichères dut également céder au sieur Gondyn son gouvernement de la ville et château de Sommières. Mais en 1599 il avait repris pied à Sommières, comme l'indiquent les Actes de l'Assemblée protestante de Castres, laquelle demandait au duc de Ventadour le paiement d'une indemnité monétaire à Bertichères « qui est à Sommières » (*BSHP*, vol. 31, 1881, p. 30 *sq.*). Demande couronnée de succès. Les états provinciaux de Languedoc, réunis à Pézenas en 1599, accordèrent 130 000 écus (= 390 000 livres !) au même Bertichères pour qu'il consente à se retirer du château de Sommières, où il s'était fortifié après avoir perdu le gouvernement d'Aigues-Mortes. Il accepta ce marché. En 1612, le même personnage obtint à nouveau de s'installer à Aigues-Mortes, où il réussit à se maintenir jusqu'en 1614. Aigues-Mortes passa alors au pouvoir de Gaspard de Châtillon, petit-fils du grand Coligny. Ce Châtillon devait cependant trahir la cause protestante et livrer Aigues-Mortes à Louis XIII en 1622. Bertichères, en revanche, devint l'un des leaders des huguenots, avec l'accord de ceux-ci, à partir de la « guerre de religion » méridionale de 1621. Il exerça un commandement sous l'égide de Rohan, occupa Saint-Gilles et y procéda à des démolitions aux dépens de la vieille église de l'abbaye. Il mourut en 1622 à Sommières. Voyez à ce propos Prevost et Amat, *Dict. de biog. française* ; Charles Martins, *Aigues-Mortes, son passé... Essai historique*, Paris, 1874 ; A. de Cazenove, « L'entreprise d'Aigues-Mortes », *Mém. de l'Acad. de Nîmes*, 1905, p. 1 *sq*.

6. Les ruines du château de Montredon se trouvent à deux kilomètres en amont de Sommières, sur la rive droite du Vidourle.

7. Mathieu de Gondyn, mort en 1607, combattit dans le camp huguenot ; colonel depuis 1588, il fut fait prisonnier momentanément par les ligueurs en 1592. Par la suite, il deviendra capitaine de la Tour-Carbonnière (près d'Aigues-Mortes), viguier d'Uzès et gouverneur d'Aigues-Mortes (voir *La France protestante*, vol. V). Gondyn s'inscrivit dans le livre d'or de TP II, le 14 juin 1598.

8. Castries – prononcer éventuellement Castres (autre orthographe, ancienne, de ce toponyme) –, localité proche de Montpellier, à ne pas confondre avec la ville de Castres dans le Sud-Ouest français.

9. Salaisons, localité située à 7 kilomètres au nord-est de Montpellier.

10. Jacques Catalan, mort vers 1602. La famille Catalan appartenait au groupe des marranes (cf. *infra*), autrement dit des juifs plus ou moins « convertis » au catholicisme, et venus d'Espagne. Originaire d'Alcolea de Cinca (Aragon), cette famille avait émigré à Montpellier au début du XVIe siècle. Le chef d'icelle, à l'époque, était marchand de poivre en gros. Son fils Laurent senior [l'un des « vieux héros » du « journal » de Felix Platter et, par voie de conséquence, très présent dans notre *Siècle des Platter* – LRL] tenait boutique d'apothicaire montpelliérain et possédait par ailleurs une maison et des terres à Vendargues, non loin de Montpellier [en un village où sa famille était extrêmement appréciée et très populaire – LRL]. Au temps d'Henri II, Laurent devint, par acte royal, français à part entière. Marié à une marrane nommée Éléonore Birsch, de Lyon, il en eut plusieurs enfants, dont une fille, Isabelle, mariée à un marchand de Béziers ; ses deux fils, Gilbert et Jacques, étudièrent d'abord à Strasbourg, puis à Bâle. Cet apothicaire, Laurent Catalan senior, fut à partir de 1552 le logeur de Felix Platter, étudiant en médecine, lequel devait résider à Montpellier pendant quatre ans et quatre mois. Laurent senior, à l'époque de Felix, eut un bébé prénommé Laurent (junior). Le père le fit publiquement baptiser et secrètement circoncire. Le fils aîné (de Laurent senior), Gilbert, était un bon à rien, à en croire Thomas Platter senior et Felix. Le fils cadet (de Laurent senior), Jacques Catalan, plus jeune que Gilbert et plus âgé que Laurent junior, prit en charge la pharmacie paternelle au cours des années 1560. Il se convertit au protestantisme pendant les années 1560 – destin typique des marranes de Montpellier en particulier, et de ceux du Languedoc en général, qui ont été juifs clandestins et catholiques « pour la galerie » lors des deux premières générations en France du Sud, puis protestants à partir de 1555-1560, et reconvertis plus tard au catholicisme (plus ou moins de force, de bon ou mauvais gré) lors de la révocation de l'édit de Nantes [voir, dans le même ordre d'idées, le destin typique en effet de la grande famille des Saporta – LRL]. Apothicaire de seconde génération, Jacques Catalan eut de son mariage avec Jeanne Linard [une femme d'origine marrane, également ? – LRL] plusieurs enfants, parmi lesquels Laurent junior, lui aussi né en 1568 ou 1569. Jacques Catalan fut contemporain des décisions prises en 1572, en vertu desquelles la corporation des apothicaires, disposant de statuts propres et octroyant la maîtrise, était plus ou moins soumise à l'université de médecine : un examen, contrôlé par cette université,

était donc susceptible de donner le grade de « maître apothicaire juré en la faculté de médecine de Montpellier ». L'intitulé en était significatif. Jacques Catalan fut reçu à cet examen. Plus tard, en 1588, aux termes d'une convention passée entre l'université de médecine et le collège des apothicaires, fut érigée une « droguerie » (dirigée par un « droguier ») dans laquelle on faisait démonstration de la fabrication des drogues, trois fois par an, à l'intention des étudiants en médecine de la ville. L'apothicaire Jacques Catalan n'est autre que le Hans Jakob Catalan dont TP II parle de temps en temps, non sans germaniser de façon quelque peu indue les prénoms de ce personnage. Celui-ci à son tour s'est inscrit dans le livre d'or de notre auteur, en un remarquable texte à résonances latines, allemandes et françaises, qui se lit comme suit : « Patre Hispanus, Matre Gallus, Natura Germanus, Jacques Catalan, m[aître] ap[othicaire] de Montpellier, à Monsieur Platerus de Basle, le 8° August 1598 ». [On notera en ce texte latin l'hispanité marrane et familiale de Jacques Catalan : *patre Hispanus* ; sa francité en ligne maternelle : *matre Gallus* ; enfin son germanisme naturel : *natura Germanus*, autrement dit (la chose va de soi) son luthéranisme... *alias* protestantisme huguenot et calviniste de l'an 1598 – LRL]. Sur tout cela et spécialement sur la famille Catalan, voir Fr. Gay, *Une lignée d'apothicaires montpelliérains*, 1896 ; J.A. Haefliger, « Das Apothekerwesen Basels », *Basler Zeitschrift für Gesch. u. Altertumskunde*, vol. 36, 1937, p. 52, note 158 ; et Louis Irissou, « Hypothèse sur un sceau du XVIIᵉ siècle », *Monspeliensis...*, I, fasc. III (1932), p. 225-234. Dans le livre d'or de TP II, on trouve aussi l'inscription (en français) d'un certain Raphaël Catalan, de Montpellier, inscription effectuée lors du passage de TP II à Narbonne le 18 janvier 1599.

11. Porte du Pila Saint-Gély ou du Pyla Saint-Gely – autrement dit, en français, de la fontaine Saint-Gilles. Erreur (une fois n'est pas coutume !) de Rut Keiser, qui parle ici de « Pile » comme s'il s'agissait d'un jeu de palemaille ou de paume. [LRL]

12. Cette double phrase de TP II, relative aux femmes montpelliéraines et à la piété de cette ville, a été interposée après coup par lui dans son manuscrit. Elle s'inspire peut-être de la *Cosmographey* (1598) de Sebastien Munster, qui dans son paragraphe consacré au Languedoc « mélange » Agde et Montpellier. Ou bien TP II a-t-il utilisé ici Brun et Hogenberg, *Civitates orbis terrarum*, I, 59 ? C'est de ce dernier ouvrage (*ibid.*) que TP II a tiré l'estampe coloriée, relative à Montpellier, qu'il a insérée dans ce passage de son manuscrit.

13. Saint-Pierre était, au départ, l'église du monastère des bénédictins de Saint-Germain, couvent fondé à l'initiative du pape Urbain V en 1364. Le pontife avait lui-même consacré l'autel de ce sanctuaire, en 1367. L'église monacale ainsi nommée devint cathédrale montpelliéraine à l'époque précise où l'évêque de Maguelonne, en 1536, déménageait de ce lieu insalubre pour installer sa résidence officielle à Montpellier. L'occupation de Saint-Pierre et sa destruction « subséquente » par les protestants se produisirent à l'automne de 1561. L'édit d'Amboise de 1563 faisait, en principe, obligation aux religionnaires de restituer aux catholiques toutes les églises dont ceux-ci avaient été évincés. Cette prescription suscita à Montpellier un nouveau tumulte, générateur de destructions supplémentaires. L'automne de 1567 (ajoute Rut Keiser) connut encore une vague de destructions, dont fut entièrement victime, entre autres, l'église Saint-Firmin, sanctuaire officiel de l'université. Les églises qui demeuraient plus ou moins debout furent enfin démolies l'année suivante. Un équilibre plus juste entre les diverses confessions chrétiennes ne s'établira qu'après la Saint-Barthélemy, avec l'aide du gouverneur Henri de Montmorency : celui-ci accorda une espèce de parité aux représentants des deux cultes et il rendit aux huguenots, incidemment, le contrôle de la cour du Bayle (1575). Vers la fin des années 1570, à la suite de nouveaux troubles, le rapport de forces se transforma derechef en faveur des protestants. Ceux-ci purent bénéficier du *leadership* qu'exerçait dorénavant François de Châtillon [fils du grand Coligny, lui-même précédemment victime, comme chacun sait, de l'atroce massacre de 1572 – LRL]. Châtillon était devenu en effet gouverneur de la ville de Montpellier, et l'entier consulat urbain passait ainsi sous le contrôle des huguenots du cru, qui conserveront également la maîtrise de l'hôtel de ville jusqu'en 1622. Ils érigèrent leur « grand temple » en 1583 sur l'emplacement de la susdite cour du Bayle. Voir sur tout cela l'ouvrage de l'excellent historien calviniste de Languedoc Philippe Carrière, *Histoire de l'Église réformée de Montpellier*, 1861 ; ainsi que Devic et Vaissette, *Histoire générale de Languedoc*, vol. V, notamment p. 206 *sq.*, 230 *sq.*, 236, 254, 278-282, 306, 309, 335, 356-361, etc. ; et enfin *Gallia christiana*, VI, 806-811.

14. Il s'agit en l'occurrence de l'évêque Antoine de Subjet, né en 1514 et mort le 8 octobre (ou le 9 novembre ?) 1596. Il avait occupé depuis 1573 le siège épiscopal de Montpellier, ci-devant de Maguelonne. Son successeur sera, de 1597 à 1602, Guitard de Ratte. Voir *Gallia christiana*, VI.

15. Les chambres mi-parties, autrement dit les cours souveraines de justice, compétentes pour les affaires pénales ou de droit civil, et composées à proportion égale de magistrats protestants et catholiques, vont représenter l'une des grandes « conquêtes sociales » (ce mot n'est pas trop fort) acquises par les huguenots à la fin du XVIe siècle. L'instauration de ces tribunaux mixtes avait déjà été prévue par les édits de pacification de Beaulieu (1576) et de Poitiers (1577). En Languedoc, grâce à la tournée régionale qu'effectua sur place en 1579 Catherine de Médicis, le parlement de Toulouse consentit enfin à enregistrer l'édit de Poitiers, avec ses dispositions effectives, en faveur d'une chambre mi-partie dans la province, puisque aussi bien l'édit de Poitiers n'avait prévu l'implantation de telles « cours souveraines mixtes » que dans les ressorts [essentiellement méridionaux, somme toute occitans, provençaux ou franco-provençaux – LRL] des parlements de Bordeaux, Grenoble, Aix et Toulouse [il n'était pas question de faire béné-ficier de ces dispositions de 1576-1577 l'immense ressort fondamentalement septentrional et central du parlement de Paris, celui-ci résolument protestantophobe – LRL]. En ce qui concerne le Languedoc, ou plus précisément le ressort du parlement de Toulouse [les limites géogra-phiques de ces deux « circonscriptions » ne coïncident pas exactement – LRL], une chambre mi-partie fut en effet créée à Lisle-sur-Tarn ; elle se composait de huit magistrats protestants et huit catholiques. Elle ne siégea qu'une année environ (1579-1580), puis elle fit naufrage complet au cours des conflits et troubles ultérieurs. Après la victoire parisienne d'Henri IV, lequel venait ainsi de récupérer sa capitale (1594), on put désormais faire droit derechef aux revendications des huguenots en la matière. Les villes de Montpellier, Nîmes, Bagnols et Castres étaient éven-tuellement candidates à l'installation, sur le territoire de l'une d'entre elles, d'un tribunal mi-parti catholico-protestant. Castres obtint gain de cause, à la demande de son évêque, une telle implantation judiciaire devant permettre la réintroduction du culte catholique dans l'enceinte de cette ville, jusqu'alors entièrement contrôlée par les réformés. Le président catholique de la nouvelle cour souveraine, ainsi devenue castraise, était M. de La Bourgade ; le réformé n'était autre que Philippe de Canaye, sieur de Fresne et lié d'amitié avec Casaubon : c'était l'un des intellectuels et leaders huguenots les plus en vue. Au grand regret des protestants, toutefois, ce sieur de Fresne se convertit au catholicisme. Quoi qu'il en soit, la chambre mi-partie de Castres inaugura sa première session en avril 1595. L'édit de Nantes de 1598 devait généraliser ce système de tribunaux paritaires à d'autres régions du royaume, dès lors qu'une population hugue-note importante résidait en icelles. L'existence même de la chambre mi-partie de Castres était confirmée par l'édit de 1598 et l'on parlait dorénavant à ce propos d'une « chambre de l'édit ». L'article secret n° 48 du texte « nantais » stipulait que le doyen des magistrats de ladite chambre en deviendrait président, la religion de ce personnage (protestante ou catholique) n'entrant pas en considération dès lors que s'établissait cette préséance d'âge. La nouvelle institution ainsi définie fonctionna de façon relativement régulière à l'époque d'Henri IV. Mais les tracasseries anti-huguenotes allaient commencer au temps de ses successeurs : dissolution momentanée de la chambre castraise de l'édit entre 1622 et 1626 ; déménagement de celle-ci (après son réta-blissement) dans la petite ville de Revel en 1630 ; retour à Castres en 1632 ; contestation du droit de porter la robe judiciaire, à l'encontre des conseillers protestants, au cours de la décennie 1630 ; à partir de 1636, présidence catholique obligatoire, sans « alternance » religieuse désor-mais ; nouveau déménagement à Castelnaudary en 1669 ; enfin, suppression pure et simple de la chambre castraise de l'édit en 1679. Triste série d'avatars, avec abolition terminale ! (Voir à ce propos M. Sacaze, « Les chambres mi-parties des anciens parlements ; la chambre de l'édit du Languedoc », *BSHPF*, vol. 3, 1855, p. 362-377.)

16. Les débuts de l'université de Montpellier se perdent quelque peu dans la nuit des temps (médiévaux). Il paraît difficile de parler, avec certitude, d'un acte de fondation qui serait vrai-ment initial, et nanti d'une date précise. De toute manière, ni le roi Henri Ier (1031-1060), troisième fils de Robert II le Pieux et petit-fils d'Hugues Capet, ni le pape Urbain II (1088-1099) n'eurent le moindre rapport avec de tels commencements universitaires montpelliérains. Le « pape Urbain » dont parle ici TP II n'est pas Urbain II (voir aussi à ce propos *Gallia christiana*, VI, p. 612) ; en réalité, il s'agit du pape d'Avignon Urbain V (1362-1370), qui fut

professeur de droit à Montpellier (*après* la fondation de l'université locale, par conséquent). Devenu souverain pontife, Urbain V fonda dans sa ville ci-devant professorale en 1364 le prieuré Saint-Germain (de l'ordre des bénédictins) et en 1369 le collège des douze médecins, *alias* collège de Mende ou collège papal ; cet établissement était doté de douze bourses d'étude à l'intention d'étudiants en médecine dépourvus d'argent et originaires du diocèse de Mende, pays natal du pape en question [les papes d'Avignon, à plusieurs reprises, furent originaires des régions pauvres du Massif central occitan – LRL]. Voir à ce propos Alexandre Germain, *Histoire de la commune de Montpellier*, vol. III. Le voyageur Paul Hentzner, qui en juin 1598 visitera lui aussi Montpellier, mentionnera, tout comme Platter, Urbain (V) parmi les initiateurs de l'université locale, et en fera même le fondateur du collège des médecins, tout en datant la chose – à tort – de 1196. En fait, l'université médicale de Montpellier est nettement plus ancienne que le « collège » papal ainsi évoqué. Elle tire son origine des écoles de médecine qui fonctionnaient déjà *in situ* au XIIe siècle, mais qui ne bénéficiaient pas encore d'une reconnaissance officielle ni juridique. Ces écoles, à leur tour, devaient leur existence à la prospérité commerciale de la ville ainsi qu'à diverses influences – notamment, mais pas exclusivement, arabes et juives [? – LRL]. Le fait que certains hôpitaux fonctionnaient à Montpellier a pu également jouer un rôle quant à la mise en place des premières structures médicales tant universitaires que facultaires, comme on voudra les appeler. Voir à ce propos l'ouvrage de Stephen d'Irsay, *Histoire des universités...*, 1933-1935, vol. I, p. 110 *sq.* ainsi que p. 113 *sq.* (au sujet du rabbin voyageur Benjamin de Tudèle découvrant à Montpellier, grande ville marchande, vers la fin du XIIe siècle, plusieurs groupes de lettrés de haut niveau) et p. 115 *sq.* (au sujet des hôpitaux médiévaux de cette ville). La médecine montpelliéraine était connue et reconnue à longue distance de cette « capitale », dès le XIIe siècle et bien sûr ultérieurement ; Bernard de Clairvaux, César von Heisterbach et d'autres auteurs en témoignent. Hartmann von Aue fait passer et voyager son « pauvre Heinrich » dans cette ville. En 1180, le seigneur de Montpellier garantit à qui de droit la liberté de tenir, en sa ville, des écoles de médecine, *scolas de fisica*. L'Église a franchi ou fait franchir le pas décisif qui menait de ces libres écoles à l'organisation d'une corporation, *universitas*. Le cardinal cistercien Konrad von Urach, évêque de Porto et surtout, en l'occurrence, légat papal, promulgue en 1220 les premiers statuts qui placent l'université montpelliéraine sous la juridiction de l'évêque de Maguelonne et de son chancelier ; le cursus estudiantin, les vacances, les examens et les rapports entre élèves et professeurs sont ainsi réglementés. Ces statuts ont pris naissance au temps du pape Honorius III, qui réservait au siège pontifical (en dernière analyse) l'autorité suprême sur cet établissement. Lesdits statuts furent complétés en 1239 sous le pape Grégoire IX et confirmés en 1258 sous Alexandre IV. Les statuts de 1239 interdisaient la pratique médicale si le candidat praticien n'avait pas passé au préalable un examen sous l'égide de deux professeurs d'université. Quant à la faculté de droit locale, elle remontait au XIIe siècle, et devait beaucoup à l'enseignement que dispensait au cours des dernières décennies du XIe siècle Placentinus (de Bologne). En 1230, on y enseignait déjà le droit civil et le droit canonique. Montpellier disposait ainsi, en France, de la première faculté (en date) pour l'enseignement de ces deux droits – même si celle-ci n'atteignait pas à la réputation qui sera celle d'établissements médiévaux analogues, plus récents, sis à Toulouse, Bourges et Orléans. Les écoles montpelliéraines où l'on enseignait, par ailleurs, la grammaire, la logique et la dialectique furent réglementées par l'évêque de Maguelonne en 1242. Personne n'était autorisé à y enseigner sans examen préalable et autorisation épiscopale ; les études s'y concluaient par l'octroi (éventuel) de la maîtrise ès arts libéraux. Le pape Nicolas IV (mort en 1292) « récapitula » ces trois facultés en 1289 sous l'égide de son protectorat et de son influence. La faculté de théologie, bonne dernière en date, vint s'associer en 1421 à cet ensemble « multifacultaire », mais en l'occurrence il ne s'agissait pas d'une institution de plein exercice à part entière. Elle fut bien plutôt incorporée à la faculté de droit... puis elle disparut en 1561 dans le tourbillon des guerres religieuses lors de la prise de pouvoir protestante à Montpellier. Toute la collectivité universitaire était tombée dans un assez profond marasme jusqu'aux années 1590 quand Henri IV, en accord avec la municipalité de Montpellier, prit l'initiative d'une entreprise de rénovation : le souverain décida d'augmenter les salaires des professeurs et il nomma quatre juristes comme professeurs royaux ou « régents » à la faculté de droit. Celle-ci connut alors son apogée grâce à la présence et à l'enseignement du célèbre savant d'origine italienne et protestant Julius Pacius, installé sur place de 1602 à 1616 (voir *infra*). Henri IV créa aussi deux nouvelles chaires à la faculté de médecine, outre les quatre qui existaient déjà : une chaire d'anatomie et de botanique en 1593, une chaire de chirurgie et de pharmacie en 1597. À quoi vint s'ajouter un office de « dissecteur » royal pour l'anatomie. D'autre part, en 1593 avait été fondé le jardin botanique. Le monarque fit en outre assigner une partie des recettes de l'impôt du sel, *alias* gabelle, à l'amélioration du fonctionnement de la faculté des arts – nous dirions aujourd'hui la faculté des lettres. Il soutint avec succès la municipalité de Montpellier, désireuse de faire venir le « phénix des lettrés » Isaac Casaubon pour diriger ces études littéraires. Le séjour montpelliérain de Casaubon ne durera que de la fin de 1596 au printemps de 1599 ; son influence fut néanmoins décisive quant à la réorganisation du « collège des arts ». Au sujet de la nouvelle faculté de théologie protestante, voir ci-après. Sur l'histoire universitaire montpelliéraine, voir aussi Alexandre-Charles Germain, *L'École de médecine de Montpellier (étude historique)...*, Mémoires de la Soc. archéologique de Montpellier, 1880 ; et, du même auteur, *Histoire de l'univ. de Montpellier*, Cartul. de l'univ. de Montp., I, 1890, notamment l'index ; Stephen d'Irsay, *op. cit.*, vol. I, chap. v, et *passim* ; Michel Nicolas, « Les anciennes académies protestantes », *BSHPF*, vol. I, 1853 ; H. Rashdall, *The Universities of Europe...*, *op. cit.*, vol. II. [Il faudrait ajouter à cette bibliographie de Rut Keiser les volumineux, considérables et importants travaux du docteur Louis Dulieu sur *La Médecine à Montpellier*, vol. I-III, 1975-1983 – LRL.]

17. Le Persan Ibn Sina, en latin Avicenna (980-1037), était originaire de Boukhara et mourut en Perse. Son *Canon* fut, à l'égard de la médecine médiévale, un ouvrage essentiel. Les écrits d'Avicenne, inspirés par Aristote et par le néoplatonisme, furent traduits de l'arabe en latin dès le XIIe siècle ; ils exercèrent une influence non négligeable sur la théologie médiévale, telle qu'on l'enseignait à Paris et à Oxford. À partir de 1473, le susdit *Canon* fut imprimé à de nombreuses reprises, dans la traduction de Gherardo di Cremona. Voir à ce sujet Aldo Mieli, *La Science arabe et son rôle dans l'évolution scientifique mondiale* ; ainsi que le *Dict. d'histoire et de géog. ecclés.*, IV, 1032 *sq*. (Les œuvres d'Avicenne et d'Averroès étaient effectivement connues à Montpellier.)

18. Ibn Rushd, autrement dit Averroès, de Cordoue (1126-1198). Lettré et penseur arabe, ce personnage était juge et médecin, « archiatre » à la cour des Khalifes. Il est devenu célèbre, entre autres, par ses *Commentaires* sur l'œuvre d'Aristote et par son encyclopédie médicale *al Kulât*, en latin *Colliget*. Cette haute réputation ne l'empêcha point d'être oublié par le monde arabe médiéval au bout d'un certain temps. Mais en Espagne des traducteurs, notamment juifs, donnèrent des versions de l'œuvre d'Averroès tant en hébreu qu'en latin ; celles-ci jouèrent un rôle important quant à l'évolution de la philosophie médiévale en Europe de l'Ouest (voir le *Dict. d'hist. et de géog. ecclés.*, V, 1032-1092).

19. Jean Hucher (vers 1545-1603), originaire de Beauvais, commença en 1561 ses études de médecine à Montpellier ; il est docteur en médecine en 1567, puis médecin-praticien ; professeur à l'université de cette ville en 1570, doyen en 1578, et chancelier en 1582 (voir le *Biographisches Lexikon der Ärzte*, vol. III, p. 321).

20. Jean Blazin, dit Schyron, docteur et régent, et doyen du collège des médecins de Montpellier. En 1574, il avait posé vainement sa candidature à l'une des quatre chaires royales de médecine ; il renouvela cette tentative à plusieurs reprises, jusqu'à ce qu'il réussisse enfin à être élu. Il signait en 1590, en tant que « doyen » : *Blazinus Schyronius decanus*. Voir à ce propos le Cartulaire de l'université de Montpellier, II, p. LII et p. 302.

21. Jean Saporta, mort en 1605, incarnait la quatrième génération d'une dynastie de médecins. Son arrière-grand-père Louis Saporta, un marrane, avait quitté, au cours de la seconde moitié du XVe siècle, la ville de Lerida en Catalogne ; il vint s'installer en Arles, puis en Avignon et à Montpellier. Le roi Charles VIII l'appela auprès de lui pour utiliser ses services (médicaux). Il mourut à l'âge de cent six ans (?). Son fils Louis Saporta fut professeur à Montpellier, et vécut plus tard à Toulouse où il passait pour le « prince des médecins » ; il mourut à quatre-vingt-dix ans. Antoine Saporta naquit à Montpellier et fit carrière (brillante) dans cette ville : en 1540, il y était professeur ; en 1551, doyen ; en 1566, chancelier. Après sa mort en 1573, son fils Jean lui succéda en tant que professeur : il traitait d'« ânes » ses étudiants, les giflait et les intimidait en observant à leur égard une attitude méprisante lors des examens. En 1603, il devint vice-chancelier ; il mourut en 1605. (À propos des Saporta, voyez A. Germain, *L'École de médecine de Montpellier*, p. 327 ; ainsi que J. Steph. Strobelberger, *Historia Monspeliensis* ;

et *Biograph. Lexik. der Ärzte*, V, p. 22.) Jean Saporta, sous la direction de qui TP II passa son baccalauréat, s'inscrivit le 9 avril 1597 dans le livre d'or de notre jeune Bâlois.

22. Jean de Varanda (Varandal, en latin Varandaeus), vers 1550-1617, tirait ses origines de la famille Colliod (de Bourg-en-Bresse). Celle-ci avait pris le nom d'une seigneurie dite de Varanda ou de Varandal, située en région lyonnaise. Un second Colliod dit « de Varandal » était en 1565 pasteur protestant à Pézenas (Hérault actuel), et plus tard à Aigues-Mortes (cf. *infra*) [est-ce l'indice, une fois de plus, des connexions protestantes de ce lignage, y compris dans sa « branche » médico-professorale ? – LRL]. Quant au susdit Jean de Varanda, il était né à Nîmes, puis fut étudiant en médecine à Montpellier, où il devait passer son doctorat en 1587 « aux applaudissements de toute la faculté ». Il y devint professeur en 1597 et se consacra avec beaucoup de zèle à la médecine, à la « science » et à ses étudiants : ils venaient en grand nombre assister à ses cours. En 1609, il accéda au titre de doyen. Voir à ce propos Léon Ménard, *Hist. de la ville de Nîmes*, V, 391 *sq.* ; A. Germain, *Hist. de l'univ. de Montpellier*, p. 159 ; ainsi que Ferdinand Teissier, « À Montpellier au XVIᵉ siècle », *BSHPF*, vol. 48, 1899, p. 76 *sq.*

23. François Ranchin (vers 1565-1641), promu en 1592, sortait d'une famille montpelliéraine qui avait donné beaucoup d'hommes de valeur à l'université locale, tant en droit qu'en médecine, ainsi qu'aux autorités judiciaires ou administratives et à l'Église protestante. En 1605, il prit la succession de feu Jean Saporta comme professeur de médecine ; en 1612, il devint chancelier de l'université ; en 1614, il donna une leçon inaugurale sur les origines, le développement, l'administration et la gloire de cette même université (voir à son propos A. Germain, *L'École de médecine de Montpellier*, p. 409-416 ; et *Biog. Lexik. der Ärtzte*, IV, p. 718).

24. Jacques de Pradilles, mort en 1619, originaire de Montpellier ; il s'inscrivit à l'université de médecine de cette ville en 1586 et y passa le doctorat en 1590 ; en 1603, il est régent, c'est-à-dire titulaire d'une chaire de professeur, elle-même salariée par le Trésor royal ; en 1617, il est doyen (voir à ce propos Marcel Gouron, *Matricule de l'université de Montpellier 1503-1599*, éd. 1957, p. 188, n° 2938 ; et A. Germain, *L'École de médecine de Montpellier*, p. 329, qui donne une description de la somptueuse soutenance doctorale de Jacques de Pradilles, placée sous l'égide du doyen Jean Blazin, du chancelier Jean Hucher et du professeur Jean Saporta).

25. Pierre Richer (Richier) de Belleval (1558-1623) était originaire de Châlons-sur-Marne. (Sa signature en 1584 : Richardus a Bellavalle ; en 1596 : Richerius de Belleval.) Il étudia en 1584 à Montpellier et devint docteur en 1587 en Avignon. Dès lors, il se fit un nom dans la pratique médicale. Il vint à Montpellier à la suite de la rénovation de l'université de cette ville par les soins d'Henri IV. Il obtint alors la cinquième chaire d'anatomie et de botanique, et il fut chargé de l'installation d'un jardin botanique. Il se passionna donc pour ce Jardin des plantes, le premier jardin botanique du royaume : plantes médicinales, mais aussi indigènes et exotiques, de toute espèce. La passion « jardinatoire » de Richer était telle qu'il délaissa l'anatomie : en décembre 1600, les étudiants le dénoncèrent pour n'avoir fait depuis des années qu'une ou deux dissections, en dépit des devoirs de sa chaire ; et ces accusations se répétèrent (A. Germain, *L'École de méd. de Montp.*, p. 373-380). Richer, sexagénaire, sacrifia sa fortune pour reconstruire « son » jardin, détruit lors du siège de Montpellier par Louis XIII en 1622. Voir à ce propos Charles Martin, *Le Jardin des plantes de Montpellier*, 1854 ; L.E. Planchon, *Richer de Belleval*, 1869 ; L. Emberger, *L'Histoire de la botanique à Montpellier*, 1959.

26. Barthélemy Cabrol (vers 1535-1603), originaire de Gaillac (Tarn). En 1595, il fut nommé, par initiative monarchique, dissecteur royal *alias* anatomiste royal, subordonné au professeur titulaire de la chaire d'anatomie et de botanique. En fait, Cabrol disséquait déjà depuis une quarantaine d'années pour le compte de l'université montpelliéraine de médecine (voir à ce propos A. Germain, *L'École de médecine...*, p. 365).

27. Pierre Dortoman, mort en 1615. C'est pour lui que fut créée en 1597, par initiative de l'État royal, la sixième chaire de l'université de médecine pour l'enseignement de la chirurgie et de la pharmacie (« Autorisation d'accord et transaction entre les docteurs régents et Pierre Dorthoman, touchant les leçons à faire aux chirurgiens et apothicaires, dans les formes prescrites par les lettres patentes de février 1599, délivrées à cet effet » ; cf. à ce propos le Cartulaire de l'université de Montpellier, vol. II, p. 245). Dortoman conservera cette chaire professorale jusqu'à sa mort. Le 9 avril 1597, il s'était inscrit dans le livre d'or de TP II, sous le nom latin de *Petrus Dortomanus*.

28. S'agissant des trafiquants de thériaque ainsi péjorativement désignés, disons que la thériaque en effet a constitué, depuis les temps antiques, un remède universel, utile contre toute espèce de douleur ou de maladie. L'une des recettes de fabrication remonterait, dit-on, à l'époque de Mithridate Eupator (mort vers 63 avant notre ère) : celui-ci s'était immunisé ou, comme on dira justement, *mithridatisé* contre les tentatives d'empoisonnement en absorbant des poisons à petites doses et en confectionnant des antidotes. Les directives municipales ou plutôt gouvernementales de la cité de Bâle, datées de 1576, 1582 et 1629 (forte année pesteuse), préconisent contre la peste l'emploi d'une thériaque composée d'un grand nombre d'ingrédients ; et, de même, une ordonnance de la ville de Lucerne en 1594 conseille l'usage de « Triax » ou de « Mithridate », à se procurer dans une bonne pharmacie (voir à ce propos J.A. Haefliger, « Das Apothekerwesen Basels », *Basler Zeitschrift für Gesch. und Altertumskunde*, 1937, I, p. 8, et 1938). Le grand médecin montpelliérain Laurent J. Joubert (dans sa *Pharmacopea*, 1578, p. 135 *sq.*, 147 *sq.*) présente la thériaque comme le roi des médicaments et en propose plusieurs variétés, notamment mithridatique, ou faite à partir de venin de vipère, etc.

29. Laurent J. Joubert (1529-1582), originaire de Valence, étudia au milieu du XVIe siècle à Montpellier, puis à Paris, Turin, Padoue, Ferrare et Bologne [parcours typique de l'italianisme de la médecine européenne à l'époque et tout juste teinté d'un peu de « montpelliéranité » supplémentaire ; la « nordisation » des études de médecine sera, en revanche, le fait des XVIIe et plus encore XVIIIe siècles – LRL]. En 1558, Joubert obtint son doctorat à Montpellier. Gendre du grand médecin Guillaume Rondelet (lui-même mort en 1566), il succéda à ce personnage (dont il avait été l'élève) dans sa chaire professorale, à Montpellier toujours. Son enseignement coïncida avec l'époque des guerres de Religion, qui localement eurent des effets dévastateurs pour l'université montpelliéraine. En 1580, et jusqu'en mai 1581, l'enseignement y fut totalement arrêté : le nombre des inscriptions estudiantines annuelles tomba de cinq en 1575 à zéro en 1580 [il s'agit là d'une donnée intéressante pour une chronologie des malheurs des guerres de Religion, beaucoup plus effectifs en 1580 dans le Languedoc que dans telle ou telle région de la France du Nord, celle-ci étant alors nettement plus calme ; l'exacte coïncidence dans le temps avec l'époque très agitée du carnaval de Romans, relativement méridional lui aussi, est en tout cas très frappante – LRL]. Après la mort de Laurent Joubert, aucun professeur entièrement indigène n'était susceptible d'assumer le poste de chancelier. Un médecin venu de l'extérieur, mais montpelliérain d'études et d'adoption, Jean Hucher (cf. *supra*), fut nommé à cette charge. Le livre-recueil de toutes les spécialités pharmaceutiques ou *Dispensatorium*, le « Vidal » de l'époque, n'est autre que « la pharmacopée de Laurent Joubert, professeur-régent de l'art de médecine, chancelier et modérateur de l'université, autrement dit académie de Montpellier », ouvrage paru à Lyon en 1578.

30. En 1574, les étudiants en médecine avaient pris l'initiative d'exiger de pouvoir accompagner les professeurs lors des inspections effectuées par ceux-ci chez les apothicaires... lesquels refusèrent de telles visites communes. Il fallut alors recourir à l'arbitrage du gouverneur de la province, Montmorency-Damville, en 1588. On décida qu'un « droguier » spécial serait équipé de toutes les drogues indispensables, en vue d'une démonstration publique, trois fois par année, à l'intention des étudiants. Maître Bernardin-Duranc fut ainsi le premier apothicaire-droguiste officiellement désigné à cet effet. Un règlement de 1594 stipula que chaque étudiant inscrit s'acquitterait d'une redevance de dix sols pour l'entretien du droguier (voir *Cartulaire de l'université de Montpellier*, II, p. XCIX et CXXVIII).

31. En ce qui concerne la relation ancienne entre les médecins et les chirurgiens (à Montpellier, en tout cas), on pourra se référer à la harangue, fort éclairante, que prononça Laurent Joubert (lequel décédera en 1582) pour l'édification du gouverneur régional Montmorency-Damville : la différence entre ces deux catégories professionnelles, déclare Joubert, c'est que « les uns, les médecins, sont nourris d'enfance et jeunesse à bonnes lettres d'humanité, arts libéraux et toute espèce de philosophie [...]. Les autres [les chirurgiens], pour leur première institution et nourriture (la plupart ne sachant ni lire ni écrire), sont mis en une boutique et ouvroir de barbarie [*sic*, pour l'art du barbier !] pour deux ou trois ans à fourbir des bassins et souffler le charbon en apprenant à façonner barbes [...] et à couper les cheveux [...] sans qu'il leur soit permis durant cet apprentissage d'ouïr aucunes leçons en chirurgie » (*Cartul. de l'univ. Montp.*, II, p. LXXXVI). Dans la nouvelle « table des rangs » de la fin du XVIe siècle, les « maîtres chirurgiens » figuraient aussitôt après les professeurs, docteurs et licenciés en méde-

cine, et juste avant les « maîtres apothicaires ». Après ceux-ci venaient les bacheliers, puis les écoliers en médecine, ensuite les compagnons chirurgiens, enfin les compagnons apothicaires (*ibid.*, II, p. XCVII *sq.*) À comparer avec des ordonnances ou prescriptions analogues à Bâle : voir à ce propos J. A. Haefliger, « Das Apothekerwesen Basels », *Basler Zeitschr.*, 1937/I et 1938 ; et Paul Koelner, *ibid.* (même année), p. 369 *sq.* ; enfin Émile Forgue, *Sept siècles de chirurgie à la fac. de médecine de Montpellier*, Discours (1921 ?).

32. Laurent Catalan (1568 ou 1569-1647) était le fils de Jacques Catalan, apothicaire, qui fut le logeur de TP II. Laurent fit d'importants et lointains voyages d'études pour apprendre son métier. Il obtint en 1596 la maîtrise en pharmacie et devint apothicaire fort réputé. Après 1602, date de la mort de son père Jacques, il continua l'entreprise pharmaceutique familiale et se fit connaître par la publication d'ouvrages dont il était l'auteur, en sa spécialité. Il possédait un cabinet de curiosités d'histoire naturelle de haut niveau. En 1622, les seigneurs de la suite de Louis XIII alors en guerre dans le Midi vinrent visiter ses collections. Son vœu le plus cher était d'obtenir le titre de « droguiste » officiel de l'université, afin de pouvoir faire la démonstration des drogues aux étudiants. En 1605, les autorités universitaires autorisèrent le « maître pharmacien Laurent Catalan » à présenter aux étudiants en sa pharmacie, et en présence du doyen, les remèdes tant simples que composites. Statutairement, le même Laurent était dans l'obligation de donner quinze leçons en public dans le théâtre d'anatomie de Montpellier, devant tous les professeurs de l'université : il devait y faire la démonstration, sur le mode cérémoniel, des vingt-trois ingrédients avec lesquels on fabriquait la mixture appelée thériaque. Du coup, Catalan entreprit aussi la confection publique de l'« alkermès ». Il donna également une conférence pédagogique sur la mandragore, une plante dont les anciens « pharmacologues » avaient déjà fait grand cas en des époques antérieures. Il fit imprimer tous ces textes qui avaient été originellement, de sa part, des « Discours et démonstrations... [sur] la confection d'alkermès réformé, faite publiquement en 1609 en présence de Messieurs de la Justice et professeurs de médecine, par Laurent Catelan, maître apothicaire » (exemplaire d'une édition rare, conservée à la BU de Bâle). Mais Laurent Catalan se heurta aux intrigues corporatives d'autres apothicaires montpelliérains, qui lui firent supprimer sa charge de « droguiste » officiel – sans pourtant réussir à faire céder cet adversaire. De fait, la corporation des pharmaciens de Montpellier eut la « mauvaise » surprise d'apprendre qu'en 1618 le grand médecin-professeur François Ranchin avait fait de nouveau nommer Catalan « droguiste » de l'université. Les confrères corporatifs hostiles à ce personnage en appelèrent alors au parlement de Toulouse, mais sans succès. Le 20 juin 1620, Laurent Catalan écrit à TP II, alors revenu à Bâle depuis bien longtemps : il lui parle de l'office royal de démonstration des drogues, démonstration effectuée dans le théâtre d'anatomie, et office qu'il a obtenu ou récupéré par l'assistance de Ranchin, chancelier de l'université. Toutefois, ajoute Catalan, « je ne suis pas encore paisible » : outre l'opposition des autres apothicaires qui ont plaidé plus de quinze ans contre lui, l'évêque de Montpellier, chef de l'université, est hostile à Ranchin et donc à lui-même (Catalan étant vraisemblablement mal vu parce que protestant, voire descendant de marrane). La charge de droguiste valait à son titulaire 200 écus par an. Les craintes de Catalan n'étaient pas vaines : la « recatholicisation » de Montpellier intervenue après les victoires de l'armée de Louis XIII en 1622 vaut à cet apothicaire de perdre en 1624, par décision arbitrale de l'université de médecine, la charge de droguiste officiel ; les efforts antérieurs déployés par l'ex-droguiste furent en conséquence inutiles, ou frappés d'inutilité rétrospective. Laurent Catalan, par ailleurs, avait épousé Aliénor Burgues (d'une famille marrane ?), de Montpellier, et il était père de trois filles. (Voir *supra* et A. Germain, *L'École de méd. de Montp.*, p. 375 *sq.*)

33. Toutes ces recettes sont énumérées dans la *Pharmacopée* de Laurent J. Joubert ; sur l'alkermès en particulier, voir *infra*, au paragraphe relatif à Avignon : le kermès (25 février 1596).

34. Il s'agit du collège Sainte-Anne. Après la destruction en 1562 de la Tour-Eulalie où se donnait l'enseignement juridique, l'école de droit avait dû s'installer au collège du Vergier *alias* de la Chapelle-Neuve, et de là elle avait encore déménagé au collège Sainte-Anne (voyez à ce propos A. Germain, *Histoire de l'université de Montpellier*). L'enseignement de la « philosophie » auquel se réfère ici TP II n'est autre que celui qu'on dispensait à l'école des arts (en grammaire, logique et dialectique), tel qu'on le professait dans divers collèges. L'école des arts correspond à nos classes terminales des lycées actuels, ou à la « propédeutique » de nos univer-

sités d'il y a quelques décennies, ou encore aux années de « collège » des États-Unis [LRL]. Elle fut dotée d'un règlement en 1242 et devint à partir de 1289 l'une des facultés de l'université montpelliéraine. Son diplôme terminal était la maîtrise ès arts, le M.A. britannique actuel, autrement dit le titre de *magister artium*, qui lui-même donnait accès aux études ultérieures ou « supérieures » en médecine, droit ou théologie. Au cours des guerres de Religion, la plupart de ces collèges des « arts » furent détruits. Henri IV s'attacha à la rénovation d'un tel enseignement, dans la mesure où, en 1596, il fit affecter une partie des revenus de la gabelle à la reconstruction ou à la réparation de bâtiments des « arts », ainsi qu'aux rémunérations des professeurs. La nouvelle école des arts s'ouvrit à la mi-février 1597 (cf. A. Germain, *Hist. de l'univ. de Montpellier* ; voir également *supra*, aux 8-12 octobre 1595).

35. Isaac Casaubon (1559-1614), né à Genève, était le fils du pasteur protestant français Arnaud Casaubon, qui avait quitté Bordeaux pour se réfugier à Genève. En 1561, Arnaud prit derechef un poste de pasteur à Crest en Dauphiné. Père et fils échappèrent aux massacres de la Saint-Barthélemy. À dix-neuf ans, Isaac s'installait de nouveau à Genève ; à vingt-quatre ans, il enseignait déjà dans l'« académie » genevoise : pendant quatorze ans, il y inculqua aux élèves le grec, le latin et l'hébreu. Il épousa Florence Estienne, la fille de l'illustre imprimeur et helléniste. Montpellier (en 1594 déjà) et Nîmes tentèrent de s'attacher les services du lettré renommé qu'était devenu, vers la fin du XVIe siècle, Isaac Casaubon. Ses amis montpelliérains, parmi lesquels le professeur de droit Guillaume Ranchin, le président Philippe de Canaye (un magistrat) et le pasteur Jean Gigord, parvinrent à l'attirer dans leur ville. La chose eut lieu, au bout du compte, à la fin de l'année 1596. Le Tout-Montpellier, à commencer par les autorités de la cité, était venu à la rencontre de Casaubon à une lieue en avant des remparts. Une commission était nommée pour prendre en charge la remise en état de l'« école Mage », en l'ancien emplacement de celle-ci ; à quoi venait s'ajouter la nomination de cinq régents-adjoints destinés à l'enseignement dans les classes des élèves les plus jeunes. Par décision royale, Isaac Casaubon fut nommé conseiller du roi et professeur dûment rémunéré pour l'enseignement des langues et de la littérature. La ci-devant école Mage rouvrit donc ses portes en février 1597, dans le « collège du pape » de Montpellier. Casaubon s'y occupait des grands élèves ; les régents, des « petits » ou *pueri*. Outre ses activités pédagogiques, Casaubon poursuivait des études bibliques et travaillait sur l'œuvre de Sénèque, tout en entretenant une correspondance avec l'élite intellectuelle de l'Europe savante. Mais Montpellier déjà n'était plus à la mesure d'une personnalité d'un tel calibre scientifique. La jubilation initiale de l'intéressé fit bientôt place à la déception : Casaubon tomba malade, et perdit en 1597 sa petite fille qui venait tout juste d'être baptisée. Il n'était point satisfait de la besogne qu'abattait pour lui l'imprimerie lyonnaise ; il n'appréciait pas tellement, par ailleurs, les pasteurs de l'Église huguenote de Montpellier. Le 3 janvier 1599, il était convoqué à Paris par Henri IV. Le 3 août 1600, il venait s'établir dans cette ville, où il devait demeurer, de ce jour, jusqu'à la mort du roi en 1610. Sa Majesté n'osa point confier à ce protestant, dans Paris, une chaire professorale ; mais il fut nommé bibliothécaire à la Bibliothèque royale. Dès lors il se mit, du vivant du souverain français, à étudier l'arabe, et même à rédiger un lexique en cette langue. Après l'assassinat d'Henri IV (1610), il se rendit en Angleterre. Reçu en audience par Jacques Ier, il y fut généreusement doté d'un titre décerné par le roi, ainsi que de deux prébendes en forme de sinécures, et d'une pension. Il mourut à Londres en 1614. (Voir à ce propos A. Germain, *Hist. de l'univ. de Montp.*, p. 146 *sq.*, et la notice sur Isaac Casaubon parue dans *BSHPF*, vol. 14, 1865, p. 262-280. Quant aux intrigues ourdies à Nîmes pour l'attirer dans cette ville comme recteur du collège des arts, voir L. Ménard, *Hist. de la ville de Nîmes*, V, 335.) Le 29 juin 1598, Casaubon inscrira une phrase en grec, accompagnée d'une dédicace en latin, dans le livre d'or de TP II.

36. Julius Pacius (1550-1635), originaire de Vicence (Vénétie), fut juriste, savant, philosophe, helléniste et hébraïsant. En 1580, Théodore de Bèze le fit venir comme professeur de jurisprudence à l'« académie de Genève », à l'occasion de l'ouverture de la faculté de droit. Puis ce fut au tour de la ville de Nîmes de faire appel à Pacius, afin de disposer d'un personnage ayant quelque consistance intellectuelle face aux jésuites qui, en 1596, avaient ouvert un établissement nîmois. Julius Pacius fut donc chargé du rectorat du collège citadin proprement dit, avec en outre un poste de professeur de philosophie. Il prit possession de cette charge en 1598, après la promulgation de l'édit de Nantes. Afin de mieux le retenir dans cette situation nîmoise, et pour faire échec aux offres d'emploi séduisantes que formulait l'électeur palatin, la ville de

Nîmes accorda le droit de citoyenneté à Pacius en 1599, mais sans lui conférer pour autant un office de conseiller au présidial local. Pacius, du coup, laissa éclater sa mauvaise humeur en présence d'une importante délégation d'officiels nîmois venue lui rendre visite. En conséquence, au mois de septembre 1600, il s'orienta vers Montpellier ; il y devint professeur à la faculté de droit. Il fut très affecté par la perte des libertés académiques, perte qu'allait engendrer à partir de 1613 la restauration de l'autorité épiscopale au sein de l'université montpelliéraine ; il partit donc en 1616 pour Valence. En 1620, il se rendit à Padoue. Il devait mourir en 1635 à Valence, déjà largement octogénaire. (Voir Ménard, *Hist. de la ville de Nîmes*, V, 291-330 ; A. Borel, in *BSHPF*, vol. 13, 1864, p. 288-306 ; A. Germain, *Hist. univ. Montp.*) Le 11 juin 1548, Pacius a inscrit quelques mots grecs dans le livre d'or de TP II.

37. C'est dans ce « collège royal de médecine » que les professeurs de l'université de médecine donnaient leur cours magistral. On y trouvait aussi le *theatrum anatomicum*, construit en 1555 au temps d'Henri II. Enfin, les examens et les festivités d'octroi des diplômes aux lauréats des divers niveaux avaient lieu également dans ledit collège, en raison de la destruction de l'église Saint-Firmin, sanctuaire où s'étaient tenues jadis – avant les ravages occasionnés par les guerres de Religion – ces cérémonies universitaires. (Voir à ce propos A. Germain, *L'École de médecine de Montpellier*, p. 409-416.)

38. Le collège du Vergier ou *Collegium viridarium*, communément appelé la Chapelle Neuve, fut fondé afin d'entretenir quatre boursiers, dont deux étudiants en médecine et deux étudiants en droit. En 1468, cet établissement fut doté de statuts en vertu desquels la durée des études de droit était réduite, passant ainsi de douze à dix années (A. Germain, *Hist. de l'univ. de Montpellier*, p. 42 ; et, du même, *L'École de médecine de Montpellier*, p. 409-416 ; Hentzner, *Itinerarium...*, p. 52, s'agissant du mois de juin 1598 ; H. Rashdall, *The Universities of Europe in the Middle Ages*, Oxford, 1936, II, p. 135).

39. Afin de pallier les déficits démographiques chroniques dont souffrait l'effectif des pasteurs, l'Église protestante de Montpellier fonda, au cours de la seconde moitié du XVIe siècle, une école de théologie ; mais celle-ci ne put vraiment s'épanouir qu'à partir du synode national huguenot tenu à Montpellier en 1598. L'école en question put désormais constituer une « académie ». En 1617, elle fusionna avec l'institution homologue de Nîmes. En 1644, elle fut supprimée par décision des autorités royales. (Voir Michel Nicolas, « Les anciennes académies protestantes », *BSHPF*, vol. 1, 1854.)

40. Jean Gigord (1564-1650 ?), originaire de Béziers, étudia la théologie à Genève en tant que boursier, ayant été envoyé dans cette ville par l'Église huguenote de Montpellier ; celle-ci avait décidé, en 1583, d'octroyer une bourse pour un étudiant en théologie qui bénéficierait ainsi de l'enseignement genevois, et qui se destinerait ensuite à devenir pasteur montpelliérain. Gigord fut néanmoins pendant vingt années pasteur à Pignan, village proche de la capitale du Bas-Languedoc. En 1594, le synode national protestant tenu à Montauban sélectionna le jeune savant qu'était devenu Gigord pour en faire un défenseur de la saine doctrine réformée ; il fut également choisi, à l'usage de ses coreligionnaires montpelliérains, comme pasteur et professeur de théologie. En 1596, Gigord tint le rôle de modérateur au synode de Montpellier. Un synode ultérieur lui décerna le titre de docteur en théologie. Un texte rédigé par ses soins et qui concernait l'eucharistie déclencha en 1599 une « disputation » avec un jésuite de Castres. Cette controverse fut arbitrée sous l'égide de Philippe de Canaye, qui était alors président de la chambre régionale de l'Édit. Par la suite, Gigord acquit une vaste réputation en tant que représentant confessionnel et politique des huguenots du Bas-Languedoc. Il se fit l'avocat de l'unité d'action des forces protestantes, y compris étrangères, contre la restauration du catholicisme au temps de Louis XIII. (Voyez à ce propos *La France protestante*, vol. V, p. 262 *sq.* ; et Philippe Corbière, *Histoire de l'Église réformée de Montpellier*.)

41. Jean Gilet, protestant de Lyon, fut l'un des premiers en date parmi les imprimeurs montpelliérains (cf. *Felix et Thomas Platter à Montpellier* [TF 19], I, p. 194, note 3).

42. Le méreau, marreau ou marron (ou simplement la marque) n'était autre qu'un jeton de présence à l'usage de la cène huguenote. Sa matière première était le plomb ou l'étain : le méreau était marqué d'un signe, obtenu par un procédé d'estampage, ou directement lors de la fonte du métal. Les méreaux furent d'usage courant dans les églises réformées de France pendant deux siècles, ainsi qu'à Amsterdam jusqu'en 1828. La « vénérable compagnie » des pasteurs genevois souhaitait que l'emploi des méreaux fût également imposé dans la cité du Léman. Ces

objets étaient fabriqués sur initiative des anciens de telle ou telle église, et marqués d'un signe sans prétention artistique. Ce signe pouvait être une lettre ou un chiffre, ou bien la représentation d'un calice ou du Bon Pasteur. On a surtout conservé des méreaux poitevins. (Voir Charles L. Frossard, « Numismatique protestante, description de 41 méreaux... des réformés », *BSHPF*, vol. 21, 1872, p. 236 *sq.* ; vol. 37, p. 323 *sq.*, 371 *sq.*, 484 ; vol. 39, p. 662 *sq.*) L'Église réformée de La Rochelle possède une intéressante collection de méreaux.

43. Dans un paragraphe ultérieur, TP II parle de dix mille communiants (réformés) à Nîmes. Ce chiffre tout à fait digne de la vaillante communauté huguenote nîmoise paraît vraisemblable [LRL]. Le 13 avril 1596, on recensait à Montauban, pour l'occasion de la cène, grâce au dénombrement des méreaux, 4 580 femmes, hommes et enfants de douze ans ou davantage (voir Nicolas Weiss, « Les Églises de Gabre et de Montauban en 1596 », *BSHPF*, 1924, p. 326).

44. François de Châtillon, comte de Coligny (1557-1591), fils aîné du grand Coligny (l'amiral), avait occupé, avant même la venue de TP II à Montpellier, le poste de gouverneur de cette ville. Lors d'une période antérieure, juste après la Saint-Barthélemy (1572), il avait trouvé refuge en Suisse, orphelin de père, mais dès 1575 il venait s'installer en Languedoc ; il exerça dans cette région un commandement militaire, du côté protestant. En 1577, il devint gouverneur de Montpellier, où il eut l'occasion de tenir ferme en faveur des réformés dans le gouvernement de la ville. Henri IV le nomma en 1589 amiral des mers de Guyenne. Lors de la prise de Chartres par les troupes royales, en 1591, il fut blessé, en tant qu'assaillant de la ville, et il mourut de ce fait à l'âge de trente-quatre ans, dans le château paternel de Châtillon-sur-Loire. Henri IV s'arrangea pour que les charges et dignités du défunt fussent transmises à son fils aîné Henri de Châtillon (1583-1601), lequel se rendra ensuite en Hollande à la tête d'une compagnie de trente lances sous les ordres de Maurice d'Orange. Ce jeune homme, devenu colonel d'un régiment français, sera tué dans Ostende alors assiégé par les Espagnols. (Voir à ce propos les biographies d'Henri et de François de Châtillon-Coligny, publiées respectivement en 1886 et 1887 par Jules Delaborde ; voir aussi l'éloge du susdit François, fils de l'amiral, par De Thou, *Histoire universelle*, VIII, p. 46.)

45. Sur Anne de Lévis, duc de Ventadour, cf. *supra*, entrée du Journal de TP II du 4 octobre 1595 (La Voulte, début) [LRL].

46. Marranes, autrement dit juifs superficiellement « convertis » au catholicisme ; répétons qu'émigrés en France méridionale et en Italie, ils continuaient à « judaïser » en secret (circoncision notamment), mais ne réintégraient point la vie de ghetto, ce qui les différenciait entièrement, par exemple, des juifs d'Avignon.

47. Le « vert-de-gris » est un acétate de cuivre qu'on utilisait déjà sous l'Antiquité. Depuis le Moyen Âge, la fabrication du vert-de-gris ou verdet, à Montpellier, était confiée aux femmes de cette ville, ou à un certain nombre d'entre elles. Voir A. Germain, *Hist de la commune de Montpellier*, 1851, I, 203, n° 1.

48. Les *Freiheitsknaben* de Bâle, littéralement « gars de la liberté », formaient dans cette ville une société bien particulière. Ils étaient porteurs de grains au service de la branche des administrations urbaines qui était spécialisée dans la surveillance des marchés céréaliers. Ils étaient également en charge de secteurs d'activité très divers : nettoyage des rues, exécutions capitales, activités particulières lors des visites princières, etc. Ils avaient le droit d'habiter en ville, mais ils étaient exempts du devoir de monter la garde et d'autres obligations. En cas de guerre, la ville les appelait eux aussi sous les drapeaux... mais ils servaient sous un étendard bien spécial, et qui n'était qu'à eux. Ils relevaient d'un tribunal spécifique, siégeant sur le Kohlenberg. (Voyez, là-dessus, Rud. Wackernagel, *Geschichte der Stadt Basel*, II, 1, p. 343 et 364 *sq.* ; Andreas Ryff, *Der Stadt Basel Regement [Reglement] und Ordnung*, 1597.) Voilà pourquoi, dans son texte, TP II a cité le mot français « portefaix » (chargé du transport des vins), et a utilisé à ce propos le mot allemand-bâlois *Freiheitsknaben*.

49. Les garrigues sont des terrains pierreux, incultes, couverts de buissons, peuplés de chênes kermès et de chênes verts, eux aussi buissonnants.

50. Saint-Paul-et-Valmalle, localité située à une quinzaine de kilomètres à l'est de Montpellier.

51. Celleneuve, localité située à quelques kilomètres de Montpellier et qui, de nos jours, est incluse dans la banlieue de cette ville.

52. *Ilex coccifera* ou *Quercus coccifera*, autrement dit le chêne kermès [plante caractéristique des garrigues languedociennes – LRL].

53. Notre-Dame-des-Tables, vaste église montpelliéraine, très malmenée pendant les guerres de Religion et aujourd'hui disparue, du moins quant à son emplacement d'autrefois [une autre église ultérieure, portant le même nom, fonctionne aujourd'hui à Montpellier dans un endroit différent du site ancien – LRL]. Agrandie en 1140 par Guilhem VI, seigneur de Montpellier, Notre-Dame-des-Tables fut dès 1230 l'église principale de la ville.

54. Les portes du rempart de Montpellier s'intitulaient à l'époque portes de la Saunerie, de Lattes, du Pila-Saint-Gély et du Peyrou.

55. La carte du Languedoc, sur laquelle TP II a schématiquement noté ses voyages et excursions à partir de Montpellier, est reproduite à la p. 425 [de l'édition allemande de Rut Keiser]. Quant à la localité de Balaruc-le-Vieux, elle est située à une vingtaine de kilomètres au sudouest de Montpellier ; l'étang dit de Balaruc se trouve un peu plus au sud. La route de Montpellier à Balaruc passe par Fabrègues.

56. Le docteur en médecine Varron ne figure pas sur le matricule de l'université de Montpellier.

57. Entre les folios 42 et 49 de son manuscrit, TP II a inséré un petit dessin à la plume, sur une page non numérotée ; elle donne le plan des bains de Balaruc, avec une référence à la brochure – bien connue de TP II – qu'avait rédigée le docteur Dortoman sur la station balnéaire de Balaruc.

58. Nicolas Dortoman (mort en 1596), originaire d'Arnheim en Hollande. Étudiant à Montpellier, il obtint le doctorat en 1572 et fut en 1574 professeur de médecine en cette ville en compagnie de Jean Saporta. Après la mort de Laurent J. Joubert en 1582, il fut l'un des trois professeurs de médecine qui réussirent à passer le cap difficile des guerres de Religion. Il devint aussi premier médecin d'Henri de Navarre, futur Henri IV. Ses recherches sur le thermalisme furent condensées par lui dans un livret, dont voici le titre que nous traduisons et résumons du latin : « Deux livres sur les causes et effets des sources thermales de Balaruc, situées à peu de distance de Montpellier » (Lyon, 1579). Cet ouvrage était dédié à François de Châtillon, « satrape [!] royal de Montpellier », autrement dit gouverneur de cette ville. (Voir A. Germain, *Hist. de l'univ. de Montpellier*, I, 110 *sq*.) Le docteur Dortoman était vraisemblablement l'un des anciens de l'Église réformée de Montpellier (*BSHPF*, vol. 48, 1899, p. 86).

Au sujet de Balaruc, plus particulièrement : les restes archéologiques romains qu'on a découverts à Balaruc suggèrent qu'une installation balnéaire était déjà active pendant l'Antiquité, quitte à disparaître ultérieurement à la suite des invasions germaniques. En 1529, le chapitre des chanoines de Montpellier loua les bains à une famille Périer qui devait en conserver la gestion jusqu'au milieu du XVIIIe siècle. Un certain Guillaume de La Chaume, seigneur de Poussan, utilisa les bains en 1568 avec succès contre une douleur à la hanche : son médecin traitant n'était autre que Guillaume Rondelet, professeur et chancelier de l'université de médecine de Montpellier. Dès 1579, des foules de baigneurs accouraient à Balaruc ; ils venaient de Languedoc, mais aussi d'autres provinces françaises. La prospérité « balaruquienne » continuera aux XVIIe et XVIIIe siècles. Au XIXe siècle, on ouvrira deux sources supplémentaires et l'on développera la pratique des bains de boue. Voir à ce propos A. Planche, dans *Mém. de l'Acad. de Montp.*, section de méd., VI (1892), p. 153 *sq*. et 235 *sq*. ; Jean Astruc, *Mémoires pour l'hist. nat. de la prov. de Languedoc*, Paris, 1740, p. 243-315 (notamment les illustrations des planches IV et V).

59. La montagne de Sète : maintenant le mont Saint-Clair près de Sète, *alias* Cette...

60. Voici les dénominations savantes des plantes ainsi énumérées : *Rosmarinus officinalis*, *Thymus vulgaris*, *Lavandula spica* ou *dentata*, *Arbutus unedo*, *Globularia alypum* (à fleurs « globulaires » bleues) ; *Alypum* est un purgatif puissant, d'où son nom d'*herba terribilis*. Voir à ce propos Ludovic Legre, *La Botanique en Provence au XVIe siècle, Léonard Rauwolff* [grand connaisseur de l'*Alypum* dès 1560], Marseille, 1900, p. 30 ; Pena et Mathias de Lobel, *op. cit.*, p. 73 *sq*., 155, 171.

61. Depuis le rattachement de la Provence à la France (1481), Marseille était devenue l'incontournable port du royaume capétien en Méditerranée. D'où plaintes des villes languedociennes (protestantes et autres), mécontentes de ce monopole marseillais (catholique). Henri IV envisageait, pour leur faire droit, d'ouvrir un nouveau port entre Aigues-Mortes (déjà plus ou

moins ensablé) et Agde. Il commanda à Montmorency un rapport concernant cette portion du littoral. L'unique partie utilisable parut être la côte rocheuse du cap de Sète. Le souverain ordonna donc la construction d'un port sur ce littoral, et celle d'une forteresse toute proche avec ville attenante sur le mont Saint-Clair. Une enceinte à quatre bastions devait protéger la cité neuve ainsi créée, le tout recevant un nom qui serait susceptible d'immortaliser Montmorency en personne, lequel de son côté allait prendre le titre de comte de Cette (ou de Sète). On commença donc à édifier deux môles ou jetées portuaires puissantes. Mais bientôt l'argent manqua, car l'assemblée des états de la province se faisait tirer l'oreille pour payer. Les derniers travaux furent effectués en 1604 et les constructions auxquelles ils aboutirent ont, de nos jours, entièrement disparu. Le maître de l'entreprise n'était autre que le « magicien » (protestant) Pierre d'Augier, viguier et gouverneur (habitant à Bagnols) de Bagnols, conseiller de Sa Majesté, maître ordinaire de son hôtel et grand prévôt de Languedoc ; depuis 1596, il était aussi gouverneur et capitaine des ville, château, port et anse de Cette. C'est ce même Pierre d'Augier (mort en 1615) que TP II a rencontré et visité à Bagnols le 16 avril 1597. Voir à ce propos Émile Bonnet, « Le premier port de Cette construit sous le règne d'Henri IV (1596-1605) », *Mém. de la Soc. archéol. de Montpellier*, 2e série, t. X, 1er fasc. (1924), p. 277-289 ; Devic et Vaissette, *Hist. générale de Languedoc*, vol. V, p. 484, 495.

62. Collioure, site portuaire et viticole, était l'un des petits centres urbains non négligeables du pays de Roussillon (actuel département des Pyrénées-Orientales), lequel appartenait encore à l'Espagne et ne sera rattaché définitivement à la France qu'en 1659 au traité des Pyrénées.

63. Mireval ou Mirevaux, localité viticole, proche de la mer, sise entre Frontignan et Montpellier.

64. Vin corse, ou soi-disant *vino corso* ; ou *Curswein*, en allemand du XVIe siècle. TP II a-t-il emprunté cette notation sur le « vin corse » à Sebastian Münster qui, dans sa *Cosmographey* (éd. allemande, 1598, p. 109), écrit à propos du pays narbonnais : « Le vin est excellent aux alentours de Narbonne, si bien qu'on l'exporte jusqu'à Bâle, où on le boit comme si c'était du vin corse » ?

65. La Couple, ancienne auberge montpelliéraine, et toponyme urbain aujourd'hui disparu.

66. *Mola*, autrement dit « masse », dans la matrice : il s'agit d'un fœtus avorté dans l'utérus de ce cadavre féminin.

67. Lattes, à 5 kilomètres au sud de Montpellier, fonctionnait, au Moyen Âge classique puis finissant, comme débouché maritime de cette ville ; ce fut longtemps l'un des ports importants du royaume de France sur la côte méditerranéenne – jusqu'en 1481, date du rattachement de Marseille au susdit royaume.

68. Le Lez, en latin *Ledus*, prend sa source à 1,5 kilomètre du château de Restinelières et à 15 kilomètres environ au nord de Montpellier. Puis, en aval de cette ville, ce « fleuve » se jette dans l'étang de Mauguio. Son embouchure finale, en rive sud de cet étang, se situe à Palavas-les-Flots, donnant donc directement sur la mer. Le Lez, depuis 1666, a fait l'objet de divers travaux de canalisation.

69. TP II, devenu excellent occitanophone, adopte ici la forme languedocienne du toponyme, *Salicato* ; en français actuel (utilisé ici par nous), c'est Salicate [LRL].

70. Le Pont-Juvénal, en bordure est de la ville de Montpellier.

71. Le grau (*gradus*) de Mauguio : TP II connaît bien ce mot d'« oc », *grau*, qui désigne le débouché (en forme de canal naturel ou de bref cours d'eau) d'un étang littoral, en direction de la mer [LRL].

72. Aimargues, localité sise entre Lunel et Vauvert, à 3 kilomètres à l'ouest du Vistre.

73. Le livre en question est de Jacques Besson, *Théâtre des instruments mathématiques et mécaniques, avec... les figures d'iceluy*, édité par François Béroald (Lyon, 1578). Une figure dans le manuscrit plattérien propose l'image du râteau à draguer que TP II décrit ci-dessus. Le livre de Besson est également paru en latin à Lyon, en 1582 (*Theatrum instrumentorum et machinarum...*), et en français à Genève, en 1594. Nous [= RK] n'avons pu vérifier si la voiture mue par la force du vent qu'évoque ci-dessus TP II figure dans l'iconographie de cette édition genevoise. En tout cas, l'édition lyonnaise, plus ancienne, ne mentionne pas ce genre de véhicule à moteur « venteux »...

74. Il s'agit de Johann Rudolf Meiss. Les Meiss, de Zurich, faisaient remonter leur généalogie jusqu'au XIIIe siècle et ils appartenaient au noble lignage de la « Stube der Konstafel ». Depuis

le XIVe siècle, les patriciens avaient droit, en effet, au titre de *Junker* (gentilhomme, ou membre de l'ordre nobiliaire). À la fin du XVIe siècle, diverses branches de cette famille Meiss étaient établies à la campagne, à Wetzikon, Wülflingen, Teufen... Quant à notre Johann Rudolf Meiss, il s'était inscrit en 1593 à l'université de Heidelberg, et il avait également étudié à Montpellier. Depuis 1597, il était de retour dans sa « Konstafel » de Zurich. En 1602, son père lui confiait l'administration de ses domaines de Teufen ; en 1606, il devenait, dans les mêmes conditions, le maître des biens fonciers ainsi que de la moitié des droits de justice de Wetzikon ; avec, en plus, d'autres droits à Greifenberg et à Kempten. En 1609, il renonce à Teufen et se retire à Wetzikon où il va mourir. (Voir à ce propos le *Zürcher Taschenbuch*, 1928, p. 39-45 ; et 1929, p. 28-31.) En novembre 1596, il s'était inscrit – sans indiquer la date précise, au jour près, de cette signature – dans le livre d'or de TP II, sous le nom de « Jo[hannes] Rodolphus Meis Tigurinus ».

75. Villeneuve-lès-Maguelonne, localité côtière, située en vis-à-vis et immédiatement au nord-nord-ouest de l'« île » de Maguelonne. Villeneuve, village du littoral, devint (comme Montpellier, du reste) un lieu de refuge pour la population insulaire de Maguelonne, laquelle échappait ainsi aux incursions, enlèvements de population et razzias qu'effectuaient les Sarrasins sur l'île de Maguelonne proprement dite, du VIIIe au Xe siècle de notre ère. Avec la fuite des Maguelonnais ou Maguelonniens vers le continent, l'île de ce nom perdit de son importance, et cela en dépit de l'ancienneté de sa colonisation par les Grecs [?] et par les Phéniciens [?].

76. Maguelonne fut jadis une île, entourée (tautologiquement) de tous les côtés par la mer. La formation d'un lido (plage de sable) entre la mer et l'étang a fait ensuite de Maguelonne une île à l'intérieur même de l'étang. Puis cette île s'est progressivement rattachée, par ensablement, au susdit lido. Maguelonne, bien après ses origines phéniciennes [?] et grecques [?], figure dans l'*Itinéraire* d'Antonin comme *civitas* (cité) à part entière. Le premier évêque connu « date » de l'an 589. Après 719, les Sarrasins s'emparèrent de l'île. Elle leur servit de refuge et de port d'attache. D'où le nom de Port-Sarrasin ou « Port des païens », qu'on trouvera à son propos dans le très médiéval « Livre de la belle Maguelonne ». Charles Martel récupéra le site, lors de sa reconquête antimusulmane. Fidèle à lui-même, il détruisit complètement la ville de Maguelonne ! L'évêque local et son chapitre des chanoines durent, en tout état de cause, s'installer sur le continent : d'une part, à Substantion, qui deviendra plus tard Castelnau, près de Montpellier ; d'autre part, à Villeneuve-lès-Maguelonne. La population maguelonnienne, en ce qui la concernait, s'en alla s'établir sur l'emplacement de Montpellier, qui hérita donc un peu plus tard des fonctions commerciales, voire portuaires, que Maguelonne avait jadis exercées d'une manière non négligeable. Enfin, en 1037, l'évêque Arnaud procéda au rapatriement de son siège épiscopal en direction de l'île ; il commença aussi à reconstruire la cathédrale insulaire de Saint-Pierre. Il fit bâtir des maisons dans l'île et des remparts autour de celle-ci ; il la relia au continent par une digue montée sur des piliers. Il fit aussi combler le vieux grau qui unissait l'étang à la mer, et sous ses ordres fut ouvert un nouveau grau qui était plus proche de sa forteresse épiscopale insulaire. Ultérieurement, les évêques successeurs agrandirent la cathédrale, qui devint de la sorte une vaste église fortifiée. En 1162, le pape Alexandre III fit la dédicace de l'autel principal aux apôtres Pierre et Paul, puis il se rendit à Montpellier pour échapper à son ennemi l'empereur Frédéric Barberousse. Depuis la fin du XIIIe siècle, cependant, les chanoines de Maguelonne se mirent de préférence à résider dans Montpellier, ville plus saine que ne l'était leur site littoral paludéen. Quant aux évêques, ils résidaient plus ou moins à Maguelonne... voire en Avignon ! En revanche, Maguelonne demeurait, depuis la bénédiction particulière qu'elle avait reçue du pape Urbain II, un lieu de sépulture privilégié pour les personnes de l'élite montpelliéraine. Le pape Paul III (1534-1549) transféra en 1536 le siège épiscopal de Maguelonne à Montpellier ; l'île était déjà désertée, à l'époque de cette décision pontificale. Quant au port de Maguelonne, il était envasé par les alluvions venus du Lez et il n'était plus accessible qu'à des bateaux de faible tonnage ; il avait donc beaucoup perdu de son importance. Pendant les guerres de Religion, les réformés procédèrent, localement, à de nombreuses destructions : les évêques, quoique devenus montpelliérains, continuèrent néanmoins à s'intituler évêques de Maguelonne. Il n'y eut qu'Antoine Subjet (1573-1596) pour prendre le titre pur et simple d'évêque de Montpellier. (Voir Frédéric Fabrège, *Hist. de Maguelonne*, 3 vol. [1894] ; *Dict. d'archéol. chrétienne et de liturgie*, vol. 10, p. 1129-1133 ; Astruc, *Mémoires pour l'hist. naturelle de la province de Languedoc*, 1740, p. 527-532.) Aux folios 55 et 56 de son

manuscrit, TP II a donné un croquis du *castrum* et de l'*hospitale* de Maguelonne ainsi qu'une carte schématique de la côte et de l'étang (*lacus*) depuis Marseillan jusqu'à Mauguio en passant par Maguelonne.

77. Jacques d'Arles, chanoine du chapitre de Montpellier, était alors de service à l'église et forteresse de Maguelonne, où les chanoines servaient ainsi à tour de rôle, la relève s'opérant chaque fois au bout d'une période de six mois (voir TF 19 : *Felix et Thomas Platter à Montpellier*, I, p. 219 *sq.*, et note ; et l'*Histoire générale de Languedoc*, par Devic et Vaissette, vol. V, p. 137). Dans le livre d'or de Platter, en 1598, on trouve la signature de « Darles, commandant au château et île de Maguelonne ».

78. *Doppelhaken*, arme à feu de fortes dimensions, posée sur un affût démontable. Cet engin datait du milieu du XVIe siècle. On en trouvait de nombreux exemplaires dans l'arsenal de Bâle en 1591 ; voir à ce propos E.A. Gessler, « Basler Wehr- und Waffenwesen im 16. Jh. », *Basler Neujahrsblatt*, vol. 116, 1938, p. 30.

79. Selon le roman français du XVe siècle (traduit et imprimé en allemand en 1535) relatif à la « Belle Maguelonne », cette dame était fille du roi de Naples, et amante du fils du comte de Provence. La même Maguelonne était représentée dans ce texte comme fondatrice de l'hôpital et de l'église sur l'île qui portait le même nom : les amants, longtemps séparés par un destin adverse, furent enfin réunis sur ce site insulaire de Languedoc.

80. T. VI, p. 805 *sq.* L'erreur de TP II sur ce personnage vient de ce qu'il a lu « consul » au lieu de « praesul ».

81. Tous ces bâtiments que décrit TP II, et qui se trouvaient adossés à la face nord de l'église de Maguelonne, constituaient le fort et le château de cette localité. Ils seront détruits en 1633 sur ordre de Louis XIII. Les pierres récupérées à cette occasion serviront à construire le canal des Étangs. Seuls seront conservés les deux escaliers qui mènent au toit de l'église, ainsi que la tour quadrangulaire et massive qui domine l'ensemble.

82. Daniel Naborov, polonais, étudia en 1590 à Wittenberg ; en 1593, il était étudiant en médecine à Bâle (cf. le *Basler Matrikel*, II, 409). Il s'était inscrit en 1595 (« aux huitièmes calendes d'avril du calendrier julien ») dans le livre d'or de TP II. La bibliothèque centrale de Zurich possède un lot de lettres de Daniel Naborov à Rudolf Simler et à Johannes Burgau.

83. Castelnau, localité proche de Montpellier, sur la route de Nîmes, et incluse de nos jours dans la banlieue montpelliéraine [LRL].

84. Le baron (*Freyherr*) von Flodorf appartient à la famille von Flodorf, du diocèse de Liège. Le « matricule » (I, 132) de l'université de Heidelberg détient une inscription au nom d'un noble Wilhelmus de Vlodorp, du diocèse de Liège, né lors d'une génération bien antérieure, et qui s'était inscrit de la sorte à Heidelberg en 1416-1417.

85. Karpf appartient à la famille von Karpfen, dont le château familial de Hohen-Karpfen est situé dans le bailliage de Tuttlingen. En 1594, un jeune membre de ce lignage, prénommé Hans Dietrich, était inscrit à l'université de Fribourg. En octobre 1597, on retrouve son nom dans le matricule universitaire de Bâle, en tant que « Johannes Theodoricus a Karpfen ». C'est le même personnage qui, séjournant à Montpellier en février 1596, coucha son nom dans le livre d'or de TP II, avec la dénomination « Jo. Theodoricus à [*sic*] Karpffen ». (Voir Kindler et Knobloch, *Oberbadisches Geschlechterbuch*, II-1, 244 ; et *Basler Matrikel*, II, 457.)

86. Sebastian Rotmundt appartenait à une famille fort considérée de la ville de Saint-Gall : elle avait dû quitter Rorschach à cause de ses convictions réformées. Les Rotmundt possédaient à Lyon une maison de commerce ; ils avaient aussi une succursale à Marseille, où on les connaissait sous le nom de Rotmundt (voir aussi, à leur nom également, le « Livre des familles suisses », *Schweiz. Geschlechterbuch*, V, 526 *sq.*). Sebastian Rotmundt s'inscrit en un court texte allemand, le 16 « Heumonat » [= juillet], 1596, dans le livre d'or de TP II.

87. Rudolf Simler (1568-1611) était originaire de Zurich. Fils de Josias Simler, théologien et historien, il étudia la médecine à Herborn, puis à l'université de Montpellier en laquelle il s'inscrivit le 5 novembre 1594. Le 28 février 1595, il y obtint le titre de maître ès arts, et bachelier ; le 12 novembre 1596, il y devenait docteur. En 1602, il était nommé à la première chaire professorale de logique et de rhétorique au Collège des humanités de Zurich, et en 1605 il devenait professeur au Collegium Carolinum (cf. le matricule de l'université de Montpellier, p. 202). Le *Schweizer Lexicon* de Leu (vol. 17, p. 139 *sq.*) détaille la liste complète des œuvres de ce Rudolf Simler, dans les domaines de la logique, de l'éthique et de la théologie. Sous le

nom de Rudolfus Simlerus Tigurinus, le même personnage s'inscrivit lors de la Saint-Sylvestre de 1595 dans le livre d'or de TP II, en y déposant un texte qui témoignait, ce jour-là, d'une humeur joyeuse.

88. Felix Rotmundt, de Saint-Gall : voyez *supra* la note 86 au sujet de Sebastian Rotmundt. En 1589-1590, ce Felix étudiait la médecine à Bâle. Bachelier de la promotion 1590, il s'inscrivit le 27 octobre 1593 à l'université de Montpellier. Il y obtint la licence le 5 septembre 1596 et le doctorat médical le 18 décembre 1596 (cf. le *Matrikel* de l'université de Bâle, vol. II, p. 371, et le matricule de l'université de Montpellier, p. 198 *sq* ; voyez également ci-après, notre note terminale de l'année 1596). En février 1597, Felix Rotmundt a laissé une inscription dans le livre d'or de TP II.

89. Kaspar Thomann appartient vraisemblablement au lignage des Thomann, dont on suit la trace à Zollikon (Suisse) depuis le XIVe siècle. Un certain Henrich Thomann (1450-1535) s'établit à Zurich et fut inscrit en 1514 à la Konstafel. Il se situe à l'origine d'une famille de conseillers de ville zurichois qui ne s'éteindra comme telle qu'en 1877. Son fils aîné Kaspar (1519-1594) fut l'un des personnages les plus riches de la bourgeoisie zurichoise, propriétaire faisant bâtir, maître d'œuvre, membre du Conseil, bailli de Kyburg, et enfin bourgmestre en 1584. Le camarade de TP II, le Kaspar ci-dessus mentionné, semble avoir été l'un des fils de ce monsieur. Il est vrai que le nom dudit Kaspar junior n'est pas mentionné dans l'histoire familiale écrite par Robert Thomann (« Das Geschlecht Thomann... », *Zürcher Taschenbuch*, 1924, p. 215-220). En revanche, Hans Leu parle d'un bourgmestre zurichois, nommé Kaspar Thomann, qui siégeait au Grand Conseil de la ville en 1632. C'est vraisemblablement le nôtre (cf. *Allg. Helvetisches Eydgenossiches Lexikon*, vol. 18, p. 95). Dans le livre d'or de TP II, on trouve bien une « entrée » signée par Kaspar Thomann, mais elle n'est pas datée ; elle est donc peut-être postérieure à l'époque estudiantine de ces deux jeunes gens. TP II y est présenté comme docteur en philosophie, médecine et botanique. Au sujet de Thomann, voyez aussi le vol. II [en allemand] de la publication des voyages de TP II par Rut Keiser, p. 866, note 2 [LRL].

90. Colombiers est indiqué sur les vieilles cartes, mais entre Vendargues et Saint-Brès ; et pourtant la connaissance des lieux dont fait preuve ici TP II est bien supérieure à celle de ces anciens documents cartographiques [cette remarque vaut en particulier pour les personnes, du reste excellentes, qui s'imaginent aujourd'hui encore que TP II (grand et vrai voyageur, en fait) s'est borné à rédiger sa *Description de voyage* « en consultant de gros livres » – LRL].

91. Lunel-Viel est situé à 4 kilomètres à l'ouest de Lunel. La Bégude Blanche était une auberge renommée, un « quatre Étoiles » de l'époque. Johannes Jak. Grasser (1579-1627) la place au premier rang, dans ses souvenirs de voyage, par rapport à toute autre auberge du royaume de France, et même hors du royaume !

92. Johann Wilhelm Leininger : il a pris son immatriculation à l'université de Heidelberg le 5 juin 1592 ; il y est inscrit en tant que fils du « secrétaire » Leininger. « En 1595, ajoute le texte du matricule, J.W.L. est de nouveau à Heidelberg après une absence qui a duré quelque temps. » En février 1596, il accompagne TP II dans son voyage en direction de Nîmes et d'Avignon. À l'automne de 1597, il se trouve derechef à Heidelberg, où l'on doit néanmoins lui interdire le port de l'épée. Là-dessus, il quitte cette ville ; il y revient pourtant en novembre 1599, à la grande joie des chirurgiens locaux qui se font un plaisir de recoudre les blessures qu'infligeait ou recevait ce soudard, pour eux fort rentable. Le 14 février 1600, il s'immatricule de nouveau à Heidelberg (voir le *Matrikel* de cette université, des années 1386 [effectivement] à 1602, au vol. II, p. 160 et 201).

93. Il s'agit de la chapelle de Notre-Dame d'Assargues (proche des rives du Vidourle) ; elle dépend du chapitre d'Aigues-Mortes (voir *Felix et Thomas Platter à Montpellier*, 226, note). Le texte de l'« épitaphe » qui suit (ci-dessus) est si obscur que Rut Keiser a dû renoncer à le compléter, comme à le traduire [LRL].

94. Le pont en question est en effet au lieu-dit « Pont-de-Lunel ».

95. La localité mise en cause n'est autre que Saint-Laurent-d'Aigouze ; elle est située à l'intérieur des terres, à 7 ou 8 kilomètres au nord d'Aigues-Mortes.

96. Il s'agit ou il va s'agir des lieux-dits et/ou villages de Vestric (et non pas Estrich, orthographe de TP II), Uchaud, Bernis (et non pas Bergis, même remarque) et enfin Milhaud.

97. Vis-à-vis du sous-titre « Nîmes », entre les folios 61 et 62 de son manuscrit, TP II a collé « sur feuille » un plan de la ville de Nîmes, dû à Francesco Valegio ; le plan de Poldo d'Albenas,

dont la valeur documentaire est bien supérieure, se trouve entre les folios 230 et 231 de ce même manuscrit, et aussi à la p. 278 de l'édition allemande originale de Rut Keiser [LRL].

98. Johannes ou Jean Pistorius était le fils de Christian Pistorius, l'un des six régents du collège des arts de Nîmes. Jean avait été baptisé le 8 mars 1584. Son parrain n'était autre que Jean de Serres, principal de ce même collège, qui va mourir à Genève en 1597. Voir à ce propos J.-M. Gaufrès, « Les collèges protestants... », *BSHPF*, vol. 26 (1877) et 27 (1878) ; voir également *infra*, suite de séjour à Nîmes, autre note « pistorienne » [le texte en italique, daté de 1601 ou davantage, provient d'une correspondance « post-voyage » entre TP II et Pistorius – LRL].

99. La canne, ancienne mesure de longueur de Montpellier et de Nîmes, variable selon les localités, mais faisant environ deux mètres. Le distique qui suit est une petite énigme chiffrée... et facile à déchiffrer. « La deuxième année après 311 lustres [un lustre fait cinq années], le 9 septembre, ce lieu a été recouvert par l'inondation. » Autrement dit, $(5 \times 311) + 2 = 1557$.

100. Christian Pistorius, excellent humaniste allemand devenu nîmois, était originaire de Heidelberg. Son père, converti à la foi réformée, avait courageusement quitté, de ce fait, l'ordre de Malte ; il fut ensuite le délégué des protestants d'Allemagne, auprès de Charles Quint, quand fut lue la confession d'Augsbourg en présence de cet empereur. Par la suite, Christian Pistorius épousa, à Nîmes, la fille de Guillaume Tuffan qui de 1547 à 1563 fut recteur du collège des arts, nous dirions aujourd'hui « collège » tout simplement. Son fils Christian junior devint régent dans cet établissement dont le rectorat (des affaires) et la direction lui furent confiés après la retraite de Jean de Serres. Cette famille a donné au collège nîmois un éclat et une réputation considérables. (Voir à ce propos A. Borrel, « Le collège des arts..., lui-même actif depuis 1537 jusqu'à sa destruction en 1661 », *BSHPF*, vol. 13, 1864, p. 288-306 ; du même, « L'École de théologie ou Académie de Nîmes », *BSHPF*, vol. 2 et 3, 1854-1855 ; Ménard, *Hist. de la ville de Nîmes...*, livre 18, p. 278.)

101. Anne Rühmann, de Nidde, dans la Hesse, fut régent au collège des arts de Nîmes. Après 1600, il succéda – au-delà d'un personnage intermédiaire – à Isaac Casaubon, à la tête du « collège des arts » de Montpellier, en tant que principal de cet établissement (voir à ce propos A. Borrel, « Le collège des arts de Nîmes... », art. cité dans la note qui précède, p. 297 ; A. Germain, *Hist. de l'univ. de Montpellier* ; et Philippe Corbière, *Hist. de l'Église réformée de Montpellier*). Le fils d'Anne Rühmann était lui aussi prénommé Anne. Né en 1583 et mort en 1639, il fut avocat au présidial de Nîmes, assesseur criminel en la grand-prévôté de Languedoc, et conseiller du roi. Il était l'auteur d'un manuscrit intitulé « Antiquités de Nîmes » (voir Ménard, *Hist. de la ville de Nîmes*, livre 18, p. 278).

102. Sur les arènes nîmoises, voir aussi Robert Étienne, « La date de l'amphithéâtre de Nîmes », dans *Mélanges d'archéologie et d'histoire offerts à André Piganiol*, Paris, 1966, vol. II, p. 985-1010.

103. Le temple qu'on appelle « Maison carrée » était considéré à tort depuis le haut Moyen Âge comme étant le « Capitole » de la ville de Nîmes. La Maison carrée avait été construite à l'époque d'Auguste, peut-être par M. Vipsanius Agrippa qui, vers 20 av. J.-C., séjournait dans cette province dite « Narbonnaise ». Il ne s'agit point, en tout cas, de la basilique que l'empereur Hadrien commença en 122 de notre ère, lors de son passage en Narbonnaise, afin d'honorer sa défunte épouse Plotina, et qui fut achevée en l'an 139 au temps d'Antonin. Voyez Pauly-Wissowa, vol. 16, tome 2, p. 2298 ; et Roger Peyre, *Nîmes, Arles, Orange*, 5e éd., Paris, 1929.

104. Jean Poldo d'Albénas (1512-1563), de Nîmes, protestant, conseiller au présidial, et auteur d'un livre essentiel intitulé « Discours historial de l'antique et illustre cité de Nismes en la Gaule narbonaise, avec les portraitz des plus antiques et insignes bastimens dudit lieu réduits à leur vraye mesure et proportion, ensemble de l'antique et moderne ville » (Lyon, 1560).

105. La colonne ainsi évoquée fut érigée à Nîmes (1535) en l'honneur de François Ier, à l'occasion de sa visite en ce lieu. Ce pilier monumental était couronné d'une salamandre, symbole du monarque en question (voyez R. Peyre, *op. cit.*). TP II a collé dans son manuscrit une petite esquisse de ce monument, afin d'illustrer son propre texte. Le dessin à la plume que proposait de la sorte notre auteur pourrait être une copie de l'image de cette même colonne qui se trouve sur le plan de Nîmes inséré lui-même à la p. 26 du livre ci-dessus cité de Poldo d'Albénas.

106. TP II a manifestement lu le Poldo d'une façon superficielle. Cet auteur indique en effet comme étant originaire de Nîmes (outre Antonin le Pieux, empereur de 138 à 161) non pas

Domitien (81-96), mais le grand orateur romain Cn. Domitius Afer († 59 apr. J-C.). Sur ledit orateur, voir Pauly-Wissowa, vol. 5-1, p. 1318-1320 ; et C. Jullian, *Histoire de la Gaule*, 1920, vol. VI, p. 141, 344 et *passim*.

107. Nous dirions en français « mi-parti », c'est-à-dire établi selon la base de la parité entre catholiques et protestants [LRL].

108. Sur les trois sénéchaussées languedociennes, celles de Beaucaire (et Nîmes), de Carcassonne et de Toulouse, qui sont circonscriptions judiciaires et administratives, quelque peu archaïques déjà au XVIe siècle, cf. Philippe Wolff *et al.*, *Histoire du Languedoc*, Toulouse, Privat, 1967, p. 218-219 [LRL].

109. Les présidiaux, tribunaux d'assez haut niveau, mais de statut inférieur à celui des trois grands parlements méridionaux (Aix, Toulouse et Bordeaux), ont été fondés à l'initiative d'Henri II en 1552 pour rapprocher la justice des justiciables (les parlements étaient bien souvent trop éloignés), mais aussi pour rapporter de l'argent au trésor royal grâce à la vente des offices aux nouveaux juges en ces présidiaux ainsi créés [LRL]. Il y a sept présidiaux dans le ressort, très vaste, du parlement de Toulouse. Voir, à leur propos, Marcel Marion, *Dictionnaire des institutions de la France aux XVIIe et XVIIIe siècles*, 1923, p. 449 *sq.* ; Lavisse, *Histoire de France*, vol. V-2, p. 136 ; et Paul Dognon, *Les Institutions politiques et administratives du pays de Languedoc du XIIIe siècle aux guerres de Religion* [1895 – LRL].

110. Marguerittes, village situé à 7 kilomètres au nord-est de Nîmes.

111. Le château de Saint-Privat qui, en rive droite du Gardon, est sis à 1,5 kilomètre en amont du pont du Gard, fut le siège d'une seigneurie qui originellement appartenait à l'évêque d'Uzès. Ensuite, elle est devenue la propriété, pour une part, du grand lignage des Crussol et, pour le reste (depuis 1451), de la famille Faret ou Fallet, venue de Haute-Italie et dorénavant résidant en ce château. En 1555, les Faret faisaient acquisition de la « portion » appartenant aux Crussol et l'entier château restera ainsi entre leurs mains jusqu'en 1865. Les Faret se sont ralliés à la Réforme protestante, dont ils installèrent ensuite le culte dans leur chapelle « castellaire ». Le célèbre pasteur Viret y prêcha en 1562. Lors des persécutions antiprotestantes de la décennie 1560, le château devint un asile fortifié pour les huguenots. Il fut aussi la base de départ de petites troupes protestantes armées qui s'en allaient « visiter » les monastères des environs. En avril 1570, Coligny séjourna à Nîmes ; il s'empara de Marguerittes et de Bezouce, et il contempla le pont du Gard ; il s'arrêta aussi à Saint-Privat. En juillet 1629, Louis XIII et Richelieu y séjournèrent aussi lors de la soumission de Nîmes. En 1685 (Révocation...), un Charles Faret se fit catholique. Voyez Jules Bonnet, « La Réforme au château de Saint-Privat », *BSHPF*, vol. 21 (1872), p. 489, 537 *sq.* et vol. 22 (1873), p. 97 *sq.* ; G. Charvet, *Le Château de Saint-Privat-du-Gard*, Uzès, 1867.

112. Il s'agit ici, bien sûr, du roi Henri IV. Sur ses efforts pour le développement de la culture du mûrier et pour la production de soie, voyez Olivier de Serres, *Théâtre d'agriculture*, liv. 5, chap. 11 ; et la grande biographie d'Henri IV par M.-A. Poirion, *Histoire du règne d'Henri IV*, vol. II-1, p. 49-81. Les guerres d'Italie ont provoqué par contrecoup d'importation culturelle ou « culturale » une diffusion de l'élevage du ver à soie, sur plantations de mûriers, dans la région de Montélimar. Henri IV, Laffemas, Sully et Olivier de Serres ont contribué à l'extension des massifs de mûriers « séricicoles » dans le sud-est de la France. Extension qui, à vrai dire, se serait vraisemblablement produite même en l'absence d'interventions gouvernementales, ministérielles et autres. [Cette note de Rut Keiser a été abrégée et révisée par notre team. Outre la judicieuse référence « keisérienne » à Jules Bonnet, « L'église réformée de La Calmette », *BSHPF*, vol. 33 (1884), p. 147 *sq.*, il convient de se reporter, sur ce point, à nos *Paysans de Languedoc*, SEVPEN, 1966, vol. I ; voir à ce propos la note suivante. – LRL.]

113. Sur le développement de la production séricicole en Cévenne et dans la région nîmoise en « continu » depuis le XIIIe siècle et notamment à l'époque plattérienne, voir en effet Emmanuel Le Roy Ladurie, *Les Paysans de Languedoc*, Paris, SEVPEN, 1966, vol. I, p. 261 *sq.* et 437 *sq.*, et vol. II, p. 988. L'idée d'implanter des mûriers pour l'élevage du ver à soie dans la froide France du Nord et en Touraine n'était qu'un rêve, assez ridicule, des autorités royales [LRL]. Le Midi languedocien, en revanche, était propice. Voir aussi à ce propos Jules Bonnet, « L'église réformée de La Calmette », *BSHPF*, vol. 33 (1884), p. 147 *sq.*

114. Aux termes d'une correction marginale, TP II a substitué 804 pieds au chiffre erroné de « 504 » pieds qu'il avait d'abord écrit. L'erreur et la correction proviennent toutes deux du livre

de Poldo d'Albénas, d'abord superficiellement parcouru, puis correctement révisé, en fonction d'une relecture soigneuse opérée par TP II [LRL].

115. TP II insère ici dans son manuscrit une esquisse représentant le pont du Gard, qu'il a copiée avec plus ou moins d'attention sur le soigneux dessin qu'avait confectionné Poldo à ce sujet. Les mesures utilisées par Platter dans le paragraphe ci-dessus correspondent en son esprit à une métrologie bâloise assez proche de celle pratiquée en France. Soit le pied (*Werkschuh*), de 30,5 centimètres ; et le pouce (*Zoll*), de 2,5 centimètres. Voyez Hermann Mulsow, « Mass und Gewicht der Stadt Basel bis zum Beginn des 19. Jahrhunderts », Dissertation Univ. Freiburg-en-Brisgau, 1910.

116. Fournes est à 7 kilomètres du pont du Gard, sur la route qui mène en Avignon.

117. Villeneuve-lès-Avignon (Gard), sur la rive droite du Rhône, en face d'Avignon : cette localité devait beaucoup à la conquête du Languedoc par les Français. Elle fut aussi fort utile au roi de France pour contrôler l'accès à la Provence depuis l'ouest. Le pont d'Avignon était en effet le premier qui fût disponible depuis l'embouchure méditerranéenne du Rhône, dès lors qu'on le remontait vers le nord. Philippe le Bel érigea vers 1300 la tour qui domine ce pont. Jean le Bon fortifia vers 1360 la colline d'Andaon, et il enveloppa de tours et d'une enceinte fortifiée la riche abbaye bénédictine de Saint-André ainsi que les habitats qui s'étaient développés à l'ouest de celle-ci, habitats auxquels le monastère en question avait donné son nom. À l'époque des papes d'Avignon, plusieurs cardinaux bâtirent à Villeneuve leurs palais qu'on appelait les « livrées ». L'église collégiale, avec sa célèbre Madone en ivoire, avait été fondée par un cardinal. Le pape Innocent VI créa pour sa part, en 1356, la chartreuse de Villeneuve. Il avait sa « livrée » en ce monastère, dans lequel il fut enterré au cours de l'année 1362. Voyez Fernand Benoît, *Villeneuve-lès-Avignon*, Paris, 1930, « Petites monographies des grands édifices de la France ».

118. Saint Benoît (1165-1184), surnommé Bénézet à cause de sa jeunesse et de sa petite taille : l'hagiographie médiévale en langue latine l'appelle *sanctus Benedictus de Ponte, Benedictus pontifex* ou *Benedictus pastor*. Il avait commencé, dit-on, la construction du pont d'Avignon sur l'ordre d'un ange, le grand ouvrage en question ayant été bâti en effet de 1177 à 1189. Bénézet fut béatifié au concile de Lyon en 1245. La chapelle érigée sur le pont avignonnais conserva ses reliques jusqu'en 1669. Le danger que faisaient courir à celles-ci les fureurs « aquatiques » du Rhône incita les responsables à faire transporter ces reliques dans la cathédrale d'Avignon. Ces objets sacrés, ou ce qu'il en reste, sont conservés maintenant dans l'église locale dédiée à saint Didier (voir *Dict. d'hist. et de géog. ecclés.*, vol. VII).

119. C'est ce qu'on a appelé de 1309 à 1376 la captivité de Babylone de l'Église romaine. Par ailleurs, un exemplaire du plan de la ville d'Avignon, sous la forme d'une gravure due à Francesco Valegio, a été collé par TP II entre les folios 71 et 72 de son manuscrit.

120. Sur la teinture cramoisie obtenue grâce à la cochenille, voir *Brehms Tierleben*, 1915, vol. II, p. 187 [il s'agit d'un ouvrage populaire, en langue allemande, sur « La vie des bêtes », dû à Alfred Edmund Brehm, réédité à plusieurs reprises depuis le début du XXe siècle – LRL] ; et Ludovic Legré, « La botanique en Provence au XVIe siècle, Pierre Pena et Mathias de Lobel », *op. cit.* L'insecte kermès (*Kermes ilicis L.*) appartient à la famille des *Coccidae* ; il vit sur l'arbuste *Quercus coccifera*, le chêne kermès et il s'appelle *vermillon* en provençal (cf. le mot français « vermisseau »). La récolte de ce « vermillon » avait lieu en mai. Des foules de paysans en faisaient la cueillette sur les chênes kermès et vendaient le produit sur les marchés. On pensait à l'époque que le kermès, en tant que produit, était au départ un noble excrément de l'arbre, qui se changeait ensuite en vermisseaux, destinés à la vente. On utilisait le tout pour la teinture et la médecine. Les apothicaires de Montpellier, d'Aix et d'Arles se servaient du kermès, broyé avec d'autres substances, pour obtenir l'*alkermès*, remède de grande circulation, qu'on employait contre les maladies de cœur. Les mots « kermès », « carmesin », « cramoisi » viendraient de l'arabe *qirmizi* (= rouge). Voir Bloch et Wartburg, *Dict. étymol. de la langue française*, 1960, p. 164 ; et Joh. Heinr. Cherler, *Historia plantarum universalis*, 1650-1651, I, p. 108 *sq.* Felix Platter donne des détails intéressants sur le kermès (cf. son texte dans l'édition F. Platter de Lötscher, Bâle, Schwabe, 1976, p. 150.

121. Quand, en 1309, Clément V (1305-1314) eut installé la résidence papale en Avignon, cette ville appartenait encore aux comtes de Provence qui étaient également rois de Naples et, comme tels, vassaux de la papauté... Le pape Clément VI (régnant de 1342 à 1352) utilisa

l'antagonisme qui opposait Jeanne de Naples à son beau-frère Louis de Hongrie pour obtenir de la première l'acquisition pontificale d'Avignon en 1348. La somme versée à cet effet, 80 000 florins, permit à Jeanne de reprendre le combat contre la Hongrie, combat qui ne se termina qu'en 1352, avec la renonciation de Louis à ses buts de guerre (voir *infra*, dans ce paragraphe concernant Avignon, la note relative elle aussi à Jeanne de Hongrie).

122. Le pape Urbain V, régnant (après Clément VI et Innocent VI) de 1362 à 1370, a fait une tentative de retour à Rome. Il a dû cependant revenir en Avignon. Le départ « définitif » d'Avignon, en 1376, fut le fait du pape Grégoire XI (régnant de 1370 à 1378) ; il répondait ainsi à l'appel des cardinaux italiens, des Romains, et aux instances de sainte Catherine de Sienne (1347-1380). Le bain de sang sur lequel Platter (à partir des traditions que lui ont livrées ses informateurs) brode avec beaucoup de fantaisie correspond très approximativement aux soulèvements qui furent enregistrés dans l'État pontifical contre les légats du pape. En tant que Français, celui-ci était détesté par les Italiens. Grégoire XI a fait réprimer ces révoltes par des bandes de mercenaires, placées sous la direction du cruel cardinal Robert de Genève, lequel fut responsable en effet d'un sinistre massacre des rebelles, à Cesena.

123. Après le départ du pape, beaucoup de cardinaux conservèrent une résidence en Avignon, et cette ville garda longtemps encore un caractère cosmopolite. Le légat séjournait dans le Palais des papes : ce fut d'abord Charles de Bourbon. Vinrent ensuite des Italiens, parents du pape régnant, et dont aucun ne daignait résider dans la capitale comtadine. Ils se faisaient représenter sur place par des vice-légats. Au temps de TP II, le légat s'appelait Octavius Acquaviva d'Aragon (1560-1612), cardinal depuis 1591, légat d'Avignon en 1593, archevêque de Naples en 1605. Le vice-légat, entre 1596 et 1599, était l'archevêque Giovanni Francesco Bordini ; Mazarin occupa plus tard un poste de ce genre. Voyez le *Dict. d'hist. et de géog. ecclés.*, vol. V, p. 1141 ; et le catalogue des légats et vice-légats dans *Gallia christiana*, vol. I, p. 843 *sq*.

124. Une légende du XVe siècle présente Rufus, fils de Simon de Cyrène et élève de saint Paul, comme le premier évêque d'Avignon. Des écrits plus anciens, du XIe siècle, parlent d'un certain prêtre Rufus qu'évoquent aussi les documents de fondation du monastère Saint-Ruf ou Saint-Rufus en 1039. Rufus vécut vraisemblablement au IVe ou Ve siècle en tant que chef de la première communauté chrétienne locale. Avant le Ve siècle, on n'a pu trouver la trace d'aucun évêque avignonnais (voir le *Dict. d'hist. et de géog. ecclés.*, vol. V, p. 1122).

125. Le jeu de paume français (*palmary*, en langue d'oc) se joue avec des balles et des raquettes. Le mot « paume » indique qu'originellement la balle était lancée à main plate, avec la paume (en latin, *palma*). Au cours de la première moitié du XVe siècle, les joueurs commencèrent à protéger leurs mains avec des gants. Ensuite on renforça les gants avec des réseaux de lanières ; et enfin la raquette apparut. On confectionnait les balles à l'aide de morceaux de drap roulés en boule, emballés dans de fins lacets et serrés les uns contre les autres, le tout revêtu de blanc. Ces balles étaient élastiques et dures. Le jeu avec balle et raquette, la « courte paume », se déroulait dans un lieu clos, rectangulaire, divisé en deux par un filet. Une « paume » d'une espèce particulière, la « longue paume », se jouait à l'air libre, sur une place, ou dans une rue longue ou une allée. Ces deux jeux correspondent assez bien à notre tennis actuel. Les fréquentes allusions de TP II aux « maisons de jeu de paume » et au *palmary* fournissent un témoignage sur la grande popularité de ce jeu en France, surtout à partir de la phase de prospérité pacifique du règne d'Henri IV, commençant vers 1595. Toute ville française un peu importante possédait son jeu de paume, voire plusieurs, ce qui ne manquait pas de frapper Thomas junior. Car à Bâle, en ce temps, il n'y avait pas de jeu de paume. Les souhaits personnels d'un bourgmestre bâlois furent nécessaires pour que le Conseil de ville, soucieux des bonnes mœurs, autorise la construction d'un établissement de ce genre par le secteur privé. Au XVIIIe siècle, à Bâle comme ailleurs, le jeu de paume passa de mode, et les immeubles où l'on y jouait connurent le déclin ou furent affectés à d'autres usages. Le « jeu de ballon », le *grosser balun* de Platter, se pratique à l'aide d'une vessie gonflée, recouverte de cuir, possiblement en forme de boule. On y joue avec la main ou le pied. C'est l'« ancêtre » lointain de notre football, et il est nettement plus rustique et plus simple que ce « tennis » compliqué et réglementé qu'est le jeu de paume. Le ballon, c'est « moins un jeu qu'un exercice », comme l'écrira l'*Encyclopédie*. (Voir la description de ces jeux dans Gerhard Ulrich et Anton Vieth, *Encyklopädie der Leibesübungen*, 3e partie, laquelle contient des suppléments aux 1re et 2e parties, Leipzig, 1818, p. 305-337 [courte paume], 338-344 [longue paume], 344-347 [ballon]. Vieth s'appuie en cela sur l'*Encyclopédie métho-*

dique, « Dictionnaire des jeux », faisant suite au tome III consacré aux mathématiques [Paris, 1792] : I, 197-206 [tennis en salle de jeu de paume], 146 *sq.* [longue paume], 4 [ballon]. Voir aussi F.K. Mathys, *Spiel und Sport im alten Basel*, 1954, p. 32-35.)

126. Le carnaval des seigneurs ou des messieurs, c'est-à-dire le carnaval des ecclésiastiques, commence au dimanche *Esto mihi*, qui précède le mercredi des Cendres. Le carnaval des paysans ou « vieux carnaval » débute une semaine plus tard, après *Invocavit*. Voir là-dessus Ed. Hoffmann-Keller, *Feste und Bräuche des Schweizervolkes*, p. 125. [Il semble que dans cette note Rut Keiser ait voulu à propos du carnaval d'Avignon évoquer la chronologie spécifique du carnaval de Bâle, en fait assez différente de celle du Comtat – LRL.]

127. L'ancienne circonscription épiscopale strasbourgeoise du Kochersberg inclut en effet de nombreux villages groupés autour de la colline fortifiée dudit Kochersberg, entre Strasbourg et Saverne : ils étaient connus à cause du langage rustique et du costume particulier de leurs habitants. Voir à ce sujet Aug. Stoeber, *Der Kochersberg ein landschaftliches Bild aus dem Unter-Elsaß*, 1857, p. 42 *sq.* et aussi « Le territoire d'Alsace-Lorraine », publié, en allemand, par le Statistische Bureau des Ministeriums für Els.-Lothr., 3e partie, p. 528 *sq.*

128. Le roi Boson, comte de Vienne et beau-frère et conseiller de l'empereur Charles le Chauve, régentait en effet, comme titulaire, le comté de Vienne et du Lyonnais. En 875, la Provence lui était échue, tirée de l'héritage de l'empereur Louis II ; en 876, Boson se faisait couronner duc d'Italie. Arles devint le centre de ce nouvel État qui rassemblait les régions entre Rhône et Alpes. L'aire d'influence de Boson semble s'être étendue par moments des Vosges à la Méditerranée, puis cet État se réduisit comme peau de chagrin... La diminution de l'influence de l'Empire et l'annexion « progressive » à la France se marquent très fortement entre 1310 et 1349 (annexion française de Lyon puis du Dauphiné). Voir à ce sujet, pour corriger les erreurs de Thomas junior, la note complète de Rut Keiser dans TP II, *Beschreibung*, vol. I, p. 123-125 ; René Poupardin, *Le Royaume de Provence sous les Carolingiens (855-933)* ; et, du même auteur, *Le Royaume de Bourgogne (833-1038), étude sur les origines du royaume d'Arles* (ces deux derniers ouvrages figurent dans la Bibliothèque de l'École des hautes études, fasc. 131 [1901] et fasc. 163 [1907 avec des rééditions dans les deux cas, en 1974, par Slatkine reprints – LRL]) ; Paul Fournier, *Le Royaume d'Arles et de Vienne 1138-1378*, Paris, 1891. [Nous avons résumé ici l'immensément longue note ou plutôt « notice », pour le coup, de Rut Keiser – LRL.]

129. En Avignon, se trouvait déjà au XIIIe siècle une école dans laquelle on enseignait le droit. On peut penser qu'à partir de celle-ci s'est développée une université, que Charles II d'Anjou, de 1285 à 1309 comte de Provence et roi de Naples, a pris sous sa protection particulière (?). On ignore ce qu'était l'organisation universitaire en question. En 1303, le pape Boniface VIII, par une bulle *ad hoc*, a donné forme et base à cette université, et Charles II l'a dotée de privilèges. Il s'agissait essentiellement d'une faculté de droit, bien que les statuts de 1303 aient prévu aussi des facultés de médecine et d'arts libéraux. Le « pape » Jean XXIII, pendant le schisme, a fait l'ajout d'une faculté de théologie en 1414 (voyez H. Rashdall, *The Universities of Europe in the Middle Ages*, éd. 1936, II, p. 173-181).

130. Une petite esquisse (médiocre) à la plume, due à TP II, représente le chapeau des femmes juives. Elle se trouve collée entre les folios 81 et 82 du manuscrit de notre auteur.

131. Dans le livre d'or de TP II, la signature de ce Carsan apparaît en 1598, avec la dénomination de « Monsieur de Boisseron, baron d'Aramon et Vallabrègues » [voyez aussi *infra*, au paragraphe « Voyage à Montpellier », immédiatement après le texte relatif au charivari – LRL].

132. Henri de La Tour d'Auvergne, vicomte de Turenne (1555-1623), était le petit-fils du connétable Anne de Montmorency. Il devint calviniste à dix-neuf ans et se joignit à Henri de Navarre, futur Henri IV. Il épousa en 1591 Charlotte de La Marck (décédée un peu plus tard). Il obtint ainsi les terres d'Empire qu'on appelait « terres souveraines de Bouillon et de Sedan », ce qui lui conféra le titre de « duc de Bouillon et prince souverain de Sedan ». En 1595, il épousa en secondes noces Élisabeth de Nassau, fille de Guillaume d'Orange ; elle lui donna un fils qui sera plus tard le grand Turenne (1611-1675). À Sedan, où une académie protestante était établie depuis 1580, Henri fonda en 1593 un temple pour le culte réformé. Il se joignit avec passion à la guerre contre l'Espagne. Il fut au service d'Henri IV, qui le fit maréchal de France et lui confia des missions diplomatiques en Angleterre, Hollande et Allemagne. Il fut mêlé en 1602 à l'affaire de « trahison » de Biron, dont il ne réchappa qu'en faisant acte de soumission au roi Henri IV. Voir *La France protestante*, vol. VI, p. 381 *sq.* ; *BSHPF*, vol. 43,

1894, p. 532 ; Weygand, *Turenne*, Paris, Flammarion, 1929, et rééditions jusqu'en 1935, p. 8-12 [LRL].

133. Ces vers se trouvent dans le *Guide des chemins de France*, 1553, p. 177. Frédéric Mistral les cite en exemple (en provençal !) dans son *Trésor du félibrige*, vol. I, p. 280.

134. Ce ne sont pas trois, mais dix-neuf conciles ou synodes de l'Église catholique qui ont pris place en Arles (voir le *Lexikon für Theologie und Kirche*, vol. I, p. 655 *sq.*). Les dates conciliaires ci-dessus proposées par TP II, fausses, sont tirées par lui de la *Cosmographey* de Sebastien Münster, livre II. En fait, c'est en 314 que l'empereur Constantin a tenu en Arles, au temps du pape Sylvestre Iᵉʳ (314-335), un concile contre l'« hérésie » donatiste. Les deux autres conciles évoqués par TP II se sont déroulés, en réalité, en 353 (triomphe de l'arianisme sur Athanase) et en 475 (condamnation des théories augustiniennes de la prédestination).

135. Konrad, duc de Zähringen (1122-1152), avait reçu en 1127 le gouvernement (plus ou moins théorique) de la Bourgogne. Son fils, le duc Berchtold (1152-1186), ne tint que passagèrement la régie de Bourgogne et Provence ; il dut se replier par la suite (après diverses négociations) sur les trois évêchés de Genève, Lausanne et Sion, Frédéric Barberousse ayant effectivement joué un rôle en toute cette affaire ; voir notamment, à ce propos, Lavisse, *Histoire de France*, vol. IV, 1, p. 254.

136. L'« île de Camargue » est située entre le Petit-Rhône et le Grand-Rhône.

137. Les « tombes de Saint-Honorat » : ce sont, en d'autres termes, les Alyscamps arlésiens. Saint Honorat sortait d'une famille romaine distinguée, qui s'était établie en Gaule. Il devint chrétien, et s'initia en Grèce à la vie érémitique ; il fonda vers 400 le monastère des îles de Lérins, qui porte son nom. De 426 à sa mort (datée de 430 environ), il fut évêque d'Arles (voir Stadler, *Vollständiges Heiligen-Lexikon*, vol. II, p. 761 *sq.*). L'église Saint-Honorat, en Arles, se trouve à l'extrémité de l'allée des Tombes des Alyscamps. Les moines de Saint-Honorat avaient la garde de ce célèbre cimetière ; ils n'en utilisèrent pas moins les sarcophages romains comme équivalents de grandes pierres (creuses, mais solides) pour construire leur couvent et la muraille d'enclos de leur parc.

138. Il s'agit des deux colonnes du mur du « fond de scène » du théâtre d'Arles. TP II n'a pu le voir que difficilement, puisque cet emplacement était masqué par des bâtiments construits au Moyen Âge ou sous la Renaissance. Il faudra bien une centaine d'expropriations, en un temps fort ultérieur, pour rendre tout à fait visibles les piliers en question. Voir, à ce propos, J. Sautel, *Le Théâtre de Vaison et les théâtres romains de la vallée du Rhône*, 1946 ; et Roger Peyre, *Nîmes, Arles, Orange*, 1929.

139. Cette inscription, relative à « la colère du lion », réfère à l'animal héraldique qui orne le blason de la ville.

140. On manque d'informations sur les commencements du christianisme en Arles. Grégoire de Tours signale une tradition selon laquelle cet apport serait dû à saint Trophime (voir *Dict. d'hist. et de géog. ecclés.*, vol. IV, p. 231 *sq.*).

141. Après la conquête de Marseille par César (en 49 av. J.-C.), Arles, sous le nom de *Colonia Julia Arelatensium Sextanorum*, devint l'une des villes commerciales les plus importantes de la Gaule narbonnaise. Les *Sextani*, au départ, étaient des vétérans de la VIᵉ légion. Voir Lavisse, *Histoire de France*, I, p. 337 ; Pauly-Wissowa, II-1, p. 634 ; C. Jullian, *Histoire de la Gaule*, VI, p. 319-325.

142. Les Porcelet sont originaires de Beaucaire. Un membre de cette famille voulut accompagner Saint Louis en croisade, mais mourut avant le départ de la flotte ; il fut enterré à Aigues-Mortes. En 1835, on trouva en rive droite du Vidourle, dans un cimetière, sa pierre tombale avec deux blasons sur chacun desquels était dessinée une truie (cf. Charles Martin, « Aigues-Mortes », *Mém. de l'Acad. de Nîmes*, 1902, p. 91 *sq.*). Des membres de la famille Porcelet se trouvaient aux XIIᵉ et XIIIᵉ siècles en Terre sainte. Voir Du Cange, *Les Familles d'outre-mer*, éd. Rey, 1869, p. 588-590. De la famille des Porcelet sont venus les lignages des seigneurs de Maillane, de Fos et d'Ubaye. Hardouin de Maillane, sieur de Porcelet, huguenot, capitaine à Beaucaire en 1562, eut un fils tué dans un combat contre les catholiques. Paul-Joseph des Porcelets, marquis de Maillane, né à Beaucaire en 1684, mort à Aix en 1745, écrira des « Recherches historiques... sur la ville de Beaucaire » (1718). Voir *Biographie universelle*, vol. 26, p. 120 ; *Histoire ecclésiastique des Églises réformées au royaume de France*, éd. G. Baum et E. Cunitz, 1889, 3 vol.

143. Felix Platter a vu lui aussi, le 17 septembre 1555, ces colonnes sur l'actuelle place du Forum et il a pris leurs fragments de corniche pour un sarcophage. Le *Guide des chemins de France* (1553, p. 177) évoque « ces deux grands piliers du temps des Romains que l'on dit être les colonnes d'Hercule ». Ils demeureront en place, aujourd'hui, parmi les « reliquats » *in situ* de l'antique Forum.

144. Les Alyscamps, *Elysii Campi*, l'un des plus célèbres cimetières de la Gaule. Les commencements de cette nécropole sont antérieurs à l'époque chrétienne ; en superficie, elle a l'étendue d'une ville. Selon la légende, saint Trophime aurait christianisé ce cimetière païen avec l'assistance des évêques d'Aix, Orange, Toulouse, Limoges et Narbonne [représentatifs de presque tout le pays d'oc... – LRL]. Pendant la cérémonie organisée à cette occasion, le Christ lui-même serait descendu du ciel ; il aurait laissé ensuite, en souvenir, l'empreinte de son genou. Voir le *Dict. d'archéol. chrét.*, I, p. 1211 *sq.* ; données analogues au cimetière Saint-Seurin de Bordeaux (TP II, *infra*) ; R. Peyre, *op. cit.*, p. 127-131. Charlemagne, non loin d'Arles, aurait livré bataille contre les Sarrasins. Voyez la note suivante.

145. Rodomont, roi des Maures d'Alger, héroïque et orgueilleux, fut le compagnon de combat de Marsilion ; c'était aussi l'ennemi de Charlemagne qu'évoque dans l'*Orlando furioso* l'Arioste. La légende « rodomontienne » a mainte relation avec la région d'Arles, de sorte que la fable de la conservation de la tête de ce personnage aux Alyscamps n'a rien d'étonnant. TP II confond manifestement Rodomont avec Roland, lui aussi « actif » dans les traditions arlésiennes, recueillies sur place par notre auteur, puisque aussi bien celles-ci mentionnent non seulement Roland, mais encore « plusieurs chevaliers, qui avec Roland [...] moururent en la bataille de Rainchevaux, et qui sont enterrés [aux Alyscamps] quand Guennelon les eut vendus au roy Marsillon payen. Et pour ce que le roy Charles vouloit ensepvelir les crestyens illec occis et qu'il ne les sçavoit discerner des payens illec aussi occis, Dieu, à sa requeste, tourna les viairs [visages] des crestyens vers le ciel et ceuls des payens vers la terre ». Ainsi s'exprimait, une centaine d'années avant Platter, un certain Antoine de Lalaing à propos de sa visite effectuée aux Alyscamps, le 8 mars 1503, dans son journal de voyage : « Le voyage de Philippe le Beau en Espagne, 1501 » (*Collection des voyages des souverains des Pays-Bas*, éd. Gachard et Piot, vol. I, 271 ; C. Meredith-Jones, *Historia Karoli Magni et Rotholandi* ou *Chronique du Pseudo-Turpin*. Texte revu et publié d'après 49 manuscrits, Paris, thèse, 1936). Sur la tombe de Roland à Blaye, voir *infra*, lors du passage de TP II dans cette ville. La sépulture évoquée par Platter dans la crypte de Saint-Honorat n'est autre, en réalité, que le sarcophage de saint Rolland, archevêque d'Arles († 869), auquel il faut joindre le cercueil de saint Concordius (mort vers 390), ces deux « caisses de pierre » étant en fait des sarcophages d'âge romain, réemployés à l'époque chrétienne. En cette « bière » de Concordius se déroule à intervalles réguliers le miracle de l'eau, que TP II signalera *infra*, également, lors de sa visite dans le cimetière Saint-Seurin de Bordeaux. Voir Fernand Benoît, « Les cimetières suburbains d'Arles dans l'Antiquité chrétienne et au Moyen Âge », *Studi di Antichità cristiana*, XI, 1935, Paris-Rome-Cité du Vatican.

146. Le « viguier », en latin *vicarius*, fonctionnait originairement comme « vicaire » du comte ; plus tard, à l'époque qui nous concerne ici, on le retrouve parmi les dirigeants ou responsables d'une circonscription administrative ou judiciaire.

147. Charles de Casaulx, mort en 1596. Partisan de la Ligue (ultra-catholique), il fut à partir de 1591 premier consul et *de facto* dictateur de Marseille. C'était un bon administrateur, il avait développé l'art de l'imprimerie dans sa ville et il cherchait à la doter d'autonomie politique ; il la détachait de la juridiction du parlement d'Aix. Il voulait avec l'aide de l'Espagne rendre durable sa propre domination sur Marseille, et peut-être fonder une dynastie (?) ; il repoussa donc les offres que lui faisait Henri IV. En janvier 1596, il conclut un traité avec Philippe II d'Espagne, qui devint de ce fait le protecteur de Marseille. Pierre de Libertat, en accord avec le jeune duc de Guise, gouverneur de Provence (qui se retournait ainsi contre l'orientation ligueuse de ses ascendants familiaux, et cela au profit de son « patron » Henri IV), poignarda Casaulx à la porte Réale. Le cadavre de Casaulx fut profané, et sa maison pillée. Cf. R. Bousquet, *Histoire de Marseille*, Paris, 1945, p. 226 *sq.*

148. Aigues-Mortes n'est nullement une création romaine et n'a rien à voir avec le canal de Marius. Ce canal fut en effet aménagé par Marius en une époque où il se préparait au combat contre les Cimbres et où il se devait d'assurer le ravitaillement de ses troupes (104-102 av. J.-C.). Le canal commençait du côté d'Arles, mais il ne suivait point, comme on l'a cru longtemps,

la rive droite du Rhône vers les Saintes-Maries, en tant que « Petit-Rhône » ; il passait, en réalité, le long de la rive gauche du Rhône, en direction de Fos, dont le nom évoque en effet – à tort ou à raison – le canal, la Fosse ou la *Fossa*. Aigues-Mortes, pour sa part, est une création beaucoup plus tardive, due à Saint Louis. Celui-ci avait besoin, pour le royaume en général et pour sa croisade en particulier, d'un port sur la Méditerranée. À cette fin, il acheta à l'abbaye de Psalmody, en 1248, le vaste terrain sur lequel devaient se développer la ville et le port. La tour de Constance remonte à Saint Louis. Les remparts eux-mêmes datent de son fils Philippe le Hardi. En 1560, Aigues-Mortes était aux mains des réformés ; un pasteur, Hélie du Bousquet, sexagénaire, prenait soin de cette nouvelle communauté protestante. La même année, réaction en sens inverse : pillage des maisons « réformées » ; du Bousquet est pendu devant son temple. En 1575, les huguenots reprennent pied à Saint-Gilles et à Aigues-Mortes. Ils tiennent toute la côte depuis l'embouchure du Rhône jusqu'en Agde, vers l'ouest. En 1576, Aigues-Mortes devient l'une des huit places de sécurité protestantes. Henri IV, par la suite, confirme la décision en ajoutant à cette liste la tour Carbonnière et le fort de Peccais. Le pasteur local est dorénavant Pierre Colliot, sieur de Varandal, jusqu'à sa mort survenue en 1597. Voir à ce propos : Charles Martins, *Aigues-Mortes*, 1874 ; *Hist. ecclés. des Égl. réf. au royaume de France*, éd. G. Baum et E. Cunitz, 1889, I, p. 380 ; F. Teissier, « Les pasteurs de l'église d'Aigues-Mortes, 1560-1684 », *BSHPF*, vol. 44 (1895), p. 250-253.

149. Lors de cette visite de TP II à Aigues-Mortes, Mathieu de Gondyn n'était pas encore gouverneur.

150. Le grau (latin *gradus*) du Roi : cette voie d'eau, reliant l'étang d'Aigues-Mortes à la mer, s'est formée en 1585. Henri IV la fit approfondir et aménager. D'où le nom qu'on lui donna alors de grau Henri ou grau des Consuls. Depuis les travaux de remise en état qui furent entrepris sous Louis XV, on l'a nommé le grau du Roi. Voir à ce sujet A. de Cazenove, « L'entreprise d'Aigues-Mortes », *Mém. de l'Acad. de Nîmes*, 1905, p. 1 *sq.*

151. Voir Arnold Van Gennep, *Manuel de folklore français contemporain*, Paris, 1958, t. I, vol. II, p. 518 *sq.* : Van Gennep n'a pas trouvé d'exemples de cette coutume en Languedoc ! TP II lui donne tort...

152. *Androsace Gesneri* : il s'agit d'une algue marine, qui pousse sur les pierres et sur les moules. Joh. Bauhin en traite dans le livre XIX de son *Historia plantarum universalis*, 1651, III, chap. 57, p. 812. Konrad Gesner (1516-1565), philologue et médecin, fut l'un des grands botanistes zurichois, bâlois et montpelliérains du XVIᵉ siècle. Fils d'artisan pauvre, il fut, en son enfance et adolescence, élève du *Gymnasium* de Thomas Platter senior.

153. *Lou bouliège* ou *la bouliech* (mot de langue d'oc) : grand filet en forme de chalut.

154. *Sperma*, autrement dit semence. Il s'agit vraisemblablement d'une méduse.

155. Les gentilshommes verriers conservèrent leur privilège en Languedoc jusqu'en 1735. L'origine d'icelui est incertaine. Il s'agissait en tout cas, disait-on, d'un « apanage exclusif » octroyé « pour subsister » à certaines familles nobles qui avaient perdu leurs biens lors des guerres de Saint Louis [?]... En 1753 encore, un procureur déclara lors d'une assemblée tenue à Sommières : « Ce n'est qu'après avoir versé leur sang et ruiné totalement leur fortune que ces nobles obtinrent de la générosité du roi Saint Louis une planche après leur naufrage... » En 1445, une charte de Charles VII réserva l'art du verrier à des « personnages nobles et procréés de noble génération et généalogie de verriers ». La noblesse en question se devait d'être vérifiée auprès du viguier de Sommières. Pour conserver ce privilège, les familles de verriers se mariaient entre elles. Donc ces nobles soufflaient les verres et les gobelets ; leurs ouvriers et apprentis collectaient les cendres, soufflaient les grandes bouteilles et s'occupaient de la vente, après transport éventuel. Le travail durait de six à huit mois, le reste de l'année étant consacré à la réparation des fours et de l'outillage, etc. Les gentilshommes verriers de Languedoc, au temps d'Henri IV, étaient protestants convaincus. Beaucoup d'entre eux serviront plus tard dans les armées huguenotes de Rohan, aux années 1620, en Cévenne. Des confirmations ultérieures du monopole de la verrerie et de l'exemption fiscale corrélative se trouvent dans des lettres patentes de Louis XIV (1655) enregistrées en cour des comptes de Montpellier (13 décembre 1656). Texte confirmé par Louis XV en août 1727 ; enregistrement *idem* à Montpellier le 8 mars 1729. Voyez aussi, sur le même sujet, un texte du parlement de Franche-Comté (17 novembre 1774) (d'après les archives du Dr Alphonse Gresly à Soleure).

156. *Capillus veneris* : plante appelée dans la nomenclature actuelle *Adiantum capillus veneris* (voir L. Legré, *La Botanique en Provence au xvr siècle*, P. Pena et M. Lobel, p. 173).

157. Ange de mer : un squale en fait, *Squatina squatina*, dont l'apparence est proche de la raie. Cf. Konrad Gesner, *Historia animalium*, livre IV, *De piscibus*, p. 1079 *sq.*, où ce poisson est qualifié d'« ange marin », pseudo-raie de deux mètres de long, géante et comestible ; Gesner a complété son texte par un dessin de Rondelet. Voir aussi Rupert Riedl, *Fauna und Flora der Adria*, 1963, avec une illustration.

158. Grammont : Felix Platter, en 1553, avait vu ce « petit monastère » intact, et non pas ruiné ni non plus laïcisé comme ce sera le cas en 1596. On y montrait encore, au milieu du xvr^e siècle, la tombe de Pierre de Provence (cf. le *Tagebuch* de Felix Platter, éd. Lötscher, 1976, p. 174).

159. Otto Streiff von Lavenstein appartient à la famille Streiff von Lavenstein, originaire d'Allemagne occidentale, plus précisément de la région du Palatinat (Deux-Ponts). Le matricule de l'université de Heidelberg (II, 147 et 149) signale pour le semestre d'hiver (1589-1590) l'inscription d'un « Philipp Theobald Streiff a Lavenstein, Westriacus » et d'un « Mathias Streuf a Laverstein, Saverdanus ». Dans le livre d'or de Platter, on trouve en 1596 la signature, en effet, d'Otto Streiff von Lavenstein.

160. Johann Heinrich Cherler (vers 1570-vers 1610), originaire de Bâle, et fils de Valentin Cherler (1537-1604) ; ce fils étudia à Bâle, puis s'inscrivit le 9 novembre 1594 à l'université de Montpellier, où il obtint un diplôme en 1595. Il quitta Montpellier le 12 août 1596, et passa son doctorat le 4 novembre de la même année à Bâle. En 1597, il était à Padoue, Rome, Florence, Vérone, Venise ; il passa plusieurs années à Paris [« bougeotte » caractéristique de la Renaissance, et de type érasmien ou « plattérien » – LRL]. Ensuite il s'installa à Montbéliard ; il s'y maria avec la fille de Jean Bauhin, lui-même grand médecin et botaniste. Collaborateur de Bauhin, Cherler contribua à la mise au point de l'*Historia plantarum universalis* de cet auteur. Voir à ce propos Albr. Burckhardt, *Geschichte der medizinischen Fakultät zu Basel, 1460-1900*, p. 133 ; *Basler Matrikel*, II, 326 ; Matricule de Montpellier, p. 201 et 223 (fausse orthographe : Chulerus au lieu de Cherlerus) ; R. Wolf, *Biographien zur Kulturgeschichte der Schweiz*, III, p. 68 et notes ; *Basler Beiträge*, vol. 13, p. 431, mais Johann Heinrich y est présenté à tort comme fils de Paul Cherler (1540-1600) ; L. Legré, *La Botanique en Provence au xvr siècle. Les deux Bauhin, Jean-Henri Cherler et Valerand Dourez*, 1904. Sur le point de quitter Montpellier, J.H. Cherler s'inscrivit dans le livre d'or de TP II, le 6 juin 1596, comme « *abituriens Monspelio* [...] *J.H. Cherlerus* », notation latine qui annonçait en effet son départ.

161. *Corallina* = *Corallina officinalis*. Voir Jean Bauhin, *alias* Bauhinus, *Historia plantarum universalis*, III, liv. 39, *De plantis marinis*, p. 799 *sq.*, notice *Muscus marinus*.

162. Salicorne, salicor : plante dicotylédone herbacée, qui pousse en Languedoc sur les bords de mer. Ses cendres donnent de la soude pour la fabrication du verre et du savon [LRL et RK].

163. Le mot allemand est *Meergewegs*, autrement dit *Meergewächs* : il pourrait s'agir ici, outre les plantes marines et algues proprement dites, de représentants peu mobiles du règne animal en milieu marin, tels que bryozoaires, holothuries ou coraux (voir Conrad Gesner, *Fischbuch*, éd. 1591, p. 153-156 ; et J. Bauhin, *op. cit.*, III, liv. 39, *De plantis marinis*, p. 799).

164. L'*Hortus Dei* (Jardin de Dieu) se situait, en Cévenne, sur les pentes sud de l'Aigoual. Les botanistes de l'époque l'appelaient verger divin ou Paradis divin, *Dei Viridarium* ou *Dei Paradisus*. Les « célébrités botanisantes » d'alors, tels L'Écluse, Pena et Lobel, s'y rendaient aux fins de cueillette et d'identification des plantes, comme aussi à l'Espérou et au pic Saint-Loup. Entre l'Espérou et l'*Hortus Dei* se trouvait depuis le xie siècle le monastère de Notre-Dame-de-Bon-Présage (*Bonum Augurium*). C'était un hospice pour pèlerins ; c'est devenu aujourd'hui la « Ferme Bonheur ». Voir L. Legré, *op. cit.*, p. 158 et 178 *sq.* ; Paul de Rouville et Aug. Delage, *Géologie de la région du pic Saint-Loup*, Académie des sciences et lettres de Montpellier, Mémoires de la Section des sciences, I, 2e série, 1894, p. 437-480 et III, 1907, p. 281 ; Aug. Delage et F. Mourgues, *Pétrographie des Cévennes* [Montpellier, 1904-1907 – LRL] ; Josias Braun-Blanquet, *Catalogue de la flore du massif de l'Aigoual et des contrées limitrophes*, Mémoires de la Société d'étude des sciences naturelles de Nîmes, 1933, n° 4.

165. Paul Reneaulme (vers 1560-1624), médecin de Blois et fils d'un médecin de cette ville. C'était l'élève de Richer de Belleval, lui-même fondateur du Jardin botanique de Montpellier. L'ouvrage de Reneaulme, *Specimen historiae plantarum*, paru en 1610, et orné de dessins fort

exacts, s'appuie sur l'observation directe de la nature. Reneaulme avait botanisé au mont Ventoux, en Suisse, en Italie, et aux environs de Paris. À en croire ses propres textes, il s'était engagé dans des polémiques et luttes passionnées avec ses collègues, tels Fournier ou Boissieu, et en général à l'encontre de la faculté de médecine de Paris. Il vécut et mourut médecin à Blois. Cf. *Biographie univ.* de Michaud, vol. 35, p. 422 *sq.* ; Platter le rencontra ultérieurement à Blois, et le fit signataire de son livre d'or, le 2 juin 1599, sous le nom de « *Paulus Renealmus Blaesensis medicus* ». Voyez Jean Bernier, *Histoire de Blois*, 1682, p. 73 [cf. note suivante – LRL].

166. Il s'agit bien (homonymie, voire parenté avec le précédent ?) de Jean Bernier, de Saint-Geniez (Aveyron, diocèse de Rodez), immatriculé à Montpellier le 24 novembre 1593 et devenu titulaire du doctorat en cette ville le 31 octobre 1596 (voir le matricule de l'université de Montpellier, à cette date).

167. Le « fleuve » de l'Hérault est intitulé « Crault » dans notre *Beschreibung*, par suite d'une coquille orthographique pieusement transmise d'auteur en auteur jusqu'à TP II inclusivement ! On trouvait cette graphie erronée dans le *Guide des chemins de France* de Charles Estienne (1553). L'Hérault prend sa source dans les monts d'Aigoual, en l'ancienne province du Gévaudan. La remarque marginale de TP II : « Hérault, fleuve des Rauraques » (en latin), a été tirée par lui d'Ortelius, *Theatrum oder Schawbuch des Erdtkreys*, 1580, p. 22-23 ; voir aussi l'édition française de ce même Ortelius (1587, p. 26-27) (LRL et RK).

168. Mathias de Lobel (1538-1616), né à Lille. Il étudia à Louvain. En 1562, il était à Padoue ; en 1563, à Vérone ; en 1565, il s'inscrivit à l'université de Montpellier, et il y étudia la médecine sous Rondelet. Il herborisa en Languedoc, à cette occasion, mais aussi en Suisse et en Allemagne. Il pratiqua la médecine à Anvers et à Delft, se rendit pour la première fois en Angleterre en 1566, puis revint à Anvers et devint médecin personnel de Guillaume d'Orange. Après la mort d'icelui, Lobel resta au service des États généraux des Pays-Bas, puis il s'établit définitivement en Angleterre, comme botaniste aussi, au service de Jacques Ier avec lequel il voyagea au Danemark. Il composa la plupart de ses ouvrages botanico-pharmacologiques en Angleterre. La plante *Lobelia* lui doit son nom. Il mourut à Londres. Avec Clusius, *alias* Charles de L'Écluse (1526-1609), et les deux frères Jean et Gaspard Bauhin (1541-1612 et 1550-1624), c'est l'un des grands botanistes de l'époque. En 1571, en compagnie de Pierre Pena, il publia son œuvre essentielle, *Stirpium adversaria nova*, description de plus de deux mille plantes et tentative de classification sur critères morphologiques. Voir L. Legré, *op. cit.* ; E. Guyénot, *Les Sciences de la vie, XVIIe et XVIIIe siècles*, 1941 ; R. Pulteney, *Historical and Botan. Sketches of the Progress of Bot. in Engl.* [Londres, 1790 – LRL], I, 96-106. TP II, lors de son voyage anglais, fera signer Lobel sur son livre d'or le 8 octobre 1529.

169. Dioscoride, médecin, botaniste et pharmacologiste de l'Antiquité grecque, au Ier siècle apr. J.-C. Son œuvre jouissait encore, vers 1590-1600, d'une grande popularité dans les milieux médicaux, et notamment à Montpellier (cf. Pauly-Wissowa, V-1, p. 1131 *sq.* ; A. Germain, *L'École de médecine de Montpellier*).

170. Il s'agit ici de l'angélique et vraisemblablement de la gentiane, en effet. Les racines de l'angélique étaient souvent utilisées comme remèdes contre la peste et d'autres maladies contagieuses (voir Nemnich Philipp, *Allgemeines Polyglotten-Lexikon der Naturgeschichte*, Hambourg, 1793, I, p. 304 *sq.*).

171. L'Espérou (sur le territoire de la montagne de ce nom), localité sise à 1 230 mètres d'altitude.

172. La montagne de l'Aigoual, culminant à 1 567 mètres, est le plus haut sommet du massif auquel appartient aussi l'Espérou (1 422 mètres). De l'Aigoual à Mende, il faut compter, à vol d'oiseau, une centaine de kilomètres.

173. *Vers l'océan* : il s'agit du Tarnon, qui va rejoindre près de Florac le Tarn, lequel se jettera ensuite dans la Garonne. *Vers la Méditerranée* : l'Hérault.

174. Le capitaine d'Aragon, ou Aragon [et non point Aramon, erreur orthographique de Platter], avait eu, pendant un temps, toute la confiance de Montmorency qui, en 1575, le faisait coucher dans sa chambre, en tant que garde du corps, tout à fait fiable et fort. Devenu brigand lors de la cessation ou de la simple interruption des guerres religieuses, il avait quelque similitude avec les routiers des XIVe et XVe siècles. Sur le pont d'Avignon, Aragon, d'un coup d'épée, partageait un âne en deux morceaux. Même « découpe », à Pézenas, sur les corps de deux

moutons morts superposés. (Voir Devic et Vaissette, *Histoire générale de Languedoc*, vol. V, p. 341 *sq.* ; et notre *Histoire du Languedoc*, Paris, PUF, « Que sais-je ? », 1962, p. 65.)

175. Saint-Thibéry, dont la seigneurie se trouve évoquée ici même, est un gros village situé sur le cours inférieur de l'Hérault, entre Pézenas et Agde ; c'était le *Cessero* des Romains.

176. Jacques de La Fin de La Nocle était le plus jeune des trois frères d'une famille bourguignonne. Calviniste, il se joignit à Henri de Navarre ; le fort Saint-Eutrope lui fut confié par Henri de Montmorency qui cependant, pour des raisons inconnues, le garda prisonnier auprès de lui à Pézenas, jusqu'à ce qu'il le fasse libérer sur ordre d'Henri IV. En 1594, ce roi l'envoya en Provence pour négocier avec l'Espagne, au moment où Marseille bringuebalait d'un camp à l'autre. La Nocle jouissait de la confiance du maréchal de Biron et joua auprès de lui le triste rôle du traître dénonciateur, Biron devant être emprisonné puis exécuté sur ordre d'Henri IV pour cause de complot pro-espagnol. Au dire d'historiens protestants de l'époque, comme d'Aubigné, ce La Nocle était un intrigant, un être sans caractère. (Voir *La France protestante*, vol. VI, p. 200 *sq.* ; *Lettres missives d'Henri IV*, vol. 5, p. 118 ; *Histoire générale de Languedoc*, vol. V, p. 465-468 *sq.*)

177. *Pelecanus onocrotalus*, le pélican commun : la zoologie helvétique, tant plattérienne que gesnérienne, s'est intéressée à cet oiseau. Voir K. Gesner, *Historia animalium*, livre III, *De la nature des oiseaux* (*De avium natura*), 1555, p. 605 *sq.* : au sujet d'un pélican, trouvé près de Zurich, en situation lacustre effectivement.

178. La *Fritschi-Stube*, corporation dite « Fritschi », du Fridolin ou du Safran, est celle des épiciers, des charpentiers et des maçons de Lucerne. De 1453 à 1586, elle avait son siège dans la *Kleinstadt* sur la place ; et, depuis 1586 jusqu'en 1836, dans la *Grosstadt* entre le marché au vin et la Reuss. Les médecins, les administrateurs et les pasteurs avaient eux aussi leurs entrées dans la « Fritschi ». Les apothicaires y détenaient également des droits. « Frère Fritschi » ou Fridolin, mannequin bourré de paille, personnifiait la joie des Confédérés après leur victoire de Ragaz, le 6 mars 1446, qui décida de l'issue de la guerre de Zurich en faveur des *Eidgenossen*, confédérés. Frère Fritschi était promené dans le cortège du Carnaval, le jeudi avant le jour d'*Esto mihi* ; on le faisait également participer à des festivités dans des localités amies. Les Bâlois firent main basse sur ce mannequin en 1508, ce qui donna l'occasion aux gens de Lucerne de se rendre à Bâle, et de le récupérer [*HBLS*, III, 342].

179. *Alcyon*, autrement dit martin-pêcheur ? Voir à ce propos K. Gesner, *Historia animalium*, livre III, éd. 1555, p. 550, texte illustré. Quant à *Cordillis*, nous n'en savons pas plus sur cet « oiseau de mer »...

180. *Concha anatifera*, autrement dit « bernache » : genre de crustacés cirripèdes qui vivaient fixés sur les bois flottant en mer, sur les coques des navires, sur les troncs d'arbre immergés près des côtes ; c'est pourquoi l'on pensait qu'à partir de ces bernaches (vivant, disait-on, sur les arbres) faisaient éclosion les oiseaux ou « oies marines » appelées elles aussi « bernaches » ou « oies d'arbre » (*Baumgänse*). Sebastien Münster évoque ces diverses espèces de crustacés et d'oiseaux, ainsi que la métamorphose des uns aux autres (!), à propos de l'Écosse et d'arbres écossais proches de la mer. Voir la *Cosmographey* de S. Münster, éd. 1544, p. 40 et éd. 1598, p. 55 *sq.* ; il cite à ce propos Saxo Grammaticus. Quant à K. Gesner (*op. cit.*, p. 108 *sq.*), il s'appuie à ce sujet sur S. Münster, bien que personnellement ce même Gesner n'ait pas vu de bernaches. Il mentionne incidemment, sur ce point, le *Ringelgand* alias *Branta bernicla*. Voir aussi Nemnich, *Polyglottes Wörterbuch der Naturgeschichte*, *op. cit.*, I, p. 264 *sq.*

181. *Meerkrot* : crapaud de mer, ou *Thalassophryne maculosa*. En ce qui concerne Gesner, dans son « Livre des poissons » (*Fischbuch*, traduit du latin en allemand par Forer, 1598, p. 64 et 64b), il nomme cet animal *Rana piscatrix* ou *marina*, autrement dit grenouille halieutique ou marine, « une bête spécialement horrifique et affreuse ». Le dessin qu'il en donne s'inspire d'une illustration de Guillaume Rondelet, le grand zoologue et médecin montpelliérain. Quant au veau marin, précédemment mentionné, c'est vraisemblablement un phoque.

182. *Meerhan*, autrement dit *Zeus Gallus*, coq de mérou ou poisson-miroir (?) (allemand *Spiegelfisch*). Gesner (*Historia animalium*, IV, 439 *sq.*) l'appelle *Faber* (artisan, forgeron ?), à cause de sa couleur noire, d'après Pline, *Hist. nat.*, 9, 68 ; ou encore *Gallus marinus*. En raison de ses lueurs dorées, les anciens Grecs le dénommaient Zeus, et les chrétiens Christ [ou Saint-Pierre]. Ce poisson fut dessiné, lui aussi, par Rondelet.

183. *Remora*, *Echeneis remora*, poisson-pilote.

184. *Mandragora officinalis*, mandragore, ou pomme de sommeil, pomme de chien, herbe à sorcières [expressions notamment alémaniques, ici traduites – LRL]. Déjà connue dans l'Antiquité comme plante médicinale ou magique : voir Nemnich, *op. cit.*, I, p. 535. Felix Platter, dans sa *Suppellex medica*, fait état d'une douzaine d'échantillons de mandragore.

185. Écume de mer : il ne s'agit nullement, en l'occurrence, de ce qui sera la matière première de nos pipes, mais plutôt d'un composé de diverses substances que les flots de la mer ont roulées ensemble et déposées sur le rivage. Les chercheurs et collectionneurs, au temps de la Renaissance et post-Renaissance, ne s'expliquaient pas clairement la nature de cette « écume » marine qu'ils appelaient, à la mode antique, *Halcyoneum* (Pline l'Ancien, 32, 86). Felix Platter (*Suppellex medica*, fol. 14v°) en possédait dix échantillons, se rattachant eux-mêmes tantôt à une espèce de corail, tantôt effectivement à la terre de pipe, etc. Konrad Gesner (*Vogelbuch*, trad. allemande, 1600, p. 31 *sq.*) en trouve cinq espèces et il renvoie, en ce qui les concerne, à Dioscoride, Galien et Pline. Le nom « alcyon » attribué à cette matière viendrait, selon cet auteur, du fait que la matière en question est pêchée dans la mer par l'oiseau appelé alcyon (le martin-pêcheur ?), qui s'en sert pour fabriquer son nid (?). Voyez aussi K. Gesner, *Historia animalium*, liv. III, p. 566 ; Joh. Gottschalk Wallerius (*Mineralogia* ou *Mineralreich*, trad. allemande, 2ᵉ éd., 1763, p. 446) considère, contestablement, que l'écume de mer est la pétrification d'une espèce de résidu de corail, à base de spongiosités ou de fongosités appelées *Alcyonia*... Voir également Nemnich, *op. cit.*, I, p. 101.

186. Pierre d'aigle, dite aussi, en termes germaniques, ici traduits, pierre-hochet ou pierre-crécelle. Autrement dit, aétite, variété de peroxyde de fer ou d'ocre jaune ; pierre creuse à l'intérieur de laquelle se trouve, sonore, un petit caillou (voir Nemnich, *op. cit.*, I, p. 101).

187. Le mal français, en d'autres termes la syphilis. Cette maladie, vraisemblablement importée d'Amérique par des participants au premier voyage de Christophe Colomb, fut diffusée en zone méditerranéenne, puis colportée plus au nord par les soldats français de Charles VIII, revenus de Naples en 1495. Voir à ce propos A.J. Storfer, *Wörter und ihre Schicksale* (Les mots et leurs destins), 1937, p. 337-347.

188. *Amianthus* ou amiante, *Asbestus fragilis*. Dans son catalogue en langue latine intitulé *Suppellex medica*, fol. 12v°, Felix Platter signale un échantillon d'amiante (?) ou *Federweiss* qu'il présente parmi ses collections comme étant de l'« amiante du Valais ». Avec elle, on faisait des fours, *fornaces*. Voir aussi J.G. Wallerius, *Mineralogia*, *op. cit.*, p. 193.

189. En marge de son manuscrit, TP II a dessiné un couteau avec manche et lame. Dessin reproduit par Rut Keiser dans son édition bâloise de la *Beschreibung* de TP II, p. 269.

190. Denis Fontanon, né à Montpellier ; il y fut étudiant en médecine, puis docteur. En 1502, on lui confia dans cette ville une chaire professorale médicale. Il fait l'objet d'éloges dans l'*Historia Monspeliensis* de Strobelberger. Il aurait, a-t-on dit, préféré les auteurs médicaux arabes aux Grecs. Deux années avant sa mort, il avait dicté à ses élèves un ouvrage sur les « Soins relatifs aux maladies internes ». Ce fut son chant du cygne, meilleur que tout ce qu'il avait écrit précédemment au cours de sa vie (A. Germain, *L'École de médecine de Montpellier*, *op. cit.*, p. 430). Sa date de mort est « fluctuante » (1515 ? 1538 ? 1544 ?). Voir *Biog. univ.*, vol. 14, p. 355 *sq.*

191. Marsillargues, à 4 kilomètres à l'est de Lunel.

192. Calvisson, l'une des baronnies du Languedoc, celles-ci au nombre d'une vingtaine ou davantage.

193. Sur Rudolf Simler, voir *supra*, entrée du 22 février 1596 (« Voyage en Avignon »).

194. Johannes Burgauer (1574-1621), d'une ancienne famille de la bourgeoisie de Schaffhouse. Il s'immatricula à l'université de médecine de Montpellier, le 15 février 1594. Il sera nommé médecin de ville à Schaffhouse en 1607. (Voyez le *Matricule de l'université de Montpellier*, p. 200 ; et *HBLS*, II, 438.) Le 27 mars 1596, il s'inscrivit dans le livre d'or de TP II, au moyen de deux petits textes, l'un en grec, l'autre en latin.

195. Voir *supra*, entrée du 18 février 1596 (« Voyage à Maguelonne »).

196. Laurent Rotmundt (1573-1603) : ce cousin de Kaspar et Felix Rotmundt (voyez *supra*, entrées du 22 février 1596, notes) s'inscrivit en 1593 à l'université de Montpellier ; il obtint son baccalauréat le 1ᵉʳ septembre 1594, et sa licence le 9 septembre 1596 ; le 23 décembre de la même année, il passait avec succès son doctorat. Il s'inscrivit en un jour « des calendes de novembre 1596 », avec des mots grecs et latins, sur le livre d'or du « magister » Thomas Platter

en tant que « Laurentius Rotmundus Sangallensis [= de Saint-Gall] ». Il devint médecin de ville de Saint-Gall en 1599 (voyez le *Matricule de l'université de Montpellier*, p. 198 *sq.*).

197. Tartane : petit navire doté d'un seul mât (cf. *infra*, entrée du 14 février 1597, Marseille).

198. Port-Sarrasin sur le canal, *alias* grau : voir *supra*, entrée du 3 mars 1596 (Aigues-Mortes).

199. Il s'agit ici de ce qu'on dénomme le grau de Peccais.

200. Les Trois Maries, aujourd'hui les Saintes-Maries-de-la-Mer (Bouches-du-Rhône).

201. Le grau d'Orgon est situé à l'ouest des Saintes-Maries-de-la-Mer. Deux bras du Rhône *in situ* délimitent le triangle de la Petite-Camargue.

202. Le toponyme grau de Paulet ou du Sauzet ainsi que d'autres noms de graus cités ci-après ont disparu de nos cartes contemporaines, au XXe siècle. En revanche, l'ancienne carte (de Provence) dite de Bompar, dont TP II a inséré un exemplaire entre les folios 150 et 151 de son manuscrit, donne bel et bien tous ces toponymes de graus, *alias* « gras » : gras Neuf, gras d'Orgon, gras de Paulet, gras Grand, gras d'Enfer, gras de Passon et Roquedadour. Même performance toponymique en ce qui concerne l'ancienne carte de Languedoc, due à Martin Zeiller (voir *Topographia Galliae*, III, 2e partie, p. 24 et *passim* [éditée à Francfort, chez Mérian, en 1655 ; la BNF en possède également une édition néerlandaise de 1660 – LRL]).

203. Il s'agit vraisemblablement de l'ancien débouché de l'étang de la Roque dans le golfe de Fos.

204. Martigues, sur l'étang de Berre.

205. Cette tour, autrefois située sur une île, faisait fonction de phare, à l'usage de Port-de-Bouc, qui était le port de mer de Martigues.

206. On dit aujourd'hui Carry-le-Rouet.

207. Les deux îles : dénomination commune de l'ensemble que forment l'île Ratonneau et l'île Pomègues.

208. Voyez *supra*, entrée du 22 février 1596.

209. TP II a partiellement emprunté ses données sur la fondation de Marseille (depuis les allusions à Tarquinius Priscus jusqu'à celles concernant les mœurs grecques) à la *Cosmographey* de S. Münster, éd. 1598, p. 108 (passage relatif à la Gaule). Les anecdotes portant sur Périandre et sur les sacrifices humains viennent aussi du même S. Münster, vol. II, p. 338. Marseille a été fondée vers 600 avant notre ère par des Phocéens d'origine ionienne venus d'Asie Mineure et ce port, débouché de la Gaule, jouissait d'un *leadership* économique et culturel. Quand Rome eut créé la province de Narbonnaise (121 av. J.-C.), Marseille conserva sa position autonome et sa monnaie particulière à l'effigie d'Artémis. Le siège et la prise de la ville par César en 49 av. J.-C. furent catastrophiques pour les Marseillais. Leur cité resta cependant, outre ses fonctions commerciales, un centre d'études philosophiques et rhétoriques. L'identité hellénique et la langue grecque ne disparurent qu'avec les grandes invasions du deuxième tiers du premier millénaire après le Christ. Voir à ce propos Pauly-Wissowa, vol. 14-2, p. 2130 *sq.* ; et Camille Jullian, *Histoire de la Gaule*, 1908, p. 193 *sq.* et vol. suivants [ainsi que l'*Histoire de Marseille* dirigée par Édouard Baratier aux éditions Privat, Toulouse, 1973 – LRL]. Entre les folios 127 et 128 de son manuscrit, TP II a inséré une gravure de Valegio et un plan géographique, relatifs à la ville de Marseille.

210. Il s'agit ici, bien sûr, de l'empereur romain Julien dit « l'Apostat » (régnant de 361 à 363), qui tenta de rétablir le paganisme.

211. La Barbarie, *Berberei* pour TP II : ce vaste ensemble géographique correspond à l'actuel Maghreb, soit Maroc, Algérie, Tunisie, sans oublier la Libye ; une grande partie de ces pays était sous domination turque au XVIe siècle. Les « Barbaresques » entretenaient des relations commerciales avec la France, aux dépens de laquelle ils se livraient aussi à des opérations de piraterie (cf. Charles-André Jullien, *Histoire de l'Afrique du Nord*, Paris, 1931).

212. Il s'agit de la cathédrale dite la Major ou Sainte-Marie-Majeure.

213. Le château d'If est en effet dénommé (faussement) « fort Bit » sur des cartes anciennes...

214. Trois îles situées au-devant de Marseille, étaient effectivement occupées par des garnisons qui relevaient du grand-duc Ferdinand de Toscane. Cette situation étonnante était due aux troubles (terminaux) des guerres de Religion. Le grand-duc toscan n'avait aucun intérêt à laisser tomber ces positions stratégiques en main espagnole et il était plus ou moins de mèche avec Henri IV. Celui-ci obtint le retour de ce petit archipel marseillais au royaume de France

en mai 1598, moyennant le paiement de 240 000 écus, versés à Ferdinand par le trésor royal. (Voir Raoul Busquet, *Histoire de Marseille*, et J. Dumont, *Corps universel diplomatique du droit des gens*, vol. II-1, p. LII et vol. V-1, p. 559 : dans une introduction au susdit accord de mai 1598, ce livre donne un exposé sur l'occupation de ces îles par les Florentins.)

215. La nave, du latin *navis*, navire.

216. Cette commanderie de Saint-Jean relevait, la chose va de soi, de l'ordre des chevaliers de Malte.

217. Gabions : cylindres creux faits de branches tressées et remplis de terre, utilisés à l'époque pour les fortifications, retranchements et autres remblais.

218. Plan Formiguier.

219. Charles de Lorraine (1571-1640), fils d'Henri de Guise, assassiné en 1588 ; depuis la mort de ce père, Charles était ainsi le quatrième duc de Guise. En 1594, ce jeune homme se réconcilia avec Henri IV, qui lui confia le gouvernement de Provence. [Sur Libertat et Casaulx voyez *supra*, entrée du 1ᵉʳ mars 1596, notes – LRL.]

220. Chevaliers de Malte : l'ordre de la milice de Saint-Jean-Baptiste, ordre hospitalier de Jérusalem, né des croisades, a reçu de Charles Quint en 1530 l'île de Malte en tant que fief. Voir à ce propos la thèse de doctorat de M. Gangneux, ainsi que M. Heimbucher, *Die Orden und Kongregationen der Katholischen Kirche*, 3ᵉ éd., 1933, vol. I, p. 615 *sq.*

221. Voir *supra*, entrée du 25 février 1596, début du paragraphe sur Avignon.

222. Voir *supra*, entrée du 11 février 1597, Marseille, château d'If.

223. À titre d'illustration quant aux différentes catégories de navires ici même et ci-après décrites, TP II a inséré entre les folios 135 et 136 de son texte une gravure fortement coloriée d'Adrian Collaert (vers 1560-1628), représentant la bataille de Lépante (1571), d'après un tableau de Johann Van der Straet (*alias* Stradanus, 1523-1605).

224. Cf. *supra*, entrée du 10 février 1597 (début).

225. Pinne : ici, nom d'un type de navire effilé ; à l'origine, nom d'un coquillage, mollusque lamellibranche à longue coquille. Quant au flibot, bateau ci-dessous décrit, ce mot vient de l'anglais *fly-boat*. (A. Dauzat, *Dictionnaire étymologique*, p. 329 et 560.)

226. Greenwich, sur la Tamise (TP II a écrit Grünwitz !).

227. Mme de Castellane, l'amie du duc de Guise. C'était la fille du Florentin Philippe d'Altovití, seigneur de Castellane et capitaine des galères. Tallemant des Réaux louera sa beauté, ses dons musicaux et de sociabilité, son intelligence, son attitude noble et modeste. L'amour que lui porta le duc de Guise fut de courte durée. Elle fut assez fière pour rompre la première. Elle mourut dans l'indigence, et fut enterrée dans le monastère provençal de Saint-Victor. Voir les *Historiettes* de Tallemant des Réaux [Gallimard, « Bibliothèque de la Pléiade », t. I, p. 146-147 – LRL] ; L. Legré, *Botanique en Provence, op. cit.*, p. 84, note 3.

228. La croyance aux capacités digestives de l'autruche remonte à l'*Histoire naturelle* de Pline. De même, Du Bartas [cf. *infra*, entrée du 3 mai 1599, « Sur la Gascogne », note sur Du Bartas – LRL] y croit... dur comme fer ! Il appelle l'autruche « l'oiseau digère-fer » (au cinquième jour de sa *Semaine*). André Thevet, en revanche, émet un doute dans sa *Cosmographie universelle* de 1575 : « Quant à ce que d'aucuns disent que l'autruche digère le fer, c'est se moquer des gens, vu que j'ai expérimenté le contraire. » (Voir Kurt Reichenberger, *Die Schöpfungswoche des Du Bartas, Themen und Quellen der « Sepmaine »*, Tübingen, 1963, p. 20.)

229. Le porc-épic était connu aussi, jadis, sous le nom de cochon de mer.

230. La légende de saint Victor semble provenir de celle de Victor d'Alexandrie. Celui-ci, soldat romain, aurait été exécuté en raison de sa foi chrétienne, et son cadavre fut jeté à la mer ; le tout au temps de Maximien, qui fut empereur à partir de 286. Les chrétiens récupérèrent le corps et l'ensevelirent dans une grotte située face à Marseille, de l'autre côté du vieux port. Dès le VIᵉ siècle, ses reliques étaient déjà fort vénérées, notamment d'après Grégoire de Tours. (Voir le *Lexikon für Theologie und Kirche*, vol. X, p. 614 *sq.*) L'abbaye de Saint-Victor est une fondation de saint Cassien (mort au cours des années 430), datée du premier quart du Vᵉ siècle. Le monastère, d'abord pré-bénédictin, naquit à l'extérieur de la ville, près de l'un des principaux cimetières, et devint très important. Détruit par les Sarrasins en 923, il fleurit à nouveau au XIᵉ siècle sous la règle bénédictine et devint le centre d'une réforme, qui surenchérit sur celle de Cluny. La lente décadence (relative...) commence dès la fin du XIIᵉ siècle ! La sécularisation interviendra en 1751. Les reliquaires incroyablement riches, la tombe de Victor et la Vierge

noire miraculeuse firent de l'abbaye un lieu de pèlerinages renommé, y compris au XVIe siècle, la fête de saint Victor étant l'objet de processions spectaculaires. Les trésors antiques du monastère, notamment les sarcophages païens et paléochrétiens, sont maintenant au musée Borély de Marseille. (Voir le *Lexikon für Theologie und Kirche*, vol. X, p. 619 *sq.* ; Fernand Benoît, *L'Abbaye de Saint-Victor et l'église de la Major à Marseille*, 1936 [Paris, H. Laurens, 1937, dans « Petites monographies des grands édifices de la France » – LRL] notamment p. 68, à propos des reliques qui y sont conservées ; et *Gallia christiania*, VI.)

231. Sur la légende des Sept Dormants qui avaient échappé à la persécution de l'empereur Dèce (249-251) et qui devaient dormir ensuite pendant 372 années dans une grotte d'Éphèse, pour se réveiller bien après le triomphe du christianisme, voir la *Légende dorée* (*Legenda aurea*), traduite par Richard Benz, p. 503-508. Marseille possédait, dit-on, à titre de reliques, les corps de quatre des Sept Dormants.

232. Sur la pécheresse Marie-Madeleine, voir la *Légende dorée*, traduite par Richard Benz, p. 470-482 ; ce texte médiéval la confond à tort avec Marie de Béthanie, sœur de Lazare et de Marthe ; identification erronée aussi avec la « grande pécheresse » de Luc, 7, 36 *sq.* Il doit s'agir plutôt de Marie de Magdala (Luc, 8, 2), qui était présente lors de l'inhumation de Jésus et lors de sa résurrection (Jean, 20, 17). Dès le haut Moyen Âge, on avait fusionné les trois Maries en une seule (voir le *Lexikon für Theologie und Kirche*, vol. VI, p. 902 *sq.*). La légende marseillaise faisait venir la Marie en question, accompagnée par Lazare et par d'autres saints, jusque sur la côte provençale, et l'identifiait avec Marie de Béthanie [voyez entrée du 26 juillet 1597, à Tarascon, note à propos de sainte Marthe – LRL].

233. Benedicta et Vincentia firent partie de l'immense troupe des onze mille vierges.

234. Isarn ou Isarnus (1020-1047) fut, avec et après son prédécesseur l'abbé Wilfred (1005-1020), le rénovateur de l'abbaye Saint-Victor et le constructeur de l'église supérieure d'icelle. Les tombes de ces deux abbés se trouvaient jusqu'à la Révolution française dans l'église d'en bas.

235. Saint Cassien, mort au cours des années 430 : ses origines sont inconnues. Il fit ses vœux de moine à Bethléem, séjourna au monastère de la Thébaïde, ainsi qu'à Rome et à Constantinople, où il fut élevé au rang de diacre par saint Jean Chrysostome (317-407). L'évêque de Marseille l'autorisa, avant 419, à fonder deux monastères : l'un pour les femmes (celui-ci prendra, à partir du XIe siècle, le nom de Saint-Sauveur), et l'autre pour les hommes (Saint-Victor). Du fait de ses écrits, Cassien fut, durant une longue période, le maître à penser du monachisme occidental. (Voir à ce propos le *Lexikon für Theologie und Kirche*, II, p. 783 *sq.* Et pour le détail : Marcel Viller, *Dictionnaire de spiritualité...*, Paris, 1937 *sq.*, vol. II, p. 214-276.)

236. Saint Antoine fut le premier ermite égyptien historiquement attesté (IVe siècle).

237. On ne connaît pas d'évêque du nom d'*Aelidius*. Peut-être s'agit-il en réalité d'*Aegidius*, fondateur et abbé du monastère bas-rhodanien qui portera plus tard son nom : Saint-Gilles.

238. Sur l'Auvergnat Ferréol, saint et martyr, voir la *Légende dorée, Legenda aurea* (trad. Benz, *op. cit.*, p. 165).

239. Saint Blaise, de Cappadoce, fut évêque de Sébaste (c'est l'actuelle ville turque de Sivas, dans l'ancienne Arménie). Selon la légende, il fut martyrisé et décapité au temps de Licinius, vers 316. Voyez le *Lexikon für Theologie und Kirche*, II, p. 391 ; et la *Légende dorée* (Benz), p. 194-197.

240. Frédéric Ragueneau (1572-1603), évêque de Marseille. N'étant point partisan de la Ligue ultra-catholique, il fut obligé de quitter Marseille par deux fois, notamment à partir de 1588. Il ne put revenir dans sa ville épiscopale qu'à partir de la mort de Casaulx. En 1603, il fut assassiné. (Voir *Gallia christiania*, VI, 608.)

241. À propos de l'inscription latine de l'autel Saint-Lazare dans cette même église de la Major (il s'agit d'un autel en marbre de Carrare construit par deux artistes italiens), Fernand Benoît donne un texte assez analogue : *Veni Creator siderum, terge maculas scelerum, Deus, tui populi precibus sancti Lazari.*

242. Carlo Doria, fils de Gian-Andrea Doria (1539-1606), commandant de la flotte espagnole. Carlo s'était mis lui aussi au service de l'Espagne. (Voir *Enciclopedia italiana*, vol. 13, p. 165 *sq.* Sur Libertat et Casaulx, voyez *supra*, entrée du 1er mars 1596, note.)

243. Sur les danses, voyez *supra*, entrée du 3 octobre 1595 sur Tournon, note.

244. Les vins de Malvoisie venaient originellement des alentours de Monemvasia, ville située sur la côte est du Péloponnèse. Les raisins de Malvoisie, « pères » de ce vin, ont été cultivés ensuite à Santorin, Samos, Chypre, en Sardaigne, Sicile, péninsule Ibérique... Les crus les plus connus sont ceux de Samos, Marsala, Xérès et Porto. (Voir Eckart Peterich et Jos. Rast, *Griechenland*, p. 239 *sq*.)

245. Christoph Geiger, mort en 1626, était le fils de Martin Geiger, de Radolfzell. Le père avait été l'abbé du monastère Saint-Georges à Stein am Rhein, puis il s'était joint à la Réforme protestante. Il avait donc livré au conseil de ville de Zurich les actes de possession de l'abbaye Saint-Georges qu'il détenait par-devers lui, et il avait reçu en récompense le droit de bourgeoisie zurichoise. Son fils Christoph étudia en 1593 à Herborn ; en 1594, à Heidelberg ; le 9 août 1596, il s'immatricula à l'université de Montpellier. Le 8 mars 1597 (postérieurement, donc, à l'épisode marseillais ci-dessus), il fut bachelier montpelliérain ; le 7 juin, licencié ; le 25 juillet, docteur en médecine. Il était aussi astronome et devint en 1623 professeur d'histoire naturelle à Bâle et chanoine à la cathédrale. Voir le matricule de Bâle, II, 399 ; *HBLS*, III, 422 ; Ch. Le Fort, « Les étudiants suisses à Montpellier », *Anzeiger für Schweiz. Gesch.*, III, 1878-1881. Le 9 avril 1597, comme TP II se disposait à partir pour Uzès, Geiger s'inscrivit dans le livre d'or de notre auteur sous le nom de « Christophorus Gygerus Tigurinus ».

246. Collongue, aujourd'hui Simiane-Collongue, au sud de Gardanne. À cinq kilomètres de distance, on tombe sur Bouc-Bel-Air, évoqué ci-dessus lui aussi.

247. Une grande carte de Provence – dont l'auteur, en 1590, est Jean-Pierre de Bompar et qu'a gravée « Jacobus de Fornaceriis » – a été insérée ici par TP II, entre les folios 150 et 151 de son manuscrit.

248. Aix (aujourd'hui Aix-en-Provence) fut fondée par le consul romain Caius Sextius ; il avait vaincu en 124-122 av. J.-C. diverses tribus méridionales, dont celles des Ligures et des Voconces ; avant son départ, il eut soin de créer Aquae Sextiae (Aix) en tant que place forte, matricielle de la cité du même nom. (Voir à ce propos Pauly-Wissowa, 2e série, 4e demi-volume, p. 2045 ; et Camille Jullian, *Histoire de la Gaule*, III, p. 7-30.)

249. Charles III, comte du Maine (1436-1481), vivait à la cour de son oncle le « bon roi René » et, à la mort de cet oncle, fut élu comte de Provence par l'assemblée des états de cette province. Il héritait aussi du titre de roi de Jérusalem et de Sicile. Il venait en queue de liste sur la branche royale des Anjou. Après la mort prématurée de ce Charles III, la Provence revint par testament à la couronne de France, qui héritait aussi de diverses prétentions sur Naples et la Sicile, nourricières de conflits ultérieurs. Charles III avait légué 2 000 livres d'or à l'église métropolitaine d'Aix, et sa bibliothèque au monastère Saint-Maximin. La réunion définitive de la Provence à la couronne de France s'accomplit peu après. Voir Lavisse, *Histoire de France*, IV-2, p. 408. TP II ne donne que le début de l'inscription funéraire, en latin, qui figure sur la tombe de Charles III : « Ô vous, Lys de France, etc. ».

250. Selon une légende qui n'apparaît qu'au xıe siècle, Maximin était l'un des compagnons des trois Maries, débarquées en l'an 45 de notre ère à l'embouchure du Rhône. Il avait prêché, disait-on, la foi chrétienne en Provence et il aurait été le premier évêque d'Aix. En fait, aucun document ancien n'atteste l'existence réelle de cet apostolat de Maximin. C'est pourquoi, en 1964, l'archevêque d'Aix, Arles et Embrun, en accord avec le pape Paul VI, a proclamé Marie patronne du diocèse d'Aix ; saint Césaire d'Arles (470-542) devenant le patron en second.

251. Cedonius, l'aveugle-né guéri par Jésus, appartient à la légende de Marie-Madeleine. Il se trouvait avec celle-ci, ainsi qu'avec Lazare et Marthe, Trophime et beaucoup d'autres, sur le navire sans pilote ni direction qui devait les faire « atterrir » près de Marseille. Voyez à ce propos la *Légende dorée* (*Legenda aurea*) publiée par Benz, p. 473. Voir aussi *infra*, entrée du 26 juillet 1597, note sur sainte Marthe, à Tarascon. Le nom de la plante dite chélidoine, *chelidonium*, n'a rien à voir avec celui de l'aveugle-né Cedonius. Il vient en réalité du mot grec *chelidôn*, « chélidoine ». Nemnich, *op. cit.*, I, p. 1011, signale la présence au xviıe siècle d'un charlatan italien qui établit en Allemagne la réputation de la chélidoine comme remède universel pour les maux d'yeux. Le texte de TP II montre qu'une telle réputation était, dans les faits, plus ancienne.

252. Jean Louis de Nogaret de La Valette, duc d'Épernon (1554-1642), d'une famille noble méridionale. Favori d'Henri III, il devint colonel général de l'infanterie, puis amiral de France au temps de ce roi. Il ne fut guère loyal à Henri IV, nouveau souverain dès 1589. Mais ce

monarque avait besoin de lui, à cause des forces militaires non négligeables dont il disposait, et il lui confia le gouvernement de la Provence : d'Épernon put, dans ces conditions, prendre le contrôle de quelques villes et aida Lesdiguières à expulser de cette région les troupes savoyardes. Marseille et Aix cependant lui résistèrent. Les habitants de Brignoles s'en prirent à sa maison, et il échappa miraculeusement à la mort. Henri IV, cédant aux représentations des Provençaux, remplaça d'Épernon, impopulaire, par le jeune duc Charles de Guise. Mais d'Épernon tenta de se maintenir sur place contre son rival Lesdiguières comme contre ce Guise, et il menaça ou entreprit de recourir à la politique de la terre brûlée. Ayant fini par se soumettre, il retrouva plus tard la faveur d'Henri IV, mais non pas, ultérieurement, celle de Richelieu. Il mourut à Loches, après avoir gouverné la Guyenne. Les travaux récents de Christian Jouhaud ont beaucoup apporté quant à la biographie de d'Épernon. Voir aussi *Biog. univ.*, vol. 13, p. 54 *sq.*

253. Bompas est à 11 kilomètres approximativement de Cavaillon, en rive droite de Durance.

254. Il convient de noter que nous n'utilisons pas, en règle usuelle, la graphie allemande de TP II quant aux toponymes d'oc, malgré l'intérêt philologique d'icelle. La graphie par nous employée, d'une façon générale et sauf exceptions, est celle de la toponymie contemporaine pour les noms de villages et autres localités – LRL.

255. TP II voulait ici donner une notice plus détaillée sur la région d'Orange, puis il s'est ravisé, rayant la première phrase qu'il y consacrait. Orange fut en fait site pré-romain, puis colonie romaine. Au Moyen Âge, la ville appartint aux seigneurs de Chalon-sur-Saône. En 1530, René de Nassau hérita de cette principauté souveraine. Lui succéda en 1544 son cousin, Guillaume d'Orange et de Nassau-Dillenburg. Louis XIV confisquera cette principauté en 1673 et rasera la citadelle. Pour l'époque celto-romaine d'Orange, voir C. Jullian, *Histoire de la Gaule*, I, 177 ; IV, 32 ; VI, 326. Sur les monuments, R. Peyre, *Nîmes, Arles, Orange..., op. cit.*

256. Il s'agit de la *colonia Arausiorum* d'Orange, dont les habitants s'appelaient aussi, dit-on, les *Secundani*. La seconde partie de ce texte latin fait allusion à la « XXXIIIe cohorte des volontaires ». Sur les défauts de cette inscription ou transcription, cf. Lieb, p. 55 *sq.*

257. Orange se situe à proximité de la rivière d'Aygues, elle-même frontière. L'erreur « potamonymique » de TP II (« Argences ») lui vient du *Guide des chemins de France, op. cit.*, p. 251, lequel nomme cette rivière « Argent, qui sépare la Provence d'avec le comté de Venisse [= Comtat Venaissin], entre dans le Rosne ».

258. TP II confond – et cette erreur sera répétée par d'autres – les restes du cirque avec ceux du théâtre. Ces deux bâtiments étaient proches l'un de l'autre. Quant au cirque, il n'y a plus grand-chose à en voir. (Cf. Louis Chatelain, *Les Monuments romains d'Orange*, dans la « Bibliothèque de l'École des hautes études », 1908, fasc. 170, avec une bibliographie exhaustive. Voyez aussi les plans et les « reconstructions » d'Auguste Caristie, *Monuments antiques à Orange, arc de triomphe et théâtre*, Paris, 1856, planches 2, 44, 47, 48 et p. 79.)

259. TP II décrit ici la façade extérieure du mur de scène du célèbre théâtre de Marcellus, un théâtre qui en lui-même est resté peu visible à son regard, puisque jusqu'au XIXe siècle il était inclus dans une zone entièrement bâtie. Une esquisse plattérienne (à la plume) relative aux deux étages de la partie extérieure, visible, avec arcs en plein cintre, a été insérée et collée par notre auteur entre les folios 156 et 157 de son manuscrit.

260. L'arc de triomphe fut érigé au temps de Tibère (14-37 apr. J.-C.). Dans ce cas aussi, TP II donne une esquisse de ce monument avec quelques détails, collée entre les folios 157 et 158 de son manuscrit.

261. Plutarque (vers 46-119 apr. J.-C.), en sa *Vie de Marius*, raconte que ce personnage avait emmené avec lui, en chaise à porteurs, une devineresse syrienne.

262. L'université d'Orange remonte à l'époque du pape Urbain V : par une bulle datée de 1365, il accorda à cette ville une école nantie de biens et de privilèges, mais dépourvue du droit de délivrer des diplômes. Orange sut pourtant se débrouiller pour obtenir de l'empereur Charles IV les privilèges qui lui manquaient : ce souverain était de passage en ville, la même année, afin d'aller en Arles. Charles IV octroya au nouvel établissement le *studium generale* pour toutes les facultés, sans mentionner cependant la théologie. Le pape « schismatique » ou « antipape » dit Clément VII (1378-1394) confirma tout cela en 1379. Le pape Sixte IV révoqua lesdits privilèges en 1475 ; en outre, Montpellier et le roi de France mirent, autant qu'ils purent, des bâtons dans les roues à l'université « orangiste ». Celle-ci se cramponna néanmoins à son existence et végéta de la sorte jusqu'au XVIIIe siècle. Rashdall parle de cette « ignoble » (!) survie, et confirme ainsi

les propos de TP II (H. Rashdall, *The Universities of Europe in the Middle Ages*, 1936, p. 184-186).

263. Courthezon, à 8 kilomètres au sud-est d'Orange.

264. Sur ce Carnaval d'ancien type, voir *supra*, entrées des 25 et 26 février 1596, sur le Carnaval d'Avignon, note.

265. Les *scarabasses*, terme provençal : en français, scarabées (coprophages), voire « fouille-merde » (*sic*), ou *Geotrupes stercorarius* ; ils appartiennent à la famille des scarabéides, sortes de coléoptères lamellicornes (voir *Brehms Tierleben, op. cit.*, 1915, II, p. 452 *sq.*).

266. Le docteur Jean II Bauhin (1541-1612) était le fils du médecin et « réfugié pour la foi » (protestante) Jean Ier Bauhin, d'Amiens (1511-1582) : Jean Ier s'était établi à Bâle en 1541 et il y avait reçu le droit de bourgeoisie. Quant à Jean II, il étudia à Tübingen et à Bâle, et fut promu médecin en 1558. Lors de ses voyages, il accompagna dans les Alpes le grand botaniste Konrad Gesner. Il fréquenta Rondelet en 1561 à Montpellier, et il produisit un relevé de la flore des environs de cette ville. En 1562-1563, il fut à Padoue, Bologne, Milan, Florence, Rome et en diverses villes de Haute-Italie. Ensuite, il travailla à Lyon comme botaniste et médecin-praticien. Mais les conflits de religion l'obligèrent à se rendre à Genève, puis à Bâle, ville où il devint professeur de rhétorique ; il y pratiqua la médecine avec succès. En 1571, il fut appelé à Montbéliard par le comte Ulrich de Wurtemberg en tant que « médecin du corps [du comte], *consiliarius*, et conseiller secret ». En raison des services de toute espèce qu'il rendait, il y reçut « des chaînes d'or, des médailles d'or et un fief ». Comme archiatre renommé, il bénéficiait d'une vaste clientèle de consultants et malades en Bourgogne, Franche-Comté, Alsace et Palatinat. Le comte Ulrich était lui-même un grand amateur de botanique et son jardin mettait Jean II Bauhin en mesure de se livrer à des recherches intensives en vue de la préparation de son *Histoire des plantes* (en latin). Johann Heinrich Cherler lui était d'un grand secours (voir *supra*, entrée du 2 juillet 1596, voyage vers Agde, note). Le plan de l'*Histoire des plantes* de Bauhin ne fut publié qu'en 1619 par le petit-fils de Johann Heinrich Cherler, le docteur Christoph Cherler. Le livre lui-même paraîtra seulement en 1650-1651 à Yverdon.

Un second fils de Jean Ier Bauhin, Kaspar Bauhin (1560-1624), devint lui aussi célèbre. Écolier, il fut l'élève de Thomas Platter senior ; étudiant, il fut celui de Felix Platter. Le jeune Kaspar étudia à Montpellier, en Italie et à Paris ; il fut ensuite, à Bâle, professeur de grec et donna ultérieurement des cours de botanique et d'anatomie. En 1614, il succéda à feu Felix Platter comme médecin de ville et professeur. Dans sa « Peinture du Théâtre botanique » (*Pinax Theatri botanici*) (1622), il regroupa le savoir antique de Théophraste et de Dioscoride avec les connaissances et découvertes de Lobel, Gesner et autres botanistes de l'époque moderne. Voir à ce propos R. Wolff, « Kaspar Bauhin von Basel », *Biographien zur Kulturgeschichte der Schweiz*, III, 63 *sq.* ; *HBLS*, II, 49 ; L. Legré, *La Botanique en Provence au xvie siècle, op. cit.*, 1899-1900 : au sujet des divers Bauhin et de J.H. Cherler, etc.

267. Montbéliard : ce comté était tombé en 1409 (par les femmes) au pouvoir de la famille de Wurtemberg, qui devait conserver ensuite ce territoire, au travers de divers transferts de branche à branche collatérale des Wurtemberg. Le duc Frédéric, appelons-le « Wurtemberg-Montbéliard », auquel TP II fait allusion, décédera en 1608. L'un de ses prédécesseurs, le comte Georges Ier, avait introduit en 1534 la Réforme protestante à Montbéliard, sous l'égide du pasteur Pierre Toussaint. Voir à ce propos Roessler et Franz, *Biographisches Wörterbuch zur deutschen Geschichte* ; et, des mêmes auteurs, *Sachwörterbuch zur deutschen Geschichte*, p. 744 ; enfin John Viénot, *Histoire de la Réforme dans le pays de Montbéliard*, Montbéliard, 1900.

268. Théodore Turquet de Mayerne, baron d'Aubonne (1573-1655), né à Genève, fils d'un Lyonnais qui lui-même était « réfugié pour la foi » (protestante) dans cette ville ; Théodore de Bèze fut le parrain de ce jeune Théodore. Il étudia la médecine à Heidelberg, puis à l'université de Montpellier où il s'inscrivit le 25 octobre 1592 comme « Theodorus Turquetus Genovensis » ; le 12 mars 1594, il était bachelier ; le 9 décembre 1596, licencié ; le 4 mars 1597, docteur en médecine. Il entreprit aussitôt de partir en voyage pour Paris ; TP II l'accompagna jusqu'à Pont-Saint-Esprit, *via* Uzès. À Paris, il obtint le poste de médecin ordinaire du roi auprès d'Henri IV. Il parcourut l'Allemagne et l'Italie, donna des cours sur la chimie et la pharmacie ; il excita ainsi la colère de la faculté de médecine de Paris, qui condamnait ses innovations relatives à l'usage de préparations chimiques comme médicaments. Cela ne fit qu'accroître sa réputation. Refusant d'abandonner la foi protestante, il quitta en 1611 Paris (où il aurait pu, s'il s'était

converti, demeurer comme médecin de Marie de Médicis). Il devint cette même année médecin des rois d'Angleterre Jacques Ier puis Charles Ier, jusqu'à l'exécution de celui-ci en 1649. Il mourut à Chelsea, où il s'était retiré. Ce fut l'un des grands médecins de son époque. Voyageur infatigable, il publia en 1615 et 1629 une *Sommaire description de la France, Allemagne, Italie et Espagne, avec le guide des chemins et postes...* Voir *Biog. univ.*, vol. 27, p. 399 *sq.* ; *Matricule* de l'université de Montpellier, p. 197. Le 9 avril 1597, il s'inscrivit dans le livre d'or de TP II : « Th. de Mayerne, Doctor Medicus », signature accompagnée d'une phrase en latin.

[Louis Turquet de Mayerne (vers 1550-1618), proche parent et contemporain de ce Théodore, sera l'auteur, après la mort d'Henri IV, d'une *Monarchie aristodémocratique* (1611) ; elle constituera l'un des premiers jalons de la pensée libérale, voire démocratique, en Europe – LRL.]

269. Maximilien Pantaleon (1572-1644), fils de Hans Heinrich Pantaleon, professeur à Bâle. Il commença ses études supérieures en 1588, devint bachelier en 1590 et s'inscrivit le 7 février 1597 à Montpellier, où il passa son doctorat le 24 août 1598. Il fut agrégé à Bâle en 1601 ; il fut exclu par la faculté de cette ville en 1636 « avec infamie ». Dès 1600, il avait tâté de la prison, à la suite d'une liaison amoureuse illicite. Voir le *Matricule* de l'université de Bâle, II, 432 ; *Matricule* de l'université de Montpellier, p. 207 ; Albr. Burckhardt, *Geschichte der medizinischen Fakultät zu Basel*, p. 133. Il s'inscrivit (en latin) à Montpellier le 28 mars 1597, d'une main amicale, *amica manu*, dans le livre d'or de TP II.

270. Pont-Saint-Nicolas : *grosso modo*, à mi-chemin entre Uzès et Nîmes.

271. Graphie de TP II : Vilvary ; toponyme inconnu. Il peut s'agir de Vallabrix, à 8 kilomètres au nord-est d'Uzès, sur la vieille route.

272. Sur Pierre d'Augier, voyez *supra*, entrée du 14 octobre 1595 (Balaruc), note relative à « Montmorenciette » – LRL. TP II écrit de diverses manières le nom du grand prévôt de Languedoc : Augier, Augiez, d'Ausier. Aujourd'hui encore, on peut voir la maison de ce personnage sur la grande place de Bagnols. On l'appelle la « maison du roi », car Louis XIII y séjourna en 1630. (Voir Léon Alègre, *La Baronnie de Bagnols*, [Nîmes, Imp. gén., 1908 et rééd. C. Lacour, Nîmes, 1990 – LRL].)

273. Sur le comte de Cantecroix, à Besançon, voir le vol. II de la *Beschreibung* de TP II (éd. Rut Keiser, 1968, p. 797, et note).

274. Caton d'Utique (95-46 av. J.-C.) n'a bien sûr rien à voir avec Uzès. Son « sobriquet » (d'Utique) lui vient de la ville d'Utique, dans la province romaine d'Afrique ; il y exerçait un commandement et il s'y suicida, après la victoire de son ennemi César, à Thapsus.

275. Saint-Médiers, à un kilomètre environ de Serviers, qui lui-même est à 6 kilomètres au nord-ouest d'Uzès.

276. Uzès : ville, mais aussi entité régionale, comtale. Depuis le IXe siècle, elle était sous la suzeraineté des comtes de Toulouse ; puis, en 1229, après les guerres anti-albigeoises, elle est tombée dans la dépendance des rois de France, en tant que seigneurie-satellite. Mais, dès ce moment, l'auto-administration de la ville s'imposait, grâce à la création du consulat. Deux consuls jusqu'en 1517, quatre après cette date. On parlait de baronnie d'Uzès, puis de vicomté après 1328. Dès la fin du XVe siècle, celle-ci, par mariage, devenait possession des Crussol. Ceux-ci jouèrent un jeu compliqué, pendant les guerres de Religion, entre protestants et catholiques. TP II décrira l'entrée « ducale » du jeune duc Emmanuel de Crussol en sa ville, le 9 juillet 1597. Cet Emmanuel restera fidèle au roi de France.

La réforme protestante avait fait ses débuts à Uzès au temps de l'évêque Jean de Saint-Gelais. Se décatholicisant en 1549, Saint-Gelais revient ensuite à de « meilleurs sentiments » [!]. Il est rétabli évêque par Charles IX, révoqué derechef en 1570 ; il se retire enfin dans un monastère, où il meurt catholique. L'évêque, au temps de la venue de TP II, s'appelle Rousset. La décadence épiscopale renforce le pouvoir des ducs. Voir à ce propos G. Charvet, *La Première Maison d'Uzès...*, Alès, 1870 ; Lionel d'Albiousse, *Histoire des ducs d'Uzès*, Paris, 1887 ; *Gallia christiania*, VI, 645 ; et *infra*, entrée du 13 décembre 1598, note. Le jeune duc Emmanuel de Crussol [nullement latiniste, lui] s'inscrivit le 8 mai 1598 dans le livre d'or de TP II, avec la devise suivante dont l'orthographe, ducale, est fantaisiste : « Nul bien sanpene [!], Emmanuel de Crussol Duc duzes pair de France. »

277. Saint-Siffrein : église placée sous le patronage de saint Siffredus, dont on dit qu'il fut évêque de Carpentras au VIe siècle.

278. Compte tenu de l'inscription (latine) laissée par ce ministre protestant dans le livre d'or de TP II – « Siméon Codurno, pasteur de l'église d'Uzès » –, il va de soi qu'il s'agit bien de Siméon Codurc ou Codur : il avait étudié à Genève en 1588 et devint pasteur à Uzès en 1594-1602. Il semble avoir été en conflit avec son confrère Laurent Brunier (le « Bernier » de TP II ?). Le synode (protestant) du Bas-Languedoc dut intervenir... et les suspendre l'un et l'autre ! Puis Brunier reprit ses fonctions à Uzès cependant que Codurc était déplacé vers Saint-Geniès, et suspendu de nouveau en 1603-1604. Il devint pasteur à Béziers, de 1604 à 1617 ; ensuite, nouvelles difficultés lors de son ministère à Ganges. En fin de compte, Siméon Codurc se retira à Montpellier. Voir *La France protestante*, III, 508 et 2ᵉ éd., 1884, IV, p. 494 *sq*. Le père de Siméon, Bernardin Codurc, d'Annonay (Ardèche), fut pasteur à Montpellier dans les années 1594-1601. Voir Phil. Corbière, *Histoire de l'Église réformée de Montpellier* [Montpellier, F. Poujol, 1861 – LRL].)

279. Au sujet de Carsan, voyez *supra*, entrée du 29 février 1596, fin du paragraphe sur Avignon, note.

280. Serge ou sarge, du latin *sarica* : étoffe de laine, légère.

281. La lettre C pour Consul, bien sûr.

282. « Langues de vipère » : en fait dents de poisson pétrifiées, *glossoptera* ; éventuellement, dents de requin fossilisées.

283. *Prou*, autrement dit « assez » ou « beaucoup ».

284. Le texte de TP II auquel cet auteur se réfère ici et qui ne fait point partie de sa *Beschreibung* n'a pas été conservé, semble-t-il.

285. Même remarque que dans la note précédente.

286. Ravelin : demi-lune, dans le système des fortifications du XVIᵉ siècle ; vient du néerlandais *regelin*, élément des remparts qui fonctionne comme verrou ; en italien *revellino*, ouvrage avancé qui précède un pont-levis.

287. Les vers latins ci-après sont respectivement un distique, un hexamètre et des dactyles.

288. Flaux est situé à environ 7 kilomètres à l'est d'Uzès.

289. Uzès bénéficie de la proximité de la rivière d'Alzon.

290. Johann Jakob Kraft (Krafft) appartient [certes !] à la famille des Kraft : l'ascendant, Ulrich Kraft, était venu d'Ulm à Bâle en 1495, et il fut recteur de l'université bâloise en 1495 et 1500. Ses fils siégèrent au Grand Conseil en 1550. Un Joh. Jakob Kraft est mentionné comme *doctor medicinae* par Leu, *Lexikon*, Suppl. III, 399. Il s'agit vraisemblablement de notre étudiant ci-dessus, Kraft, qui en 1594 devint bachelier des arts à Bâle. En 1596, il était docteur en philosophie, puis commençait ses études médicales. Le 14 mai 1597, il s'inscrivit à Montpellier. Le 27 février 1599, il devenait maître ès arts et bachelier de médecine dans cette ville, puis docteur en médecine à Bâle en 1601. Voir les *Matricules* de Bâle, II, 395, et de Montpellier, p. 208.

291. Johann Friedrich Werdenberg (1574-1630), de Bâle. Il fut bachelier des arts et, en 1596, maître ès arts dans cette ville. Puis il commença ses études de médecine. Il s'inscrivit à Montpellier le 28 octobre 1598, après une première visite en ce lieu dans l'été de 1597. Il obtint le doctorat médical de Bâle en 1601 et fut immédiatement nommé, sur place, agrégé et professeur de logique. Voyez *Athenae Rauricae*, p. 337 *sq*. ; et les *Matricules* de Bâle et de Montpellier, respectivement en II, 40 et p. 211.

292. Johann Jakob Mye (= Muy, Mieg ou Myanus) fut dès 1591 étudiant en médecine à Bâle. Il devint plus tard libraire. Le *Matricule* universitaire de Montpellier ne le cite point. Il semble avoir fait des excursions sur le Ventoux, comme TP II, pendant le temps de son séjour en France. Jean Bauhin mentionne dans son *Historia plantarum universalis* (livre XI, p. 400) la *Genistella Montis Ventosi Spinosa*, qu'on appellera de nos jours *Genistella hispanica* ; il en tenait un exemplaire des mains de ce Joh. Jak. Mieg. (Voir aussi L. Legré, *La Botanique en Provence au XVIᵉ siècle*, *op. cit.*, 1904, p. 42 *sq*. ; et le *Matricule* de Bâle, II, 420.)

293. Johann Jakob Huber (1577-1618), fils du bourgmestre bâlois et maître de corporation Joh. Rud. Huber, commença ses études à Bâle en 1593. Il s'inscrivit en 1596 à l'université d'Orléans. En 1597, il séjournait brièvement, semble-t-il, à Montpellier. L'année suivante, il était à Paris ; le 23 juin 1598, il était de retour à Montpellier en compagnie d'Aurelius Burckhardt. Il s'inscrivait à l'université montpelliéraine le 7 novembre 1598 en tant que « Johannes Jakobus Huoberus basiliensis ». Voir les *Matricules* de Bâle et de Montpellier, respectivement en II, 407 et p. 212.

294. Aurelius Erasmus Burckhardt (1571-1602) était le fils du Bâlois Bernhard Burckhardt (1545-1608), maître de la corporation de la Clef. Aurelius était drapier comme ses père et grand-père ; mais, pour l'essentiel, c'était un officier au service étranger. En 1589, il fut lieutenant dans la compagnie bâloise Menzinger, au régiment suisse Wiechsler (Glarus) ; il servit Henri IV, contre la Ligue et Paris (voir Dossiers des archives de l'État bâlois : Frankreich F1). En 1593, il épousa à Bâle Justina Peyer, de Schaffhouse, dont le père, homme d'affaires, avait été anobli par Rodolphe II. En 1594, il fut de nouveau « cadre » en France, dans le régiment Gallati. Il passa plus tard au service hollandais en tant que capitaine. Il mourut de la peste lors du siège d'Ostende, comme adversaire des Espagnols (Dossiers des archives de l'État bâlois : Néerlande C2). Il ne laissa pas de progéniture, ne serait-ce que parce que sa femme et lui s'étaient séparés. Voir Aug. Burckhardt, *Aus Herkommen und Heimat der Familie Burckhardt in Basel*, Bâle, 1925, p. 12. Sur le livre d'or de TP II, ce personnage s'est inscrit en latin comme « Aurelius B., inscrit à Mupellion [*sic*] le 10 oct. 1598 ». Aurelius Burckhardt (tout comme Johann Jakob Huber) avait visité Paris entre-temps.

295. Johann Jakob Müller, né en 1576 (?). Il étudia en 1596 à Bâle ; le 23 septembre 1597, il s'immatricula à Montpellier sous le nom de Johannes Jakobus Myllerus Basiliensis ; en 1599, il était à l'université de Padoue. Voyez le *Matrikel* bâlois, II, p. 415.

296. S'agit-il de Barjac (Gard actuel) ou de Barjac (Lozère actuelle) ? [LRL.]

297. Antoine Régis (= Anthony König, prénom languedocien, et nom de famille traduit en allemand par la fantaisie de TP II) appartient peut-être, et même vraisemblablement, à l'importante famille protestante des Régis, domiciliés à Montpellier. Sur une liste de réformés taxés ou mis à l'amende comme tels dans cette ville en 1560, on lit, à côté de « Simon, fils de M. Laurent Cathalan, apothicaire », également « Régis, apothicaire, et sa femme, au Lion d'Or » : 7 livres 10 sous (voir cette liste dans Ph. Corbière, *Histoire de l'Église réformée de Montpellier, op. cit.*, p. 517). Un Pierre Régis, maître apothicaire, fut aussi en 1635 le très remarquable et serviable archiviste de l'Église huguenote montpelliéraine (*BSHPF*, vol. 2, 1854, p. 89). Un « savant docteur Pierre Régis », exilé en Hollande du fait de la Révocation, est mentionné dans *BSHPF*, vol. 11, p. 451 *sq*.

298. Montaren, localité située à 4 kilomètres à l'ouest-nord-ouest d'Uzès, sur la route d'Alès [LRL].

299. Vers, à 11 kilomètres à l'est-sud-est d'Uzès sur la route de Beaucaire.

300. Lasser : voyez *supra*, entrée du 2 octobre 1595, fin du paragraphe sur Lyon, note.

301. La civette, *Viverra civetta*, sorte de mammifère carnassier, originaire d'Afrique subsa-harienne et d'Asie du Sud. Une livre pesant de sa sécrétion pouvait valoir 2 000 livres tournois (voir Gesner, *Tierbuch*, Heidelberg, 1606, p. 100). Ladite sécrétion, employée en pharmacie puis en parfumerie, sera ultérieurement de plus en plus concurrencée par le musc.

302. D'après la *Légende dorée* (Benz, *Legenda aurea*, p. 473 *sq*., 513-517), Marthe, Lazare, Marie ainsi que Maximin, Cedonius et d'autres saints furent lancés sur mer, depuis la Terre sainte, après la mort de Jésus ; leur navire n'avait ni voile ni gouvernail ! Ils s'échouèrent près de Marseille et se mirent, une fois à terre, à convertir les païens ; Lazare devint, disait-on, évêque de Marseille ; Maximin, évêque d'Aix ; Marie-Madeleine se transforma en sainte ermite dont le tombeau, pour finir, sera conservé à Vézelay. Marthe, ayant quitté Marseille, fut enterrée en fin de parcours à Tarascon. Le dragon nommé Tarasque, apprivoisé par Marthe et qui donna, dit-on, son nom à la ville, était conduit annuellement dans Tarascon pendant deux journées processionnaires. Voir à ce propos Louis Dumont, *La Tarasque*, rééd., Paris, Gallimard, 1987 ; Arnold Van Gennep, *Manuel de folklore français contemporain*, I-4, 1656.

303. Les barbes : chevaux berbères vifs.

304. L'eau de la fontaine de Meynes (Gard actuel), à 13 kilomètres de Beaucaire, sur la route de Remoulins-Uzès, sera encore « visitée » par de hautes personnalités, telles que l'ex-reine Marguerite de Valois en juillet-août 1601, ou Louis XIII en juillet 1629. (Voir Gratien Charvet, *Le Château de Saint-Privat-du-Gard* [Uzès, imp. de H. Malige, 1867 – LRL].)

305. Nicolas (Nikolaus) Platter : 12 mai 1577-24 juillet 1597 (en calendrier grégorien). On ne sait rien d'autre de lui, si ce n'est qu'il s'inscrivit comme étudiant à l'université de Bâle, lors de l'année scolaire 1595-1596 pendant laquelle son demi-frère très aîné Felix était recteur. [La lettre (écrite onze jours après cette mort !) a mis plus de quarante jours, ensuite, à joindre TP II. Le zèle épistolaire de Felix Platter, pour ses frères du second lit, n'est pas évident – LRL.]

306. Arnold Van Gennep cite le poème ci-après *in extenso* et considère le texte plattérien ci-dessus de TP II « comme la plus ancienne description détaillée qu'on possède en France d'une bûche de Noël » (*Manuel de folklore français contemporain*, Paris, 1958, I-VII, 6 : « La bûche et le tison de Noël », p. 3102-3105). [Contraste avec le sapin de saint Nicolas du 6 décembre, en Alsace, dès le XVIᵉ siècle, et dans les pays germaniques en général – LRL.] Voir aussi Fanny Stamm, in *Schweiz. Archiv für Volkskunde*, 37 (1939), p. 47 *sq.*

307. Il s'agit ici du « colloque » régulier des « prédicants » (= prêcheurs, et notamment pasteurs) du diocèse d'Uzès, « diocèse civil » en l'occurrence, selon l'expression languedocienne coutumière ; cf. par exemple, à ce propos, la grande thèse d'Émile Appolis sur le diocèse civil de Lodève, Albi, 1951. Ce colloque regroupe donc des « ministres » du culte réformé, et des laïcs. Au colloque de Montpellier, par exemple, appartenaient dix-sept communautés huguenotes depuis Montpellier jusqu'à Lunel. Les colloques de Montpellier, Nîmes et Uzès formaient, ensemble, le synode provincial. Un synode plus général se tenait, lui, à l'échelle du royaume entier. Cela permettait de maintenir la foi, les croyances et la discipline. [RK et LRL.]

308. Ces deux « nobles dames » de Valérargues ne sont autres en effet que Marie et Suzanne de Serviers, qui se sont inscrites dans le livre d'or de TP II, chacune avec une devise en français : « Tout a oel [œil] et un au [cœur] Marie de Serviers » (à la place du « cœur » figure le dessin correspondant), et « Plus tot mourir que changer, Susanne de servier » [flirt de Marie avec Thomas II, et protestantisme des deux femmes, dont Suzanne ? Ces dames ne sont pas latinistes, ni non plus le duc de Crussol, à la différence des camarades estudiantins de TP II ; mais elles sont francophones – LRL]. Serviers est situé sur la Seynes, à 6 kilomètres à l'ouest-nord-ouest d'Uzès, sur la route d'Alès.

309. La marcassite et la pyrite ne sont pas obligatoirement des pierres à feu, tant s'en faut ; mais elles correspondent à deux formes différentes de cristallisation de la même substance chimique : un sulfure de fer. D'après la *Suppellex medica*, p. 18-19 *sq.*, Felix Platter avait collectionné de très nombreuses pyrites de diverses sortes. Poldo d'Albenas (*op. cit.*, p. 49 *sq.*) parle lui aussi des « marquesites » qu'on trouve en quantité près de Serviers, et que Pline et d'autres auteurs appellent avec raison *lapis pyrius*, c'est-à-dire pierre à feu, car les « harquebutiers » (arquebusiers) ne peuvent pas s'en procurer de meilleures que celles de Serviers. Poldo lui-même a fondu (à l'aide de plomb) de la « marquesite » et il a obtenu ainsi des grains d'argent très pur. Mais l'expérience était trop coûteuse ! En revanche, cette « marquesite » permettait de produire de l'étain bien raffiné, « autant ou plus fin et resonant que nul qui nous soit apporté de Cornoaille » (Cornouaille, péninsule celto-britannique, dont les mines d'étain sont célèbres depuis l'Antiquité).

310. *Mysi* : autrement dit, terre porteuse de minerai de cuivre. Felix Platter en détenait d'assez nombreux échantillons, parfois d'origine italienne. Voir sa *Suppellex medica*, p. IV, 3 et 3vᵒ ; voir aussi Joh. Gottschalk Wallerius, *Mineralogia*, 1763, p. 210 : « Atramenstein jaune [*gelber*], lapis atramentarius flavus, Misy ».

311. Collias (Gard), sur le Gardon, à 7 kilomètres à l'ouest de Remoulins.

312. Sur le dénommé Bartissière, ou Bertichères, voyez *supra*, entrées des 6-7 octobre 1595, paragraphe sur Sommières, note. Ce personnage venait d'être délogé peu auparavant, le 16 février 1598, de son « repaire » d'Aigues-Mortes. Henri IV, pour sa part, s'était rendu en Bretagne en janvier 1598 pour y mater le dernier chef des ligueurs « rebelles », le duc de Mercœur. Le 23 mars 1598, le roi écrivit à M. de Ventadour que le « sieur de Bertichères » lui avait demandé permission de comparaître devant lui, Henri, pour se justifier. « Je lui ai accordé pareillement la permission, dont il m'a fait requérir, que sa famille peust demeurer dans le chasteau de Sommières pendant son dict voyage » (*Lettres missives d'Henri IV*, vol. 4, p. 939 *sq.*). Le bachelier des deux droits (*baccalaureus in utroque*) « Bartissère » qui quelques mois plus tard, le 28 septembre 1598, écrira sa « devise » dans le livre d'or de TP II était peut-être le fils dudit Bartissière, qui était lui-même baron de Montredon.

313. Itinéraire d'Uzès à Villeneuve-lès-Avignon : Saint-Siffret, Flaux, Valliguières, Rochefort-du-Gard. Le lac ou étang dont il était question ci-dessus n'existe plus.

314. Motets : compositions musicales à plusieurs voix, qui « brodent » sur un texte religieux (cf. Friedrich Blume, *Die Musik in Geschichte und Gegenwart*, IX, p. 637-669).

315. D'Avignon jusqu'à la fontaine de Vaucluse : le moulin de l'Épi, posté juste hors les murs d'Avignon, sur la route de Vaucluse ; la tour d'Espagne, au canal de la Durançole près de Montfavet ; Morières-lès-Avignon ; Châteauneuf-de-Gadagne ; Le Thor ; L'Isle-sur-Sorgue.

316. Laura ou Laure de Noves (1307 ou 1308-1348), d'une ancienne famille provençale, épousa en 1325 Hugues de Sade. En 1327, Pétrarque la rencontra en l'église Sainte-Claire d'Avignon. Elle vivait la plupart du temps dans cette ville, où son mari occupait un poste important à la cour papale. Pétrarque, amoureux d'elle, la vit pour la dernière fois en 1347. Elle mourut de la peste et fut enterrée au couvent des Cordeliers. TP II a inséré (fol. 196 de son manuscrit) une jolie esquisse à la plume, de sa main, concernant son itinéraire L'Isle-sur-Sorgue/ Vaucluse, « Chasteau » des Italiens, etc.

317. [La biographie de Pétrarque est très vauclusienne et provençale, voire languedocienne et gasconne, et c'est à juste titre que Rut Keiser l'a insérée ci-après, dans un contexte éminemment plattérien, au sens le plus large de cet adjectif – LRL.] Francesco Petrarca (1304-1374), originaire d'Arezzo, passa son enfance à Pise ; puis la famille transporta ses pénates en Avignon. À Carpentras, le jeune Francesco apprit le latin. En 1307, il étudia le droit à Montpellier, puis à Bologne qui pour lui fut une patrie poétique, *patria poetica*. De retour en Avignon, il appartenait à la suite du cardinal Giovanni Colonna, frère de son protecteur. En 1333, il commença un long voyage et fit connaissance en 1337 avec les antiquités de Rome. Il navigua sur les côtes d'Espagne, du Maroc et d'Angleterre, puis il se retira en Avignon et surtout en Vaucluse. Après le décès de Laure, la « bougeotte » le menait encore de place en place dans l'Italie du Nord, et vers de nombreuses villes : de Padoue à Vérone, et ailleurs. Ultime séjour avignonnais en 1353. Puis ce fut Milan, dont le chassa la peste. À nouveau, Padoue, Pavie, etc., et Venise à plusieurs reprises. Il mourut dans cette ville en 1374.

318. Il s'agit du château (tombé en ruine, par la suite) de cet ami de Pétrarque qu'était le cardinal de Cabassole.

319. La Traille, à 6 kilomètres en amont d'Avignon.

320. La Nesque : TP II confond, car Carpentras est situé sur l'Auzon. Il y a cependant un canal qui mène de la Nesque à l'Auzon. Est-ce cette voie d'eau que notre auteur a franchie, sous les murs de Carpentras ?

321. Le Matricule de Montpellier (p. 209) mentionne un « Guilielmus Albertus Carpentoractensis » qui, le 10 octobre 1597, s'est inscrit à l'université, devenant bachelier le 20 février 1598.

322. De Carpentras à Bédouin *via* Caromb, en passant non loin de Crillon : environ 15 kilomètres [grandement calculés – LRL].

323. Platter orthographie « Counillon ».

324. *Botrychium lunaria*, appelée communément plante lunaire, connue jadis sous le nom d'*Herba lunariae*, ou *Lunariae botrytidos* officinale : cette plante était utilisée à des fins magiques. Voir Joh. Leunis, *Synopsis der Pflanzenkunde*, 1877, III, p. 1450 *sq.* ; Joh. Bauhin, *Historia plantarum universalis*, III, liv. 35, p. 709 *sq.* ; Bauhin appelle cette plante [dite *Mondkraut*] *Lunaria botrytis* ou *Lunaria minor*, etc., et il évoque aussi, entre autres, le fait qu'elle fait tomber le fer à cheval du sabot de la monture.

325. Sur Du Bartas, voyez *infra*, entrée du 3 mai 1599, paragraphe sur la Gascogne, note. En son poème *La Création du monde* (troisième jour, vers 620-640), cet auteur évoque en effet l'étonnante force d'attraction d'une telle plante, à la manière de la gravitation : voir la réédition critique par Kurt Reichenberger, à Tübingen en 1963, de l'édition genevoise originale (1581) de cette *Sepmaine* de Du Bartas.

326. Cette esquisse à la plume se trouve entre les folios 202 et 203 du manuscrit de TP II.

327. Entre les folios 203 et 204 du manuscrit de TP II figure une copie à la plume, par notre auteur, de la carte du Comtat Venaissin, tirée de l'édition française d'Ortelius (1587, p. 26). Les itinéraires parcourus par TP II et qui relient entre eux le Ventoux, Orange, Carpentras, Aix, etc., sont marqués par lui en rouge. [Une échelle que TP II a graduée lui-même permet de calculer la longueur de la lieue française, en cartographie plattérienne : soit 3,6 kilomètres. Ce qui paraît un peu faible, voire très faible, par rapport aux indications purement numériques et non cartographiques de Platter, qui donneraient plutôt une lieue de 4 kilomètres ou davantage – LRL.]

328. Vaison-la-Romaine (Vaucluse).

329. Valréas (Vaucluse).

330. Saint-Siffrein : la cathédrale, datée du XVᵉ siècle, fut consacrée en 1520. Elle avait pour patron saint Siffrein, moine de Lérins ; celui-ci serait mort en 570, alors qu'il était évêque de Carpentras. Voir Jules Pinet, *La Cathédrale Saint-Siffrein, histoire et guide*, Avignon, 1954. Franz von Salés Doyé, *Heilige und Selige...*, Leipzig, 1930, II, p. 325, donne comme date de mort de saint Siffrein l'année 659...

331. La mère de Constantin n'était pas Madeleine, mais Hélène. On lui doit, dit-on, la découverte de la croix du Christ, en 326. D'après saint Ambroise (vers 339 ou 340-397), *De obitu Theodosii, oratio 47*, Hélène aurait fait forger l'un des clous de cette croix pour fabriquer un mors à l'usage du cheval de combat de son fils Constantin. Elle aurait gardé le deuxième clou pour l'incorporer à la couronne impériale d'icelui. Au VIᵉ siècle encore, on connaissait cette légende : Grégoire de Tours (538-594) évoque les reliques en question dans son *Histoire...*, liv. 1, chap. 6, *De gloria martyrum*. Ensuite, nos sources sont silencieuses tant sur les clous que sur la lance et la couronne d'épines, instruments divers de la passion christique. Mais au XIIᵉ siècle, dans une chronique scandinave anonyme, le saint mors émerge de nouveau, en compagnie d'autres reliques honorées à Constantinople. Au XIIIᵉ siècle, ce même mors se retrouve à Carpentras. Comment le « clou » (ainsi transformé en mors) est-il arrivé jusque-là, on l'ignore. Vraisemblablement, la chose s'est produite après la quatrième croisade, qui débarqua comme on sait à Constantinople. Le clou, retravaillé, a donc pris la forme d'un mors de type romain très pur, adapté à la bouche du cheval, et pesant 350 grammes de fer. Le saint mors figure dans les armes de l'évêque de Carpentras depuis 1226, et dans celles de la ville depuis 1260. Voyez J. Pinet, *op. cit.* ; et Joseph-Sébastien-Ferdinand de Terris, *Le Saint Mors (le Saint Clou de Carpentras) et son reliquaire*, Carpentras, nouv. éd. [imprimerie de J. Seguin, 1897 – LRL]. Le dessin à la plume du « mors », vu par Platter, est inséré ou collé aux folios 204-205 de son manuscrit ; TP II a légendé ainsi (en français) ce dessin : « Le frein qua fait Magdalène pour son fils Constantin du St Clou de nostre seigneur. La façon comme ceux de Carpentras l'ont [...?...]. On fait sortir les diables du corps en le présentant. Il est saint comme apparoit du 14 chap. de Zaccharie, de la glose de St Ambroise dessus [...?] chap. » – le tout, dessin et légende, étant titré « À Saint Suffret zu Carpentras » (*sic*). [Texte peut-être recopié par TP II sur place, ou éventuellement rédigé par lui, mais qui montre bien sa maîtrise de la langue française ; comme du reste, en d'autres références, sa bonne connaissance du dialecte languedocien – LRL.]

332. Zacharie, 14, 20.

333. Saint Ambroise, évêque de Milan (IVᵉ siècle) ; il fut le premier des quatre Pères (importants) de l'Église d'Occident.

334. Bartholomäus Zollikofer (1575-1647) appartient à la famille Zollikofer de Saint-Gall ; elle commerçait avec la France, l'Espagne, l'Autriche, la Pologne, etc. Un Zollikofer (qu'on appelait à l'époque, en français, *Zollikofre*), banquier à Lyon, s'était efforcé vainement, en 1553, de sauver cinq pasteurs réformés qui, revenus de Genève, et de retour dans leur pays en France, étaient de passage à Lyon. Ils y furent dénoncés, emprisonnés et condamnés à mort (Arthur Kleinclausz, *Histoire de Lyon*, I, p. 406 [Lyon, P. Masson, 1939 – LRL]. Jakob Zollikofer, père de Bartholomäus, avait obtenu des armoiries, à Lyon ; il y exerçait des fonctions officielles et il avait part à la ferme de la gabelle du sel. Bartholomäus, lc fils, était maintes fois présent à Lyon et il y était très au fait de la situation locale. Il était marchand, corps et âme ! En 1604-1605, il représenta divers intérêts suisses à Paris dans une affaire de douanes. *Idem*, en 1608. Il se maria en 1634 et il fut membre du Bureau des écoles de la ville de Saint-Gall. Voir Herm. Wartmann, « Bartholome Zollikofers und Daniel Studers Gesandtschaftsberichte 1608/09 und 1634/35 », in : *15. und 16. Jahresbericht der Städt. Handelshochschule St. Gallen*, 1915. Le côté « bon camarade » de B. Zollikofer se révèle en ce qu'il a fait lui-même ériger le cénotaphe du compagnon de route de TP II, Notthaft von Hogenberg (mort noyé), dans l'église Saint-Étienne d'Avignon, avec une épitaphe rédigée par Paul Hentzner, en 1598.

335. Sainte Casary ou Kasaria (ou Césarine) serait, selon la légende, la fille d'un roi d'Espagne ; elle se serait retirée en l'an 587, en tant que pénitente, sur une colline appelée Andaone, aujourd'hui fort Saint-André ; et cela, avec l'accord de l'évêque d'Avignon [Fernand Benoît, *Villeneuve-lez-Avignon*, Évreux-Paris, 1930, Collection des petites monographies des grands édifices de la France – LRL].

336. À cet emplacement de son texte, TP II a dessiné à la plume les armes d'Avignon, en marge de son manuscrit.

337. Jonqueyrolles, à 2 kilomètres environ au sud-ouest d'Uzès. Sur les dames « Servery » (orthographe « occitane » de Platter) ou plus exactement « de Serviers » (en français), voir *supra*, entrée du 18 janvier 1598, « voyage à Serviers », note [RK et LRL].

338. Sur Augustin Curio, voir le second volume (en allemand) du présent ouvrage, éd. Rut Keiser, p. 540.

339. Voir *supra*, entrées des 8-12 octobre 1595 sur Montpellier, paragraphe « universitaire », relatif à Casaubon et Pacius.

340. En marge de son manuscrit, TP II a collé ici une fiche imprimée représentant les armoiries nîmoises.

341. Vauvert (Gard), anciennement Posquières, fut avant l'expulsion des Juifs français [la dernière en date, qui s'imaginait « définitive », ayant eu lieu en 1394 – LRL] l'un des grands centres de la vie juive en France méridionale avec Uzès, Nîmes, Saint-Gilles, Montpellier, etc. Au XVIe siècle, la ville et la baronnie de Vauvert relevaient des Lévis-Ventadour ; *supra*, entrée du 4 octobre 1595, paragraphe sur « La Voulte », note. [La communauté protestante fut longtemps très puissante à Vauvert – LRL].

342. La tour Carbonnière et le pont du même nom sont situés entre Saint-Laurent-d'Aigouze et Aigues-Mortes. Le pont franchit le cours d'eau du Vieux-Vistre. La tour tire son nom d'un personnage « préposé » qui, à la fin du XVe siècle, y leva le premier les droits de douane ou d'octroi. Cette tour fonctionnait comme forteresse avancée dépendant d'Aigues-Mortes sur l'unique route qui, à travers les marais, reliait cette ville à Nîmes.

343. Autour de Peccais, au sud-est d'Aigues-Mortes, s'étendent de vastes marais salants.

344. Voir *supra*, entrées des 6-7 octobre 1595, paragraphe sur Sommières, note.

345. Mauguio, anciennement Melgueil : gros village viticole au XXe siècle ; fut au Moyen Âge l'un des débouchés portuaires de Montpellier ; on y battait monnaie : le « sou melgorien » [LRL].

346. Il s'agit de la porte montpelliéraine du Pyla Saint-Gély ; autrement dit, de la fontaine Saint-Gilles. Son emplacement est proche du jardin botanique de Montpellier (voir *supra*, entrées des 8-12 octobre 1595, paragraphe sur Montpellier relatif aux professeurs en médecine dont Richer). Strobelberger donne de ce jardin une description dithyrambique : « un jardin médical vraiment royal », « une merveille, d'une extraordinaire beauté » (d'après sa *Galliae politicae medicae descriptio*, Iéna, 1621, p. 114).

347. Sur Huber et Burckhardt, voyez *supra*, entrée du 12 juin 1597, notes.

348. La paix de Vervins avait été conclue le 2 mai 1598. [L'écart chronologique entre cette « conclusion » et la proclamation publique de l'accord dans une ville languedocienne n'est pas négligeable – LRL.]

349. Fesquet est souvent nommé au temps des guerres de Religion, et ultérieurement, comme « notaire royal et greffier de la maison consulaire de Montpellier ». Il fut aussi consul de cette ville, dont il tenait les registres (cf. Cazenove, « L'édit de Nantes dans les villes de sûreté huguenote », *BSHPF*, vol. 23, p. 469 ; et vol. 47, p. 361).

350. TP II signale ici qu'il a traversé le Gard ou Gardon.

351. Seynes (Gard actuel), localité proche d'Alaucène, et du Guidon du Bouquet (631 mètres d'altitude), lui-même situé au nord de Seynes en effet.

352. Marièges n'est indiqué sur aucune carte ; en revanche, Celas est situé à 8 kilomètres à l'est d'Alès.

353. Les esquisses et schémas de TP II relatifs au « jardin d'Alès du connétable » sont insérés dans son manuscrit (fol. 221) : parterres de fleurs, cotés A, B et C ; labyrinthe, D ; [instruments de jardinage : escabeau double, piochon, ciseaux, faucille emmanchée ; légendes diverses en latin, français et allemand : ce sont les trois langues de travail du voyageur Platter, le dialecte languedocien n'étant destiné chez lui qu'à l'oralité – LRL].

354. Le docteur Pinchinat s'est inscrit en 1598 dans le livre d'or de TP II, en tant que « Petrus Pinchinatus medicus ».

355. Saint-Hippolyte-de-Caton (Gard actuel) : TP II a utilisé pour le retour vers Uzès un chemin direct, tandis qu'il avait choisi, à l'aller, une route située sur un axe plus septentrional.

356. Fauconverd : localité non identifiée.

357. *Patac* : menue monnaie utilisée en diverses régions de la France méridionale (Godefroy, *Dictionnaire de l'ancienne langue française*, VI, 37).

358. Jean Bodin (vers 1530-1596), *La Démonomanie...* (trad. allemande à Bâle en 1581). Voir le livre II, chap. 1, de cet ouvrage, paragraphe relatif à l'aiguillette. [Voir aussi Emmanuel Le Roy Ladurie, *Le Territoire de l'historien*, Paris, NRF, 1978, p. 136 *sq.* ; la première édition française (originale, donc) de *La Démonomanie* de Bodin est à Paris chez J. du Puys, 1580 – LRL.]

359. Le charivari : coutume souvent cruelle, utilisée dans toute la France et ailleurs, jusqu'à une date récente, contre les secondes noces et contre les mariages disproportionnés du fait d'écarts d'âge trop considérables entre les conjoints. Voir à ce propos A. Van Gennep, *Manuel de folklore français contemporain*, Paris, 1943, I-1, p. 614-628 [ainsi que E.-G. Léonard, *Mon village sous Louis XV*, Paris, PUF, éd. 1941 et 1984, chap. III, parag. 8 – LRL].

360. Sur Carsan, voyez *supra*, entrée du 29 février 1596, paragraphe sur Avignon, *in fine*.

361. Voir *supra*, entrée du 12 juin 1597, au nom de Jakob Müller ou Myller.

362. À cet emplacement de son manuscrit, TP II a inséré un plan de Nîmes (recopié de Poldo d'Albenas), dessiné au crayon puis « repassé » à l'encre, le tout avec beaucoup de soin.

363. Il s'agit peut-être d'un buffle. Voir Nemnich, *op. cit.*, III, 381, qui parle à ce propos de *Trichecus Manati* ou *Cottus quadricornis*.

364. Le *Matricule* universitaire de Montpellier donne (en latin) un Louis Constant d'Uzès (inscrit le 7 novembre 1596 ; bachelier le 1er janvier 1598), ainsi qu'un Isaac Constant de Montauban, certainement protestant (inscrit le 27 septembre 1589 ; baccalauréat le 2 avril 1590 ; docteur en médecine le 13 mars 1592). S'agit-il du docteur Constant évoqué par TP II ici même ?

365. Le sceau de la ville de Nîmes est marqué à gauche de la signature de ce Rosel.

366. Vallabrix (Gard actuel) est à 7,5 kilomètres au nord-est d'Uzès.

367. Bourdiguet et Le Chabian : respectivement à 5 et 3 kilomètres au sud de Seynes.

368. Navacelles et Cal sont situés tous deux au pied du versant ouest [ou nord-ouest – LRL] du Guidon du Bouquet (voir *supra*, entrée du 9 juillet 1598, note initiale).

369. Font d'Arlende se trouve à 2 kilomètres au nord de Cal, et non loin d'Auzon ; le château de Portes est à 22 kilomètres au nord d'Alès sur le cours supérieur de l'Auzonnet.

370. TP II compare cette poix à la « momie », produit venu d'Égypte et dont le nom indique assez l'origine. Cette « momie » ne sortira de l'usage pharmaceutique qu'au XIXe siècle ; voir Tschirch [Wilhelm Oswald Alexander], *Handbuch der Pharmakognosie*, I, p. 788 *sq.* (2e éd., 1932).

371. Âne : petit poisson qu'on appelle aussi en français le chabot ou le cotte-goujon. Voir Nemnich, *op. cit.*, IV, p. 1070, 1124. Noms analogues : *Cottus gobbio, Groppe* ; voir *Brehms Tierleben, op. cit.*, III (1914), p. 490 ; K. Gesner, *Historia animalium*, liv. IV, *De piscium natura* (éd. 1558), p. 475-478 ; Gesner appelle ce poisson *Cottius fluviatilis* ; il connaît le nom « chabot », mais il ignore l'appellation « âne ».

372. Brouzet-lès-Alès.

373. Ces deux nobles tiraient leur dénomination de domaines familiaux situés l'un à Vallérargues (à 11 kilomètres au nord de Serviers) et l'autre, peut-être, à Saint-Cristol-de-Rodières (à 10 kilomètres à l'ouest de Pont-Saint-Esprit). Ils avaient vraisemblablement guerroyé en Savoie, sous les ordres de Lesdiguières, au fil d'une guerre qui ne se terminera tout à fait qu'en 1601.

374. Jean Allard avait été capitaine sous l'égide d'Henri IV ; il était maintenant apothicaire à Uzès. Son fils, Louis Allard, était sur le point de se rendre à l'université de Bâle, pendant l'hiver 1597-1598. TP II lui avait donné des lettres de recommandation : la première pour le professeur de botanique et d'anatomie Kaspar Bauhin (1560-1624), la deuxième pour le « docteur en médecine et professeur en langue grecque » Jakob Zwinger (1569-1610), la troisième pour le professeur de théologie et grand notable de l'Église de Bâle, Johann Jakob Grynaeus (1540-1617). Ces trois lettres furent écrites à Uzès le 3 octobre 1597 et sont conservées aujourd'hui à la bibliothèque de l'université de Bâle : TP II y fait l'éloge (en latin) du jeune Allard, garçon modeste et loyal, ainsi que de son père, « très honnête, et grand pharmacien d'Uzès ». Quant à Louis Allard Narbonensis Gallus (Gaulois de Narbonnaise), il s'inscrivit à l'université de Bâle en février 1598, y fut docteur en médecine le 18 décembre 1599, et envoya à son père ses quatorze « thèses inaugurales » imprimées au titre du susdit doctorat (*Matricule* de Bâle, II, p. 460 et thèses médicales, en latin : Bibliothèque universitaire de Bâle, La I, 11, n°s 72 et 73).

NOTES DU CHAPITRE II

375. Voyez *supra*, entrée du 2 octobre 1595, paragraphe sur Lyon, *in fine*.

376. Sebastian Schobinger (1579-1652), originaire de Saint-Gall. Le 25 août 1596, il s'était inscrit à Montpellier et il devint « maître ès arts » le 30 août 1597. De janvier à mars 1599, il fut le fidèle compagnon de voyage de TP II lors du commun trajet en Catalogne. Le 13 avril 1599, il quitta Montpellier pour Lyon. En 1601, il devint médecin à Bâle et, en 1611, médecin de ville (*Stadtarzt*) à Saint-Gall. Sa correspondance avec TP II, ami fidèle, dura jusqu'à cette nouvelle époque de séjour à Saint-Gall, et elle est conservée à la bibliothèque de l'université de Bâle. L'inscription de Schobinger sur le livre d'or de TP II est datée du 6 février 1599, pendant le séjour catalan des deux amis au monastère de Montserrat.

377. Le Matricule de l'université de Montpellier (p. 208) signale en 1597 l'inscription de Guillaume Grangier, Bourguignon (*burgundius*). Le 13 septembre 1598, ce même Grangier, devenu docteur en médecine entre-temps, s'inscrivit dans le livre d'or de TP II par une dédicace (latine) au « Très illustre jeune docteur [*sic*] Platter de Montpellier en toute confiance de son amitié ». [TP II semble être personnellement identifié à Montpellier en ce cas – LRL.] Guillaume Grangier appartient-il à la famille dijonnaise de Pierre Grangier, protestante et fort harcelée pour ses croyances dans les années 1560-1570 ? Voir Ch. Oursel, *Notes sur le libraire-imprimeur dijonnais Pierre Ier Grangier* [Autun, Dejussieu, 1906, extrait des *Mémoires de la Société éduenne*, nouvelle série, t. 34, 1906 : le rapprochement proposé par RK est intéressant, mais pas forcément dirimant – LRL], et *BSHPF*, 1910, p. 493.

378. À gauche de cette signature figure la marque du sceau de la ville de Montpellier.

379. *Banaste, banasta, banaston* : mot provençal désignant une grosse [double ?] corbeille, transportée à dos de mule [cf., à ce mot, le *Trésor du félibrige* de Frédéric Mistral, I, 217 – LRL].

380. Casimir Ier (roi de 1040 à 1058), de la maison des Piast. Jeune garçon, il avait été chassé de Pologne en compagnie de sa mère, la régente Richeza, nièce d'Othon III. Il serait devenu, d'après la légende, moine de Cluny. En 1040, il récupéra sa royauté en Pologne, avec l'aide d'Henri III, sous l'autorité duquel il se trouvait. La tradition (authentique ?) évoque l'aide qu'il apportait à l'Église et en particulier aux moines. (Voir Rich. Roepell, *Gesch. Polens*, 1840, I, p. 180 *sq.* ; et Stadler, *Vollständiges Heiligen Lexikon* I, 567.) Belleforest (*Cosmog. univ.*, p. 1792 *sq.*) raconte que Casimir, ayant pris la fuite (il avait alors une vingtaine d'années), se serait rendu à Paris pour y étudier ; puis, en accord avec sa mère, il serait devenu diacre à Cluny. La Pologne ayant été attaquée par des soldats venus de Russie et de Bohême, les Polonais seraient venus lui rendre visite à Cluny et auraient obtenu de Rome une dispense en vue de son retour au pays. On l'aurait alors équipé en Allemagne, et voilà Casimir revenu en Pologne où il est couronné en 1041.

381. Emilio Ferretti (Ferret), 1489-1552, originaire de Castelfranco (Toscane). Il étudia, jeune encore, le droit civil et canonique à Pise et à Sienne ; il fut ensuite secrétaire du cardinal Salviati à Rome, puis du pape Léon X. Il enseigna à Valence et devint, grâce à François Ier, conseiller au parlement de Paris, puis envoyé de la France auprès de Charles Quint et de Venise. Il enseigna à Lyon et à Florence ; pour finir, il professa la jurisprudence en Avignon jusqu'à sa mort. (Voir *Biog. univ.*, vol. 14, p. 11.)

382. L'ordre des Frères minimes fut fondé par le Calabrais François de Paule. Louis XI avait appelé ce saint personnage à son lit de grand malade en 1482 à Plessis-lès-Tours. L'ordre, au début du XVIe siècle, comptait déjà 450 monastères (voir Heimbucher, *Die Orden und Kongregationen der katholischen Kirche*, 3e éd., III, 149-152).

383. René, duc d'Anjou, de Lorraine et de Bar, comte de Provence, roi de Sicile, etc. (1409-1480). Son pouvoir ne s'étendait vraiment qu'à quelques-unes des différentes contrées dont il était théoriquement le souverain. Il put cependant manifester en Provence une active prédilection pour les arts ; elle lui valut, entre autres motifs, le sympathique surnom de « bon roi René ». À sa mort, l'Anjou et, peu après, la Provence (celle-ci après le décès en 1481 de Charles III, neveu de René) tombèrent successivement dans l'« escarcelle » du royaume de France, où ces provinces sont toujours.

384. On appelle vraisemblablement « infules » [à la mode latine antique – LRL] cette blanche coiffure d'évêque. Le prélat en question est, semble-t-il, François Rousset. Grâce au soutien d'Henri IV, il fut nommé en 1595 successeur de Robert de Girard (1570-1595) à l'évêché

d'Uzès. Il résigna sa charge épiscopale en 1601 (?). Voyez l'*Histoire générale de Languedoc* de Devic et Vaissette, vol. V, p. 467 ; enfin, *Gallia christiania*, VI, 645.

385. Chroniques, 16, 15.

386. Il s'agit d'un petit livret ou *Büchlein* « à l'usage des femmes », réédité à Bâle en 1602 (deux exemplaires sont à la bibliothèque universitaire de Bâle). Le texte yiddish est imprimé de bout en bout, comme de juste, en lettres hébraïques. La première édition date de 1552 à Venise ; il y aura en tout six éditions jusqu'en 1629. Certains chapitres ont été réédités par Max Gruenbaum, *Jüdischdeutsche Chrestomathie*, Leipzig, 1882, p. 265-277 ; selon le « Catalogue des livres hébraïques de la Bodleian Library » (le titre de ce catalogue, en fait, est en latin), vol. II, col. 787, n° 3, dont l'auteur est Moritz Steinschneider, ce *Büchlein* serait l'œuvre de « Benjamin (Ahron) ben Abraham Salnik – ou Slonik » (= de Salonique). Voir aussi *Encyclopaedia judaica*, 1932, vol. IX, col. 149, art. « Jewish literature » ; et également J. et B. Prijs, *Die Basler hebräischen Drucke (1492-1866)*, 1964, n° 177, p. 286.

387. Deutéronome, 5 = livre de Moïse, 6, 8 ; et 11, 18.

388. Exode, 2 ; livre de Moïse, 13, 16.

389. Les Nombres (4) font partie du livre de Moïse.

390. Genèse, 1 ; livre de Moïse, 32, 26 *sq.*

391. Braguette : en italien *brachetta* ou (XVIIᵉ siècle) *braghetta* ; dans l'allemand de TP II : *Latz.*

392. Pantalon ou Pantalone : personnage comique de la comédie populaire italienne, incarnant à l'origine un rôle de Vénitien jaloux et avare. Saint Pantaleone était l'un des patrons de la ville de Venise (voir Laffont-Bompiani, *Dictionnaire des personnages*, Paris, 1960).

393. Zani ou Zanni : abrégé de Giovanni, en dialecte vénitien ; personnage typique de la *commedia dell'arte* ; et balourd... ou intrigant subtil ; clown bergamasque, sous le masque d'un paysan.

394. Pommade au plomb [dangereuse, en fait ?], *Unguentum saturninum* ; en dialecte bâlois de l'époque, *Gitzenetze* ou *Gitzinetzi* ; voir à ce propos *Schweiz. Idiotikon* [de Friedrich Staub *et al.* – LRL], II, 580.

395. Johannes Erhard Escher appartenait à la famille des Escher de Luchs, dont l'aïeul Goetz fut anobli à Rome en 1433 par l'empereur Sigismond, avec octroi du titre de chevalier. Cette noblesse de *Junker* fut ensuite héritée au fil de la lignée venue de Goetz et elle produisit Hans *alias* Johannes. Hans Escher sera plus tard bailli de la maison princière d'Einsiedeln. On a de lui et de Max Escher, fils cadet de Margareta von Edlibach, un journal de voyage. Le 26 décembre 1599, Johannes Escher écrivit dans le livre d'or de TP II une phrase tendant à dire que « jamais n'était vaine l'audace au service de Dieu ».

CHAPITRE III

Catalonia

1. Itinéraire de Montpellier à Béziers, *via* Lavérune, Montbazin, Villemagne [peut-être Villeveyrac ?], puis l'abbaye de Villemagne, fondée en 1138 et fort endommagée par les réformés en 1563 (sur ces différents Villemagne, et autres, cf. Jean Astruc, *Mémoires pour l'histoire naturelle de la province de Languedoc*, Paris, 1740, p. 94 et 114 ; et *Gallia christiania*, VI, p. 719-726).

2. Sur le duc de Ventadour, cf. *supra*, entrée du 4 octobre 1595, paragraphe relatif à La Voulte, note.

3. Béziers (latin *Biterrae*), sur la rivière d'Orb.

4. Le sieur d'Espondeilhan commandait la garnison de Béziers, ou ce qui en tenait lieu.

5. Sur ce personnage, voir *supra*, entrées des 8-12 octobre 1595, paragraphe sur Montpellier, relatif aux professeurs de médecine.

6. De Béziers à Narbonne : Nissan [aujourd'hui Nissan-lez-Enserune, à cause des fouilles archéologiques – LRL], puis une série de villages (Sallèles, etc.) ou de bourgades : d'Ouveillan à Moussan, avec l'Aude à traverser dans l'entre-deux.

7. La Gaule narbonnaise fut conquise en 125-121 av. J.-C. par Marcus Fulvius Flaccus, Sextius Calvinus, Domitius Ahenobarbus et Quintus Fabius Maximus. Une fois les Allobroges et les Arvernes vaincus, la domination romaine fut assurée sur le sud de la Gaule. En 123, Q. Caecilius Metellus obtint la maîtrise de la mer par la conquête des Baléares. Narbonne fut fondée en 118 av. J.-C. Capitale de province, c'était aussi un lieu de culte où le dieu Mars jouait un rôle important. D'où son nom de *Narbo Martius* qui n'avait rien à voir, en réalité, avec le consul romain Q. Marcius Rex de l'année 118 av. J.-C., auquel les dates proposées par TP II semblent faire allusion – ce qui constitue ou constituerait une erreur en l'occurrence. Voir à ce propos Pauly-Wissowa, suppl. 7, p. 515-548 ; Camille Jullian, *Histoire de la Gaule*, III, 7-50 ; VI, 348-354, etc. ; et aussi l'importante thèse [trop oubliée] d'André Dupont, *Les Cités de la Narbonnaise première...*, Nîmes, 1942.

8. Le Roussillon, qui en 1599 appartenait à l'Espagne, ne deviendra définitivement français qu'en 1659, au traité des Pyrénées.

9. Henri, comte de Bouchage, depuis 1592 duc de Joyeuse (1567-1608). Son frère aîné Anne de Joyeuse avait été tué à la bataille de Coutras (1587) contre Henri de Navarre. Le comte de Bouchage, devenu veuf, se fit alors capucin sous le nom de frère Ange. Puis, quittant momentanément la robe monacale, le ci-devant frère Ange se porta militairement à la tête de la Ligue toulousaine – contre Henri IV, et contre les « royalistes » protestants et catholiques modérés, effectivement « henriciens », qui tenaient le Bas-Languedoc, notamment montpelliérain, sous Montmorency. En 1599, Joyeuse redevint frère Ange et procéda à toute sorte de mortifications personnelles. Il mourut en 1608. Voir P. Gachon, *Histoire de Languedoc*, p. 149 ; Devic et Vaissette, *Histoire générale de Languedoc*, vol. V, p. 460 *sq.* et 489 ; De Thou, *Histoire universelle*, vol. VIII, p. 109, 622 *sq.*, 742 *sq.* ; Sully, *Mémoires*, III, p. 425 *sq.* ; et TP II, vol. II de sa *Reisebeschreibung* (éd. R. Keiser, p. 580). On trouvera d'autres données dans d'importantes publications récentes de C. Jouhaud et R. Descimon.

10. Sebastiano del Piombo (1485-1547), élève de Giovanni Bellini et de Giorgione. Influencé aussi par Michel-Ange, il peignit la *Résurrection de Lazare* [1517-1519], son œuvre la plus célèbre, maintenant conservée [après divers itinéraires, parmi lesquels un passage dans les collections du Régent Philippe d'Orléans... – LRL] à la National Gallery de Londres. L'initial destinataire de cette œuvre était Jules de Médicis, archevêque de Narbonne (1515-1523) et plus tard pape sous le nom de Clément VII [mort en 1534]. Le tableau est signé : « Sebastianus Venetus faciebat. » Michel-Ange eut-il part au dessin original de ce tableau ? On en discute. [Sur tout ceci, voir C. Volpe *et al.*, *Sebiastiano del Piombo*, Milan, Rizzoli, 1980, planches 43-45 et, *in fine*, notice 54 – LRL].

11. Méry de Vic, seigneur de Moron et d'Ermenonville (1553-1622), fut d'abord maître des requêtes en 1581, président au parlement de Toulouse en 1597, puis conseiller d'État... Il accompagna Henri IV à Lyon, et fut ensuite chargé de remplacer François Hotman de Mortefontaine comme envoyé français en Suisse, de 1600 à 1605. Il devait notamment recruter des mercenaires en ce pays contre la Savoie... Voir *HBLS*, I, 242 *sq.* et 318 ; et Édouard Rott, *Histoire de la représentation diplomatique de la France auprès des cantons suisses...*, II, 429-544 [Berne, A. Benteli, 1900 – LRL].

12. Il s'agit, en réalité, de Philippe III le Hardi (1270-1285), roi de France, fils et successeur de Saint Louis. Ce Philippe avait guerroyé contre l'Aragon, et pris Gérone. Mais dès octobre 1285, sa flotte de renfort ayant été détruite, la guérilla catalane et la maladie contraignirent le roi de France à la retraite vers le nord. Il mourut à Perpignan. Son corps fut cuit : les ossements envoyés à Saint-Denis, le cœur aux Jacobins de Paris, les chairs inhumées à Narbonne ; le sarcophage les contenant étant lui-même placé, en 1344, dans le chœur (enfin achevé) de la cathédrale de Narbonne. Le gisant de ce sarcophage est de l'époque de Philippe le Bel ; les bas-reliefs contemporains datent approximativement de l'année 1344. (Cf. à ce sujet l'article de Pierre Pradel dans *Revue archéologique*, 1964, t. I, janvier-juin, p. 33-46. Voir aussi Ch.V. Langlois, *Le Règne de Philippe III le Hardi*, 1887 [Paris, Hachette – LRL] ; et *Gallia christiania*, VI, 81, qui donne l'une des bonnes dates : 1285.)

13. Le Wisigoth Athaulf s'empara de Narbonne en 413. Après diverses péripéties, la mainmise wisigothique sur Narbonne (une mainmise qui avait aussi ses bons côtés) dura jusqu'en 719 (invasions arabes...). La domination franque fut établie par Pépin en 759 [RK et LRL]. Voir à ce propos Pauly-Wissowa, suppl. 7, p. 515-548.

14. Les débuts du christianisme à Narbonne remontent, semble-t-il, au IIIᵉ siècle. Grégoire de Tours (VIᵉ siècle) situe le premier évêque, Paul, au milieu du IIIᵉ siècle. Des légendes ultérieures confondent à tort ce Paul avec Lucius Sergius Paulus (Actes des apôtres, 13, 8), qui fut proconsul à Chypre et qui résidait à Paphos (Chypre, en effet) au temps de l'empereur Claude (54 apr. J.-C.). Voir Pauly-Wissowa, notamment au vol. II-2 (2ᵉ série), col. 1715 *sq.*

15. Sébastien, d'après les *Acta Sanctorum*, naquit à Narbonne et vécut ensuite à Milan. Dioclétien le fit martyriser par des archers, puis dans l'arène, à coups de massue. Voir à ce propos Wetzer et Welte [*Kirchenlexikon...*, Fribourg-en-Brisgau, Herder éditeur, 1882-1901, XI, p. 27 *sq.* ; et Benz, *Legenda aurea*, p. 127-132.

16. De Narbonne à Perpignan : Villefalse (3 kilomètres au nord-ouest de Sigean, Aude), Leucate, Salses, le château d'Opoul, puis passage *a vista de nas* du pic du Canigou (2 785 mètres), enfin Rivesaltes.

17. Roncevals : est-ce l'effet de la *Chanson de Roland* qui rendit Roncevaux célèbre ? Toujours est-il que ce toponyme très « orlandien » ou « rolandiste » désignait éventuellement au XVIᵉ siècle, au moins dans une certaine littérature allemande, l'ensemble du massif des Pyrénées ! Le « commencement de Roncevaux » correspondait donc aux « pré-Pyrénées » [LRL].

18. Louis XII, en 1503, déclencha l'offensive contre Ferdinand d'Aragon : le siège de Salses commença le 10 septembre de cette année. Mais la contre-offensive « catalane » de Ferdinand d'Aragon dès le mois d'octobre obligea les Français à lever le siège. La garnison française de Leucate dut capituler le 28 octobre. Les Espagnols, devenus maîtres d'une partie de l'actuel département de l'Aude, ne furent arrêtés qu'à Narbonne ; un cessez-le-feu intervint alors. (Devic et Vaissette, *Histoire générale de Languedoc*, V, p. 96 *sq.*) À propos de Leucate, TP II omet de signaler la courageuse défense de cette bourgade par les soins d'une femme, Madame de Cezelli, pour le compte d'Henri IV, contre les ligueurs. En récompense, le roi conserva à cette dame de Cezelli le gouvernement de Leucate... mais seulement jusqu'à la majorité de son fils ! (Devic et Vaissette, *op. cit.*, V, p. 448 *sq.* ; cf. aussi *infra*, note 20) [voir également, sur la même personne, Emmanuel Le Roy Ladurie, *Paysans de Languedoc*, éd. 1966, p. 579 – LRL].)

19. TP II reprend l'étymologie (fantaisiste) du mot Pyrénées, à partir du grec *pyr* ou *pur*, qu'avait déjà proposée par exemple Sebastian Münster dans sa *Cosmographey*. Voyez aussi *infra*, entrée du 24 janvier 1599, *in fine*.

20. Louis XI déjà s'était emparé momentanément du Roussillon. Mais Charles VIII, en 1493, « restitue » cette région à l'Espagne pour avoir les mains libres en Italie... Sur les tentatives de Louis XII, cf. *supra*, note 18. Au cours des guerres entre Charles Quint et François Iᵉʳ, le siège de Perpignan par les Français, sous les ordres du dauphin, en 1542 fut un échec pour ceux-ci. À la fin du siècle, Henri IV lança d'Ornano contre Perpignan (1597), au titre des représailles vis-à-vis de l'Espagne, dont les troupes avaient pris Amiens. Nouvel échec. (Lavisse, *Histoire de France*, IV-2, p. 390 *sq.* ; V-1, p. 23 et V-2, p. 111 ; Devic et Vaissette, *Histoire générale de Languedoc*, V, 97, 486.) Le Roussillon ne « basculera » vers la France, répétons-le, qu'au traité des Pyrénées (1659).

21. L'évêché d'Elne, à 14 kilomètres au sud de Perpignan, était situé à l'emplacement d'un camp romain et postromain, appelé *Helena* ou *Helenae*. Cet évêché, originellement suffragant de l'archevêché de Narbonne, en fut détaché en 1511 par le pape Jules II, en raison du contentieux franco-espagnol et franco-papal. En 1602, le siège épiscopal sera transféré à Perpignan, puis subordonné derechef à l'archevêché de Narbonne en 1678, par conséquence « logique » du traité des Pyrénées de 1659, encore lui...

22. TP II fait ici allusion au grand ouvrage catalan relatif à la pharmacie, œuvre de Narcisse Solana, la *Concordia pharmacopolarum barcinonensium in medicinis compositis a Narcisso Solano...* (Barcelone, 1535). Voir à ce propos A. Tschirch, *Handbuch der Pharmakognosie, op. cit.*, 2ᵉ éd., 1932, vol. I-3, p. 1589.

23. Ces illustrations manquent dans le manuscrit de TP II.

24. Réal : petite monnaie espagnole (cf. Friedr. Schroetter, *Wörterbuch der Münzkunde*, p. 550). D'après TP II (ici même), le réal, en 1599, valait un quart de livre tournois, soit 5 sous français [LRL].

25. De Perpignan jusqu'aux Pyrénées : Saint-Jean-Lasseille ; Banyuls-des-Aspres ; Le Boulou sur le Tech ; L'Écluse ou Les Cluses ; Le Perthus.

26. « Roncevals », *alias* Roncevaux, désigne ici, une fois de plus, l'ensemble de la chaîne pyrénéenne.

27. Pont-de-Molins, à 6 kilomètres au nord de Figueras.

28. Narcissus ou « saint Narcisse » fut, d'après la légende, l'apôtre d'Augsbourg au début du IVe siècle. Il se rendit plus tard à Gérone, l'antique *Gerunda*. Devenu évêque *in situ*, il y fut martyrisé au bout de trois années, en compagnie de son diacre, un certain Felix (voir à ce propos le *Lexikon für Theologie und Kirche*, VII, p. 442).

29. Il va s'agir, en l'occurrence, du siège de Gérone en 1285 par le roi de France Philippe III, siège qui dura deux mois et demi [voir *supra*, note 12 de ce chapitre – LRL].

30. L'évêque Johannes ou Jean de Gérone, contemporain du roi wisigoth Reccarède (régnant de 586 à 601), est évoqué par divers historiens de l'Espagne. Ainsi, selon Franciscus Tarapha, en son livre dédié à Philippe II d'Espagne et intitulé (en latin) « Sur l'origine et l'histoire des rois d'Espagne » [il s'agit en l'occurrence de Francisco Tarafa, chanoine de Barcelone, *De origine ac rebus gestis regum Hispaniae*, Anvers, J. Steltsii, 1553 – LRL], ce Johannes, moine wisigoth originaire de Lusitanie, se serait rendu, jeune et avide de savoir, à Constantinople ; puis il en serait revenu « très bien formé en lettres grecques et latines ». En Lusitanie (Portugal actuel, *grosso modo*), il battit en brèche aisément l'arianisme. Les « hérétiques » ariens le prirent en haine et le chassèrent. Il partit donc à Barcelone et devint évêque de Gérone. Plus tard, il revint en Lusitanie où il fonda un monastère. Johannes Vasaeus, lui aussi, mentionne Jean de Gérone dans sa « Chronique espagnole » (titre et texte en latin) [il s'agit en l'occurrence des *Chronici rerum memorabilium Hispaniae*, de Johannes Vasaeus, ouvrage édité à diverses reprises entre 1552 et 1603 – LRL] : selon lui, Jean de Gérone a lui-même écrit une « Chronique » des années 564-589, laquelle évoque la défaite théologique de l'arianisme et la victoire du catholicisme en zone wisigothique lors du concile de Tolède en 589. (*Hispania ilustrata*, I, 544 et 680.)

31. Mallorguines, Tiona, Hostal de Rupit : localités non identifiables.

32. TP II écrit Valioria. Il peut s'agir, vraisemblablement, de La Batlloria.

33. Lucius Marinaeus Siculus, *De rebus Hispaniae*, lib. IX, raconte l'histoire de la délivrance de l'impératrice allemande par Ramon Berenguer, 9e comte de Barcelone (1082-1131), dans *Hispania illustrata*, I, p. 377 *sq.* [Il n'y a pas de raison de ne pas croire TP II, au moins à titre d'hypothèse, quand il dit avoir recueilli également des traditions orales à ce propos. Pour trancher ce point, une comparaison s'imposerait entre les diverses versions, celles de TP II et de Siculus, respectivement – LRL.]

34. Les origines de Barcelone remontent aux Ibères. La similitude apparente avec le nom d'Hamilcar Barca († 228) a fait croire à une origine punique. Les Carthaginois s'installèrent cependant sur place après la première guerre punique. La région devint romaine avec les conquêtes de Publius Scipion et la fin de la deuxième guerre punique (201 av. J.-C.). Malgré un certain développement à l'époque romaine, Tarragone restait la ville essentielle. Le christianisme semble attesté à partir du IVe siècle. Implantation wisigothique au Ve siècle ; conquête arabe en 713. Louis d'Aquitaine, fils de Charlemagne, rattache provisoirement la Catalogne à l'Empire franc, et Barcelone devient la capitale de cette « marche d'Espagne » (801-812). TP II a inséré dans son manuscrit une gravure et un panorama de Barcelone, dus respectivement à Francesco Valegio et à Bruin-Hogenberg (cf. *infra*).

35. Eusèbe (vers 260-vers 340). Son *Histoire de l'Église* est l'une des premières, et l'un des modèles du genre. Elle aura de nombreux émules et imitateurs... jusqu'à nos jours.

36. Aurelius Prudentius Clemens (348-405), originaire de Saragosse. Né d'une famille distinguée, il renonça aux honneurs et aux charges publiques pour se consacrer à la poésie religieuse. Ses quatorze « Couronnes de victoire », hymnes aux martyrs, le mettent au plus haut rang des poètes du premier christianisme. Le texte qu'évoque ici TP II provient du quatrième hymne de ce « Prudence » (voir *Religion in Geschichte und Gegenwart*, IV, col. 1927).

37. Jacob Meyr (Jacques de Meyere ou Meyerus), 1491-1552, né à Bailleul (dans la Flandre flamingante, actuellement française), se trouve être, de par ses « Chroniques, Annales ou Commentaires », l'un des pères de l'historiographie flamande et, comme on peut voir, européenne. (Voir *Biographie nationale de Belgique*, vol. V, p. 534-550.) Cela dit, tout ce que TP II rapporte ci-dessus à propos de l'histoire barcelonaise (par exemple, la prétendue fondation par Hamilcar Barca, la tombe d'Athaulf, la conquête par Charlemagne, la fondation d'églises par Ramon Berenguer, et même la référence – de seconde main ! – à des auteurs tels qu'Eusèbe, Jacques de Meyere, Platina et Lucius Marinaeus Siculus) provient de Bruin et Hogenberg, *op. cit.*, I, 5...

38. Bartholomäus Platina (1421-1481), humaniste et historien, originaire de Piadena (= Platina) près de Crémone, mort à Rome. Il fut bibliothécaire du Vatican sous Sixte IV (1471-1484) et écrivit une histoire des papes jusqu'en 1474 : « Livre de la vie du Christ et des pontifes » (en latin).

39. L'initiale expédition de Charlemagne au-delà des Pyrénées le conduisit en 778 jusqu'à l'Èbre, mais se termina – plus à l'est – par le désastre de Roncevaux. À partir de 796, les premières zizanies au sein du califat de Cordoue favorisèrent la reprise des expéditions des Francs. En 801, ceux-ci occupèrent Barcelone, ainsi que la Navarre et Pampelune. En 811, Tortosa tomba également entre leurs mains. La paix de 812 se traduisit par la formation d'une « marche d'Espagne », correspondant plus ou moins à la Catalogne actuelle. (Lavisse, *Histoire de France*, II-1, p. 293 *sq.*)

40. Lucius Marinaeus Siculus (vers 1460-1533 ou 1534), humaniste et historien, originaire de Sicile, professeur à Palerme. Il accompagna en 1480 le grand amiral de Castille en Espagne et enseigna à l'université de Salamanque. Il fut l'aumônier de Ferdinand le Catholique. Il écrivit sur l'histoire des rois d'Aragon, et sur l'Espagne en général. Voir Georges Cirot [*Études sur l'historiographie espagnole, les histoires générales d'Espagne entre Alphonse X et Philippe II (1284-1556)*, Bordeaux, Féret, 1905 – RK et LRL].

41. Tarragone, l'ancienne *Tarraco* ibérique, puis romaine, capitale de la province de Tarragonaise, était plus importante que Barcelone au temps des Romains puis des Wisigoths. Elle fut détruite par les Arabes en 711.

42. Ferdinand de Médicis (1551-1609), depuis 1587 grand-duc de Toscane. En tant que fils cadet de Côme Iᵉʳ (1537-1574), il fut d'abord ecclésiastique, cardinal vivant à Rome pendant quatorze années. Après la mort de son frère aîné Francesco en 1587, il lui succéda comme grand-duc florentin. Il se rapprocha alors de la France, afin de soustraire la Toscane à l'influence espagnole. Il s'opposa aussi aux plans expansionnistes de Charles-Emmanuel de Savoie, qui avait des vues sur la Provence et sur Marseille : il occupa donc, pendant plusieurs années, le château d'If (cf. *supra*, entrée du 11 février 1597). Il donna en 1600 sa nièce Marie de Médicis en mariage à Henri IV. Mais la France, au traité de Lyon, renonçait à Saluces (place qui redevenait savoyarde) pour obtenir la Bresse et le Bugey (1601) ; Ferdinand fit alors volte-face, conclut un accord d'amitié avec Philippe III d'Espagne et le soutint contre les Turcs.

43. Don Juan de Médicis (1567-1621), fils illégitime du grand-duc Côme Iᵉʳ. Il combattit en Flandre pour le compte de l'Espagne, et pour l'empereur contre les Turcs.

44. Philippe III d'Espagne épousa le 18 avril 1599 Marguerite d'Autriche, sœur du futur empereur Ferdinand II (mort en 1637). Elle était née à Graz en 1584 et mourut en 1611 à l'Escorial. L'archiduc Albert, gouverneur des Pays-Bas, la conduisit en bateau le long de la côte française de Méditerranée jusqu'en Espagne. Malgré les préparatifs français pour la recevoir dignement, Marguerite refusa de visiter quelque ville française que ce fût, de sorte qu'il fallut dresser des tentes sur la côte pour qu'elle pût se reposer. De même l'archiduc Albert visita les églises de Marseille, mais incognito et sans sa suite ; il y baisait les reliques et s'en retournait sans boire ni manger ! (Sully, *Mémoires*, III, 375.)

45. Sur le vin « corse », voir *supra*, entrée du 14 octobre 1595 (Frontignan, note).

46. Au sujet des danses, voir *supra*, entrée du 3 octobre 1595 (Tournon, note).

47. Saint Sévère, *Severus*, n'est connu que par une espèce de légende qui, en fonction de sources ignorées de nous, le fait mourir en 289. Au plan de la réalité historique, on connaît pourtant un évêque Severus en l'an 633 de notre ère, à l'époque du 4ᵉ concile de Tolède. Le premier évêque de Barcelone, historiquement et solidement attesté, s'appelle Praetextatus, en 347.

NOTES DU CHAPITRE III

48. Saint Patianus, écrivain ecclésiastique, est l'un des successeurs des deux susdits évêques : le premier, mythique (?) ; l'autre, réel. Patianus est mort entre 379 et 392, à l'époque de l'empereur Théodose le Grand (379-395).

49. Le martyre de saint Cucufa est attesté uniquement par l'écrivain Prudence (sur celui-ci, cf. *supra*, entrée du 28 janvier 1599, au début du paragraphe relatif à Barcelone). À propos de ce martyre, voir l'hymne 4 (33-35) du *Peristephanon Liber* de cet auteur, et le *Dictionnaire d'histoire et de géographie ecclésiastiques*, VI, p. 674.

50. Sainte Eulalie, de Barcelone, est un doublet (une « doublette » ?) d'Eulalie de Merida, qui fut chantée par Prudence. En 878, la tombe d'Eulalie, jusqu'alors « oubliée », fut découverte dans l'église Santa Maria del Mar à Barcelone (voir le *Dictionnaire d'histoire et de géographie ecclésiastiques*, VI, p. 67 *sq.* ; et Prudentius, *Peristephanon Liber*, III).

51. Ramon Berenguer Ier el Vell (1035-1076) épousa en 1053, en secondes noces, Almodis de la Narche, laquelle en 1071 fut assassinée par le fils qu'avait eu Ramon en premier mariage. Ramon Berenguer combattit avec succès contre les rois musulmans ; il força, en particulier, le roi de Saragosse à lui payer tribut. Il unifia, au titre des territoires soumis à sa domination, cinq comtés : Barcelone, Gérone, Manresa, Auson (Vich) et Carcassonne ; il les laissa, en héritage unifié, aux fils jumeaux qu'il avait eus d'Almodis. Le père de ce Ramon n'était autre que Ramon Berenguer Ier el Corbat (1019-1035).

52. La cathédrale Sainte-Croix est devenue mosquée pendant l'époque des Arabes en Espagne. En 801, les Francs fêtèrent leur victoire contre ceux-ci, à Barcelone, dans cette église nouvelle reconsacrée, au chant du *Te Deum*. Les ossements de sainte Eulalie, précédemment retrouvés en 878, furent transférés dans ladite cathédrale, dorénavant appelée Sainte-Croix-et-Sainte-Eulalie. Celle-ci souffrit fortement de l'invasion arabe de 985 ; l'évêque Guislabert (1035-1062) et le comte Ramon Berenguer Ier (qui par ailleurs fit don à Sainte-Croix de la suzeraineté sur cinq églises) la rénovèrent de 1048 à 1058 ; dès lors, elle fut consacrée à nouveau par les archevêques de Narbonne et d'Arles. (Voir le *Dictionnaire d'histoire et de géographie ecclésiastiques*, VI, p. 691 *sq.*, également utile, en ces pages, par ses informations sur les autres sanctuaires et institutions ecclésiastiques de Barcelone.)

53. Aux folios 311-312 de son manuscrit, TP II a inséré une gravure sur bois coloriée qui dépeint la pompe et le procès, l'une et l'autre procédant de l'Inquisition espagnole.

54. *Histoire des martyrs persécutés et mis à mort pour la vérité de l'Évangile...*, Genève, 1570. Ce livre relatif aux martyrs tant antérieurs au protestantisme que – surtout – protestants est l'œuvre de Jean Crespin : originaire d'Arras, étudiant en droit à Paris, celui-ci se tourna vers la Réforme et vint s'installer auprès de Théodore de Bèze à Genève ; il y ouvrit une boutique d'imprimerie, où il fit paraître l'ouvrage en question. Première édition, 1554 : *Livre des martyrs...* ; puis traduction latine par Claude Baduel, de Nîmes : *Acta martyrum...* (éd. 1556 et 1569) ; édition allemande : *Martyrbuch...* (1591) ; éditions françaises et allemandes, les unes et les autres progressivement complétées et indexées, parues en 1570, 1597, 1606, 1619... Jean Crespin lui-même était mort de la peste en 1572 à Genève.

55. Raymond Lulle (1232 ou 1235-1315) [père de la classification encyclopédique par réseaux arborescents (« organigrammes »), élève lointain de Porphyre, maître également lointain de Ramus, Figon, Chambers, Diderot et autres encyclopédistes... Il fut l'un des plus grands penseurs catalans... et européens, tant aux Baléares que sur le continent. Sur son influence relativement à Ramus et Figon, voir notre *État royal* (*Histoire de France*, Hachette), au chapitre intitulé « L'arbre de justice ». La première édition de poche de ce livre a malheureusement laissé tomber notre graphique « lullien » tiré de Figon – LRL].

56. Bernardo Caxanes (1560- ?) étudia et passa son doctorat en 1583 à Barcelone, sa ville natale.

57. De Barcelone à Montserrat : Hospitalet ; San Juan Despi ; San Feliu de Llobregat ; Molins de Rey ; puis traversée du Rio Llobregat en direction de S. Andres de la Barca ; Martorell ; Esparraguera ; Collbato.

58. Le monastère de Notre-Dame de Montserrat : on manque de données certaines au sujet de la fondation de cet établissement. Dans le massif montagneux en question, il y avait déjà, vraisemblablement, un culte païen. Et ensuite des ermitages, flanqués de lieux de refuge, au temps du premier christianisme et des Wisigoths. Lors des débuts de la tradition historique « crédible », on trouve *in situ* cinq petits ermitages : Santa Maria, San Acisclo, San Pedro, San

Martin et San Miguel. Ils étaient soumis les uns et les autres au monastère pyrénéen de Ripoll : cf. *infra*, entrée du 24 février 1599, début du paragraphe relatif au comté de Catalogne, à propos de don Jofre (note). L'abbé de Ripoll, Oliva, fonda en 1025 le monastère de Notre-Dame de Montserrat en tant que prieuré bénédictin dépendant de Ripoll et il y fit bâtir la première église. Dès le XIe siècle, les pèlerins affluèrent en raison des miracles qu'opérait la « Madone noire » du prieuré. Le prestige et la richesse de Montserrat grandirent du XIIe au XIVe siècle, pendant que Ripoll, inversement, perdait en popularité. Montserrat, qui revendiquait depuis longtemps son indépendance, l'obtint enfin au temps du concile de Constance et du pape Martin V (1417-1431). L'abbaye ainsi promue à part entière ne dépendit plus que du Saint-Siège. Puis la politique s'en mêla : Ferdinand le Catholique chassa les religieux en place qui avaient combattu son père et les remplaça par des moines de Valladolid (1493). De 1493 à 1510, le monastère fut réformé. L'église fut rebâtie à partir de 1560, avec de l'argent collecté, grâce à Philippe II, en Espagne et dans ses colonies [l'Amérique « argentifère » allait commencer à « donner » – LRL]. Les bâtiments actuels du monastère remontent à la seconde moitié du XVIIIe siècle. Au temps de TP II, il y avait, sur place, soixante-dix moines et quinze ermites. Quelques ermitages sont encore visibles aujourd'hui. (Cf. José Maria de Sagarra, *Montserrat* [et la trad. française de ce livre par Pierre Gassier, Paris-Barcelone, Noguer et Diffedit, s.d.]) Au folio 316, TP II a inséré un dessin à la plume, de sa main, représentant « le Monasterium de nostre dame de Montserrat avec les eremitages » [ce qui incidemment montre bien, une fois de plus, à quel point le français était devenu sa langue de travail. *In lingua veritas !*].

59. La linotte, ainsi nommée, dit Rut Keiser, parce que la graine de lin ou de chanvre faisait sa nourriture habituelle.

60. Saint Jérôme (vers 352-vers 420), anachorète, ascète, Père de l'Église, savant, auteur de la classique traduction latine de la Bible appelée *Vulgate*.

61. Saint Onuphre, ermite de la Thébaïde (IVe siècle). Il vivait nu, seul, sans logement, dans le désert. Son culte se développa aussi en Occident après les croisades.

62. Sainte Catherine aurait été martyrisée au temps de Maxence, empereur romain (306-312).

63. Saint Jacques l'Apôtre, frère de Jean. Au VIIe siècle, une légende prit corps, selon laquelle il aurait prêché en Espagne et trouvé la mort en ce pays. Une autre tradition veut que son corps ait été apporté à Saint-Jacques de Compostelle, et qu'on l'ait retrouvé là au IXe siècle. Au Xe siècle, les pèlerinages affluèrent à Compostelle, avec le soutien de Cluny. Saint Jacques patronna l'Espagne, les pèlerinages, la navigation maritime et la lutte contre l'islam (cf. *Lexikon für Theologie und Kirche*, V, p. 268).

64. Saint Benoît de Nursie (vers 480-vers 547), fondateur de l'ordre des bénédictins.

65. Dimas ou Dismas : ce bon larron fut crucifié à la droite du Christ (*Lexikon für Theologie und Kirche*, III, p. 346).

66. La légende de Juan Gari (Guarin ou Garin) a inspiré plusieurs auteurs, comme Cristobal de Virues, Jacint Verdaguer, etc. Il n'est nullement certain que le très mythique Garin ait existé... (Cf. *Encicl. universal ilustrada*, vol. 25, p. 865 *sq.* ; et vol. 36, p. 802 pour la bibliographie.) [Le mythe de Jean Garin, « loup-garou », médiéval ou haut-médiéval, a sûrement eu une large diffusion, puisqu'on le trouve aussi dans la tradition orale de l'Aveyron moderne et contemporain ; voir à ce propos le beau livre de Jacques Frayssenge, *Les Êtres de la brume et de la nuit*, Presses du Languedoc, M. Chaleil, 1987 – LRL.]

67. Le premier comte « Wilfred » de Barcelone s'appelait, selon la légende, Guifre le Pilos (à partir de 874). Un historien français postérieur à la Première Guerre mondiale (Joseph Calmette) l'a même dénommé Joffre le Poilu [LRL] ! Son existence est parfois contestée. Elle n'est attestée qu'à partir du XIVe siècle... à titre éventuellement légendaire. Voir *Encicl. univ. ilustrada*, *op. cit.* ; et Lucius Marinaeus Siculus (*supra*, note 40) qui appelle ce personnage « Griffeus, surnommé Pilo ».

68. Aux folios 320-321 de son manuscrit, TP II a collé un dessin à la plume, de sa main, et qui représente Garin sortant ainsi de sa caverne, à quatre pattes. Ce dessin est certainement une copie, et pourtant TP II a cru bon de l'authentifier par sa signature : « T.P.p. » (*Thomas Platter pinxit*).

69. Borrell Ier ou Wifredo-Borrell († 912), comte (indépendant) de Barcelone. En compagnie de son frère, il hérita des comtés de Barcelone, Gérone et Ausone. Une fille seulement lui survécut, de tous ses enfants. Elle épousa Odon, comte de Narbonne. Quant à Wifredo-Borrell,

il fut enterré chez les bénédictins de San Pablo del Campo à Barcelone. Borrell II, son neveu, gouverna de 947 à 992.

70. *Historia y milagros de Nuestra Señora de Montserrat*, par Fray Pedro de Burgos, Barcelone, 1514 ; et nombreuses éditions antérieures et ultérieures de cet ouvrage, dues au père Gonzalès de Sojo, conservées à la BNF ; TP II, quant à Garin, semble s'être inspiré des traditions orales locales, par lui collectées, et de ce livre. Une comparaison des deux versions, livresque et « orale-plattérienne », s'imposerait pour trancher ce point – LRL].

71. Ministrol, sur le flanc nord de la montagne. Les susdites lumières furent aperçues sur le flanc sud, à l'emplacement qu'on nommait Cueva de Virgen.

72. Paix de Vervins : mai 1598.

73. Aux folios 334-335 de son manuscrit, TP II a inséré un dessin à la plume représentant une vue de la ville de Barcelone, le tout exécuté par notre auteur d'après un modèle tiré de Bruin-Hogenberg, *op. cit.*, I, p. 55.

74. Quinterne, chiterne : c'était le nom qu'on donnait aux XVIe-XVIIe siècles, en Allemagne, à la guitare. Au XVIe siècle, surtout dans les débuts, cette quinterne (allemande) ressemblait fort à une espèce de mandoline, appelée ailleurs mandola ou mandora. Le mot « guinterne » semble venir, par déformation, du français « guinterne ». (Voir Curt Sachs, *Real. Lexikon der Musikinstrumente*, Berlin, 1913, p. 312 et, sur la mandola, p. 251.)

75. Le « Prêtre Jean » : il s'agit du légendaire Prêtre Jean, souverain chrétien, en Orient, d'un royaume lointain ; les croisés du XIIe siècle confabulaient volontiers à ce propos. Les Portugais, enfin, crurent [peut-être à juste titre ? – LRL] l'avoir découvert en 1485, en la personne du négus éthiopien, qu'on appellera désormais le Prêtre Jean. TP II a-t-il en vue, dans le paragraphe ci-dessus, un envoyé effectif, à Barcelone, du négus *alias* Prêtre Jean ? (Voir l'*Allgemeine Enzyklopädie der Wissenschaften...* d'Ersch et Grüber, 1818-1850, vol. 22, p. 219 *sq.*) Quant à Ortelius, dans son *Theatrum oder Schawbuch des Erdtkreys* (1580, p. 89 *sq.*), il s'appuie, à propos de l'Abyssinie ou pays du Prêtre Jean, sur les écrits de Franciscus Alvaresius, qui avait séjourné en Abyssinie à titre d'envoyé européen : le négus aurait eu, selon ces auteurs, des liens d'alliance avec le roi « lusitanien » de Portugal. Ce pays ayant été rattaché à l'Espagne de 1580 à 1640, il est possible qu'un envoyé abyssin ait été de passage à Barcelone, à l'occasion des festivités nuptiales de la famille royale espagnole (?). Ortelius propose une grande carte, étalée sur deux pages et intitulée (en latin) « Empire abyssin du Prêtre Jean ». [Est-ce le « noircissement » de la peau du front par les cendres qui a fasciné l'ambassadeur abyssin, venu d'un pays dont les habitants sont « colorés » de peau ? Mêmes réactions des femmes maures (TP II, *supra*) appréciant, par rapport à elles-mêmes, la couleur de la « Vierge noire » – LRL.]

76. La sarabande [toujours « endiablée » dans les stéréotypes français actuels – LRL] ne fut largement connue qu'à la fin du XVIe siècle. Danse exubérante, passionnée ! La description ici même donnée par TP II est la première en date qui soit connue hors d'Espagne, au même titre néanmoins que celle de C. Sachs. La sarabande se heurta longtemps à des résistances, et pas seulement en Espagne. Mais, dès 1618, elle était présentable et présente dans les cours royales. En France, elle perdit son caractère « lascif », sauvage ; elle prit des formes plus nobles et un rythme plus calme. Elle passa de mode, au niveau élitiste, vers 1700. Voir C. Sachs, *Eine Weltgeschichte des Tanzes*, 1933, p. 247 *sq.* ; F.E. Boehme, *Gesch. des Tanzes*, I, 139 *sq.*, et le *Dictionary* de Grove, VII, p. 407 *sq.*

77. Ces « légendes de fondation » relatives à l'Espagne étaient les « biens communs » des cosmographes et des historiens, en particulier ceux du XVIe siècle et des premières années du XVIIe, au cours desquelles TP II a mis son texte définitif au net. Voir *Hispania ilustrata*, éditée en 1603 à Francfort, où sont réunis les textes *ad hoc*, notamment d'origine hispanique : par exemple vol. II, p. 28 *sq.* (textes « hispanologiques » de l'archevêque Rodrigo de Toledo) ; vol. II, p. 207-217 (textes du jésuite Johannes Mariana sur l'histoire espagnole) ; enfin, vol. II, p. 805 (Alphonsus Garsia Matarmorus, sur les belles-lettres du passé espagnol), tout cela en latin. L'Hercule dont il est question chez TP II n'est pas le personnage grec de ce nom, mais l'Hercule libyen, arrière-petit-fils de Noé, petit-fils de Cham et fils des enfants de Cham, dénommés Isis et Osiris ! Cet Hercule, géant victorieux, héros guerrier, aurait fondé non seulement la puissance et la souveraineté espagnole, de par son fils Hispalus, mais aussi la souveraineté gauloise, pour autant qu'il eût épousé Galathée, fille du roi des Celtes ; il aurait ensuite nommé roi son fils Galatheus, né de ce mariage. De là viendraient des mots comme Gaule et

Gaulois (?). En Italie régnait Tuscus, autre fils de cet Hercule. Ledit Hercule meurt en Espagne, où il aurait régné en tant que roi après la mort de son petit-fils Hispalus. Sur ce mélange de récits bibliques et plus ou moins orientaux, drapés dans l'autorité de divers auteurs, on peut se reporter aussi à Jean Lemaire de Belges, *Illustrations de Gaule et singularités de Troyes*, Paris, 3 livres, 1512-1513, et nombreuses rééditions. Ortelius (*Theatrum...*, *op. cit.*, Anvers, 1580, p. 13) a fourni à TP II, semble-t-il, les comparaisons de l'Espagne avec une peau de bœuf ainsi que les références à la montagne d'Hadrien et au pont, *via* Vasaeus et Navagero. Cf. G. Cirot, *Histoires générales d'Espagne...*, *1284-1556*, *op. cit.* ; et *Hispaniae ilustratae seu rerum... praesertim in Aragonia gestarum scriptores varii*, publiés par Andreas Schott [de 1603 à 1608 on a plusieurs éditions de cet ouvrage, collecté par le père A. Schott (S.J.) – LRL].

78. Johannes Vasaeus (= Jean Vassée, 1511 ou 1512-1561), l'un des grands historiens « belges », autrement dit originaires des Pays-Bas du Sud. Il a écrit sur l'Espagne ; textes republiés dans *Hispaniae ilustratae*, *op. cit.*, vol. I. Voir *Biog. nationale de Belgique*, vol. 25, p. 504 *sq.* ; Ed. Fueter, *Gesch. der neueren Historiographie* [Berlin et Munich, 1936 – LRL], p. 214 *sq.* ; enfin G. Cirot, *op. cit.*

79. Le Portugal fut uni à l'Espagne de 1580 à 1640.

80. L'Algarbe ou Algarve : la portion la plus méridionale du Portugal.

81. Philippe II, né en 1527, roi d'Espagne de 1556 à 1598.

82. Andrea Navagero, né en 1483, humaniste vénitien ; en 1533, il fut envoyé de Venise auprès de Charles Quint, à Madrid ; il y perfectionna son savoir quant à l'Espagne.

83. Cette remarque est tirée mot à mot d'Ortelius, *Theatrum oder Schawbuch des Erdtkreys*, p. 13, au chapitre relatif à l'Espagne.

84. Il s'agit bien entendu de l'écorce du chêne liège, un arbre qu'on appelait jadis l'arbre à pantoufles (*Pantoffelbaum*) parce qu'on tirait de cette écorce des semelles de pantoufle, en liège.

85. En marge de son manuscrit, TP II a crayonné l'esquisse maladroite d'une coupe et d'un vase ; elle n'apporte pas grand-chose à notre représentation de ces objets.

86. Cardes : éléments comestibles, tirés de la plante appelée en français « cardon », cousine de l'artichaut.

87. Seb. Münster (*Cosmographey*, *op. cit.*, p. 72) explique le manque d'hospitalité des Espagnols par le fait « qu'ils ne sont point accoutumés à servir ».

88. Calicut, sur la côte occidentale de l'Inde. Point d'appui spécifiquement portugais, depuis les grandes découvertes de la fin du XVe siècle, et ultérieurement. Mais l'Espagne et le Portugal, en 1599, ont effectivement une destinée commune, sous l'égide des Habsbourg de Madrid. Elle durera encore une quarantaine d'années.

89. Il s'agit bien d'une *fraise*, bien connue grâce à des tableaux de la fin du XVIe siècle et du début du XVIIe .

90. À 2 kilomètres de la petite ville de Cardona se trouvent les célèbres salines du même nom. Leur « montagne de sel » est un phénomène géologique. Voir *Encicl. universal ilustrada*, XI, 872-874. L'idée est fréquente chez Platter : la terre produit et renouvelle, par une gésine interne, telle denrée (sel, etc.).

91. Maravedi : monnaie d'or introduite par les Maures, reprise par les Portugais et les Espagnols. De 1474 à 1848, ce n'est plus qu'une petite monnaie de cuivre.

92. Il s'agit peut-être d'une monnaie frappée par Jacques Ier d'Aragon (régnant de 1213 à 1276). Il était né à Montpellier et fut l'un des grands combattants de la Reconquista. Il permit à la ville de Montpellier de frapper des monnaies d'argent « au coin du roi Jacques ». (Voir *Encicl. universal ilustrada*, IV, p. 13.) Sur la relation de Jacques Ier avec Montpellier, cf. A. Germain, *Histoire de la commune de Montpellier*, 3 vol., 1851. Ou bien s'agit-il d'un *denar* ou *dinero* « jaquese », ainsi nommé d'après l'ancienne capitale de l'Aragon (Jacca) ? Voir Friedrich V. Schrötter, *Wörterbuch der Münzkunde*, 1930, p. 280.

93. Vich : à 70 kilomètres au nord de Barcelone.

94. Lucius Marinaeus Siculus raconte l'histoire d'Otogerius Colantes, que Pépin avait installé au gouvernement de Guyenne. Otogerius avait pris comme nom personnel l'appellation de son château, lui-même dénommé Cathalo, et il avait ensuite conquis la province de Catalogne, en compagnie de neuf chevaliers allemands ; cette région, Charlemagne aidant, fut ainsi baptisée du nom « catalan » de ce conquérant. [TP II, ci-dessus, écrit par erreur Euna au lieu d'Elne.] C'est à cette occasion que furent érigées les neuf cathédrales mentionnées par TP II. Voir

Hispania ilustrata, I, 371 *sq.* Tout cela bien sûr, références érudites mises à part, appartient au domaine fabuleux : la Catalogne, en fait, est tout simplement la Gotholanie des anciens Wisigoths s'étendant du Bas-Rhône jusqu'au sud-ouest des Pyrénées, ce nom n'ayant subsisté après le XIᵉ siècle que pour la zone sud-occidentale de ce vaste pays, autrement dit l'actuelle Catalogne. (Voir Ferd. Lot, *Les Invasions germaniques* [*et la pénétration mutuelle du monde barbare et du monde romain*, Paris, Payot, 1935 – LRL], p. 172 *sq.* Sur les aspects mythiques et légendaires, cf. G. Cirot, *op. cit.*)

95. Il s'agit de Louis le Pieux ou le Débonnaire, né en 778, troisième fils de Charlemagne, et qui, avant d'être élevé à l'Empire, était censé devoir veiller aux destins de l'Aquitaine.

96. Don Jofre (= Wilfred... ou Guifre), mort en 898. [C'est le « Joffre le Poilu » (*sic*) de Joseph Calmette – LRL.] Marinaeus Siculus le nomme Griffeus. Ce Wilfred le Velu est le fondateur de la dynastie des comtes de Barcelone ; créateur aussi du couvent de femmes de San Juan de Ripoll et du monastère d'hommes de Santa Maria de Ripoll vers 880 – un monastère auquel ce même Wilfred fit don de l'ermitage de Santa Maria de Montserrat (voyez *supra*, note 67). Wilfred est enterré à Ripoll.

97. Il s'agit, en l'occurrence, de Wilfred Borrell (898-912) ; voyez *supra*, entrée du 6 février 1599, fin du paragraphe intitulé « Esparraga », note [LRL].

98. Le Borrell de la note précédente n'avait pas d'enfants. Son frère Suniaire, en conséquence, lui succéda ; puis le fils d'icelui, Borrell II (954-992) ; ensuite, le fils de ce fils, Ramon Borrell (992-1018), qui combattit d'une manière héroïque les Sarrasins, mais sans succès notables. Lui succéda son rejeton Berenguer Ramon Iᵉʳ (1019-1035). Le fils de Ramon Iᵉʳ fut Ramon Berenguer Iᵉʳ (1035-1076) qui, devenu comte de Barcelone à son tour, inaugura la suprématie de ce sien comté sur les autres comtés de la marche d'Espagne. Des combats victorieux lui permirent d'étendre ses territoires que, selon certaines coutumes de sa famille, il partagea entre ses deux fils... dont l'un assassina l'autre. Le meurtrier, Berenguer Ramon II, gouverna jusqu'en 1096, mais fut finalement chassé du pouvoir par le fils de l'assassiné, Ramon Berenguer III. Celui-ci gouverna de 1096 à 1131, épousa la deuxième fille du Cid et, en troisièmes noces, se maria avec Dulce, l'héritière de Provence. Ramon Berenguer IV (1131-1162), fils de Berenguer III, fut le dernier comte de Barcelone ; il épousa en 1137 Pétronille, fille du roi d'Aragon Ramiro, lequel abdiqua en faveur de ce gendre, devenu *princeps* ou *dominator* de l'Aragon. Alphonse II, fils de Berenguer IV, fut le premier de son lignage barcelonais à porter le titre de roi (d'Aragon).

99. Il s'agit du Rio Cinca, affluent du Rio Segre en rive droite, le confluent de ces deux cours d'eau étant situé à une quarantaine de kilomètres en aval de Lerida. La frontière sud de la Catalogne est riveraine de ces quelques cours d'eau, sur diverses portions de leurs tracés respectifs. La carte d'Ortelius, *Theatrum...*, *op. cit.*, p. 13, est parfois erronée à ce propos.

100. La Ciotat en Provence [TP II écrit *Ciudad* : toujours « linguiste », il se laisse ici influencer par la graphie ibérique de ce toponyme provençal – LRL].

101. De Barcelone à Collioure : Mataró ; Arenys de Mar ; Canes de Mar ; San Pol de Mar ; Calella ; Blanes ; Lloret de Mar ; Tossa de Mar ; San Feliu de Guizols ; Palamós ; Ampurias ; Rosas ; Cadaqués ; Puerto de la Selva (TP II l'orthographie Valseme !) ; Llansá (TP II écrit Lancaut...) ; Port-Vendres ; Collioure.

102. Le nom du vieux port de pêche de Collioure dérive d'un mot ibérique : Caucholiberi, Caucoliberi, Coliuro, Colibro, etc. Ces formes diverses apparaissent dans les textes du IXᵉ au XVᵉ siècle. Illiberis correspond à Elne (Pyrénées-Orientales actuelles), parfois écrit Helena au temps de Constantin. Le Tech, qui coule à Elne [voir *infra*, entrées des 8-9 mars 1599], s'appelait aussi Illiberis (voir Aug. Vincent, *Toponymie de la France*, p. 66). D'après le texte de TP II, son navire est ancré dans le port de Port-Vendres (Portus Veneris), et notre auteur fait chaque jour le trajet (et retour) depuis Port-Vendres jusqu'à Collioure. La « localité » de Port-Vendres elle-même semble avoir été, en ce temps-là, plutôt insignifiante. À tout le moins TP II n'a-t-il pas grand-chose à en dire.

103. Wamba (Bamba), régnant de 672 à 680, roi wisigoth. Peu après son couronnement, il dut affronter, dirigée contre lui, la révolte d'Hilderich, comte de Nîmes. Wamba confia la direction de la lutte contre ce soulèvement à Flavius Paulus. Mais ce Paulus trahit le roi Wamba, s'empara de Narbonne et de Nîmes où il se fit proclamer roi : il s'y couronna avec la couronne d'or, ancien cadeau du roi Reccarède. Paulus eut pour alliés le duc de Tarragone Ranosindus et

le garde Hildigisus [cf. ces mêmes noms cités ci-dessus, par TP II, en orthographe quelque peu déformée – LRL]. Wamba néanmoins s'empara des villes rebelles, tant Barcelone que Gérone ; il s'assura aussi la possession d'un château près de Narbonne et fit prisonniers Hildigisus et Ranosindus ; puis il prit Narbonne et, en 673, Nîmes. Paulus, prisonnier, eut la vie sauve. En 680, Wamba fut finalement destitué et reiégué dans un monastère. On dispose d'une biographie de Wamba, datée du VIIᵉ siècle : « Histoire de la rébellion de Paul [Paulus] contre Wamba » (en latin). Voir *Encicl. universal ilustrada*, vol. 60, p. 1575 *sq*. Toute cette histoire est racontée en détail par Rodericus, archevêque de Tolède, et par Lucius Marinaeus Siculus, en deux textes du *De rebus Hispaniae*, dans *Hispania ilustrata*, I, 33 *sq*. et 369 *sq*., respectivement.

104. De Collioure à Agde : Argelès ; Elne ; Corneilla del Vercol ; Perpignan, etc.

105. Il s'agit de l'hôtel-Dieu Saint-Éloi, rue de la Blanquerie. L'ancien bâtiment où se trouvait cet établissement hospitalier était devenu inadéquat. C'est pourquoi on transféra l'hôpital dans l'immeuble qui avait précédemment abrité l'École mage. Cette nouvelle localisation de « Saint-Éloi » devait durer trois siècles. Voir à ce propos *Felix et Thomas Platter à Montpellier*, 2ᵉ partie, p. 471 (note).

106. La cuiller était manifestement moins utilisée à cette époque en Languedoc qu'en Suisse. Montaigne fut surpris vers 1580 : une cuiller, en zone helvétique, était en effet attribuée à chaque convive. Les « couverts », caractéristiques d'une mise de table complète, en leur ensemble, ne datent que du XVIIᵉ siècle. [Cependant, le « Bourgeois de Paris », dont le niveau social se révélait certes très élitiste, disposait déjà à la fin du XIVᵉ siècle de cuillers en argent. (Différence Île-de-France / France méridionale ? Voir à ce propos LRL, Introduction à Eileen Power, *Medieval People*, Londres, Folio Society, éd. 1999, p. XXI.)] Sur tout cela, voir Günther Schiedlansky, « Essen und Trinken. Tafelsitten bis zum Ausgang des Mittelalters », Munich, 1956, dans *Bibliothek des germanischen National-Museums Nürnberg zur deutschen Kunst- und Kulturgeschichte*, ouvrage publié par Ludwig Grote, vol. 4, p. 11 *sq*.

CHAPITRE IV

Aquitania

1. Johann Christoph Oelhafen von Schöllenbach (1574-1631), originaire de Nuremberg. Il avait étudié la jurisprudence à Altdorf, Strasbourg, Leyde et Louvain ; ses voyages l'avaient conduit en Angleterre, en « Belgique » (actuelle) et en Italie (Venise, Padoue, Bologne). Sa grande érudition le fit recevoir partout avec beaucoup d'honneurs. De là, il se rendit à Paris et à Orléans, puis à Montpellier où une saignée malencontreuse le blessa grièvement (15 mai 1599). Après sept années d'errance studieuse, il revint à Nuremberg, à partir de quoi, docteur en droit de Bâle (1600), il fit une très belle carrière de juriste, haut fonctionnaire, universitaire, diplomate, finalement conseiller aulique à la cour de l'empereur Ferdinand II. Il appartenait à une vieille famille patricienne enracinée d'abord à Zurich, et qui avait ensuite rayonné vers Nuremberg, Leipzig et Breslau.

2. Millau (Aveyron actuel), à ne pas confondre avec Milhaud, près de Nîmes.

3. Sur ce personnage, voir *supra* note 290 du chapitre II.

4. Sur ce personnage, voir *supra* note 269 du chapitre II.

5. L'itinéraire suivi de la sorte passe auprès de La Rouquette et se dirige vers Saint-Pierre-de-la-Fage, puis Le Caylar (TP II écrit Queilas ou Keilas).

6. C'est en aval de Moissac, et non pas près de La Magistère, que le Tarn se jette dans la Garonne.

7. L'édit de Nantes auquel TP II fait ainsi allusion quasi pour la première fois (la paix de Vervins était beaucoup plus importante en tant qu'événement-choc) fut signé en avril 1598. L'édit nantais fut ensuite enregistré au parlement de Paris en février 1599 ; les autres parlements s'y rallièrent les uns après les autres, celui de Rouen étant bon dernier en 1609. Les envoyés protestants du Rouergue s'étaient rendus à l'Assemblée « nationale », dirions-nous, des délégués

huguenots français, qui s'était tenue – après quelques autres réunions plénières analogues – à Châtellerault en juin 1597. Voir à ce propos Lavisse, *Histoire de France*, VII-1, 415-423 ; De Thou, *Histoire univ.*, éd. 1740, IX, p. 279 ; Élie Benoist, *Histoire de l'édit de Nantes...*, Delft, 1693, vol. I. [Parmi les publications récentes sur ce sujet, celles de Janine Garrisson demeurent essentielles – LRL.]

8. Il s'agit vraisemblablement de Charles d'Arpajon, frère de Jean du même nom, d'une famille qui tint le gouvernement du Rouergue de 1592 à 1594. Ces Arpajon se distinguèrent durant les guerres de Religion dans le camp protestant. Charles d'Arpajon avait refusé d'être reçu en l'ordre du Saint-Esprit, car il voulait demeurer huguenot. Ses descendants, néanmoins, « sautèrent le pas » en direction du catholicisme. (Voir *La France protestante*, I, p. 131 *sq.*)

9. De Millau à Rodez : Saint-Beauzély ; Mauriac ; Castries et Castrieux (Aveyron actuel ; ce sont de petites localités, qui n'étaient pas situées aux abords de l'actuelle route Millau-Rodez et qui ne figurent pas sur les cartes contemporaines – routières et autres) ; Viarouge ; Prades-Salars ; Alaret (mince localité, elle aussi, et sise à 3 kilomètres à l'ouest de Prades) ; Pont-de-Salars ; et enfin la ville de Rodez.

10. L'Aveyron [que TP II, vraisemblablement fidèle à la prononciation d'oc locale de l'époque, orthographie Abérion – LRL] se jette dans le Tarn entre Montauban et Moissac ; le Tarn se jette dans la Garonne en aval de Moissac. [Dans cet ouvrage, nous avons modernisé la graphie des localités traversées. La ci-devant graphie allemande de TP II, fidèle souvent à la prononciation occitane de son temps, pourrait cependant faire elle aussi l'objet d'études fort intéressantes, qui n'entrent pas néanmoins dans le programme d'enquête de notre présente publication – LRL.]

11. TP II orthographie Gignac de façon germanique, cette fois : Giniack !

12. Marguerite de Valois (1553-1615), fille cadette d'Henri II et de Catherine de Médicis, épousa en 1572 Henri de Navarre, futur Henri IV, juste avant la Saint-Barthélemy. Une séparation progressivement complète devait s'ensuivre : Marguerite vécut successivement à Nérac, puis à Agen, puis en résidence plus ou moins surveillée au château de Carlat (Cantal) et, à partir de 1586, pour plus de dix-huit ans, au château d'Usson (Puy-de-Dôme). Après la mort de Gabrielle d'Estrées, maîtresse d'Henri IV (avril 1599), Marguerite accepta la dissolution de son mariage (décembre 1599). Elle garda, par permission d'Henri IV, le titre de reine de France et de duchesse de Valois ; elle récupéra plus ou moins la jouissance de ses biens dotaux : Agenais, Condomois, Rouergue, duché de Valois. Sa vie fut marquée par une succession de liaisons passionnées. Elle fut admise derechef à la cour de France, lors des dernières années d'Henri IV, et mourut en 1615. (Cf. Sully, *Mémoires*, III, p. 269 *sq.* ; et Babelon, *Henri IV*, Paris, Fayard, 1982, *passim*.)

13. Sestier ou setier (allemand *Sester*) : ancienne mesure de volume, en pays bâlois et ailleurs, faisant de 15 à 17 litres, utilisée pour les céréales, et pour le vin tel que contenu dans des tonnelets et autres gros récipients viniques ; cf. Herm. Mulsow, *Maß und Gewicht der Stadt Basel bis zum Beginn des 19. Jh.*, p. 13 *sq.* [Le setier languedocien, mesure utilisée pour les céréales, est beaucoup plus considérable, en volume, que son « confrère » bâlois – LRL.]

14. De Rodez à Cordes : Le Pas ; L'Hospitalet ; Les Farguettes ; Rignac ; Villemale n'est pas identifiable aujourd'hui, mais il y a peut-être confusion, de la part de TP II, avec Maleville (Aveyron), située à 2,5 kilomètres au nord de Raynals ; et puis La Triviale ; La Bosse, non identifiable ; Raynals ; Villefranche-de-Rouergue ; Sanvensa, à 10 kilomètres au sud de Villefranche ; ensuite la « paroisse » de La Fouillade ; La Bruyère ; La Guépie, au confluent du Viaur et de l'Aveyron ; Marsac ne figure plus sur les cartes actuelles ; enfin Les Cabannes.

15. TP II a tenté de crayonner un bœuf, en marge de son texte : son esquisse inachevée et à peine déchiffrable montre une tête de bœuf grossièrement dessinée, avec un collier de fer, muni de pointes et de grillages, autour du cou. [Incidemment, les nombreux croquis d'après nature, effectués par TP II dans son manuscrit, plaident chez lui, quoique l'on pense, pour une vision concrète, et pas seulement livresque, des régions et paysages traversés – LRL.]

16. Cordes, bastide haut perchée ; elle fut fondée par Raymond VII de Toulouse en 1222. Son nom lui viendrait (par emprunt d'un toponyme urbain célèbre) de la ville espagnole de Cordoue [?]. Pendant les guerres de Religion, Cordes fut comme un jouet flottant au gré des partis contraires, que se disputaient les deux camps en présence. En 1595, le duc de Ventadour

soumit Cordes à Henri IV. (Voir Devic et Vaissette, *Histoire générale de Languedoc*, vol. V, p. 475.)

17. De Cordes à Toulouse : Frauseilles ; Cahuzac-sur-Vère (c'est le « Queizabeure » de TP II ; en 1578, le Cahuzac en question fut pris par les protestants, selon l'*Histoire générale de Languedoc*, V, p. 369) ; Montels, entre Broze et Gaillac, en direction de Saurs et de Saint-Salvy-le-Château (Tarn) ; L'Isle *alias* L'Isle-sur-Tarn ; Rabastens ; puis traversée de la rivière d'Agout (qui vient de Castres-sur-Agout) en direction de Saint-Sulpice-la-Pointe ; ensuite, en rive droite du Tarn, Mézens (le « Vesels » de Platter !) ; Roqueserière ; Montastruc-la-Conseillère ; Castelmauron (Haute-Garonne).

18. Les confabulations qu'évoque ici TP II se trouvent dans un ouvrage ancien du franciscain Étienne de Gan (milieu du XVe siècle) ainsi que dans l'*Opus de Tholosanorum gestis ab urbe condita* (Toulouse, 1515), dont l'auteur était Nicolas Bertrand et dont la traduction française est parue à Lyon en 1517, puis à Toulouse en 1555, sous le titre *Les Gestes des Tholosains*... La ville de Toulouse n'est pas née, semble-t-il, sur le haut oppidum celtique de Vieille-Toulouse, situé à 5 kilomètres au sud de la ville actuelle... En fait, Toulouse fut la capitale des Volques Tectosages, tribu celtique établie entre Cévennes et Méditerranée. En 121 av. J.-C., les Romains conquirent une partie de la Narbonnaise. En 109, un soulèvement antiromain se produisit. Pourtant, en 106, le consul Quintus Servilus Caepio (le Cepio de TP II) réussit à reprendre le contrôle de Toulouse et à s'emparer du trésor du temple local de cette ville, que les Tectosages étaient censés avoir volé jadis à Delphes. Ce trésor ensuite a porté malheur à ses détenteurs : Caepio ne fut-il pas condamné à mort pour détournement de fonds ? L'« or de Toulouse » est devenu proverbial, s'agissant d'une trouvaille apparemment précieuse, mais qui se révèle être de mauvais augure au découvreur.

En 413, le Wisigoth Athaulf s'empara de Toulouse. Elle devint résidence brillante des rois wisigoths, jusqu'à la victoire de Clovis et des Francs à Vouillé en 507. Voir sur tout cela, et sur Toulouse antique ou post-antique en général : Pauly-Wissowa, nouv. éd., vol. 12, col. 1686 *sq.* ; André Dupont, *Les Cités de la Narbonnaise première...*, Nîmes, 1942, p. 40 *sq.* ; et Camille Jullian, *Histoire de la Gaule*, 1908 *sq.*, vol. VI, p. 356. Sur l'or de Toulouse (légende rapportée par Cicéron, Strabon, Orose, Aulu-Gelle, Justin), voir Philippe Wolff, *Histoire de Toulouse*, Privat, 1958, p. 25 *sq.* ; Theodor Mommsen, *Römische Geschichte*, II, chap. v.

19. Deborah, prophétesse biblique : Juges, 4 et 5.

20. Notre-Dame de la Daurade (Beata Maria Deaurata), *Gallia christiania*, VII ; c'est la plus ancienne église mariale de France, un sanctuaire datant du très haut Moyen Âge [cf. LRL, *Le Siècle des Platter*, vol. I, p. 331]. Les murs étaient ornés de mosaïques posées sur fond d'or, d'où ce nom de « Daurade » (= « la Dorée »). Dès avant 844, c'était le centre d'une abbaye bénédictine ; à partir de 1077, ce fut un prieuré clunisien. Les déplorables et stupides destructions de la fin du XVIIIe siècle n'en ont pas laissé grand-chose (Ph. Wolff, *Histoire de Toulouse, op. cit.*, p. 47-49 et 54).

21. Il s'agit ici de Théodoric (418-451), roi wisigoth, et de son fils Thorismond (451-453).

22. Philippe le Bel (1285-1314) fonda au début du XIVe siècle le parlement de Toulouse. Après divers avatars, cet organisme fut érigé derechef en 1419, puis de nouveau et définitivement mis sur pied par Charles VII en 1443, et confirmé en 1461. C'était le plus ancien et le plus important des parlements de province, et pourvu du ressort territorial le plus étendu après celui de Paris. Voir Lalanne, *Dictionnaire historique de la France*, p. 1421 ; Ph. Wolff, *Histoire de Toulouse, op. cit.*, p. 193-203.

23. Pierre du Faur de Saint-Jory (Petrus Faber), 1540-1600, juriste important de Toulouse, maître des requêtes, et membre du parlement régional. Il fut de tendance ligueuse, puis se rallia à Henri IV, qui le nomma premier président dudit parlement (*Biog. univ.*, vol. 37, p. 377 *sq.*).

24. C'était ce qu'on appelait la « cour Paucque ».

25. Il s'agit, en l'occurrence, de la haute administration municipale qui depuis le milieu (approximatif) du XIIe siècle fonctionnait dans les villes méridionales de la France, sous l'égide de « consuls » ou de « capitouls », équivalents lointains de nos édiles et de nos maires, ou des « bourgmestres » de Suisse et d'ailleurs. Aux XIIIe-XIVe siècles, le terme de « capitouls » s'imposa à Toulouse, empruntant quelque prestige à l'ancien Capitole des Romains. Depuis 1401, on s'en tenait au chiffre de huit capitouls, qui se maintiendra pendant plusieurs siècles. (Cf. Ph. Wolff, *op. cit.*, p. 12, 78 *sq.*, 96 *sq.*, 140, 145 *sq.*, 157 *sq.*)

NOTES DU CHAPITRE IV

26. Il est question ici de la légendaire Clémence Isaure, « dama Clemensa », fondatrice quelque peu fabuleuse du « consistoire du Gai Saber » (= gai savoir). On prétendait qu'elle avait légué sa fortune à cette société « consistoriale », dont les membres depuis le XIVᵉ siècle organisaient des concours poétiques. Le groupement ainsi constitué, et qui s'est prolongé de génération en génération, deviendra sous Louis XIV l'Académie des jeux floraux. La légende de la fondatrice Clémence Isaure émerge au XVᵉ siècle, dans un milieu d'humanistes et de capitouls. Aux fins d'authentification, on utilisa l'effigie tombale d'une femme du grand lignage local des Ysalguier (Isaurier...), effigie trouvée dans la Daurade. Voir Ph. Wolff, *Histoire de Toulouse*, *op. cit.*, p. 136 *sq.* Et détails dans M.L.R., *Nouveau Voyage de France, historique, géographique et curieux*, Paris, 1771, p. 258 *sq.* [il s'agit, quant à ce M.L.R., d'un ouvrage de Claude M. Saugrain, paru en 1771 à Paris, chez les Libraires associés, et (réédité) en 1778 – LRL].

27. Il s'agit ici des *Annales* de Toulouse. Ces registres inaugurés vers la fin du XIIIᵉ siècle contiennent, page à page, les résultats des élections, les portraits des capitouls successifs, et une chronologie des événements afférents à ces périodes les unes après les autres. Cette collection unique a souffert de destructions pendant la Révolution française. (Cf. Ph. Wolff, *op. cit.*, p. 12 *sq.*)

28. Raymond VII fut comte de Toulouse pendant le deuxième quart du XIIIᵉ siècle. La croisade anti-albigeoise se révéla néfaste pour lui. Au traité de Paris de 1229, il sauva sa mainmise territoriale sur Toulouse, l'Agenais, le Rouergue, le Quercy et l'Albigeois, grâce à l'engagement qu'il prit de donner en mariage sa fille unique Jeanne (1220-1271) au frère du roi de France Louis IX. Ce frère, Alphonse, comte de Poitiers, né en 1220, épousa en effet Jeanne en 1237 et hérita du comté toulousain après la mort de son beau-père Raymond en 1249. Alphonse et Jeanne moururent sans enfants et le comté revint de la sorte au royaume de France. (Lavisse, *Histoire de France*, III-1, 8, 44, 58.)

29. [Sur l'oncle de cet étudiant délinquant, oncle qui n'était autre que le grand médecin montpelliérain Guillaume Rondelet, voir notre *Siècle des Platter*, vol. I, p. 526 et *passim* – LRL]. Le neveu de Rondelet, héros de cette dangereuse aventure, était-il Pierre Rondelet, camarade de pension de TP II et qui, le 9 avril 1597, quand Platter allait partir pour Uzès, s'inscrivit sur son livre d'or avec des formules grecques et latines qui témoignaient de l'amitié, de la commensalité, de l'intimité... et de l'érudition des deux jeunes gens ?

30. Au traité de Paris (*supra*, note 28), Raymond VII, comte de Toulouse, s'engagea à financer pendant dix ans l'enseignement distribué par quatorze professeurs. Ainsi naissait l'université de Toulouse. La première équipe se composait en effet de quatre théologiens, deux juristes de droit canon, six professeurs d'arts libéraux et deux de grammaire, soit quatorze au total. Ils étaient pour la plupart dominicains, donc tous sous contrôle vigilant de l'Inquisition. Ce n'est pas Jean XXII (1316-1334), quoi qu'en dise TP II, mais le pape Grégoire IX (1227-1241) qui a concrétisé de cette manière la volonté de Rome d'ériger un bastion d'orthodoxie catholique en terre d'hérésie ou (selon le cas) de ci-devant hérésie albigeoise. (Voir dans Louis Halphen, *À travers l'histoire du Moyen Âge*, le chapitre intitulé « Les universités françaises et étrangères », p. 304 ; et Stephen d'Irsay, *Histoire des universités françaises et étrangères*, I, 135-138, avec références ; Ph. Wolff, *Histoire de Toulouse*, *op. cit.*, p. 115 *sq.* ; Rashdall, *op. cit.*, II, p. 161-173.)

31. Saint Saturninus, ou « saint Sernin » comme on dit à Toulouse, fut d'après la légende le premier évêque de cette ville vers 250. Légende toujours, on raconte qu'il était né à Patras et qu'il était fils du roi d'Achaïe. Jean-Baptiste l'aurait baptisé ! Il aurait été ensuite l'un des soixante-douze disciples du Christ ; il serait devenu missionnaire en Perse, puis il aurait suivi saint Pierre à Rome. Celui-ci l'aurait envoyé en Gaule, où il aurait subi le martyre au temps de l'empereur Dèce (vers 250). Discordances chronologiques extraordinaires ! Sur la tombe de Saturnin s'éleva de bonne heure un modeste oratoire, puis autour de 420 une église. La basilique actuelle, édifice grandiose du XIIᵉ siècle, fut commencée au XIᵉ. On a continué à y travailler au XVᵉ siècle (chœur gothique) et jusqu'en 1609. Saint-Sernin reste la plus grande église de Toulouse. Voir Wolff, *Histoire de Toulouse*, *op. cit.*, 1958, p. 28, 39, 49 *sq.*, 64, 127, 206 ; *Dict. d'archéol. chrétienne*, vol. 8, col. 2379-2385 et vol. 15, col. 2459 *sq.* ; Stadler, *Vollständiges Heiligen-Lexikon*, V, 217-219.

32. L'immense diocèse de Toulouse a été progressivement partagé, notamment pour lutter contre l'« hérésie ». Ainsi le diocèse de Pamiers fut-il créé, au temps du pape Boniface VIII

(1294-1303). En 1317-1318, Jean XXII créa six nouveaux diocèses à partir du ressort toulousain : Montauban, Rieux, Lombez, Saint-Papoul, Mirepoix et Lavaur ; il éleva aussi Toulouse au rang d'église archiépiscopale métropolitaine, sous l'autorité de Jean-Raymond de Comminges [TP II l'avait orthographié ci-dessus Convenes – LRL], précédemment évêque de Maguelonne (il décédera en 1344 en Avignon). Voir à ce propos G. Mollat, *Les Papes d'Avignon 1305-1378*, p. 51 *sq.* [il s'agit de l'ouvrage de Mgr Guillaume Mollat, paru à Paris sous ce titre en 1912, et réédité en 1950 et 1965 – LRL] ; Wetzer et Welte, *op. cit.*, XI, col. 1898 *sq.* ; et ici même, *infra*, note 120 ; sur Jean de Comminges, *Dict. de biog. française*, Paris, 1933 *sq.*, IX, p. 398 *sq.*

33. Exupère fut vers 405 évêque de Toulouse (*Dict. de théol. cathol.*, V-2, p. 2018 *sq.*) ; il a construit l'église attenante au tombeau de Saturninus *alias* saint Sernin.

34. Blagnac était à environ 4 kilomètres en aval de Toulouse ; c'est le « siège », de nos jours, de l'aéroport de cette ville.

35. Hilarius ou Hilaire : évêque de Toulouse, vers 300. On lui attribue la construction d'un premier « oratoire » près de la tombe de saint Saturnin-Sernin.

36. Voir *supra*, note 31.

37. On peut identifier un certain nombre de saints parmi ceux qui sont mentionnés ici : Claudius, Nikostratus, Symphorianus (= Sempronianus) et Castor sont quatre sculpteurs de Pannonie qui se refusèrent à représenter des divinités païennes ; ils furent martyrisés sous Dioclétien en compagnie d'un cinquième personnage nommé Simplicius. Ils ont leur église à Rome, dite des Quattro Coronati (voir Otto Wimmer, *Handbuch der Namen und Heiligen mit einer Geschichte des christlichen Kalenders*, 3e éd., Munich, 1966, p. 507 *sq.*). « Alcisatus » et « Victoria » sont en réalité Acisclus et Victoria, de Cordoue, frère et sœur, qui furent martyrisés au IVe siècle (cf. Franz von Sales Doyé, *Heilige und Selige der römisch-katholischen Kirche*, 2 vol., Leipzig, 1930, vol. II, p. 499). « Cilicus » et « Julita » : il s'agit en fait de Julitta, veuve, originaire d'Ikonium ; elle fut martyrisée en compagnie de son fils âgé de trois ans Quiricus, à Tarse en Cilicie, au temps de Dioclétien. Ses reliques sont à Auxerre, Nevers et autres lieux en France, parmi lesquels Toulouse (Doyé, I, p. 641). Simplicius : s'agit-il du compagnon de souffrance des quatre sculpteurs cités au début de cette note ? Silvius : évêque de Toulouse, à la fin du IVe siècle, prédécesseur d'Exupère (Ph. Wolff, *op. cit.*, p. 38 *sq.*). Les abbés Aegidius et Gilbert : Aegidius [Gilles ?] (et non pas Eugidius) est l'ermite et moine bénédictin qui fonda Saint-Gilles (dans le Bas-Rhône) et dont les reliques furent apportées à Toulouse ; c'est l'un des quatorze saints sauveurs et libérateurs (Wimmer, *op. cit.*, p. 107 *sq.*). L'Auvergnat Gilbert prit part à la deuxième croisade, se sépara ensuite de sa femme et fonda le monastère de Neuffontaines en Auvergne, dont il devint l'abbé (Doyé, *op. cit.*, I, p. 450). Honestus et Aymandus ? Identité problématique. Susanna : c'est l'illustre chaste Suzanne de Babylone, si souvent peinte, femme de Joachim et fille de Hilkia ; son histoire se trouve au chap. 13 du livre de Daniel (Bible « T.O.B », p. 1738).

38. L'événement évoqué par TP II se situe non pas en 1573, mais en 1562. Depuis 1558, une communauté protestante active s'était formée à Toulouse. L'édit du début de 1562 permettait aux réformés, hors la ville, de tenir des assemblées et d'ériger un temple. Les huit capitouls étaient d'accord pour cela. Mais le massacre de Vassy (mars 1562) enflamma les passions. Un enterrement réformé alluma les tumultes. Le parlement soutint les assaillants catholiques, à la suite de quoi les protestants s'armèrent, occupèrent l'hôtel de ville et barricadèrent les rues. Le parlement destitua les capitouls et les remplaça. Il appela tous les catholiques aux armes et demanda l'aide de Monluc (voir *infra*, entrée du 3 mai 1599 au paragraphe « Province de Gascogne »). À partir du 13 mai 1562 commencèrent les combats de rue pour se terminer le 17 mai par la capitulation des protestants. Deux cents d'entre eux furent massacrés par traîtrise. Monluc dirigea ensuite la répression et fit voler les têtes (*sic*). Cette victoire « papiste » fut, malgré l'interdiction royale de 1563, fêtée jusqu'en 1791 au moyen d'une procession annuelle, le 17 mai, où l'on portait les reliques détenues par l'abbaye de Saint-Sernin (cf. Ph. Wolff, *op. cit.*, p. 225-335).

39. Le pont de la Daurade ou pont Saint-Cyprien, anciennement appelé « pont Neuf » lui aussi, fut bâti en 1181 après le « pont Vieux », ainsi dénommé déjà vers 1150. D'autres ponts furent ajoutés au XIIIe siècle, mais à la fin du XIVe il n'en restait plus qu'un, celui de la Daurade, lui-même endommagé ultérieurement par les crues de la Garonne (au début du XVIe siècle, un pilier fut arraché par l'une de celles-ci). En le réparant, on le couvrit et il fut appelé pont Couvert.

En 1544, on entreprit à Toulouse la construction d'un second pont, le « pont Neuf ». C'est le pont de pierre dont parle TP II. Il ne sera achevé qu'en 1661 (cf. Ph. Wolff, *Histoire de Toulouse, op. cit.*, p. 63, 127, 173, 208 *sq.*).

40. Les moulins du Bazacle sont apparus comme tels au cours du dernier quart du XIIe siècle ; et le pont attenant, en 1219. Les crues étaient préjudiciables à ces vastes structures : grosse catastrophe du Bazacle, par exemple, en 1437 (Wolff, *op. cit.*, p. 61, 173) ; Bazacle signifie « petit gué », latin *vadaculum*.

41. Entre les folios 386 et 387 de son manuscrit, TP II a inséré une carte de la Provence occidentale et du Languedoc. Elle s'étend depuis Marseille jusqu'à Narbonne et Carcassonne. TP II l'a copiée d'après un modèle préexistant et l'a légendée en attribuant ce modèle à une copie antérieure effectuée par Ortelius à partir d'un modèle fourni par « Clusius », *alias* Charles de L'Escluse. TP II a reporté, à l'encre rouge, l'itinéraire de ses voyages vers Marseille, Aix, Orange, Uzès ; de ses nombreuses excursions à partir de Montpellier ; et de son voyage vers l'Espagne, au moins jusqu'à Narbonne et un peu au-delà. Il s'est inspiré très exactement, pour ce faire, de la carte figurant dans l'édition française d'Ortelius de 1587, p. 26 (« Gallia Narbonensis »), où l'auteur, en légende, reconnaît sa dette intégrale à son « ami » de L'Escluse. Remarque semblable pour l'édition allemande originale du même Ortelius, 1580, p. 22 et 425.

42. Chambre mi-partie : cf. *supra*, entrées des 8-12 octobre 1595, début du paragraphe relatif à « Montpellier » (questions protestantes).

43. Sur le pastel, voir par exemple [LRL], *Histoire du Languedoc*, coll. « Que sais-je ? », PUF, éd. 1974, p. 58-59] et aussi Ph. Wolff, *Histoire de Toulouse, op. cit.*

44. Voyez *infra*, l'entrée du 14 octobre 1595, à propos de Balaruc et de « Montmorenciette ».

45. Les vingt-deux diocèses du Languedoc d'Ancien Régime se répartissent, sur une carte départementale actuelle, entre le Tarn (Lavaur, Albi, Castres), la Haute-Garonne (Rieux-et-Comminges, Toulouse), l'Aude (Narbonne, Saint-Papoul, Carcassonne, Alet, Limoux), le Tarn-et-Garonne (Montauban [pour partie – LRL]), l'Ariège (Mirepoix), l'Hérault (Saint-Pons, Montpellier, Agde, Béziers, Lodève), le Gard (Nîmes, Uzès), l'Ardèche (Viviers), la Lozère (Mende) et la Haute-Loire (Le Puy). Les diocèses suffragants de l'archevêché de Narbonne (Aude actuelle) sont ceux des territoires qui correspondront aux départements actuels de l'Hérault, du Gard, de la Lozère, de la Haute-Loire et de l'Ardèche. Tous les autres diocèses situés plus à l'ouest (Narbonne excepté) relèvent de l'archevêché de Toulouse. [On compte onze diocèses (Narbonne inclus) pour le Bas-Languedoc, oriental et nord-oriental ; et onze diocèses pour le Haut-Languedoc, occidental. Politiquement et « existentiellement », le Haut-Languedoc était centré sur Toulouse, et le Bas-Languedoc sur Montpellier ; on parlera de nos jours, en termes de frontières assez différentes, du reste, de « Midi-Pyrénées » et de « Languedoc méditerranéen » – LRL.]

46. En mars 1597, un « coup de main » avait donné Amiens aux troupes espagnoles. Henri IV récupéra cette ville en septembre 1597, à la suite d'un siège qui dura plusieurs mois (voyez TP II, au volume suivant de sa *Beschreibung*, éd. R. Keiser, p. 630).

47. Les clavaires se chargent (dans le cadre de l'hôtel de ville de telle ou telle cité languedocienne) des problèmes financiers.

48. L'étymologie fantaisiste du mot « Gironde », prétendument tiré de « girer » (latin *girare*, autrement dit « tourner »), est commune à TP II et aux cosmographes de son époque. En réalité, Garonne et Gironde sont deux variantes d'un même mot, avec une même origine étymologique (voir Albert Dauzat, *La Toponymie française*, Paris, Payot, 1945, p. 154-157).

49. Reinhold Kleinfeld, juriste, se trouvait en 1593 à Leyde ; il y défendait ses thèses le 7 juin 1595. En mai 1598, il s'immatricula à Bâle en tant que « Reinoldus Kleinfelt Dantiscus ». En 1600, il sera à Heidelberg (voir le Matricule de l'université de Bâle, II, 462). Le 10 mai 1599, il s'inscrivait à La Rochelle (« Rupellae ») dans le livre d'or de TP II.

50. Peter Christoph von Spreckelsheim venait d'un lignage bien connu de Hambourg et qui donna à cette cité des conseillers de ville, des lettrés, des juristes (voir *Allg. Deutsch. Biographie*, vol. 35, p. 285 *sq.*). La généalogie de cette famille se trouve dans le *Lexikon hamburgischer Schriftsteller...*, Hambourg, 1851-1883, vol. 7, p. 254. Ce personnage s'inscrit dans le livre d'or de TP II aux « calendes de mai 1599 » (« 3 Kal. Maj 1599 ») sous le nom de « Petrus Christophorus vonn Sprechelseim ».

51. Jonas Reigersberch (Reichersberg), mort en 1611, était le fils du bourgmestre néerlandais Pieter Reigersberch (mort en 1602), de Veere. Il s'était inscrit à l'université de Bâle, en même temps que Reinhold Kleinfeld, en mai 1598, en tant que « Jonas Reigersbergius Verianus Belga » (Matricule de Bâle, II, p. 463). Voir aussi le *Niew Neerlandsch Biografisch Woordenboek*, II, p. 1182. C'est à peu près dans les mêmes termes onomastiques (latins) que ledit Jonas s'inscrivit dans le livre d'or de TP II, le 3 mai 1599, à Bordeaux. [Il authentifiait ainsi, *de facto*, la chronologie bordelaise du journal de TP II – LRL.] Sa sœur, Maria Van Reigersberch, était l'épouse d'Hugo Grotius. Voir à ce propos la *Winkler Prins Encyclopaedie*, vol. 15, p. 835 ; et Hans Rudolf Guggisberg, « Die niederländischen Studenten an der Universität Basel von 1532 bis zum Ende des 17. Jh. », *Basler Zeitschrift*, 58/59 (1959), p. 265.

52. De Toulouse à Agen : Grenade ; Verdun-sur-Garonne ; Bourret ; Belleperche ; Castelsarrasin ; La Pinte est vraisemblablement La Pointe ; Lamause ; Clermont et La Magistère, en Armagnac ; de Moissac jusqu'à La Magistère, il faut compter 23 kilomètres ; Sauveterre ; Agen.

53. Sur le maréchal d'Ornano, voyez *supra*, entrée du 3 octobre 1595, paragraphe « Tournon », passage et note concernant Alphonse Scorse (= d'Ornano) – [LRL].

54. Agen s'appelait à l'époque romaine Agennum ou Aginnum, dans la région que peuplaient les Nitiobriges en Aquitaine. Le peuple des Gates ou Garites est évoqué par César. (Cf. Pauly-Wissowa, vol. I, p. 773, et vol. VII-1, p. 854.) Saint Martial aurait fondé l'église d'Agen au IIIe siècle... Pendant la Réforme, Agen – à proximité de la cour bourbonienne de Nérac – fut un point d'appui pour les protestants ; les guerres de Religion y furent violentes. (Voir *Dict. d'histoire et de géographie ecclésiastiques*, I, p. 933.)

55. Sur les jésuites, voyez aussi l'entrée du 3 mai 1599, paragraphe concernant Bordeaux, note précédant des vers latins relatifs à Ausone.

56. Jules-César Scaliger (1484-1558), humaniste célèbre, né sur les bords du lac de Garde. Malgré ses prétentions généalogiques « sommitales », il était en réalité d'une simple famille padouane, fils du peintre Benedetto Bordoni. Il fit des études, et fut ensuite soldat dans l'armée tant impériale que française. Il étudia, puis exerça la médecine, et vint en France avec l'évêque d'Agen. Dans cette ville, il se maria, commença une carrière littéraire, polémiqua contre Érasme, collectionna diverses plantes de Guyenne et des Pyrénées, écrivit sur Aristote, Théophraste et Hippocrate ; il produisit une grammaire latine et une poétique. Il mourut admiré, honoré, et fut enterré dans l'église locale des Augustins en 1558.

57. Joseph-Jules Scaliger (1540-1609), le dixième des quinze enfants de Jules-César Scaliger, fut l'un des bons philologues de la fin du XVIe siècle et des débuts du XVIIe. On lui doit même un projet de jonction des deux mers (Océan-Méditerranée), édité en 1610 par J. Casaubon, et qui préfigure notre canal du Midi. (Voir à son propos, par exemple, H. Poirson, *Histoire du règne d'Henri IV*, [Paris, Didier, 1862 – LRL], II-1, p. 164 et II-2, p. 460 *sq.*)

58. Sérignac, à une dizaine de kilomètres à l'ouest d'Agen.

59. La famille (italienne) de Scaliger prétendait (faussement) se rattacher à un grand lignage aristocratique de Vérone et qui lui-même cousinait avec les margraves de Bade.

60. Le Lot se jette dans la Garonne à 25 kilomètres en aval d'Agen ; et la Dordogne, dans la Garonne également, à 23 kilomètres en aval de Bordeaux.

61. Itinéraire d'Agen à Tonneins : Clermont-Dessous ; Port-Sainte-Marie ; Thouars-sur-Garonne ; passage non loin de Nérac ; château et ville d'Aiguillon, à proximité de l'embouchure garonnaise du Lot ; Monheurt (que TP II orthographie « Moran »).

62. De Tonneins à La Réole : Le Mas-d'Agenais ; Taillebourg ; Caumont ; Marmande ; Couthures ; Saint-Bazeille ; « Fignac » n'est pas identifiable ; Meilhan ; le château de Lofrou, site inconnu ; La Réole.

63. De La Réole à Bordeaux : Caudrot ; Castets-en-Dorthe ; Saint-Macaire ; Langon ; Sainte-Croix-du-Mont ; Cadillac ; Béguey ; Podensac ; Rions ; Bordeaux.

64. Aux folios 396-397 de son manuscrit, TP II a inséré le panorama de la ville de Bordeaux, plan perspectif qu'il emprunte à Seb. Münster (1598). Aux folios 397-398, une gravure de Valegio, « Description authentique de Bordeaux », est collée par notre auteur sur une feuille spéciale.

65. Bordeaux, place celtique, puis romaine. En 276, destructions infligées par les Alamans. Débuts du christianisme, mal connus (voir *infra*, note 81). Au VIe et VIe siècles, domination wisigothique, puis franque. De 1154 à 1453, Bordeaux dépend de l'Angleterre, où les vins de

la région sont appréciés. En 1453, rattachement à la couronne de France, et fondation en 1462 du parlement de Bordeaux. Sur l'histoire de cette ville, voir la monumentale *Histoire de Bordeaux*, en plusieurs volumes, dirigée par Charles Higounet.

66. La Bastide est située face à la vieille ville, en rive droite de Garonne.

67. Cf. *supra*, note 244.

68. « Alenson » (!) : il s'agit vraisemblablement de Talence, au sud de Bordeaux.

69. Le palais Gallien correspond, au XVIᵉ siècle, à tout ce qui reste de l'amphithéâtre romain de la première moitié du IIIᵉ siècle, et qui pouvait contenir des milliers de spectateurs. Le nom « Palacium Galiena » émerge seulement au XIVᵉ siècle. Les humanistes du XVIᵉ siècle attribuent ce monument à l'empereur Gallien, régnant aux années 253-268 de notre ère. Les invasions barbares de 276 l'avaient déjà fort endommagé, et les destructions se poursuivront bien après le passage de TP II. (Cf. Louis Desgraves, *Bordeaux au cours des siècles*, Bordeaux, 1954, p. 14 *sq.* et notre *Siècle des Platter*, vol. I, p. 341-342.)

70. Le Château-Trompette fut construit immédiatement après la guerre de Cent Ans. Il dominait la Garonne et ses trafics : il symbolisait la domination royale, plus ou moins effective, sur la ville. Il fut notamment mis en cause et contesté par la révolte bordelaise de 1548 contre la gabelle. (Voir P. Courteault, *Le Rôle du Château-Trompette dans l'histoire de Bordeaux*, 1910, p. 398 *sq.*) La seconde forteresse à laquelle TP II fait allusion n'est autre que le fort du Hâ, également construit peu après la fin de la guerre de Cent Ans. Il commandait l'accès à la ville, du côté ouest. On l'a surtout utilisé comme prison, plus que comme château fort. Sur cette lourde bâtisse, disparue notamment au XIXᵉ siècle, voir M. Ferrus, *Un château historique, le fort du Hâ*, Bordeaux, 1922.

71. TP II a tiré la substance de ces quelques lignes de Bruin et Hogenberg, *Civitates orbis terrarum*, 1577, I, 9.

72. Sur les « piliers de tutelle », cf. notre *Siècle des Platter*, vol. I [LRL].

73. Claude ou Claudius fut empereur romain de 41 à 54 apr. J.-C.

74. La grande persécution antijuive de Philippe (IV) le Bel (1285-1314) a commencé en 1306 : arrestations, confiscations, exils. Bordeaux était, à cette époque, anglais (malgré un bref épisode français sous Philippe le Bel justement, à l'extrême fin du XIIIᵉ siècle et jusqu'en 1303). Ainsi peut s'expliquer, sinon se prouver, la remarque incidente de TP II sur les juifs à Bordeaux après le commencement des susdites persécutions françaises (par Platter inexactement datées). Cependant l'Angleterre elle aussi, maîtresse (en principe) de Bordeaux, a déclenché des poursuites contre les juifs, notamment en 1278 et en 1287 (persécutions britanniques antijuives concernant la Guyenne également, cette année-là). Voir à ce propos Lavisse, *Histoire de France*, III-2, 222-227. Il est difficile de distinguer le vrai du faux quant à l'affirmation plattérienne précitée sur les juifs de Bordeaux, puisque aussi bien Yves Renouard (*Bordeaux sous les rois d'Angleterre*, 1965, p. 197-221) est fort peu loquace à propos du destin de cette minorité juive en terre bordelaise (il s'agit, en l'occurrence, du volume III de la monumentale *Histoire de Bordeaux, op. cit.*).

75. TP II, fidèle au génitif latin, écrit « Divi Briti », ce qui veut dire « Divi Britannici ». Fils de l'empereur Claude, Britannicus (41-55 apr. J.-C.) avait tout à fait sa place, en effet, parmi les trois personnalités qu'honorait le susdit trio des statues. Cette inscription se trouve aussi dans Espérandieu (cité par Lieb), n° 1084.

76. Le pape Eugène IV « régna » de 1431 à 1447. L'université fut fondée, à proprement parler, par Pey Berland, archevêque de Bordeaux (1430-1456), mort en 1458. L'établissement fut ouvert en 1443. Cette université, soumise à un contrôle de l'Église très strict, n'atteignit jamais à une grande renommée (voir H. Rashdall, *The Universities of Europe in the Middle Ages*, *op. cit.*, vol. II, p. 199-201).

77. Les jésuites s'étaient installés à Bordeaux en 1572 ; TP II signale aussi, par les termes de « *Schuleren* » et d'« *humanitatis studiosi* », l'existence et le fonctionnement du « collège de Guyenne », antérieurement fondé, au temps de François Iᵉʳ. C'est une création typique de la Renaissance (1533), soutenue par le roi, l'Église et le « secteur privé ». Montaigne, ancien élève de ce collège, le tenait pour étant de tout premier rang parmi les établissements français du même genre. Théoriquement annexé à l'université, il la concurrençait fortement, en termes d'excellence et de modernité du savoir. L'avenir néanmoins, pour les temps plattériens et surtout postplattériens, appartenait aux jésuites, richement dotés, notamment à l'époque de Louis XIII.

AQUITANIA

Voir C. Jullian, *Histoire de Bordeaux*, [Bordeaux, Péret et fils, 1895 – LRL], p. 350, 355, 454-458 ; et Robert Boutruche, *Bordeaux de 1453 à 1715 (Histoire de Bordeaux*, IV, 1966), p. 192 : ouvrage essentiel pour notre période.

78. Decimus Magnus Ausonius (Ausone), né vers 309-310 de notre ère et mort après 393. D'abord étudiant aquitain, il joua ensuite un rôle pédagogique et politique important sous l'empereur Gratien (mort en 383). Après l'assassinat d'icelui, il redevint essentiellement bordelais, littéraire, érudit. (Pauly-Wissowa, II-2, p. 2562 *sq.* ; C. Jullian, *Histoire de Bordeaux, op. cit.*, p. 56 *sq.*)

79. Il s'agit, en l'occurrence, du cardinal-archevêque François d'Escoubleau de Sourdis, en place localement dès la fin du XVIᵉ siècle et pendant tout le premier quart du XVIIᵉ ; il « restaura » l'Église catholique à Bordeaux après les guerres de Religion, et fut contemporain de l'efflorescence des ordres religieux dans cette ville, à l'appui d'une Contre-Réforme triomphante. (Voir à son propos les travaux importants de C. Jouhaud.) L'église Saint-Seurin était puissante et privilégiée : chaque archevêque successif, à son entrée en fonction, devait se présenter aux abords de la ville ; accueilli à la porte de Saint-Germain (de l'enceinte urbaine) par les chanoines du chapitre de Saint-Seurin, il était tenu de promettre solennellement, à genoux, de respecter les libertés de l'église Saint-Seurin. Il n'était pas au bout de ses peines (rituelles), puisqu'il lui fallait attendre le jour suivant pour que le chapitre de Saint-Seurin lui fasse la conduite, jusqu'à le confier ensuite au chapitre cathédral de Saint-André. (Voir C. Jullian, *Histoire de Bordeaux, op. cit.*, p. 159 *sq.*)

80. Saint Séverin (Seurin), qu'il ne faut donc pas confondre avec saint Saturnin, était originaire d'Orient et contemporain, semble-t-il, du Vᵉ siècle de notre ère. Selon des légendes relatives à sa vie et à sa tombe, qui fleurissent du VIᵉ au XIIIᵉ siècle, l'évêque bordelais Amandus lui aurait transmis sa charge épiscopale, et il devint saint patron de Bordeaux ainsi que recours contre l'ennemi et la peste. L'église qui surmontait sa tombe fut l'objet de pèlerinages nombreux et populaires. Le chapitre de Saint-Seurin s'était réservé aux alentours de son propre sanctuaire une « sauveté », une zone d'immunité à l'intérieur de laquelle ce chapitre percevait les droits seigneuriaux : haute et basse justice, corvées [?] éventuelles et minimes, redevances en vin des habitants. Le chapitre de saint-André avait lui aussi sa sauveté, datant pour le moins, également, du XIᵉ siècle. Le chapitre de saint-Seurin était exempté par le pape, depuis le XVᵉ siècle, de la juridiction archiépiscopale. (Voir Jullian, *op. cit.*, p. 88, 113, 199 *sq.*)

81. La légende attestée seulement par des écrits du XIᵉ siècle, selon laquelle saint Martial aurait évangélisé Bordeaux dès le Iᵉʳ siècle, est dénuée de tout fondement historique et TP II lui-même, à en juger par la formule qu'il emploie, est assez conscient de la fragilité d'une telle affirmation. Ce que Platter appelle la tour Saint-André, c'est en réalité le clocher isolé « Pey Berland », daté du XVᵉ siècle et situé derrière le chœur de la cathédrale. Le premier évêque bordelais bien « assuré » est signalé comme participant au concile d'Arles en 314. Il fut vraisemblablement le fondateur de l'Église de Bordeaux. Les archevêques apparaissent après l'an mil. Dès le début du XIVᵉ siècle, la « primatie » ecclésiastique d'Aquitaine était partagée en deux grands territoires distincts : Bourges et Bordeaux. (Voir le *Dict. d'hist. et de géog. ecclés.*, vol. 9, p. 1182 *sq.* ; *Dict. d'archéol. chrétienne et de liturgie*, II-1, col. 1057 *sq.*)

82. Le cimetière de Saint-Seurin était déjà célèbre au VIᵉ siècle, et par la suite au « beau Moyen Âge ». Il passait, comme les Alyscamps d'Arles, pour avoir été fondé par le Christ [sur ce point, TP II, dans le texte ci-dessus, ne manifeste aucun scepticisme, tant sa religion est légitimement christique – LRL]. La *Chronique de Turpin* (vers 1130) cite les sept chefs d'Église principaux dont les noms suivent comme compagnons du Christ (certes, à notre gré, légendaires en cela) : Maximin d'Aix, Trophime d'Arles, Paul de Narbonne, Saturnin de Toulouse, Fronton de Périgueux, Martial de Limoges et Eutrope de Saintes [on remarquera qu'à peu de chose près – Saintes – cette guirlande de saints et de territoires correspond approxi mativement aux limites historiques de l'« Occitanie » – LRL]. Voir C. Meredith-Jones, *Historia de Karoli Magni et Rotholandi*, ou *Chronique du Pseudo-Turpin*, textes revus et publiés d'après quarante-neuf manuscrits (Paris, thèse, E. Droz, 1936).

83. Au sujet des tombes des héros de Roncevaux, diverses histoires plus ou moins légendaires ont cours et se télescopent. La *Chanson de Roland* (début du XIIᵉ siècle ?) raconte que Charlemagne aurait déposé l'olifant de Roland sur l'autel de Saint-Séverin, mais qu'il aurait fait enterrer les corps de Roland, d'Olivier et de l'archevêque Turpin dans des cercueils à l'église

Saint-Romain de Blaye (d'après la *Chanson de Roland*, éd. Bédier, 1924, vers 3684-3694). Selon la *Chronique de Turpin* (vers 1130), un peu plus tardive, l'illustre olifant aurait d'abord fait un crochet par Blaye avant d'être rapatrié « indignement » sur Saint-Seurin ; Charlemagne aurait fait transporter divers corps de ses héros depuis Blaye jusqu'en Arles (aux Alyscamps). De tout cela, Bédier conclut à deux légendes : l'une, relative à l'enterrement d'iceux, d'initiative de Charlemagne, à Bordeaux et à Blaye ; la seconde, *idem*, mais cette fois en Arles. De fait, au XVIe siècle, les ossements et la tête de Roland passaient pour se trouver en sépulture arlésienne [TP II, *supra*, entrée des 29 février-1er mars 1596, passage (et note) relatif à l'église Saint-Honoré]. Cependant le cor et l'épée de Roland ont migré par ailleurs en divers endroits, où on les exhibait aussi : à Aix-la-Chapelle, Liège, Rocamadour, Toulouse, etc. D'autre part, quand TP II parle du traître Hunetoun (Hunetonus), on assiste à la confluence d'éléments fort divers, relatifs notamment à l'Aquitaine : à Eudes (mort en 735) succéda en effet son fils Hunold (le Hunetoun de Platter ?) qui lutta contre Charles Martel et contre ses fils Pépin et Carloman ; et qui, ayant eu le dessous, dut se retirer dans un monastère (il mourut en 756 ; à Rome ?). L'Aquitaine semblait donc soumise à Pépin. Mais dès 769 Charlemagne, étant roi, fut confronté à la révolte d'un nouvel Hunold d'Aquitaine, lequel fut vaincu et livré à cet empereur. Que les « livraisons » des deux Hunold entre les mains des deux Charles (Martel et Charlemagne) dont ils étaient les ennemis aient pu conduire à une confusion et à une espèce de synthèse unique (s'incorporant aussi la personne du traître Ganelon à Roncevaux !), voilà qui n'a rien d'extraordinaire. TP II (ci-dessus) nomme *Hercini* la montagne où les héros de la foi tombèrent à la suite de la trahison de Hunetoun, *alias* Ganelon. Cette montagne n'a rien à voir avec les monts de Thuringe ni avec la Forêt Noire, qui étaient pourtant connus en tant qu'*Hercynia Silva*, forêt hercynienne ; il s'agit, en fait, du mont Garzini (en latin *mons Garzini*, Garcin, etc.) de la *Chronique de Turpin*, un lieu-dit appelé de nos jours Montjardin, colline surmontée d'une ancienne forteresse musulmane, sur la route (espagnole) qui va d'Estella à Logroño. Quant à l'histoire de l'Aquitaine, on se reportera à Lavisse, *Histoire de France*, II-1, 158 *sq.*, 258-261, 276 *sq.* ; et Ferdinand Lot, *Les Invasions germaniques*, Paris, [Payot, 1939], p. 220 *sq.* et 265-267. Au sujet des susdites traditions, voir C. Meredith-Jones, *Historia Karoli Magni...*, *op. cit.*, p. 209 *sq.*, 217, et commentaire p. 321 *sq.* (tombes) ; et p. 144, avec commentaire p. 304 *sq.* (mont Garzini). Voir aussi Ch. Higounet, *Bordeaux pendant le haut Moyen Âge*, vol. II de la grande *Histoire de Bordeaux*, p. 21-35, 80 *sq.*, 115-121 [Bordeaux, Féd. historique du Sud-Ouest, 1963] ; et puis TP II lui-même, cité *supra*, dans la présente note.

84. Le même miracle aquatique a été raconté à propos de certains cercueils de pierre des Alyscamps d'Arles. Cf. Fernand Benoît, « Les cimetières suburbains d'Arles dans l'Antiquité chrétienne et au Moyen Âge », *Studi di antichità cristiana*, XI, 1935, p. 43. Et *supra*, note 145 du chapitre II.

85. Bordeaux fut fort endommagé par les Arabes en 732, immédiatement avant la bataille de Poitiers : TP II voulait parler de l'an 729, mais il a inscrit 129 par erreur ! La ville fut brûlée par les Normands en 848, 855 et 876. (Lavisse, *Histoire de France*, II-1, p. 259-261, 374 *sq.*, 378 *sq.*, 381-386...)

86. Bordeaux avait participé à la révolte contre la gabelle en 1548. Le roi Henri II chargea le connétable de Montmorency de procéder, en riposte, à une expédition militaire, répressive et très punitive, aux fins d'intimidation pour l'avenir : cf. C. Jullian, *op. cit.*, p. 338-346 ; Gigon, *La Révolte de la gabelle en Guyenne, 1548-1549*, Paris, 1906. [La révolte fut d'autant plus sévèrement châtiée par des exécutions capitales que le roi de France en fin de compte... céda sur les revendications antifiscales et antigabelle des révoltés ! – LRL.]

87. Il y a deux Biron, militairement célèbres : le père et le fils. L'un, Armand de Gontault, baron de Biron (vers 1524-1592), se distingua déjà dans ses jeunes années sur les champs de bataille, sous François Ier. Plus tard, lors des guerres de Religion, il combattit du côté catholique, se rallia ensuite à Henri IV et contribua à sa victoire d'Ivry en 1590 ; il périt de la mort du soldat en 1592. Son fils Charles de Gontault, duc de Biron, fut fait en 1592 amiral de France par Henri IV ; en 1594, maréchal ; en 1595, gouverneur de Bourgogne. Chef militaire remarquable, il s'empara de Bourg-en-Bresse lors de la guerre contre la Savoie en 1600 ; il partit en 1601 comme envoyé en Angleterre. Suspecté de conjuration et de négociations complices avec l'Espagne et la Savoie, il fut mis à la Bastille et exécuté en 1602. (Cf. De Thou, *Histoire univ.*, IX, p. 321 *sq.* ; et Lavisse, *Histoire de France*, VI-2, 36-43.)

88. Il s'agit évidemment de Blaise de Montluc, guerrier redoutable tant lors des guerres extérieures de François Ier et d'Henri II qu'en ce qui concerne les guerres de Religion, du côté catholique. Montluc fut l'un des premiers en date, avec Montaigne, parmi les grands écrivains français, d'origine et de résidence méridionales (voir ses *Mémoires*, Gallimard, « Bibliothèque de la Pléiade »).

89. Sur d'Épernon, voyez *supra*, entrée du 20 février 1597, paragraphe relatif à Saint-Canat (note).

90. Le protestant Du Bartas compte davantage en tant qu'écrivain franco-gascon, aux yeux de TP II, que par exemple le Montaigne des *Essais* [LRL]. Grand poète calviniste, humaniste et guerrier, Du Bartas a eu plus de chance à l'étranger qu'en France : voir ses *Œuvres complètes* en 3 vol., éditées à Chapel Hill (États-Unis), et sa *Semaine ou Création du monde* [cf. son éloge de la Gascogne, cité par TP II, dans cette *Semaine*, 3e jour, v. 297 *sq.*] éditée et excellemment commentée à Tübingen en 1963 par Kurt Reichenberger.

91. De Bordeaux à Marennes : Bourg-sur-Gironde, localité aujourd'hui située non loin de l'actuelle embouchure de la Dordogne lors de son confluent avec la Gironde ; Roque-de-Thau ; Blaye, lieu de sépulture de Roland, etc. (cf. *supra*, entrée du 3 mai 1599, paragraphe sur Bordeaux, *in fine*, à propos d'un cimetière bordelais [note]) ; La Garde-Roland, à 3 kilomètres en aval de Blaye (l'anecdote de Roland et de son « épieu » est également narrée dans le *Guide des chemins de France*, 1553, p. 208) ; Fort-de-Castillon ne figure point sur les cartes actuelles ; Saint-Christoly-Médoc ; Talmont-sur-Gironde ; Meschers ; Royan et la tour de Cordouan (phare situé sur une île à 11 kilomètres à l'ouest de Royan et construit par les Anglais entre 1360 et 1371, puis tombé en ruine ; reconstruit d'initiative bordelaise, à partir de 1584, et considéré dès lors comme un chef-d'œuvre architectural) ; Fouilloux ; La Tremblade ; et enfin (*via* l'embouchure de la Seudre), c'est l'arrivée à Marennes.

92. Le pasteur Léonard Constant (mort en 1610) fut étudiant à Genève en 1571 ; pasteur à Bâle en 1576, et à Peney près de Genève ; en 1583, il remplaça, semble-t-il, Simon Goulart à Frémilly ; de 1588 à 1610, il fut pasteur français à Bâle, où il mourut de la peste (cf. Karl Gauss, *Basilea reformata* ; et *La France protestante*, 2e éd., IV, p. 589 *sq.*). Son frère Augustin de Constant, seigneur de Rebecque, fut au service de Jeanne d'Albret. Il épousa, à Paris, Élisabeth de Pellissari, puis suivit en 1567 son beau-père à Genève, où il obtint le droit de bourgeoisie. En 1576, il entra au service d'Henri de Navarre, lui-même libéré des astreintes de la cour de France, et qui lui confia diverses missions dans le gouvernement de Marennes. Plus tard, il perdit la faveur du roi et se retira après 1607 à Sedan ; puis, de nouveau, à Genève (Voir *La France protestante*, IV, 27 *sq.*, et 2e éd., IV, p. 592 *sq.*)

93. Le Breuil (Charente-Maritime), au nord de Marennes.

94. Aée, localité inconnue ou disparue ; vraisemblablement Hiers ; ou faut-il lire Hée, au lieu d'Aée ?

95. Aujourd'hui forteresse abandonnée dans les terres alluviales de la Seudre et de la Charente, la localité de Brouage fut liée, *via* les marais salants, depuis les temps médiévaux, à la production et à l'exportation du sel. Forte position stratégique avant et pendant les guerres de Religion. Dès 1555, Jacques de Pons, seigneur de Mirembeau, y avait fondé la ville qui porte le nom de Brouage. Les protestants s'en emparèrent et y eurent en 1576 leur église. L'illustre marin Samuel de Champlain (1567-1635) était d'une famille réformée de Brouage. En 1577, la ville dut capituler face à l'offensive catholique. Elle fut gouvernée par d'Espinay-Saint-Luc, le père (favori d'Henri III), puis le fils, de 1578 à 1620. En 1627, Richelieu utilisera Brouage comme base logistique contre La Rochelle. Les beaux remparts actuels furent érigés sous les ordres du cardinal-ministre jusqu'en 1640. [Comme quoi Richelieu détruisait les forteresses féodales qui le gênaient... mais il en fortifiait d'autres, en tant que points d'appui d'un pouvoir royal.] L'ensablement de l'estuaire mit cependant cette ville « hors d'usage » à titre portuaire et militaire. Cf. E. Reveillaud, « S. Champlain », *BSHPF*, 80, 1931, p. 167-192 ; Yves Breize, *Brouage* ; F. de Chasseloup-Laubat, *Brouage*, Nogent-le-Rotrou, 1956. Le témoignage de TP II sur l'académie juvénile, militaire, équestre et nobiliaire de Brouage semble être unique en son genre, et d'autant plus précieux. (Voir aussi Marcel Delafosse et Claude Laveau, *Le Commerce du sel de Brouage aux XVIIe et XVIIIe siècles*, Paris, 1960.)

96. La mandore : instrument à cordes pincées, semblable à la mandoline (cf. Curt Sachs, *Real-Lexikon der Musikinstrumente*, Berlin, 1913, p. 251).

97. La Touvre, sortant d'un « gouffre », prend sa source à 10 kilomètres à l'est d'Angoulême et se jette, à proximité de cette ville, dans la Charente. (Voir Charles Estienne, *Guide des chemins de France*, 1553, p. 246, et le commentaire de Jean Bonnerot, dans *Bibl. de l'École des hautes études*, fasc. 267, p. 255.)

98. La Boutonne se jette dans la Charente, à 12 kilomètres en amont de Rochefort.

99. Moëze ; Lupin ; passage non loin d'Yves ; Le Rocher ; Châtelaillon ; Angoulins ; La Rochelle.

100. Cette interpolation de quelques lignes (ainsi qu'une autre ultérieure, également brève, et relative à l'année 1362) est tirée de Bruin et Hogenberg, *Civitates orbis terrarum*, 1577, II, p. 11.

101. Les origines de La Rochelle ne remontent qu'au deuxième quart du XIIᵉ siècle (après le destruction de Châtelaillon). Cette ville était française (hors de l'emprise anglaise) depuis 1224, *a fortiori* depuis 1270. Intervalle anglais, derechef, de 1360 à 1372. Rattachement depuis cette date à la France, sans interruption. [Voir à ce propos J.-R. Colle et P. Béraud, *Petite Histoire de La Rochelle*, La Rochelle, Quartier latin, 1964.]

102. Entre les folios 410 et 411 de son manuscrit, TP II a inséré une gravure coloriée : c'est une vue cavalière de La Rochelle, tirée de Seb. Münster, 1598, p. 122 *sq.* ; et puis une gravure de Valegio, intitulée « Roccela », très inexacte : l'emplacement réel du port y est couvert de maisons !

103. Henri de Valois, duc d'Anjou : en juin 1573, pendant le sixième mois du siège de La Rochelle, il apprit son élection comme roi de Pologne. Il accepta ce « poste » et quitta le siège qu'il dirigeait ; La Rochelle cessa de la sorte d'être investie et fut donc « sauvée ». (Voir Lavisse, *Histoire de France*, VI-1, p. 134-140 ; J.-R. Colle, *op. cit.*, p. 46-50.)

104. Depuis 1562-1563, les protestants étaient très majoritaires parmi les Rochelais. Le culte catholique ne fut toléré que provisoirement : de janvier 1571 à septembre 1572, puis d'août 1599 à mai 1621, sur la base de l'édit de Nantes. Vers 1600, on dénombrait en ville de 1 000 à 1 500 catholiques, face à 20 ou 25 000 protestants : voir Étienne Trocmé, « L'Église réformée de La Rochelle jusqu'en 1628 », *BSHPF*, 1952, p. 138-199.

105. Il s'agissait de privilèges importants, libertés communales en particulier (droit de battre monnaie, assurance de ne jamais plus être séparée de la France) que La Rochelle avait obtenues de Du Guesclin avant que cette ville, ci-devant anglaise, ne se donne aux Français en septembre 1372. Le roi Charles V (1364-1380) reconnut ces libertés, et favorisa le port rochelais auquel il octroyait la juridiction sur Rochefort et sur Marennes (Lavisse, *op. cit.*, IV-1, p. 239 *sq.*).

106. Le grand temple de la place du château fut « débuté » en 1577 par Henri de Condé. En 1600, on recommença les travaux qui furent achevés en 1603. Louis XIII convertit le temple en cathédrale ; elle brûla en 1687.

107. La bricole : pièce de l'attelage du cheval ; mais aussi, au jeu de paume, coup indirect, par rebondissement de la balle sur le mur. Au sujet des « coups de bricole », astuce suprême du jeu, voir *Encylopédie méthodique*, « Dictionnaire des jeux » [Paris, Panckoucke, 1792, I, 202.]

108. L'aïeul du recteur du collège de La Rochelle n'était autre que le lettré bâlois Wilhelm Kopp (« Guillaume Copus », vers 1470-1532) : il étudia à Bâle, puis à Paris, en 1488, la médecine et les mathématiques ; devenu parisien, bon pédagogue, helléniste et latiniste fort estimé d'Érasme, il fut le prestigieux médecin, archiatre de Louis XII et de François Iᵉʳ. (Voir *Athenae rauricae*, I, 169, et II, 30 *sq.* ; Albr. Burckhardt, *Geschichte der medizinischen Fakultät zu Basel, 1460-1900*, p. 21.) Guillaume Kopp eut quatre fils : Jean qui devint chanoine, Luc, Nicolas et Michel. De Luc, on ne sait rien. Nicolas, comme Michel, se joignit à la Réforme. Il fut ami et compagnon de lutte de Calvin. Au collège Sainte-Barbe de Paris, ce Nicolas Kopp fut vers 1530 bachelier en médecine et professeur de philosophie. En 1533, il était recteur de l'université de Paris. À la Toussaint, il prononça le discours du rectorat... que Calvin avait fortement inspiré. La répression à son encontre ne tardant point à se manifester, il réussit à s'enfuir à Bâle. Son jeune frère Michel en fit autant, en direction de Genève, où ce même Michel devint pasteur et mourut en 1549. (Voir *La France protestante*, 2ᵉ éd., vol. IV, p. 613-617.) Nous ignorons quel était, parmi ces derniers frères Kopp, le père du Kopp du collège de La Rochelle, évoqué ci-dessus par TP II. Quant au collège rochelais en question, ses débuts remontent au commencement du XVIᵉ siècle. La ville, en 1504, avait acheté deux maisons pour y établir une école. En 1538, deux professeurs y enseignaient. En 1541, des lettres patentes de François Iᵉʳ autorisèrent,

comme suite à ce processus, la fondation d'un collège. L'influence des réformés y pénétra de bonne heure, à en juger par les avertissements de l'Église, hostile bien sûr. [On reconnaît là, en l'occurrence, la filière municipale de la fondation des collèges français sous la Renaissance, par contraste avec la filière « jésuite », contraste mis en valeur par l'historien américain Georges Huppert – LRL.] En 1566, l'école rochelaise « collégiale » s'installa dans les locaux d'un couvent sécularisé par la Réforme. Jeanne d'Albret, son fils Henri de Navarre (futur Henri IV), Condé et Coligny financèrent des chaires pour l'enseignement du latin et du grec. Voir, à ce propos, *BSHPF*, 1890, p. 17-25 (article d'Henri Hauser sur Jeanne d'Albret et le collège de La Rochelle) ainsi que *BSHPF*, 1891, p. 108 *sq.* (article de Richemond au sujet de ce collège et réponse de H. Hauser) ; J.-R. Colle, *Petite Histoire de la Rochelle, op. cit.*, 1964, p. 44 *sq.*

109. De La Rochelle à Saint-Maixent : Dompierre ; Nuaillé-d'Aunis ; Courçon ; La Névoire ; Sansais ; Niort sur la Sèvre niortaise, avec son marché couvert, daté de 1260 ; La Villedieu-du-Pont-Vault, aujourd'hui divisée en deux communes : La Villedieu et Pont-de-Vault.

110. D'après la *Vita*, Maxentius *alias* Maxence ou Maixent est censé être originaire d'Agen (il naquit vers 448). En un monastère de Poitiers, il prit le nom de Maxence et devint, vers 500, abbé de Bonnevaux. Après un demi-siècle environ de vie monacale, il se retira dans une cellule sise à l'extérieur de son couvent. Il est mort, sans doute, vers 515. À l'emplacement de cette cellule se développa la petite ville de Saint-Maixent où s'installa au VIIe siècle un monastère important dans lequel séjourna saint Léger, qui lui-même fut enterré dans la crypte de ce couvent. Voir à ce propos Stadler, *Vollständiges Heiligen-Lexikon*, IV, p. 350 *sq.* ; et *Dict. d'archéol. chrét.*, vol. 15-1, p. 508 *sq.*

111. De Saint-Maixent à Poitiers : Soudan ; La Villedieu-du-Perron ; La Motte-de-Saint-Éloi, lieu non identifié de nos jours ; Jazeneuil ; Coulombiers ; Fontaine-le-Comte.

112. Cette remarque est tirée par TP II de Seb. Münster, *Cosmographey*, p. 104. Entre les folios 416 et 417 de son manuscrit, Platter a inséré trois illustrations relatives au plan ou à une vue cavalière de la ville de Poitiers : *a*) une gravure sur bois, légendée en français ; *b*) la même image, mais coloriée à la main, et tirée de Seb. Münster, 1598, p. 114 *sq.* ; *c*) une gravure de Valegio, même sujet, dont TP II a numéroté (par des lettres majuscules, ou par un signalement à l'encre rouge) une cinquantaine de monuments ou de sites significatifs.

113. Sur l'image de Poitiers que donnent Bruin et Hogenberg, *op. cit.*, p. 8, l'aqueduc est figuré, à l'approche immédiate de la ville, avec la mention « les arceaux de Parigné ». Même inscription sur la carte du Poitou publiée par R. Keiser, dans son édition allemande de TP II, vol. I, *infra*, p. 471.

114. Cette réflexion, en quelques lignes, sur la fondation de Poitiers est tirée presque mot pour mot de Bruin et Hogenberg, *op. cit.*, I, 8. C'est à travers cet ouvrage que TP II se réfère à deux écrivains qu'il n'a absolument pas lus « en direct » : le géographe antique Pomponius Mela, qui écrivait vers 42 apr. J.-C., et l'encyclopédiste Pline l'Ancien (25-79 apr. J.-C.), qu'il est inutile de présenter ici...

115. La généalogie des comtes de Poitiers et ducs d'Aquitaine se trouve dans Isenburg, *Stammtafeln zur Geschichte der europäischen Staaten*, vol. II, tableau 28. Le château des comtes de Poitiers fut construit à l'époque de la puissante dynastie des Guilhem (Guilhem), et surtout au temps de Gui-Geoffroi (= Guillaume VIII, 1058-1088) et de son fils Guillaume IX [chez Isemburg, *Guillaume VII...*] (1088-1127). Quant à Hugues-Aimon, c'était un jeune fils de Gui-Geoffroi, et qui mourut après 1126. À Guillaume IX (le premier troubadour) succéda son fils Guillaume X (1127-1137), avec lequel s'éteignit la lignée masculine. Mais sa fille, l'illustre Aliénor ou Éléonore d'Aquitaine, riche héritière de Poitiers-Aquitaine, épousa – sur l'ordre de son père et après la mort d'icelui – l'héritier français du trône, le futur Louis VII, alors âgé de dix-huit ans. Louis VII fit annuler le mariage en 1152, et deux mois plus tard Aliénor se maria avec le jeune Henri Plantagenêt, comte d'Anjou et duc de Normandie, qui sera ultérieurement le roi Henri II d'Angleterre (1154-1189) ; c'était le fils de Geoffroi-Martel (mort en 1151). Voir à ce propos Lavisse, *Histoire de France*, II-2, p. 306-310 et 330 *sq.* ; et III-1, p. 28 *sq.* ; Alfred Richard, *Histoire des comtes du Poitou* ; Dietrich Claude, *Topographie der Stadt Poitiers...* [jusqu'au XIe siècle] (dans *Historische Studien*, publiées par W. Berges *et al.*, Lubeck, 1960, cahier 380). La grande salle sans colonnes du palais des Comtes, évoquée par TP II (c'est l'ancienne salle des gardes), fut construite par l'illustre mécène qu'était le duc Jean de Berry (1340-

1416), qui fut d'autre part l'homme des *Très Riches Heures*... Le palais des Comtes n'a rien à voir avec l'empereur romain Gallien (IIIe siècle), auquel d'autres auteurs l'ont également attribué, à tort : ainsi Martin Zeiller, *Topographia Galliae, das ist Beschreibung [...] der Stätten [...] in Frankreich*, Francfort, 1655-1657, vol. II, 7e partie, p. 63. Même erreur, au XVIIIe siècle encore, chez M.L.R., *Nouveau Voyage de France géographique, historique et curieux*, p. 222.

116. Sur la fondation de l'université de Poitiers, voir Rashdall, *The Universities of Europe*, vol. II, p. 193-195.

117. Pascal Lecoq, *alias* « Gallus » (1567-1632), était le gendre de François de Lavau. Il étudia en 1588-1590 à l'université de Bâle et devint en 1590 (ou en 1597 ?) professeur à la faculté de médecine de Poitiers, puis doyen d'icelle en 1610, à la mort de Pidoux. Il visita l'Italie, l'Autriche, la Bohême et l'Allemagne. Botaniste passionné, il fonda à Poitiers un jardin botanique (à la manière de Richer de Belleval), puis un amphithéâtre et un auditorium. Il était très lié avec le botaniste Charles de L'Escluse. Il fut médecin de Louis XIII. Il est l'auteur d'un « Catalogue [en latin] des médecins importants ayant illustré leur art médical jusqu'en 1589 » (paru à Bâle en 1590). L'exemplaire de la bibliothèque universitaire de Bâle est dédicacé manuellement (en latin) par Lecoq à cette institution à laquelle il devait beaucoup. Voir aussi à son propos Basler Matrikel, II, 363 ; *Biographisches Lexikon der hervorragenden Ärzte*, [Munich-Berlin, Urban... éditeur, 1962 – LRL], vol. III, 712 ; Boissonnade, *Histoire de l'université de Poitiers, 1432-1932*, 1932, p. 201 *sq.* [ouvrage publié à Poitiers, chez Renault et Cie – LRL].

118. François de Lavau Saint-Vertunien (le « Devaux » de TP II), mort en 1608 à Poitiers. Il avait étudié à Montpellier sous Joubert, et il était depuis 1573 professeur à la faculté de médecine de Poitiers ; il en était devenu le vice-doyen, par la suite. Il était lié aux célébrités de son temps : Joseph Scaliger, Isaac Casaubon, Jacques-Auguste de Thou...

119. Jean Pidoux (vers 1550-1610), d'une vieille famille de Poitiers, mais né à Paris. Il fut étudiant à Poitiers, où il devint docteur. Médecin du futur Henri III, il accompagna ce prince en Pologne ; il occupa plus tard une position semblable auprès d'Henri IV et de Louis de Gonzague, duc de Nevers. En Nivernais, il découvrit les sources d'eau minérale de Pouygues et publia un « Discours de la vertu... de la fontaine de Pouygues » [il y eut plusieurs éditions de cet ouvrage de 1584 à 1608 ; cf. le livre analogue que publia Dortoman à propos des eaux de Balaruc (*supra*, note 58 du chap. II]. Pidoux devint professeur de chirurgie à Poitiers et publia en 1605 un ouvrage en latin sur « Les soins à apporter à la peste » (*Pestis cura*). Devenu doyen, il mourut en 1610. Voir le *Biog. Lexikon der hervorragenden Ärzte*, vol. IV, p. 600 *sq.*

120. Les évêchés de Luçon et de Maillezais datent, en réalité, de 1317. La subdivision opérée à l'intérieur de grands évêchés comme ceux de Toulouse, Clermont, Périgueux, Rodez, Limoges, Agen, Tarragone, etc., correspond aux mesures fiscales voulues par le pape d'Avignon Jean XXII (1316-1334). Voir *supra*, note 32 ; et aussi G. Mollat, *Les Papes d'Avignon, op. cit.*, p. 51. La cathédrale Saint-Pierre de Poitiers, évoquée ci-dessus (ci-après) par TP II, fut fondée par Henri II Plantagenêt et Aliénor d'Aquitaine en 1162, en coïncidence avec l'épiscopat de Jean de Belles-Mains (1162-1181).

121. Un « Aliphius » se trouve mentionné, en effet, comme septième évêque de Poitiers dans une ancienne liste épiscopale poitevine, plutôt sujette à caution. En revanche, *Gallia christiana*, II, 1137 omet les noms proposés dans ces « anciens catalogues » et ouvre sa série des évêques de Poitiers avec le nom d'Hilarius (voir note ci-après).

122. Hilarius (vers 315-368), choisi comme évêque de Poitiers vers 353, était né dans une famille païenne de cette ville. Combattant infatigable contre l'arianisme, il fut exilé par l'empereur arien Constance en Asie Mineure de 356 à 360. Il revint ensuite à Poitiers afin d'immuniser l'Église de Gaule, par ses écrits et lors des synodes, contre l'arianisme. Hilarius fit de Poitiers la métropole religieuse de la Gaule. Dans son œuvre écrite, les douze livres sur la Trinité (*De Trinitate*) revêtent une importance particulière. Voir *Lexikon für Theologie und Kirche*, V, 25 *sq.*

123. Saint Athanase (fin du IIIe siècle-373), champion de l'enseignement trinitaire de l'Église, contre les ariens. Il a prêché, dit-on, à Poitiers (?). Après de rudes combats, il termina victorieusement sa carrière au siège épiscopal d'Alexandrie.

124. Jour des Rogations (fête donnée en vue d'obtenir la fécondité des fruits de la terre). Elles tombent lors du dimanche avant l'Ascension.

125. Ces beaux vers, inscrits sous la grande croix de l'église des Augustins de Poitiers, auraient pu servir d'exergue au grand livre récent d'Alain Besançon, *L'Image interdite*, Paris, Fayard, 1994. TP II, légitimement influencé par l'hostilité protestante vis-à-vis de la « débauche iconographique » des « papistes », a été apparemment frappé par ce noble et sobre poème catholique, tant latin que français [LRL].

126. La Pierre Levée est un dolmen, situé dans l'actuel faubourg du Pont-Neuf (non loin de la maison d'arrêt actuelle, dite de « La Pierre Levée »), au-delà de la rivière du Clain.

127. Sainte Radegonde, *alias* « Radgundis » (morte en 587), était la fille d'un roi de Thuringe, intellectuellement douée et cultivée. Sa tribu fut vaincue par le roi des Francs Clotaire Ier et elle dut consentir à un mariage forcé. Elle parvint à s'enfuir et elle fonda près de Poitiers le couvent de femmes de Sainte-Croix, où elle passa le reste de son existence. Le poète latin Fortunat, évêque de Poitiers, correspondait avec elle et rédigea sa vie. Voir à ce propos Charles Nisard, « Poésies de sainte Radegonde attribuées jusqu'ici à Fortunat », *Revue historique*, vol. 37, 1888-2, p. 44-57 ; *Lexikon für Theologie...*, VIII, p. 605 ; Lavisse, *Histoire de France*, II-1, 230.

128. Rabelais, *Pantagruel*, liv. 2, chap. 5.

129. Au folio 420 de son manuscrit, TP II a inséré la copie, qu'il a confectionnée, d'une carte du Poitou publiée par Ortelius (*Théâtre de l'Univers*, éd. française, 1587, p. 21 ; éd. allemande, 1580, p. 17). TP II en donne une copie à la plume, de sa main, avec indication en ligne rouge de l'itinéraire qu'il a suivi depuis Brouage jusqu'à Loudun.

130. De Poitiers à Mirebeau : Auxance [orthographié « Le Ganse » par TP II], situé sur le petit cours d'eau du même nom, à 6 kilomètres au nord de Poitiers ; Bellefois ; Le Pouziou ; Varennes ; Mirebeau.

131. La victoire de Moncontour fut remportée en octobre 1569 par l'armée royale sur les troupes de Coligny, lequel auparavant avait, en vain, assiégé Poitiers.

132. De Mirebeau à Loudun : les voyageurs laissent sur leur gauche La Chaussée et Aulnay ; ils passent par Triou et Angliers [que TP II orthographie « Ariglex » !].

133. De Loudun à Saumur : La Grenouillère ; La Belle-Cave ; Bizay ; Bouchaidière (Bouchardière ?) n'est pas identifiable ; Varrains.

134. Le Croisic, situé à l'ouest de Saint-Nazaire, est déjà au bord de la mer.

135. Philippe de Mornay, seigneur du Plessis-Marly, dont le nom est connu historiquement sous l'appellation de Duplessis-Mornay, a vécu de 1549 à 1623. Il était conseiller du roi, capitaine de cinquante hommes d'armes et, au temps d'Henri IV, gouverneur de la place de sûreté protestante de Saumur. Neveu de l'évêque de Nantes, il était devenu réformé dans sa jeunesse. Ayant échappé (grâce à l'aide d'un catholique) au massacre de la Saint-Barthélemy, il passa en Angleterre, puis se comporta en fidèle soutien d'Henri IV, mais ne le suivit point lors de sa conversion. En 1598, il fonda l'éminente Académie protestante de Saumur, émule de celles de Nîmes, Montpellier et Sedan, et contemporaine de celle de Montauban. Pourvue d'une belle bibliothèque, l'Académie saumuroise survivra jusqu'à la Révocation de 1685. Voir à ce propos Michel Nicolas, « Les anciennes académies protestantes », *BSHPF*, I, 1853 ; Lavisse, *Histoire de France*, vol. VI-2, p. 87 *sq.*, 150 *sq.*, 208. Duplessis-Mornay et son épouse ont laissé des *Mémoires* importants.

136. De Saumur à Angers : Les Rosiers ; Saint-Mathurin ; Les Ponts-de-Cé.

137. Les aloses (*Alosa vulgaris*) ne se reproduisent qu'en rivière, en eau douce. On les appelle aussi poissons de mai, comme la date « mensuelle » du texte ci-dessus tend par ailleurs à le confirmer. Voir Vetter, *Die Schiffahrt, Flötzerei und Fischerei auf dem Oberrhein*, 1864, p. 11, note.

138. Le premier volume du manuscrit de TP II correspond de bout en bout, quant à la *Romania*, au texte publié dans le présent ouvrage, et il est conclu par sept pages d'un index alphabétique des « noms de lieux et de fleuves » contenus dans les 426 folios de ce volume initial en langue allemande. L'index en question n'est pas de la main de TP II ; il doit donc être quelque peu postérieur à la rédaction plattérienne proprement dite. À ce jour, le second volume du manuscrit de TP II, dont la seule édition absolument correcte (1968) est celle de Rut Keiser (tome II de la *Beschreibung*), n'existe encore, en tant que tel et à part entière, qu'en langue allemande. Souhaitons-lui, un jour ou l'autre, traduction française pleine et complète, à son tour.

Abréviations

1. BSHPF : Bulletin de la Société de l'histoire du protestantisme français
2. HBLS : Historisch-biographisches Lexikon der Schweiz
3. RK, DL, LRL : abréviations pour Rut Keiser, Francine-Dominique Liechtenhan et Emmanuel Le Roy Ladurie
4. TF19 : « traduction française du XIXe siècle », autrement dit *Félix et Thomas Platter à Montpellier* (trad. M. Kieffer), Montpellier, Coulet, 1892 ; et Laffitte reprints, Marseille, 1879 ; sur cet ouvrage, voir ci-dessus notre bibliographie.
5. TP II : Thomas Platter junior (fils cadet de Thomas Platter senior).

Notice bibliographique sur Thomas II Platter

Et d'abord le manuscrit de TP II, à l'origine du présent ouvrage : A λ 7-8, texte conservé à la Bibliothèque de l'université de Bâle, 2 vol. reliés.

Traduction française partielle, très partielle, due à M. Kieffer : *Félix et Thomas Platter à Montpellier*, chez Camille Coulet, libraire, Montpellier, 1892. Livre qui fut utilissime en son temps, mais très partiel, en effet, et plus d'une fois inexact. Toujours « en service » à notre époque, les auteurs français recourant rarement au texte original. Les éditions Laffitte reprints l'ont republié tel quel à Marseille, en 1979.

Description de *Paris* en 1599, traduction par L. Sieber, avec des notes de E. Marcuse, Paris, 1879.

Un étudiant bâlois à *Orléans* en 1599, publié par Paul de Félice, Mém. soc. archéol., Orléans, 1896.

Voyage à *Rouen* en 1599, trad. par Mic. Keittinger, Montpellier, 1890.

Une description de *Bruges* en 1599, publiée p. Malcolm Letts, Bruges, 1924.

Huit jours à *Genève*, trad. par Ch. Le Fort, Mémoires et documents de la Société d'histoire de Genève, 20 (1934).

Visite de *Bourges* par deux étudiants bâlois, Félix et Thomas Platter, publié(e) par René Gandilhon, Bourges (1934).

Englandfahrt, publié par Hecht, Halle, 1929.

Travels in *England* 1599, traduits par Clara Williams, Londres (1937).

Journal of a Younger Brother. The Life of Thomas Platter, a Medical Student in Montpellier, traduit et présenté par Sean Jennett, Londres, 1963.

Édition complète du Récit de voyage de TP II, elle-même conforme au texte original, et très annotée : Platter, Thomas II, *Beschreibung der Reisen durch Frankreich, Spanien, England und die Niederlande, 1595-1600* (écrit en 1604-1608), texte publié et commenté par Rut Keiser, *Basler Chroniken*, vol. 9 (I et II), Schwabe & Co. Verlag, Bâle-Stuttgart, 1968 ; 950 pages au total en ces deux volumes. (C'est bien sûr le texte dont nous publions ici même, le premier volume, en traduction française.)

Livre familial autrement dit, « Hausbuch oder Hauptbuch, enthaltend Testamente und Inventare der Familie, geschrieben 1615 von Thomas II Pl., Ms. A λ 9, Bibliothèque de l'université de Bâle, publié "in gekürzter Form" » par V. Lötscher dans B. Njbl. 153/1975, S. 160-170 ». Il s'agit en d'autres termes d'un recueil manuscrit des Testaments et Inventaires de la famille Platter, écrit par TP II en 1615 (en conséquence logique de la mort de Felix Platter, elle-même datée de 1614), recueil conservé à la Bibliothèque universitaire de Bâle et publié de nos jours sous forme quelque peu abrégée par V. Lötscher dans les *Basler Neujahrsblatt* [B.Njbl], 153, 1975, p. 160-170.

*

*   *

De 1995 à 1997, l'un de nous (LRL) a composé une bibliographie historique assez complète, relativement aux villes et villages traversés par TP II
lors de son voyage en France du Sud et du Nord. Des considérations édito-
riales font qu'il est impossible de publier ici ce gros recueil. Ce sera, espé-
rons-le, pour un volume ultérieur. Bornons-nous à citer ici les travaux de
Francine-Dominique Liechtenhan, quant à l'arrière-plan culturel de l'œuvre
et de la pensée de Thomas II Platter en tant que voyageur et étudiant dont
les vues furent quasi encyclopédiques, à tout le moins humanistes, et pas
seulement médicales. Citons trois textes de F.-D. Liechtenhan :

Et d'abord : « Theodore Zwinger, théoricien du voyage », *Littérales*
(Revue de l'université de Paris X-Nanterre), n° 7-1990, p. 151 *sq.* (Zwinger
considérait que le voyage, y compris plattérien, en France papiste était essentiel, afin de mieux comprendre les Lumières de la Réformation, par contraste
avec les Ténèbres du catholicisme « français » ; les unes et les autres seraient
ainsi dorénavant mieux explorées au terme d'un voyage initiatique.

On se reportera en second lieu à F.-D. Liechtenhan : « Autobiographie et
voyage entre la Renaissance et le Baroque : l'exemple de la famille Platter »,
Revue de synthèse, IVᵉ série, n° 3-4, juillet-déc. 1993, p. 455 *sq.* (« Au
XVIᵉ siècle, écrit en cet article F.-D.L., l'autobiographie et le récit de voyage
étaient étroitement liés et suivirent pendant quelques décennies une évolution
parallèle. *Thomas Platter l'aîné* essaya de fournir dans ses *Mémoires* la
description d'une vie exemplaire retraçant ses expériences multiples sur les
routes d'Europe. *Son fils Felix* nous laissa un ouvrage superbe, mais disparate
(un mélange de journal, de récit de voyage et de mémoires) où l'auteur paraît
omniprésent. Sa conception de l'écriture autobiographique rappelle celle de
Montaigne. *Le jeune Thomas*, frère de Felix, suivit rigoureusement les règles
émises par les théoriciens des voyages et d'abord par Zwinger : ledit Thomas
était donc quelque peu allergique à l'excès de subjectivité. Les ouvrages des
Platter nous donnent ainsi un excellent exemple de l'évolution du genre
(auto)-biographique et "voyageur" à l'époque de la Renaissance et du
Baroque. »

Enfin on se reportera, troisième publication de F.-D. Liechtenhan, à ses
« Territoires des historiens : histoire et historiographie chez les frères
Platter », dans *L'Histoire grande ouverte*, Paris, Fayard, 1997, p. 572 *sq.*

Pour une bibliographie concernant les deux premiers Platter et même... le
troisième (notre TP II), voir notre *Siècle des Platter*, vol. I, *Avertissement*, et
p. 499 *sq.* ; et aussi, fondamental, *Felix Platter, Beschreibung der Stadt Basel
1610 und Pestbericht 1610/11*, textes, références bibliographiques et documents annexes, publiés par Valentin Lötscher, *Basler Chroniken*, Band 11,
Schwabe (Basel/Stuttgart), p. 104-116 ; et notamment p. 116 (sur Thomas II
Platter).

Le voyage plattérien, depuis Bâle,
puis Lausanne à Montpellier, septembre octobre 1595

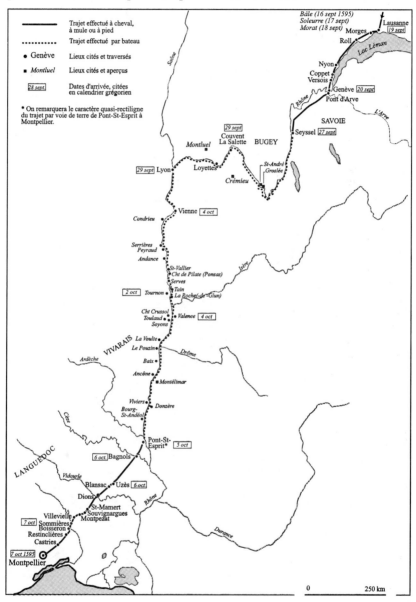

Trajet effectué à cheval, à mule ou à pied

Trajet effectué par bateau

● Genève   Lieux cités et traversés

■ Montluel   Lieux cités et aperçus

28 sept   Dates d'arrivée, citées en calendrier grégorien

* On remarquera le caractère quasi-rectiligne du trajet par voie de terre de Pont-St-Esprit à Montpellier.

Bâle (16 sept 1595)
Soleurre (17 sept)
Morat (18 sept)   Morges   Lausanne 19 sept
Roll
Nyon
Coppet
Versois
Genève 20 sept
Pont d'Arve
Lac Léman
L'Arve

SAVOIE

Seyssel 27 sept

29 sept
Couvent
La Salette   BUGEY
Montluel
29 sept Lyon   Loyettes
St-André
Groslée
Crémieu

Vienne 4 oct

Condrieu

Serrières
Peyraud
Andance
St-Vallier
Cht de Pilate (Ponsas)
Serves
Tain
2 oct Tournon ● La Roche-(-de-Glun)

Cht Crussol
Toulaud ● Valence 4 oct
Soyons

VIVARAIS La Voulte
Le Pouzin
Ardèche   Baix
Ancône   ■ Montélimar
Drôme

Viviers ● Donzère
Bourg-
St-Andéol

Pont-St-
Esprit* 5 oct
6 oct Bagnols

LANGUEDOC
Vidourle
Blansac ● Uzès 6 oct
Dions
St-Mamert
Souvignargues
Villevieille ● Montpezat
7 oct Sommières
Boisseron
Restinclières
Castries

7 oct 1595
Montpellier

Cèze
Rhône
Durance

0   250 km

Voyages de Platter en Languedoc, 1595-1599, en Cévenne (1596), en Provence (1597) et au mont Ventoux (1598)

Axes routiers très utilisés

Lieux visités

Voyage en Catalogne,
de Montpellier (13 janvier 1599), à Barcelone (28 janvier),
à Montserrat (5 février) et retour à Montpellier (14 mars)

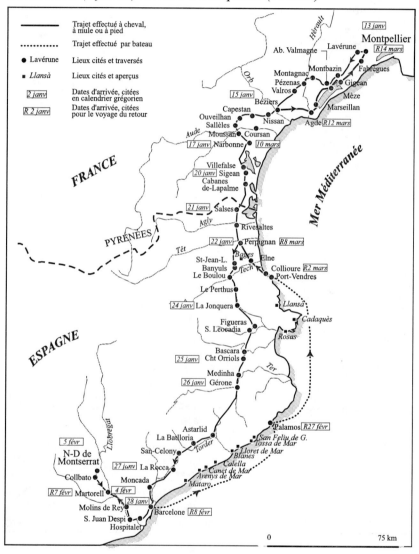

Trajet effectué à cheval, à mule ou à pied

Trajet effectué par bateau

● Lavérune — Lieux cités et traversés

■ Llansà — Lieux cités et aperçus

2 janv — Dates d'arrivée, citées en calendrier grégorien

R 2 janv — Dates d'arrivée, citées pour le voyage du retour

Vers le Nord, du Languedoc à l'Anjou, 19 avril 1599-21 mai 1599

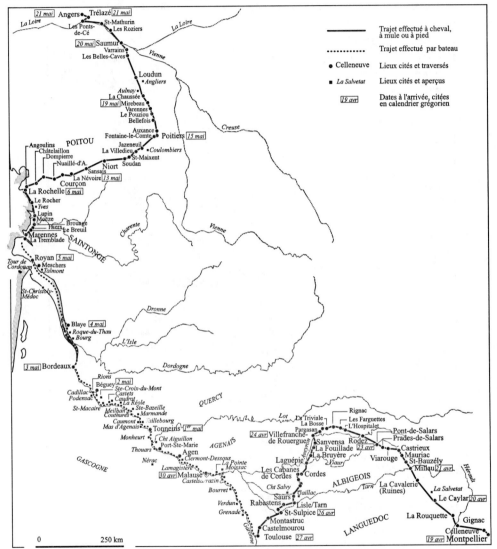

Trajet effectué à cheval, à mule ou à pied

Trajet effectué par bateau

● Celleneuve   Lieux cités et traversés

■ La Salvetat   Lieux cités et aperçus

19 avr   Dates à l'arrivée, citées en calendrier grégorien

Liste des lieux et dates cités
lors du voyage en Languedoc

(liste inévitablement incomplète, quant aux lieux et parfois quant aux dates)

Agde	1596	Martigues	1597
Aigues-Mortes	1596	*Mauguio*	1598
Aix-en-Provence	1597	*Mèze*	1596
Alès	1598	*Mont Aigoual*	1596
Arles	1596	*Mont Ventoux*	1598
Avignon	1596, 1598	Montpezat	1597, 1598
Bagnols-sur-Cèze	1595, 1597	Mont-Saint-Clair	1596
Balaruc	1595, 1596	Nîmes	1596, 1598
Barjac	1597	Orange	1597
Beaucaire	1596, 1597	Orgon	1597
Bédouin	1598	Peccais	1598
Berre	1597	Pernes	1598
Bompas	1597	Pérols	1596
Bouc-Bel-Air	1597	*Pézenas*	1598
Cap d'Agde	1596	*Pont du Gard*	1596
Caromb	1598	Pont-Saint-Esprit	1597
Carpentras	1598	Port-de-Bouc	1597
Castries	1595	Remoulins	1597
Cavaillon	1597, 1598	Restinclières	1595
Cévennes	1596	Saumane	1598
Collongue	1597	Serviers	1596
Éguilles	1597	Sorgue	1597
Entraigues	1598	Souvignargues	1595
Fontaine-de-Vaucluse	1598	Saint-Bauzille-de-Putois	1596
Frontignan	1595, 1596	Saint-Cannat	1597
Ganges	1596	Saintes-Maries-de-la Mer	1597
Gigean	1596	Saint-Gilles	1596
Île Pomègues	1597	Saint-Laurent-d'Aigouze	1596, 1598
Île Ratonneau	1597	Saint-Mamert	1595
Isle-sur-Sorgue	1598	Saint-Martin-de-Londres	1596
La Roque	1598	Saint-Paul	1596
Lattes	1596	Saint-Quentin	1597, 1598
Les Matelles	1596	Sumène	1596
Le Thor	1598	Tarascon	1596, 1597
Le Vigan	1596	Uzès	1595, 1597, 1598
Lunel	1596		
Maguelone	1596	Vallabrix	1598
Marguerittes	1598	Valleraugue	1596
Marseillan	1596	Vauvert	1598
Marseille	1597	Ventabren	1597
Marsillargues	1596	Villeneuve-lès-Avignon	1596

Index des noms de personnes

ABRAHAM, patriarche : 366.
ACISCLUS [Alcisat] : 542.
ADAM : 378-380.
ADOLPHE, médecin de Caromb : 312, 313, 317.
AEGIDIUS, saint : 542.
AEMELIUS : 403.
AGATHYRSIS : 586.
AGRIPPA, Marcus Vipsanius : 84.
ALBÉNAS, Jean Poldo d' : 153, 270.
ALBERT, Guillaume [Albertus de Carpentras] : 312, 317, 318, 319, 322.
ALIÉNOR D'AQUITAINE, reine d'Angleterre : 586.
ALIPHIUS, évêque de Poitiers : 587.
ALLARD, Jean : 354.
ALMODIS DE LA NARCHE : 450.
ALPHONSE II DE FRANCE, comte de Poitiers et d'Auvergne : 536.
ALPHONSE II RAYMOND le Chaste, roi d'Aragon et comte de Barcelone : 498.
AMBROISE, saint : 321, 541.
AMÉDÉE V DE SAVOIE : 84.
ANDRÉ, saint : 248, 323.
ANTHONY, aubergiste à Rivesaltes : 412.
ANTHONY, capitaine de Saint-André : 323.
ANTOINE, saint : 250.
ANTONIN LE PIEUX, empereur : 85, 153.
ARAGON, capitaine : 24, 218-220.
ARLES, Jacques d' : 139.
ARPAJON, Charles d' : 522.
ATHANASE D'ALEXANDRIE, saint : 588.
ATHAULF : 434.
ATTILA : 270, 405.
AUGIER, Pierre d' : 30, 105, 130, 274, 275.
AUGUSTE, empereur : 84, 186, 406, 565-567.
AURÉLIEN, empereur : 99.
AUSONIUS, Decimus Magnus [Ausone] : 568.
AUSTRIS : 540.
AVERROÈS : 110.
AVICENNE : 110.
AYMUNDUS, saint : 542.

BADE ET HACHBERG, margrave de : 557.
BANDINEL, capitaine : 283, 293.
BARCELONE, « Wilfred », Guifre le Pilos ou Jofre II, comte de : 462-466, 498.
BARCELONE, comtesse de [épouse de Wilfred de Barcelone] : 465.
BARCELONE, Ramon Berenguer Ier el Vell, comte de : 43, 450, 498.
BARCELONE, Ramon Berenguer IV, 9ᵉ comte de : 431-433, 498.

BARCELONE, Wilfred-Borrell, comte de : 467, 498.
BARNABÉ, saint : 541.
BARRIÈRE, Albert : 141.
BARTHÉLEMY, saint : 542.
BARTISSIÈRE : voir BERTICHÈRES.
BASSOMPIERRE, famille : 21.
BASTIER, Jakob : 89.
BASTIER, Noël : 89, 90.
BAUHIN, Caspar : 61.
BAUHIN, Jean : 271, 272.
BELLIÈVRE : voir POMPONNE.
BÉNÉDICTE, sainte : 249.
BÉNÉNET, saint : 86.
BENOÎT, saint : 160.
BERAUT : 90.
BERNHARDIN, Maître : 113.
BERNIER, Jean : 210.
BERTICHÈRES, Abdias de Chaumont-Guitry, seigneur de : 107.
BERTRAND, consul de Mauguio : 332.
BÈZE, Théodore de : 9, 78.
BIRON, Armand de Gontault, baron de : 570.
BIRON, Charles de Gontault, baron de : 570.
BLAISE, saint : 248.
BLAZIN, Jean : 110.
BLETZ, Andreas : 8.
BODIN, Jean : 345.
BOMBARDIN, patron de navire : 511.
BOSCH, Louis : 416.
BOSCH, Michel : 406, 416, 479.
BOSON, roi de Bourgogne et de Provence : 172.
BOTERO, Giovanni : 67.
BOUILLON, Henri de la Tour d'Auvergne, vicomte de Turenne et duc de : 178, 279.
BOUILLY, Charles : 80.
BOURBON, maison de : 288, 289.
BRAGUETTE, Jean : 386.
BRITANNICUS : 567.
BROWN, Peter : 26.
BRUNIER, Laurent : 278.
BUDOS, Louise de : 96.
BURATIN, saltimbanque : 448.
BURCKHARDT, Albrecht : 61.
BURCKHARDT, Aurelius Erasmus : 292, 334, 348, 353, 354.
BURGAUER, Johannes : 226.

CABROL, Barthélemy : 111.
CADEROUSSE ET DU THOR, seigneur de : 308.
CALVIN, Jean : 9, 47, 96.
CALVISSON, baron de : 225.

Index des noms géographiques

Abrera : 478.
Agde (Hérault) : 205-208, 211, 507, 508, 510, 511, 520, 549.
Agen (Lot-et-Garonne) : 49, 556-558, 569.
Agout, rivière : 530, 531.
Aigues-Mortes (Gard) : 21, 107, 132, 181, 188-195, 200, 207, 227, 327-328, 331-333, 513, 574, 580.
Aiguillon (Lot-et-Garonne) : 558.
Aimargues (Gard) : 136, 327.
Aix-en-Provence (Bouches-du-Rhône) : 26, 29, 228, 254, 258-263, 333.
Alaret (Aveyron) : 522, 523.
Albi (Tarn) : 549.
Albigeois : 549.
Albret : 571.
Alès (Gard) : 35, 36, 302, 337, 338, 342, 350, 352, 353.
Alet (Aude) : 549.
Alexandrie (Égypte) : 221, 242.
Allemagne : 431, 433.
Alpes : 38, 414.
Alzon, rivière : 289.
Amiens (Somme) : 550.
Ampurdan : 422.
Ampurias (Espagne) : 498, 502.
Ancône (Drôme) : 100, 101.
Andalousie : 486.
Andance (Ardèche) : 95.
Angers (Maine-et-Loire) : 581, 598.
Angleterre : 241, 546.
Angliers (Vienne) : 593.
Angoulême (Charente) : 576, 590.
Angoulins (Charente-Maritime) : 577.
Anjou : 53, 519, 590, 595, 597.
Antiquera : 495.
Aoste, val d' : 80.
Aquitaine : 517-598.
Aramon (Gard) : 177.
Arc, rivière : 262.
Arenys de Mar (Espagne) : 501.
Argelès-sur-Mer (Pyrénées-Orientales) : 507.
Arlende, Font d' (Gard) : 350.
Arles (Bouches-du-Rhône) : 21, 26, 50, 153, 177, 179-189, 227, 228, 569, 593.
Armagnac : 556, 571.
Arve, rivière : 79.
Aubarne (Gard) : 106, 292, 336, 347, 348.
Aude, rivière : 400, 402, 403, 510.
Augst : 101, 146, 566.
Aulnay (Vienne) : 593.
Aunis : 578.

Auvergne : 210, 215, 299, 525, 558, 592, 594.
Auxance (Vienne) : 592.
Auxonne (Côte-d'Or) : 85.
Auzon (Gard) : 351-352.
Aveyron, rivière : 523, 526, 528.
Avignon (Vaucluse) : 20, 21, 28, 32, 35, 37, 38, 43, 44, 142, 156-177, 204, 206, 247, 257-261, 264, 265, 268, 278, 281, 295, 304-310, 312, 317, 318, 322, 340, 348, 353, 354, 358-361, 363, 372, 381, 386-391, 483.
Avilesa : 471, 472.
Aygues, rivière : 265.

Bages (Pyrénées-Orientales) : 419.
Bagnols-sur-Cèze (Gard) : 13, 30, 102, 105, 106, 272-275, 350.
Baïse, rivière : 558.
Baix (Ardèche) : 99.
Balaruc-les-Bains (Hérault) : 19, 22, 127-130, 200, 205-207, 209, 210, 272, 350, 548.
Bâle (Suisse) : 7-9, 16, 22, 25, 27, 34, 52, 58-60, 62, 65, 66, 75, 84, 86, 89, 90, 108, 131, 164, 197, 202, 205, 209, 214, 220, 222, 224, 246, 272, 282, 292, 303, 304, 315, 331, 335-337, 347, 352, 354, 356-358, 414, 415, 442, 455, 456, 478, 480, 485, 494, 497, 512, 513, 547, 548, 554, 555, 566, 577, 584, 587.
Banyuls (Pyrénées-Orientales) : 419.
Barcelone (Espagne) : 41, 43, 44, 46, 414-418, 420, 427, 431, 433-435, 437-441, 444, 445, 447, 448, 451, 453-457, 459, 460, 465-467, 470, 479-482, 485, 491, 493, 494, 496, 498, 499, 501, 502, 508, 511, 529.
Barjac (Gard) : 293.
Baronnies : 91.
Bascara : 424.
Bassigny : 85.
Bastide, La (Gironde) : 563, 569.
Bayonne (Pyrénées-Atlantiques) : 420, 487.
Bazacle, moulins du : 48.
Beaucaire (Gard) : 32, 155, 156, 159, 178, 179, 277, 282, 293-298, 324, 549.
Beaulieu (Hérault) : 348.
Bédoin (Vaucluse) : 313-316.
Béguey (Gironde) : 561.
Belle-Cave, La (Maine-et-Loire) : 594.
Bellefois (Vienne) : 592.
Belleperche (Tarn-et-Garonne) : 555.
Bellioc (Aude) : 348.
Berne (Suisse) : 277, 318.
Bernis (Gard) : 145.
Berre-l'Étang (Bouches-du-Rhône) : 262.

Berry : 562, 590.
Besançon (Doubs) : 85, 275.
Béziers (Hérault) : 38, 39, 117, 396, 398-400, 510, 511, 549.
Bezouce (Gard) : 391.
Bigorre : 571.
Biou, rivière : *voir* Viaur.
Bisulduna : 498.
Bit, château : *voir* If, château d'.
Bizay (Maine-et-Loire) : 594.
Blagnac (Haute-Garonne) : 541.
Blanes : 501.
Blauzac (Gard) : 106, 292, 336, 346, 348.
Blaye (Gironde) : 571-573.
Blois (Loir-et-Cher) : 519.
Boisseron (Hérault) : 107, 292, 347, 348, 355.
Bompas (Vaucluse) : 264.
Bordeaux (Gironde) : 49, 52, 224, 554-557, 562-572, 582, 593.
Bosse, La (Aveyron) : 526.
Bouc-Bel-Air (Bouches-du-Rhône) : 258.
Bouchaidière : 594.
Boulou, Le (Pyrénées-Orientales) : 419.
Bouquet, Le Guidon du : 336, 337.
Bourdiguet (Gard) : 350, 353.
Bourges (Cher) : 512, 562.
Bourgière, La (Aveyron) : 528.
Bourgogne : 76, 87, 178.
Bourg-Saint-Andéol (Ardèche) : 13, 100.
Bourg-sur-Gironde (Gironde) : 571.
Bourret (Tarn-et-Garonne) : 555.
Boutonne, rivière : 576.
Bouzigues (Hérault) : 206.
Brera : 457.
Brescou, fort du : 208.
Bresse : 80.
Bretagne : 590.
Breuil, Le (Charente-Maritime) : 573.
Briançonnais : 80, 91.
Brisach-sur-le-Rhin (Pays de Bade) : 558.
Brouage (Charente-Maritime) : 50, 573-577, 580.
Brouzet-lès-Alès (Gard) : 352.
Broze (Tarn) : 529.
Bugey : 81.
Burde, rivière : 562.

Cabannes de Palmes : *voir* Fitou.
Cabrières-d'Aigues (Vaucluse) : 308, 309.
Cadaquès (Espagne) : 502.
Cadillac (Gironde) : 560-562.
Cahuzac-sur-Vère (Tarn) : 529.
Cal (Gard) : 350.
Calella (Espagne) : 501.
Calmette, La (Gard) : 106, 292, 336, 346, 348, 355, 357.
Camargue : 33, 179-181, 185.
Canet de Mar (Espagne) : 501, 507.
Canigou (mont) : 411.

Cap-Brescou (Hérault) : 508.
Capestang (Hérault) : 400.
Carbonnière, pont : 33, 327.
Carcassonne (Aude) : 549.
Cardona : 494.
Caromb (Vaucluse) : 312, 313, 316, 317.
Carpentras (Vaucluse) : 32, 308, 312, 313, 317-323.
Carry-le-Rouet (Bouches-du-Rhône) : 229.
Castelmaurou (Haute-Garonne) : 531.
Castelnau-le-Lez (Hérault) : 108, 142, 143, 224, 226, 336, 348, 357, 392.
Castelsarrasin (Tarn-et-Garonne) : 555.
Castets-en-Dorthe (Gironde) : 560.
Castille : 418, 493, 495.
Castillon : 572.
Castres-sur-l'Agout (Tarn) : 530, 547, 549.
Castries (Hérault) : 107, 110, 293, 346, 348, 522.
Castrieux (Aveyron) : 522.
Catalo : 497.
Catalogne : 7, 41, 43, 44, 117, 124, 341, 400, 418, 433, 435, 441, 444, 486, 491, 493, 496, 497-501.
Caudrot (Gironde) : 560.
Caumont-sur-Garonne (Lot-et-Garonne) : 559.
Cavaillon (Vaucluse) : 263, 264, 317.
Cavalerie, La (Aveyron) : 521.
Caylar, Le (Hérault) : 521.
Célas (Gard) : 337.
Celleneuve (Hérault) : 124, 198-200, 334, 520.
Cenis, mont : 263, 264.
Cerdagne : 498.
Cévennes : 23, 210, 215, 281, 294, 337, 549.
Chabian, Le (Gard) : 350, 353.
Chablais : 76, 80.
Chambéry (Savoie) : 80.
Champsaur, pays de : 91.
Charente, rivière : 576, 580.
Châteauneuf-de-Gadagne (Vaucluse) : 307, 308.
Châtelaillon-Plage (Charente-Maritime) : 577.
Chatellier, Le : 519.
Châtellerault (Vienne) : 522.
Chaussée, La (Vienne) : 593.
Cinca, rivière : 499.
Ciotat, La (Bouches-du-Rhône) : 501.
Clain, rivière : 585, 589, 591.
Clermont-Dessous (Lot-et-Garonne) : 556, 558.
Clermont-l'Hérault (Hérault) : 290.
Collbató ou Colibato : 458, 478.
Collias (Gard) : 303, 304.
Collioure ou Port-Vendres (Pyrénées-Orientales) : 46, 47, 131, 502, 504-507.
Colombiers (Hérault) : 143, 224, 226, 271, 392.
Comminges : 549, 571.

Sallèles-d'Aude (Aude) : 400.
Salses (Pyrénées-Orientales) : 40, 408-412, 421, 487, 499, 510.
Salvetat-Peyralès, La (Aveyron) : 521.
San Andrés de la Barca : 457.
San Andrès de Palomar : 433, 434.
San Benito, ermitage : 462.
San Celony : 430-431.
San Feliu de Guixols : 501.
San Feliu de Llobregat : 457.
San Juan Despi : 456-457, 479.
San Juan, ermitage : 462.
San Onofre : 462.
San Pol de Mar : 501.
San Salvador, ermitage : 462.
Sansais (Deux-Sèvres) : 583.
Sant Anna, ermitage : 462.
Santa Catalina, ermitage : 462.
Santa Cruz, ermitage : 462.
Santa Leocadia de Algama : 424.
Santiago, ermitage : 462.
Saône, rivière : 11, 49, 83, 85-88, 90.
Saragosse (Espagne) : 473.
Sault (Vaucluse) : 310.
Sault : 400.
Saumane-de-Vaucluse (Vaucluse) : 311, 312.
Saumur (Maine-et-Loire) : 52, 591, 592, 594-595.
Saurs (Tarn) : 530.
Sauvenargues (Gard) : 336, 346, 348.
Sauveterre-Saint-Denis (Lot-et-Garonne) : 556.
Savoie : 10, 76, 78-80, 85, 91-92.
Saze (Gard) : 158.
Schaffhouse (Suisse) : 86, 87.
Segnitia (Espagne) : 494.
Ségovie (Espagne) : 489.
Selees : 352-353.
Sérignac-sur-Garonne (Tarn-et-Garonne) : 557.
Sérignan (Hérault) : 508.
Sernhac (Gard) : 391.
Serrières (Ardèche) : 95.
Serviers-et-Labaume (Gard) : 276, 302, 303, 336, 343, 350, 353.
Sète (Hérault) : 19, 130, 192, 208, 209, 272, 548.
Sèvre Niortaise, rivière : 584.
Seynes (Gard) : 336, 337, 350-353.
Seyssel (Haute-Savoie) : 10, 79-81.
Sigean (Aude) : 40, 407, 408.
Sigle ou Tiola : 79.
Simiane-Collongue (Bouches-du-Rhône) : 258.
Soings-en-Sologne (Loir-et-Cher) : 519.
Soleure (Suisse) : 8, 75, 171, 404.
Sommières (Gard) : 13, 106, 107, 145, 292-294, 335, 346, 355, 357.
Sorgue, fleuve : 265, 268, 307-311, 317, 318, 324.
Soudan (Deux-Sèvres) : 584.
Soulas, pont de : 523.

Souvignargues (Gard) : 106, 292.
Soyons (Ardèche) : 99.
Sparagera : voir Esparraguera.
Styrie : 14.
Suisse : 7-8, 10.
Sumène (Gard) : 23, 212, 213, 216, 220.
Suse (Italie) : 80.
Sussargues (Hérault) : 348.

Taillebourg (Lot-et-Garonne) : 559.
Tain-L'Hermitage (Drôme) : 96, 97.
Talence (Gironde) : 563.
Talmont-sur-Gironde (Charente-Maritime) : 572.
Tamel : 91.
Tamise, fleuve : 243.
Tarascon (Bouches-du-Rhône) : 178-179, 295-297.
Tarentaise : 80.
Tarn, rivière : 521, 524, 526, 530, 556.
Tarragone (Espagne) : 439, 487, 497, 498.
Tech, rivière : 419.
Teil-d'Ardèche, Le (Ardèche) : 100.
Ter, rivière : 425.
Thau, étang de : 128, 132, 138, 193, 196, 207, 331.
Thor, Le (Vaucluse) : 308.
Thouars-sur-Garonne (Lot-et-Garonne) : 558.
Thurgovie (Suisse) : 458.
Tiona : 428.
Tolède (Espagne) : 488, 506.
Tonneins (Lot-et-Garonne) : 558-559.
Tortosa (Espagne) : 498.
Tossa de Mar : 501.
Toulaud (Ardèche) : 97.
Toulouse (Haute-Garonne) : 33, 47, 48, 50, 51, 110, 129, 307, 397, 520, 529, 531-547, 549, 554-557, 561, 569.
Tour de Soy ou du Pin (Ain) : 82.
Tour d'Espagne, La (Vaucluse) : 308.
Touraine : 156, 519, 590.
Tournon-sur-Rhône (Ardèche) : 12, 95-97.
Touvre, rivière : 576.
Traille, La (Vaucluse) : 309.
Trélazé (Maine-et-Loire) : 33, 52.
Tremblade, La (Charente-Maritime) : 573.
Trièves, Le : 91.
Trinidad, ermitage : 462.
Triou (Vienne) : 593.
Triviale, La (Hérault) : 526.
Trois-Maries, Les : voir Saintes-Maries-de-la-Mer.
Turin (Italie) : 80.

Uchaud (Gard) : 145, 270, 273, 327, 349, 382, 391.
Urgel (Espagne) : 498.
Usson (Puy-de-Dôme) : 525.
Uzège : 31, 35, 37.

Table des matières

CHAPITRE PREMIER
Rhodania

CHAPITRE II
Occitania

TABLE DES MATIÈRES

Impression réalisée sur CAMERON par
BRODARD ET TAUPIN
La Flèche

pour le compte des Éditions Fayard
en mai 2000

Imprimé en France
Dépôt légal : mai 2000
N° d'édition : 3701 – N° d'impression : 2502
ISBN : 2-213-60547-5
35-14-0747-01/2